KRÖNERS TASCHENAUSGABE BAND 420

ANNEMARIE UND WOLFGANG VAN RINSUM

LEXIKON LITERARISCHER GESTALTEN

Deutschsprachige Literatur

2., durchgesehene Auflage

ALFRED KRÖNER VERLAG STUTTGART

van Rinsum, Annemarie und Wolfgang

Lexikon literarischer Gestalten
Deutschsprachige Literatur
2., durchges. Auflage
(Kröners Taschenausgabe; Band 420)
ISBN 3-520-42002-3

Gesamtherstellung Friedrich Pustet, Regensburg

INHALT

VORWORT

Das Interesse an der literarischen Figur, ihrer psychologischen Anlage und ihrer Entwicklung mag weniger ›wissenschaftlich‹ sein als die Frage nach dem literaturtheoretischen Begriff oder nach der Kurzinterpretation des Werkganzen. Beim unmittelbaren Lese- und Theatererlebnis spielen die literarischen Gestalten jedoch zweifellos eine zentrale Rolle, sie können über Angezogensein oder Desinteresse bei der Lektüre entscheiden und gehören nicht selten zu dem, was von einem Werk am längsten und eindringlichsten in Erinnerung bleibt. Einen ebenso bedeutsamen Platz nehmen die Figuren – ihre Psychologie und ihre Geschichte, ihre äußeren Züge und ihre Benennung, ihre poetische Anlage und das Wechselspiel zu Komplementär-, Kontrast- oder Parallelfiguren – in den gestalterischen Überlegungen und Phantasien der Schriftsteller ein.

Dieses Buch informiert über literarische Gestalten in deutschsprachigen Werken und über die Rolle, die sie als Charaktere oder Typen im Textzusammenhang und in der Literaturgeschichte spielen. Es ist der erste Versuch dieser Art in unserem Sprachbereich. Den Anstoß dazu, das Lexikon zu verfassen, gab der Umstand, daß in Erzählwerken, in der wissenschaftlichen Auseinandersetzung und in der Essayistik oft Figuren ohne Hinweis auf Kontext und Verfasser genannt werden.

Bei der Auswahl der Gestalten wurde die gesamte deutschsprachige Literatur vom Mittelalter (einschließlich der »Edda« und der mittellateinischen Texte) bis zur jüngsten Gegenwart zugrunde gelegt. Selbstverständlich konnte mit den ca. 3000 Artikeln in diesem Lexikon nur ein Bruchteil der Figuren berücksichtigt werden, die die deutsche Literatur erfunden oder dichterisch gestaltet hat. Wir haben uns bemüht, eine Auswahl zu treffen, die dem voraussichtlichen Nachschlageinteresse gerecht wird. Dabei haben wir uns ebenso an der Bedeutung und dem Bekanntheitsgrad von Autoren und Werken orientiert wie an der Prägnanz und der Kontur der einzelnen Figuren.

Die Artikel sollen den Ratsuchenden zunächst auf die richtige Fährte bringen und dann in einfacher Sprache eine Kurzinformation über psychologische Charakterisierung, Rolle im Textganzen und literarhistorische Einordnung der jeweiligen Gestalt bieten. Sie beschränken sich bewußt auf möglichst text- und handlungsnahe Basisinterpretationen.

Bei historischen Figuren oder solchen, die in Mythen, Sagen oder Legenden bereits vorgebildet waren, bevor sie literarische Gestalt im engeren Sinn angenommen haben, informiert in der

Regel ein Vorspann über den außerliterarischen Kontext. In Fällen wie dem Cheruskerfürsten Arminius/Hermann, Faust oder Friedrich Wilhelm I. gibt es mehrere dichterische Gestaltungen in der deutschen Literatur, über deren besondere Nuancierungen sich der Leser anhand der betreffenden Artikel rasch einen Überblick verschaffen kann.

Auch bei der Alphabetisierung haben wir uns in erster Linie von dem voraussichtlichen Nachschlageverhalten des Benutzers leiten lassen. So haben wir – den Gepflogenheiten der Autoren folgend – Frauen und Mädchen im allgemeinen unter ihrem Vornamen, Männer unter ihrem Nachnamen ins Alphabet eingeordnet. Von diesem Prinzip wurde abgewichen, wenn bei Frauen nur der Nachname, bei Männern der Vorname Teil des Werktitels ist oder deutlich im Vordergrund steht bzw. allein genannt ist. Für Spitznamen, Beinamen, Berufsbezeichnungen und ähnliches (z. B. Eichendorff: Taugenichts; Kaiser: Kassierer) gilt sinngemäß das gleiche. Titel, Verwandtschaftsbezeichnungen und ähnliche Namenszusätze vor den Eigennamen (Donna Anna, Herzog Ernst, Mutter Wolffen, Old Shatterhand) blieben unberücksichtigt. In Zweifelsfällen wurde ein Verweis angebracht. – Für die Alphabetisierung von Namen, die aus mehreren Wörtern bestehen, ist jeweils das erste Wort maßgeblich (also Anton Warberger vor Antonie, H. H. vor Haake). Namensgleiche Figuren wurden alphabetisch nach dem Werktitel eingeordnet.

Bei den Werktitelnachweisen im Artikelkopf wurden die Namen der Autoren vollständig wiedergegeben, soweit diese nicht selbst abgekürzte Versionen bevorzugt haben (E. T. A. Hoffmann); bei langen Werktiteln beschränken wir uns auf die gängige Kurzform. Die Jahreszahl bezieht sich auf die erste selbständige Buchausgabe. Falls das Werk bereits erheblich vor der Erstausgabe in einer Zeitschrift, einem Sammelband oder dergleichen gedruckt wurde, wurde das Datum des Erstdrucks (ED) angegeben. Das gleiche gilt analog für die Uraufführung (UA) von Dramen. Bei Werken, die vor der Zeit des Buchdrucks entstanden sind, wurde das Entstehungsdatum (entst.) angeführt.

Die Artikel werden zusätzlich durch ein Autorenregister erschlossen, das die berücksichtigten Autoren, die von ihnen vertretenen Werke und die daraus jeweils aufgenommenen Figuren aufführt.

Wie jedes Nachschlagewerk dieser Art so ist auch das »Lexikon literarischer Gestalten« anderen, umfassenderen Literaturlexika verpflichtet. Herangezogen wurden insbesondere »Kindlers Literaturlexikon«, 1. Aufl., 1965–1974, das »Lexikon der Weltliteratur«, Bd. II: »Hauptwerke der Weltliteratur«, hg. von Gero von Wilpert, 2. Aufl., 1980, »Der Romanführer«, hg. von Wilhelm Olbrich, 1950 ff. und das »Kritische Lexikon zur deutschsprachigen Gegenwartsliteratur«, hg. von Heinz Ludwig Arnold, 1978 ff.

Bei dem Erstellen eines solchen Lexikons lassen sich Lücken und Unklarheiten kaum vermeiden. Falls der Leser und Benutzer literarische Gestalten vermißt oder Unrichtigkeiten entdeckt, sei er herzlich gebeten, sich mit Verbesserungsvorschlägen im Hinblick auf eine weitere Auflage an den Verlag zu wenden.

München, im Frühjahr 1988

Annemarie und Wolfgang van Rinsum

A. (Andreas) [*Die Schuldlosen.* Roman in elf Erzählungen von Hermann Broch, 1950]. – Der junge holländische Diamantenhändler A., Hauptfigur des in drei Zeitphasen – 1913, 1923, 1933 – unterteilten Romans, ist eingefangen in ein Netz mythisch-symbolischer Bezüge, wandelt durch Labyrinthe und protokolliert neurotische Träume. Er macht sich mitschuldig am Selbstmord seiner Geliebten, der Wäscherin Melitta, und wird nach Jahren von deren Ziehvater, der wie der steinerne Gast im »Don Giovanni« erscheint, zur Rechenschaft gezogen. A. erkennt seine Schuld, die er mit seinen Zeitgenossen teilt: die Gleichgültigkeit der Nur-Zuschauer gegenüber menschlichem Leid. Er büßt stellvertretend für seine Generation mit dem Freitod.

A. E. → Albert Einhart (Vischer: *Auch Einer*)

Aarenhold → Sieglind A. (T. Mann: *Wälsungenblut*)

Abälard [*Robert Guiskard, Herzog der Normänner.* Trauerspiel (Fragment) von Heinrich von Kleist, ED 1808]. – Prinz A., als Thronerbe übergangen, spielt die Rolle des Intriganten. Um sich beim Volk Vorteile für die Nachfolge zu verschaffen, berichtet er Einzelheiten über → Robert Guiskards Pesterkrankung, die geheimgehalten werden soll.

Abällino [*Abällino der große Bandit.* Roman von Heinrich Daniel Zschokke, 1794; als Trauerspiel 1795]. – In dem Mantel- und Degenstück führt A. ein Doppelleben: als junger Edelmann Flodoardo Mecenigo lebt er in der Umgebung des Dogen, als Bandit A. führt er eine Mörderbande an, deren sich eine Verschwörergruppe in Venedig bedient, um gefährliche Gegner zu beseitigen. Die Verschwörer fliegen mit Hilfe des Edelmanns auf, die Banditenrolle hat er nur gespielt, um ihr Vertrauen zu gewinnen. Sein Lohn ist die Nichte des Dogen.

Abarbanel [*Der Rabbi von Bacherach.* Romanfragment von Heinrich Heine, ED 1840]. – Der spanische Ritter Don Isack A. ist ein zum Christentum übergetretener Jude, ein Freund des Rabbi → Abraham. Er besucht das Ghetto, weil er die Leckerbissen aus der Garküche der Schnapper-Elle liebt. Als Ritter, der mit spanischer Grandezza eine Garköchin umwirbt, ist er eine von Heines komischen Gestalten.

Abbadona [*Der Messias.* Epos von Friedrich Gottlieb Klopstock, 1780]. – A. ist der jünglinghafte gefallene Lieblingsengel, der aufrichtig bereut und im Jüngsten Gericht Christi Erbarmen findet. – Die Figur ist ein Beispiel für die lebhafte Wechselbeziehung zwischen Publikum und Autor im 18. Jh.: Mitfühlende Leser forderten Klopstock auf, bei A. Gnade walten zu lassen, und reagierten entzückt und erleichtert auf seine Erlösung im vorletzten Gesang.

Abbé [*Wilhelm Meisters Lehrjahre.* Roman von Johann Wolfgang von Goethe, 1795/96]. – Vom Abbé gehen die wesentlichen Impulse der Turmgesellschaft aus (→ Lothario), die den Lebensweg → Wilhelm Meisters überwacht und vorsichtig lenkt; er selbst greift mehrmals als geheimnisvoller Unbekannter beratend in die Handlung ein, der typische Mentor des Bildungsromans.

Abdias [*Abdias.* Erzählung von Adalbert Stifter, ED 1842]. – A., ein jüdischer Kaufmann, ist eine Hiobsgestalt. Fortwährende schwere Schicksalsschläge nehmen ihm Vermögen, Gesundheit und Familie; durch Einsicht in die Unschuld der Naturabläufe gewinnt er Seelenruhe und Gelassenheit zurück.

Abel [*Abel mit der Mundharmonika.* Roman von Manfred Hausmann, 1932]. – Der fünfzehnjährige, mit seinem Faltboot gekenterte A. verliebt sich auf dem Schoner, der ihn aufgenommen hat, in die siebzehnjährige, ebenfalls schiffbrüchige Corinna. Seine Liebe bleibt unerwidert, und er vertraut seinen Kummer seiner Mundharmonika an.

Abraham [*Abraham.* Drama (mlat.) von Hrotsvit von Gandersheim, entst. um 965]. – Die Gestalt des Einsiedlers A. ist Symbol der göttlichen Gnade. Er erniedrigt sich zutiefst, um eine Sünderin zu retten: seine Nichte → Maria, die er zur Eremitin erzogen hat, lebt in einem Freudenhaus. A. geht als Liebhaber verkleidet dorthin, um sie zurückzuholen. Er führt sie zur Erkenntnis von Gottes unergründlicher Gnade.

Abraham [*Der Rabbi von Bacherach.* Romanfragment von Heinrich Heine, ED 1840]. – Die Figur des Rabbi A. ist typisch für das tragische Schicksal der Juden im Mittelalter. Als der gelehrte, fromme Rabbi in seinem Haus eine Kindsleiche entdeckt, die christliche Fanatiker, Flagellanten, dort versteckt haben, um ihn des Ritualmords bezichtigen zu können, flieht er mit seiner Frau Sara nach Frankfurt, ohne anderen von der Entdeckung zu berichten, denn er glaubt, daß der Anschlag seiner Person gilt. Er erfährt dann, daß die ganze jüdische Gemeinde von Bacherach vernichtet worden ist.

Abram [*Jagdszenen aus Niederbayern.* Stück von Martin Sperr, ED 1966]. – A. ist als Homosexueller ein Außenseiter in seinem niederbayrischen Heimatdorf und eine öffentliche Schande. Er bringt das Dienstmädchen Tonka um, das ein Kind von ihm erwartet und die Heirat fordert. Das ganze Dorf jagt ihn und übergibt ihn dem Gericht.

Abs → Jakob A. (Johnson: *Mutmaßungen über Jakob*)

Aburiel [*Thomas Chatterton.* Tragödie von Hans Henny Jahnn, 1955]. – Der Engel A., als Berater und Todesbote eine für Jahnns Spätwerk typische mythische Figur in einem an sich realistischen Entwurf, hilft dem vereinsamten Thomas → Chatterton. U. a. läßt er den Mönch Rowley als magische Gestalt erscheinen und bringt Chatterton so zur Poesie und auf die entscheidende Idee seiner Dichtwerke. Nach dem Tod des jungen Dichters spricht er die Schlußworte, die als Vermächtnis Jahnns gelten.

Achilles.
A., Held der griechischen Sage, ist bedeutendster Kämpfer bei der Belagerung Trojas. In Homers *Ilias* rächt er auf grausame Weise den Tod seines Freundes Patroklos. Der Sage nach verliebt sich A. in die tödlich verwundete Amazonenkönigin Penthesilea.
[*Achilleis.* Episches Fragment von Johann Wolfgang von Goethe, entst. 1799, ED 1808]. – A. ist nicht der strahlende Held des Homer, sondern ein Gezeichneter, dessen Handeln und Denken nur noch um den Tod kreisen. Er überwacht den Bau eines Grabdenkmals für sich und Patroklos und wird von Athene auf sein unabwendbares Schicksal vorbereitet, das die Götter ihm zugedacht haben.
[*Penthesilea.* Trauerspiel von Heinrich von Kleist, 1808]. – A. besiegt die Amazonenkönigin → Penthesilea im Kampf und erlebt eine leidenschaftliche Liebesszene mit ihr auf dem Schlachtfeld. Um ihrem Amazonentum Genüge zu tun – sie darf nur einen im Kampf Unterlegenen lieben – will A. sich von ihr besiegen lassen und fordert sie zum Zweikampf auf. Diese großzügige Geste wird von Penthesilea als Verrat an ihrer Liebe mißverstanden, und sie zerfleischt den Geliebten im Blutrausch.

Achim T. [*Das dritte Buch über Achim.* Roman von Uwe Johnson, 1961]. – Der berühmte ostdeutsche Radrennfahrer A. gilt als exemplarisch für die Übereinstimmung von sozialistischer Gesinnung und sportlicher Höchstleistung. So soll er in einer Biographie durch den westdeutschen Journalisten → Karsch dargestellt werden. Das Wunschbild hält genauen Untersuchungen nicht stand, und das Buchprojekt scheitert.

Ackermann [*Der Ackermann aus Böhmen.* Prosadialog von Johannes von Tepl, entst. um 1400; um 1460]. – Der A., dessen junge Frau Margarete gestorben ist, klagt den Tod an in einem Streitgespräch, das in Form eines mittelalterlichen Prozesses abläuft. Das persönliche Leid des A. erweist sich dabei als allgemein menschliches Schicksal.

Ackermann [*Aufstieg und Fall der Stadt Mahagonny.* Oper von

Bertolt Brecht, 1929]. – Der Holzfäller Paul A. kommt mit seinen Ersparnissen aus Alaska nach Mahagonny. An ihm entwickelt Brecht seine These vom »Warencharakter des Vergnügens« und der Hilflosigkeit des einzelnen in der kapitalistischen Ausbeutergesellschaft.

Acosta.
Uriel A., 1591–1640, jüdischer Religionsphilosoph, wurde aus der Synagoge verstoßen.
[*Der Sadduzäer von Amsterdam,* ED 1834; *Uriel Acosta,* ED 1847. Novelle und Drama von Karl Gutzkow]. – A. ist ein Verfechter der Gedankenfreiheit und wird das Opfer der Orthodoxie.

Adam [*Der zerbrochene Krug.* Lustspiel von Heinrich von Kleist, 1811]. – Der Dorfrichter A. ist wie *König Ödipus* (Sophokles) zum Richter über eigene Untaten berufen. Als tragikomische Kontrastfigur zu dem ahnungslosen Ödipus weiß A. sehr genau, was er verbrochen hat. Wo Ödipus unbedingt die Wahrheit aufdecken will, sucht er sie zu vertuschen. In der wohl facettenreichsten Gestalt der deutschen Charakterkomödie mischen sich Behäbigkeit und Bodenständigkeit mit Bauernschläue und Gerissenheit; A. ist ein Bösewicht ebenso wie ein von Fleischeslust Getriebener und ein angstgebeutelter armer Teufel; er genießt es, phantastische Lügengebäude aufzubauen, und redet sich um Kopf und Kragen. Diese ungleichwertigen, widersprüchlichen Wesensmerkmale, die in ihrer Summe allgemeinmenschlich sind (daher »Adam«), halten den Gerichtsrat → Walter davon ab, ihn zu vernichten.

Adamas [*Hyperion oder der Eremit in Griechenland.* Roman von Friedrich Hölderlin, 1797–99]. – A. ist ein edler, weiser Lehrmeister, der es versteht, in seinem Schüler → Hyperion Begeisterung für die klassische Vergangenheit seiner Heimat Griechenland zu wecken.

Adele [*Die Freier.* Lustspiel von Joseph Freiherr von Eichendorff, 1833]. – Die schöne Gräfin A. tauscht mit ihrer Zofe Flora die Rolle und trägt so zu den Mißverständnissen und Verwirrungen unter ihren Freiern bei.

Adele → **Ammetsberger** (Horváth: *Italienische Nacht*)

Adelheid [*Götz von Berlichingen.* Schauspiel von Johann Wolfgang von Goethe, UA 1774]. – A. von Walldorf, eine machtgierige, skrupellose Intrigantin von dämonischer erotischer Ausstrahlung, heiratet → Weislingen, benutzt ihn für die Ausführung ihrer ehrgeizigen Pläne gegen → Götz von Berlichingen und vergiftet ihn, als sie ihr Ziel erreicht und einen anderen Liebhaber gefunden hat. Sie wird von der Feme gerichtet.

Adelheid von Runeck → Bolz (Freytag: *Die Journalisten*)

Adelheid von → Stechlin (Fontane: *Der Stechlin*)

Adelseher [*Sonne und Mond.* Roman von Albert Paris Gütersloh, 1962]. – Dem jungen Großbauern Till A. wird von Graf → Lunarin die Verwaltung eines riesigen verfallenden Schlosses anvertraut, und er erhebt es zum alten Glanz. Lunarin, der sich als unruhiger Geist und Lebemann den Mühen der Aufbauarbeit entzieht, schenkt A. am Ende den Besitz. Mond (Lunarin) und Sonne (A.) symbolisieren den Übergang vom aristokratischen Prinzip zu handfester demokratischer Tüchtigkeit. Das Schloß geht vom »eigentlichen« auf den »wirklichen Besitzer« über.

Adler [*Der Abituriententag.* Roman von Franz Werfel, 1928]. – Franz A. ist eine der durchgeistigten Schülergestalten, die an den Quälereien ihrer unreifen Kameraden zugrunde gehen. A. ist zwar häßlich und unsportlich, aber seine geistige Überlegenheit fordert Mitschülern und Lehrern Respekt ab. Nur von → Sebastian, der fremde Autorität nicht ertragen kann, wird A. gedemütigt und erniedrigt und schließlich zur Flucht aus der Stadt gezwungen.

Admet(os).
Der thessalische König A. kann nur vor dem Tod gerettet werden, wenn ein anderer für ihn stirbt. Seine junge Gattin → Alkestis geht für ihn in den Tod. → Herakles rettet sie und vereint die Gatten.
[*Alceste.* Deutsches Singspiel von Christoph Martin Wieland, 1773]. – Der bereits von Euripides gestaltete griechische Sagenstoff (*Alkestis,* UA 438 v. Chr.) nimmt bei Wieland empfindsame Züge an und wird zum Familiendrama. Der liebende Gatte versucht, Alceste von ihrem Opfertod zurückzuhalten, und führt dabei auch ihre Kinder ins Feld.
[*Alkestis.* Trauerspiel von Hugo von Hofmannsthal, 1911]. – Bei Hofmannsthal läutert sich der von Todesangst geschüttelte A. zu der Erkenntnis, daß das Du wichtiger ist als das Ich.

Adolf → Judejahn (Koeppen: *Der Tod in Rom*)

Adolf Friedrich IV. [*Dörchläuchting.* Roman (niederdt.) von Fritz Reuter, 1866]. – Die »Durchlaucht« A. F. IV., Herzog von Mecklenburg-Strelitz (18. Jh.), ist die Karikatur eines gutmütigen, schrulligen Monarchen, der Gewitter und Gespenster fürchtet und die Frauen haßt.

Adrast [*Der Freigeist.* Lustspiel von Gotthold Ephraim Lessing, ED 1755]. – Der Freigeist A. und der protestantische Geistliche → Theophan bewerben sich um die Schwestern Henriette und Juliane. Da A. die Religion und ihre Vertreter, die Priester, verachtet, weist er die Freundschaftsbeweise Theophans zunächst zurück. Erst als dieser ihm aus einer Geldverlegenheit hilft und ihm seine sanfte, fromme Braut Juliane abtritt gegen die wilde, lustige Henriette, läßt er sich gewinnen.

Aegidius [*Aegidius.* Anonyme rheinfränkische Heiligenlegende nach einer lateinischen Vorlage, entst. um 1160]. – Der heilige A. flieht vor den Verlokkungen des Weltruhms in Einsamkeit und Askese. Als Einsiedler ernährt er sich von der Milch einer Hindin – Symbol geistlicher Speisung.

Änneli [*Geld und Geist.* Roman von Jeremias Gotthelf, ED 1843–44]. – Ä. ist eine typische Gestalt aus Gotthelfs Erbauungsgeschichten. Als ihr Mann → Christen plötzlich Geldsorgen hat, wird sie selbst verstockt und launisch, so daß in der ursprünglich harmonischen Familie fortlaufend Ärger, Streit und Übelwollen herrschen. Eine eindrucksvolle Predigt bringt Ä. zur Umkehr und durch ihren Sinneswandel die Familie wieder ins Gleichgewicht.

Aeon [*Aeon.* Dramatische Trilogie von Alfred Mombert, 1907–1911]. – A. ist der ewige Mensch nach dem subjektiven Mythos des Autors. Die drei Dramen behandeln »innere Zustände des Ichs« (Benndorf). *Aeon der Weltgesuchte* (1907) lebt in einem kosmischen Zustand. *Aeon zwischen den Frauen* (1910) versetzt den Menschen in einen metaphysischen Zustand, in dem er zwischen Kosmos und Chaos schwankt. In *Aeon vor Syrakus* (1911) ist er im historischen Zustand angelangt und besingt die Geschichtswerdung.

Agathe [*Der Mann ohne Eigenschaften.* Unvollendeter Roman von Robert Musil, 1930, 1933, 1943; Gesamtausg. 1952]. – In seiner Schwester A. sieht → Ulrich eine Doppelgängernatur seiner selbst. Die Geschwister versuchen einen »anderen Zustand«, den Zustand »tagheller Mystik« zu leben, d. h. Rationalität zu verbinden mit Ekstase. Sie scheitern an ihrer Sexualität; der Inzest zieht sie in die Wirklichkeit herab und löst den höheren Zustand auf.

Agathon [*Geschichte des Agathon.* Roman von Christoph Martin Wieland, 1766/67; 3. Fassung 1794]. – Der Held des ersten großen deutschen Bildungsromans erfährt auf den Feldern der Philosophie, des Eros und der Politik den Widerstreit zwischen Idealismus und ihn zerstörender Wirklichkeit. Der junge Athener, in Delphi erzogen, ist ein Anhänger der platonischen Lehre. In einem abenteuerlichen Leben verliert A. seine Jugendliebe → Psyche, widersteht der genußsüchtigen, egoistischen Philosophie des → Hippias, verfällt in Leidenschaft zu der Hetäre → Danae, führt die Staatsgeschäfte und gerät in politische Intrigen am Hofe des Dionysius von Syrakus. Trotzdem bleibt er dem treu, »was ewig wahr und recht und gut« ist, und macht sich am Ende zur Lebensaufgabe, in dem kleinen

Tarent zum Wohle aller zu wirken.

Agesel [*Münchhausen.* Roman von Karl Leberecht Immermann, 1838/39]. – Der beschränkte Dorfschulmeister A. hat über einer abstrakten deutschen Sprachlehre seinen Verstand verloren und hält sich für einen Nachkommen des Spartaner-Königs Agesilaus, dessen Namen er annimmt und dessen spartanischer Lebensweise er nachfolgt.

Aggwyler [*Die Strecke.* Roman von Gerhard Köpf, 1985]. – A. ist Streckenwärter an einer Eisenbahnlinie, die eingestellt wird. Als er sie das letztemal abgeht, erzählt er Geschichten aus seiner Gegend, der – noch – naturnahen Gebirgslandschaft »Thulsern«, die nun, nach der Stillegung, dem Fortschritt ausgesetzt sein, d. h. zubetoniert werden wird.

Agmahd [*Das Bergwerk zu Falun.* Tragödie von Hugo von Hofmannsthal, entst. 1899–1908; ED 1952]. – Der schwarz gekleidete Knabe, A., ein Page der Bergkönigin, ist eine wesenlose Existenz. Er zeigt jedem wie ein Spiegel die eigenen Wünsche und unbewußten Regungen.

Agnes [*Maler Nolten.* Roman von Eduard Mörike, 1832]. – Die Jugendgespielin und Verlobte → Noltens ist ein engelhaftes, schlichtes Mädchen, das in der ländlichen Umwelt eines Försterhauses lebt. Aber ihr fehlt es an seelischer Robustheit, deshalb ist sie dem Intrigenspiel, das sie von Nolten trennt und ihm wieder zuführt, und dem Auftauchen → Elisabeths nicht gewachsen. Sie begeht in geistiger Umnachtung Selbstmord.

Agnes Bernauer.
Der Herzogssohn → Albrecht von Bayern heiratete 1432 die schöne Baderstocher aus Augsburg. Der regierende Herzog Ernst von Bayern ließ sie 1435 zur Wahrung dynastischer Erbansprüche in der Donau ertränken.
[*Agnes Bernauer.* Trauerspiel von Friedrich Hebbel, 1852]. – Bei Hebbel erscheint A. B. als Konfliktfigur zwischen Liebe und Staatsraison, zwischen dem Eigenrecht des Individuums und den Interessen der Gemeinschaft. Die übermächtige Liebe zwischen der zauberhaft schönen A. und Herzog Albrecht wird vom Gefühl einer drohenden Gefahr überschattet. In Abwesenheit des Gatten wird A. eines Tages eingekerkert und soll auf ihr Eherecht verzichten. Aber sie geht lieber in den Tod.

Agnes → **Matzerath** (Grass: *Die Blechtrommel*)

Ahasver.
A. ist der Legende nach der ewige Jude, der verflucht ist, rastlos umherzuirren und nicht sterben zu können, weil er Jesus auf dem Kreuzweg nach Golgata die Rast auf der Schwelle

seines Hauses verweigert hat. Es gibt zahlreiche Ansätze zur literarischen Bearbeitung, u. a.: [*Kurze Beschreibung und Erzählung von einem Juden mit Namen Ahasverus.* Volksbuch, 1602]. – [*Der ewige Jude.* Episches Fragment von Johann Wolfgang von Goethe, entst. 1774, ED 1836].
[*Ahasver.* Roman von Stefan Heym, 1981]. – Heym deutet den »ewigen Juden« A. um zum Archetypus des kämpferischen Intellektuellen und unruhigen Geistes, der danach strebt, die Welt zu verändern und zu verbessern. Er geht jeweils an gegen das etablierte, herrschende Glaubens- oder Denksystem, denn alle Religionen und Ideologien haben die Tendenz, sich zu unbeweglichen Blöcken von Dogmatismus und Bürokratismus zu verfestigen, und dann wird »kein Schwert (...) je umgeschmiedet zur Pflugschar«. Das verdeutlicht besonders A.s Zusammentreffen mit dem Superintendenten Paul von Eitzen (1542), der mit orthodoxer Härte die »reine« lutherische Lehre vertritt.

Ahasverus → Esther

Aietes [*Das goldene Vlies. (Der Gastfreund; Die Argonauten; Medea.)* Trilogie von Franz Grillparzer, 1822]. – Der habgierige König der barbarischen Kolcher lädt Fluch auf sich und die Seinen, weil er das heilige Gastrecht bricht, als er den Griechen → Phryxus tötet, um in den Besitz des goldenen Vlieses zu kommen. Seine Tochter → Medea sagt blutige Folgen voraus.

Aigner → Hofreiter (Schnitzler: *Das weite Land*)

Akki [*Ein Engel kommt nach Babylon.* Komödie von Friedrich Dürrenmatt, 1954]. – Der babylonische Bettler A. ist als Gegenspieler → Nebukadnezars der wahre König, denn er ist wirklich frei. Er weigert sich, seinen Beruf aufzugeben und, wie alle anderen Bettler, in den Staatsdienst zu treten, denn er ist Bettler aus Überzeugung und stolz auf seine Kunst. Ihm als dem geringsten der Menschen ist das Mädchen → Kurrubi, die »Gnade Gottes«, zugedacht.

Alabanda [*Hyperion oder der Eremit in Griechenland.* Roman von Friedrich Hölderlin, 1797–99]. – Der Freund A. wird von → Hyperion als Halbgott erschaut, als »junger Titan«, ausgestattet mit der männlichen Schönheit und Kraft antiker Statuen und mit allen menschlichen Qualitäten. Das Leben als Tatmensch hat A.s Seele verhärtet. In der Freundschaft zu dem Jüngling Hyperion findet er zurück zu einem seelenvollen Genuß der Welt. A. gewinnt den Freund für den Freiheitskampf der Griechen gegen die Türken, doch sie scheitern: A. verläßt Hyperion, um seine Freundestreue durch eine Begegnung mit → Diotima nicht zu gefährden, und sucht im Kampf ein »edles Ende«.

Aladin [*Der Gang durch das Ried.* Roman von Elisabeth Langgässer, 1936]. – A. ist der Mensch auf der Suche nach seiner Identität. Der eben aus der Irrenanstalt entlassene Mann mit einem Paß auf den Namen Jean-Marie A. hat sein Erinnerungsvermögen verloren, aber ihn quält ein dumpfes Schuldgefühl. Es gelingt ihm, einzelne Bewußtseinsschichten freizulegen, z. B. weiß er plötzlich, daß er nicht A. ist, ohne sich an seinen richtigen Namen zu erinnern. Die Begegnung mit einigen Menschen des Erlenhofs, wo er als Knecht Arbeit findet, stärken sein Ich-Bewußtsein und lassen ihn eine neue Lebensaufgabe finden in der Liebe zu den Unterdrückten.

Alarcos [*Alarcos.* Trauerspiel von Friedrich Schlegel, 1802]. – A. ist der Held im tragischen Konflikt zwischen Gattenliebe und dem strikten spanischen Ehrenkodex. Der mit Donna Clara glücklich verheiratete tugendhafte Graf hat der Infantin Solisa einst vorschnell die Ehe versprochen und wird vom König ermahnt, seine Gattin zu töten und sein Versprechen einzulösen. Er schildert Clara die ausweglose Situation, tötet sie und sich selbst.

Alba.
Der spanische Herzog von Alba war 1567-73 Statthalter Philipps II. in den Niederlanden mit dem Auftrag, den Aufstand mit Waffengewalt zu unterdrücken. [*Egmont.* Trauerspiel von Johann Wolfgang von Goethe, 1788]. – A. ist die Personifikation seelenlosen, kaltherzigen Pflichtbewußtseins im Dienste einer menschenfeindlichen absolutistischen Staatsmacht.

Albano [*Titan.* Roman von Jean Paul, 1800–1803]. – A. wird vom Autor als der junge »Sonnengott« gesehen, der in der Antike auch Titan (ˊ –) hieß. Es ist der edle Jüngling, voller leiblicher, geistiger und charakterlicher Vorzüge, der am Ende eines Erziehungsprozesses zu sich selbst findet und ein vorbildlicher Regent wird. Der Prinz von Hohenfließ wird aus Sicherheitsgründen als Kind des Grafen Cesara ausgegeben und wächst aus pädagogischen Gründen in einer ländlichen Umgebung bei bürgerlichen Pflegeeltern auf. Seine Jugendliebe gilt der ätherischen → Liane, seine Jugendfreundschaft dem genialen → Roquairol; beide Beziehungen werden zerstört. In Rom, wo er die Weltgeschichte erlebt, werden sein Tatendrang und seine Liebe zur Titanide → Linda geweckt. Auch diese Verbindung bewährt sich nicht. Er erfährt das Geheimnis seiner Geburt, wird zur Krone berufen und findet in → Idoine die ebenbürtige Gattin.

Alberich [*DerRing des Nibelungen.* Musikdramatische Tetralogie von Richard Wagner, 1853]. – Der Nibelungenfürst A. hat aus dem Gold, das er den Rheintöchtern geraubt hat, einen magische Kräfte verleihenden Ring geschmiedet, der Macht über die Welt verleiht. Dazu war er nur in der Lage, weil er alles Gute in sich abgetötet und auf Liebe verzichtet hatte. Als → Wotan ihm den Ring raubt, verflucht A. das Kleinod; alle, die es besitzen, sollen sterben, und die es nicht haben, sollen von Neid geplagt werden.

Albert [*Die Leiden des jungen Werthers.* Roman von Johann Wolfgang von Goethe, 1774], – Der Verlobte und spätere Ehemann → Lottes verkörpert das bürgerliche Lebensprinzip: Fleiß, Sparsamkeit, Pflichtbewußtsein, Gelassenheit und Vernunft. Damit steht er im Gegensatz zu dem weltschmerzlerischen Künstlertyp → Werther.

Albert [*Die Unbekannte aus der Seine.* Komödie von Ödön von Horváth, entst. 1933, UA 1949]. – Der vorbestrafte Arbeitslose A. begeht bei einem Einbruch einen Totschlag. Eine junge Vagabundin schließt sich ihm an und verschafft ihm ein Alibi. Als er sich gerettet weiß, läßt er sie fallen. Sie wäre nur ein Hindernis bei seinem Streben, ein ganz normaler Spießer zu werden. Die Unbekannte geht in die Seine.

Albert Einhart [*Auch Einer.* Roman von Friedrich Theodor Vischer, 1879]. – »Auch Einer« nennt der Erzähler nach den Initialen A. E. seine skurrile Reisebekanntschaft, deren Identität er erst viel später erfährt. Der ehemalige Oberamtmann und Abgeordnete findet sich vom Pech verfolgt, alle täglichen Zufälligkeiten und physischen Anfälligkeiten scheinen sich gegen ihn verschworen zu haben. Daraus entwickelt er die Philosophie von der »Tücke des Objekts«, einer teuflischen Verschwörung der Dämonen. A. E. trägt autobiographische Züge.

Albertus → **Julius** (Schnabel: *Die Insel Felsenburg*)

Albisser [*Albissers Grund.* Roman von Adolf Muschg, 1974]. – Der Gymnasialprofessor Dr. phil Peter A. schießt auf seinen Psychiater Constantin → Zerutt, bei dem er vier Jahre in Behandlung war. Vorher hatte sich A. – seiner eigentlichen Natur entgegen – unter dem Einfluß Zerutts im Zuge der Zürcher Jugendrevolte (1968) mit einer revolutionären Lehrlingsgruppe solidarisiert und den Militärdienst verweigert, war verhaftet worden und hatte seine Stellung verloren. Mit den Schüssen sucht er sich von dem Druck zu befreien, den Zerutts Persönlichkeit auf ihn ausübt. Nach der Tat zieht A. sich in Selbstbescheidung und abgeklärter Heiterkeit in eine Kleinstadt zurück, der Schatten eines Intellektuellen mit linksextremistischen Anwandlungen.

Albrecht [*Königliche Hoheit.* Roman von Thomas Mann, 1909]. – Der Thronfolger und spätere Regent A. ist der Typ des vornehmen, volksfernen Fürsten. Er ist von zarter Gesundheit und deshalb viel außer Landes. Seine Repräsentationspflichten haßt er und überträgt sie seinem jüngeren Bruder → Klaus Heinrich.

Albrecht [*Der Opfergang.* Novelle von Rudolf G. Binding, 1911]. – A. ist der Mann zwischen zwei Frauen. Seine Jugendliebe und Ehefrau → Octavia bringt Ruhe und Sicherheit in sein unstetes Leben, macht ihn aber passiv. Die Begegnung mit der lebensfrohen, sinnlichen → Joie gibt ihm Schwung und Arbeitskraft.

Albrecht von Bayern [*Agnes Bernauer.* Trauerspiel von Friedrich Hebbel, 1852]. – A. ist das Individuum, das sich den Interessen des Gemeinwohls opfern muß. Seine Liebe zu der schönen Baderstochter → Agnes Bernauer ist absolut, und er reagiert auf ihre Hinrichtung mit Aufruhr und Zerstörung, bis der Vater ihn zur Einsicht bringt, daß es seine Pflicht als Fürst ist, seine Rache dem Gemeinwohl zu opfern. Das geschieht, indem der Vater ihm auf dem Schlachtfeld den Herzogsstab übergibt und ihn zum Richter aufruft.

Alcest [*Die Mitschuldigen.* Lustspiel von Johann Wolfgang von Goethe, entst. 1768/69; 1787]. – A. sucht ein Abenteuer mit seiner ehemaligen Liebe Sophie, der Frau des leichtfertigen Spielers Soller. Er deckt dabei ungewollt die instabilen Moralverhältnisse der spätaufklärerischen Gesellschaft auf, für die er selbst ein Beispiel ist.

Alceste → Alkestis

Alembert [*D'Alemberts Ende.* Projekt von Helmut Heißenbüttel, 1970]. – Bei Leonhard d'A., einem homosexuellen Kunstkritiker in Hamburg, kommen am 26. Juli 1968 neun Intellektuelle aus dem Kulturbetrieb zusammen und führen zitatgespickte, nichtssagende Gespräche über aktuelle Themen. Als d'A. tot aufgefunden wird, reden die anderen weiter. Als Sinngebung der »allegorischen Figur« bietet sich das Untergehen des Individuums in der Massengesellschaft an oder die leere Betriebsamkeit einer meinungsbildenden Gruppe.

Alexander.
Der Makedonenkönig A., Gründer des ersten Weltreichs, regierte von 336–323 v. Chr. Von allen geschichtlichen Persönlichkeiten spielt er die umfangreichste Rolle in der Weltliteratur.
[*Alexander.* Versdichtung des Pfaffen Lamprecht, entst. um 1120/30]. – Der geistliche Autor würdigt die positiven Eigenschaften des heidnischen Helden: Tapferkeit, Kriegskunst und Weisheit, billigt ihm aber nicht das Attribut »magnus« zu,

denn das Streben nach irdischen Werten entspricht nicht seiner christlich-asketischen Weltsicht. – In einer zweiten Bearbeitung, dem *Straßburger Alexander* (um 1170) sind der Titelheld und seine Feinde bereits Ritter mit höfischen Tugenden.

[*Alexander.* Versepos von Rudolf von Ems, entst. um 1230–1240]. – Soweit der Autor sich an griechische und lateinische Vorlagen hält, entsteht das Bild eines übermächtigen, rücksichtslosen und gewalttätigen Eroberers. Aber die Figur ist nicht einheitlich gesehen, sie wird zum Idealbild des strahlend schönen staufischen Ritters stilisiert: weise und gottesfürchtig, mäßig, gerecht und barmherzig. Er beherrscht alle höfischen Künste und ist ein Streiter Gottes gegen die Heiden.

[*Alexandreis.* Versepos von Ulrich von Etzenbach, entst. um 1280]. – Höhepunkt der mittelalterlichen Alexanderverehrung mit lehrhaften Zügen. A. ist der ideale Herrscher und im Frauendienst der vollendete höfische Ritter.

[*Das Buch von dem großen Alexander.* Prosaroman von Johannes Hartlieb, entst. 1444; 1472]. – Das Werk ist als Fürstenspiegel gedacht und zeichnet A. als das Musterbild eines deutschen Königs; es wurde zu einem Volksbuch.

Alexander [*Ostpolzug.* Schauspiel von Arnolt Bronnen, 1926]. – A. der Große, eine Personifizierung von Bronnens eigenem Ich, ist der faustische Mensch aller Zeiten, der nach der eigenen Bestimmung sucht und an die Größe des Menschen glaubt. In dem Einpersonenstück agiert A. im 4. Jh. v. Chr. als der Feldherr und Gründer eines Weltreiches, bezwingt aber gleichzeitig im 20. Jh. als Führer einer Expedition den Mount Everest, den er den Ostpol nennt.

Alexander VI.

Der historische Papst A. VI. (1492–1503; Rodrigo de Borgia) war ein genußsüchtiger, gewalttätiger Renaissancemensch. Er war mehr darauf bedacht, seine Familie (→ Lukrezia Borgia) fürstlich zu versorgen, als den Glauben zu mehren, und brachte das Papsttum in Verruf.

[*Savonarola.* Versepos von Nikolaus Lenau, 1837]. – A. ist als zynischer Politiker dargestellt, der → Savonarola nicht um des wahren Glaubens willen bekämpft, sondern um seine Machtposition zu halten.

Alexander von Tr. . . [*Lebensläufe nach aufsteigender Linie.* Roman von Theodor Gottlieb von Hippel, 1778–1781]. – Der kurländische Pfarrerssohn A. von Tr. . . erzählt sein Leben als Theologiestudent, Hauslehrer, Student der Kriegskunst, Soldat im Krieg gegen die Türken, Diplomat und Gutsbesitzer in Livland, unterbrochen durch zahlreiche Exkurse und Dispute, vor allem über den Tod.

Alexandra → Aristobolus (Hebbel: *Herodes und Mariamne*)

Alexej.
A. (1690–1718), der Sohn Peters des Großen, wurde wegen Hochverrats gefoltert und hingerichtet.
[*Peter und Alexej.* Tragödie von Henry von Heiseler, 1912]. – Der Zarewitsch A. ist ein willensschwacher Träumer und Spieler. Er weicht dem offenen Kampf mit seinem Vater Zar → Peter dem Großen, dessen Reformen er ablehnt, aus, beteiligt sich aber an einer Verschwörung. Der Zar zwingt ihn, vergifteten Wein zu trinken, weil er ihm sein Reich nicht anvertrauen will.

Alexis [*Alexis und Dora.* Elegie von Johann Wolfgang von Goethe, ED 1797]. – A. verkörpert für Goethe die Schönheit des Natürlichen und Gesunden. Bei der Abreise durchlebt er, an den Schiffsmast gelehnt, trunkenglücklich das Bewußtwerden seiner Liebe zu Dora und sorgenvoll den möglichen Verlust in der Zukunft. »Das Selbstgespräch aus erregter Seele nach einem Abschied ist ein elegisches Grundmotiv.« (Trunz).

Alexius [*Alexius.* Verslegende von Konrad von Würzburg, entst. vor 1275]. – Der heilige A. ist ein schon früh von Gottesliebe erfaßter römischer Patriziersohn der Spätantike, der ein Leben als Bettler und Dulder führt.

Alfonso [*Die Jüdin von Toledo.* Historisches Trauerspiel von Franz Grillparzer, ED 1872]. – Der spanische König A. VIII. (1153–1214) ist der Mann zwischen zwei Frauen, der kühlen englischen Gattin Eleonore und der heißblütigen jüdischen Geliebten → Rahel. Nachdem er sich von Jugend auf seiner Ausbildung und seinen herrscherlichen Pflichten gewidmet hat, wozu auch seine Ehe gehört, begegnet der noch jugendliche A. in Rahel zum erstenmal dem verführerischen Weib und verfällt willenlos ihren Reizen. Er vernachlässigt seine Staatsgeschäfte und verläßt Frau und Kinder. Als Rahel im Auftrag der Königin und des Staatsrats getötet worden ist, erkennt er seine Schuld und zieht gegen die Mauren zu Felde.

Alfred [*Geschichten aus dem Wienerwald.* Volksstück von Ödön von Horváth, 1931]. – Der typische Wiener Vorstadt-Strizzi lebt von Wetten und dunklen Geschäften. Er ist der Geliebte von Valerie, einer Trafikinhaberin, und verführt die hilflose → Marianne auf einem Picknickausflug in den Wienerwald.

Algabal [*Algabal.* Gedichtsammlung von Stefan George, 1892]. – A. ist die Gestalt, auf die alle Gedichte des Bandes bezogen sind. Sein Urbild ist der spätrömische Priesterkaiser Heliogabalus (204–222), der in Rom einen orientalischen Sonnenkult einführte; er wurde, achtzehnjährig, wegen seines zügellosen Lebens erschlagen. Bei George wird er zum Inbild der priesterlichen und herrscherlichen Würde des Künstlertums.

Al Hafi [*Nathan der Weise.* Dramatisches Gedicht von Gotthold Ephraim Lessing, 1779]. – Der Derwisch Al H., ein Parse, wird von dem Sultan → Saladin zum Schatzmeister ernannt. Im Konflikt zwischen Eremitensehnsucht und politischem Auftrag gerät er angesichts der Mißwirtschaft seines blind freigebigen Herren in komische Verzweiflung. So tritt er zurück, um am Ganges ein Leben in Armut und Kontemplation zu führen. – Lessing plante, seine Schicksale bei den Parsen in einem eigenen Werk zu gestalten.

Alice → Rennewart (Wolfram von Eschenbach: *Willehalm*)

Alkestis.
A. ist nach dem von Euripides dramatisch gestalteten Stoff der griechischen Sage (*Alkestis,* UA 438 v. Chr.) die heroische Gattin, die stellvertretend für ihren Gemahl → Admetos den Tod erleidet und von → Herakles aus der Unterwelt gerettet wird.
[*Alceste.* Deutsches Singspiel von Christoph Martin Wieland, 1773]. – Bei Wieland ist Alceste eine Vorläuferin von Goethes → Iphigenie – eine einsam leidende und sich opfernde Frau.
[*Alkestis.* Trauerspiel von Hugo von Hofmannsthal, 1911]. – Bei Hofmannsthal wird der unbarmherzige Tod zum Stifter eines neuen erhöhten Lebens.

Alkibiades.
A. (um 450–404 v. Chr.), Staatsmann und Feldherr der Athener, war Schüler und Freund von Sokrates, der ihm in der Schlacht von Potidaia das Leben rettete.
[*Der gerettete Alkibiades.* Theaterstück von Georg Kaiser, 1920]. – Der junge, eitle und ehrgeizige A. wird in seiner vitalistischen Lebensauffassung durch → Sokrates beschämt. Er ist mehrfacher Nutznießer des Umstandes, daß sich Sokrates in der Schlacht einen Dorn in den Fuß getreten hat. Erst kann er die schon verlorene Schlacht gewinnen, dann wird er mit dem Lorbeerkranz gekrönt, der Sokrates zugedacht war. Am Schluß verurteilt man Sokrates stellvertretend für ihn zum Tode.

Alkmene.
In der griechischen Mythologie ist A. die Mutter der Zwillingsbrüder → Herakles und Iphikles, gezeugt in derselben Nacht durch den Göttervater Zeus und A.s Gemahl → Amphitryon. Schrittweise gewinnt sie (seit Plautus, 200 v. Chr.) das Persönlichkeitsbild der absolut treuen, liebenden Gattin. Selbst Jupiter kann sie nur verführen, indem er die Gestalt ihres Gemahls annimmt.
[*Amphitryon.* Lustspiel von Heinrich von Kleist, 1807]. –

Kleist führt die Gefühlsverwirrung A.s, die glaubte, den geliebten Amphitryon zu umarmen, an die Grenzen des Tragischen. Das Verlangen des Gottes, um seiner selbst willen geliebt zu werden, wird schließlich vor der Gattentreue A.s zunichte.

[*Zweimal Amphitryon.* Drama von Georg Kaiser, ED 1948]. – A. gewinnt im Gebet den Gott zum Bundesgenossen, um den kriegslüsternen Gemahl Amphitryon zum Pazifismus zu bekehren; ihr Sohn Herakles erscheint ihr als der zukünftige Friedensfürst.

[*Amphitryon.* Komödie von Peter Hacks, 1968]. – A. durchschaut Jupiter frühzeitig. Sie erkennt in ihm den Mann, der so ist, wie sie sich Amphitryon wünschen würde.

Allan [*Das Floß der Medusa.* Schauspiel von Georg Kaiser, 1942]. – A. ist eins von 13 Kindern, die 1940 in einem Rettungsboot 7 Tage im Atlantik treiben, weil ihr Dampfer torpediert worden ist. A. beschützt das »Füchslein«, einen neunjährigen schüchternen Jungen, der jedoch von → Ann in den Tod getrieben wird. Danach will Allan nicht mehr weiterleben, denn er hat den Glauben an die Menschen verloren.

Allan [*Der Tunnel.* Zukunftsroman von Bernhard Kellermann, 1913]. – Der Ingenieur A. baut einen Tunnel, der die Kontinente Amerika und Europa verbindet, und setzt sich gegen die im Genre üblichen Widerstände wie Explosion und Panik auf dem Boden des Atlantiks durch. A. ist die Hauptgestalt des ersten wichtigen deutschen technischen Zukunftsromans. Jules Verne und H. G. Wells gehen voraus, Hans Dominik ist Kellermanns Zeitgenosse.

Allison [*Hamlet oder Die lange Nacht nimmt ein Ende.* Roman von Alfred Döblin, 1956]. – Der englische Soldat Edward A. erleidet durch seine Kriegsverwundung und den Verlust eines Beines einen Schock und kehrt ins Elternhaus zurück. Um ihn zu unterhalten, wird viel erzählt; dabei entdeckt er, daß die Ehe seiner Eltern (Gordon und Alice A.) eine Hölle ist; er fühlt sich als Hamlet.

Allwill [*Eduard Allwills Briefsammlung.* Briefroman von Friedrich Heinrich Jacobi, 1792]. – Eduard A. ist das typische »Genie« der Sturm-und-Drang-Zeit, das sich seine Gesetze selbst gibt. Unter dem Einfluß des »reinen« Mädchens Clara wird er jedoch zu verantwortungsbewußter Sittlichkeit geläutert.

Alma [*König Nicolo oder So ist das Leben.* Schauspiel von Frank Wedekind, 1902]. – Das Schicksal der Tochter des gestürzten Königs → Nicolo ist das versöhnliche Element in der tragikomischen Handlung. Sie begleitet ihren Vater bei seinen wechselhaften Überlebensversuchen, lernt den Sohn des

Usurpators, Filipo, kennen und wird seine Gemahlin.

Almansor [*Almansor.* Tragödie von Heinrich Heine, ED 1821]. – In dem romantischen Rührstück hat Heine seiner Affinität zu den Mauren Ausdruck verliehen. A. und → Suleima aus Granada sind von Jugend auf füreinander bestimmt und wachsen im Hause des jeweiligen zukünftigen Schwiegervaters auf. Bei der Maurenverfolgung geht A. mit seinem Pflegevater außer Landes. Nach Jahren zurückgekehrt, findet er Suleima als Christin Clara wieder, am Vorabend ihrer Hochzeit mit einem Spanier. A. entführt die Geliebte, doch der Glaube trennt sie, und sie suchen gemeinsam den Tod.

Almaviva [*Figaro läßt sich scheiden.* Komödie von Ödön von Horváth, UA 1937]. – Das gräfliche Paar aus Beaumarchais' Dramen und Mozarts Oper flieht bei Ausbruch der Revolution. Sie kommen in der Emigration herunter, wohnen in möblierten Zimmern, und der Mann begeht Betrügereien, um nicht zu verhungern, während seine Frau Charakter und Mütterlichkeit bewahrt: Eine häufige Konstellation bei Horváth.

Alpanus [*Klein Zaches genannt Zinnober.* Märchen von E.T.A. Hoffmann, 1819]. – Der Magier Prosper A. zieht sich vor der Spießerwelt der Aufklärung in sein Landhaus zurück, um die Poesie zu bewahren und als wohltätiger Arzt zu wirken.

Alpha [*Vinzenz und die Freundin bedeutender Männer.* Posse von Robert Musil, 1924]. – A. ist eine Figuration der überlebten Wiener Gesellschaft nach 1918. Die »schöne Seele« hat um sich einen Freundeskreis von anonymen, nur ihre Funktion im öffentlichen Leben darstellenden Karikaturen von Männern versammelt: den Gelehrten, den Musiker, den Politiker, den Reformer, den Studenten. Mit einer Mischung aus Laune, Geist und Erotik hält sie alle auf Distanz in einem Zustand zwischen Vertrautheit und Zurückweisung.

Alphart [*Alpharts Tod.* Anonymes Heldenepos aus dem Kreis der Dietrich-Epen, entst. um 1250]. – A. ist die Verkörperung des jugendlichen Helden, der mutig seine Taten vollbringt, ohne lange zu fragen. Er zieht gegen den Willen seiner Verwandten in den Krieg, um ihnen seine Mannhaftigkeit zu beweisen.

Alsdorf [*Das bemooste Haupt oder der lange Israel.* Schauspiel von Julius Roderich Benedix, 1840]. – Das »bemooste Haupt«, der Theologe A., ist der typische »ewige Student«. Er steht im 30. Semester, hat viele Duelle hinter sich, ist trinkfest, treu deutsch und fromm. Seit zehn Jahren ist er mit der Näherin Hannchen Nebe verlobt, was ihm in Anspielung auf das alttestamentarische Paar Jakob und Rahel den Spitznamen »langer Israel« eingebracht hat. Am Ende bekommt er eine Pfarrstelle und lebt zusammen mit seinem Hannchen in einer gottgefälligen Ehe.

Altenauer → Regine (Keller: *Das Sinngedicht*)

Alves → Elisabeth Dornblüh (I. Seidel: *Das unverwesliche Erbe*)

Alwin [*Ehen in Philippsburg*. Roman von Martin Walser, 1957]. – Der Rechtsanwalt Dr. A. strebt eine politische Karriere an, die er gefährdet, als er einen betrunkenen Motorradfahrer überfährt, weil er sich ständig nach der Frau in seinem Fond umschaut.

Amalia → Barnabas (Kafka: *Das Schloß*)

Amalie von Edelreich [*Die Räuber*. Schauspiel von Friedrich von Schiller, 1781]. – A. v. E., die Braut von → Karl Moor, ist eine treu Liebende und standhaft Leidende. Sie glaubt an Karl trotz allem, was gegen ihn spricht, ahnt die Machenschaften von → Franz Moor und widersetzt sich dessen Annäherungsversuchen. Sie stirbt auf eigenen Wunsch von Karls Hand. Die einzige weibliche Gestalt des Dramas bleibt blaß, ist aber wesentlich für den Erkenntnisprozeß des Helden.

Amanda → Rezia (Wieland: *Oberon*)

Amfortas → Anfortas

Amina [*Der Diamant des Geisterkönigs*. Zauberposse von Ferdinand Raimund, ED 1837]. – Das Mädchen A. macht sich im »Land der Wahrheit und der Sittenstrenge« wegen seiner absoluten Aufrichtigkeit höchst verdächtig, denn in dem Lande herrscht ein so großer moralischer Druck, daß sich jedermann hinter scheinheiligen Lügen versteckt.

Amine → Eridon (Goethe: *Die Laune des Verliebten*)

Amîs [*Der Pfaffe Amîs*. Schwanksammlung des Strikkers, entst. um 1230]. – Der gastfreundliche Pfaffe A. wird durch die Habgier und Mißgunst seines Bischofs aus England vertrieben. Er erlebt viele Abenteuer, die ihn bis Konstantinopel führen, treibt manchen Schabernack mit der Dummheit der Menschen und kehrt am Ende reich in seine Heimat zurück, wo er als Abt in einem Zisterzienserkloster sein Leben beschließt. A. ist ein Vorfahr des Till → Eulenspiegel.

Ammetsberger [*Italienische Nacht*. Volksstück von Ödön von Horváth, UA 1931]. – Der »republikanische« Stadtrat A. steht stellvertretend für die angepaßten, arrivierten Sozialdemokraten am Ende der Weimarer Republik. Er ist ein Opportunist, der die Ideologie in wohltönende Worte faßt, ohne sie selbst noch zu vertreten. Seine Frau Adele unterdrückt er in kleinbürgerlich-tyrannischer Manier. Trotzdem rafft sie sich im entscheidenden Moment auf, dem Naziterror Widerstand zu leisten, als sich A. schon feige unterworfen hat.

Ampedo → Fortunatus

Amphio → Hermione (Raimund: *Die gefesselte Phantasie*)

Amphitryon.
A. ist das Opfer einer Intrige des Göttervaters Jupiter. Dieser kann A.s Gattin → Alkmene nur verführen, indem er die Gestalt ihres Ehemanns annimmt. Der Stoff war 1929 nach der Zählung Jean Giraudoux' achtunddreißigmal dramatisiert.
[*Amphitryon.* Lustspiel von Heinrich von Kleist, 1807]. – A. ist der geliebte Mann, den selbst der Gott Jupiter nicht aus dem Herzen Alkmenes verdrängen kann.
[*Zweimal Amphitryon.* Drama von Georg Kaiser, ED 1948]. – A. wird von Alkmene mit Hilfe des Gottes von blinder Kriegsversessenheit zum Pazifismus bekehrt.
[*Amphitryon.* Komödie von Peter Hacks, 1968]. – Der martialische General erscheint in den Augen Alkmenes klein, seit sie in Jupiter den wahren Mann erkannt hat.

Amrai [*Barfüßele.* Roman von Bertold Auerbach, 1856]. – A. ist das armselige, unterdrückte Waisenkind, das bei allen Widrigkeiten fröhlich und tatkräftig bleibt und sich auch noch um den Bruder Dani, einen Taugenichts, kümmert. Wie im Märchen findet sich am Ende der reiche Bauernsohn, der sie heimführt.

Amrain [*Frau Regel Amrain und ihr Jüngster.* Novelle von Gottfried Keller, ED 1856 (in: *Die Leute von Seldwyla*)]. – Regula A., die von ihrem Mann, einem großspurigen Knopfmacher, verlassen worden ist, erzieht ihre drei Söhne, vor allem den Jüngsten, Fritz, der ihrem Mann nachschlägt, zu soliden Bürgern.

Amsel [*Hundejahre.* Roman von Günter Grass, 1963]. – Der Halbjude Eduard (Eddi) A., als Kind ständig gehänselt, wird Kaufmannsgehilfe und treibt nebenbei einen schwunghaften Handel mit Vogelscheuchen. Im Krieg inszeniert er unter dem Namen Haseloff Ballettabende mit Vogelscheuchenmotiven. Nach dem Krieg nennt er sich Brauxel, besitzt ein Kalibergwerk und baut symbolische Figuren, die verbildlichen sollen, daß sich die Menschen billigen Schablonen unterwerfen.

Anastasia [*Die Ehe des Herrn Mississippi.* Komödie von Friedrich Dürrenmatt, 1952]. – A., ein Wesen von absoluter Amoralität und starker sexueller Ausstrahlung, hat ihren Ehemann François vergiftet, um ihren Jugendgeliebten → Übelohe heiraten zu können. Sie geht mit → Mississippi die Ehe ein, als dieser sich auch als Mörder zu erkennen gibt, und stirbt schließlich durch Gift aus seiner Hand, während Mississippi den vergifteten Kaffee trinkt, den sie für den Revoluzzer → Saint-Claude bestimmt hat.

Anatol [*Anatol.* Dramatische Skizze von Arthur Schnitzler, 1893]. – A. ist der überreizte Frauenheld der Wiener Gesellschaft um die Jahrhundertwende, der zwar ästhetische Stimmungen, Selbstreflexion, aber keine Tatkraft mehr kennt.

Andergast [*Der Fall Maurizius.* Roman von Jakob Wassermann, 1928]. – Der Oberstaatsanwalt Freiherr von A. war der Ankläger gegen Leonhart → Maurizius. Durch seinen Sohn → Etzel wird er veranlaßt, den Fall zu überprüfen und sein Urteil zu revidieren.

Andernoth → Herse A. (Gaiser: *Schlußball*)

Andolosia → Fortunatus

Andrea Delfin [*Andrea Delfin.* Novelle von Paul Heyse, ED 1862]. – A. D. ist der Mann, der sich selbst zum Richter erhebt und darüber zum Mörder wird. Der Adelige aus der Terra Ferma, Candiano, kommt unter dem Decknamen A. D. 1762 nach Venedig, um den Mord zu rächen, den die Signoria an mehreren seiner Familienmitglieder begangen hat. Unter dem Tarnmantel eines Spitzels für die Inquisition kann er unerkannt zwei Inquisitoren erledigen. Als er den dritten tötet, stellt sich dieser als sein verkleideter Freund Baron Rosenberg heraus. Verzweifelt sucht er den Tod in der Lagune.

Andreas [*Die Legende vom heiligen Trinker.* Erzählung von Joseph Roth, 1939]. – A., ehemaliger Zuchthäusler, weil er den Ehemann seiner Geliebten ermordet hat, lebt als Clochard unter den Seinebrücken von Paris. Eines Tages schenkt ihm ein älterer Herr 200 Francs, die er der hl. Therese zurückgeben soll. Obwohl er das Geld aufrichtig erstatten will, gelingt es ihm bis zu seinem Tode nicht, denn Leichtsinn, Unachtsamkeit, Naivität und seine Trunksucht zehren die Summe immer wieder auf.

Andreas [*Die Zaubergeige.* Roman von Kurt Kluge, 1940]. – Der Musikus A. hat in einem Depressionszustand unwillkürlich eine Stradivari aus einem Museum entwendet. Er beschließt, drei Tage lang die Zaubergeige zu spielen und dann den Tod zu suchen. Aber mit weiblicher Hilfe nimmt alles ein gutes Ende.

Andreas [*Der Zug war pünktlich.* Erzählung von Heinrich Böll, 1949]. – Der Fronturlauber A. ist gewiß, in den Tod zu gehen, als er 1943 in tagelanger

Eisenbahnfahrt nach Lemberg zurückkehrt und über Erlebtes nachdenkt. In Lemberg verbringt er eine Nacht bei einer Dirne, die ihn retten will; aber er muß sein Schicksal erfüllen.

Andreas Hartknopf [*Andreas Hartknopf.* Roman von Karl Philipp Moritz, 1786]. – Der Sohn eines Schmieds folgt zunächst dem Handwerk seines Vaters, studiert dann aber Theologie und verkündigt als Prediger eine mystische Lehre. Darüber gerät er in Konflikt mit den orthodoxen Gläubigen und wird der Ketzerei beschuldigt.

Andreas Vöst [*Andreas Vöst.* Roman von Ludwig Thoma, 1906]. – A. V. ist ein bayerischer → Michael Kohlhaas, der gegen den verleumderischen Pfarrer um sein Recht kämpft und sich dabei schließlich selbst ins Unrecht setzt.

Andreas von Ferschengelder [*Andreas oder die Vereinigten.* Romanfragment von Hugo von Hofmannsthal, 1932]. – A. v. F., ein willenschwacher Träumer, gerät auf einer Bildungsreise in Venedig in einen Zustand der Gespaltenheit. Auf der einen Seite steht die geheimnisvolle, sinnliche, sinnenverwirrende Welt in Venedig, auf der anderen Seite die Erinnerung an eine heitere, reine Bergwelt in Kärnten und die stille Bauerntochter Romana.

Andres [*Die Akten des Vogelsangs.* Roman von Wilhelm Raabe, 1896]. – Velten A. ist im Gegensatz zu seinem Freund Karl → Krumhardt ein Phantasiemensch und Pläneschmied, dem bürgerliches Zweckdenken fernliegt. Er fühlt, daß seine Jugendfreundin → Helene Trotzendorff ihm vom Schicksal zugedacht ist und daß er Welten überwinden muß, um sie zu gewinnen. Das bestimmt sein hektisches, unruhiges Leben und zerstört es, als Helene für ihn verloren ist.

Andri [*Andorra.* Theaterstück von Max Frisch, 1961]. – A. ist der uneheliche Sohn seines Pflegevaters, des Lehrers Can. Er gerät in den Verdacht, ein Jude zu sein, und entwickelt die Eigenschaften, die das Vorurteil seiner Umwelt von ihm erwartet und ihm einredet.

Anfortas [*Parzival.* Höfisches Epos von Wolfram von Eschenbach, entst. zw. 1200 und 1210]. – Der Gralskönig siecht an einer qualvollen Wunde dahin, die ihm als Strafe für seine unerlaubte Minne zur dämonisch schönen → Orgeluse ein vergifteter Heidenspeer beigebracht hat. Wenn ein Auserwählter ihn nach seinem Leiden fragt, kann er genesen, aber nicht König bleiben. Die Frage versäumt → Parzival bei der ersten Begegnung, stellt sie dann aber bei der zweiten.
[*Parsifal.* Musikdrama von Richard Wagner, 1877]. – Hier erliegt Amfortas(sic!) den erotischen Künsten der → Kundry, verliert dabei den heiligen Speer

und wird mit diesem von → Klingsor verwundet.

Angela Borgia [*Angela Borgia.* Novelle von Conrad Ferdinand Meyer, 1891]. – A. B., das Gegenbild ihrer Verwandten → Lukrezia B., ist eine Frau mit Prinzipien. Sie ruft → Giulio, den sie verachtet, zur Abkehr von seinem lasterhaften Leben auf, äußert aber der Wahrheit zuliebe bei Hofe, er habe schöne Augen. Das veranlaßt den eifersüchtigen Kardinal Ippolito, Giulio blenden zu lassen. A. fühlt sich mitschuldig und fortan an Giulios Schicksal gebunden. Sie pflegt ihn im Gefängnis und vermählt sich heimlich mit ihm.

Angermann [*Geheimnisse des reifen Lebens.* Roman von Hans Carossa, 1936]. – A. lebt im Ruhestand und führt mit seiner nervenkranken Frau Cordula in einem alten Bauernhaus ein besinnliches Leben. Er erfüllt der tatkräftigen Gutsbesitzerin Barbara, der es nicht genügt, nur für ihre labile Freundin Sybille zu sorgen, den Wunsch nach einem Kind.

Angliana → Lewfrid (Wickram: *Der Goldfaden*)

Anita [*Lebensläufe.* Erzählungen von Alexander Kluge, 1962]. – In der Sammlung exemplarischer Schicksale, die von der Selbstentfremdung der Deutschen zeugen, erlebt das jüdische Mädchen den Abtransport der Großeltern ins Konzentrationslager, kann ihn seelisch nicht bewältigen und gerät auf die schiefe Bahn.

Ann [*Das Floß der Medusa.* Schauspiel von Georg Kaiser, 1942]. – Unter den 13 Kindern, die nach einem Torpedoangriff 1940 in einem Rettungsboot im Atlantik treiben, ist das frühreife Mädchen A. Aus Aberglauben, daß die Zahl 13 Unglück bringe, stiftet sie die Kinder an, den »Füchslein« genannten kleinsten Jungen über Bord zu werfen, während sie dessen Beschützer → Allan durch ein Hochzeit-Spiel ablenkt.

Anna.
Donna A., die Tochter des Komturs, ist die Gegenspielerin Don → Juans. Sie ist von dessen sieggewohnter Verführungskraft überwältigt. Doch als Don Juan ihren Vater im Zweikampf tötet, schlägt die Liebe in Haß um.

[*Don Juan.* Novelle von E.T.A. Hoffmann, ED 1813]. – Donna A. und die Sängerin, die ihre Rolle bei einer Aufführung von Mozarts/da Pontes Oper spielt, sind auf phantastische Weise eine Person geworden, und in der Doppelgestalt sind Haß und Liebe zu einer untrennbaren Einheit verschmolzen. Donna A. und die Sängerin sterben Don Juan nach.

[*Don Juan und Faust.* Tragödie von Christian Dietrich Grabbe, 1829]. – Donna A. ist das hilflose Opfer der Begierde Don → Juans und → Fausts. Don Juan tötet ihren Bräutigam Don Octavio bei der Hochzeitsfeier, doch Faust, ebenfalls von ihr entflammt, entführt sie in ein Zauberschloß auf dem Montblanc und tötet sie dort, als sie ihn abweist.

Anna → Grusche Vachnadze (Brecht: *Der Augsburger Kreidekreis*)

Anna [*Der ewige Spießer.* Roman von Ödön von Horváth, 1930]. – A. ist der Typ des im Grunde ehrbaren Mädchens, das durch die Verhältnisse auf die schiefe Bahn gerät. Die von → Kobler verlassene Näherin wird arbeitslos und schlägt sich als Malermodell und Prostituierte durch. Mit der Hilfe eines »guten Menschen« gelingt ihr die Rückkehr in ein ehrbares Leben.

Anna [*Der grüne Heinrich.* Roman von Gottfried Keller, 1854/55; Neufassung 1879/80]. – Die zarte A. beschäftigt → Heinrich Lees Phantasie, sie verkörpert für ihn den edlen Teil der Liebe. Als sie stirbt, lebt er ihrem Andenken und löst sein Verhältnis zu der realen, sinnlichen → Judith.

Anna [*Jugend.* Drama von Max Halbe, 1893]. – A. repräsentiert den zeittypischen Konflikt der Heranwachsenden zwischen natürlicher Sinnlichkeit und religiösen Moralgesetzen. Die unehelich Geborene soll auf Drängen des fanatischen Kaplans → Schigorski freiwillig ins Kloster gehen, um für die Sünden der Mutter zu büßen. Das natürliche Empfinden des Mädchens richtet sich jedoch auf ihren Vetter Hans Hartwig.

Anna → Karl (L. Frank: *Karl und Anna*)

Anna Blume [*Anna Blume.* Gedichte von Kurt Schwitters, ED 1919]. – Das Mädchen mit dem simplen Namen ist die Angebetete in einer dadaistischen Textmontage, einer Parodie auf die Liebeslyrik von Petrarca bis August Stramm.

Anna Bronski [*Die Blechtrommel.* Roman von Günter Grass, 1959]. – A., das kaschubische Bauernmädchen, versteckt in einer berühmten Szene am Anfang des Romans → Koljaiczek vor den Landgendarmen unter ihren vier Röcken. Dabei wird Agnes Bronski gezeugt, die Mutter → Oskar Matzeraths. – In dem Roman *Die Rättin* (1986) stirbt die nunmehr 107 Jahre alte Großmutter nach dem Atomschlag und wird von einem Rattenheer in den Danziger Dom transportiert, als Reliquie aus der Zeit der Menschen.

Anna Fierling → Courage (Brecht: *Mutter Courage*)

Anna Frönning → Manao Vinje (Jahnn: *Armut, Reichtum, Mensch und Tier*)

Anna Mahr → Vockerat (G. Hauptmann: *Einsame Menschen*)

Anne Bäbi Jowäger [*Wie Anne Bäbi Jowäger haushaltet und wie es ihm mit dem Doktern geht.* Roman von Jeremias Gotthelf, 1843/44]. – A. B., die Bäuerin des Jowägerhofs, ist eine beschränkte, labile Psychopathin, die Hof und Familie beherrscht. In ihrer Primitivität glaubt sie den Quacksalbern mehr als den Ärzten und wird so mitschuldig daran, daß ihr Sohn Jakobli teilweise erblindet und daß ihr erster Enkel stirbt. In dem religions- und sozialpädagogisch angelegten Roman steht A. B. für die Verderblichkeit des Aberglaubens und der heidnisch-blinden Naturzugewandtheit.

Annedorle [*Die Heiterethei.* Novelle von Otto Ludwig, 1857]. – Die tüchtige A., wegen ihres fröhlichen Wesens auch Heiterethei genannt, weiß sich mit ihrer Schlagfertigkeit der lästigen Männer zu erwehren. Die Gegenfigur ist der Holdersfritz, ein Tunichtgut, der durch A. zur Besinnung kommt.

Annerl [*Geschichte vom braven Kasperl und dem schönen Annerl.* Novelle von Clemens Brentano, 1817]. – A. dient als Magd in der Stadt, während ihr → Kasperl Soldat ist. Sie läßt sich von einem Adeligen verführen und tötet ihr Kind, um der Schande zu entgehen. Dafür wird sie hingerichtet.

Anni → Prächtel (G. Hauptmann: *Die Insel der großen Mutter oder das Wunder von Ile des Dames*)

Annke von Tharau. Titel eines Liedes (1645) von Simon Dach (vielleicht auch von Heinrich Albert). Hochzeitslied in ostpreußischer Mundart.

Anno.
Der Erzbischof von Köln Anno II. (1056–1075) war zeitweise Reichsverweser.
[*Annolied.* Anonymes Versepos, entst. um 1085]. – A. wird jenseits historischer Realität zum großen Kirchenfürsten und Heiligen typisiert, in dem das Heilsgeschehen auf dieser Welt Gestalt gewinnt.

Annunziata [*Doge und Dogaresse.* Erzählung von E.T.A. Hoffmann, ED 1818]. – A. ist die Tochter eines venezianischen Seehelden. Sie wird als Neunzehnjährige mit dem fast achtzigjährigen Dogen Marino → Falieri vermählt, den sie verehrt und dem sie treu ist. Ihre Liebe zu → Antonio erfüllt sich erst im Tod.

Ansas Balczus [*Die Reise nach Tilsit.* Erzählung von Hermann Sudermann, ED 1917]. – Der Fischer A., verheiratet mit der feinfühligen, zarten → Indre und Vater dreier Kinder, wird von der Magd → Busze in einen überwältigenden Sinnenrausch gezogen, der ihn bis zu Mordplänen an Indre treibt. Bei einem Bootsausflug nach Tilsit, bei dem Indre ertrinken soll, schlägt die durch Sexualtrieb und Mordabsicht erzeugte psychische Hochspannung um. A. wird wieder empfänglich für die seelenvolle Ausstrahlung seiner Frau. Als das Boot tatsächlich kentert, rettet A. seine Frau und ertrinkt selbst.

Anselm [*Die Schwärmer.* Schauspiel von Robert Musil, 1921]. – A., ein Neurotiker, ist als Wissenschaftler gescheitert. Als Gegenpol zu → Thomas lebt er aus dem Impuls und der Irrationalität. Die Mitmenschen sehen in ihm den Lügner und Schwindler, aber er verteidigt die Lüge als Verwandte des Traums, die der Seele nahesteht. Seine Unberechenbarkeit zieht die Frauen an.

Anselmus [*Der goldene Topf.* Kunstmärchen von E.T.A. Hoffmann, ED 1814]. – A., der Held des Märchens, ist ein Jüngling, der zwischen der Welt der Wirklichkeit und der des Märchens hin und her schwankt, aber schließlich zum Romantiker und Poeten wird. Der normale, vernünftige Student, der in der realen Welt des Konrektors → Paulmann und dessen Tochter Veronika lebt, wird von dem Geisterfürsten und Archivarius → Lindhorst in das Traumreich entführt, wo er Lindhorsts Tochter → Serpentina und den goldenen Topf gewinnt, beides Symbole für die künstlerische Phantasie.

Antigone.
In der griechischen Mythologie erfüllt A., Tochter des Oedipus, die göttlichen Gesetze der Verwandtenpflicht an ihrem Bruder Polyneikes, den sie entgegen dem Befehl des Königs von Theben, Kreon, symbolisch bestattet. Kreon verurteilt sie zum Tode.
[*Antigone.* Tragödie von Walter Hasenclever, 1917]. – Hasenclever verändert die Auseinandersetzung zwischen göttlichem Gesetz und Staatsrecht zu einem Konflikt zwischen Volksfreiheit und Tyrannis.
[*Die Berliner Antigone.* Erzählung von Rolf Hochhuth, 1964]. – Hier ist das Geschehen auf Reichsregierung und Widerstand im Dritten Reich übertragen.

Antiope [*Elpenor.* Trauerspiel (Fragment) von Johann Wolfgang von Goethe, entst. 1781–1784; ED 1807]. – Ein Unbekannter hat den Gemahl A.s ermorden und den Sohn entführen lassen. Die Witwe zieht → Elpenor auf, den Sohn ihres Schwagers Lykus, und beauftragt ihn in einem hemmungslosen Ausbruch der Rachsucht, die Freveltaten zu rächen. Die Anlage des Fragments läßt vermuten, daß Elpenor in Wahrheit ihr eigener Sohn und Lykus der Missetäter ist.

Antiope → Astorre (Meyer: *Die Hochzeit des Mönchs*)

Antoinette → **Hechingen** (Hofmannsthal: *Der Schwierige*)

Anton [*Maria Magdalene.* Bürgerliches Trauerspiel von Friedrich Hebbel, 1844]. – Tischlermeister A. ist der Prototyp kleinbürgerlicher Ehrsamkeit, ein rechtschaffener, engherziger Tyrann. Er lebt in festgefahrenen bürgerlichen Normen und Moralvorstellungen, so daß seine Tochter → Klara mit Recht kein Verständnis von ihm erwartet, als sie in Not gerät. Ihr Tod erschüttert ihn, bringt ihm aber keine Erkenntnis; so schließt die Tragödie mit seinem Ausspruch: »Ich verstehe die Welt nicht mehr!«

Anton Reiser [*Anton Reiser.* Roman von Karl Philipp Moritz, 1785–1790]. – A. R. ist das Urbild einer von psychologischen Erkenntnissen und rückhaltloser Ehrlichkeit geprägten romanhaften Selbstdarstellung. Der Roman beschreibt die Jugendjahre eines begabten, etwas hypochondrischen Sohnes kleinbürgerlicher Eltern, der sich aus drückender Armut und der Demütigung durch Almosen und Freitische in die Welt der Dichtung flüchtet und schließlich bei einer Schauspieltruppe vorübergehende Selbstbestätigung findet.

Anton Sittinger [*Anton Sittinger.* Satirischer Roman von Oskar Maria Graf, 1937]. – A. S. ist der Typ des Mitläufers, ein spießiger Kleinbürger, der sich politisch nicht engagiert, aber immer auf der Seite der Mächtigen steht. So wird der Münchener Postinspektor vom Monarchisten zum Republikaner. Als das von ihm verabscheute »Nazigesindel« an die Macht kommt, ist er auch dabei, denn seine Frau Malvine hat ihn heimlich längst als passives Mitglied eintragen lassen.

Anton Warberger [*Die Jäger.* Drama von August Wilhelm Iffland, 1785]. – Als der Sohn des Oberförsters Warberger sich weigert, die hochmütige Tochter des adeligen Amtmanns, Kordelchen von Zeck, zu heiraten, gerät er in Schwierigkeiten, die ihm jedoch schließlich den Weg zu der Liebesheirat mit seiner Kusine Friederike freimachen.

Antonie [*Rat Krespel.* Novelle von E.T.A. Hoffmann, ED 1818]. – A. verkörpert die reine Kunst, die durch die Wirklichkeit gefährdet ist. Die schöne Tochter des wunderlichen Rats → Krespel hat eine außergewöhnlich klingende und ergreifende Stimme, die auf einen organischen Fehler zurückgeht. Er kostet sie das Leben, wenn sie nicht auf den Gesang verzichtet. Sie läßt zunächst von ihrer Kunst, kann aber schließlich nicht widerstehen und singt sich zu Tode.

Antonie → Tonie (Raabe: *Der Schüdderump*)

Antonio [*Doge und Dogaresse.* Erzählung von E.T.A. Hoffmann, ED 1818]. – Der Sohn eines deutschen Kaufmanns ist als Kind von der kleinen → Annunziata vor einem Schlangenbiß gerettet worden. Ihr Idealbild hat sich in seinem Inneren eingeprägt und wird wieder erweckt, als er ihr als Dogaresse wiederbegegnet.

Antonio Montecatino [*Torquato Tasso.* Schauspiel von Johann Wolfgang von Goethe, 1790]. – A. ist der Staatssekretär des Herzogs Alfons von Ferrara, der »prosaische Kontrast« (Goethe) zum genialischen, hemmungslos subjektiven Dichter Torquato → Tasso. A. ist ein »Mann von Welt«, nüchtern, zuverlässig und ein maßvoller Politiker, der aber auch Neidgefühle gegenüber dem Genie entwickelt, weil diesem, so meint er, die Anerkennung mühelos zufällt, die er sich selbst mühsam erarbeiten muß.

Antonius.
Marcus A. (um 80–30 v. Chr.), General Caesars, erhielt nach dessen Ermordung den Oberbefehl im Osten. Er geriet unter den Einfluß → Kleopatras und verlor den Machtkampf mit Octavian durch die Niederlage in der Seeschlacht bei Actium (31 v. Chr.).
[*Cleopatra.* Trauerspiel von Daniel Casper von Lohenstein, 1661]. – A. soll auf Ägypten verzichten und gerät in einen Konflikt zwischen seinem politischen Machtstreben und der Liebe zu seiner Frau Cleopatra. Er entscheidet sich für Cleopatra und begeht Selbstmord, als sie ihm ihren Tod vorspiegelt.

Apollonius [*Apollonius von Tyrland.* Versroman von Heinrich von Neustadt, entst. um 1300]. – [*Apollonius.* Volksbuch nach der Übersetzung des (lat.) *Apollonius von Tyros* durch Heinrich Steinhövel, entst. 1471]. – A. ist der Prototyp des Helden im Abenteuerroman, der in seiner Person alle nur denkbaren Handlungselemente des Romantyps zusammenfaßt. A. erlebt Verfolgung, Verlust und Wiederfinden der Gattin Lucina und der Tochter Tharsia, die sich ihrerseits in widrigsten Verhältnissen bewähren; er setzt sich in Kampf, Sport und Spiel glänzend in Szene und gewinnt ein Königreich.

Appiani [*Emilia Galotti.* Trauerspiel von Gotthold Ephraim Lessing, 1772]. – Graf A., der Bräutigam der → Emilia Galotti, ist ein reifer, melancholischer Mann, der das Hof- und Staatsleben ablehnt und sich in ländliche Abgeschiedenheit zurückgezogen hat. Kurz vor der Hochzeit wird er von gedungenen Räubern erschossen.

Aquilius → Eugenia (Keller: *Sieben Legenden*)

Arabele → Gyburg (Wolfram von Eschenbach: *Willehalm*)

Arabella [*Arabella.* Komödie (Libretto) von Hugo von Hofmannsthal, 1933]. – Die gräfliche Familie → Waldner ist verarmt und kann nur eine Tochter, A., standesgemäß ausführen. Die zweite, → Zdenka, empfängt nachts einen Verehrer A.s unter deren Namen. Die Folge ist ein Eifersuchtsausbruch von A.s Verlobtem → Mandryka, der fast zum Bruch führt, weil die ahnungslose A. von ihrem zukünftigen Gemahl bedingungsloses Vertrauen erwartet, auch wenn aller Schein gegen sie spricht.

Arabella → Marwood (Lessing: *Miss Sara Sampson*)

Aramena [*Aramena.* Roman von Anton Ulrich, Herzog von Braunschweig-Wolfenbüttel, 1669–1673]. – A. zeigt den adeligen Lesern, daß geduldiges Ertragen von Prüfungen und Leiden erst den reifen, vollkommenen Menschen und würdigen Herrscher hervorbringen. Die vermeintliche Tochter des assyrisch-babylonischen Tyrannen Beloch wird nach vielen Schicksalsschlägen von dem Keltenfürsten Marsius vor dem Tod auf dem Scheiterhaufen errettet. Sie nimmt seine Werbung an und erkennt die gütige Vorsehung hinter allen Leiden.

Arbogast [*Der Schatz.* Märchennovelle von Eduard Mörike, ED 1836]. – Der alte Hofrat Franz A. erzählt, wie er in einer phantastischen Märchenwelt mit hier und dort ganz realen Zügen (wie bei E.T.A. Hoffmann) seine Frau Josephe gewonnen und das fürstliche Haus Astern von einem alten Fluch befreit hat, der die Ahnfrau Irmel als Seufzergeist umhergetrieben hatte.

Archie [*Winterballade.* Drama von Gerhart Hauptmann, 1917]. – Sir A., aus schwedischen Diensten entlassener schottischer Obrist, überfällt mit zwei Kameraden den Hof des greisen Pfarrers Arne und metzelt ihn mit seinem Gesinde nieder. Er entgeht der Blutrache des Arnesohns und den irdischen Gerichten, fällt aber in eine Gewissenskrise und büßt mit Wahnsinn und Tod.

Archilochos [*Grieche sucht Griechin.* »Prosakomödie« von Friedrich Dürrenmatt, 1955]. – Der unauffällige, bescheidene Unterbuchhalter Arnold A. mit dem griechischen Nachnamen sucht mit einer Zeitungsannonce »Grieche sucht Griechin« eine Frau und findet Chloe Saloniki. Sie ist wunderschön, und wie durch ein Wunder steigt A. gesellschaftlich und beruflich auf, seit er mit ihr gesehen wird. Als er erkennt, daß er dies ihrem Beruf als Kurtisane verdankt, ist er nur vorübergehend verzweifelt; er hat sich zu einem selbstbewußten Mann gewandelt, der seiner kleinbürgerlichen Wertewelt entsagen kann.

Archytas [*Geschichte des Agathon.* Roman von Christoph Martin Wieland, 1766/67; 3. Fassung 1794]. – Der Regent von Tarent ist das Idealbild des weisen Herrschers als des »ersten Dieners seines Staates«. Sein Leben war stets bestimmt von dem Glauben an das Göttliche, sein Handeln maßvoll und altruistisch. Er bestärkt → Agathon in seiner Lebensphilosophie.

Ardinghello [*Ardinghello und die glückseeligen Inseln.* Roman von Wilhelm Heinse, 1787]. – A. verkörpert den »genußfrohen Tatmenschen«, wie ihn der Sturm und Drang als Ideal aufgestellt hat, und vertritt einen »ästhetischen Immoralismus« (W. Brecht). Er gründet auf den griechischen Inseln einen Idealstaat, in dem ein natürliches Leben in Schönheit möglich ist.

Ariadne [*Ariadne auf Naxos.* Opernlibretto von Hugo von Hofmannsthal, 1912]. – Die von Theseus auf der einsamen Insel Naxos zurückgelassene A. ist die in Leid erstarrte Trauernde, weil sie nur einen Menschen lieben kann. Durch ihre Hingabe an Bacchus, den sie für den Totengott Hermes hält, erlebt sie Verwandlung und Wiedergeburt. Die mythologische Gestalt, ins 17. Jh. mit Reifrock und Perücke versetzt, ist einer Welt der commedia dell'arte gegenübergestellt. Spiegelbildliche Kontrastfigur ist → Zerbinetta.
[*Ariadne auf Naxos.* Schauspiel von Paul Ernst, 1912]. – Der griechischen Sagengestalt fügt Paul Ernst ein neues Motiv hinzu: A. vergiftet ihren Vater Minos, um ihren Geliebten Theseus zu retten, wird aber dafür von diesem verstoßen. Sie leidet an ihrer Schuld und ihrer Verlassenheit, doch der Gott Dionysos erlöst sie von allen irdischen Bindungen und entführt sie zu den Sternen.

Aridäus → Philotas (Lessing: *Philotas*)

Aristipp.
A. aus Kyrene in Nordafrika (um 432–355 v. Chr.), Philosoph in Athen und Aegina, gründete die Schule der Hedoniker. Seine Schriften sind verloren.
[*Aristipp und einige seiner Zeitgenossen.* Romanfragment von Christoph Martin Wieland, 1800–1801]. – Für Wieland ist A. der kritische, aufgeklärte Humanist und Kosmopolit. Als vernünftiger Mensch, frei von Leidenschaften, führt er ein geordnetes, glückliches Leben.

Aristobolus [*Herodes und Mariamne.* Tragödie von Friedrich Hebbel, 1850]. – Der Hohepriester A., ein Bruder → Mariamnes, hat sich von seiner Mutter, der Makkabäerin Alexandra, als politisches Werkzeug gegen → Herodes benutzen lassen. Dafür läßt dieser ihn im Bad ermorden und einen Unfall vortäuschen. Obwohl Mariamne die Notwendigkeit der Tat einsieht und ihrem Gatten verzeiht, steht der Schatten des A. zwischen dem Ehepaar und verunsichert Herodes.

Arlet [*Ödhof.* Roman von Franz Nabl, 1911]. – Der vitale Egoist Johannes A. ist der fast ins Archetypische stilisierte Unmensch. Mit Gewalt nimmt er den Menschen seiner Umgebung ihren Willen und ihre Individualität und schöpft daraus seine eigene Stärke. So treibt er seine Frau und seinen jüngsten Sohn Heinz in den Tod und zwingt andere in seinen Bann.

Armand → Felix Krull (T. Mann: *Bekenntnisse des Hochstaplers Felix Krull*)

Armgard Barby [*Der Stechlin.* Roman von Theodor Fontane, 1899]. – Die Comtesse A. v. → Barby zeichnet sich durch menschliche Gesinnung, fehlenden Standesdünkel und Offenheit gegenüber andersartigen Meinungen aus; sie ist verhaltener und tiefsinniger als ihre heitere ältere Schwester → Melusine Barby, der sie doch in vielem ähnelt. A. wird die Frau Woldemars von → Stechlin, der ihr in Pflichtbewußtsein und ernsthafter Lebenssicht wesensverwandt ist.

Armin [*Robert Guiskard, Herzog der Normänner.* Trauerspiel (Fragment) von Heinrich von Kleist, ED 1808]. – Der greise A. spielt als Sprecher des »Volkes«, d. h. der Soldaten, die Rolle des Chorführers in Kleists Versuch, die Form des griechischen Theaters neu zu beleben.

Arminius (Hermann).
Der Cheruskerfürst A. (eingedeutscht Hermann), ein Kenner Roms und des römischen Kriegswesens, vernichtete im Jahre 9 n. Chr. ein etwa 20000 Mann starkes römisches Heer unter dem Statthalter Varus. Er wurde Jahre später von der eigenen Sippe ermordet, weil er die Königswürde anstrebte. A. verkörpert seit Ulrich von Huttens Dialogdichtung *Arminius* (1529) deutsches Heldentum und vaterländische Gesinnung.

[*Großmütiger Feldherr Arminius.* Roman von Daniel Casper von Lohenstein, 1689/90]. – Der Cheruskerfürst besiegt die Römer in der »Deutschburger Schlacht« und gewinnt → Thusnelda gegen den Widerstand ihres Vaters Segesthes als Gattin. Nach weiteren Kriegswirren, internen Auseinandersetzungen und einer Entführung Thusneldas nach Rom ist das Paar am Ende – den historischen Tatsachen entgegen – glücklich vereint. A. ist von Lohenstein als Spiegelgestalt des Kaisers Leopold I. entworfen.

[*Hermann.* Trauerspiel von Johann Elias Schlegel, ED 1743]. – Die edle Gesinnung und der Heldenmut H.s stehen in sprechendem Gegensatz zu den verweichlichten und verlogenen Römern. In einem grandiosen Gnadenakt vergibt der Cheruskerfürst nach dem Sieg allen Verrätern aus den eigenen Reihen.

[*Hermanns Schlacht* (1769); *Hermann und die Fürsten* (1784); *Hermanns Tod* (1787). Dramen (»Bardiete«) von Friedrich Gottlieb Klopstock]. – H. ist die zentrale Gestalt der erwachenden Vaterlandsgesinnung der Zeit. Die wankelmütigen und neidischen Germanenfürsten machen H. mehr zu schaffen als der Kampf gegen die Römer, und es sind diese Blutsverwandten, die den Tod H.s und seiner Familie herbeiführen.

[*Die Hermannsschlacht.* Drama von Heinrich von Kleist, entst. 1808; ED 1821]. – H. verhält sich um der Sache willen diplomatisch, hofiert die Römer, duldet und fördert sogar die Annäherungsversuche des römischen Abgesandten → Ventidius bei → Thusnelda und schürt gleichzeitig den Haß der Germanen gegen die Besatzungsmacht. Zahlreiche Vergleichsmomente zur Entstehungszeit des Dramas: Cherusker, Sueben und Römer entsprechen den Preußen, Österreichern und Franzosen; Aufruf zur nationalen Erhebung.
[*Die Hermannsschlacht.* Drama von Christian Dietrich Grabbe, 1838]. – H. wird von Grabbe zum erstenmal unpathetisch und historisch getreu als Herzog eines wilden Germanenstammes dargestellt. Seine Vaterlandsliebe verfliegt vor der Unbeweglichkeit und dem politischen Unvermögen der Bundesgenossen; H. resigniert.

Arne → Archie (G. Hauptmann: *Winterballade*)

Arner [*Lienhard und Gertrud.* Roman von Johann Heinrich Pestalozzi, 1781–87]. – Der Junker A. verkörpert das patriarchalische Gesellschaftsbild Pestalozzis. Der »Dorfherr« von Bonnal führt als tatkräftiger Reformer in seinem Dorf ein Sozialwerk durch, indem er die Allmende an die Unbemittelten verteilt, und fördert das Schulwesen. Bei seinem pädagogischen Wirken steht ihm → Gertrud mit ihren natürlichen Fähigkeiten zur Seite.

Arnheim [*Der Mann ohne Eigenschaften.* Unvollendeter Roman von Robert Musil, 1930, 1933, 1943; Gesamtausg. 1952]. – Der preußische Intellektuelle, Finanzmagnat und Schriftsteller A., ein Abbild des deutschen Politikers Rathenau, ist die Gegenfigur zu → Ulrich. Ihm gelingt die Synthese von Ratio und Gefühl, von Aktivität und Intuition, die »Vereinigung von Kohlepreis und Seele«. Ulrich erkennt die Künstlichkeit von A.s Glück.

Arsene [*Der sterbende Cato.* Trauerspiel von Johann Christoph Gottsched, 1732]. – Die vermeintliche Tochter des Partherkönigs, A., bittet → Cato um Hilfe gegen einen zudringlichen Freier. Cato nimmt die Prinzessin in Schutz – und erkennt in ihr seine totgeglaubte Tochter Portia, die jedoch seinen Todfeind Cäsar liebt. Cato zwingt Portia zum Verzicht.

Arthez [*Der Fall d'Arthez.* Roman von Hans Erich Nossack, 1968]. – Unter dem Balzac entliehenen Künstlernamen d'A. tritt der Industriellensohn Ernst Nasemann als satirischer Pantomime auf. Er macht sich der Subversion verdächtig und wird ein Fall für den Staatssicherheitsdienst, doch man kann ihm nichts nachweisen, denn er lebt in einem exterritorialen Gebiet der intellektuellen Opposition zwischen bürgerlicher Angepaßtheit und absolutem Nihilismus.

Arthur → Artus

Artur → Fleder (Eichendorff: *Die Freier*)

Arturo Ui [*Der aufhaltsame Aufstieg des Arturo Ui*. Parabelstück von Bertolt Brecht, 1941]. – A. U. ist Adolf Hitler, in das Gangstermilieu von Chicago versetzt. Er gewinnt mit seinen Verbrechergenossen durch List und Terror die wirtschaftliche Macht in der Stadt.

Artus.
Der bretonische König A., auch Arthur, ursprünglich ein Held aus dem anglonormannischen Sagenbereich, bleibt als eine passive, aber integrierende Vorbildgestalt im Hintergrund aller sogen. Artusromane (*Erec, Iwein* usw.). Er ist der Herr des friedlichen Hofes mit der berühmten Tafelrunde, einer ritterlich-höfischen Gesellschaft, die sich mit Jagden und Festen die Zeit vertreibt. Der Artusritter (→ Erec, → Gawan, → Iwein) geht auf Abenteuerfahrt, rettet verzauberte Jungfrauen, leistet Minnedienst, besteht ritterliche Kämpfe und märchenhafte Prüfungen; dann kehrt er an den Artushof zurück.

Asche [*Pfisters Mühle*. Erzählung von Wilhelm Raabe, 1884]. – Der junge Chemiker Adam August A. vertritt die neue Zeit der Fabriken und des technischen Fortschritts. Er ist ebenso wie der alte Müller → Pfister als ein origineller, rechtschaffener Mann gezeichnet.

Aschenbach [*Der Tod in Venedig*. Novelle von Thomas Mann, 1913]. – Der Schriftsteller Gustav von A. hat sich als anerkannter Künstler den bürgerlichen Tugenden Haltung, Leistung und Würde verschrieben. Während eines Aufenthaltes in Venedig bricht in diese gesicherte Welt plötzlich die Leidenschaft ein in Form einer homoerotischen, als ästhetisches Urerlebnis empfundenen Liebe zu dem Knaben → Tadzio; sie führt zu Entwürdigung und zum Tod.

Aschewedel [*Verliebtes Gespenst. Die geliebte Dornrose*. Doppeldrama von Andreas Gryphius, 1661]. – Matz A., ein älterer bramarbasierender Feigling, stellt Lise → Dornrose nach. Seine durch einen Liebeszauber vorbereiteten gewaltsamen Zudringlichkeiten werden von dem mutigen → Kornblume verhindert. A. muß laut Richterspruch die Kupplerin Salme ehelichen.

Askalon → Iwein (Hartmann von Aue: *Iwein*)

Asmodi [*Der Wandsbecker Bote*. Zeitschrift, hrsg. von Matthias Claudius, 1771–1775]. – A. ist eine Maskengestalt, ein Mann von schlichtem Gemüt und gesundem Menschenverstand. Dank diesem »Handgepäck« vertritt er stellvertretend für

Claudius das Selbstverständliche und Vernünftige.

Asmus Semper [*Asmus Sempers Jugendland.* »Roman einer Kindheit« von Otto Ernst, 1905]. – Der autobiographische Roman zeigt die Familie und die Arbeitsverhältnisse eines sozialdemokratisch gesinnten Hamburger Zigarrenmachers, eine »Akademie der Wissenschaften und schönen Künste«, in der das Kind A. in einer gesicherten und geistig anregenden Welt aufwächst. (Fortsetzung: *Semper, der Jüngling,* 1908).

Asra [*Der Asra.* Gedicht von Heinrich Heine, ED 1846]. – A. ist der Name eines Stammes jemenitischer Araber, »welche sterben, wenn sie lieben« – wie ein Sklave, ein Asra, der schönen Sultanstochter sagt. Das spätromantische Motiv der Verkettung von Schönheit, Liebe und Tod hat in dem A. wie in Platens → Tristan einen Namen gefunden.

Assad [*Der Rubin.* Märchenlustspiel von Friedrich Hebbel, 1851]. – Der Fischersohn A. wird auf magische Weise, nicht aus Besitzgier, von einem Rubin angezogen und stiehlt ihn. Die Kalifentochter → Fatime, die in den Rubin verzaubert ist, kann, was A. nicht ahnt, nur von jemand erlöst werden, der frei von Eigentumstrieb ist. Als A. den Rubin bei einer Verfolgung von sich wirft, befreit er dadurch Fatime, heiratet sie und wird Kalif von Bagdad.

Assy → Violante (H. Mann: *Die Göttinnen oder Die drei Romane der Herzogin von Assy*)

Astorre [*Die Hochzeit des Mönchs.* Novelle von Conrad Ferdinand Meyer, 1884]. – A. Vicedomini bricht nach 15 Klosterjahren gegen seine Überzeugung das Mönchsgelübde, um den Wunsch des sterbenden Vaters nach Fortbestand der Familie zu erfüllen. Aber er heiratet dann nicht pflichtgemäß Diana, die Braut seines verunglückten Bruders Umberto, sondern in plötzlich aufflammender Liebe Antiope. Damit löst er Mord und Totschlag aus.

Athanapsaris [*Raubfischer in Hellas.* Roman von Werner Helwig, 1939]. – Kapitän A. ist Schmuggler und Raubfischer, der die Fanggründe auf Kosten von Generationen nach ihm mit Dynamit ausbeutet, eine faszinierende, ebenso naturhafte wie naturzerstörerische Herrscherfigur, gegen die der mitteleuropäische Zivilisationsflüchtling Clemens, gen. Xenofanes, der »Fremd-Scheinende«, vergeblich ankämpft.

Atli [*Atlilied.* Anonymes Heldenlied, entst. im 9. Jh., überliefert in der *Edda* (altisländisch), aufgezeichnet nach 1250]. – Der Hunnenkönig A. (→ Etzel) ist der Gemahl → Gudruns. Aus Goldgier, um den Schatz der Burgunden zu gewinnen, lädt er seine Schwäger → Gunnar und → Högni an seinen Hof ein und ermordet sie, als sie den Schatz nicht preisgeben. Gudrun steht im *Atlilied* auf der Seite ihrer Brüder und vollzieht eine grausige Blutrache an A.

Atréju → Bastian Balthasar Bux (Ende: *Die unendliche Geschichte*)

Atta Troll [*Atta Troll.* Satirisches Epos von Heinrich Heine, 1847]. – A. T., ein entlaufener Tanzbär, kehrt in die heimatlichen Pyrenäen zurück, hält politische Diskurse und wird am Ende erschossen. Er ist ein patriotischer, schwerfälliger, frommer und beschränkter »Tendenzbär«, der Poesie von sich gibt, in der Heine die Politik und die Literatur der Zeit persifliert.

Attalus [*Weh' dem, der lügt!* Lustspiel von Franz Grillparzer, 1840]. – Der Neffe des Bischofs → Gregor von Tours, Geisel bei den Germanen, behandelt seinen Befreier → Leon von oben herab – wie die verwöhnte Herrenschicht ihre Küchenjungen.

Attinghausen [*Wilhelm Tell.* Schauspiel von Friedrich von Schiller, 1804]. – Der uralte, ehrwürdige Freiherr Werner v. A., Bannerherr, d. h. Oberst der Schweizer Truppen im Reichsaufgebot, sympathisiert mit dem Volk, kann es aber nicht gegen die Übergriffe der habsburghörigen Landvögte schützen. In seinen Mund legt Schiller mahnend-prophetische Worte über die Zukunft der Schweiz.

Atzbacher [*Alte Meister. Komödie.* Roman von Thomas Bernhard, 1985]. – Der schüchterne Privatgelehrte schreibt ein großes Buch, hat aber aus einem »Herausgebertrauma«, wie → Reger sagt, noch keinen einzigen Satz veröffentlicht. A. gibt in sekundärer Rede die Äußerungen des hypersensiblen Musikkritikers und Philosophen Reger wieder.

Aua [*Der Butt.* Roman von Günter Grass, 1977]. – A. ist das dreibrüstige jungsteinzeitliche Urweib von der Weichselmündung, das der Fischer → Edek liebt.

Auersberger [*Holzfällen.* Roman von Thomas Bernhard, 1984]. – Das Ehepaar A. gibt ein »künstlerisches Abendessen«, bei dem der Ich-Erzähler in einem Ohrensessel sitzt und alle Anwesenden, auch sich selbst, boshaft portraitiert. A. ist für ihn ein Komponist in der Webern-Nachfolge, der in den fünfziger Jahren stehengeblieben und seither nur noch betrunken ist, seine Frau eine Gestalt der Wiener Kulturschickeria, ehemalige Sängerin, die im Menschlichen und Künstlerischen versagt.

August von Goethe [*Lotte in Weimar.* Roman von Thomas Mann, 1939]. – A., ein dicklicher junger Mann, ist sensibel und willensschwach, ein typischer Spätgeborener; er hat den Ehrgeiz, er selbst zu sein, kommt aber gegen den Vater

(→ Goethe) nicht an. Seine Tätigkeit in dessen Ministerien und als Privatsekretär bleibt subaltern.

Auguste Leubelfing [*Gustav Adolfs Page.* Novelle von Conrad Ferdinand Meyer, 1882]. – Das knabenhafte Mädchen A., das als Tochter eines Offiziers im Sattel großgeworden ist, verkleidet sich als Junge und wird anstelle ihres feigen Vetters Gustel Page bei König → Gustav Adolf, für den sie schon immer schwärmt. Ihre Schwärmerei verwandelt sich in Liebe, und sie durchlebt in einer kurzen Zeitspanne nach ihrer Devise »courte et bonne« Glück, Eifersucht, Angst vor Entdekkung und Sorge um den König. Nach der Schlacht von Lützen wird A. neben dem König beigesetzt, der ihr Geheimnis nie entdeckt hat.

Augustin Sumser [*Der liebe Augustin.* Roman von Horst Wolfram Geißler, 1921]. – A. S., der Spieldosenmacher aus Lindau, ist ein Lebenskünstler, der mehrere Krisen überwindet und sein frohes Gemüt bewahrt.

Augustinus [*Die Mappe meines Urgroßvaters.* Erzählung von Adalbert Stifter, 1. Fassung ED 1841]. – Der Urgroßvater des Erzählers, der als Arzt im böhmischen Waldland wirkt, verliert durch seine sinnlose Eifersucht die geliebte Margarita. Als er durch regelmäßige Tagebucheintragungen gelernt hat, sein ungestümes Naturell zu beherrschen und innerlich ausgeglichen zu werden, kann er sie zurückgewinnen. Das individuelle Verlangen nach Glück in der »Urmappe« wird in den folgenden Fassungen immer stärker zurückgenommen zugunsten der Entsagung, die bis zur Selbstaufgabe geht. So wird der spätromantische Held zum biedermeierlichen Muster der Wohlanständigkeit.

Aurel [*Die baltische Tragödie.* Romantrilogie von Siegfried von Vegesack, 1938]. – A., die Hauptgestalt der Trilogie, gehört dem baltischen Landadel an, der auf großen Gütern ein geselliges Leben führt. Die patriarchalischen Verhältnisse überdecken nur oberflächlich den Gegensatz zwischen den deutschen Herren und der Mehrheit der abhängigen Letten. A.s Leben wird von den schweren Zeiten der Revolution, des Ersten Weltkriegs, der blutigen Bolschewikenherrschaft und der Befreiung Rigas durch deutsche Freikorps gezeichnet. Er verliert Brüder, Freunde und Besitz und emigriert ins Reich.

Aurelie [*Die Elixiere des Teufels.* Roman von E.T.A. Hoffmann, 1815/16]. – Das engelsgleiche Mädchen A. verkörpert die entsagende Liebe. Sie ist vom Schicksal dazu bestimmt, den Mönch → Medardus von der sündhaften irdischen Liebe zu reinigen und ihn zu einem höheren, himmlischen Leben zu führen. Sie erlöst ihn nach einem langen Kampf zwischen Himmel und Hölle, indem sie in seiner Gegenwart als Nonne das Gelübde der Keuschheit ablegt.

Aurelie [*Wilhelm Meisters Lehrjahre.* Roman von Johann Wolfgang von Goethe, 1795/96]. – Die Schauspielerin A., tragische Frauengestalt des Romans, liebt → Lothario, hält an dieser Liebe hartnäckig und selbstquälerisch fest, als Lothario sich ihr längst entfremdet hat, und geht daran zugrunde.

Axel → Ursula (Thieß: *Die Verdammten*)

Azdak [*Der kaukasische Kreidekreis.* Stück von Bertolt Brecht, UA 1948; 1954]. – Der ehemalige Dorfschreiber ist während politischer Wirren durch Zufall für kurze Zeit zum Richter aufgestiegen. Er urteilt nicht nach den Gesetzen, sondern nach seinem alkoholisierten gesunden Menschenverstand. Im Prozeß zwischen → Natella und → Grusche Vachnadze spricht er der Magd als der wahrhaft Mütterlichen das Kind zu, nachdem sie die Probe des Kreidekreises bestanden hat.

Azor [*Der goldene Spiegel.* Roman von Christoph Martin Wieland, 1772]. – A., ein schwacher Herrscher in Scheschian, belastet sein Volk mit ungeheuren Abgaben für sein luxuriöses Leben.

B. [*Schachnovelle.* Novelle von Stefan Zweig, 1941]. – Dr. B. ist beim Schachspiel der Kontrahent und Gegentyp des Mirco → Czentovic. Er ist sensibel und kultiviert, ein hochgebildeter Mann, der sein Können einem Schachlehrbuch verdankt, das ihn in Gestapohaft vor geistig-seelischer Verödung gerettet hat. Am Ende versagen seine Nerven – ein Hinweis auf Zweigs verzweifelten Pessimismus, daß auch in der Politik unmenschliche Kälte die Humanität überwältigt.

B. H. [*Stern der Ungeborenen.* Roman von Franz Werfel, 1946]. – B. H. ist im Jahre 101 945 der Führer des Ich-Erzählers → F. W. durch ein galaktisches Reich, eine »All-Stadt« »Panopolis«, in der es nur eine Klasse gibt. Das Leben ist geordnet; es fehlt die Buntheit und Lebensfülle, aber auch die Tragik der Jetztzeit. Mit den Initialen B. H. spielt Franz Werfel auf seinen Jugendfreund Willy Haas an.

Baal [*Baal.* Bühnenstück von Bertolt Brecht, 1920; UA 1923]. – Der geniale und großmäulige Lyriker B., – »asozial, aber in einer asozialen Gesellschaft« – ist ein Genießer von Fleischeslust und Alkohol; er singt vor Fuhrleuten, zecht mit Strolchen und macht Mädchen unglücklich. Er zieht mit seinem gleichartigen Freund Ekart durchs Land; sie betrügen, meditieren, streiten, singen.

Baal-Schem-Tow.
B.-S.-T. wird der Rabbi → Israel Ben Elieser (1700–1760) genannt, der Begründer des Chassidismus.
[*Die Erzählungen der Chassidim.* Jüdische Anekdoten, gesammelt von Martin Buber, 1950]. – Der Zaddik (Gerechte, Bewährte) B. ist ein Führer, ein Begeisternder, der eine Gemeinde von Begeisterten führt, die Chassidim (Frommen, Bundestreuen). Ihr Umgang miteinander wird in legendenhaften Anekdoten wiedergegeben, die den Sinn des Daseins erleuchten.

Babekan → Congo Hoango (Kleist: *Die Verlobung in St. Domingo*)

Babettchen → Klärchen (Zuckmayer: *Der fröhliche Weinberg*)

Babka [*Der Streit um den Sergeanten Grischa.* Roman von Arnold Zweig, 1927 (Teil des Romanzyklus *Der große Krieg der weißen Männer.*)]. – Die kraftvolle und mütterliche Anführerin einer Partisanengruppe hinter der deutschen Ostfront 1917 nimmt den entflohenen → Grischa Paprotkin auf. Am Tage von Grischas Hinrichtung gebiert sie seine Tochter.

Bach → Friedemann B. (Brachvogel: *Friedemann Bach*)

Bäcker [*Die Weber.* Schauspiel von Gerhart Hauptmann, 1892]. – Die jungen Heimweber B., der die neuen sozialistischen Ideen kennt, und Moritz Jäger, der beim Militär in der Stadt eine Ahnung von Selbstbewußtsein und Unabhängigkeit gewonnen hat, werden zu Motoren des Weberaufstands.

Bählamm → Balduin B. (Busch: *Balduin Bählamm*)

Bärbe [*Zur Chronik von Grieshuus.* Novelle von Theodor Storm, 1884]. – Das scheue, schöne Bauernmädchen B. wird die Frau des Junkers → Hinrich, der sie vor feindlichen Soldaten rettet und dessen wilde Kraft sie anzieht. Aber die zarte Frau ist den Anfeindungen und Intrigen der adeligen Verwandtschaft nicht gewachsen und stirbt an einer Frühgeburt.

Bärlach [*Der Richter und sein Henker.* Kriminalroman von Friedrich Dürrenmatt, 1952]. – Die Kommissäre Dürrenmatts sind von schweigsamer, bedächtiger und hintergründiger Wesensart. So treibt der todkranke B. ein doppelbödiges Spiel, in dem er in olympischer Übersicht im Hintergrund die Fäden zieht, um seinen alten Widersacher → Gastmann, einen »Teufel in Menschgestalt«, nach 40 Jahren zur Strecke zu bringen. Da er ihn mit legalen Mitteln nicht seiner Verbrechen überführen kann, benutzt er den Kriminalbeamten → Tschanz als Henker.
In Dürrenmatts Roman [*Der Verdacht,* 1953] begibt B. sich unter Todesgefahr als Patient in

ein Luxussanatorium, um einen Schweizer Modearzt als KZ-Verbrecher zu entlarven.

Bäumer [*Im Westen nichts Neues.* Roman von Erich Maria Remarque, 1929]. – Der Ich-Erzähler Paul B. gehört zu der »verlorenen Generation«, die im Ersten Weltkrieg mit 18–20 Jahren von der Schule aufs Schlachtfeld geschickt wird. Die Begeisterung für den Krieg verflüchtigt sich unter den Schikanen und dem Drill der Ausbildung bei dem Unteroffizier → Himmelstoß; sie wandelt sich in Angst und Hoffnungslosigkeit in den mörderischen Schlachten. B. fällt als letzter von seinen Schulkameraden im Oktober 1918.

Bagradian [*Die vierzig Tage des Musa Dagh.* Roman von Franz Werfel, 1933]. – Gabriel B. und sein Sohn Stephan sind Heroen des armenischen Volkes. Eine Gruppe von etwa 5000 Armeniern, Überlebende des türkischen Ausrottungsfeldzugs im Ersten Weltkrieg, hat sich unter der Führung B.s auf dem Berg Musa Dagh verschanzt. Stephan, fast noch ein Knabe, wird nach großen Taten von den Türken gefangen und zu Tode gefoltert. Als nach 40 Tagen ein französisch-englisches Geschwader die tapferen Verteidiger rettet, bleibt G. B. auf dem Musa Dagh und wird am Grab seines Sohnes von einer türkischen Kugel getroffen.

Bajorat [*Rosenmontag.* Stück von Karl Otto Mühl, 1974]. – Der Packer B., scheinbar beruflich und menschlich gefestigt, verliert plötzlich den Boden unter den Füßen. Jemand hat ihm aus Jux ein Pornoheft untergeschoben; das bringt B. ins Unglück: polizeiliche Untersuchung, drohende Entlassung, Ächtung durch die Kollegen. Das Schlimmste wird durch den Betriebsrat abgewendet, doch B.s Daseinssicherheit ist für immer zerbrochen.

Balacin [*Die asiatische Banise oder das blutige doch mutige Pegu.* Roman von Heinrich Anselm von Zigler und Kliphausen, 1689]. – B. ist der junge Prinz in Hinterindien, der von seinem Vater vom Hof verbannt wird, weil der Bösewicht → Chaumigrem gegen ihn intrigiert hat. Balacin rettet schließlich die geliebte → Banise, tötet den Tyrannen und gewinnt sein Reich zurück.

Balder → Edwin (Heyse: *Kinder der Welt*)

Balduin Bählamm [*Balduin Bählamm.* Bildgeschichte von Wilhelm Busch, 1883]. – Wie von Busch im Untertitel angegeben, ist B. der »verhinderte Dichter« – eine Verspottung des versponnenen romantischen Künstlertyps. B. will aus den Widrigkeiten des Lebens und des Bürodaseins in eine Welt der Poesie entfliehen, wo er innere Befriedigung zu finden hofft. Er sucht den passenden ruhigen

Ort, um seine vermeintlichen poetischen Fähigkeiten freizusetzen, doch banale Vorfälle holen ihn immer wieder aus seinen Träumen in den ernüchternden Alltag zurück.

Balicke [*Trommeln in der Nacht.* Komödie von Bertolt Brecht, 1923]. – Karl B. ist ein zynischer Kriegsgewinnler: »Richtig betrachtet, war der Krieg ein Glück für uns.« Als Familienvater denkt er nicht anders. Seine Tochter Anna, die → Kragler liebt, verschachert er wie eine Ware an den gleichgesinnten → Murk.

Balk [*Die Jerominkinder.* Roman von Ernst Wiechert, 1945–1947]. – Herr von B. ist der lebenskräftige patriarchalische und menschenfreundliche Grundherr des ärmlichen Dorfes Sowirog in Ostpreußen. Jahrzehntelang greift er gütig und verständnisvoll in die Geschicke der Dorfbewohner ein. Als er sich, wie das ganze Dorf, dem Nationalsozialismus verweigert, wird er durch Genickschuß liquidiert.

Balke [*Der Lohndrücker.* »Produktionsstück« von Heiner Müller, ED 1959]. – B., ein kritisch gesehener Held des sozialistischen Aufbaus – »subjektiv zweifelhaft, objektiv brauchbar« – setzt gegen die Widerstände von Funktionären, Ingenieuren und der Arbeitskollegen (die ihn als »Lohndrücker« zusammengeschlagen) mit allen Mitteln, auch dem der Denunziation, höhere Arbeitsnormen und eine riskante, produktionsfördernde Reparatur in einem glühenden Brennofen durch.

Balthasar [*Klein Zaches genannt Zinnober.* Märchen von E. T. A. Hoffmann, 1819]. – In dem schwärmerischen Studenten B. ist ein romantischer Künstler verborgen. Der Magier → Alpanus verhilft ihm zu der Braut Candida und läßt das Paar in seinem Landhaus wohnen, wo sich der Dualismus zwischen Alltäglichkeit und Ideenwelt aufhebt.

Bancbanus [*Ein treuer Diener seines Herrn.* Tragödie von Franz Grillparzer, 1830]. – B. ist der bis zur Selbstverleugnung loyale Statthalter seines Königs. Als Andreas von Ungarn in den Kampf zieht, ernennt er B. zum Reichsverweser und Hüter von Ruhe und Ordnung. B. unterzieht sich der Aufgabe nur widerwillig, denn die Königin sähe ihren Bruder → Otto von Meran lieber an diesem Posten und B. fühlt sich zu alt und müde für die Auseinandersetzungen. Aber mit stoischer Selbstzucht und Pflichttreue schützt er Otto von Meran, den Verderber seiner Frau → Erny und politischen Unruhestifter, vor der Wut des Volkes, rettet das Söhnchen des Königs vor der Meute und führt die Rebellen zurück zu Ruhe und Ordnung.

Banggartz [*5 Tage im Juni.* Roman von Stefan Heym, 1974]. –

Der Parteisekretär B. gehört zu den buchstabengetreuen, musterhaften Funktionären, die die Direktiven der Partei über die individuelle Einsicht und die psychische Beschaffenheit der von ihnen abhängigen Menschen stellen und damit Unheil anrichten. Er ist als Gegenbild zu dem mitdenkenden → Witte entworfen.

Banise [*Die asiatische Banise oder das blutige doch mutige Pegu.* Roman von Heinrich Anselm von Zigler und Kliphausen, 1689]. – B. ist die in ständiger Lebensgefahr schwebende gefangene Prinzessin, die schließlich von dem Prinzen gerettet wird. Die schöne Königstochter von Pegu wird von dem grausamen Tyrannen → Chaumigrem, der ihr Reich erobert hat, gefangengehalten und mit Liebesanträgen verfolgt. Weil sie tugendhaft bleibt, soll sie dem Kriegsgott geopfert werden – aber gerade rechtzeitig kann der geliebte Prinz → Balacin sich in die belagerte Stadt schleichen, Chaumigrem töten und B. erlösen.

Baranowski [*Unruhige Nacht.* Erzählung von Albrecht Goes, 1950]. – Um »ein paar Wochen lang ein Mensch zu sein«, ist der Soldat Fedor B. 1942 in der Ukraine untergetaucht, als er Ljuba und ihrem Kind begegnet. Das bringt ihm das Todesurteil wegen Fahnenflucht ein. Der Ich-Erzähler, ein evangelischer Militärpfarrer, führt das letzte Gespräch mit ihm.

Barbara [*Barbara oder die Frömmigkeit.* Roman von Franz Werfel, 1929]. – B. ist eine Hausmagd wie → Grusche Vachnadze, die → Ferdinand R., das Kind ihrer Herrschaft, mit mütterlicher Liebe aufzieht und sein weiteres Leben mit Anteilnahme verfolgt. Sie hinterläßt ihm in Gold alles, was sie in ihrem arbeitsreichen Leben mühsam zusammengespart hat.

Barbara → Angermann (Carossa: *Geheimnisse des reifen Lebens*)

Barbara [*Jagdszenen aus Niederbayern.* Stück von Martin Sperr, ED 1966]. – In der Tagelöhnerin B. ist Mutterliebe aus sozialen Gründen zu Haß pervertiert. Als ihr Sohn → Abram, der wegen Homosexualität im Gefängnis gesessen hat, ins Heimatdorf zurückkommt, fühlt sie sich durch das gehässige Gerede der Mitmenschen in ihrer Existenz bedroht und verleugnet ihren Sohn.

Barbara Blomberg [*Barbara Blomberg.* Schauspiel von Carl Zuckmayer, 1949]. – Das Schauspiel, das die historischen Ereignisse frei gestaltet, stellt die aufregenden Vorgänge um die schöne Regensburger Patriziertochter B. B. dar, aus deren Verbindung mit Kaiser Karl V. der geheimnisumwitterte Don Juan d'Austria stammt.

Barbara Gripen [*Die Feuerprobe.* Novelle von Werner Bergengruen, 1933]. – Im Riga des

14. Jh.s unterzieht sich B. G., die fromme, aber triebhafte Frau des Ratsherrn Tidemann G., der Feuerprobe, obwohl sie mit dem jungen Schwenkhusen Ehebruch begangen hat. Durch das Sakrament der Buße erlangt sie Vergebung der Sünden und glaubt so Gott zwingen zu können, die Probe zu ihren Gunsten ausgehen zu lassen. Das Wunder geschieht, aber ihre Hybris und der erneute Ehebruch werden bestraft: Am zweiten Jahrestag der Probe verbrennt sie auf dem kalten Eisen.

Barby [*Der Stechlin.* Roman von Theodor Fontane, 1899]. – Die Familie des Botschaftsrats Graf B. steht den → Stechlins trotz der äußerlichen Unterschiede zwischen dem »altmodischen märkischen Gut« und dem »neumodischen gräflichen Haus« als die hauptstädtische Variante der gleichartigen humanen und skeptischen Weltsicht gegenüber. Woldemar v. Stechlin verkehrt in dem Salon und entdeckt bei den Barby-Töchtern → Melusine und → Armgard Wesensverwandtes.

Barfüßele → Amrai (Auerbach: *Barfüßele*)

Barlaam [*Barlaam und Josaphat.* Versroman von Rudolf von Ems, entst. um 1230]. – B. ist der Asket, der den indischen Prinzen → Josaphat zum Christentum bekehrt.

Barnabas [*Das Schloß.* Roman (Fragment) von Franz Kafka, 1926 (posthum)]. – Das Los von B. und seinen Schwestern Olga und Amalia ist kennzeichnend für die Position der Dorfbewohner gegenüber der Schloßhierarchie. B. ist eine Art Laufbursche; seit seine Schwester Amalia einen unsittlichen Antrag des Schloßbeamten Sordini empört zurückgewiesen hat, ist die Familie in Ungnade gefallen, im Dorf geächtet und macht sich selbst Schuldvorwürfe. Die Eltern haben sich bei Rehabilitierungsversuchen zugrunde gerichtet, Olga prostituiert sich vergeblich, nur Amalia bewahrt ihren tragisch existenzfeindlichen Stolz.

Barth [*Schelmuffskys Warrhafftige Curiöse und sehr gefährliche Reisebeschreibung Zu Wasser und Lande.* Satirischer Roman von Christian Reuter, 1696; 2. Fassung 1696–97]. – Der berüchtigte Seeräuber Hans B. zieht angeblich im Zweikampf mit dem Ich-Erzähler → Schelmuffsky den kürzeren und verliert dabei seine Nasenspitze. Bei einem zweiten Zusammentreffen in Rom wird er von dem Großmaul endgültig überwunden.

Barthli [*Barthli der Korber.* Erzählung von Jeremias Gotthelf, ED 1852]. – B. ist eine Schlüsselfigur für das Spätwerk Gotthelfs: ein starrsinniger, unzufriedener, fortschrittsfeindlicher Kauz mit einem guten Kern. Der geizige, boshafte Korbmacher hat heimlich ein kleines Vermögen angehäuft und genießt den Gedanken an die verblüfften Gesichter nach seinem Tode. Seine anmutige Tochter Züseli und Schwiegersohn Benz stehen tatsächlich so sprachlos und erschüttert vor dem Erbe, wie es sich der Alte vorgestellt hat.

Basch [*Bötjer Basch.* Novelle von Theodor Storm, 1887]. – Der Böttcher Daniel B. ist ein fleißiger Handwerker, der spät eine glückliche Ehe eingeht und nach dem Tod seiner Frau seinen einzigen Lebensinhalt in seinem Sohn Fritz sieht. Er gerät in eine Lebenskrise, als er diesen für tot halten muß.

Basilius [*Der Turm.* Trauerspiel von Hugo von Hofmannsthal, ED 1925]. – König B. ist der personifizierte Machtwille. Wegen einer Weissagung, sein Sohn werde ihn stürzen, läßt er → Sigismund in Gefangenschaft und Unwissenheit aufwachsen (→ Ödipus- und → Kaspar-Hauser-Motivik). B. macht sich alle Teile seines Volkes durch seinen tyrannischen Herrschaftsanspruch zum Feind und kommt in einem Aufstand um.

Basini [*Die Verwirrungen des Zöglings Törleß.* Roman von Robert Musil, 1906]. – B. hat einen Kameradendiebstahl begangen und gerät dadurch in ein physio-psychisches Abhängigkeitsverhältnis zu seinen Mitschülern → Reiting und → Beineberg, das ihn zum Opfer sadistischer und homosexueller Lüste macht. Bedrückende Begleiterscheinung ist die selbstquälerische Bereitschaft B.s, sich den Mißhandlungen zu unterwerfen.

Bassompierre.
Der Marschall François de Bassompière, 1579–1646, schrieb als Häftling in der Bastille seine Memoiren, die Quelle Goethes und Hofmannsthals.
[*Unterhaltungen deutscher Ausgewanderten.* Novellenslg. von Johann Wolfgang von Goethe, 1795]. – [*Das Erlebnis des Marschalls von Bassompierre.* Novelle von Hugo von Hofmannsthal, ED 1900]. – B. verbringt eine Nacht mit einer rätselhaften jungen Krämersfrau. Als er drei Tage später zu einem zweiten Stelldichein kommt, findet er zwei Pesttote vor, einen Mann und eine Frau. – Hofmannsthal macht aus dem Galan einen Liebhaber, der von der Frau tief beeindruckt ist.

Bastian Balthasar Bux [*Die unendliche Geschichte.* Roman von Michael Ende, 1981]. – B. B. B., ein kleiner dicker Junge von ungefähr elf Jahren, wird von seinen Klassenkameraden gehänselt und mißhandelt, denn er ist ein Angsthase und Bücherwurm. Er entwendet ein geheimnisvolles Buch aus einer Buchhandlung, schwänzt den Unterricht und vertieft sich auf dem Dachboden der Schule in die Geschichte, in die er während des Lesens selbst hineingerät. Er identifiziert sich mit dem Helden Atréju, der so ist, wie er gerne sein möchte, und rettet das Land Phantásia vor der Vernichtung.

Bastianello → Celionati (Hoffmann: *Prinzessin Brambilla*)

Bauch [*Die Kipper*. Theaterstück von Volker Braun, UA 1972]. – Paul B. ist der positive Werktätige im Konflikt mit der abgestumpften, sturen Routine eines sozialistischen Staatsbetriebs, Beispielfigur für das in der DDR häufig wiederkehrende Schema, wonach ein eigenwilliges, entschlußfrohes Individuum in die unbefriedigenden Arbeisprozesse eingreift, auf Widerstände stößt, Fehler macht und schließlich nützliche Veränderungen bewirkt.

Baumert [*Die Weber*. Schauspiel von Gerhart Hauptmann, 1892]. – Die Familie B. steht stellvertretend für die Heimweber in Schlesien um 1844, die alle unter den gleichen Bedingungen leben. Sie müssen sich nach der Einführung des mechanischen Webstuhls für einen Hungerlohn abrackern und geraten in Not; deshalb revoltieren sie gegen den Unternehmer → Dreißiger. Nachdem das Militär den Aufstand unterdrückt hat, fallen sie ins Elend zurück.

Baumgart [*Der Katzensteg*. Roman von Hermann Sudermann, 1890]. – Der tapfere, untadelige Landwehrleutnant B. scheitert im Leben, weil er der Sohn eines Ehrlosen ist. Nach dem Tod des Vaters bekennt er, Boreslav, der Sohn des verfehmten Barons von Schranden zu sein, der 1807 die Franzosen über den Katzensteg in den Rücken der Preußen geführt hat. Er stößt überall auf Haß und Feindschaft, und es gelingt ihm nicht, in seiner Heimat Fuß zu fassen und den verwüsteten Familienbesitz wieder aufzubauen.

Baumgarten [*Wilhelm Tell*. Schauspiel von Friedrich von Schiller, 1804]. – Ein kaiserlicher Burgvogt, Wolffenschießen, hat seine Machtposition ausgenützt, um Konrad B.s Frau zu zwingen, ihm zu Willen zu sein. B. hat ihn mit der Axt erschlagen. Er wird von → Wilhelm Tell gerettet, der ihn trotz Unwetters am Vierwaldstätter See übersetzt.

Beate von Losnitz → Tarniff (Keyserling: *Beate und Mareile*)

Beatrice [*Die Braut von Messina oder die feindlichen Brüder*. Tragödie von Friedrich von Schiller, 1803]. – B. soll als Kind getötet werden wegen einer Traumvision des Vaters, sie werde den Untergang der Familie herbeiführen. Die Mutter verbirgt sie in einem Kloster, wo sie, »sich selber ein Geheimnis«, aufwächst. Ihre beiden Brüder Don → Cesar und Don → Manuel verlieben sich in sie, und die Weissagung erfüllt sich.

Beatrice → Vigoleis (Thelen: *Die Insel des zweiten Gesichts*)

Beatrix [*Dialogus magnus visionum atque miraculorum.* Sammlung von Exempla (neulat.) von Caesarius von Heisterbach, entst. um 1223/24. – [*Sieben Legenden.* Erzählungen von Gottfried Keller, 1872]. – B. ist eine Legendengestalt aus der Marienverehrung des Mittelalters: die Nonne, die, von weltlicher Liebe ergriffen, das Kloster verläßt und, reumütig zurückgekehrt, sich von der Mutter Maria so vertreten findet, daß niemand ihre sündige Eskapade bemerkt hat.

Beaumarchais.
Pierre Augustin Caron de B., Höfling, Schriftsteller und Dramatiker (1732–1799), duellierte sich in Madrid mit dem spanischen Schriftsteller Clavijo, der seine Schwester verführt hatte. Der Verfasser der ungewollt revolutionären Dramen *Der Barbier von Sevilla* und *Figaros Hochzeit*, Harfenlehrer der Töchter Ludwigs XV., war bekannt für seinen Geschäftssinn und seine Kunst des politischen Lavierens.
[*Clavigo.* Trauerspiel von Johann Wolfgang von Goethe, 1774]. – B. ist der rächende Bruder. Er reist von Frankreich nach Madrid, um → Clavigo, den treulosen Verlobten seiner Schwester → Marie Beaumarchais, zur Rechenschaft zu ziehen. Zunächst vermag er den Schwankenden umzustimmen; den abermaligen Verrat bestraft er mit einem tödlichen Degenstoß.
[*Waffen für Amerika.* Roman von Lion Feuchtwanger, 1947/48]. – B. ist als Bourgeois dargestellt, der sich gegen die Feudalwelt auflehnt und zugleich die Geschäftsinteressen des historischen Dritten Standes wahrnimmt. Er ist in seiner Gesinnung Benjamin → Franklin ähnlich, dem Geschäftspartner beim Waffenhandel und Abgesandten der aufständischen amerikanischen Siedler.

Beauvais [*Der Aufruhr in den Cevennen.* Historischer Roman (unvollendet) von Ludwig Tieck, 1826]. – Der alte Parlamentsrat B. ist ein unschuldiges Opfer der geistigen und menschlichen Verwirrungen und Grausamkeiten während des Religionskriegs 1703 zwischen den Hugenotten und den königlichen Soldaten. Der tolerante, fromme Katholik wird mit der Brandschatzung seines Schlosses und Einkerkerung dafür bestraft, daß sein Sohn → Eduard zu den Camisarden übergelaufen ist.

Bebra [*Die Blechtrommel.* Roman von Günter Grass, 1959]. – Der Liliputaner B., »der in direkter Linie vom Prinzen Eugen, also von Ludwig dem Vierzehnten« abstammen will, zieht im Zweiten Weltkrieg ein Fronttheater auf, in dem auch → Oskar Matzerath auftritt. Der in Offiziersuniform umherstolzierende Zwerg ist die Karikatur des feinsinnigen, hochintellektuellen, die Nazis verachtenden Künstlers, der sich gleichwohl um seines künstlerischen Auftrags und seines Wohlbefindens willen den Verhältnissen anpaßt. Auf die Nachkriegszeit stellt sich B. wendig ein. Er zieht eine Konzertagentur auf; Oskar geht für ihn als Schlagzeuger auf Tournee.

Becket.
Thomas Becket (1118–1170) war Kanzler Heinrichs II. von England und wurde dann von diesem als Erzbischof von Canterbury eingesetzt. Da Becket nunmehr die Freiheit der Kirche gegenüber der Krone vertrat, verfeindete er sich mit seinem ehemaligen Herrn; er wurde von Gefolgsleuten des Königs in einer Kapelle der Kathedrale von Canterbury ermordet.
[*Der Heilige.* Novelle von Conrad Ferdinand Meyer, 1879]. – Meyer strebt keine historische Wahrheit an, er will die Verwandlung eines ungläubigen Welt- und Staatsmanns in einen christlichen Märtyrer darstellen. B., der Sohn eines Sachsen und einer Sarazenin, verdankt seiner Abkunft eine zwiespältige Natur. Der undurchsichtige, beherrschte Politiker ist ein treuer Diener seines Herrn, selbst als dieser an B.s behüteter Tochter schuldig wird. Erst als er einem mächtigeren Herrn, nämlich Gott, dienstbar wird, tritt er für die Rechte der unterdrückten Sachsen und der Kirche ein und wird so zum »Reichsverräter«. Sein Sieg über Heinrich symbolisiert gleichzeitig die Überwindung der Physis des Menschen durch den Geist.

Beckmann [*Draußen vor der Tür.* Hörspiel und Bühnenstück von Wolfgang Borchert, 1946]. – Die Hauptgestalt des Stücks, B., nach drei Jahren Kriegsgefangenschaft in Sibirien heimgekehrt, findet seine Frau in den Armen eines anderen. Seine Versuche, sein Leben zu beenden, scheitern ebenso wie die, Verantwortliche für das mörderische Kriegsgeschehen zu finden, seine Schuldgefühle abzubauen und wieder Fuß zu fassen. Ein ähnliches Schicksal erleidet nach dem Ersten Weltkrieg Tollers Kriegsheimkehrer → Hinkemann. Ihm ist Borcherts B. nachgestaltet.

Beckmesser [*Die Meistersinger von Nürnberg.* Musikdrama von Richard Wagner, 1862]. – Der Stadtschreiber Sixtus B. ist der Reaktionär und Vertreter akademischer Scheinkunst. Er dient der Gilde als »Merker«, der auf strenge Einhaltung der komplizierten Gesetze der »Tabulatur« achtet, auf Reimschema und Melodie, und Fehler aufzeichnet. Seine »Beckmesserei« ist sprichwörtlich geworden. Er ist gleichzeitig der Repräsentant der romanischen Kunst, die Wagner als degeneriert ansieht, und der Antagonist von Hans → Sachs.

Beermann [*Moral.* Komödie von Ludwig Thoma, 1909]. – Fritz B., Rentier, Reichstagskandidat und Vorsitzender des Sittlichkeitsvereins in einer kleinen Residenzstadt, spielt sich als Moralapostel auf. Es stellt sich heraus, daß er, wie viele aus der besseren Gesellschaft, dem Freudenmädchen → Ninon de Hauteville Tribut gezollt hat. Der moralischen Fassade wird auf Kosten der Wahrheit Genüge getan.

Beeskow [*Das Fossil.* Drama von Carl Sternheim, 1925]. – Die moralisch völlig zerrüttete Familie des Weltkriegs-Generals a. D. Traugott von B. besteht aus dem Sohn Otto und dessen Frau Sophie → Maske sowie den Töchtern Ulrike und Ursula. Traugott v. B. hat den besessenen Beharrungswillen eines preußischen Junkers und erschießt zur Aufrechterhaltung der Ordnung in Deutschland seine Tochter Ursula und deren Verlobten Ago von Bohna, als er entdeckt, daß sie salonbolschewistische Ansichten haben.

Begbick [*Aufstieg und Fall der Stadt Mahagonny.* Oper von Bertolt Brecht, 1929]. – Die Schwindlerin Leokadja B. strandet auf der Flucht vor der Polizei mit den Genossen Dreieinigkeitsmoses und Willy dem Prokuristen in einer öden Gegend und gründet die Stadt Mahagonny, wo Vergnügen aller Art vermarktet werden: »Essen, Lieben, Kämpfen, Saufen«. Sie ist der personifizierte Kapitalismus, dessen Gott das Geld ist.

Behrens [*Der Zauberberg.* Roman von Thomas Mann, 1924]. – Hofrat Dr. B., lebhaft, immer gut aufgelegt und Verständnis vortäuschend, ist als Leiter des Sanatoriums »Berghof« in Wirklichkeit ein »alter Angestellter des Todes«, der seinen Patienten das Sterben erleichtert, indem er ihnen Hoffnungen macht und ihnen Mut zuspricht. Die makabren Seiten des Leidens beschönigt er, die Moribunden versteckt er, die Toten werden bei Nacht und Nebel aus dem Haus geschafft.

Beineberg [*Die Verwirrungen des Zöglings Törleß.* Roman von Robert Musil, 1906]. – In dem Internatsschüler B. wächst der Sadismus eines brutalen Machtmenschen im Keim heran. Er nutzt das Wissen um einen Diebstahl aus, um seinen Klassenkameraden → Basini zu quälen und sexuell zu versklaven. Seine Berechtigung dazu leitet er aus irrationalen, okkulten Vorstellungen her.

Belakane [*Parzival.* Höfisches Epos von Wolfram von Eschenbach, entst. zwischen 1200 und 1210]. – Die Mohrenkönigin B. macht → Gahmuret, ihren Erretter von einer Belagerung, zu ihrem Gemahl und zum Landesherrn. Zu ihrem Leid erklärt er die Ehe mit einer Heidin schon bald als ungültig und verläßt sie aus Abenteuerlust, ehe ihr Sohn → Feirefiz geboren wird.

Belfontaine [*Das unauslöschliche Siegel.* Roman von Elisabeth Langgässer, 1946]. – Der Jude Lazarus B., der aus Liebe zu der engelhaft frommen Katholikin Elisabeth konvertiert hat, erliegt teuflischen Versuchungen, ehe Gott siegt, dessen »unauslöschliches Siegel« ihm in der Taufe aufgeprägt wurde. Langgässer zeigt an B. und seinen Verführern und Versuchern, → Grandpierre und → Suzette Bonmarché, symbolisch-beispielhaft den Kampf zwischen Gott und Satan.

Belitz [*Die Kunstfigur.* Roman von Heinz von Cramer, 1958]. – Johannes Maria Blitzki nennt sich als Schriftsteller John B. und tauscht damit polnische Anklänge gegen amerikanische. Sein Leben besteht aus opportunistischen Anpassungsmanövern, was ihn zur »Kunstfigur« macht: Vom marxistischen Denken wechselt er nacheinander zum Expressionismus, zur Flitterliteratur der Golden Twenties, zur Blut- und Boden-Literatur, zum Emigranten aus beleidigter Geltungssucht, zu Existentialismus, Neuer Linken und Katholizismus.

Bellarmin [*Hyperion oder der Eremit in Griechenland.* Roman von Friedrich Hölderlin, 1797–99]. – B. ist der deutsche Freund → Hyperions, der Empfänger seiner Briefe. In ihm konnten sich die – deutschen – Leser des Romans angesprochen fühlen.

Bellman → Ulla Winblad (Zuckmayer: *Ulla Winblad*)

Belotti [*Die kleine Stadt.* Roman von Heinrich Mann, 1909]. – Der Advokat und Anführer der Fortschrittspartei hat eine wandernde Operntruppe in die Stadt eingeladen. Damit setzt er gesellschaftliche Konflikte (Don → Taddeo) frei, die er nicht vorausgesehen hat.

Belsazar.
Vom letzten König von Babylon († 539 v. Chr.) berichtet das Buch Daniel im Alten Testament: B. ließ bei einem Gastmahl die aus dem Tempel in Jerusalem geraubten Opfergefäße als Trinkgefäße benutzen. Eine unheilverkündende Schrift erschien an der Wand, und B. wurde noch in derselben Nacht getötet.
[*Belsazar.* Ballade von Heinrich Heine, ED 1827]. – B. ist der Gotteslästerer, dem eine schaurige Flammenschrift an der Wand den Untergang verkündet.

Belvidera Priuli → Jaffier (Hofmannsthal: *Das gerettete Venedig*)

Bendemann [*Das Urteil.* Erzählung von Franz Kafka, 1916]. – Georg B. wird von seinem greisen Vater zum Tode des Ertrinkens verurteilt, als er ihm seine Verlobung bekanntgibt. Er rennt aus dem Haus und ertränkt sich. Der Vater ist für B. wie für Kafka die Inkarnation einer patriarchalischen Weltordnung, der gegenüber es nur eine – absurde – Folgsamkeit gibt.

Benjamenta [*Jakob von Gunten.* Roman von Robert Walser, 1909]. – B., der Vorsteher eines obskuren, surrealistisch anmutenden Knabeninstituts, ist ein strenger autoritärer Lehrer, der seine Zöglinge zu dienendem Gehorsam erzieht. Von Wissen hält er nichts, so lernen seine Schüler nur Vorschriften auswendig und werden es im Leben zu nichts bringen. Die Lehrer sind abwesend oder liegen in einem todähnlichen Schlaf. Die Lehrerin Lisa, die Schwester des Vorstehers, ist die Seele des Hauses, ein edles, ätherisches und rührendes Geschöpf. Als sie stirbt, wird das Institut aufgelöst.

Benjamin [*Benjamin und seine Väter.* Roman von Herbert Heckmann, 1962]. – Der Held des Entwicklungsromans, das uneheliche Kind B., durchlebt die Nazizeit als Heranwachsender und als Soldat. Nach dem Tod der Mutter hat ihn → Jonas adoptiert, der ihn ebenso eigenwillig wie liebevoll durch die Jugend geleitet hat. Als Benjamin als Soldat seinen Erzeuger kennenlernt, zerplatzen seine Illusionen darüber, wer sein wirklicher Vater gewesen sein könnte.

Benrath [*Ehen in Philippsburg.* Roman von Martin Walser, 1957]. – Dr. B., ein Frauenarzt, leidet unter seiner ehebrecherischen Beziehung zu Cecile, kann sie aber erst nach dem Selbstmord seiner Ehefrau auflösen.

Bentsch [*Die Rettung.* Roman von Anna Seghers, 1937]. – Als Lernender ist Andreas B. eine typische Gestalt des sozialistischen Realismus. Der Katholik ist in kritischen Situationen die Ruhe selbst und in seinen Ansichten gemäßigt. Erst die Probleme der Wirtschaftskrise und die Verfolgung des jungen Kommunisten Lorenz durch die Nazis machen ihn selbst zum antifaschistischen Kämpfer.

Beppi [*Stallerhof,* UA 1972; *Geisterbahn,* UA 1975. Theaterstücke von Franz Xaver Kroetz]. – B., die minderjährige, geistig behinderte Tochter des Kleinbauern Staller, wird von dem Knecht → Sepp geschwängert. Die Eltern sind zu stumpf und klammern sich zu sehr an das, was sich gehört, als daß sie ihrer Tochter beistehen könnten. Sie tötet das Kind. – B. ist die für die Anfänge Kroetz' typische hilflose Kreatur aus dem ländlichen Kleinbürgermilieu, die wegen ihrer geringen Sprech- und Denkfähigkeit zu einem glücklosen, gedrückten Dasein verurteilt ist. Die Alltäglichkeit der Namen ist bezeichnend.

Berdoa [*Herzog Theodor von Gothland.* Tragödie von Christian Dietrich Grabbe, ED 1827]. – Der Neger B. ist der Anführer der Finnen im Kampf gegen die Schweden; er haßt den Herzog → Theodor von Gothland, der ihn einmal ausgepeitscht hat, als er noch Sklave war.

Berg [*Der Hofmeister oder Vorteile der Privaterziehung.* Tragikomödie von Jakob Michael Reinhold Lenz, 1774]. – An der Familie des Majors v. B. demonstriert Lenz in sarkastischer Darstellung die Übelstände der Hauslehrer-Erziehung. Der Major ist ein innerlich weicher Polterer. Sein stumpfer, lethargischer Sohn Leopold soll ein Soldat werden, »ein Kerl, wie ich gewesen bin«. Die provinziell blasierte Majorin hat einen Bildungsdünkel, drückt den Hofmeister → Läuffer jedoch in die Position eines devoten Domestiken. Die Tochter, → Gustchen, läßt sich aus einem angestauten unbefriedigten Liebesdrang vom Hofmeister verführen. Vetter Fritz von B., Gustchens Verlobter, zeigt durch seine lebensfremde Gutmütigkeit, die ihn ins Schuldgefängnis bringt, die Spätfolgen der »Privaterziehung«.

Berg → Oldendorf (Freytag: *Die Journalisten*)

Berganza [*Nachricht von den neuesten Schicksalen des Hundes Berganza.* Dialogerzählung von E. T. A. Hoffmann, 1814]. – B. ist ein schwarzer Bullenbeißer, der der menschlichen Sprache mächtig ist, sein Leben erzählt und als »poetischer« und »Theaterhund« mit dem Ich-Erzähler kunst- und theatertheoretische Probleme erörtert. Der Name B. stammt aus Cervantes' *Zwiegespräch zweier Hunde* in den *Exemplarischen Novellen.*

Berger [*Afrikanische Spiele.* Roman von Ernst Jünger, 1936]. – Herbert B. ist ein Primaner, der sich, der Schule überdrüssig, zur Fremdenlegion anwerben läßt auf der Suche nach dem Ungewöhnlichen.

Berglinger [*Herzensergießungen eines kunstliebenden Klosterbruders.* Prosa von Wilhelm Heinrich Wackenroder, 1797]. – Der Kapellmeister Joseph B., dessen Leben die innere Biographie des Autors widerspiegelt, ist der typische frühromantische Künstler, der sich als Sprachrohr des Göttlichen versteht. Die Musik ist die stofflose Harmonie, das vom Sinnlichen losgelöste Reich des Himmels; in dieses Reich werden wir beim Anhören emporgehoben, das Genie lebt in ihm. B. wurde zum Modell für die romantischen Künstler bis zu Kapellmeister → Kreisler.

Berkley [*Sturm und Drang.* Schauspiel von Friedrich Maximilian Klinger, 1776]. – Die Familie B. spielt eine Rolle in einer Romeo-Julia-Konstellation. Lord B. haßt Lord Bushy, sein Sohn Harry will Karl Bushy töten, der unter dem Pseudonym → Wild lebt, und Wilds unvergängliche Liebe gilt Jenny Karoline B.

Bernadette Soubirous [*Das Lied von Bernadette.* Dokumentarischer Roman von Franz Werfel, 1941]. – Der einfältigen vierzehnjährigen Müllerstochter B. S. erscheint am 11. Febr.

1858 in einer Höhle in Lourdes eine lichtumstrahlte »Dame«. Während Lourdes sich zu einem berühmten Wallfahrtsort entwickelt, durchlebt B. eine Zeit des Leidens: die Verfolgung durch die Behörden, die Zweifel der Kirche, eine schwere Knochentuberkulose und die verzehrende Sehnsucht nach der Wiederbegegnung mit der »Dame«. B. stirbt als Nonne; für ihre eigene Heilung ist »die Quelle nicht da«.

Bernauer → Agnes B. (Hebbel: *Agnes Bernauer*)

Bernd [*Rose Bernd.* Schauspiel von Gerhart Hauptmann, 1903]. – Der Vater des »gefallenen Mädchens« → Rose Bernd ist mitschuldig an dem Elend der Tochter, denn er ist ein mitleidloser, selbstgerechter Frömmler, der seiner Tochter frühzeitig gedroht hat, sie auf die Straße zu setzen, wenn sie einen Fehltritt begeht.

Bernhardi [*Professor Bernhardi.* Komödie von Arthur Schnitzler, 1912]. – Der Leiter des »Elisabethiums«, Professor B., weigert sich, den Priester zu einer Sterbenden zu lassen, weil diese sich nach quälenden Wochen in einem Zustand letzter Euphorie befindet. Die humanitäre Haltung wird ihm als Blasphemie ausgelegt und bringt Kirche und Staat gegen ihn auf. Dabei kommen auch virulente antisemitische Argumente hoch, denn B. ist Jude und sein ehrgeiziger Stellvertreter Dr. → Ebenwald sieht die Chance, ihn zu verdrängen. Studenten, Presse und Öffentlichkeit erzwingen die Rehabilitierung. An Professor B. sind Züge von Schnitzlers Vater erkennbar.

Bernouilli → Jonas (Heckmann: *Benjamin und seine Väter*)

Berta [*Die Ahnfrau.* Trauerspiel von Franz Grillparzer, 1817]. – B. ist als Tochter des Grafen → Borotin die Letzte eines Geschlechts, auf dem ein Fluch wegen einer ungetreuen Ahnfrau lastet. Durch eine Heirat mit → Jaromir von Eschen hofft ihr Vater, sie von dem Fluch befreien zu können, doch der Verlobte entpuppt sich als ihr Bruder, der als Kind entführt wurde, und B. nimmt sich das Leben.

Berta [*Pioniere in Ingolstadt.* Stück von Marieluise Fleißer, 1929]. – Die halbwüchsige B. ist das von den Männern ausgenutzte einfältige Dienstmädchen. Sie verliebt sich in den Pionier Korl, der für ein paar Tage in Ingolstadt eingesetzt ist. Aber dieser hält nichts von Gefühlen, behandelt sie grob und benutzt sie nur für ein kurzes Abenteuer.

Berta von Bruneck → Rudenz (Schiller: *Wilhelm Tell*)

Berta von Schauenburg [*Witiko.* Roman von Adalbert Stifter, 1865–67]. – In der Einsamkeit des Landes um den Dreisesselberg begegnet → Witiko dem

Mädchen B. Ein ernsthaftes Gespräch genügt, um die beiden Menschen für immer aneinander zu binden. Nach Jahren begegnen sie einander ein zweitesmal, und der siegreiche Ritter führt die Braut heim – eine typisch Stiftersche Liebesgeschichte zwischen zwei äußerlich emotionslosen, gebändigten Menschen mit einem tiefen, nachtwandlerisch sicheren Gefühl für ihre Zusammengehörigkeit.

Bertalda [*Undine.* Erzählung von Friedrich de la Motte Fouqué, 1811]. – Die schöne Herzogstochter B., eine falsche, herzlose Person, ist die »menschliche« Gegenspielerin der Nixe → Undine, der sie den Gatten entfremdet, um ihn für sich zu gewinnen.

Bertha [*Der blonde Eckbert.* Märchennovelle von Ludwig Tieck, ED 1797]. – B. ist die Frau des Ritters → Eckbert. Sie hat Schuld auf sich geladen, fühlt sich deshalb ständig verfolgt und stirbt am Grauen vor geheimnisvollen Mächten, ein Opfer der Nachtseiten der Natur und der Menschenseele.

Berthold [*Die Kronenwächter.* Unvollendeter Roman von Ludwig Achim von Arnim, 1817]. – B., angeblich ein Abkömmling der Hohenstaufen, wächst um 1500 bei Pflegeeltern in Waiblingen auf. Sein Leben wird von den unsichtbaren »Kronenwächtern« begleitet, die die Staufer wieder an die Macht bringen wollen. Er ist der erste Antiheld der deutschen Literatur: ständig kränkelnd, zur Selbst- und Zeiterkenntnis unfähig.

Bertin [*Der große Krieg der weißen Männer.* Roman-Zyklus von Arnold Zweig, 1927–1957]. – An dem bürgerlichen Schriftsteller Werner B. demonstriert Zweig das Soldatenschicksal im Ersten Weltkrieg (*Erziehung vor Verdun*, 1935) und das schrittweise Hervortreten pazifistischen Denkens.

Bertrade [*Sieben Legenden.* Erzählungen von Gottfried Keller, 1872]. – In der Legende *Die Jungfrau und der Teufel* rettet die Jungfrau Maria die schöne und edle B. aus den Fängen des Teufels, an den ihr Gemahl Graf → Gebizo sie verkauft hat. In *Die Jungfrau als Ritter* erkämpft Maria in einem Turnier die Witwe B. stellvertretend für den verträumten, gar nicht kriegerischen Ritter Zendelwald.

Bertram → Robert (Nestroy: *Robert der Teuxel*)

Bertrand [*Die Schlafwandler.* Romantrilogie von Hermann Broch, 1931/32]. – Der Industrielle Eduard von B., ein Jugendfreund → Pasenows, erscheint → Esch als Ursache alles Bösen. Er ist der passive, analysierende Betrachter, der resignierend erkannt hat, daß der Weg zu einer neuen Wertewelt nur durch den Abgrund des Nichts führt. Er endet durch

Selbstmord, als ihn Esch wegen homoerotischer Beziehungen zu erpressen versucht.

Bertschi [*Der Ring.* Satirisches Gedicht von Heinrich Wittenweiler, entst. um 1400]. – Der Lappenhauser Bauernbursche B. Triefnas wirbt nach Regeln des höfischen Minnedienstes um die mißgestaltete Mätzli Rüerenzumph. Das Hochzeitsfest artet in einen Krieg zwischen zwei Dörfern aus, an dem Ritter und Mythengestalten teilnehmen. Als einziger Überlebender zieht sich B. nach der Schlacht als Einsiedler in den Schwarzwald zurück. Das törichte Verhalten der Bauern gibt Anlaß zur Belehrung.

Beumann [*Ehen in Philippsburg.* Roman von Martin Walser, 1957]. – Hans B., das uneheliche Kind einer Kellnerin, hat Publizistik studiert und findet dank seiner Anpassungsfähigkeit und der Hilfe seiner Studienfreundin, der Fabrikantentochter Anne Volkmann, in Philippsburg Zugang zur gehobenen Gesellschaft.

Beutler → Newton und Einstein (Dürrenmatt: *Die Physiker*)

Biala → Janek (Härtling: *Janek*)

Bianca [*Florentiner Novellen.* Novellensammlung von Isolde Kurz, 1890]. – Das Thema der Novelle *Anno pestis* ist die Haßliebe zwischen den Geschlechtern. B. rächt sich an ihrem untreuen Geliebten, indem sie ihn in einer Liebesnacht wissentlich mit der Pest ansteckt.

Bianca → Constantin (Leisewitz: *Julius von Tarent*)

Biberkopf [*Berlin Alexanderplatz.* Roman von Alfred Döblin, 1929]. – Franz B. ist ein Proletarier in den Gefahren der Großstadt. Der Transportarbeiter, aus dem Gefängnis entlassen, will ein neues Leben beginnen, ist aber zu schwach, den Anfechtungen des neuen Babylon Berlin zu widerstehen, wird Verbrecher, Zuhälter, Insasse einer Irrenanstalt. Seine Läuterung besteht in der Einordnung in das gegebene Sozialgefüge.

Biedermann [*Biedermann und die Brandstifter.* Schauspiel von Max Frisch, 1958]. – In die Welt des Haarwasserfabrikanten Jakob B., eines gutsituierten, satten Bürgers und skrupellosen Geschäftsmanns, dringt das Böse, das Anarchische ein. Dem ist er nicht gewachsen; aus feigem Konformismus verbrüdert er sich mit den Verbrechern, die sein Haus anzünden.

Bielow [*Unruhige Gäste.* Roman von Wilhelm Raabe, 1886]. – Der weltmännische Professor Veit v. B. ist das Bindeglied zwischen der unruhigen, mondänen »Zeitlichkeit« des oberflächlichen gesellschaftlichen Lebens und der in sich ruhenden, naturnahen Welt, deren Vertreterin → Phöbe ist. Während des Besuchs in einem Gebirgsdorf kommt er auf magisch-undurchsichtige Weise mit dem Tod in Berührung, der ihn von da an nicht mehr losläßt. Er versucht vergeblich, auf großen Reisen in die »Zeitlichkeit« zurückzufinden und siecht dahin.

Bienkopp → Ole B. (Strittmatter: *Ole Bienkopp*)

Biondetta → Rosadora (C. Brentano: *Romanzen vom Rosenkranz*)

Biribinker [*Die Abenteuer des Don Sylvio von Rosalva.* Roman von Christoph Martin Wieland, 1764]. – Prinz B. ist der Held eines parodistisch übersteigerten erotischen Feenmärchens. Es wird Don → Sylvio erzählt, um ihn durch eine groteske Parallelfigur zur Erkenntnis seiner Schwärmerei zu bringen. B. liebt und heiratet ein einfaches Milchmädchen, hinter dem sich jedoch die Märchenprinzessin Galaktine verbirgt, so daß er gegen alle Vernunft der magischen Welt verhaftet bleibt.

Bischof [*Im Sommer des Hasen.* Roman von Adolf Muschg, 1965]. – B., der Werbechef des Schweizer Konzerns »Inauen Suisse«, veranstaltet für sechs angehende Literaten einen Stipendiatenaufenthalt in Japan, um das kulturelle Interesse des Konzerns unter Beweis zu stellen, aber auch mit der versteckten Absicht, selbst auszusteigen (»sich ein Schnippchen zu schlagen«) und einen Nachfolger zu finden. Seine Wahl fällt auf Pius → Gesell, den Außenseiter und scheinbar Unproduktiven.

Bischof [*Papst und Kaiser im Dorf.* Erzählung von Heinrich Federer, 1924]. – Der vierzigjährige katholische Pfarrer Carolus B. in einem kleinen Schweizer Ort verteidigt die geistliche Macht gegen seinen Kontrahenten, den Ammann → Bölsch, und will dessen »staatlichen Hochmut« brechen. Der kämpferische Geistliche versucht manche Neuerung durchzusetzen, scheitert aber am Ende.

Bischoff [*Die Ästhetik des Widerstands.* Roman in drei Teilen von Peter Weiss, 1975, 1978, 1981]. – Die emigrierte Kommunistin (Lotte) B. wird unter falschem Namen aus Schweden nach Berlin zurückgeschleust und arbeitet im Widerstand, ständig unter der doppelten Belastung der Gefahr des Entdecktwerdens und der Ungewißheit, ob die Opfer nicht umsonst sind, weil das Wunschbild des utopischen Kommunismus nicht mit der Realität übereinstimmt; zudem geben auch unter den Widerstandskämpfern nur Männer den Ton an, und sie sind eher geltungssüchtige Individualisten als Träger einer kollektiven Idee. B. überlebt – in den Augen des Ich-Erzählers als »Heilige« des Kommunismus, weil sie ohne Aufhebens und persönliches Profilierungsstreben einen dornenreichen Weg durch den antifaschistischen Untergrund gegangen ist.

Biterolf [*Biterolf und Dietleib.* Anonymes Heldenepos, entst. um 1250]. – B., der König von Toledo, verläßt Frau und Sohn, zieht auf Abenteuer aus und verweilt am Hofe Etzels. Dort kämpft er gegen seinen Sohn → Dietleib, der ausgezogen ist, den Vater zu suchen, bis sie sich erkennen. Gemeinsam mit Etzel und → Dietrich von Bern kämpfen sie siegreich gegen die Burgunden im Wormser Rosengarten und kehren nach Toledo zurück.

Bittersüß [*Der bedrängte Seraph.* Novelle von Wilhelm Lehmann, 1924]. – Die Novelle gibt in expressiven Schilderungen von Situationen, Visionen und Naturereignissen die Wandlung des Lachnit B. wieder. Der in selbstgewählter Isolation lebende junge B. sucht eine mystische Vereinigung mit der Natur und den kosmischen Kräften. Seine Heirat und sein Beruf als Landvermesser lösen seelische Störungen aus, weil seine innere Verfassung sich der realen Situation nicht angepaßt hat. Erst das Schockerlebnis des Todes seiner Frau bei der Geburt des dritten Kindes öffnet ihm den Zugang zur Wirklichkeit und läßt ihn an seiner Umwelt Anteil nehmen.

Bjuschew → Grischa Paprotkin (A. Zweig: *Der Streit um den Sergeanten Grischa*)

Blanche de la Force [*Die Letzte am Schafott.* Novelle von Gertrud von Le Fort, 1931]. – B. hat sich aus Weltangst ins Karmeliterinnen-Kloster zurückgezogen, aber die Angst bleibt und verwandelt sich in Todesangst. Aus Furcht vor der Kirchenfeindschaft des Revolutionstribunals wird sie abtrünnig und flieht zurück in die Welt. Als jedoch ihre Mitschwestern zur Hinrichtung geführt werden, folgt sie ihnen freiwillig in den Märtyrertod.

Blancheflur → Flore und Blancheflur (Fleck: *Flore und Blancheflur*)

Blancheflur → Riwalin und Blancheflur (Gottfried von Straßburg: *Tristan*)

Blank [*Der Boxer.* Roman von Jurek Becker, 1976]. – Aron B., mit fünfundvierzig Jahren aus dem KZ freigekommen, muß neu zu leben lernen. Seine Frau ist umgekommen, seine Kinder sind verschwunden. B. findet einen elternlosen Jungen, der sein Sohn sein könnte. Doch ein Leben für diesen potentiellen Sohn Mark gelingt ihm nicht. Die Vergangenheit läßt ihn nicht los; sie macht ihn zum Gescheiterten und zum Trunkenbold.

Blasius → Wild (Klinger: *Sturm und Drang*)

Blatter [*An heiligen Wassern.* Roman von Jakob Christoph Heer, 1898]. – Josi B. ist der für die Gattung Heimatroman typische Einzelne, der sich gegen die Naturgewalten und eine rückständige, abergläubische Bauerngesellschaft behauptet. Er ersetzt die lawinengefährdete, das Tal bedrohende Wasserleitung des Walliser Alpendorfs St. Peter, die legendenumrankten »heiligen Wasser«, durch eine unzerstörbare moderne Anlage.

Blitzki → Belitz (Cramer: *Die Kunstfigur*)

Bloch [*Die Angst des Tormanns beim Elfmeter.* Erzählung von Peter Handke, 1970]. – Der Monteur Josef B., der einmal ein bekannter Fußballtorwart gewesen ist, erfährt einen zunehmenden Realitätsverlust; Anzeichen von Schizophrenie werden offenbar. Er gibt seine Arbeitsstelle auf, tötet nach einer gemeinsam verbrachten Nacht aus Ekel vor der Vertraulichkeit eine Kinokassiererin (vielleicht auch nur in seiner Phantasie), treibt ziellos in Richtung Landesgrenze und fühlt sich verfolgt.

Block [*Der Prozeß.* Roman (Fragment) von Franz Kafka, 1925 (posthum)]. – Der Angeklagte B. läßt seinen Prozeß durch → Huld führen. Das bringt ihn in eine absolute Abhängigkeit; er wird zum »Hund des Advokaten«.

Blödel(in) [*Nibelungenlied.* Anonymes Heldenepos, entst. um 1200]. – Der jüngere Bruder → Etzels entfacht auf → Kriemhilds Anstiftung hin den Streit zwischen Burgunden und Hunnen und findet als erster den Tod: Der von ihm herausgeforderte → Dankwart schlägt ihm den Kopf ab.

Bloy.
Der französische Schriftsteller Léon Marie B. (1846–1917) vertrat mit fanatischer Gläubigkeit einen eigenwilligen Katholizismus. Er lebte in tiefster Armut. [*Zeit des Raben – Zeit der Taube.* Roman von Gertrud Fussenegger, 1960]. – Léon B. ist als Antipode der agnostischen Wissenschaftlerin Marie → Curie ein armer Poet, der unter den Brükken von Paris schläft, aber den Glauben findet und seine Kunst zum Instrument der Missionierung macht.

Blüthenzweig [*Gladius Dei.* Novelle von Thomas Mann, ED 1903]. – Herr B. betreibt ein florierendes »Schönheitsgeschäft«, eine Kunsthandlung am Odeonsplatz in München. Der fanatische Seelenverbesserer → Hieronymus versucht, ihm bewußt zu machen, wie verwerflich und gottlos seine Geschäfte mit den modisch lasziven und blasphemischen Kunstprodukten des Jugendstils sind, doch er stößt bei Herrn B. auf völliges Unverständnis.

Blum [*Eigentlich möchte Frau Blum den Milchmann kennenlernen.* Geschichten von Peter Bichsel, 1964]. – Die Frau B. der Titelgeschichte ist typisch für die Einsamkeit und Kontaktlosigkeit, die unter den Menschen herrscht. Sie erkennt und bedauert diesen Zustand, wird aber nie um vier Uhr aufstehen, um den Milchmann wirklich kennenzulernen.

Boanlkramer → Brandner Kasper (Kobell: *Brandner Kasper*)

Bob [*Das Kajütenbuch.* Roman von Charles Sealsfield, 1841]. – Im Landhaus des Kapitäns → Murphy erzählt Oberst Morse, wie er sich in der *Prärie am Jacinto* verirrt hat und von dem Mörder B. gerettet worden ist, weil es diesen immer wieder unter den »Patriarchen« zieht, einen Baum, unter dem er einen ermordeten und beraubten Einwanderer vergraben hat. B. legt ein Geständnis ab und wird von dem Alkalden, der ihn zu Tode verurteilen mußte, heimlich vom Strang abgeschnitten, weil Texas Leute wie ihn braucht. B. rechtfertigt das in ihn gesetzte Vertrauen und stirbt im Kampf für ein freies Amerika gegen die Spanier.

Boccard [*Das Amulett.* Novelle von Conrad Ferdinand Meyer, 1873]. – Wilhelm B. verkörpert die katholische Seite in den Hugenottenkriegen des 16. Jh.s. Er schützt seinen protestantischen Freund Hans → Schadau durch ein – katholisch geweihtes – Amulett und rettet ihn aus der Bartholomäusnacht, kommt aber selbst um.

Bocholt [*Ellernklipp.* Erzählung von Theodor Fontane, 1881]. – Der »Heidereiter« (Förster in gräflichen Diensten) Baltzer B. zieht → Hilde mit seinem gleichaltrigen Sohn Martin groß. Als die Pflegetochter dem Kindesalter entwachsen ist, tötet der Eifersüchtige den eigenen Sohn. Hilde wird seine Frau, doch die Schuldgefühle lassen ihn nicht mehr los.

Bockelson [*Die Wiedertäufer.* Komödie von Friedrich Dürrenmatt, 1967]. – Dem Schmierenkomödianten Jan B. gelingt es dank seiner pathetischen, verführerischen Redegabe, sich an die Spitze der Wiedertäufer in Münster zu setzen und sich zum König des neuen Jerusalem auszurufen. In seinem Machtwahn mißbraucht er den unreflektierten Begeisterungswillen des Volkes für seine eigensüchtigen Ziele.

Bodenbauer [*Uli der Knecht. – Uli der Pächter.* Doppelroman von Jeremias Gotthelf, 1846 u. 1849]. – Meister Johannes, der B., ist das Musterbild des traditionsbewußten, bodenständigen Schweizer Bauern. Er fühlt sich für seine Dienstleute verantwortlich und führt seinen leichtlebigen Knecht → Uli auf die rechte Bahn eines arbeitsamen, gottgefälligen Lebens, das auch materiellen Erfolg verspricht.

Böck → Max und Moritz (W. Busch: *Max und Moritz*)

Bölsch [*Papst und Kaiser im Dorf.* Erzählung von Heinrich

Federer, 1924]. – Papst und Kaiser zugleich möchte der 85jährige Ammann (Amtmann) Cornelius B. in der Gemeinde Lustigern im Toggenburgischen sein. Deshalb führt er einen ständigen Kampf gegen die Neuerungen des »geistlichen Oberhaupts«, des Pfarrers → Bischof, der ihm zu Recht »Cäsarenpapismus« vorwirft.

Bogner [*Und sagte kein einziges Wort.* Roman von Heinrich Böll, 1953]. – Die für Böll typische, vom Krieg gezeichnete Heimkehrergestalt, der kleine Angestellte Fred B., leidet an der bigotten, unmenschlichen, dem Konsum ergebenen Nachkriegsgesellschaft und seiner hoffnungslos kümmerlichen Existenz. Er lebt von seiner Frau Käte und seinen Kindern getrennt, weil das Leben in der Einzimmerwohnung unerträglich geworden ist. Als B. physisch zusammenbricht, will er »nach Hause«.

Boll [*Der blaue Boll.* Drama von Ernst Barlach, 1926]. – B., der feiste, vitale Gutsbesitzer in einem mecklenburgischen Städtchen, ist ein Genußmensch. In Erregungszuständen läuft sein Gesicht blau an, was ihm seinen Spitznamen eingebracht hat. Durch die Begegnung mit → Grete, der frommen Frau des Schweinehirten, wird er verändert und will aus sich und seiner Umgebung neue Menschen machen, die Nächstenliebe praktizieren. Barlach will die Versöhnung des Fleischlichen im Menschen mit dem Geistigen in dem Vater-Gott darstellen, das »Aufgehen des Persönlichen im Überpersönlichen«.

Bollmann [*Hoffmanns Geschenke.* Stück von Karl Otto Mühl, UA 1978]. – Der alternde Angestellte B. wird zur Symbolfigur des inhumanen Betriebsklimas, in dem jeder jeden beneidet und ausstechen will. B. ist überflüssig, ein junger Aufsteiger verdrängt ihn, doch am Ende ist alles Kriechen und Wühlen umsonst. Die Firma wird liquidiert.

Bolte → Max und Moritz (W. Busch: *Max und Moritz*)

Bolz [*Die Journalisten.* Lustspiel von Gustav Freytag, 1854]. – Der Redakteur Dr. B. ist ein gewandter, einfallsreicher Journalist an einer liberalen Zeitung. Über seinem politischen Engagement vergißt er sein persönliches Leben. Da greift seine Jugendliebe, die reiche Gutsbesitzerin Adelheid von Runeck, ein und sorgt für ein Happy-End.

Bomberg [*Der tolle Bomberg.* Ein »westfälischer Schelmenroman« von Josef Winckler, 1922]. – Der reiche westfälische Großgrundbesitzer Baron B. führt als Schelm wie Eulenspiegel und Münchhausen in der zweiten Hälfte des 19. Jh.s ein fast anarchistisches, tollkühnes Leben voller Saufereinen, Streiche, Liebesabenteuer, Ritte und Jagden zum Vergnügen der Massen, zum Schrecken des

Klerus und zur Verachtung des Adels.

Bonascopa [*Der schiffbrüchige Galeerensklave vom Toten Meer.* Romanfragment von Clemens Brentano, 1949; entst. 1811]. – In B. porträtiert Brentano seinen Reisegefährten Karl Friedrich Schinkel, der ihn nach Böhmen begleitete wie B. den Ich-Erzähler nach Rom und Neapel.

Bonaventura [*Nachtwachen des Bonaventura.* Roman vermutlich von Ernst August Friedrich von Klingemann, 1804]. – B. ist das Pseudonym des nihilistischen Ich-Erzählers, eines Findlings, der nach dem Ort, wo ihn ein Schuster aufgelesen hat, den Namen Kreuzgang trägt. Nach einer Zeit im Irrenhaus und in einem Puppentheater wird er Nachtwächter und demaskiert die Welt als das wahre finstere Tollhaus voller Menschen, die an der Kälte der Vernunft leiden. Kreuzgang ist der verwirrte Zerrissene, der sich existenziell bedroht fühlt und in der absoluten Negation endet.

Borgia → Angela B., → Lukrezia B. (Meyer: *Angela Borgia*)

Boris [*Ein Fest für Boris.* Bühnenstück von Thomas Bernhard, UA 1970]. – B. ist ein schwachsinniger, beinloser Krüppel, der nur noch fressen und schlafen will. Seine ebenfalls beinlose Frau, die »Gute«, kann ihn kaum ertragen und quält ihn, aber sie lädt zu seinem Geburtstag 13 beinlose debile Krüppel zum Essen ein. Die einzig Gesunde ist die Magd → Johanna.

Boris [*Gruppenbild mit Dame.* Roman von Heinrich Böll, 1971]. – B., ein russischer Kriegsgefangener, an Trakl und Kafka interessiert, lernt in einer Gärtnerei → Leni Pfeiffer kennen. Die gefahrvolle Liebe übersteht die nazistischen, rassistischen Aufpasser, doch kommt B. bei einem Grubenunglück um.

Borotin [*Die Ahnfrau.* Trauerspiel von Franz Grillparzer, 1817]. – Graf Zdenko v. B. ist der letzte männliche Nachkomme eines verfluchten Geschlechts, das vom Schicksal seit Generationen heimgesucht wird. Als er an einem stürmischen Abend die Ahnfrau erblickt, die immer erscheint, wenn dem gräflichen Haus Unglück droht, weiß er, daß seiner einzigen Tochter → Berta Unheil begegnen wird, und versucht vergeblich, sie zu retten.

Bouffler → Julian B. (Meyer: *Das Leiden eines Knaben*)

Boulanger [*Hans im Schnakenloch.* Drama von René Schikkele, 1916]. – Der Elsässer Hans B., Herr des Gutes Schnakenloch, ist unsicher und willensschwach; es fällt ihm schwer, sich zu Beginn des Ersten Weltkrieges zwischen Deutschen und Franzosen zu entscheiden. Mit der Gestalt des B. greift Schickele den Chauvinismus auf beiden Seiten an; zugleich ist sie eine Art Selbstporträt eines Elsässers.

Boulanger [*Lebensläufe*. Erzählungen von Alexander Kluge, 1962]. – Am Beispiel des Oberleutnants B. wird die völlige Versachlichung der Gemütskräfte im Deutschland der Nazizeit dargestellt. B. wird zu einem Sondereinsatz abkommandiert, bei dem die Schädel »jüdisch-bolschewistischer« Kommissare sichergestellt werden müssen.

Bouset [*Vicentius Ladislaus*. Komödie von Herzog Heinrich Julius von Braunschweig-Wolfenbüttel, 1594]. – Der Hofnarr Johann B. ist die lustige Figur nach englischem Vorbild. Er durchschaut die Lügengeschichten des Prahlhans → Vicentius Ladislaus, tut so, als nähme er sie für bare Münze, und übertrifft sie noch – damit entlarvt er den Aufschneider.

Boye [*Die Ästhetik des Widerstands*. Roman in drei Teilen von Peter Weiss, 1975, 1978, 1981]. – Die schwedische Dichterin (Karin) B. steht dem Ich-Erzähler nahe, regt sein Schreiben an und weckt sein Interesse an der Psychologie. Sie ist eine Lesbierin, die in psychiatrischer Behandlung steht, weil sie mit den Problemen der gleichgeschlechtlichen Liebe ebensowenig zurechtkommt wie mit der Suprematie des Mannes. Nach zahlreichen halbherzigen Selbstmordversuchen versteckt sie sich im Wald und stirbt an einer Überdosis Schlaftabletten.

Božena [*Božena*. Roman von Marie von Ebner-Eschenbach, 1876]. – B. ist eine tschechische Magd, die aufopferungsfreudig ihre Dienste bei mehreren Generationen der Familie Heißenstein leistet. Ihrem ursprünglichen und naturnahen Wesen steht die gekünstelte Welt ihrer auf die Fassade bedachten deutschen Herrschaft gegenüber.

Božena [*Die Verwirrungen des Zöglings Törleß*. Roman von Robert Musil, 1906]. – Das leichte Mädchen B. führt die Zöglinge eines k. u. k. Internats in der galizischen Provinz in die Geheimnisse der Liebe ein.

Bracciano [*Vittoria Accorombona*. Roman von Ludwig Tieck, 1840]. – Der Geliebte und Gemahl → Vittoria Accorombonas, Herzog Paolo Orsini v. B., ist als typischer Renaissance-Herrenmensch gezeichnet, der sich über die Moralgesetze hinwegsetzt und seiner eigenen Lebensvorstellung folgt. Er macht sich den Weg zu Vittoria frei, indem er seine Frau Isabella tötet.

Bracke [*Bracke*. Roman von Klabund, 1918]. – B. ist ein Vagabund und Narr wie Till → Eulenspiegel. Der in einer kleinen märkischen Stadt zur Zeit Luthers geborene Schelm liebt die Tiere, kämpft für die Armen und Schwachen gegen die Mächtigen und ruft die Menschen auf, gut zu handeln, anstatt Gutes zu denken.

Braeker.
Ulrich B. (1735–1798), ein Kleinbauernsohn aus der Nordschweiz, hinterließ mit der autobiographischen *Lebensgeschichte ... des Armen Mannes im Toggenburg* eine lebendige und detaillierte Schilderung der Lebensumstände der unteren Schichten.
[*Die Schlacht bei Lobositz.* Stück von Peter Hacks, ED 1957]. – Hacks greift den Zeitabschnitt auf, in dem B. zum preußischen Soldaten gepreßt wird und in der Schlacht bei Lobositz desertiert. B. erfüllt seine Pflichten – ähnlich dem braven Soldaten → Schweyk – übergewissenhaft und mit zunehmender Einsicht in die immanenten Mechanismen einer Militärhierarchie, was es ihm ermöglicht, sich abzusetzen.

Bräsig [*Ut mine Stromtid.* Roman (niederdt.) von Fritz Reuter, 1863–64]. – Mit dem »Entspekter« Zacharias B., einem dicklichen, kurzbeinigen Mann, gelang Reuter ein sprichwörtlich gewordenes mecklenburgisches Original. Der kauzige, gutherzige und humorbegabte Gutsverwalter (Inspektor) steckt seine Nase in alle Angelegenheiten, vermittelt zum Guten und gerät in ein komisches Dilemma nach dem anderen. Ein Charakteristikum B.s ist das »Missingsch«, seine aus Hoch- und Niederdeutsch gemischte Eigensprache mit absichtlich und unwillkürlich entstellten Fremdwörtern (Paddagraf für Paragraph, Moment statt Monument).

Brahe → Tycho B. (Brod: *Tycho Brahes Weg zu Gott*)

Brambilla → Giglio Fava (Hoffmann: *Prinzessin Brambilla*)

Brand [*Die Gesellschaft vom Dachboden.* Erzählung von Ernst Kreuder, 1946]. – Der Poet Bertold B. erzählt die Geschichte der »Gesellschaft vom Dachboden«, einer Gruppe von jungen Leuten, die gegen die Phantasielosigkeit der Zeit ankämpfen.

Brandner Kasper [*Die G'schicht von' Brandner Kasper.* Erzählung von Franz von Kobell, ED 1871]. – B. K., ein Bauer und Büchsenmacher aus dem Tegernseer Tal, ist 75 Jahre alt, als der Tod, der »Boanlkramer«, ihn holen will. Der B. K. spielt mit ihm um sein Leben Karten, betrügt und gewinnt. Er bleibt auf der Welt, bis er selber nicht mehr leben mag.

Brandter [*Ein Umweg.* Roman von Heimito von Doderer, 1940]. – Der Korporal Paul B., aus dem Dreißigjährigen Krieg verabschiedet, entgeht dem Galgen, weil das Mädchen Hanna ihn auslöst, indem sie ihn heiratet. Nach Jahren endet er dennoch am Strang, nachdem er Graf Manuel → Cuendias erstochen hat, der Hanna nachgestellt hatte. Sein Tod beweist Doderers These, daß das Leben »indirekt« verlaufe.

Brangäne [*Tristan.* Versroman (unvollendet) von Gottfried von Straßburg, entst. um 1200–1210]. – Die Magd → Isoldes soll dem Brautpaar Isolde und → Marke einen Liebestrank geben. Aus Versehen trinken Isolde und der Brautwerber → Tristan davon. In der Hochzeitsnacht tritt B. bei Marke an die Stelle Isoldes, um zu verbergen, daß diese nicht mehr Jungfrau ist. – In Wagners *Tristan und Isolde* (1859) vertauscht B. absichtlich ein tödliches Gift mit dem Liebestrank.

Branzilla [*Die Branzilla.* Künstlernovelle von Heinrich Mann, ED 1908]. – Die Primadonna Adelaide B. steckt all ihre Leidenschaft und Lebenskraft in die Ausbildung ihrer Stimme und bringt es doch nur zu einer leblosen, technischen Perfektion. In ihrem Verhältnis zu den Menschen versagt sie als Kollegin, Ehefrau und Mutter.

Bratt → Karin B. (Kaiser: *Kolportage*)

Brauxel → Amsel (Grass: *Hundejahre*)

Brecher [*Herrn Brechers Fiasko.* Roman von Martin Kessel, 1932]. – An Max B. ist das leere Leben eines Angestellten exemplifiziert, der weder berufliche noch persönliche Erfolge hat, weil er intellektuell überlegen und kompromißlos ehrlich ist.

Bredow [*Die Hosen des Herrn von Bredow.* Roman von Willibald Alexis, 1846–48]. – Gottfried v. B., Burgherr im Havelland, besitzt eine elchlederne Reithose, die ihm zweimal das Leben rettet. Einmal vergißt seine Frau Brigitte die Lederne auf der Wäscheleine; das verschafft B. ein Alibi bei einem Raubüberfall. Ein andermal versteckt sie die Hose, um B.s Teilnahme an einer Verschwörung zu verhindern.

Breisacher [*Doktor Faustus.* Roman von Thomas Mann, 1947]. – Dr. Chaim B. räsoniert in dem Münchner Debattierkreis um Sixtus → Kridwiß über den Untergang des Abendlandes. Geschichte ist für ihn ein »Verfallsprozeß«; die Entwicklung der Musik zur Polyphonie löst die Kontrapunktik auf und führt in die Wider-Musik. Als Heilmittel vertritt er, der Jude, antisemitische Thesen vom Volkstum und der Rückkehr zum barbarisch Gesunden.

Breite [*Ephraims Breite.* Schauspiel von Carl Hauptmann, 1900]. – B. Ephraim ist die stolze Bauerntochter, die fest in ihrer Standesordnung verwurzelt ist. Sie gibt zwar ihrer Leidenschaft für den zigeunerhaften Fremdling Joseph → Schindler nach und heiratet ihn, läßt ihn aber laufen, als sie die

Unmöglichkeit ihres ehelichen Zusammenlebens erkennt.

Breitenschnitt → Perpetua (Scholz: *Perpetua*)

Breme von Bremenfeld [*Die Aufgeregten.* Komödienfragment von Johann Wolfgang von Goethe, ED 1817]. – Der überhebliche, geltungssüchtige Barbier B. v. B. stachelt einige hessische Dörfer mit seinen aus Frankreich kommenden revolutionären Ideen gegen die gräfliche Herrschaft auf. Der Aufruhr läuft ins Leere, weil die verantwortungsvolle Gräfin die berechtigten Forderungen der Leute aus freien Stücken erfüllt.

Brentano [*Unruhige Nacht.* Erzählung von Albrecht Goes, 1950]. – Der Hauptmann B. hat 1942 einen Marschbefehl nach Stalingrad bekommen, was einem Todesurteil gleichkommt. Der Ich-Erzähler, ein evangelischer Militärgeistlicher, vermittelt ihm in der letzten Nacht eine Begegnung mit seiner Verlobten, der Krankenschwester Melanie, mit der er »Abschied, Hochzeit und fast schon Tod« feiert.

Brenten [*Verwandte und Bekannte.* Roman-Trilogie von Willi Bredel, 1943/1949/1953]. – Am Schicksal der Familie Hardekopf-Brenten schildert der Autor die Entwicklung der deutschen Arbeiterbewegung vom Ende des 19. Jh.s bis 1946. Carl B., der aus dem gehobenen Bürgertum stammt, kämpft mit seinem Schwiegervater Johann → Hardekopf für die sozialistische Bewegung, gerät aber ins Abseits und resigniert. Sein Sohn, der Metallarbeiter Walter B. – ein Portrait des Autors – tritt in die Kommunistische Partei ein. Er wird von Verwandten denunziert und kommt ins Konzentrationslager, aus dem er fliehen kann. In Spanien kämpft er gegen Franco, in Moskau leistet er Agitationsarbeit im Rundfunk und in Gefangenenlagern, in Berlin wirkt er nach Kriegsende beim Aufbau der DDR mit.

Breuschheim [*Das Erbe am Rhein.* Romantrilogie von René Schickele, 1925–1931]. – Das frei erfundene Adelsgeschlecht im Elsaß vertritt das Beste und das Schlechteste der elsässischen Tradition vor dem Hintergrund der Zeit nach dem Ersten Weltkrieg. Claus von B. wird durch seine genaue Kenntnis französischer und deutscher Eigenschaften zu einem ausgleichenden Pazifisten und Europäer. Ernst von B. ist ein Opportunist, der sich dem jeweils gültigen Nationalismus anschließt.

Bride → Orendel (*Orendel*)

Brielach → Heinrich B. (Böll: *Haus ohne Hüter*)

Briest [*Effi Briest.* Roman von Theodor Fontane, 1895]. – Der Vater von → Effi B. ist ein durchschnittlicher preußischer

Landadeliger, der eingebunden ist in die Vorstellungen und Denkweisen seiner Schicht. Dabei ist er menschlich genug, das Los seiner Tochter nachsichtig – und hilflos – mitzutragen. Sich gegen die mörderischen Konventionen aufzulehnen, liegt ihm fern.

Brigge → Malte Laurids B. (Rilke: *Die Aufzeichnungen des Malte Laurids Brigge*)

Brigitta [*Brigitta.* Erzählung von Adalbert Stifter, ED 1843]. – Das häßliche Mädchen B. fordert, eben wegen seiner Häßlichkeit, unbedingte Liebe. Von der Untreue ihres Mannes Stephan → Murai verletzt, zieht sie sich mit dem gemeinsamen Sohn auf ein Gut in der Ödnis zurück und widmet sich der Kultivierung des Landes. Als Murai seine Untreue gesühnt hat, finden die beiden zu einer neuen ruhigen Zuneigung zurück.

Brigitte von → Bredow (Alexis: *Die Hosen des Herrn von Bredow*)

Broder [*Buridans Esel.* Roman von Günter de Bruyn, 1969]. – Die hübsche Praktikantin B. wird dem Bibliotheksleiter Karl → Erb zugeteilt, den sie von früher kennt. Es entwickelt sich ein Liebesverhältnis mit dem verheirateten Mann, das scheitern muß, weil Erb den privaten und den politischen Ansprüchen der kühlen, reflektierten und kompromißlosen jungen Frau nicht gewachsen ist. Seine Insuffizienz zwing sie zurück in ihre eigenständige Existenz außerhalb seines Einflusses und Schutzbereiches. Sie geht in die Provinz.

Bronislawa → G. (Lange: *Ulanenpatrouille*)

Bronski [*Die Blechtrommel.* Roman von Günter Grass, 1959]. – Jan B., der stets elegant gekleidete blauäugige polnische Postsekretär, der Vetter und Verehrer von → Oskar Matzeraths Mutter und dessen »wahrscheinlicher Vater«, wird 1939 nach dem Sturm der Heimwehr auf das polnische Postamt in Danzig gefangengenommen und als »Freischärler« standrechtlich erschossen. B. repräsentiert das polnische Element in der Freien Stadt Danzig, wie Vater → Matzerath das deutsche.

Bronstein [*Bronsteins Kinder.* Roman von Jurek Becker, 1986]. – Hans B. entdeckt zufällig, daß sein Vater Arno B. einen Gefangenen hat: einen ehemaligen KZ-Aufseher, den er ebenso quält wie dieser ihn dreißig Jahre zuvor. Hans vermag den Vorfall nicht zu überwinden; Vater und Sohn leben sich auseinander, weil Hans sich in die deutsche Wirklichkeit eingelebt hat und das archaische Rachebedürfnis des Vaters nicht mehr versteht. Hansens ältere Schwester Elle B. wurde als Dreijährige bei einem Bauern versteckt; sie ist dabei psychisch zerbrochen und lebt in einer Anstalt.

Brook [*Unser Freund Peregrin.* Erzählung von Ina Seidel, 1940]. – Jürgen B., der Ich-Erzähler, ist nach dem Tod seiner Eltern zusammen mit den ebenfalls elternlosen Geschwistern Gregor und Tania auf Herbsthausen aufgewachsen. Sie haben einen geheimnisvollen Freundesbund geschlossen, der im Zeichen → Peregrins steht. Diese Peregrin-Welt ist eine Welt der Innerlichkeit, die Zeit und Raum im Traum überwindet und in der der Tod aufgehoben ist, weil leibliches Ende geistige Auferstehung bedeuten kann – wie in der frühromantischen Mystik des Novalis.

Brown → Tiger-Brown (Brecht: *Dreigroschenoper*)

Brown [*Die Regulatoren in Arkansas.* Abenteuerroman von Friedrich Gerstäcker, 1846]. – Der junge B. schließt sich den »Regulatoren« an, einer Selbstschutzgruppe, um sich von Mordverdacht zu reinigen. Es gelingt ihm, den falschen Methodistenprediger Rowson als den Mörder zu entlarven und der gerechten Strafe zuzuführen.

Brünhild.
B. geht auf die → Brynhild des Heldenlieds zurück.
[*Nibelungenlied.* Anonymes Heldenepos, entst. um 1200]. – B. ist die zutiefst beleidigte starke Frau. Die schöne, stolze B. mit den männlichen Körperkräften will nur dem Mächtigsten gehören. Mit Hilfe seiner Tarnkappe gewinnt der starke → Siegfried sie für den schwächeren → Gunther. Als sie den Betrug durch eine Indiskretion → Kriemhilds entdeckt, ist sie in ihrer Ehre so verletzt, daß sie auf Rache sinnt und Siegfried durch → Hagen töten läßt. In Wagners *Ring des Nibelungen* (1853) ist die Walküre Brünnhilde Siegfrieds Gattin, die er durch einen Zaubertrunk vergessen hat. Sie stirbt mit ihm auf dem Scheiterhaufen.
[*Die Nibelungen.* Trauerspiel von Friedrich Hebbel, 1862]. – Die urtümliche Brunhild erwartet auf einer einsamen Insel im Meer den ihr vom Schicksal bestimmten, ihr ebenbürtigen Siegfried. In Worms verlangt sie schon, bevor der Betrug aufgedeckt wird, den Tod des Helden, weil der angebliche Vasall König Gunther in den Schatten stellt.
[*Der Nibelunge Not.* Dramatische Dichtung von Max Mell, 1951]. – Mell verstärkt, wie Wagner und Hebbel, die ursprünglichen, mythischen Elemente in der Gestalt. Brunhild verbrennt sich selbst auf Siegfrieds Schiff und kehrt in den »Feuerkreis« zurück, der die Erde umgibt und aus dem die Walküre stammt.

Brummell [*So war Herr Brummell.* Schauspiel von Ernst Penzoldt, UA 1934; ED 1962]. – Penzoldt zeichnet die historische Gestalt »Beau B.s«

(1778–1840) nach, das sprichwörtlich gewordene Urbild des Dandy. Der Exzentriker, der nur seinen launenhaften Eingebungen lebt und jedes Nützlichkeitsdenken ablehnt, ist der Modeberater und Amüsiermeister des englischen Hofes. Als er die Gunst des Hofes verliert, schwindet auch sein Vermögen am Spieltisch. Aber selbst in der Armut bleibt B. der Lebemann voller Phantasie.

Bruno [*Als Vaters Bart noch rot war.* Roman in Geschichten von Wolfdietrich Schnurre, 1958]. – Der Junge B. lebt mit seinem Vater, einem arbeitslosen linksgerichteten Idealisten, in Berlin um 1930. Sie verfolgen teils ungläubig teils kritisch die Veränderungen in der Gesellschaft und im Weltgeschehen und sind Zeugen komischer und tragischer Vorfälle im Alltag und bei den verbissenen Kämpfen zwischen Nazis und Kommunisten.

Bruno [*Bericht über Bruno.* Roman von Joseph Breitbach, 1962]. – B. ist als Kind einer zerbrochenen Ehe von seinem Großvater aufgezogen worden, einem Politiker und Wirtschaftsmagnaten. Er entwickelt sich zum zerstörerischen Revoluzzer und trägt dazu bei, daß sein Großvater als Innenminister gestürzt wird.

Bruno [*Exerzierplatz.* Roman von Siegfried Lenz, 1985]. – Der nach einem Hufschlag halb verrückte, aber mit der Erde und den Pflanzen auf geradezu »heilige« Weise verbundene B. lebt bei der Familie → Zeller, Ostpreußen-Flüchtlingen, die unter ihrem Oberhaupt, dem »Chef«, auf einem aufgelassenen Truppenübungsplatz eine große Baumschule aufgebaut haben, die vor allem dank der besonderen Naturnähe B.s gedeiht. Als Erzähler drückt B. seine abgöttische Verehrung für den »Chef« aus und verschwindet am Ende, um den Zerfall der Familie aufzuhalten.

Bruscon [*Der Theatermacher.* Stück von Thomas Bernhard, 1984]. – B. verkörpert die komische wie die tragische Seite des Künstlers im Widerspiel mit dem Leben. Er hat ein großartiges Theaterstück geschrieben, ein Jahrhundertwerk, »Das Rad der Geschichte«, doch die mit allen Mitteln des psychischen Zwangs und der selbstbespiegelnden Begeisterung in die Wege geleitete Aufführung in dem Nest Utzbach scheitert, weil das Pfarrhaus in Brand gerät, wodurch das Publikum ins dramatische »wirkliche« Leben hinausgelockt wird. Der Dichter bleibt, wie es seinesgleichen immer schon erging, einsam und unverstanden zurück, mit dem Gastwirt als stummem Zeugen seiner Trauertirade.

Brusson [*Das Fräulein von Scuderi.* Novelle von E. T. A. Hoffmann, ED 1819]. – Der Goldschmiedgeselle → Cardillacs, Olivier B., gerät in den Verdacht, seinen Meister ermordet zu haben. Er wird von dem

Fräulein von → Scuderi gerettet. B. ist einer der ersten unschuldig Verdächtigten der Kriminalliteratur.

Brynhild [*Altes Sigurdlied.* Anonymes Heldenlied, entst. zwischen dem 8. Jh. und 1100, überliefert in der *Edda* (altisländisch), aufgezeichnet nach 1250]. – Die Walküre B. (→ Brünhild im *Nibelungenlied*) will sich nur dem Bezwinger der »Waberlohe« hingeben, mit der sie Odin zur Strafe für Ungehorsam umgeben hat. → Sigurd überwindet den Feuerkreis stellvertretend für seinen Schwager → Gunnar. Als der Betrug aufkommt, fordert B. aus verletzter Frauenehre Rache an Sigurd, den sie heimlich liebt. Gunnar und sein Bruder → Högni beauftragen Guttorm mit dem Mord, und B. legt Hand an sich selbst, um dem Geliebten nachzufolgen.

Buch [*Ein fliehendes Pferd.* Erzählung von Martin Walser, 1978]. – Klaus B. ist ein außengelenkter, umtriebiger Journalist, der Typ Erfolgsmensch und Hansdampf in allen Gassen, und die Gegenfigur zu dem introvertierten, zögernden Studienrat Helmut → Halm.

Buchius [*Das Odfeld.* Erzählung von Wilhelm Raabe, 1888]. – Der Magister Noah B. ist als passiver Sonderling eine Vorwegnahme des »negativen« Helden. Im Kloster Amelungsborn am Odfeld (bei Holzminden a. d. Weser) lebt der Außenseiter während des Siebenjährigen Krieges ein untätiges, scheinbar nutzloses Leben. Er wird in das Chaos des Krieges hineingezogen und bewährt sich als Helfer und Tröster.

Buchholz [*Die Familie Buchholz.* Familienroman von Julius Stinde, 1884–86]. – Eine Mittelstandsfamilie aus Berlin erlebt in immer neuen Fortsetzungen den banalen Alltag, fährt zwischendurch ans Mittelmeer und konsumiert Bildung. Hauptgestalt des Romans – eines Vorläufers heutiger Fernsehserien – ist die Mutter, Wilhelmine, eine dümmliche, eingebildete, standesbewußte Frau, der klassische Typ der Berliner »Madam«.

Buchner [*Brot und Spiele.* Roman von Siegfried Lenz, 1959]. – Ein Sportjournalist rekapituliert, auf der Tribüne sitzend, die Lebensbahn des Langstreckenläufers Bert B., die Welt der Rekorde und der Niederlagen, der Durchsetzungskraft und der miesen Tricks. B. hat einmal einen Konkurrenten in blindem Ehrgeiz scheinbar unbeabsichtigt zum Krüppel getreten und ist durch seinen Siegeswillen zum charakterlichen Wrack geworden. Der Wettkampf, den der ehemalige Freund beobachtet, bringt B. die sportliche Katastrophe und die Vereinsamung dessen, der sein Leben auf die körperliche Hochleistung aufgebaut hat.

Buck [*Der Untertan.* Roman von Heinrich Mann, 1918]. –

Der alte B. ist ein ehemaliger Achtundvierziger, ein mannhafter Vertreter der Bürgerfreiheit, im Wilhelminischen Reich aber auf verlorenem Posten. Sein Sohn Wolfgang verkörpert als Gegenfigur zu Diederich → Heßling die intellektuelle Opposition gegen die Staatsmacht, eine Opposition, die in handlungsunfähigen Ästhetizismus abgeglitten ist.

Buddenbrook [*Buddenbrooks.* Roman von Thomas Mann, 1901]. – Die B.s sind eine Lübecker Kaufmannsfamilie, die Angehörigen und Bekannten des Autors nachgezeichnet ist. An vier Generationen wird der geschäftliche Niedergang durch Nachlassen der Vitalkräfte und Zunahme der geistigen Sensibilität dargestellt.
Johann B. sen. ist noch der konservative Patrizier mit einem nüchtern optimistischen Weltbild, ungeistiger Vitalität, selbstsicherem Auftreten und klugem Geschäftssinn. Er mehrt das Vermögen der Getreidefirma, die sein Vater in Lübeck gegründet hat.
Johann B. jun. (»Jean«), der Konsul, ist Vertreter der zweiten Generation. Er lebt in den überkommenen bürgerlichen Lebensformen, aber es fehlt ihm die unbedingte Lebensbejahung. An ihre Stelle ist eine übertriebene pietistische Religiosität getreten, die allerdings dem Geschäftssinn nicht im Wege steht. Obwohl der Konsul fleißig, sparsam und pflichtbewußt ist, hat er geschäftlich wenig Erfolg und das Vermögen der Familie reduziert sich durch Hauskauf und Auszahlungen an Familienmitglieder.
Thomas B., Bruder von Christian und → Tony B., ist der Firmenchef in der dritten Generation. Der gesundheitlich anfällige, nervöse Mann spielt nur mit Selbstverleugnung das Familienoberhaupt, wird Senator und führt die B.s zu höchstem Ansehen. Seine ästhetischen Bedürfnisse erfüllt er durch die Ehe mit der musikalisch hochbegabten Holländerin → Gerda Arnoldsen. Die zur Schau gestellte Bürgerlichkeit verbirgt einen zunehmenden Lebensekel und eine Hinwendung zum Tod unter dem Einfluß Schopenhauers. Als er mit 48 Jahren am Ende seiner Lebenskraft ist, ist das Vermögen geschrumpft, und die Firma wird mit Verlust liquidiert. Die eigene Gefährdung hat er in seinem Bruder Christian B. bekämpft. Dieser ist ein Neurotiker und Hypochonder, der nicht in der Lage ist, ein geregeltes Leben in Verantwortlichkeit zu führen. Er treibt sich im Bohèmemilieu herum und liebt das Theater. Aber sein Künstlertum ist nur Pose, denn es fehlt eine echte Begabung. Er endet in einer Nervenklinik, nachdem er seinen Teil des Familienvermögens verschleudert hat.
Hanno B., das Kind von Thomas und Gerda B., ist der feinnervige, schwächliche letzte Sproß der Familie, ein dekadenter, verträumter Künstlertyp, der sich leidenschaftlich der

Musik Wagners hingibt. Unter den Anforderungen des praktischen Lebens leidet er derart, daß er Krankheit und Tod als Erlösung empfindet. Ihm fehlt jeglicher Wille zum Leben und er stirbt – noch ein Schüler – an Typhus.

Budur Peri → Geer (E. Jünger: *Heliopolis*)

Bückler [*Schinderhannes*. Schauspiel von Carl Zuckmayer, 1927]. – Johann B., der »Schinderhannes«, ist ein aus Volksballaden und Moritaten bekannter Räuberhauptmann aus dem Hunsrück in der napoleonischen Zeit. Zuckmayer macht ihn zum Helden des Volkes, Widersacher der Franzosen und Feind der Kriegsgewinnler und Ausbeuter. Wie Robin Hood oder → Karl Moor zieht er verwegene Gesellen mit eigenen Geschichten und Temperamenten an.

Bügel → Hannes B. (Ludwig: *Aus dem Regen in die Traufe*)

Bühl [*Der Schwierige*. Lustspiel von Hugo von Hofmannsthal, 1921]. – Hans Karl (Kari) Graf B. ist ein Mensch adeliger Gesinnung; er bewegt sich schweigsam und hilfsbereit in der durch den Ersten Weltkrieg zur Austrocknung verurteilten aristokratischen Gesellschaft Wiens und ist von so subtiler, scheuer Rücksichtnahme auf andere, daß er um ein Haar für seinen oberflächlichen Neffen Stani → Freudenberg um die Frau geworben hätte, die er selbst liebt. Sie, → Helene Altenwyl, findet rechtzeitig die Worte, die er, der »Schwierige«, nicht über die Lippen bringt.

Bülow [*Schach von Wuthenow*. Erzählung von Theodor Fontane, 1883]. – Der Skeptiker v. B. durchschaut die Substanzlosigkeit der preußischen Adelsgesellschaft vor der Katastrophe von Jena (1806) und diskutiert mit Offizieren des Regiments Gendarmes, darunter → Schach von Wuthenow, die »falsche Ehre« des Landes; Schachs Schicksal bestätigt seine Ansichten.

Buenaventura → **Durruti** (Enzensberger: *Der kurze Sommer der Anarchie*)

Bürgel [*Das Schloß*. Roman (Fragment) von Franz Kafka, 1926 (posthum)]. – Das Zusammentreffen → K.s mit dem Sekretär B. ist ein Beispiel für eine der Grundkonstellationen von Kafkas symbolhafter Erzählweise: für den Alptraum. K. trifft zufällig auf ihn, weil er sich in der Zimmertür geirrt hat; B. bietet ihm Hilfe an, K.s Ziel ist zum Greifen nah, da wird er von unwiderstehlicher Müdigkeit überfallen, und er verliert B. aus den Augen.

Bürger [*Dr. Bürgers Ende*. Prosadichtung von Hans Carossa, 1913]. – Dr. B.s persönliche Gefühle geraten in Konflikt mit seinem Berufsethos. Der Lungenspezialist erlebt mit seiner schönen, an Tuberkulose erkrankten Patientin Hanna Cornet eine verträumte Liebe und versäumt die rechtzeitige Behandlung. Als Hanna stirbt, nimmt er sich das Leben.

Bürstner [*Der Prozeß.* Roman (Fragment) von Franz Kafka, 1925 (posthum)]. – Die Zimmernachbarin Josef → K.s, Fräulein B., bei der er sich nach seiner »Verhaftung« entschuldigt und mit der er dabei flüchtige Zärtlichkeiten austauscht, spielt in den Fragmenten des Romans sonst keine Rolle. Die Abkürzung im Manuskript, F. B., wurde aber als Anspielung auf Kafkas Verlobte Felice Bauer gedeutet, was die Vermutung nährte, Kafka (»Josef K.«) habe den »Prozeß« seiner zweimaligen Ver- und Entlobung und die Rechtfertigung vor Felices Verwandten in dem Romanentwurf symbolisch überhöht dargestellt.

Büttner [*Der Büttnerbauer.* Roman von Wilhelm von Polenz, 1895]. – Der alte B. steht stellvertretend für den Bauernstand und dessen Gefährdung durch den Egoismus des Wirtschaftssytems und das römische Recht. Traugott B. muß wegen der Erbteilung seinen Hof stark mit Hypotheken belasten. Trotz seines Arbeitseinsatzes gerät er wegen der sinkenden Preise und steigenden Löhne in Abhängigkeit von jüdischen Wucherern. Der Hof muß versteigert werden, die Familie fällt auseinander, und B. erhängt sich.

Buffey [*Herr Buffey in der Berliner Kunstausstellung.* Genrebild (und viele weitere) von Adolph Glassbrenner, 1838 ff.]. – Der Rentier B. verkörpert das Berliner Kleinbürgertum mit seiner Treuherzigkeit und seiner geistigen Unbeholfenheit. Berühmt ist seine Definition: »Konschtitution: des is Teilung der Gewalt. Der König dut, wat er will, un dajejen das Volk, des dut, wat der König will.«

Burdach [*Sturm im Wasserglas.* Komödie von Bruno Frank, 1930]. – Der Journalist B., ein Idealist und Kämpfer für die Gerechtigkeit, geißelt in der Presse die Hartherzigkeit des Bürgermeisterkandidaten Dr. → Thoss bei der Verfolgung eines Hundes und macht ihn in der Öffentlichkeit lächerlich.

Buridan [*Die Zensur.* Einakter von Frank Wedekind, 1908]. – Der Schriftsteller B. treibt seine Geliebte, die Schauspielerin Kadidja, in den Tod mit seiner Bitte, ihn vorübergehend freizugeben, um seine Sinnlichkeit wiederzugewinnen. So muß der Künstler im Leben für seine Kunstauffassung bezahlen, die Geist und Sinnlichkeit vereinen will. Sein ideologischer Gegenspieler ist der Vertreter der staatlichen Zensurbehörde Dr. Prantl; er will die Menschen vor einer Kunst schützen, die ihr Lebensglück zerstört.

Burleigh [*Maria Stuart.* Trauerspiel von Friedrich von Schiller, 1801]. – Lord B., der skrupellose Repräsentant der Staatsräson, führt den Prozeß gegen → Maria Stuart im Sinne der Königin; er mißbraucht und verdreht das Recht, weil ihm »der Nutzen des Staates (...) als Gerechtigkeit« erscheint.

Bur-Malottke → Murke (Böll: *Doktor Murkes gesammeltes Schweigen*)

Bushy → Wild (Klinger: *Sturm und Drang*)

Busze [*Die Reise nach Tilsit.* Erzählung von Hermann Sudermann, ED 1917]. – Die Magd B. hat eine machtvolle sexuelle Ausstrahlung und entfremdet → Ansas Balczus seiner Frau → Indre, einem vollkommen gegensätzlichen Wesen.

Butt [*Der Butt.* Roman von Günter Grass, 1977]. – Der B. ist ein gottähnliches mythisches Naturwesen. Er verleiht → Edek Unsterblichkeit als Dank dafür, daß der ihn aus der Reuse läßt, und wird zu seinem Berater in allen Fragen des Mannestums und der Männlichkeit. Am Schluß wird er von einer Gruppe von emanzipierten Lesbierinnen (»Manzis«) eingefangen und verspricht, fortan die Frauen zu beraten. Grass spielt mit dem Fisch auf das plattdeutsche Märchen *Von dem Fischer und syner Fru* an.

Buttervogel [*Münchhausen.* Humoristischer Roman von Karl Leberecht Immermann, 1838/39]. – Karl B., der gefräßige Diener → Münchhausens, ist der »einzige praktische Charakter« unter lauter grotesken Figuren. Er spielt für → Emerentia den idealen Kavalier, da ihm die Rolle einen Sauerbraten einbringt. Aber auch er wird in die phantastische Lügenwelt verstrickt, denn er bleibt nur bei seinem meist zahlungsunfähigen Herrn, weil er auf einen Posten in dessen Luftversteinerungsaktienkompanie hofft.

Buttler.
Der Ire Walter Butler (sic!), Oberst eines Dragonerregiments, befehligte die Mörder → Wallensteins.
[*Wallenstein.* Dramatisches Gedicht (Trilogie) von Friedrich von Schiller, 1800]. – Der stolze und ehrgeizige B. hat sich vom einfachen Soldaten zum Dragoneroberst hochgedient und leidet an den Komplexen und dem Geltungsdrang des Aufsteigers. Als Wallenstein, dem er vertraut, ihn wegen seiner Titelsucht am österreichischen Hof lächerlich macht, wird er zum erbarmungslosen Gegner seines Feldherrn und verpfändet sein Leben dafür, daß er ihn tot oder lebendig ausliefern wird.

C. [*Unterhaltungen deutscher Ausgewanderten.* Novellendichtung von Johann Wolfgang von Goethe, ED 1795]. – In der Rahmenerzählung flieht die »edle Familie« der Baronesse v. C. vor der über den Rhein vordringenden Revolutionsarmee. Man erzählt sich Geschichten, die nach Willen der Baronesse nichts berühren sollen, »was einem oder dem anderen unangenehm sein könnte«, womit sie die von der französischen Revolution aufgeworfenen Fragenkomplexe meint. Das Chaos soll durch die reine Kunst des Erzählens fern von den »Interessen des Tages« überwunden werden.

Cäcilia [*Nachricht von den neuesten Schicksalen des Hundes Berganza*. Erzählung von E. T. A. Hoffmann, 1814]. – Die sechzehnjährige, höchst musikalische C. ist ein holdes, kindliches Mädchen, das sich in aller Unbefangenheit von ihren vielen Verehrern – unter ihnen dem Kapellmeister → Kreisler – umschwärmen läßt. Sie wird von ihrer geldgierigen Mutter mit dem reichen Wüstling Georg verkuppelt, der mit raffinierten Liebkosungen und vulgären Zoten die Unschuldige verführt und verdirbt. Die Gestalt trägt die Züge von Hoffmanns unglücklicher Künstlerliebe Julia Marc.

Cäcilie [*Die heilige Cäcilie oder Die Gewalt der Musik*. Legende von Heinrich von Kleist, ED 1810]. – Als eine Rotte von Bilderstürmern in das Kloster der hl. Cäcilie in Aachen eindringt, ordnet die Äbtissin die Aufführung einer alten italienischen Messe an. Die Heilige selbst dirigiert in Gestalt der erkrankten Schwester Antonia das Oratorium und bringt die Horde zum Schweigen und zur Andacht. Das Erlebnis treibt die Anführer der Bilderstürmer, vier Brüder, ins Irrenhaus. Die Gewalt der Musik ist gleichzeitig ein Symbol für die Macht des Glaubens.

Cäcilie [*Stella*. Schauspiel von Johann Wolfgang von Goethe, 1776]. – Die von → Fernando verlassene Frau trifft unvermutet auf dessen ebenfalls von ihm verlassene Geliebte → Stella. Im edelmütigen Wettstreit der liebenden Frauen ist sie die Hochherzige, die zuerst zum Verzicht bereit ist und zuletzt in mütterlicher Bescheidung eine Ehe zu dritt vorschlägt nach dem Motiv der Sage vom Grafen von Gleichen. Anklänge an Swifts Doppelliebe zu Vanessa und (!) Stella.

Caesar.
Gaius Julius C. (100–44 v. Chr.), Eroberer Galliens und Dictator perpetuus, wurde, weil er ein monarchisches System anstrebte, an den Iden des März 44 von republikanisch gesinnten Senatoren unter Anführung von Brutus und Cassius ermordet.
[*Die Geschäfte des Herrn Julius Caesar*. Romanfragment von Bertolt Brecht, 1957; entst. 1937–39]. – Zwanzig Jahre nach C.s Tod geht ein Biograph daran, den Heros zu verherrlichen. Dabei erkennt er, daß C.

durch seine Schriften bereits »alles vernebelt« hat. Die Taten des großen Mannes sind eine Kette riskanter kapitalistischer Spekulationen, bei denen er das Volk ausbeutet und für dumm verkauft, jede Art von Betrügereien und Verbrechen begeht und die Privatarmee des gewalttätigen Demagogen Catilina benützt. Die Praktiken C.s gelten Brecht als Vorläufer moderner kapitalistischer Methoden und Schliche; deutliche Parallelen zum Ende der Weimarer Republik.

Camenzind → Peter C. (Hesse: *Peter Camenzind*)

Camille → Desmoulins (Büchner: *Dantons Tod*)

Camposanto → Kirchhof (Scheffel: *Der Trompeter von Säckingen*)

Candida → Balthasar (Hoffmann: *Klein Zaches genannt Zinnober*)

Canut [*Canut.* Trauerspiel von Johann Elias Schlegel, 1746]. – C., der dänische König Knud der Große (995–1035), entspricht dem Ideal eines aufgeklärten Herrschers; er ist weise, gütig, tugendhaft. Doch seine Großmut wird zur Schwäche, als er sie seinem Schwager und versteckten Feind → Ulfo gegenüber anwendet.

Capuzzi [*Signor Formica.* Novelle von E. T. A. Hoffmann, ED1819]. – Der alte Geizhals Pasquale C., ein eitler, modischer Dummkopf, hält sich für einen großen Künstler. Er hofft, seine junge Nichte Marianne mit päpstlicher Dispenz heiraten zu können, wird aber von → Rosa mit Hilfe einiger Theaterszenen von der Torheit seiner Wünsche überzeugt.

Caracalla → Papinianus (Gryphius: *Großmütiger Rechtsgelehrter oder Sterbender Aemilius Paulus Papinianus*)

Carayon → Victorie von C. (Fontane: *Schach von Wuthenow*)

Cardenio [*Cardenio und Celinde.* Trauerspiel von Andreas Gryphius, ED 1657]. – An dem heißblütigen spanischen Studenten C. zeigt Gryphius die verderbliche Macht der Leidenschaft. C. liebt Olympia, die aber → Lysander heiratet. Auch die Liebe → Celindes vermag ihn nicht zu heilen. In einer gruseligen Mitternachtsszenerie wird C., der Lysander ermorden will und Olympia nachstellt, statt von ihr von einem Totengerippe umarmt; das bringt ihn zur Vernunft. – Das Stück ist ein Vorläufer des bürgerlichen Trauerspiels.

Cardillac [*Das Fräulein von Scuderi.* Novelle von E. T. A. Hoffmann, ED 1819]. – Der Goldschmied C. ist durch ein makabres Erlebnis seiner Mutter bereits pränatal auf Juwelen fixiert. Er raubt die von ihm geschaffenen und verkauften Schmuckstücke in einer psychopathischen Zwangshandlung zurück und erdolcht die Besitzer. C. ist der typische geheimnisvolle Verbrecher der Kriminalliteratur zwei Jahrzehnte vor deren »Erfindung« durch Edgar Allan Poe.

Carlos.
Don C. (1545–68) war der älteste Sohn → Philipps II. von Spanien. Er wurde als Empörer verhaftet und für geisteskrank erklärt, vielleicht um den politischen Skandal zu vertuschen. Don C. starb im gleichen Jahr im Gefängnis.
[*Don Carlos.* Tragödie von Friedrich von Schiller, 1787]. – Don C. wird durch den Marquis → Posa zum Feind der absoluten Königsherrschaft und identifiziert sich mit dem Freiheitskampf der Niederländer. Die Intrigen, die um seine hoffnungslose Liebe zur Stiefmutter → Elisabeth von Valois, die ursprünglich ihm zugedacht war, gesponnen werden (→ Eboli), bringen ihn und Posa zu Fall.

Carlos [*Clavigo.* Trauerspiel von Johann Wolfgang von Goethe, 1774]. – Der verstandesbestimmte, weltkluge Freund → Clavigos glaubt, der Dichter sei zu Großem berufen und habe Anspruch auf eine Ausnahmestellung im Sittlichen. Daher sucht er ihn vor dem »dummen Streich« einer ehelichen Verbindung mit → Marie Beaumarchais zu bewahren, die ihn an das bürgerliche Milieu fesseln würde.

Carlos → Schneider (Nossack: *Der jüngere Bruder*)

Carolus.
König Karl I. von England, geb. 1600, wurde 1649 auf Betreiben Cromwells durch das Parlament verurteilt und öffentlich hingerichtet.
[*Carolus Stuardus.* Trauerspiel von Andreas Gryphius, ED 1657]. – Der englische König wird mystisch erhöht zum Nachfolger Christi. Im Bewußtsein seiner Unschuld begibt er sich als Märtyrer auf den Richtplatz.

Carrar [*Die Gewehre der Frau Carrar.* Stück von Bertolt Brecht, 1937]. – Teresa C., die Witwe eines im spanischen Bürgerkrieg gefallenen Fischers, hält ihre beiden Söhne mit allen Mitteln vom Kriegsgeschehen fern. Erst als ihr Ältester von Faschisten beim Fischen erschossen wird, gibt sie die von ihrem Mann versteckten Gewehre an die Aufständischen heraus und zieht mit ihrem Jüngsten an die Front.

Carsten Curator [*Carsten Curator.* Novelle von Theodor Storm, 1878]. – C. C. ist Beispielgestalt für die um 1880 hochmoderne Problematik der Vererbung negativer Eigenschaften. Er fühlt sich verantwortlich für das verfehlte Leben seines Sohnes, denn er hat eine labile Frau geheiratet, und ihre psychische Haltlosigkeit kehrt im gemeinsamen Sohn wieder.

Casanova.
Jacopo C. de Seingalt (1725–1798), der durch seine Memoiren berühmte Weltmann, Frauenverführer und Hochstapler, wird in der Literatur vor allem als alternder Mann dargestellt, im Verfall der Lebens- und Lieheskräfte.
[*Der Abenteurer und die Sängerin.* Lyrisches Versdrama von Hugo von Hofmannsthal, ED 1899]. – C. tritt unter dem Namen Baron von Weidenstamm auf. Nach Venedig zurückgekehrt, trifft er eine frühere Liebschaft, die Sängerin Vittoria. Sie hat Leidenschaft und Enttäuschung auf der »unsichtbaren Insel der Kunst« sublimiert, während sich C. nur an einen flüchtigen, leeren Moment der Lust erinnert.
[*Casanovas Heimfahrt.* Erzählung von Arthur Schnitzler, 1918]. – Der dreiundfünfzigjährige C. verschafft sich eine Liebesnacht, indem er einem Leutnant seine Spielschulden erläßt. Die schöne Marcolina hält ihn für ihren Galan Lorenzi und spürt nichts von der Ausstrahlung des großen Verführers. Amphitryon-Motiv.
[*Casanova und die Figurantin.* Erzählung von Gert Hofmann, ED 1981]. – C., ein Schatten seiner selbst, trifft unvermutet mit seiner Mutter zusammen, einer zur Figurantin (Darstellerin stummer Rollen) heruntergekommenen Schauspielerin.

Caspar Hauser → Kaspar Hauser

Casti Piani [*Totentanz.* Drama von Frank Wedekind, 1906]. – Der Marquis C. P., Mädchenhändler und Bordellbesitzer, ist ein mephistophelischer Zyniker. Er vertritt → Elfriede v. Malchus gegenüber die These, daß Sinnengenuß das einzige Glück auf Erden sei. Ein belauschtes Gespräch zwischen einem Freudenmädchen und ihrem Kunden zerstört sein Weltbild, denn er erkennt, daß die Lust dem Menschen Leiden und Chaos bringt. – C. tritt auch in *Die Büchse der Pandora* (1904) auf.

Castorp [*Der Zauberberg.* Roman von Thomas Mann, 1924]. – Der geistig schlichte, reiche Hamburger Patriziersohn mit frisch erworbenem Ingenieursdiplom geht einen eigentümlichen Bildungsweg, der ihn aus der wohlbehüteten Isolierung zur Erkenntnis seiner »Zeitgenossenschaft« führt. Hans C. besucht seinen lungenkranken Vetter Joachim → Ziemssen in Davos. Zunehmend verfällt er dem Zauber des Sanatoriums »Berghof«, bekommt eine Lungenerkrankung und bleibt sieben Jahre. Der »Zauberberg« wird ihm zur »pädagogischen Provinz«, in der er verschiedene geistige Zeitströmungen kennenlernt, vor allem aus den heftigen Streitgesprächen zwischen → Settembrini und → Naphta, deren lernwilliger und oft ratloser eigentlicher Adressat er ist. Wie im *Tod in Venedig* und in *Doktor Faustus* führt der Umgang mit Krankheit und

Tod zu einer Bewußtseinssteigerung.

Catharina von Georgien.
C. starb 1624 den Märtyrertod als Gefangene des persischen Schahs Abas.
[*Catharina von Georgien.* Trauerspiel von Andreas Gryphius, ED 1657]. – Die christliche Königin, ein Muster der Beständigkeit, bleibt ihrem ermordeten Ehemann, ihrem Volk und ihrem Glauben treu und stirbt lieber den grausamen Märtyrertod, als den leidenschaftlichen Anträgen des heidnischen Schahs Abas nachzugeben.

Cato.
C. Uticensis (95–46 v. Chr.) beging Selbstmord aus Schmerz über den Untergang der Römischen Republik, die er gegen Cäsar verteidigt hatte.
[*Der sterbende Cato.* Trauerspiel von Johann Christoph Gottsched, 1732]. – Markus Portius C., der Titelheld der »ersten regelmäßigen deutschen Originaltragödie« (Gottsched) ist ein »strenger Verfechter der Freiheit« und ein »Muster stoischer Standhaftigkeit«. Seinem kompromißlosen Festhalten an der republikanischen Gesinnung wird auch der menschliche Bereich untergeordnet, dessen Tragik darin besteht, daß C.s Tochter Portia (→ Arsene) Cäsar liebt, den Zerstörer der Bürgerfreiheit. C. zwingt Portia zum Verzicht, da seine Freiheitsliebe stärker ist als seine Vaterliebe.

Cecco [*Die drei Falken.* Novelle von Werner Bergengruen, 1937]. – C. ist der natürliche Sohn eines verstorbenen Falknermeisters aus dem Königreich Neapel, der einem von drei Falken die Freiheit gibt, weil er ihn nicht zur gewinnbringenden Ware werden lassen will.

Cécile [*Cécile.* Roman von Theodor Fontane, 1887]. – Die Titelgestalt ist eine der vielen Frauenfiguren, die Fontane dazu dienen, sich mit der fragwürdig gewordenen Institution der Ehe in der untergehenden Adelsgesellschaft auseinanderzusetzen, für die eine Frau zum Objekt degradiert ist (→ Effi Briest). Die passive, melancholische Schönheit C., eine ehemalige Fürstenmätresse, lebt in einer Konventionsehe mit dem viel älteren verbitterten Oberst Pierre von St. Arnaud. Sie nimmt sich das Leben, als ihr Ehemann ihren Liebhaber im Duell tötet.

Celinde [*Cardenio und Celinde.* Trauerspiel von Andreas Gryphius, ED 1657]. – Die leichtfertige C. liebt → Cardenio und versucht ihn durch Zaubermittel zu bannen. Die Kräfte, auf die sie sich damit einläßt, richten sich in einer gespenstischen Nacht gegen sie: ihr von Cardenio getöteter ehemaliger Liebhaber Marcellus erhebt sich aus dem Grab und veranlaßt sie zu reumütiger Umkehr.

Celionati [*Prinzessin Brambilla.* »Capriccio« von E. T. A. Hoffmann, 1821]. – Die Doppelgestalt des Geisterfürsten Bastianello und des Ciarlatano (ital.; = Marktschreier) C. lenkt die Geschehnisse im Strudel des römischen Karnevals. Er bekehrt den pathetischen Tragöden → Giglio Fava zum natürlichen Spiel der Commedia dell' arte, indem er ihm den Prinzen Cornelio Chiapperi und seiner geliebten Giacinta die Prinzessin Brambilla als Doppelgänger an die Seite stellt. In dem phantastischen Wechselspiel der Gestalten kommt Giglio zur Einsicht. – C. erzählt das Märchen vom König → Ophioch im Lande Urdargarten, eine Allegorie der Hoffmannschen Dichtungstheorie.

Cenodoxus [*Cenodoxus.* Jesuitendrama (nlat.) von Jakob Bidermann, 1602]. – C. ist ein »Jedermann«, ein Mensch, der durch den nahenden Tod aus einem glänzenden Weltleben gerissen wird und sich zwischen Himmel und Hölle entscheiden muß. Der gelehrte und lasterhafte Professor der Medizin in Paris ist nach außen fromm und tugendhaft, dem Wesen nach jedoch ein eitler, hochmütiger Heuchler, der Typus des selbstgewissen Humanisten ohne religiöse Skrupel. Sein Weg führt, nachdem die guten Kräfte sich kein Gehör verschaffen konnten, geradewegs in die Hölle.

Cervantes [*Cervantes.* Roman von Bruno Frank, 1934]. – Die abenteuerliche Lebensgeschichte des Miguel de Cervantes Saaveda (1547–1616), des Verfassers des *Don Quichote*, zeigt das Scheitern eines Individuums in einer Zeit des politischen Zerfalls und ist eine Antwort des emigrierten deutschen Schriftstellers auf den Faschismus.

Cesar [*Die Braut von Messina oder die feindlichen Brüder.* Tragödie von Friedrich von Schiller, 1803]. – Don C. verfällt bei der Leichenfeier seines Vaters der Schönheit → Beatrices, die auf ihn wirkt »wie eine Engelslichterscheinung«. Er verliert sie aus den Augen, und als er sie wiederfindet, ist sie die Braut seines Bruders Don → Manuel. In rasender Eifersucht tötet er seinen Bruder, bevor er erfährt, das Beatrice ihrer beider Schwester ist. Er sühnt den Mord, indem er sich an der Bahre Manuels ersticht.

Cesara → Albano (Jean Paul: *Titan*)

Cethegus [*Ein Kampf um Rom.* Historischer Roman von Felix Dahn, 1876]. – Der skrupellose, machtbesessene Römer C., die frei erfundene Hauptgestalt des Romans, bekämpft im 6. Jh. die Ostgoten vom Tod Theoderichs an bis zu ihrem Untergang. Er schürt die Aufstände der Italier gegen die Germanen, hetzt durch Intrigen die Goten gegeneinander, leitet von Byzanz aus einen Großangriff gegen Totila und fällt schließlich im Zweikampf mit

Teja, den Ruf »Roma! Roma eterna!« auf den Lippen.

Cezilie → Cäcilie (Goethe: *Stella*)

Chandos [*Ein Brief.* Prosa von Hugo von Hofmannsthal, ED 1902]. – Philipp Lord C., eine historisch verbürgte Gestalt, begründet in einem fiktiven Brief an den Staatsmann und Philosophen Francis Bacon, warum er sich nicht mehr literarisch betätigt. Er berichtet von seiner Sprachnot, davon, daß ihm »völlig die Fähigkeit abhanden gekommen (sei), über irgend etwas zusammenhängend zu denken oder zu sprechen«. Der sogenannte Chandos-Brief signalisiert den »Ich-Verlust« des modernen Dichters, das Bewußtsein vom Ende geschlossener Weltsysteme, deren Abbild eine auf allgemeiner Übereinstimmung beruhende Sprache ist.

Chariklea → Danae (Wieland: *Geschichte des Agathon*)

Charis [*Amphitryon.* Lustspiel von Heinrich von Kleist, 1807]. – C., Ehefrau des Dieners → Sosias, ist auf der derbkomischen Ebene die Parallelfigur zu → Alkmene.

Charlie → Wibeau (Plenzdorf: *Die neuen Leiden des jungen W.*)

Charlotte → Schlampampe (Reuter: *L'honnête femme oder Die ehrliche Frau zu Plißine*)

Charlotte [*Die stumme Schönheit.* Lustspiel von Johann Elias Schlegel, 1747]. – Unter dem Namen C. wächst die mit einem adeligen Kind vertauschte Tochter der Bürgerswitwe Praatgern zu einer »stummen Schönheit« heran, denn sie ist dumm und hat nichts zu sagen, weil sie nicht denkt. Sie wird von dem Philosophen Laconius geheiratet, der auch nicht viel spricht, weil er zu viel denkt (→ Leonore).

Charlotte → **Corday** (Weiss: *Die Verfolgung und Ermordung Jean Paul Marats*)

Charlotte [*Die Wahlverwandtschaften.* Roman von Johann Wolfgang von Goethe, 1809]. – Die nach einer Konventionsehe ihrer Jugendliebe → Eduard angetraute C. glaubt an die bindende Verpflichtung des Ehegelöbnisses und unterdrückt ihre Neigung zu dem → Hauptmann. Sie erwartet die gleiche Festigkeit von ihrem Gatten. Doch diesem fehlt die gebändigte, ordnende Veranlagung, so daß er sich ganz der Macht der »Wahlverwandtschaft« zu → Ottilie hingibt.

Charlotte von Schlaggenberg → Quapp (Doderer: *Dämonen*)

Charly [*Magic Afternoon.* Stück von Wolfgang Bauer, 1969]. – C., der junge Schriftsteller, der nicht schreibt, seine Freundin Birgit und das Pärchen Joe und Monika verbringen einen

Nachmittag in tödlicher Langeweile und Lebensüberdruß bei Popmusik, Sexspielchen und Haschischzigaretten; das Ende ist offene Aggression. Die Gruppe verkörpert eine Jugend, die ihre Opposition gegen die bürgerliche Welt nicht politisch austrägt, sondern in absolute Resignation und Negation versinkt.

Charmante [*Schelmuffskys Warrhafftige Curiöse und sehr gefährliche Reisebeschreibung Zu Wasser und Lande.* Satirischer Roman von Christian Reuter, 1696; 2. Fassung 1696–97]. – Die Dame La C. verliebt sich in Hamburg in → Schelmuffsky, so behauptet er, wegen seines unwiderstehlichen Charmes und Edelmuts, folgt ihm nach Stockholm, kommt dann aber in einem Schiffsunglück vor Bornholm um.

Charolais [*Der Graf von Charolais.* Tragödie von Richard Beer-Hofmann, 1904]. – Der junge Graf von C. bietet sich als Schuldgefangener an, um den verpfändeten Leichnam seines Vaters auszulösen. Seine Sohnesliebe rührt den Gerichtspräsidenten so, daß er dem Edelmann seine Tochter Désirée zur Frau gibt. Als C. nach drei Jahren Ehe seine Frau bei einer vermeintlichen Untreue ertappt, läßt er sie aus verletzter Liebe und Ehre erbarmungslos verurteilen.

Chatterton.
Thomas C. (1752–1770), literarisches Wunderkind und Verfasser altertümlicher Lyrik und Prosa, die er als die Werke des Dichters und Mönchs Thomas Rowley (15. Jh.) ausgab, beging, als Fälscher entehrt, mit 18 Jahren Selbstmord. Er war für die Romantiker eine Schlüsselfigur für das Leiden des Künstlers am Leben.

[*Der arme Chatterton.* Erzählung von Ernst Penzoldt, 1928]. – Der somnambule, anerkennungssüchtige Jüngling verliert mit dem ersten Liebeserlebnis (mit Eleanor) seine Genialität. Einer befürchteten zukünftigen Durchschnittsexistenz entzieht er sich durch Selbstmord.

[*Thomas Chatterton.* Tragödie von Hans Henny Jahnn, 1955]. – Thomas C. ist das hochbegabte, doch krankhafte jugendliche Genie, für das kein Platz ist im England des 18. Jh.s, in dem nur Bankleute und Reeder anerkannt, Künste und Künstler jedoch verachtet werden. C. gibt seine Gedichte als die des Mönchs Rowley aus. Als er seine Fälschung gesteht, glaubt ihm niemand und man behandelt ihn wie einen Geisteskranken. Mit 18 Jahren nimmt er sich das Leben. Sein Selbstmord ist für Jahnn nicht tragisch im eigentlichen Sinne, weil er den Tod als Schwellenerlebnis versteht.

Chauchat → Clawdia C. (T. Mann: *Der Zauberberg*)

Chaumigrem [*Die asiatische Banise oder Das blutige doch mutige Pegu.* Roman von Heinrich

Anselm von Zigler und Kliphausen, 1689]. – C. ist der böse Tyrann und grausame Eroberer, der die Reiche seiner Nachbarn in Hinterindien plündert und unterwirft, die schöne Prinzessin → Banise gefangenhält und töten lassen will, weil sie ihn nicht erhört. In Goethes *Wilhelm Meisters Lehrjahre* ist der Tyrann C. eine Gestalt des Puppentheaters.

Chef [*Die Plebejer proben den Aufstand.* »Ein deutsches Trauerspiel« von Günter Grass, 1966]. – Der »Chef« ist bis in biographische Einzelheiten Bert Brecht. Er wird als der bühnenversessene Dramatiker und Regisseur dargestellt, dem die tatsächlichen Aufständischen des 17. Juni 1953, die ihn wegen seiner literarischen Thesen als einen der Ihren mißverstehen, willkommen sind, um die Darstellung der Massenszenen in Shakespeares *Coriolan* realitätsnah zu gestalten. Was die Arbeiter wollen, läßt ihn kalt. Gipfel der Ironie in der Gestaltung des C.s ist, daß dieser Shakespeare verbessern will, indem er die Plebejer mit so viel Klassenbewußtsein ausstattet, daß sie gegen Coriolan Recht behalten.

Cheristane [*Der Verschwender.* Zaubermärchen von Ferdinand Raimund, ED 1837]. – Die Fee C. verkörpert die selbstlose Liebe, die alles auf sich nimmt, um dem Geliebten zu helfen. Als Wohltäterin für die Menschen auf die Erde gesandt, lernt sie Julius von → Flottwell kennen und wird als Bauernmädchen Minna seine Geliebte.

Chervat [*Die Trümmer des Gewissens.* Drama von Hans Henny Jahnn, 1961]. – Der idealistische Physiker C. wehrt sich gegen die menschenfeindliche Politik seiner Zeit, die zum Holocaust in der Dritten Welt greift, um die Vorherrschaft der Weißen zu sichern, nachdem deren Zahl durch einen Reaktorunfall stark dezimiert worden ist. C. wird vom Geheimdienst getötet.

Chiapperi → Giglio Fava (Hoffmann: *Prinzessin Brambilla*)

Chidher.
C. (Chidr, al-Chedir), islamische Sagengestalt, die vom Quell des Lebens getrunken hat und ewig jung bleibt.
[*Chidher.* Ballade von Friedrich Rückert, ED 1827]. – Der unsterbliche Wanderer kommt nach je 500 Jahren an einem Ort vorbei, der Stadt, Viehweide, See, Waldeinsamkeit und wieder Stadt ist. – Eine Parabel der Vergänglichkeit.

Childerich III. von Bartenbruch [*Die Merowinger oder Die totale Familie.* Roman von Heimito von Doderer, 1962]. – C., ein »Wüterich« und – im 20. Jh. – der letzte Merowinger, ist von der fixen Idee besessen, die »totale Familie« zu gründen, d. h. durch immer neue Heiraten innerhalb der Familie und durch Adoption sein eigener Vater,

Großvater, Onkel usw. zu werden. Kurz vor der Verwirklichung seines dynastischen Ziels wird er gestürzt.

Chindler [*Theodor Chindler*. Roman von Bernard von Brentano, 1936]. – Die Familie des Professors und Zentrumsabgeordneten Theodor C. spiegelt die weltanschaulichen Auseinandersetzungen während und nach dem Ersten Weltkrieg. Die Ehefrau Elisabeth ist treu katholisch, C. ein ehrenwerter, aber konservativ erstarrter Politiker; die Kinder behaupten in verschieden starker Entschlossenheit ihre Individualität, am stärksten → Marianne Chindler, die Geliebte des Sozialisten und Spartakisten Kaspar → Koch.

Chloe.
C., die »Gründende« (Beiname der Erd- und Muttergöttin Demeter), ist nach dem Muster des Schäferromans *Daphnis und Chloe* des Longos (3. Jh. n. Chr.) die Heldin von Hirtenidyllen im Barock und Rokoko, zum Beispiel in den *Idyllen* von Salomon Geßner, 1756, und in Gedichten der Anakreontik (Johann Peter Uz u. a.). → Daphnis ist oft ihr männlicher Gegenpart.

Chloe Saloniki → Archilochos (Dürrenmatt: *Grieche sucht Griechin*)

Christa T. [*Nachdenken über Christa T.* Roman von Christa Wolf, 1968]. – Aus Tagebüchern, Briefen, Aufzeichnungen und Erinnerungen macht sich die Ich-Erzählerin ein Bild vom Leben der mit 34 Jahren 1963 an Leukämie verstorbenen Freundin C. T. Einem nach außen hin zeitgemäß normalen Leben – Flucht aus dem Osten, Nachkriegschaos, Germanistikstudium, Lehrberuf, Ehe mit einem Tierarzt, zwei Kinder – steht eine außergewöhnliche innere Biographie gegenüber von einer Frau, die in ihren geistigen Ansprüchen und ihrem Streben nach Selbstverwirklichung maßlos ist, die keine Kompromisse schließen und sich nicht anpassen will.

Christen [*Elsi die seltsame Magd*. Novelle von Jeremias Gotthelf, ED 1843]. – Der reiche Bauer C. liebt → Elsi und will ihr ein ehrenhaftes Zuhause bieten, wird aber aus Stolz zweimal abgewiesen. Enttäuscht sucht er im Krieg gegen die Franzosen den Tod auf dem Schlachtfeld.

Christen [*Geld und Geist*. Roman von Jeremias Gotthelf, ED 1843–44]. – Der reiche Bauer C. in Liebiwyl ist eine Beispielfigur für die verderbliche Macht des Geldes. Er verliert durch Nachlässigkeit und Gutgläubigkeit ehrenamtlich verwaltete Mündelgelder und muß 5000 Pfund ersetzen. Darüber wird er zum Griesgram und Polterer und betreibt übertriebene Pfennigfuchserei.

Christian [*Der Runenberg*. Erzählung von Ludwig Tieck, ED

1804]. – C. ist einer der romantischen Wanderer zwischen den Welten des Alltags und der Phantasie, die hier voller Düsternis ist. Er wird darüber wahnsinnig, daß er die Schätze der »Bergkönigin« in sein Alltagsleben herüberschleppen will. Als er vom Runenberg zurückkommt, hat er den Verstand verloren, und die Edelsteine, die er zusammengerafft hat, sind bloße Kiesel.

Christian → Buddenbrook (T. Mann: *Buddenbrooks*)

Christian Wahnschaffe [*Christian Wahnschaffe*. Roman von Jakob Wassermann, 1919]. – Der Sohn eines Großindustriellen und Millionärs verkauft seine Besitztümer, steigt zu den Erniedrigten herab und wird ein tätiger Humanist und Sozialist.

Christianchen → Richardinn (Gellert: *Die Betschwester*)

Christine [*Die schwarze Spinne*. Novelle von Jeremias Gotthelf, ED 1842]. – Die gottlose C. schließt für die Bauern von Sumiswald einen Teufelspakt. Als Zeichen dieses Paktes trägt sie ein schwarzes spinnenartiges Mal auf der Wange, das sich vergrößert, aufplatzt und schließlich sie selbst in eine schwarze Spinne verwandelt, die das Tal als schwarzer Tod heimsucht.

Christine → **Holk** (Fontane: *Unwiederbringlich*)

Christine Weiring [*Liebelei*. Schauspiel von Arthur Schnitzler, 1896]. – C. W., die naive Tochter eines Musikers, ein »süßes Mädel« der Jahrhundertwende, ist für den wohlhabenden Wiener Offizier Fritz Lobheimer nur eine Liebelei. Sie nimmt sich das Leben, als sie erfährt, daß ihre Liebe nur Illusion war und Fritz im Duell um eine andere Frau erschossen worden ist.

Christoph [*Wilhelm Meisters Wanderjahre oder Die Entsagenden*. Roman von Johann Wolfgang von Goethe, 1821/29]. – Nach der Lehre der Turmgesellschaft, daß jedermann in irgendeinem begrenzten Bereich vollkommen sein müsse, steht der herkulische St. Christoph (-orus) als einfacher, aber bärenstarker Lastträger ebenbürtig neben den feineren Handwerksberufen, wie dem des Wundarztes und des Bergmanns, die → Wilhelm Meister und → Jarno ausüben.

Christoph Echter von Mespelbrunn [*Das Wunschkind*. Roman von Ina Seidel, 1930]. – Das »Wunschkind« → Cornelies Echter v. M., in der Abschiedsnacht vor der »Campagne in Frankreich« 1793 empfangen, vereinigt in sich vielversprechend die pflichttreue Art der protestantischen und den fröhlichen Lebensmut der katholischen Vorfahren. C. ist jedoch ein Frühvollendeter. Er fällt als Neunzehnjähriger in den Freiheitskriegen.

Christopherl → Weinberl (Nestroy: *Einen Jux will er sich machen*)

Chrysander [*Der junge Gelehrte.* Lustspiel von Gotthold Ephraim Lessing, ED 1754]. – Der Vater von → Damis, ein gewinnsüchtiger Kaufmann, will seinen Sohn mit seiner Pflegetochter Juliane verkuppeln, als diese Aussicht auf ein Vermögen hat.

Cid → Rodrigo de Bivar (Herder: *Der Cid*)

Cipolla [*Mario und der Zauberer.* Erzählung von Thomas Mann, 1930]. – Der verwachsene, geckenhaft elegante Zauberkünstler C. ist ein Hypnotiseur und Verführer. Er entzieht seinem italienischen Publikum den Willen und versetzt es in eine Massenpsychose. Der von ihm gedemütigte Kellner Mario durchbricht den Bann und erschießt C. auf dem Höhepunkt von dessen Machtrausch. Die antifaschistische Parabel enthält eine »Warnung vor der Vergewaltigung durch das diktatorische Wesen« (Mann, *On Myself*).

Claire Zachanassian [*Der Besuch der alten Dame.* Tragische Komödie von Friedrich Dürrenmatt, 1956]. – C. Z. wird wegen eines unehelichen Kindes aus ihrer prüden Heimatstadt Güllen ausgestoßen. Zu Reichtum und Macht gekommen, kehrt sie zurück, um sich zu rächen – an den Heuchlern und Pharisäern ebenso wie an ihrem feigen ehemaligen Liebhaber → Ill. Sie demoralisiert die kleine, ärmliche Stadt, indem sie sie mit Geld überschüttet, bis die Bürger bereit sind, Ill umzubringen.

Clara → Alarcos (F. Schlegel: *Alarcos*)

Clara [*Der Sandmann.* Erzählung von E. T. A. Hoffmann, ED 1817]. – Die überlegte, besonnene Braut → Nathanaels ist der realistische Fluchtpunkt in einer alptraumhaften Geschichte. C. erkennt die psychopathische Anlage ihres Verlobten, weiß um seine Traumata und pflegt ihn gesund, als er durch den Automatenmenschen → Olympia hinweggerissen wird und dem Wahnsinn verfällt; doch sie kann Nathanael nicht endgültig aus den Krallen der verhängnisvollen Kräfte retten.

Clarille → Schlampampe (Reuter: *L'honnête femme oder Die ehrliche Frau zu Plißine*)

Clarissa [*Der Hochwald.* Erzählung von Adalbert Stifter, ED 1842]. – C. und ihre Schwester Johanna leben mit dem treuen Diener Gregor im Hochwald, wohin ihr Vater, der Freiherr von Wittinghausen, sie vor den Wirren des Dreißigjährigen Krieges in Sicherheit gebracht hat. Mit einem Fernrohr können sie das väterliche Schloß sehen; eines Tages erblicken sie nur noch eine niedergebrannte Ruine, ein fernes Zeugnis von menschlichen Leidenschaften, die die ewige Ruhe der Natur nicht berühren. In den Kämpfen haben C.s schwedischer Geliebter → Ronald und der Freiherr den Tod gefunden.

Clarissa → Rodde (T. Mann: *Doktor Faustus*)

Clarisse [*Der Mann ohne Eigenschaften.* Unvollendeter Roman von Robert Musil, 1930, 1933, 1943; Gesamtausg. 1952]. – Die Ehefrau → Walters ist eine Nietzsche-Anhängerin. Sie erwartet von ihrem Mann Genialität und flüchtet vor der Wirklichkeit in ekstatische Versuche der Weltverbesserung und schließlich in den Wahnsinn.

Claudia [*Die Novellen um Claudia.* Roman in Novellen von Arnold Zweig, 1912]. – Die kluge C., aus begütertem Hause, lernt Walter → Rohme kennen. Ihr Zueinanderfinden ist Inhalt des Romans. Sie erzählen sich Novellen, die psychologische und moralische Erfahrungsschritte auf dem Weg dahin wiedergeben.

Claudine → **Fehleysen** (Raabe: *Abu Telfan*)

Claudio [*Der Tor und der Tod.* Lyrisches Drama von Hugo von Hofmannsthal, ED 1894]. – C., der Tor, ist ein Extrembeispiel narzißtischer Ästhetik. Er hat am Leben vorbeigelebt, einer, der »keinem etwas war und keiner ihm«; dennoch wird er im Tod Teil der Totalität des Daseins.

Clausen [*Vor Sonnenuntergang.* Schauspiel von Gerhart Hauptmann, 1932]. – Der angesehene siebzigjährige Geheime Kommerzienrat Matthias C. ist für seine Umwelt der Prototyp des Mannes, der es versteht, Geschäfte und Bildung harmonisch zu verbinden. Aber ihm selbst ist diese Harmonie zweifelhaft geworden; deshalb will er mit der blutjungen Inken Peters ein neues Leben beginnen. Die Familie widersetzt sich und greift schließlich zum Entmündigungsverfahren. Das überlebt C. nicht. C. ist einerseits eine König-Lear-Gestalt – der einsame Vater undankbarer Kinder –, andererseits ein an dem Verlust der klassischen Einheit des Lebens Leidender; in der Liebe zu Inken Peters finden sich Züge von Goethes Altersleidenschaft zu Ulrike von Levetzow.

Clavigo [*Clavigo.* Trauerspiel von Johann Wolfgang von Goethe, 1774]. – Der Schriftsteller C. ist wie → Werther und → Weislingen ein schwacher, beeinflußbarer Mensch. Er schwankt zwischen Liebe und Ehrgeiz. Seine spießbürgerliche Sehnsucht nach dem »Glück einer ruhigen Beschränkung« bringt ihn dazu, → Marie Beaumarchais ein Eheversprechen zu geben, sein Streben nach heroischer Größe läßt ihn sein Wort brechen. Nach Goethes eigener Äußerung (*Dichtung und Wahrheit*) ist das Stück aus seiner Erfahrung mit Friederike Brion gewachsen.

Clawdia Chauchat [*Der Zauberberg*. Roman von Thomas Mann, 1924]. – Die reizende junge Russin Madame Ch., mit leicht asiatischen Gesichtszügen, läßt sich durch die Lungentuberkulose nicht an ihrem leichtlebigen Verhalten hindern. Sie ist der umschwärmte Mittelpunkt des geselligen Lebens im Sanatorium »Berghof«, umworben von Mynheer → Peeperkorn und Hans → Castorp.

Clemens → Athanapsaris (Helwig: *Raubfischer in Hellas*)

Cleopatra → Kleopatra

Clinschor [*Parzival*. Höfisches Epos von Wolfram von Eschenbach, entst. zwischen 1200 und 1210]. – Der entmannte Zauberer C. hat ein Schloß erbaut, in dem er 400 adelige Frauen gefangenhält, unter anderen auch → Gawans Mutter und Schwestern. Gawan erlöst die Frauen.

Cobbetts [*Die Maschinenstürmer*. Drama von Ernst Toller, 1922]. – Im englischen Weberaufstand von 1815 warnt Jimmy C., Mitglied einer geheimen Arbeiterorganisation, die Streikenden vor der Zerstörung der Maschinen, wird aber von der Masse überstimmt und getötet. J. C. ist der Sozialutopist, der an eine zukünftige »werkverbundene Menschheit« glaubt.

Coeleste → Hugo (Stifter: *Das alte Siegel*)

Collin [*Collin*. Roman von Stefan Heym, 1979]. – C. ist der Prototyp des arrivierten Schriftstellers im realen Sozialismus, der sich dank seiner Position gewisse Freiheiten der offiziellen Doktrin gegenüber erlauben kann. Er wird Zeuge der versteckten Rivalitäten der Führungsschicht, sieht, wie sich die Eingleisigen und Robusten durchsetzen, und ist selbst in Schattenkämpfe verwickelt. Die Romanhandlung, die Autobiographisches aufgreift, spielt in einer Art Zauberberg-Atmosphäre, in einem Krankenhaus für Prominente, fern von den werktätigen »unmündigen Massen«.

Compass [*Ein besserer Herr*. Komödie von Walter Hasenclever, 1927]. – Der Generaldirektor C. ist eine Karikatur des von Sachlichkeit und Hektik beherrschten Managers der zwanziger Jahre. Er hat jede Minute seines Tagesablaufs eingeteilt und verlangt den gleichen Lebensstil von seiner Familie. Als er seiner Tochter Lia einen Tag Frist gibt, um einen Ehemann zu finden, gerät diese an den Heiratsschwindler → Möbius.

Concordia Plürs [*Die Insel Felsenburg*. Roman von Johann

Gottfried Schnabel, 1731–1743]. – Nach einer Schiffskatastrophe findet C. zusammen mit ihrem Mann, Mijnheer van Leuven, Albert → Julius und Kapitän → Lemelie Zuflucht auf der einsamen Insel Felsenburg. Dort kommt es aufgrund der ungehemmten Begehrlichkeit Lemelies zur Katastrophe, die nur C. und Julius überleben. Dieser schwört ihr tugendhaft, daß er ihr nie zu nahe treten werde, doch als C. sein Liebessehnen erkennt, trägt sie sich ihm selbst dezent schriftlich an. Sie wird die Stammutter einer dreihundert Köpfe starken Großfamilie.

Condwiramurs [*Parzival*. Höfisches Epos von Wolfram von Eschenbach, entst. zwischen 1200 und 1210]. – C. wird die Gattin → Parzivals, nachdem er sie vor einer feindlichen Übermacht gerettet hat. Sie wird nach fünf Jahren mit ihm und den Zwillingen Loherangrin und Kardeiz, ihren Kindern, zum Gral berufen.

Confalonieri.
Der historische Graf Federigo C. (1785–1846), der für ein geeintes Italien eintritt, wird als Verschwörer zum Tode verurteilt, begnadigt und nach Amerika verbannt.
[*Das Leben des Grafen Federigo Confalonieri*. Historischer Roman von Ricarda Huch, 1910]. – Der schöne aristokratische Freiheitsheld wird durch die menschenunwürdigen Verhältnisse der Haft gesundheitlich zerstört, findet aber zu einer höheren Einsicht in den Sinn des Lebens.

Congo Hoango [*Die Verlobung in St. Domingo*. Novelle von Heinrich von Kleist, ED 1811]. – Der grausame, rachsüchtige alte Neger C. H. hat in der Revolte von 1791 auf Santo Domingo seinen Herrn umgebracht, obwohl der ihm nur Gutes getan hat, und führt eine blutrünstige Bande von Aufständischen an. Die Mulattin Babekan und ihre Tochter → Toni benutzt er als Köder für weiße Flüchtlinge, die in ein einsames Haus gelockt und versorgt werden, bis er zurückkommt und sie umbringt. Seine unerwartete Rückkehr löst das tragische Ende von Toni und Gustav von der → Ried aus.

Consalves → Paco (Andres: *Wir sind Utopia*)

Constantin [*Julius von Tarent*. Trauerspiel von Johann Anton Leisewitz, 1776]. – C., der Fürst von Tarent, hat zwei Söhne: den schwärmerischen Philosophen Julius und den herrischen Heerführer Guido. Beide lieben dasselbe Mädchen, Bianca. Im Laufe der Auseinandersetzung tötet Guido den Bruder und wird von seinem Vater an der Leiche Julius' eigenhändig erdolcht.

Cop [*Der Mitmacher*. Komödie von Friedrich Dürrenmatt, 1973]. – Der Polizeipräsident in einer durchorganisierten, technologisch perfekten Zukunftsgesellschaft, mit dem schablonisierenden Namen C., wirkt in der Überzeugung, daß die Welt nur noch mit Gewalt verbessert werden kann, in einem Mordsyndikat mit, das überflüssige oder störende Menschen spurlos beseitigt. Sie verschwinden mit Hilfe des von → Doc entworfenen »Nekrodialysators«. Als C. gegen diese Menschen-Wegwerf-Ideologie moralische Bedenken bekommt, verschwindet er selbst, doch die Maschine wird von Staats wegen weiterbetrieben.

Coppelius [*Der Sandmann*. Erzählung von E. T. A. Hoffmann, ED 1817]. – C. ist eine der alptraumhaften Doppelgestalten, die dem Dichter den Namen Gespenster-Hoffmann eingebracht haben. Als Advokat und Alchimist mit »grünen Katzenaugen« will er dem Kind → Nathanael für seine Experimente die Augen nehmen und als der »Wetterglashändler« Coppola verkauft er dem Studenten ein Fernglas, durch das er den Automatenmenschen → Olympia erblickt, ein Mädchen, das die Augen des Betrachters annimmt. Durch das Perspektiv treibt C. Nathanael in Wahnsinn und Tod.

Coppi [*Die Ästhetik des Widerstands*. Roman in drei Teilen von Peter Weiss, 1975, 1978, 1981]. – Die beiden jungen Kommunisten Hans C. und Horst Heilmann diskutieren in der Nazizeit in Berlin mit dem namenlosen Roman-Ich über »den kollektiven Kampf um die Gewinnung der Kultur, die Eroberung der Ausdrucksmittel«, um die »Erfahrungen der Benachteiligten« zu gestalten. C. und Heilmann sind historische Figuren, die als Mitglieder von Widerstandsgruppen (wie von Weiss geschildert) gefoltert und in Plötzensee hingerichtet wurden. Im Roman werden sie nicht als Individuen, sondern als Prinzipienträger behandelt. Weiss demonstriert an ihnen das problematische Verhältnis von Kunst und Marxismus.

Coppola → Coppelius (Hoffmann: *Der Sandmann*)

Corday.
Die Royalistin und Girondistin Charlotte de C. d'Armont (1768–93) erstach 1793 in einem religiös motivierten Opfergang Jean Paul → Marat, den Präsidenten des Jakobinerklubs.
[*Die Verfolgung und Ermordung Jean Paul Marats*. Drama von Peter Weiss, 1964; vier weitere Fassungen]. – Die Irre, die C. darstellt, fällt aus Gedächtnisschwäche immer wieder aus der Rolle, so daß die Mordszene mehrfach wiederholt werden muß. Das ist ein Hinweis darauf, daß der Regisseur de → Sade bzw. der Autor Weiss die historische Rolle der C. als die einer fremdgeleiteten, nicht mit ihrer Tat übereinstimmenden Person interpretiert.

Cordula → Angermann (Carossa: *Geheimnisse des reifen Lebens*)

Corinna [*Frau Jenny Treibel.* Roman von Theodor Fontane, 1892]. – Die intelligente Tochter des Oberlehrers Wilibald → Schmidt wird von dem allgemeinen Streben nach Reichtum vorübergehend dazu verführt, den ihr an Geist und Vitalität weit unterlegenen → Leopold Treibel, Sohn der reichen Kommerzienrätin → Jenny Treibel, zu umgarnen. Sie löst ihre Verlobung wieder, als die Überheblichkeit der Kommerzienrätin ihren Stolz verletzt und sie erkennt, daß die wahren Werte und Gefühle sie mit ihrem Vetter Marcell Wedderkopp, einem Archäologen und zukünftigen Professor, verbinden.

Cornelie Echter von Mespelbrunn [*Das Wunschkind.* Roman von Ina Seidel, 1930]. – C. steht zwischen den beiden deutschen Grundtypen des strengen, pflichttreuen norddeutschen Protestanten, repräsentiert durch ihren Vater → Tracht, und des lebensvollen rheinländischen Katholiken, Person geworden in ihrem Ehemann Hans Adam E. v. M. Sie hat von ihrem Mann vor dem Feldzug, in dem er fällt, das Wunschkind → Christoph empfangen und zieht es zusammen mit Delphine groß, der Tochter ihrer im Kindbett gestorbenen Halbschwester Charlotte. In einer schweren Zeit der kriegerischen Auseinandersetzungen (1793–1813) widmet sie sich ganz ihrer Mutterrolle und ihren sozialen Pflichten.

Cornelius [*Unordnung und frühes Leid.* Erzählung von Thomas Mann, 1926]. – Der Professor für Geschichte C., ein konservativer Bürger, begreift die Veränderungen in der Gesellschaft der Inflationszeit als »Unordnung«. Unsicher und verständnislos steht er seinen älteren Kindern gegenüber, die ihn als »Greis« apostrophieren und dem Fortschritt ergeben sind. Selbst das fünfjährige Lorchen (Eleonore), dem nach Meinung des Vaters der »erhaltende Instinkt« gegeben ist, enttäuscht ihn, als es sich auf einem Tanzfest in einen Studenten verliebt und nur durch ihn zum Einschlafen gebracht werden kann. Familienbiographischer Hintergrund.

Cornet → Langenau (Rilke: *Die Weise von Liebe und Tod des Cornets Christoph Rilke)*

Cortez.
Hernando C. (1485–1547) ist der Eroberer Mexikos.
[*Die weißen Götter.* Historischer Roman von Eduard Stucken, 1918–1922]. – C., die Hauptgestalt des Romans, ist ein mutiger Kämpfer, ein genialer Truppenführer und ein gläubiger Katholik. Seinen Vorsatz, das spanische Reich zu mehren und den Indianern das Christentum zu bringen, korrumpiert er durch seine Macht- und Besitzgier und weil er zum »Knecht seiner Knechte« wird.

Cosimo [*Geschichte des Herrn William Lovell.* Briefroman von

Ludwig Tieck, 1795/96]. – Andrea C. ist das Oberhaupt eines Geheimordens, ein »rücksichtsloser Beherrscher der Menschen«. Der Zyniker war ursprünglich ein Freund, später ein erbitterter Feind von → William Lovells Vater und hat den Sohn aus Rache ins Verderben geführt, wobei der fröhliche Epikureer Rosa ihm Handlangerdienste geleistet hat.

Coulmier.
Abbé C. war während der Zeit, die de → Sade in Charenton verbrachte (1803–1814), Direktor der Irrenanstalt. Theaterspiel und Tanz unterstützte er als therapeutische Mittel.
[*Die Verfolgung und Ermordung Jean Paul Marats.* Drama von Peter Weiss, 1964; vier weitere Fassungen]. – Der Direktor des Irrenhauses Charenton ist ein pflichtbewußter Beamter, der mit den bestehenden Machtverhältnissen im Kaiserreich (1808) konform geht und ganz nach dem Vorbild Napoleons Kritik und Widerspruch so lange duldet, wie sie das Bild der Großzügigkeit des Herrn fördern, aber eingreift, wenn er den Staat gefährdet sieht.

Courage [*Mutter Courage und ihre Kinder.* Bühnenstück von Bertolt Brecht, UA 1941, ED 1949]. – Die nüchtern-praktisch denkende schwedische Marketenderin Anna Fierling, genannt Mutter Courage, macht mit dem Krieg Geschäfte, um ihre drei Kinder → Eilif, → Schweizerkas und → Kattrin durchzubringen. Aber der Krieg, der sie ernährt, nimmt ihr auch die Kinder. Brecht wollte damit auf den Zusammenhang zwischen Krieg und Kapitalismus hinweisen. Da C. als eine moderne Niobe gedeutet wurde, arbeitete Brecht das Stück um in der Absicht, das tragische Mutterschicksal zurückzunehmen und C. stärker als »Hyäne des Schlachtfelds« zu kennzeichnen, doch widersetzt sich die lebensvolle Gestalt auf der Bühne bis heute der didaktischen Botschaft des Autors. Literarische Vorgängerin ist Grimmelshausen → Courasche.

Courasche [*Trutz Simplex, oder ausführliche und wunderseltsame Lebensbeschreibung der Erzbetrügerin und Landstörzerin Courasche.* Roman von Hans Jakob Christoffel von Grimmelshausen, 1670]. – Das böhmische Mädchen Libuschka, genannt C., uneheliches Kind des Grafen Thurn, ist die bekannteste Gestalt aus den *Simplizianischen Schriften.* C. kommt schon als Kind – anfangs als Knabe verkleidet – zur Armee und durchlebt in verschiedenen Rollen die Wirren des Krieges: als Kämpferin, Ehefrau eines halben Dutzend Offiziere und Soldaten, als Hure, Marketenderin und Hochstaplerin. Als Parallelfigur zum Simplizissimus vom Autor bewußt angelegt, ist sie der erste weibliche Picaro der deutschen Literatur.

Crampas [*Effi Briest.* Roman

von Theodor Fontane, 1895]. – Major von C. ist der provinzielle Frauenheld. Er umwirbt die gelangweilte → Effi Briest mit geschickter, oft praktizierter Taktik und verführt sie zum Schritt vom Wege. Damit richtet er sein und ihr Leben zugrunde.

Crampton [*Kollege Crampton.* Komödie von Gerhart Hauptmann, 1892]. – Harry C., ein verbummelter und trunksüchtiger Kunstprofessor und genialer Künstler, stößt alle Spießer vor den Kopf, macht sich in der Akademie unmöglich und ruiniert sich auch finanziell. Sein Rettungsanker ist sein vermögender Schüler Max Strähler, der ihm wieder zu einem Atelier verhilft.

Crepaz [*Die Rote.* Roman von Alfred Andersch, 1960]. – Fabio C. hat im Spanischen Bürgerkrieg und als Partisan in Italien gekämpft; jetzt ist er Geiger an der Oper von Venedig, hat sich vom Kommunismus abgewandt und führt ein Kleinbürgerleben ohne Zukunftsprospekte. Er nimmt → Franziska Lukas, die »Rote«, auf, die auf der Suche nach dem wahren Leben ist und es bei ihm nicht finden wird. C. hat Züge von Alfred Andersch.

Crescence → **Freudenberg** (Hofmannsthal: *Der Schwierige*)

Cresspahl [*Jahrestage.* Roman von Uwe Johnson, 1970–1983]. – Heinrich C., Kunsttischler in Jerichow, vorher zehn Jahre in den Niederlanden und in England tätig, ist verheiratet mit Lisbeth Papenbrock, die ihn mit Hilfe des zu erwartenden Kindes (→ Gesine) unter beharrlichem Druck dazu gezwungen hat, nach Deutschland zurückzukehren. Der bedächtige, überlegte Mann, ehemaliges SPD-Mitglied, steht dem Dritten Reich kritisch gegenüber und arbeitet schon vor Beginn des Zweiten Weltkriegs für die englische Abwehr. Nach 1945 ist er kurzfristig Bürgermeister. Von der sowjetischen Besatzungsmacht wird er drei Jahre inhaftiert, und dabei prügeln deutsche Kapos Lebenskraft und Leistungsbereitschaft aus ihm heraus. – Heinrich C.s Frau Lisbeth verstrickt sich zunehmend in einen religiösen Wahn; sie will ihre Tochter Gesine töten, um sie vor Sünde und Leid der Welt zu bewahren. Lisbeths Tod in den Flammen des eigenen Anwesens in der Kristallnacht bleibt unaufgeklärt; C. besteht gegen den Augenschein darauf, daß es Selbstmord war.

Creveaux [*Der Gesang im Feuerofen.* Drama von Carl Zuckmayer, 1950]. – Louis C., ein Aufschneider und Kollaborateur in einem kleinen, von den Deutschen besetzten Ort in den französischen Alpen, verrät Widerstandskämpfer an den Gestapo-Offizier Sprenger und ist schuld daran, daß sie im Schloß verbrennen. Er wird von seiner

Mutter an die französische Gendarmerie ausgeliefert.

Cristina [*Cristinas Heimreise.* Komödie von Hugo von Hofmannsthal, 1910]. – Die schöne, reiche Bauerntochter C. erliegt auf der Heimreise von Venedig der Verführung → Florindos. Im Gegensatz zu → Sobeide (*Die Hochzeit der Sobeide*) erkennt sie jedoch rechtzeitig die Flatterhaftigkeit des Charmeurs und wendet sich ohne Bedauern dem soliden → Tomaso zu.

Cuendias [*Ein Umweg.* Roman von Heimito von Doderer, 1940]. – Der vornehme spanische Offizier Manuel C. wehrt sich vergeblich gegen seine Liebe zu der Dienstmagd Hanna, die einen von ihm zum Tode Verurteilten heiratete und dadurch rettete. Nach vielfachen Anstrengungen, sich der Faszination zu entziehen, wird er bei dem Versuch, zu ihr zu gelangen, von Hannas Ehemann → Brandter erstochen. Wie dieser ist er nach Doderers Seinsauffassung ein Beweis für die schicksalhaften Umwege des Lebens.

Cundrîe [*Parzival.* Höfisches Epos von Wolfram von Eschenbach, entst. zwischen 1200 und 1210]. – Die häßliche C. ist Gralsbotin. Sie erscheint vor der Tafelrunde des Königs Artus und verwünscht → Parzival vor den versammelten Rittern, weil er die Mitleidsfrage bei → Anfortas nicht gestellt hat. Bei Wagner ist → Kundry eine erotische Zauberin in Klingsors Zaubergarten.

Curator → Carsten C. (Storm: *Carsten Curator*)

Curie [*Zeit des Raben – Zeit der Taube.* Roman von Gertrud Fussenegger, 1960]. – Marie C., die areligiöse Entdeckerin des Radiums, vertritt die Welt der modernen Wissenschaft und des Fortschritts im ausgehenden 19. Jh. als Gegensatz zum religiösen, christlichen Schriftsteller Léon → Bloy.

Cyane → Mathilde (Novalis: *Heinrich von Ofterdingen*)

Cynthia [*Der Arzt Gion.* Roman von Hans Carossa, 1931]. – Die einundzwanzigjährige burschikose Bildhauerin ist als Mensch und als Künstlerin von der Mütterlichkeit der Magd → Emerenz tief beeindruckt. Sie hilft der werdenden Mutter und wandelt sich unter dem Eindruck ihres Opfertodes zur reifen Frau.

Cyprian → Serapion (Hoffmann: *Die Serapionsbrüder*)

Czentovic [*Schachnovelle.* Novelle von Stefan Zweig, 1941]. – Mirco C. und sein Kontrahent Dr. → B. verkörpern zwei entgegengesetzte Typen des Schachspielers. C. ist ein ungebildetes, robustes Wunderkind, das nichts versteht als Schach zu spielen, ein gefühlskalter Rechner und unmenschlicher Schachautomat, der seine Partner am Brett mit unfehlbarer Zuggenauigkeit geradezu deklassiert.

Czwallina [*Die Jerominkinder.* Roman von Ernst Wiechert, 1945–1947]. – Der Krugwirt C. vertritt das Element des Bösen in der Gemeinschaft des Dorfes Sowirog. Er ist landgierig, hat die Dörfler in Schuldabhängigkeit gebracht und wird als einziger, aus Berechnung, Nazi.

D. E. → Erichson (Johnson: *Jahrestage*)

Dach.
Simon D. (1605–1659), Königsberger Barocklyriker und Verfasser evangelischer Kirchenlieder.
[*Das Treffen in Telgte.* Erzählung von Günter Grass, 1979]. – Bei einem fingierten Dichtertreffen im Jahre 1647 gelingt es D., eine Einigung zwischen den in Fragen der Poetik, der Sprache und der Konfession zerstrittenen Teilnehmern herzustellen. Dabei ist der Bezug zur »Gruppe 47« und ihrem Gründer Hans Werner Richter offensichtlich.

Däfftle → Schlampampe (Reuter: *L'honnête femme oder Die ehrliche Frau zu Plißine*)

Dagmar [*Ein Fest auf Haderslevhuus.* Novelle von Theodor Storm, 1885]. – D., die Tochter des Schloßhauptmanns auf Haderslevhuus, ist das zarte, eben erblühte junge Mädchen. Als ihr Vater ihr Liebesverhältnis zu → Lembeck entdeckt, stirbt sie aus Gram über die Trennung von dem Geliebten.

Dahore → Emanuel D. (Jean Paul: *Hesperus, oder 45 Hundsposttage*)

Daja [*Nathan der Weise.* Dramatisches Gedicht von Gotthold Ephraim Lessing, 1779]. – Die Dienerin → Rechas will als frömmelnde Christin ihre Herrin dem »wahren« Glauben zuführen, auch wenn es das Unglück Rechas und → Nathans bedeutet.

Daland [*Der fliegende Holländer.* Romantische Oper von Richard Wagner, 1843]. – Der norwegische Seemann D. wird durch die Schätze des fliegenden → Holländers verführt, ihm seine Tochter → Senta zu geben. Daß er sich damit auf eine verhängnisvolle Verbindung mit der Geisterwelt einläßt, bleibt dem materialistisch Denkenden verborgen.

Damian [*Zu ebener Erde und erster Stock.* Posse von Johann Nestroy, 1838]. – Die komische Hauptfigur »zu ebener Erde«, der Schwager des in ärmlichsten Verhältnissen lebenden Tandlers → Schlucker, ist der typische Pechvogel, dem alles mißlingt, was er anfaßt, und der trotzdem ein fröhliches Gemüt behält.

Damis [*Der junge Gelehrte.* Lustspiel von Gotthold Ephraim Lessing, ED 1754]. – Der erst zwanzigjährige, von sich selbst überzeugte Philologe D. befaßt sich mit nichtssagenden gelehrten Haarspaltereien. Das Leben und die Liebe sind ihm fremd; er behandelt sie ähnlich wie seine wissenschaftliche Kleinarbeit. Die Figur des D. entspricht der Gottschedschen Typenvorstellung für die Komödie: Ein Mensch mit einem von der Norm abweichenden Fehler wird entlarvt und dem Gelächter preisgegeben.

Damon [*Die Bürgschaft.* Ballade von Friedrich von Schiller, ED 1799]. – D. (im Erstdruck: Möros) versucht ein Attentat auf → Dionys von Syrakus. Er wird ergriffen und soll hingerichtet werden, erbittet und erhält die Erlaubnis, zuvor als Familienältester seine Schwester zu vermählen. Sein Freund stellt sich als Bürge. Der Hauptinhalt der Ballade ist der verzweifelte Wettlauf D.s mit der Zeit, um fristgerecht zu seiner Hinrichtung in Syrakus zu sein.

Danae [*Der blaue Kammerherr.* Roman von Wolf von Niebelschütz, 1949]. – Die beliebte, selbständige D. ist die Erbprinzessin des imaginären mediterranen Inselreiches Myrrha im Jahre 1732. Einer der zahlreichen Bewerber um ihre Hand ist Zeus unter der Maske des blauen Kammerherrn Graf von → Weißenstein, der ihr Land in Kriegs- und Revolutionswirren stürzt. D.s genialer Herrscherbegabung gelingt es, ihr Reich aus dem Chaos der Revolution in das Glück der Monarchie zurückzuführen. Damit erringt sie die Anerkennung des Gottes und Ruhe vor weiterer Einmischung.

Danae [*Geschichte des Agathon.* Roman von Christoph Martin Wieland, 1766/67; 3. Fassung 1794]. – Die schöne und gebildete Hetäre D. soll → Agathon vom Pfade der Tugend ablenken und spielt zu diesem Zweck die engelhafte »schöne Seele«. Unter dieser Maske gelingt es ihr, den reinen Jüngling zu verführen. Sie wird von wahrer Liebe ergriffen, und als er sie verläßt, führt sie unter dem Namen Chariklea ein zurückgezogenes, tugendhaftes Leben. Als Agathon später um ihre Hand anhält, entsagt sie ihm.

Daniel → **Zur Höhe** (T. Mann: *Beim Propheten; Doktor Faustus*)

Daniel [*Die Räuber.* Schauspiel von Friedrich von Schiller, 1781]. – Der greise D. ist der treue Diener im Hause Moor. Er wird zum Vertrauten wider Willen auch des Bösewichts → Franz und erkennt den verkleideten → Karl bei seiner Heimkehr an einer Narbe wieder.

Daniel [*Stadtgespräch.* Roman von Siegfried Lenz, 1963]. – D., der Anführer einer norwegischen Widerstandsgruppe, gerät in eine ausweglose ethische

Konfliktlage. Der Besatzungskommandant hat 44 Geiseln genommen, die er zu töten droht, wenn sich D. nicht stellt. Nach schweren inneren Kämpfen entschließt sich D. unter dem Druck des Hauptquartiers und seiner Kampfgenossen zum Durchhalten. Die damit übernommene Schuld und das »Stadtgespräch«, das die Wahrheit verändert, verdreht und auf den Kopf stellt, machen D. nach der Befreiung zum Außenseiter, einem »Denkmal der Einsamkeit«.

Dankwart [*Nibelungenlied.* Anonymes Heldenepos, entst. um 1200]. – Der jüngere Bruder → Hagens ist der Anführer der 1000 Ritter und 9000 Knechte, die mit den Burgunderkönigen an den Hof → Etzels ziehen und dort hingemetzelt werden. Die Figur tritt erst im *Nibelungenlied* selbst auf, nicht in den Vorformen.

Danton.
Georges D. (1759–1794), Mitbegründer des radikalen Clubs der Cordeliers, war als Justizminister verantwortlich für die Septembermorde (2. – 6. 9. 1792), bei denen 1600 Royalisten und Klerikale massakriert wurden. Das war der Anfang der Schreckensherrschaft. Später, angewidert durch Robespierres revolutionäre Radikalität, suchte er zu mäßigen. Das kostete ihn seinen Kopf.
[*Dantons Tod.* Drama von Georg Büchner, 1835; UA 1902]. – Büchners D. ist kein strahlender Held, der aus freiem Entschluß eine große Tat vollbringt; vielmehr ist er der Mann nach der Tat, durch sie passiv und depressiv geworden. Er vergleicht sie mit dem Verrat des Judas, empfindet sie als historisch notwendig, sich selbst als Ausführenden aber als verachtenswert und als schäbigen Handlanger eines übergeordneten Weltwillens: »Es muß ja Ärgernis kommen, aber wehe dem, durch den es kommt.« D. gibt sich dem Augenblick hin, als Genußmensch ebenso genial-überschäumend wie vorher als Revolutionär. Der Vernichtung durch → Robespierre sieht er gelassen entgegen; seine glanzvollen Verteidigungsreden vor dem Revolutionstribunal genießt er als rhetorische Kunstübungen. Er weiß, daß sie ihn nicht retten werden.

Daphnis.
In der griechischen Mythologie ist D. Heros der Hirten, Sohn des Hermes und einer Nymphe. Nach dem Vorbild des Romans *Daphnis und Chloe* von Longos (3. Jh. n. Chr.) wird er zur beliebten Figur der Schäferdichtung (→ Chloe).
[*Idyllen* von Salomon Geßner, 1756]. – D. tritt als tugendhafter, sentimentaler Schäfer auf. – In der Anakreontik gehört er zu den Maskenfiguren der pseudoantiken Liebeständeleien.

Daradiridatumdarides [*Horribilicribrifax.* Lustspiel von Andreas Gryphius, 1663]. – Don D. Windbrecher von Tausend

Mord, Typ des Miles gloriosus wie sein Freund → Horribilicribrifax, tritt in betrügerischer Absicht als reicher Junker auf und ist in viele Liebeshändel verwickelt, in denen er eine lächerliche Figur abgibt.

Datterich [*Datterich.* Lokalposse von Ernst Elias Niebergall, 1841]. – D. ist der Typus des Schnorrers, ein wegen Trunksucht entlassener Finanzbeamter, der sich an den gutmütigen Drehergesellen Karl → Schmidt heranmacht, um ihn auszunehmen.

David [*Das Jahr des Herrn.* Bauernroman von Karl Heinrich Waggerl, 1933]. – Der Armenhausbub in einem oberbayrischen Dorf möchte gern der Musterknabe des Herrgotts sein, aber es gelingt ihm nicht immer, seinen Drang nach Bubenstreichen erfolgreich zu unterdrücken; dann tut er reumütig Buße.

David → Ethan (Heym: *Der König David Bericht*)

Dayton → Kelly (Gerstäcker: *Die Flußpiraten des Mississippi*)

Defoe.
Daniel D. (1660–1731), englischer Romanschriftsteller und Journalist.
[*Robinson soll nicht sterben.* Stück von Friedrich Forster, 1932]. – Der alte, erblindete Dichter des *Robinson Crusoe* ist das Opfer seines ungeratenen Sohnes Tom. Als dieser auch noch das Robinson-Manuskript stiehlt und veräußert, führen Maud Cantley und eine Robinson-Bande von Kindern die Konflikte zu einem sentimentalglücklichen Ende.

Degenhart [*Der Schuß im Park.* Novelle von Gerhart Hauptmann, 1942]. – Der baltische Baron D. hat als Jäger in Afrika ein abenteuerliches Leben geführt, dann eine schlesische Baronin geheiratet und führt mit Frau und drei Kindern ein bequemes Herrenleben. Da holt ihn seine Vorgeschichte ein in Gestalt einer Schwarzen mit ihrem elfjährigen Sohn, die behauptet, die Baronin D. zu sein. Nachdem er die Afrikanerin angeschossen hat, verschwindet D. für immer.

Delaide [*Delaide.* Roman von Mechtilde Lichnowsky, 1935]. – Die sensible D., eine Künstlernatur mit Sinn für alles Schöne, ist mit dem pedantischen, nüchternen Robert Laertmeister, einem Weltmann und Vernunftmenschen, verheiratet. Obwohl sich beide lieben, scheitert ihre Ehe an den extrem gegensätzlichen Temperamenten.

Delfin → Andrea D. (Heyse: *Andrea Delfin*)

Delphine → Cornelie Echter von Mespelbrunn (I. Seidel: *Das Wunschkind*)

Demetrius.
Zarensohn, geb. 1583, den Boris Godunov wahrscheinlich

1591 ermorden ließ. 1603/4 stand ein Prätendent auf, der sich als D. ausgab und Boris Godunov den Thron streitig machte. Nach dessen Tod (1605) wurde er Zar, aber schon im Jahr darauf beseitigte ihn die altrussische Partei.
[*Demetrius.* Dramenfragment von Friedrich von Schiller, entst. 1804/05; ED 1815]. – D. kämpft gegen Boris in der Vorstellung, er sei der legitime Zarewitsch. Als er seinen Irrtum erkennt, ficht er den Kampf zwischen Rechtsbewußtsein und politischer Notwendigkeit aus. Er empfindet sein Herrschertum als sittlichen Auftrag, doch seine charismatische Kraft ist gebrochen, und er wird zum Despoten.
[*Demetrius.* Dramenfragment von Friedrich Hebbel, posthum 1864]. – Als untrügliche Beweise vorliegen, daß er nicht der rechtmäßige Thronerbe ist, geht D. seinen Weg weiter; denn er fühlt sich zum Herrscher berufen. So erfüllt er seine als geschichtlichen Auftrag verstandene Pflicht bis zum tragischen Untergang.
[*Demetrios.* Drama von Paul Ernst, 1905]. – Paul Ernst überträgt den Stoff auf einen Tyrannen Spartas um 200 v. Chr., um das Idealtypische hervortreten zu lassen. Als D. entdeckt, daß er untergeschoben ist, wählt er den Tod, weil er den Fortbestand der Herrschaft nur durch Verbrechen sichern könnte.

Demian [*Demian.* Roman von Hermann Hesse, 1919]. – Der Mitschüler D. wird für Emil → Sinclair zum Leitstern und verkörpert als philosophischer Geist gleichzeitig die Gegenposition zu dessen empfindlichem, von der Phantasie in Abgründe gerissenem Künstlergemüt.

Demodokos → Odysseus (Schnabel: *Der sechste Gesang*)

Demokrit.
Demokritos von Abdera, der »lachende Philosoph«, lebte um 450 v. Chr. als Zeitgenosse von Sokrates; er war ein universal gebildeter Gelehrter.
[*Die Abderiten.* Roman von Christoph Martin Wieland, 1774]. – Der berühmte, weise Bürger der kleinen Stadt Abdera in Thrazien kommt nach langer Studienreise in seine Heimatstadt zurück. Die beschränkten Abderiten, griechische Schildbürger, halten ihn für geisteskrank, was Hippokrates bestätigen soll. Aber die beiden Weisen verstehen sich. Wieland hat Autobiographisches eingearbeitet.

Derby → Sternheim (La Roche: *Geschichte des Fräuleins von Sternheim*)

Deruga [*Der Fall Deruga.* Roman von Ricarda Huch, 1917]. – Der Arzt Dr. D. ist ein Mann, der sich das Recht nimmt, selbst zu bestimmen, was gut und böse ist. Er wird des Mordes an seiner seit langem von ihm geschiedenen Frau angeklagt. Im Laufe des Prozesses gesteht er, seiner an Krebs erkrankten Frau auf ihren Wunsch hin Gift gegeben zu haben, um ihr langes Leiden zu ersparen.

Derwisch → Al Hafi (Lessing: *Nathan der Weise*)

Designori [*Das Glasperlenspiel.* Roman von Hermann Hesse, 1943]. – Plinio D., Gastschüler an der kastalischen Ordensschule, ist der Welt stärker zugewandt als sein Freund → Knecht. Er gibt nach langen Jahren den Versuch auf, die kastalische Geistigkeit mit den Anforderungen der Realität in Einklang zu bringen, gewinnt aber Knecht dazu, seinen Sohn Tito im Sinne des Ordens zu erziehen.

Desmoulins.
Camille D. (1760–1794) war einer der Anstifter des Sturms auf die Bastille (1789). Während der Jakobinerherrschaft war er Parteigänger → Dantons und wurde mit diesem zusammen hingerichtet.
[*Dantons Tod.* Drama von Georg Büchner, 1835; UA 1902]. – Der ehemalige Schulfreund → Robespierres, als feuriger Jüngling dargestellt, ist ein enthusiastischer Träumer von einer paradiesischen, konfliktfreien Zukunftsgesellschaft. Er liebt das wirkliche Leben, verachtet Vorurteile und Klischees und wehrt sich in Zeitungsartikeln gegen den »Blutmessias« Robespierre.

Desportes [*Die Soldaten.* Komödie von Jakob Michael Reinhold Lenz, 1776]. – Baron D. gehört in die Reihe der Adeligen und Offiziere, die einem Bürgermädchen leichthin die spätere Ehe versprechen, um ein vorübergehendes Liebesverhältnis zu gewinnen – ein Topos des empfindsamen Romans und der Sturm-und-Drang-Dramatik. Bei Lenz liegt die These zugrunde, daß die erzwungene Ehelosigkeit die Soldaten zu solchem Verhalten naturnotwendig antreibt.

Detlev [*Das Waisenhaus.* Roman von Hubert Fichte, 1965]. – Aus den Vorstellungen und Erinnerungen des achtjährigen D. erfahren wir vom Leben in einem katholischen bayerischen Waisenhaus im Kriegswinter 1942/43. Dort hat die Mutter ihren von einem Juden stammenden Sohn in Sicherheit gebracht. D. muß mit seiner potenzierten Außenseiterrolle als ein aus dem Norden stammender unehelicher, protestantisch getaufter Halbjude fertig werden. – In der Fortsetzung *Detlevs Imitationen ›Grünspan‹* (Roman, 1970) durchlebt D. die Hamburger Bombennächte und die Nachkriegszeit.

Detlev → Hinrich (Storm: *Zur Chronik von Grieshuus*)

Diana → Astorre (Meyer: *Die Hochzeit des Mönchs*)

Dianora [*Die Frau im Fenster.* Drama von Hugo von Hofmannsthal, ED 1898]. – Madonna D., die Gattin eines finsteren Renaissance-Herrn, erwartet am Palastfenster in Liebessehnsucht und -trunkenheit ihren Geliebten, für den sie eine seidene Strickleiter herabläßt. Mit dieser Leiter wird sie von dem hinter sie tretenden Gatten erwürgt.

Diaz → Juarez (Werfel: *Juarez und Maximilian*)

Dido [*Eneide*. Höfisches Epos von Heinrich von Veldeke, entst. zw. 1170 und 1190]. – In der mhd. Umdichtung des Stoffs von Vergils *Äneis* (entst. 30–19 v. Chr.) verfällt D., die Königin von Karthago, dem aus Troja entflohenen → Eneas in einer so maßlosen Leidenschaft, daß ihr nur der Selbstmord bleibt, als ihre Liebe nicht erwidert wird und Eneas sie verläßt.

Diemuth Andernoth [*Schlußball*. Roman von Gerd Gaiser, 1958]. – Die sechzehnjährige D. A. ist in ihren Lehrer → Soldner verliebt. Als sie beim Schlußball merkt, daß dessen Zuneigung ihrer Mutter → Herse Andernoth gilt, stürzt sie sich in ein Abenteuer mit ihren reichen Mitschülern.

Dietegen [*Dietegen*. Novelle von Gottfried Keller, ED 1874 (in: *Die Leute von Seldwyla*)]. – Um 1500 wird in der Stadt Ruechenstein der arme, elternlose elfjährige D. wegen Diebstahls gehängt. Er überlebt die Prozedur, wird von dem siebenjährigen Seldwyler Försterstöchterchen Küngolt aus dem Sarg gerettet und mit ihr aufgezogen. Während er sich zu einem tüchtigen Jäger und Soldat entwikkelt, gerät die kokette Küngolt unter schlechten Einfluß und landet unter dem Galgen der Ruechensteiner. Von dort rettet D. sie, indem er sie auf der Stelle heiratet, was nach einer alten Satzung ihre Begnadigung erwirkt.

Dieter [*Schatzkästlein des Rheinischen Hausfreundes*. Kurzprosa von Johann Peter Hebel, 1811]. – Der rote D. ist der Dritte im Bunde mit den diebischen Brüdern → Zundel-Heiner und Zundel-Frieder. Da er ihnen nicht gewachsen ist, wird er »ehrlich« und läßt mit Fassung die Streiche der anderen über sich ergehen.

Dietleib [*Biterolf und Dietleib*. Anonymes Heldenepos, entst. um 1250]. – Der Sohn → Biterolfs, des Königs von Toledo, zieht aus, um seinen Vater zu suchen. Im Reich des Hunnenkönigs Etzel kämpft er ahnungslos gegen ihn. Ein tragisches Ende des Kampfes verhindert Rüdiger. Gemeinsam mit dem Vater besteht er weitere Abenteuer.

Dietleip → Künhild (*Laurin*)

Dietrich [*Die drei gerechten Kammacher*. Erzählung von Gottfried Keller, ED 1856 (in: *Die Leute von Seldwyla*)]. – Der schlaue Schwabe D. ist der jüngste von drei Kammachergesellen, die das Geschäft ihres Meisters übernehmen wollen.

Da seine Spargroschen denen der Konkurrenten unterlegen sind, verfällt er auf die Idee, um → Züs Bünzli, die Tochter seines Herrn, zu werben. Die anderen Gesellen folgen zwar seinem Beispiel, aber mit einem Trick wird er Sieger.

Dietrich von Bern.
In D. von Bern (d. i. Verona) lebt die Erinnerung an den Ostgotenkönig Theoderich den Großen (455–526) fort; allerdings ist er in der Sagengestalt kaum noch erkennbar. Tatsächliche historische Ereignisse spielen nur eine geringe Rolle in dem heterogenen Stoffkomplex. Grundfabel: D., von seinem Onkel Ermenerich aus seinem Reich vertrieben, lebt im Exil am Hof des Hunnenkönigs Etzel. Nach mehreren Versuchen, seine Herrschaft wiederzuerlangen, gelingt ihm nach 32 Jahren die Heimkehr. Der durchgehende charakteristische Wesenszug des Sagenhelden D. ist seine Bedachtsamkeit, sein Zögern, als wäre er furchtsam; in Zorn geraten, zeigt sich seine Kraft allen überlegen, selbst → Siegfried, dem Unverletzbaren: Er kämpft, bis dessen Hornhaut erweicht (*Rosengarten*).
[*Nibelungenlied.* Anonymes Heldenepos, entst. um 1200]. – D. lebt am Hunnenhof im Exil, als die Auseinandersetzung zwischen → Kriemhild und den Burgunden stattfindet. Er ist der beherrschte, überlegene Richter und Vermittler, der über den Parteien steht. Die letzten Überlebenden → Hagen und → Gunther liefert er Kriemhild aus und bittet um ihr Leben.
Wie im *Nibelungenlied* gleicht sich D. in der sogenannten *Dietrich-Epik* dem Urtyp des landvertriebenen Recken an: [*Buch von Bern* von Heinrich dem Vogeler, entst. nach 1250; *Rabenschlacht*, entst. nach 1250; *Alpharts Tod*, entst. um 1250; alle fußend auf früheren Quellen]. – Die Gestalt verschmolz mit tirolischen Lokalsagen zu den Jung-Dietrich-Verserzählungen: D. kämpft gegen Riesen und Zwerge. [*Goldemar.* Von Albrecht von Kemnaten, entst. 1230/40; *Eckenlied*, entst. vor 1250; *Laurin*, entst. vor 1300; u. a.]. – Andere Spielmannsepen führen Dietrich und seine Mannen gegen die Helden der Nibelungensage: [*Rosengarten*, entst. vor 1300; *Biterolf und Dietleib*, entst. um 1250].
[*Die Nibelungen.* Trauerspiel von Friedrich Hebbel, 1862]. – Hebbel sieht in D. den Vertreter eines neuen, christlichen Zeitalters, das als entwicklungsgeschichtliche Notwendigkeit aus dem Untergang der Burgunden hervorgeht.

Dietrich von Brabant [*Engelhard.* Epos von Konrad von Würzburg, entst. um 1275]. – Der Sohn des Herzogs von Brabant freundet sich als Knappe mit dem völlig gleich aussehenden → Engelhard an. Er stellt sich anstelle seines Freundes einem Gottesurteil, und Engelhard opfert seine Kinder, als D. vom Aussatz befallen wird.

Dimitrij → Demetrius

Dincklage [*Winterspelt.* Roman von Alfred Andersch, 1974]. – Weil er erkannt hat, daß weiterer militärischer Widerstand sinnlos geworden ist, plant der aus streng katholischer Familie stammende Ritterkreuzträger Major Joseph D. im Herbst 1944 trotz seines Fahneneids, sein Bataillon kampflos an die Amerikaner zu übergeben. Die Absicht des »Verräters« aus Gewissenhaftigkeit und sittlicher Notwendigkeit scheitert unter anderem daran, daß die Amerikaner nach einem ungeschriebenen Ehrenkodex der »Internationale der Offiziere« zögern, mit einem Renegaten zu paktieren.

Dionys.
D. I. (um 430–367 v. Chr.), Tyrann von Syrakus, suchte die Griechen Siziliens gegen Karthago zu einigen und beherrschte den Ostteil der Insel.
[*Die Bürgschaft.* Ballade von Friedrich von Schiller, ED 1799]. – D. gewährt dem Attentäter → Damon vor der Hinrichtung gegen Stellung eines Bürgen eine Frist, damit der Verurteilte seine Schwester vermählen kann – »in arger List«, weil er erwartet, daß Damon nicht zurückkehren werde, um seinen Freund auszulösen. Das rechtzeitige Erscheinen Damons beschämt ihn und weckt seinen Wunsch, echte Freunde wie die beiden zu haben.

Diotima.
In dem Dialog Das Gastmahl (griech.: Symposion, entst. um 370 v. Chr.) von Platon legt Sokrates der schönen und klugen Priesterin aus Mantinea die höchste Definition des Eros in den Mund, wonach dieser in allem Streben des Menschen nach dem Schönen und Vollkommenen wirksam ist. Die Gestalt hatte eine tiefe Wirkung auf die Romantik.
[*Über die Diotima.* Aufsatz von Friedrich Schlegel, 1797]. – D. wird als Idealbild griechischer Weiblichkeit dargestellt. – Karoline Michaelis-Schlegel war die »Diotima« des frühromantischen Kreises um die Brüder Schlegel und um Schelling, literarische Anregerin, Mitübersetzerin Shakespeares.
[*Oden und Elegien* (ab 1796); *Hyperion oder der Eremit in Griechenland.* Roman von Friedrich Hölderlin, 1797–99]. – In Hölderlins Werk wird D. der poetische Name für seine große Liebe Susette Gontard.

Diotima → Ermelinda von Tuzzi (Musil: *Der Mann ohne Eigenschaften*)

Doc [*Der Mitmacher.* Komödie von Friedrich Dürrenmatt, 1973]. – Der »Mitmacher«, der gescheiterte und korrumpierte Wissenschaftler D., hat für die Mafia den »Nekrodialysator« entworfen, mit dessen Hilfe in einer Art unterirdischem Schlachthof Leichen spurlos chemisch beseitigt werden. D. erfüllt emotionslos zuverlässig seine Aufgabe, auch als seine Geliebte, sein Sohn und der Mafia-Boss angeliefert werden. Die Menschenbeseitigung steht am Ende unter staatlicher Verwaltung.

Dörtje Elverdink [*Meister Floh.* Märchen von E. T. A. Hoffmann, 1822]. – Hinter D. E., im Reich der Wirklichkeit eine Schönheit im Flohzirkus, die alle Männer betört, steckt die mythische Blumenprinzessin Gamaheh, die ins Irdische gestürzt ist. Sie ist das himmlische Prinzip der Liebe, das sich im Diesseits in treulose Sinnlichkeit verwandelt hat. Durch die Liebe zu George → Pepusch wird sie erlöst und ins Mythische zurückgeführt.

Doktor [*Der Stellvertreter.* Schauspiel von Rolf Hochhuth, 1963]. – Der »Doktor«, Chefarzt von Auschwitz, hat keinen Namen, weil ihn sich Hochhuth »niemals als Mensch vorstellen konnte«. Er ist ein Teufel, der »mit Lust am Werke« ist und der liebenswürdig, freundlich und elegant Menschen selektiert, medizinische Experimente an ihnen vornimmt und sie in die Gaskammern schickt. Er stellt Pater → Riccardos Märtyrerwillen die These entgegen, daß noch nicht einmal Gott selbst helfend eingreift, und behält damit in der KZ-Wirklichkeit recht.

Doktor [*Woyzeck.* Drama (Fragment) von Georg Büchner, entst. 1836; ED 1879; UA 1913]. – Der D. ist, wie der → Hauptmann, eine Vorwegnahme expressionistischer Typisierung. Er mißbraucht → Woyzeck um der medizinischen Forschung willen für gesundheitsschädliche Experimente und dient somit dem angehenden Universitätsdozenten Büchner auch als Beispielfigur für eine wissenschafts- und selbstkritische Analyse.

Dollinger [*Der Augsburger Kreidekreis.* Kalendergeschichte von Bertolt Brecht, ED 1953]. – In der Variante des Kreidekreis-Motivs, die in den Dreißigjährigen Krieg verlegt ist, heißt der Richter Ignaz D. (→ Azdak in *Der kaukasische Kreidekreis*). D. ist »in ganz Schwaben berühmt wegen seiner Grobheit und Gelehrsamkeit«, ein »kleiner runder Fleischberg«. Die Probe des Kreidekreises wendet er an zugunsten der Magd Anna (→ Grusche Vachnadze) gegen die leibliche Mutter, Frau Zingli (→ Natella).

Dolores [*Armut, Reichtum, Schuld und Buße der Gräfin Dolores.* Roman von Achim von Arnim, 1810]. – D. wird nach Verirrungen und Ehebruch zur idealen Frau und Mutter, die private und soziale Pflichten ernst nimmt.

Don → Juan, → Carlos etc.

Donadieu [*Donadieu.* Schauspiel von Fritz Hochwälder, 1953]. – Der hugenottische Edelmann D. erkennt in dem

Kurier, der das Gnadenedikt Ludwigs XIII. für seine Glaubensgenossen bringt, den sadistischen Mörder seiner Frau. Aus zweierlei Gründen verzichtet er auf Rache: um des Glaubens willen und um neue Kämpfe zu verhindern. Das Drama fußt auf der Ballade *Die Füße im Feuer* von Conrad Ferdinand Meyer (1882).

Donelaitis [*Litauische Claviere.* Roman von Johannes Bobrowski, 1966]. – Der Dorfpfarrer Kristijonas D. ist ein historischer litauischer Nationaldichter, Barometer- und Thermometermacher und Erbauer von drei Klavieren aus dem 18. Jh. Er lebte als vorbildlicher und selbstloser Christ für die Gerechtigkeit und ohne Furcht vor den Herrschenden. Der Gymnasiallehrer → Voigt, der ihn als Hauptgestalt für seine Oper ausersehen hat, ist seine »Postfiguration«; er will die Verhaltensweise des D. für die Gegenwart fruchtbar machen.

Donna → Anna etc.

Doorn [*Der Strom.* Drama von Max Halbe, 1904]. – Die Figur des Peter D. steht auf der Schwelle von naturalistischer Heimatkunst zur Blut-und-Boden-Mystik. Der Deichvogt hat seine beiden Brüder Heinrich und Jakob um ihr Erbe betrogen. Als Jakob aus Haß und Rachsucht den durch Treibeis bedrohten Weichseldeich durchstechen will, rettet Peter das Stromland in einem heroischen Kampf und wird von den Fluten verschlungen.

Dora → Alexis (Goethe: *Alexis und Dora*)

Doria.
Andrea D. (1466–1560) war Doge von Genua.
[*Die Verschwörung des Fiesko zu Genua.* Tragödie von Friedrich von Schiller, 1783]. – Dem greisen, wohlwollenden Stadtherren Andreas [sic!] D., der ein moderates, aufgeklärtes Regiment führt, nimmt die stürmische Jugend, vertreten durch den hochverräterischen Libertin Gianettino D. und den amoralisch-ehrgeizigen → Fiesko, das Heft aus der Hand; doch nach beider Untergang tritt er wieder in seine Herrschaft ein. Gianettino ist der Typus des Nepoten, der seine Verwandtschaft zum Fürsten mißbraucht, um seine Genußsucht hemmungslos auszuleben, und darauf hinarbeitet, seinen Onkel zu stürzen und sich mit der Herzogswürde zu bekleiden.

Dornrose [*Verliebtes Gespenst. Die geliebte Dornrose.* Doppeldrama von Andreas Gryphius, 1661]. – Lise D. ist ein frisches, liebliches Mädchen in einer rohen, plumpen Bauernwelt. Sie liebt Gregor → Kornblume, behandelt ihn aber reserviert und weckt so seine Eifersucht auf den Nebenbuhler → Aschewedel.

Dorothea [*Hermann und Dorothea.* Epos von Johann Wolfgang von Goethe, 1798]. – D. ist ein gesundes, naturhaftes Wesen, das seiner Gefühle sicher ist und mit Selbstverständlichkeit in der Ehe Erfüllung seiner Liebe sucht. Sie ist mit einem Zug Landleute, die 1795 aus den linksrheinischen Gebieten vor den Franzosen geflohen sind, in ein Landstädtchen gekommen. Mit zupackender Hilfsbereitschaft betreut sie die Kinder der Flüchtlinge und eine Wöchnerin. Sie folgt → Hermann in sein Elternhaus als Magd, wie sie wegen dessen schüchterner Ungeschicklichkeit meint, als Braut, wie sich nach Beseitigung einiger Mißverständnisse herausstellt.

Dorothea Angermann [*Dorothea Angermann.* Schauspiel von Gerhart Hauptmann, 1926]. – D. A. ist Hauptmanns Version von dem verführten Bürgermädchen; aber sie ist kein naives Kind, das ein Opfer der gesellschaftlichen Moralvorstellungen wird, sondern ein dumpfes Triebwesen, das über sich selbst strauchelt und sich aus einer sexuellen Hörigkeit nicht befreien kann. D. liebt den Bibliothekar Herbert → Pfannenschmidt, liefert sich aber in einem unbedachten Augenblick dem skrupellosen Koch Mario → Malloneck aus. Sie wird von ihrem Vater gezwungen, mit Mario nach Amerika auszuwandern. Dort führt sie ein entwürdigendes Leben, von dem sie trotz der Hilfe Pfannenschmidts nicht loskommt.

Dorothea Merz [*Auf dem Chimborazo.* Komödie von Tankred Dorst, 1975]. – D. M. ist Sinnbild eines modernen Matriarchats: eine willensstarke Frau, die, mit der Familie aus der DDR in die »Freiheit« geflohen, von einem fiktiven Grenzberg in die ehemalige Heimat blickt. In der Unterhaltung zeigt sich, daß sich alle den Gegebenheiten in der Bundesrepublik angepaßt haben und daß ihre Freiheit zerronnen ist zu kleinlichem, bösartigem, intrigantem Individualismus. Negativmuster dafür ist D. selbst, die böse und selbstgerecht ihre Familie schikaniert.

Dortchen Schönfund [*Der grüne Heinrich.* Roman von Gottfried Keller, 1854/55; Neufassung 1879/80]. – Auf dem Heimweg in die Schweiz findet → Heinrich Lee gastliche Aufnahme bei einem Grafen. Dessen Pflegetochter, ein Findelkind, philosophiert mit ihm über Feuerbach und faßt eine Zuneigung zu ihm. Sie erweckt in Heinrich die Erinnerung an seine jugendliche Doppelliebe zu → Anna und → Judith und erscheint ihm wie eine Vereinigung von beider Wesen, doch kommt es nicht zum entscheidenden Wort.

Doskocil [*Die Magd des Jürgen Doskocil.* Roman von Ernst Wiechert, 1932]. – Der wortkarge, bärenstarke Jürgen D. lebt einsam und naturverbunden als Fährmann und Fischer. Er heiratet seine Magd → Marte

Grotjohann, die zur Mormonengemeinde gehört. Damit lädt er den Haß und die Verfolgung des Mormonenpredigers → Mac Lean auf sich, der auch die Bauern der Umgebung gegen ihn aufhetzt. Als seine Frau wegen Totschlags ins Gefängnis muß, wartet er in treuer Liebe auf sie und beackert ein neuerworbenes Feld. Er weiß, die Erde wird alle Wunden heilen.

Douglas.
Episoden aus der Geschichte des schottischen Geschlechts der Douglas, Earls of Angus, waren Vorlagen für Balladen.
[*Das Herz von Douglas.* Ballade von Moritz Graf Strachwitz, ED 1848]. – James D. soll das Herz des Königs Robert Bruce in Jerusalem bestatten. Er fällt beim Angriff auf die Mauren (1330), doch sein Auftrag wird erfüllt.
[*Archibald Douglas.* Ballade von Theodor Fontane, ED 1857]. – A. D. (+ 1557), der Vormund König Jakobs V., kehrt aus übermächtiger Heimatliebe aus der Verbannung zurück und erlangt die Begnadigung.

Douglas [*Frau Sorge.* Roman von Hermann Sudermann, 1887]. – Die D. ersteigern den herabgewirtschafteten Gutshof der Familie → Meyhöfer und erweisen sich als deren geduldige Wohltäter, obwohl der ehemalige Gutsherr ihnen Schaden zufügt, wo er kann. Erst nach seinem Tod finden die Kinder, Elsbeth D. und Paul Meyhöfer, zueinander.

Dr. B. → B. (S. Zweig: *Schachnovelle*)

Dragenowitsch [*Die Pulvermühle.* Roman von Gertrud Fussenegger, 1968]. – Der ehemalige bosnische Hirte, jetzt Sprengmeister im Steinbruch → Lebandowskis, hängt mit hündischer Liebe an seinem Herrn, der ihm angeblich das Leben gerettet hat. Als er erfährt, daß dieser im Krieg sein Heimatdorf Filica vernichtet und ihn nur wegen seiner genauen Kenntnis der Gegend am Leben gelassen hat, tötet er ihn. Die Tat bringt D. auf die schiefe Bahn, bis er schließlich den Mord gesteht und in den neapolitanischen Schwefelgruben büßt.

Dreißiger [*Die Weber.* Schauspiel von Gerhart Hauptmann, 1892]. – D. repräsentiert die kapitalistischen Tuchfabrikanten Schlesiens um 1844, die nach Einführung der Webmaschinen den Lohn für die Heimarbeit unter die Elendsschwelle drückten. Für ihn kennzeichnend ist der Schleier salbungsvoller humanitärer und idealistischer Phrasen, mit denen er sein Ausbeutertum zudeckt. Das historische Urbild D.s hieß Zwanziger.

Drendorf [*Der Nachsommer.* Roman von Adalbert Stifter, 1857]. – Als Held eines Bildungsromans steht Heinrich D. zwischen → Wilhelm Meister und → Heinrich Lee. Er ist die Personifizierung des utopistischen Bildungstraums, den Stifter aus vergangenen Werten schöpft. Der wirtschaftlich unabhängige Kaufmannssohn H. D. lebt ganz der autodidaktischen Ausbildung seiner Anlagen, ohne mit der unruhigen politischen Realität und der technisch-wirtschaftlichen Revolution seiner Zeit in Berührung zu kommen. Er sammelt Erfahrungen auf den Gebieten der Naturwissenschaften, der Kunst und des Denkens und dringt immer tiefer in diese ein, wobei er durch den Freiherrn von → Riesach geführt wird.

Dreyfus.
Der jüdische Hauptmann Alfred D. (1859–1935) wurde 1894 in Frankreich wegen Landesverrats verurteilt. Die Beweislage war dürftig, doch es siegten antisemitische Tendenzen in Armee und Staat. Emile Zola trat in der berühmten Schrift *J'accuse* auf D.s Seite. Der Skandal führte dazu, daß die monarchistisch gesinnte Rechte ihre Machtposition verlor und sich die Dritte Republik endgültig etablierte. D. wurde 1906 rehabilitiert.
[*Die Affäre Dreyfus.* Schauspiel von Hans Rehfisch und Wilhelm Herzog, 1932]. – Die szenische Aufbereitung der Affäre zum Dokumentarstück zielt auf Probleme der Weimarer Republik: Gefährdung der Pressefreiheit, Antisemitismus, Chauvinismus und Nationalsozialismus.

Dromo [*Henno.* Komödie von Johannes Reuchlin, 1498]. – Der pfiffige Knecht D., von dem Bauern → Henno um Stoff für einen neuen Rock zum Tuchhändler geschickt, betrügt beide. Im Prozeß stellt er sich auf Anraten seines Rechtsanwalts schwachsinnig und antwortet immer nur »ble-ble«. Er wird freigesprochen. Auf die Honorarforderung des Anwalts antwortet er auch mit »ble-ble«. Zum Schluß bekommt er noch die Tochter des Bauern.

Droßelmaier [*Nußknacker und Mausekönig.* Märchen von E. T. A. Hoffmann, ED 1816]. – D. ist ein ironisches Selbstporträt des Autors. Der skurrile alte Herr ist auf der realen Ebene der Patenonkel von → Marie. Er erklärt ihr in einem Märchen, warum der Nußknacker so häßlich ist. Auf der Phantasieebene ist D. ein königlicher Hofuhrmachermeister, der die Voraussetzung für die Erlösung der Prinzessin → Pirlipat schafft, die vom Mausekönig in ein Gnomenwesen verwandelt worden ist.

Dürande [*Das Schloß Dürande.* Novelle von Joseph Freiherr von Eichendorff, ED 1837]. – Graf Hippolyt von D. liebt → Gabriele, die schöne Schwester seines Jägers → Renald, der ihn fälschlich bezichtigt, Gabriele entführt und entehrt zu haben. Das ideale romantische Liebespaar geht an den Realitäten zugrunde, als Opfer von Renalds Racherausch.

Dürer.
Albrecht D. (1471–1528), Maler und Graphiker aus Nürnberg an der Schwelle von der Spätgotik zur Renaissance.
[*Franz Sternbalds Wanderungen.* Romanfragment von Ludwig Tieck, 1798]. – Albrecht D. verkörpert für die Frühromantiker Wackenroder und Tieck einen altdeutschen Menschentyp: die Ausrichtung auf das Wesentliche, nicht den schönen Schein; einfältiges, ehrliches, frommes Sein in Leben und Kunst. D. ist Lehrer und Ideal des jungen → Franz Sternbald.

Düring [*Aus dem Leben eines Fauns.* Roman von Arno Schmidt, 1953]. – D. ist ein Mensch, der vergeblich versucht, aus der Gesellschaft zu entkommen und in der Natur zu leben. Der fünfzigjährige kleine Beamte zieht sich im Zweiten Weltkrieg, angewidert von der Kriegsbegeisterung und Nazigefolgschaft seiner Umgebung, in die innere Emigration zurück. Während er im dienstlichen Auftrag die Geschichte des Kreises Fallingbostel erforscht, entdeckt er eine Blockhütte, die einem französischen Deserteur des Napoleonischen Krieges als Unterschlupf gedient hat. Dort führt er mit der Primanerin Käthe ein Doppelleben, bis er den Schlupfwinkel Ende des Krieges vor der Entdeckung in Brand steckt.

Dummbach [*Datterich.* Lokalposse von Ernst Elias Niebergall, 1841]. – D., der Typus des Spießers als Kontrastgestalt zu dem bohemienhaften Säufer → Datterich, ist ein biederer Drehermeister mit einer Leidenschaft für Zeitungen und für unsinniges politisches Geschwätz.

Durruti [*Der kurze Sommer der Anarchie.* Dokumentar-Roman von Hans Magnus Enzensberger, 1972]. – Der Metallarbeiter Buenaventura D. wurde als Führer der katalanischen Anarchisten zu einer Schlüsselfigur des spanischen Bürgerkriegs. Im Kampf gegen die Faschisten mußte er mit den Widersprüchen fertig werden, die sich zwangsweise ergaben, als Anarchisten militärische Disziplin wahren und mit ideologisch anders strukturierten, straff organisierten kommunistischen Truppen zusammengehen sollten. D.s Tod im November 1936 bleibt entsprechend rätselhaft; die tödliche Kugel kann aus einer faschistischen, kommunistischen, anarchistischen oder aus der eigenen, ungeschickt gehandhabten Waffe stammen.

Duschek [*Nicht der Mörder, der Ermordete ist schuldig.* Novelle von Franz Werfel, 1919]. – Karl D. ist ein Beispiel für den Generationskonflikt im Expressionismus. Der Sohn eines österreichischen Generals schließt sich aus Protest gegen die aufgezwungene Militärlaufbahn den Anarchisten an und wird fast zum Vatermörder. Ein an einem Schaubudenbesitzer begangener Vatermord bringt ihm die Erkenntnis: Der Vater »wird gehaßt und geliebt, nicht weil er böse und gut, sondern weil er Vater ist«. Die Auseinandersetzung mit der »Autoritätssucht« der Väter ist zugleich Auflehnung gegen die »patriarchalische Weltordnung«.

Dusterer → Grillhofer (Anzengruber: *Der G'wissenswurm*)

Ebenwald [*Professor Bernhardi.* Komödie von Arthur Schnitzler, 1912]. – Unterstützt von opportunistischen Kollegen nützt der Vizedirektor des Elisabethiums, Dr. E., den virulenten Antisemitismus im Wien der Jahrhundertwende aus, um das jüdische Element im Krankenhaus (→ Bernhardi) zurückzudrängen und sich selbst an die Spitze zu setzen.

Eboli [*Don Carlos.* Tragödie von Friedrich von Schiller, 1787]. – Die Prinzessin E. liebt Don → Carlos und glaubt sich infolge von Mißverständnissen wiedergeliebt. Als Don Carlos sie abweist, ist sie in ihrem Gefühl und ihrer Ehre getroffen und intrigiert haßerfüllt gegen den Prinzen und gegen → Elisabeth von Valois.

Echnatôn [*Joseph und seine Brüder.* Roman-Tetralogie von Thomas Mann, 1933–1943]. – Der Pharao, ein schwächlicher, weil traditionsloser und herkunftsloser dekadenter Geist, vertritt »eine zart gewordene und zur Gewalt unwillige Macht«. Anstelle des kränklichen, praxisfernen Schwärmers regiert de facto seine Mutter Teje. In E. sind Züge von Politikern eingegangen, die Hitler mit Appeasement begegnen wollten.

Echter von Mespelbrunn → Christoph E. v. M. (I. Seidel: *Das Wunschkind*)

Eckart.
In der gotischen Sage berät E. seine Herren, die Harlunge, und warnt sie vergeblich vor Ermanarich, der sie töten läßt. Parallelen zu → Hagen. Im Spätmittelalter steht der »treue E.« als vergeblicher Mahner vor dem Venusberg; im 16. Jh. hat er die Funktion des Warners vor bösen Handlungen; er wird oft als Eremit oder Mönch eingeführt, der sich dann zu erkennen gibt.
[*Der treue Eckart.* Spiel von Jörg Wickram, 1538]. – Bei Wickram warnt E. die Vertreter der einzelnen Stände im Streitgespräch vor ihren Lastern und kämpft um ihr Seelenheil.
[*Der getreue Eckart.* Ballade von Johann Wolfgang von Goethe, ED 1813]. – Der Warner und Kinderfreund der Ballade ist einer besonders in Thüringen verbreiteten Variante der Sagengestalt nachgezeichnet, einem Warner vor der Wilden Jagd.

Eckbert [*Der blonde Eckbert.* Märchennovelle von Ludwig Tieck, ED 1797]. – Mit E. setzt

Tieck das Muster für die Gestalten, die den Nachtseiten der Romantik entspringen. E. tötet einen geheimnisvollen Menschen, dem er die Schuld am Tod seiner Frau → Bertha zuschreibt, wird von Angsthalluzinationen verfolgt und versinkt in Wahnsinn.

Eckermann.
Johann Peter E. (1792–1854) war seit 1823 als eine Art Bibliothekar ohne Gehalt bei Goethe tätig; er verfaßte die *Gespräche mit Goethe in den letzten Jahren seines Lebens* (1836–48).
[*In Goethes Hand.* Stück von Martin Walser, 1982]. – In der Auseinandersetzung Walsers mit dem selbstgefälligen, fürstenhörigen Geheimrat → Goethe spielt sein treuer Sekretär E. eine symbolische Rolle: die des Sklaven in Gottes (Goethes) Hand; er wird sein Leben lang ausgebeutet und arbeitet für den Dichterfürsten unter Verzicht auf ein Eigenleben. Er findet darin – wenn auch insgeheim murrend – Erfüllung.

Edek [*Der Butt.* Roman von Günter Grass, 1977]. – E. ist der erste Name des Ich-Erzählers; er fischt in der Jungsteinzeit den → Butt aus der Ostsee, und dieser verleiht ihm zum Dank dafür, daß er ihn wieder freiläßt, Unsterblichkeit. In wechselnder Gestalt, mit jeweils neuen Namen (Opitz, Hegge, Jan, Rapp, Stubbe, Stobbe u. s. f.), bewegt er sich durch die Jahrhunderte, immer neu dem Männlichkeitswahn, der Erotomanie und der Völlerei hingegeben.

Edgar [*Brennendes Geheimnis.* Novelle von Stefan Zweig, ED 1911]. – E. ist das Kind, das seine ersten bitteren Erfahrungen mit der Welt der Erwachsenen macht. Der schmächtige, nervöse Zwölfjährige findet in einem jungen Baron einen Freund, den er schwärmerisch verehrt, bis er merkt, daß dieser ihn nur benutzt hat, um mit seiner schönen, koketten Mutter Bekanntschaft zu machen. Er wird zum Hasser, spioniert mißtrauisch dem Geheimnis der Erwachsenen nach und rettet seine Mutter vor der Verführung durch den Lebemann.

Edgar [*Nicht Fisch, nicht Fleisch.* Stück von Franz Xaver Kroetz, UA 1981]. – E., Schriftsetzer in einer Druckerei, der sich als Aufsteiger und wichtiger Mann im Betrieb fühlt, wird an seinem Weltbild irre, als die Linotypemaschinen dem Photosatz weichen müssen. Trotz Umschulung verkraftet er den Übergang zum Automatenzeitalter nicht, kündigt und reagiert sein Versagen als Haustyrann ab – ein typisches Angestelltenschicksal aus der Sicht des Autors. Im Gegensatz zu seinem Freund und Arbeitskollegen Hermann, der entschlossen Gewerkschaftspositionen vertritt, ist er nicht Fisch, nicht Fleisch.

Edith von Deiß → Tyllbeck (Tügel: *Pferdemusik*)

Edom → Jakob (Beer-Hofmann: *Jaákobs Traum*)

Edrita [*Weh' dem, der lügt!* Lustspiel von Franz Grillparzer, 1840]. – Die Tochter des Germanenfürsten → Kattwald soll gegen ihren Willen mit → Galomir verheiratet werden, einem primitiven Dümmling. Deshalb verhilft sie den Franken → Attalus und → Leon zur Flucht, schließt sich ihnen an und wird Christin.

Eduard [*Der Diamant des Geisterkönigs.* Zauberposse von Ferdinand Raimund, ED 1837]. – E., der Sohn des Zauberers Zephises, muß sich sein Lebensglück in komplizierten Prüfungen erwerben, die ihn bis zum Geisterkönig Longimanus in dessen unirdisches Reich führen. E. besteht die Prüfungen mit Bravour (im Gegensatz zu seinem Diener → Florian) – bis auf die letzte: Als er die geliebte → Amina an Longimanus abtreten soll, verzichtet er lieber auf alle Reichtümer und Zauberkräfte – und besteht gerade dadurch die allerletzte Prüfung.

Eduard [*Stopfkuchen.* Roman von Wilhelm Raabe, 1891]. – E., der Ich-Erzähler, ist ein weltgewandter Erfolgsmensch, Repräsentant der zielbewußten, aktivistischen jungen Elite Deutschlands zur Zeit des industriellen Aufstiegs nach 1870/71. Seine Selbstsicherheit gerät ins Schwanken, als er in Gesprächen mit seinem Jugendfreund Stopfkuchen (→ Schaumann) erkennt, daß dessen bescheidene, stille Wertwelt der eigenen ethisch weit überlegen ist.

Eduard [*Die Wahlverwandtschaften.* Roman von Johann Wolfgang von Goethe, 1809]. – In dem Konflikt zwischen allgemeinem Gesetz und persönlicher Neigung besitzt E. nicht die sittliche Kraft, sich über seine dämonische Leidenschaft zu erheben. Er ist ein verwöhnter aristokratischer Müßiggänger, »der sich nichts versagen kann«. Nach einer aufgezwungenen Ehe hat er seine Jugendliebe → Charlotte geheiratet und lebt mit ihr in ruhiger Zurückgezogenheit. Die Harmonie wird gestört, als E. von einer maßlosen Liebesleidenschaft zu → Ottilie wie von einer Naturgewalt ergriffen wird. Er kann sich aus dieser zwanghaften Leidenschaft nicht mehr lösen.

Eduard Beauvais [*Der Aufruhr in den Cevennen.* Historischer Roman (unvollendet) von Ludwig Tieck, 1826]. – E. B. ist der religiöse Fanatiker und intolerante Verfolger, der zwar die Religion wechselt, aber nicht seine Haltung ändert. Der Katholik nimmt 1703 aus Neugier an einer Versammlung von Camisarden (Hugenotten in den Cevennen) teil und wird unter dem Eindruck einer Vision zum Hugenotten.

Edward [*Edward.* Ballade von Johann Gottfried Herder, ED 1773]. – Herders Eindeutschung der altschottischen Ballade aus den *Reliques of Ancient English Poetry* des Bischofs Percy wurde zum mächtigen Vorbild der deutschen Balladendichtung. Von der Mutter angestiftet, ermordet E. den Vater. Die Tat zerstört seine Wertordnung, er gibt Weib, Kind, Hab und Gut preis und »will unstet und flüchtig sein auf Erden«.

Edwin [*Kinder der Welt.* Zeitroman von Paul Heyse, 1873]. – Der Freigeist E., Privatdozent der Philosophie in Berlin, lebt mit seinem körperbehinderten Bruder Balder in einem Kreis von Freunden. Alle suchen einen Platz in der Welt und werden von Schicksalsschlägen getroffen. Zum Schluß hat sich E. mit Lea, seiner Ehefrau, in einem bürgerlichen Dasein zurechtgefunden.

Effi Briest [*Effi Briest.* Roman von Theodor Fontane, 1895]. – Die junge, unerfahrene Ehefrau des Barons → Innstetten begeht, von ihrem ehrgeizigen Gemahl in einer Provinzstadt alleingelassen, aus purem Lebens- und Erlebensdrang einen leichtfertigen Seitensprung mit dem Lebemann Major → Crampas. Sie verstößt damit gegen die Konventionen ihrer Gesellschaftsschicht und zerstört ihr Lebensglück, denn obwohl ihr Fehltritt ihrem Mann erst nach Jahren bekannt wird, trennt sich dieser von ihr aufgrund seiner Fixierung auf einen abstrakten, realitätsfernen Ehrenkodex.

Effie [*Schloß Wetterstein.* Drama von Frank Wedekind, 1912]. – E., die Tochter → Leonores von Gystrow, ist eine Vertreterin der antibürgerlichen Bohème, die als Edelhure ihre Ideologie der Sinnlichkeit in die Tat umsetzt. Sie nimmt sich das Leben, weil sie die Widersprüchlichkeit ihres Lebens und Denkens nicht ertragen kann.

Egge [*Schloß Hubertus.* Roman von Ludwig Ganghofer, 1895]. – Graf E., der Schloßherr auf Hubertus, ist der Prototyp des adeligen oberbayrischen Gebirglers: eine vitale Gestalt mit Vollbart und Adlernase, gekleidet in Lederhose und Lodenjoppe. Er ist eigensinnig und herrschsüchtig und von einer übertriebenen Jagdleidenschaft besessen, über der er Frau und Kinder verliert und schließlich selbst zu Tode kommt.

Eggers [*Das steinerne Herz.* Roman von Arno Schmidt, 1956]. – Der fanatische Statistiker, Numismatiker und Historiker Walter E. geht seinen wissenschaftlichen Neigungen systematisch und ohne moralische Empfindlichkeit nach. Er verführt eine Frau und entwendet Bücher, weil das seine Forschungszwecke fördert. E. ist in vielen Zügen ein ironisches Selbstporträt des Verfassers.

Egmont.
Graf Egmont, Provinzstatthalter und Reitergeneral der spanischen Krone, führte die Opposition des niederländischen

Adels gegen die spanische Verwaltung der Niederlande an. Er wurde 1568 enthauptet.
[*Egmont.* Trauerspiel von Johann Wolfgang von Goethe, 1788]. – E. ist der strahlende Volksheld, der der kalten Strategie spanischer Staatskunst nicht gewachsen ist. Seine sorglose, tolerante und großzügige Wesensart führt seinen tragischen Untergang herbei.

Ehrenberg [*Der Weg ins Freie.* Roman von Arthur Schnitzler, 1908]. – Vater und Sohn E. repräsentieren ein im Namen angedeutetes Problemfeld des europäischen bzw. Wiener Judentums. Der Vater ist ein überzeugter Zionist, der den jüdischen Staat in Palästina anstrebt; sein Sohn Georg will sich gesellschaftlich anpassen. Er ist Reserveoffizier und beabsichtigt, zum Katholizismus zu konvertieren.

Eichmann.
Der Organisator der »Endlösung«, SS-Sturmbannführer Adolf Eichmann, wurde vom israelischen Geheimdienst aus Argentinien entführt, in Israel vor Gericht gestellt und 1962 hingerichtet.
[*Bruder Eichmann.* Schauspiel von Heinar Kipphardt, 1982]. – In Gesprächen mit Psychiater, Pfarrer, Anwalt, Ehefrau zeigt der zum Tode Verurteilte, wer er wirklich ist: ein ganz gewöhnlicher pflichtbewußter Bürokrat und Organisator, der die Deportationen und die Vergasung rein verwaltungsmäßig, ohne persönliche Haßgefühle oder Gewissensregung, durchführen läßt. Er ist unser »Bruder«, sagt Kipphardt, weil auch wir Verbrechen begehen würden, wenn uns die herrschende Ideologie dazu beauftragte.

Eilif [*Mutter Courage und ihre Kinder.* Bühnenstück von Bertolt Brecht, UA 1941, ED 1949]. – Der mutige Sohn der Mutter → Courage geht daran zugrunde, daß er zwischen Heldentaten im Krieg und im Frieden nicht unterscheiden kann. E. wird 1632 während einer kurzen Friedensperiode wegen Plünderung, Schändung und Mord hingerichtet – Taten, für die er im Krieg ausgezeichnet worden war.

Einhart Selle [*Einhart der Lächler.* Roman von Carl Hauptmann, 1907]. – E. S., eine geborene Künstlernatur, lehnt sich schon als Jugendlicher gegen die bürgerliche Ordnung auf und schließt sich fahrenden Zigeunern an. Er revoltiert gegen seinen Lehrherrn, dann gegen die einseitig sozialkritische Tendenz der Professoren in der Kunstakademie. Er zieht sich aus der Gesellschaft zurück und findet mit Hilfe verschiedener Frauen und verschiedener geistiger Erfahrungen zu sich selber. In hohem Alter stirbt er als weiser Sonderling.

Einstein → Newton und Einstein (Dürrenmatt: *Die Physiker*)

Eisenring → Schmitz (Frisch: *Biedermann und die Brandstifter*)

Eitzen → Ahasver (Heym: *Ahasver*)

Ekart → Baal (Brecht: *Baal*)

Ekkehard.
Der Mönch E. von Sankt Gallen (900–973) galt lange Zeit als der Verfasser des *Waltharius*.
[*Ekkehard.* Historischer Roman von Joseph Viktor von Scheffel, 1855]. – Den gelehrten jungen Mönch E. stürzt seine Liebe zu der Herzogin → Hadwig in Verwirrung und Gewissensnot. In einer Felsenklause des Säntis findet er zu sich selbst zurück und dichtet das Walthariuslied.

Elbenstein [*Der im Irrgarten der Liebe herumtaumelnde Cavalier.* Roman von Johann Gottfried Schnabel, 1738]. – Der dreiundzwanzigjährige Kavalier ist ein adeliger Picaro, der die tollsten Liebesabenteuer erlebt, dreimal heiratet, viele Tränen der Reue vergießt – aber trotz schlechter Erfahrungen nichts dazulernt.

Elektra.
Die Tochter des Agamemnon und der Klytämnestra, die den Bruder → Orest zur Rache aufruft, weil die Mutter den Vater ermordet hat, ist eine der archetypischen Tragödiengestalten.
[*Elektra.* Tragödie von Hugo von Hofmannsthal, 1904]. – Hofmannsthal läßt die krankhaften Züge übersteigerten Racherausches hervortreten. E.s Verhalten beruht nicht auf religiös fundiertem Vergeltungszwang, sondern ist mit dem Haß auf die wesensähnliche Mutter psychologisch begründet. Sie stirbt aus Frustration darüber, daß sie die Tat nicht selbst vollbracht, sondern dem Bruder überlassen hat.
[*Atridentetralogie.* Tragödienzyklus von Gerhart Hauptmann, 1941–1948). – E. (im 3. Teil *Elektra*) ist, wie die Atriden überhaupt, einem urtümlichen Druck elementarer Triebe unterworfen, die sie zu einer Tat drängen, die ihrem Bewußtsein fremd bleibt.

Elfriede von Malchus [*Totentanz.* Drama von Frank Wedekind, 1906]. – Die Triebverzicht predigende Frauenrechtlerin E. v. M. will → Lisiska, das ehemalige Dienstmädchen ihrer Eltern, aus dem Bordell befreien. Dort begegnet sie dem Manager des Etablissements, → Casti Piani, debattiert mit ihm und ändert gegenläufig zu ihm ihre Meinung.

Elga [*Das Kloster bei Sendomir.* Erzählung von Franz Grillparzer, ED 1828]. – E. liebt ihren Vetter Oginsky, heiratet aber den Grafen → Starschensky, der ihren Vater rehabilitiert hat. In ihrer genußsüchtigen, leichtfertigen Art setzt sie das Verhältnis fort. Als Starschensky davon erfährt, verlangt er, sie solle das Kind ihrer verbotenen Liebe töten. Ihr verwerflicher Charakter offenbart sich, als sie tatsächlich bereit ist, den Mord zu begehen. Da ersticht sie ihr Ehemann.

[*Elga.* Drama von Gerhart Hauptmann, 1905]. – In Hauptmanns dramatischer Umgestaltung der Erzählung Grillparzers ist die Frau des Grafen → Starschenski eine sinnliche, leichtlebige Schönheit, die das Leben zweier Männer beglückt und zerstört.

El → **Greco** (S. Andres: *El Greco malt den Großinquisitor*)

Eli [*Eli.* Szenische Dichtung von Nelly Sachs, 1950]. – Der Hirtenjunge E. wird als unschuldiges Kind das Opfer einer furchtbaren Welt. Er folgt flötespielend seinen Eltern, als sie aus einem polnischen Ort zur Liquidierung abgeholt werden, und wird von einem Soldaten erschlagen. Der Schuster Michael rächt auf mystische Art E.s Tod an dem Mörder.

Elis [*Gedichte* von Georg Trakl, 1913 u. 1915]. – E. ist eine sinnbildliche Figur in einigen Gedichten Trakls. Nach Meinung der Interpreten ist er ein »paradiesischer Seinszustand« (W. Meyknecht, 1935), »der in den Untergang gerufene Fremdling« (E. M. Heidegger, 1953), eine Verbindung von einer lichten Seite des Paradiesischen und einer dunkleren, die »ekstatische Untergangsstimmung und Todeslust« bedeutet und schließlich »das Sinnbild des Dichters überhaupt, der Dichter-Verklärung der Welt und der Dichter-Erfahrung von der Bitternis der Welt« (C. Heselhaus, 1954).

Elisabeth [*Glaube, Liebe, Hoffnung.* »Ein kleiner Totentanz« von Ödön von Horváth, UA 1936]. – E. kommt wegen kleinlicher behördlicher Vorschriften auf die schiefe Bahn. Sie veruntreut in einer Zwangslage 150 Mark, wird zu 14 Tagen Haft verurteilt und ist damit vorbestraft. Als sie einen Schupo (Alfons → Klostermeyer) kennenlernt, verschweigt sie das. Alfons erfährt davon, verläßt sie, und E. geht ins Wasser – das Opfer ganz alltäglicher unmenschlicher gesellschaftlicher Fixierungen.

Elisabeth → Werner (Storm: *Immensee*)

Elisabeth [*Götz von Berlichingen.* Schauspiel von Johann Wolfgang von Goethe, UA 1774]. – Die Gemahlin → Götz' von Berlichingen steht entschlossen auf seiner Seite und wirkt auf den Draufgänger und Choleriker mäßigend ein. Sie sieht klarer als ihr Mann die Verstrickungen, in die er durch seine Parteinahme für die Bauern gerät, kann aber seinen Untergang nicht aufhalten.

Elisabeth [*Maler Nolten.* Roman von Eduard Mörike, 1832]. – Das geheimnisvolle, heimatlose Zigeunermädchen ist romantisches Symbol und individuelle Person. Sie initiiert → Noltens Künstlertum, beansprucht den ihr seit seiner Jugend schicksalhaft Verbundenen für sich allein und drängt sich immer wieder in sein Leben. Als Gegenspielerin der sittlich geordneten Welt übt sie eine verhängnisvolle erotische und dämonische Anziehungskraft auf ihn aus. Im Tod findet die Wahnsinnige Erfüllung und ewige Verbindung mit dem Geliebten. E. entspricht der → Peregrina in dem gleichnamigen Gedichtzyklus, den angeblich → Larkens geschrieben hat.

Elisabeth → Belfontaine (Langgässer: *Das unauslöschliche Siegel*)

Elisabeth I.
E. I., geb. 1533, Königin von England von 1558–1603, festigte die anglikanische Staatskirche und duldete die Katholiken, bis diese Umsturzversuche planten. E.s Gefangene → Maria Stuart wurde 1587 wegen erwiesener Verwicklung in eine Katholikenverschwörung hingerichtet.
[*Maria Stuart.* Trauerspiel von Friedrich von Schiller, 1801]. – Die englische Königin E. verbirgt hinter einer Fassade von Selbstdisziplin unbewältigte Wünsche und Aggressionen. Voller Hochmut begegnet sie ihrer Rivalin → Maria Stuart, auf deren sinnliche Reize sie eifersüchtig ist. Sie hat gezögert, das rechtswidrige Todesurteil zu unterschreiben, weil sie die öffentliche Meinung fürchtete, ist aber ohne Gnade, als sie im weiblichen Machtkampf unterliegt.
[*Elisabeth von England.* Schauspiel von Ferdinand Bruckner, 1930]. – In der Form des Simultanspiels verkörpert die sinnenfrohe Königin E. I. das aufstrebende, aufgeklärte England im Gegensatz zu Philipp II. von Spanien, dessen geknechtetes Land unter seiner asketischen Herrschaft zerfällt.

Elisabeth Dornblüh [*Das unverwesliche Erbe.* Roman von Ina Seidel, 1954]. – E. D. ist eine katholisch erzogene und denkende Frau, die ihrem Mann, dem Archivar Dr. Alves, zuliebe freiwillig konvertiert, weil dieser, obwohl selbst nicht kirchlich denkend, eine evangelische Erziehung seiner Kinder wünscht. Aber ihr religiöses Anderssein trennt sie innerlich von ihrer Familie, und nach dem Tod ihres Mannes geht sie einen mühsamen Weg zurück zum Katholizismus.

Elisabeth Erb [*Buridans Esel.* Roman von Günter de Bruyn, 1969]. – Die angepaßte und hausmütterliche Frau des Bibliotheksleiters Karl → Erb wird durch dessen Ausbruch aus der Ehe zu einer eigenverantwortlichen Haltung gezwungen, die ihr Selbständigkeit und Selbstbewußtsein verleiht und sie erst wirklich zur Persönlichkeit reifen läßt.

Elisabeth von Thüringen.
Die historische E. (1207–1231), Tochter des Königs Andreas II. von Ungarn, wurde mit Ludwig von Thüringen vermählt und verstoßen, als dieser auf einem

Kreuzzug starb. Sie starb in Marburg und wurde 1235 heilig gesprochen.
[*Das Leben der heiligen Elisabeth.* Anonyme Verslegende, entst. Anfang des 14. Jh.s]. – E. ist die Demütige, Entsagende. Sie wendet sich gegen den Widerstand ihres Gemahls den Armen zu (Rosenwunder), pflegt Kranke und gründet Spitäler.

Elisabeth von Valois [*Don Carlos.* Tragödie von Friedrich von Schiller, 1787]. – E., die jugendliche Stiefmutter des Don → Carlos, war ursprünglich mit ihm selbst verlobt. Sie weist seine Liebe zurück und führt ihm seine politische Aufgabe vor Augen.

Elisi [*Uli der Knecht. – Uli der Pächter.* Doppelroman von Jeremias Gotthelf, 1846 u. 1849]. – E., die eitle und launische Tochter des Bauern → Joggeli, hat auf → Uli ein Auge geworfen, und dieser ist nicht abgeneigt, weil er als »Tochtermann« das Anwesen übernehmen könnte. Aber das E. findet auf einer Badereise einen Besseren und gibt Uli den Laufpaß. Der Auserwählte, ein Baumwollhändler aus der Stadt, stellt sich als Bankrotteur heraus; die Ehe wird unglücklich und trägt dazu bei, den elterlichen Hof zu ruinieren.

Elke Volkerts [*Der Schimmelreiter.* Novelle von Theodor Storm, 1888]. – E., die Tochter des reichen Bauern und Deichgrafen Tede Volkerts, liebt Hauke → Haien und verschafft ihm mit der Heirat den Besitz eines großen Hofes und damit die Voraussetzung für die Übernahme des Deichgrafenamtes. Sie unterstützt ihren Mann tatkräftig und loyal gegen die Widerstände bei der Ausübung seines Amtes.

Elle → **Bronstein** (Becker: *Bronsteins Kinder*)

Ellen [*Die größere Hoffnung.* Roman von Ilse Aichinger, 1948]. – E. ist ein Kind, das in einer Traumwelt lebt und die Wirklichkeit, auch wenn sie schrecklich ist, dem Reich der Phantasie anverwandelt. Das Leben des halbjüdischen Kindes gerät in der Zeit der Nationalsozialisten aus den Fugen: Verlust der Eltern, »falsche« Großeltern, Krieg, Judenstern, Bombardierung. Ihre Hoffnung, das Netz der Verfolgung zu durchbrechen, erfüllt sich Ende des Krieges. Aber sie ist enttäuscht von der anderen Welt und will zurück; dabei wird sie an einer Brücke von Granaten zerrissen – ein Symbol für die »größere Hoffnung« des Friedens.

Elmar [*Dreizehnlinden.* Epos von Friedrich Wilhelm Weber, 1878]. – E., ein junger Sachse aus dem Teutoburger Wald, hängt noch an den germanischen Göttern. Er wird als Heide und Brandstifter verurteilt und für vogelfrei erklärt. Als er verwundet wird, pflegen ihn die Mönche von Dreizehnlinden gesund und bekehren ihn zum Christentum. Jetzt kann er die geliebte fränkische Grafentochter Hildegunde heiraten. Die Gestalt verdankt dem nationalen Selbstgefühl nach dem Sieg über Frankreich ihre Existenz und Wirkung.

Elmire [*Erwin und Elmire.* Singspiel von Johann Wolfgang von Goethe, 1775]. – Die vielumworbene E. hat den Dichter → Erwin durch ihre gespielte Gleichgültigkeit vertrieben. In ihrem Kummer beichtet sie einem Einsiedler ihre Liebe. Dieser gibt sich als der glückliche Erwin zu erkennen.

Elpenor [*Elpenor.* Trauerspiel (Fragment) von Johann Wolfgang von Goethe, entst. 1781–1784; ED 1807]. – E. ist als Orestgestalt angelegt, aufgerufen, für seine Tante → Antiope den Tod ihres Gemahls und die Entführung ihres Sohnes zu rächen. Nach den vorliegenden beiden ersten Akten dürfte E. selbst der entführte und totgeglaubte Sohn sein; er sollte wohl entdecken, daß sein vermeintlicher Vater Lykus der Mörder und Entführer ist. Der Stoff stammt nicht aus der griechischen Mythologie.

Els → Laurenburger Els (Brentano: *Aus der Chronika eines fahrenden Schülers*)

Elsalil [*Winterballade.* Drama von Gerhart Hauptmann, 1917]. – Die Waise E. überlebt als einzige den Mordanschlag des Obristen → Archie auf Arnes Pfarrhof, verliert aber darüber Sprache und Gedächtnis. Sie wird die Geliebte des Obristen und verwandelt sich in seiner Vorstellung in einen Rachedämon.

Elsa(m) von Brabant [*Lohengrin.* Höfisches Epos, entst. 1283–1290]. – [*Lohengrin.* Romantische Oper von Richard Wagner, 1850]. – Die Fürstin E. v. B. wird von → Telramund, einem Dienstmann ihres verstorbenen Vaters, auf Einlösung eines angeblichen Eheversprechens verklagt. Der namenlose »Schwanenritter« → Lohengrin besiegt den Verleumder in einem gerichtlichen Zweikampf und heiratet sie. Als E. ihn nach glücklichen Ehejahren auf Anstiften der neidischen Gräfin von Kleve nach dem Namen fragt, muß er sie und seine Kinder verlassen. Bei Wagner stellt E. die verbotene Frage nach der Herkunft am Hochzeitsabend unter starkem psychischem Druck und bricht zusammen, als Lohengrin entschwindet.

Elsbeth Treu → Krull (Sternheim: *Die Kassette*)

Else [*Else von der Tanne.* Erzählung von Wilhelm Raabe, ED 1865]. – Nach dem Brand Magdeburgs (1631) lebt E. mit ihrem Vater, dem Magister Konrad, in einer einsamen Hütte im Harz. Den abergläubischen Bauern sind die beiden Fremden unheimlich. Als E. das erstemal zum Abendmahl geht, wird sie als Hexe angegriffen und durch einen Steinwurf tödlich verletzt.

Else [*Fräulein Else.* Erzählung von Arthur Schnitzler, 1924]. – Die neunzehnjährige Tochter eines jüdischen Advokaten soll sich, um ihren Vater vor Bankrott und Gefängnis zu bewahren, einem Geschäftsfreund des Vaters, einem alten Lebemann, verkaufen. Sie nimmt eine Überdosis an Schlafmitteln und erlebt, während ihr Bewußtsein schwindet, Einzelheiten aus ihrer glücklichen Kinderzeit.

Elsi [*Elsi die seltsame Magd.* Novelle von Jeremias Gotthelf, ED 1843]. – Die stolze Müllerstochter E. verdingt sich als Magd in der Fremde und lehnt aus Scham darüber, daß der trunksüchtige Vater die Familie zugrunde gerichtet hat, zweimal die Werbung des reichen Bauern → Christen ab. Als dieser enttäuscht in den Krieg zieht, bricht ihr Stolz zusammen und sie folgt dem Geliebten auf das Schlachtfeld, wo sie im Tod mit ihm vereint wird.

Elvira W. → Zerline (Broch: *Die Schuldlosen*)

Elvire [*Der Findling.* Novelle von Heinrich von Kleist, ED 1811]. – E., die junge zweite Gemahlin des gütigen Kaufmanns → Piachi, lebt wie ein »Muster der Tugend«, aber sie hütet ein Geheimnis. Als Kind ist sie aus ihrem brennenden Elternhaus von dem genuesischen Patrizier Colino gerettet worden, der an den dabei erlittenen Verletzungen starb. Seitdem treibt sie mit dem Bild des Verstorbenen heimlich einen schwärmerischen Liebeskult. Als ihr Pflegesohn → Nicolo durch Zufall diese Schwäche E.s entdeckt, versucht er sie für seine unlauteren Zwecke zu nutzen.

Emanuel [*Hesperus, oder 45 Hundsposttage.* Roman von Jean Paul, 1795]. – Der schwindsüchtige indische Lehrer E. Dahore, von → Viktor und → Klothilde enthusiastisch verehrt, ist ein religiöser Schwärmer mit einer reinen und sanften Seele. Er praktiziert Menschenliebe und wartet auf den Tod, der ihm den Weg zu einem zweiten, höheren Leben freimachen wird.

Emanuel Quint [*Der Narr in Christo Emanuel Quint.* Roman von Gerhart Hauptmann, 1910]. – Der schlesische Tischlersohn E. Q. fühlt sich plötzlich zur Nachfolge Christi berufen und wandert durch das Deutschland der Jahrhundertwende. Eine kleine Schar von fanatischen Anhängern, meist gescheiterte Existenzen, schart sich um ihn und ergibt sich pseudo-religiösen Orgien. Sein Selbstverständnis als Diener Gottes verwandelt sich unter dem Einfluß paranoider Wahnvorstellungen zum Glauben, Christus selbst zu sein.

Emerentia [*Münchhausen.* Humoristischer Roman von Karl

Leberecht Immermann, 1838/39]. – In E. wird die unnatürliche Prüderie und die unrealistische Tugendverherrlichung der Empfindsamkeit verhöhnt. Die schwärmerische, tugendhafte E., Tochter des Barons → Schnuck, ist ein ältliches, vertrocknetes Fräulein geworden über dem Warten auf die Idealfigur, mit der sie einst in Nizza eine Affäre hatte und die versprochen hatte, als Hechlkamscher Fürst zurückzukommen und sie in eine Welt von Adel und Reinheit zu führen. Als dieser Wunschheld jedoch vor ihr steht – es ist → Münchhausen – erkennt sie ihn nicht und hält den Diener Karl → Buttervogel für ihre Traumgestalt.

Emerenz [*Der Arzt Gion.* Roman von Hans Carossa, 1931]. – Die vitale unverheiratete Magd E. ist das Urbild der Mütterlichkeit. Sie trägt ihr Kind aus, das sie von einem verstorbenen Knecht erwartet, obwohl sie weiß, daß sie mit dem Leben dafür bezahlen muß, denn sie leidet an Leukämie.

Emil → Sinclair (Hesse: *Demian*)

Emil [*Emil und die Detektive.* Roman für Kinder von Erich Kästner, 1929]. – Der Realschüler E. Tischbein, der mit hundertvierzig Mark zu seiner Großmutter nach Berlin reist, wird im Zug bestohlen. Mit Hilfe von Berliner Kindern gelingt es ihm, den Dieb zu stellen.

Emilia Galotti [*Emilia Galotti.* Trauerspiel von Gotthold Ephraim Lessing, 1772]. – Die Titelheldin des Trauerspiels ist der Prototyp des verfolgten Mädchens im absolutistischen Fürstenstaat. Sie weckt die Begehrlichkeit des Prinzen → Hettore Gonzaga, und als sie sich diesem aufgrund der Machenschaften des Höflings → Marinelli ausgeliefert sieht, bittet sie ihren Vater, sie zu töten, denn sie fürchtet, daß ihre Sinnlichkeit ihre Tugend überwältigen könnte.

Emmi [*Nicht Fisch, nicht Fleisch.* Stück von Franz Xaver Kroetz, UA 1981]. – E. verhält sich spröde zu ihrem Mann → Edgar; sie will (noch) kein Kind, weil es ihrem beruflichen Fortkommen im Wege stünde. Sie hat Aussicht auf einen Filialleiterinnenposten, steigt also auf, während ihr Mann, der Maschinensetzer, aus dem Geleise kommt.

Empedokles.
E. (etwa 483–423 v. Chr.), griechischer Arzt und Naturphilosoph auf Sizilien, stürzte sich einer Sage nach freiwillig in den Ätna.
[*Der Tod des Empedokles.* Tragödienfragmente von Friedrich Hölderlin, entst. 1797–1799, ED 1826]. – E. ist der Verkünder, der sich angesichts der Dumpfheit der Menge überheblich einen Gott nennt, sich dadurch der Hybris schuldig macht und zur Wiederherstellung der Reinheit des Göttlichen den Tod im Ätna sucht.

Enderlin [*Mein Name sei Gantenbein.* Roman von Max Frisch, 1964]. – E., eine der Identifikationsfiguren des Ich-Erzählers, ist Dozent für Kunstgeschichte mit einem Ruf nach Harvard. Der typische Intellektuelle wird durch seine Beziehung zu → Lila stark verunsichert und erkennt erschrocken, daß sein Leben als Rollenspiel verlaufen ist, in dem er sich »ständig durch Leistung legitimieren muß«. Er will nicht mehr mitspielen und den Ruf nach Harvard ablehnen. Seine Verweigerung führt in die Krankheit, er glaubt sich dem Tode nahe und lernt das Leben und seine Rolle darin zu akzeptieren.

Eneas [*Eneide.* Höfisches Epos von Heinrich von Veldeke, entst. zw. 1170 und 1190]. – Aus dem antiken, dem Willen der Götter folgenden Gründer Roms in der *Äneis* des Vergil (entst. 30–19 v. Chr.) macht der mittelhochdeutsche Dichter einen ritterlichen Kämpfer, der zwei Formen der Minne erfährt: die maßlose Leidenschaft der → Dido, die er nicht erwidert, und die Liebe zu Lavinia, die nach überstandenen Prüfungen zur Erfüllung führt.

Engelbert Reineke [*Engelbert Reineke.* Roman von Paul Schallück, 1959]. – E. R. tritt als Assessor in das Kollegium des Gymnasiums ein, in dem er Schüler war und sein Vater lehrte, bevor er unter Mitschuld nazistischer Kollegen im KZ umkam. Sein Bescheidwissen über Schule, Lehrer und Schüler in der Nazizeit und Anfeindungen durch kompromittierte Lehrer führen beinahe zu seiner Resignation.

Engelhard [*Engelhard.* Epos von Konrad von Würzburg, entst. um 1275]. – E., der Sohn eines verarmten burgundischen Adeligen, befreundet sich mit → Dietrich von Brabant, als beide als Knappen am Hofe des Königs von Dänemark dienen. Die beiden sehen sich völlig gleich. E. gewinnt mit Hilfe Dietrichs Engeltrud, die Tochter des Königs, zur Frau und besteigt den Thron.

Engelmar → Neidhart (*Neidhart Fuchs*)

Engelsleben [*Die Augen eines Dieners.* Roman von Hermann Lenz, 1964]. – Graf E. ist exemplarisch für eine Adelswelt im Niedergang; in ihm geht sozusagen die österreichisch-ungarische Monarchie zu Ende oder auch jede übersättigte, lebensentwöhnte Spätzeit. E. ruiniert seine Ehe schon, bevor er sie eingeht, läßt sich nach dem Ersten Weltkrieg auf das »Rohe und Vulgäre« ein, wird früh zum Nazi. Sein verpfuschtes und verderbenbringendes Leben läuft vor den Augen seines Dieners → Wasik ab.

Enguerrand → Lunarin (Gütersloh: *Sonne und Mond*)

Enite [*Erec.* Höfisches Epos von Hartmann von Aue, entst.

um 1185]. – E., die Frau → Erecs, macht ihrem Gemahl durch ein fingiertes Selbstgespräch klar, daß er seine Ehre verliert, wenn er seine Ritterpflichten aus Liebe vernachlässigt. Sie folgt dem Gekränkten demütig dienend auf seine Kampffahrt.

Enna → Rochus (R. Voß: *Zwei Menschen*)

Enzio [*Das Schweißtuch der Veronika.* Roman von Gertrud von Le Fort, 1928/1946]. – Der junge Dichter E. lehnt das Christentum als unzeitgemäß ab und verliert durch das Erlebnis des Ersten Weltkriegs jedes religiöse Empfinden. Er will seinen Atheismus auf → Veronika, die er liebt, übertragen und zerstört sie beinahe damit.

Ephraim [*Ephraim.* Roman von Alfred Andersch, 1967]. – Der Journalist George E., in Berlin geboren, jüdischer Abstammung, als Kind nach England emigriert, kehrt in seine Geburtsstadt zurück. Er erforscht seine frühere Umgebung, um einen autobiographischen Roman zu schreiben, und begegnet Menschen, die vorwiegend die Vergangenheit vergessen wollen oder die entscheidenden negativen Momente verdrängt haben.

Ephraim [*Ephraims Breite.* Schauspiel von Carl Hauptmann, 1900]. – Der alte Gottlieb E. ist eine Typenstudie im bäuerlichen schlesischen Milieu. Der grobe, jähzornige Despot treibt seinen Sohn Ernst durch Spott und Handgreiflichkeiten aus dem Haus. Er gestattet seiner Tochter → Breite die Heirat mit dem Großknecht Joseph → Schindler nur nach langem Zögern und weil ein Kind unterwegs ist.

Ephraim Magnus [*Pastor Ephraim Magnus.* Drama von Hans Henny Jahnn, 1919]. – In einem irrationalen, ekstatischen Absolutheits- und Unsterblichkeitsanspruch unterzieht sich Pastor E. M. unermeßlichen Qualen: der freiwilligen Kreuzigung, Kastration und Blendung.

Epimeleia [*Pandora.* Festspiel von Johann Wolfgang von Goethe, ED 1810 (Fragment)]. – E., die Tochter des → Epimetheus und der → Pandora, liebt Phileros, den Sohn des → Prometheus. Ihre alles überwindende Liebe symbolisiert die Versöhnung zwischen vita activa und contemplativa.

Epimenides.
Der kretische Wundertäter und Sühnepriester E. (um 600 v. Chr.) soll als Kind in einen 57 Jahre andauernden Schlaf gefallen und danach steinalt geworden sein.
[*Des Epimenides Erwachen.* Festspiel von Johann Wolfgang von Goethe, 1815]. – Der in Schlaf versunkene E. überdauert Krieg und Zusammenbruch, regeneriert seine Kräfte und gewinnt die Gabe der Weissagung hinzu.

E. steht als Allegorie für die Deutschen, die nach dem Sturz Napoleons aus langem Schlaf zu neuem Leben erwachen.

Epimetheus [*Pandora.* Festspiel von Johann Wolfgang von Goethe, ED 1810 (Fragment)]. – E. und → Prometheus verkörpern kontemplative und aktive Existenz. Der Name E. bedeutet »Nachbedacht«; er lebt nur der Erinnerung an die Liebe und Schönheit der → Pandora und träumt sehnsüchtig von dem verlorenen Glück. Er will sich nicht durch einen schöpferischen Akt befreien, sondern genießt seinen Schmerz als Trost. [*Prometheus und Epimetheus.* Epos von Carl Spitteler, 1881]. – Bei Spitteler entschließt sich E. dazu, die Weltherrschaft und soziale Verantwortung zu übernehmen. Als er dabei scheitert, greift → Prometheus ein.

Eranna → Erinna

Erasmus → **Spikher** (Hoffmann: *Die Abenteuer der Silvesternacht*)

Erb [*Buridans Esel.* Roman von Günter de Bruyn, 1969]. – Der Bibliotheksleiter Karl E., glücklich verheiratet und behäbig etabliert, begegnet einer früheren Bekannten, Fräulein → Broder, als Praktikantin wieder. Was ihm als eine Chance zum Ausbruch aus dem täglichen Trott vorkommt, wird zu einem verwickelten Konflikt zwischen privater und dienstlicher Sphäre in einer sozialistischen Gesellschaft, dem er nicht gewachsen ist. Er kehrt zu seiner Frau → Elisabeth Erb zurück.

Erdmann [*Die Schriften des Waldschulmeisters.* Autobiographischer Roman von Peter Rosegger, 1875]. – Andreas E., dem ein aristokratischer Gönner eine späte Bildung ermöglicht hat, zieht verbittert über die gesellschaftlichen Schranken in den Krieg. Er siedelt sich schließlich als Schulmeister in einem zurückgebliebenen steirischen Dorf an, das er mit Eifer kolonisiert. Als alter Mann steht er der von ihm selbst angebahnten zivilisatorischen Entwicklung verständnislos gegenüber.

Erdmuthe → Raul (François: *Frau Erdmuthens Zwillingssöhne*)

Erec [*Erec.* Höfisches Epos von Hartmann von Aue, entst. um 1185]. – Der junge Königssohn E. ist ein Ritter von König → Artus' Tafelrunde. Er gewinnt → Enite zur Frau und ist durch die Liebe zu ihr so gefesselt, daß er sich »verligt« (erschlafft) und seine Ritterpflichten vernachlässigt. Er lernt auf einer neuen Kampffahrt nach vielen Abenteuern, »minne« und »êre« durch »mâze« in Harmonie zu bringen.

Erichson [*Jahrestage.* Roman von Uwe Johnson, 1970–1983]. – Dietrich E., von → Gesine Cresspahl zu D. E. [di i:] abgekürzt, stammt wie sie aus Mecklenburg und ging 1953 in den Westen. Er ist als Physiker und Chemiker beim Frühwarnsystem der US Air Force tätig. Der bedachtsam-väterliche Mann macht Gesine einen Heiratsantrag, stürzt dann aber mit seiner Cessna in Finnland tödlich ab.

Eridon [*Die Laune des Verliebten.* Ein Schäferspiel von Johann Wolfgang von Goethe, entst. 1767/68; ED 1806]. – Der launische Liebhaber quält seine Geliebte Amine mit unbegründeter Eifersucht und übertriebenen Reuebekundungen. Der Tyrann wird durch eine Intrige zu der höheren Stufe toleranter Liebe bekehrt.

Erinna (Eranna) [Eduard Mörike: *Erinna an Sappho*, ED 1864]. – [Rainer Maria Rilke: *Eranna an Sappho*; *Sappho an Eranna*, entst. 1907]. – Die Schülerin Sapphos, gestorben mit 19 Jahren um 600 vor Chr., ist das Sinnbild gleichgeschlechtlicher Liebe in der Lyrik.

Erikson → Lys (Keller: *Der grüne Heinrich*)

Erlkönig.
Von Herder geprägter Name für den König der Elfen; ursprünglich ein Übersetzungsfehler: dän. »ellerkonge« = Elfenkönig hatte Herder fälschlich mit Eller = Erle in Zusammenhang gebracht.
[*Erlkönigs Tochter.* Urspr. dänische Tanzballade, übertragen von Johann Gottfried Herder, ED 1779]. – Der Ritter → Oluf fällt dem elbischen Wesen der Erlkönigstochter zum Opfer. Sie zieht ihn in der Nacht vor seiner Hochzeit in den Tod.
[*Erlkönig.* Geisterballade von Johann Wolfgang von Goethe, ED 1782]. – Ein Vater reitet mit seinem Sohn »bei Nacht und Wind« heim. In den Fieberphantasien des Knaben erscheint der Erlkönig und lockt ihn in das Totenreich. Homoerotische Anklänge.

Ermelinda von Tuzzi [*Der Mann ohne Eigenschaften.* Unvollendeter Roman von Robert Musil, 1930, 1933, 1943; Gesamtausg. 1952]. – Die empfindsame E. v. T., Diotima genannt, vertritt einen hohlen Idealismus, hinter dem sich verdrängte Sexualität verbirgt. Sie verfällt einer platonischen Leidenschaft zu → Arnheim.

Ernesti → Newton und Einstein (Dürrenmatt: *Die Physiker*)

Ernst.
Zwei historische Herzöge von Schwaben erhoben sich gegen ihre kaiserlichen Stiefväter: 953 Liudolf gegen Otto I., 1027 Ernst gegen Konrad II.
[*Herzog Ernst.* Anonymes Spielmannsepos, entst. um 1180]. – Herzog E. ist Ratgeber seines Stiefvaters, des Kaisers Otto. Er wird von dem Pfalzgrafen Heinrich verleumdet und schlägt diesem vor den Augen des Kaisers den Kopf ab. Als Geächteter geht er auf einen Kreuzzug, wobei er zahlreiche unglaubliche Abenteuer be-

steht; sein treuer Gefährte ist sein Dienstmann → Wetzel.
[*Ernst, Herzog von Schwaben.* Drama von Ludwig Uhland, 1818]. – Uhland zeichnet die Revolte von 1027 nach und gestaltet sie zu einem Drama der Freundestreue. Herzog E., ein edler, aber weicher und zur Resignation neigender Mann, lehnt die vom Kaiser angebotene Versöhnung ab, weil sie an die Bedingung geknüpft ist, daß er seinen Freund, den geächteten Werner von Kiburg, gefangensetze. In den folgenden Kämpfen sterben die beiden Freunde vereint den Heldentod.

Ernst und Falk [*Ernst und Falk.* Gespräche. Von Gotthold Ephraim Lessing, 1778/1780]. – In dem philosophischen Dialog ist Ernst der Fragende, Falk der Antwortende, der Vertreter des Freimaurerwesens und das Sprachrohr Lessings. Er sieht im Freimaurertum den Urtyp menschlichen Zusammenlebens, in dem der Mensch noch nicht in Staaten, Stände und Religionen eingebunden ist, und analysiert kritisch die bestehenden schichtengebundenen Strukturen.

Ernst von Bayern.
E., gest. 1438, war der Herrscher des Teilherzogtums Bayern-München. – Die Vorgänge um Agnes Bernauer sind in den Grundzügen historisch.
[*Agnes Bernauer.* Trauerspiel von Friedrich Hebbel, 1852]. – Herzog E., der Vertreter der Staatsraison, ist der dem Überkommenen verpflichtete und es bewahrende Herrscher. Als sein Sohn → Albrecht von Bayern die Baderstochter → Agnes Bernauer heiratet, befürchtet er, daß sein Land in Chaos stürzen wird, weil es wegen der unstandesgemäßen Heirat zu Erbfolgekriegen kommen muß. Er setzt zunächst einen Neffen als Nachfolger ein, aber als dieser stirbt, hält er es für seine Pflicht, Agnes hinrichten zu lassen, um seinen Sohn für die Aufgabe als Herzog freizumachen.

Ernst → **Wurche** (Flex: *Der Wanderer zwischen beiden Welten*)

Erny [*Ein treuer Diener seines Herrn.* Tragödie von Franz Grillparzer, 1830]. – E. ist die Frau, die für einen Augenblick die Lockung dämonischer Kräfte verspürt und sich lieber den Tod gibt, als ihnen zu erliegen. Die junge, schöne Frau des → Bancbanus, eines alten Mannes, der sie väterlich liebt, ist treu und sittenstreng, wird aber gegen ihren Willen von dem jugendlichen Charme und den Verführungskünsten → Ottos von Meran beeindruckt. Öffentlich begegnet sie ihm mit Verachtung und ersticht sich schließlich, um nicht sein Opfer zu werden (Lucretia-Motiv).

Ertzum → Kieselack (H. Mann: *Professor Unrat*)

Erwin [*Ahnung und Gegenwart.* Roman von Joseph Freiherr von Eichendorff, 1815]. – Die zarte → Mignon-Gestalt verkleidet sich als Knabe E., um dem geliebten Grafen → Friedrich folgen zu können und voller Ergebenheit zu dienen. E. stirbt früh und gibt erst im Tode ihr Geheimnis preis. Sie entpuppt sich als Tochter von Friedrichs Bruder → Rudolf.

Erwin [*Erwin und Elmire.* Singspiel von Johann Wolfgang von Goethe, 1775]. – Der Dichter E. wird durch die gespielte Gleichgültigkeit der → Elmire vertrieben. Er zieht sich aus der Welt zurück. Als Einsiedler erfährt er von Elmire, die ihn nicht erkennt, daß sie ihn liebt. Autobiographische Züge.

Erwin [*Die Toten bleiben jung.* Roman von Anna Seghers, 1949]. – Der Spartakist E. ist Symbolgestalt für die zeitlose Gesetzmäßigkeit des Klassenkampfes. Am Schicksal der vier Rechtsextremisten, die E. 1918 heimlich exekutieren, v. → Klemm, → Nadler, v. → Lieven und v. → Wenzlow, demonstriert Anna Seghers den moralischen und faktischen Niedergang der kapitalistisch-nationalsozialistischen Ideologie; demgegenüber vererbt sich das klassenkämpferische Prinzip fort, obwohl dessen Protagonisten, E. und sein Sohn Hans, ermordet werden.

Erwin [*Der Weihnachtstod.* Stück von Franz Xaver Kroetz, UA 1986]. – E. ist nach Kroetz' Sicht ein Repräsentant des Angestelltenelends unserer Zeit: ein arbeitslos gewordener Lohnbuchhalter, der mit dem sozialen Abstieg nicht zurechtkommt und aus dem alle Animosität gegen den Staat, die Rüstung und die – Türken hervorbricht.

Esch [*Die Schlafwandler.* Romantrilogie von Hermann Broch, 1931/32]. – Der Buchhalter E., Held des 2. Teils: *E. oder die Anarchie – 1903*, ist im Wertezerfall des Kaiserreichs der Prototyp des willenlosen Angestellten, der Phrasen für Wahrheit nimmt und sexuell haltlos ist. E. kämpft inmitten der rheinischen Industriewelt skrupellos um seinen sozialen Aufstieg. Vergeblich versucht er in der mystischen Überhöhung seiner Ehe mit der Kaschemmenwirtin Mutter Hentjen eine Art Ersatzreligion für seine anarchische, moralisch orientierungslose Daseinsform zu finden. Er wird von → Huguenau ermordet – ein angemessenes Ende für einen »Anarchisten«.

Esmeralda [*Doktor Faustus.* Roman von Thomas Mann, 1947]. – Das von Adrian → Leverkühn »Hetäre E.« genannte Lustmädchen warnt ihn vor ihrem Körper, doch Leverkühn läßt sich willentlich mit Syphilis anstecken. Die Krankheit dient ihm als Mittel, um im ekstatischen Aufbäumen vor der Paralyse höchste Kunst zustande zu bringen. Die Liebeserfahrung mit der »Hetäre« überträgt der Komponist in die

Tonfolge h-e-a-e-es, ein häufig wiederkehrendes Leitmotiv seiner Werke.

Esther.
E. ist eine dramatisch-heldische Frauengestalt des Alten Testaments (Buch Esther), die in die Weltliteratur eingegangen ist. Die zweite Gemahlin des Perserkönigs Ahasverus (Xerxes) vereitelt einen Anschlag des Wesirs Haman gegen die Juden und erreicht die Einsetzung ihres Onkels Mardochai als Wesir. E. wurde zuerst ins volkstümliche und ins Jesuitendrama aufgenommen; in Goethes *Jahrmarktsfest zu Plundersweiler* (1774) finden sich zwei Esther-Szenen.
[*Esther.* Dramenfragment von Franz Grillparzer, ED 1863]. – Aus der demütigen Jüdin der Bibel macht Grillparzer ein stolzes, freimütiges Mädchen. E. ist empört, als sie mit anderen Jungfrauen bei Hof vorgeführt wird, damit der Perserkönig sich eine Gemahlin aussuchen kann, und schlägt vor, die verstoßene Königin Vasthi wieder aufzunehmen. Als sie hinter dem gebieterischen Herrscher jedoch den unsicheren, nach Liebe verlangenden Menschen erkennt, ist sie bereit, seine Frau zu werden.

Esther [*Die Majoratsherren.* Erzählung von Ludwig Achim von Arnim, 1819]. – Um die Erbfolge zu sichern, wurde E. gleich nach der Geburt von dem Majoratsherrn gegen einen Sohn ausgetauscht und wächst in der Judengasse auf. Da sie über hellseherische, somnambulische Kräfte verfügt, weiß sie von ihrer Herkunft. Der exzentrische junge Majoratsherr, der Partner des Kindertauschs, liebt sie. Er ist ihr wesensverwandt, teilt ihre Visionen und stirbt mit ihr gemeinsam. Beide sind typisch romantische sensible, dem Tod zugewandte Gestalten.

Ethan [*Der König David Bericht.* Roman von Stefan Heym, 1972]. – E. ben Hoshaja ist der wahrheitsliebende Individualist im Konflikt mit den Ideologen. Als Historiker erhält er von König Salomo den Auftrag, in einem Bericht das Bild des verstorbenen Königs David der reinen Lehre der Propheten und Priester anzupassen. Aber E. entlarvt ihn nach den Quellen als Mörder, Kuppler und skrupellosen Machtmenschen. Der Bericht wird unterdrückt und E. muß die Stadt verlassen.

Etzel.
Name des Hunnenkönigs Attila (Regierungszeit 434–453) in der deutschen Heldensage. – In der bayrisch-österreichischen Tradition der Dietrichsage ist E. der milde Dienstherr, der die vertriebenen fürstlichen Recken großmütig aufnimmt; im *Nibelungenlied* (entst. um 1200) wird der gütige Herrscher zu Etzelburg von seiner zweiten Gemahlin → Kriemhild getäuscht und von deren Racherausch vollkommen überrascht. Im fränkisch-burgundischen Sa-

genbereich, wie er in der *Edda* (*Atlilied*, entst. 9. Jh.) überliefert ist, zeigt sich E. (nordisch: → Atli) als grausamer, hortgieriger Barbar.

Etzel Andergast [*Der Fall Maurizius*. Roman von Jakob Wassermann, 1928]. – Als Sechzehnjähriger setzt sich der Sohn des Oberstaatsanwalts → Andergast ein, um die Unschuld des Privatdozenten → Maurizius zu beweisen. Es gelingt ihm, → Waremme dazu zu bringen, daß er seinen Meineid gesteht. Seine unerbittlichen Forderungen nach Wiederaufnahme des Prozesses führen zum Zerwürfnis mit dem Vater. [*Etzel Andergast*. Roman von Jakob Wassermann, 1931]. – E. A. aus dem *Fall Maurizius* tritt als verwandelte Gestalt auf, als psychisch gefährdeter junger Mann, der von der Hauptfigur des Romans, dem Arzt → Kerkhoven, betreut wird. E. A. setzt sich leidenschaftlich für politische und soziale Ziele ein. Durch sein ehebrecherisches Verhältnis mit Kerkhovens Frau Maria beraubt er sich seines Freundes und Seelenführers.

Eugenia [*Sieben Legenden*. Erzählungen von Gottfried Keller, 1872]. – E. ist eine spätantike Emanzipierte, die um ihrer philosophischen Ideen willen dem heimlich geliebten Prokonsul Aquilius die Ehe verweigert, zum Christentum übertritt und erst nach langen Umwegen ihr Glück mit Aquilius findet.

Eugenie [*Mozart auf der Reise nach Prag*. Novelle von Eduard Mörike, 1856]. – Die anmutige, edle E., Nichte des Grafen, auf dessen Schloß Mozart zufällig einen Tag verbringt, feiert in einer heiteren, kultivierten Gesellschaft ihre Hochzeit. Als Mozart auf dem Höhepunkt des Festes aus seinem *Don Juan* vorspielt, begreift E. instinktiv die tragische Gefährdung hinter der fröhlichen Maske des Künstlers und die Todesahnung in seiner Musik.

Eugenie [*Die natürliche Tochter*. Trauerspiel von Johann Wolfgang von Goethe, ED 1803]. – E., die natürliche Tochter eines Herzogs und einer Dame des französischen Hochadels, ist der Prototyp des Aristokratischen: edel von Geburt, Erscheinung und Gesinnung. Sie entwickelt sich unter dem Druck ihres legitimen Halbbruders von kindlicher Naivität zur heroischen Gestalt, entsagt um der Humanität willen ihren fürstlichen Ansprüchen, um in der heraufziehenden Revolution unerkannt ihrem Vater, dem König und dem Vaterland zu dienen. Die übrigen Gestalten des Dramas sind Typen, die nur nach ihrer Funktion benannt sind: der Herzog, die Hofmeisterin usw.

Eulalia [*Menschhaß und Reue*. Drama von August von Kotzebue, 1789]. – E. hat als junge Ehefrau ihren Mann, den Grafen → Meinau, und ihre Kinder wegen einer Liebelei verlassen. Jetzt ist sie anonym bei einer

Gräfin in Stellung und leistet als Menschenfreundin tätige Wiedergutmachung. Der glückliche Zufall will es, daß sie ihrem Gatten, der als Menschenfeind fern der Gesellschaft lebt, begegnet und der Anblick der Kinder das Paar wiedervereint.

Eulenspiegel.
Till E. soll als Schalksnarr und Possenreißer wirklich gelebt haben und 1350 gestorben sein.
[*Till Eulenspiegel.* Schwanksammlung von Hermann Bote, 1510/11]. – Der Bauernsohn Till E. zahlt den Bürgern ihre Verachtung des niedrigsten Standes heim.
[*Des großen Kampffliegers Till Eulenspiegel Abenteuer.* Epos von Gerhart Hauptmann, 1928]. – E. wird ins 20. Jh. transponiert; er tritt als Kampfflieger, Landfahrer, Gaukler und Magier auf.
[*Till Eulenspiegel.* Erzählung von Christa und Gerhard Wolf, 1974]. – T. ist der listenreiche Vorkämpfer der Getretenen gegen die Herrschenden.

Euphorion.
E. ist eine von Ptolemaios Chennos (1. Jh. nach Chr.) erfundene Sagengestalt, der Sohn von Achilleus und Helena. Er wird von Zeus durch einen Blitzstrahl getötet, weil er ihm nicht zu Willen ist.
[*Faust II.* Tragödie von Johann Wolfgang von Goethe, ED 1832]. – E., der Sohn von Faust und Helena, beginnt gleich nach der Geburt zu wachsen, spricht, singt und springt. Er kennt keine Schranken, kein Maß, keine Gefahr und stürzt bei dem Versuch, sich in die Lüfte zu erheben, von einer Felsenhöhe herab. Er zieht die Mutter nach. Die Deutung der Gestalt gibt Goethe selbst: E. ist eine Anspielung auf Byron, ein Vertreter moderner Poesie im Gegensatz zur antiken.

Euphrosyne.
E. (griech. = Frohsinn) ist eine der drei Chariten, der Dienerinnen Heras und Aphrodites.
[*Euphrosyne.* Elegie von Johann Wolfgang von Goethe, ED 1799]. – In E., der »Frohgesinnten«, Sinnbild der Anmut, beklagt Goethe den frühen Tod der Schauspielerin Christiane Becker, die in einer ihrer letzten Rollen E. gespielt hatte.

Eustache de Saint-Pierre [*Die Bürger von Calais.* Bühnenspiel von Georg Kaiser, 1914]. – E. ist der »neue Mensch«, den der Expressionismus hervorbringen will. Er glaubt, daß die Bereitschaft zum Opfer die reinigende Kraft hat, die Macht der Herrscher zu überwinden. Deshalb meldet er sich als erste Geisel für die Stadt Calais, als der König von England sechs Bürger fordert. Er tötet sich, nachdem sich sechs weitere Freiwillige gemeldet haben, um die Notwendigkeit des Opfers zu unterstreichen.

Eva [*Demian.* Roman von Hermann Hesse, 1919]. – Frau E., → Demians Mutter, wird für Emil → Sinclair zum Urbild mütterlicher Liebe. Hermann Hesse überträgt auf sie seine Wunschvorstellungen in der psychotraumatischen Auseinandersetzung mit dem Elternhaus.

Eva Burns → Kammacher (G. Hauptmann: *Atlantis*)

Eva Pogner [*Die Meistersinger von Nürnberg.* Musikdrama von Richard Wagner, 1862]. – E., die Tochter des Goldschmieds Pogner, wird von ihrem Vater samt allem Hab und Gut als Preis für den Sieger im Wettstreit der Meistersinger ausgesetzt. Als der Junker Walther von → Stolzing, dem ihr Herz gehört, im Wettkampf zu scheitern droht, ist sie bereit, heimlich mit ihm zu fliehen. Hans → Sachs verhindert die Flucht und verhilft den Liebenden zur legalen Verbindung.

Eva Sixtus → Everstein (Raabe: *Alte Nester*)

Evchen Humbrecht [*Die Kindsmörderin.* Trauerspiel von Heinrich Leopold Wagner, 1776]. – Die Straßburger Metzgerstochter E. wird von dem Leutnant von Gröningseck verführt, der ihr die Ehe verspricht. Als sie schwanger ist, flieht sie aus dem Elternhaus und tötet das Neugeborene in einem Wahnanfall. Der nichtsahnende Gröningseck, der nach längerer Abwesenheit zurückkommt, kann E. nicht vor der Verurteilung als Kindsmörderin retten, denn sie sucht reumütig den Tod. E. ist als Bürgermädchen, das als Geliebte eines Adligen in tragische Verstrickung gerät, eine exemplarische Figur des 18. Jh.s.

Eve [*Der zerbrochene Krug.* Lustspiel von Heinrich von Kleist, 1811]. – E. ist eine der liebenden Frauen in Kleists Werk, die von ihren Partnern Vertrauen auch gegen allen Augenschein erwarten und enttäuscht werden. Der Konflikt löst sich äußerlich auf, als die Intrigen des Dorfrichters → Adam offenbar werden; aber auf die Liebe E.s zu → Ruprecht ist ein bleibender Schatten gefallen.

Everstein [*Alte Nester.* Roman von Wilhelm Raabe, 1880]. – Just E., ein Träumer und Bücherwurm, wacht aus seiner Phantasiewelt auf, als der Steinhof und das Schloß Werden, sein und seiner Spielgefährten Jugendparadies, versteigert werden. In den USA kann er sich in der harten Realität bewähren, den Steinhof zurückkaufen, nach wirtschaftlicheren Methoden bearbeiten und seine Jugendfreundin Eva Sixtus heiraten. Aus den Trümmern des Grafenschlosses Werden wird er eine Brücke über die Weser bauen.

Evi → Mašlan (Ebner-Eschenbach: *Mašlans Frau*)

Expertus Robertus [*Gesichte Philanders von Sittewald.* Prosasatire von Johann Michael Moscherosch, 1640–43]. – E. R. ist eine seit dem Mittelalter sprichwörtlich belegte, dem getreuen → Eckart ähnliche Figur. Der weise Alte begleitet, berät und hilft → Philander von Sittewald bei seinen Reiseerfahrungen.

Eynhuf [*Der Gaulschreck im Rosennetz.* Erzählung von Fritz von Herzmanovsky-Orlando, 1928]. – Der patriotische Hofsekretär Jaromir Edler von E. will seinem Kaiser Franz zum fünfundzwanzigsten Regierungsjubiläum fünfundzwanzig Milchzähne überreichen. Den noch fehlenden letzten Milchzahn versucht er sich auf abenteuerliche Art vergeblich zu beschaffen.

F. W. [*Stern der Ungeborenen.* Roman von Franz Werfel, 1946]. – In dem Zukunftsroman macht F. W. (Initialen Werfels) als dilettantischer »Forschungsreisender« einen Zeitsprung in das Jahr 101 945. Das Leben ist aseptisch, wohlgeordnet und von öder Zweckmäßigkeit; doch in der Peripherie, im »Dschungel«, pulst es noch leidenschaftlich und »echt«.

Faber [*Drei Nächte.* Roman von Hermann Stehr, 1909]. – In der Seelengeschichte des Volksschullehrers F. stellt der Autor nach seiner Aussage die eigene Entwicklung dar. F. leidet von Kind an unter der Disharmonie zwischen der liebevollen, frommen Mutter und dem areligiösen, harten Vater, der soziale Gerechtigkeit fordert. Während seiner Ausbildung begegnet er als Sohn eines Sozialdemokraten Voreingenommenheit und Verständnislosigkeit und verliert seinen Glauben an die Kirche. Der Weg ins eigene Innere gibt ihm schließlich die Reife und Kraft, das Leben zu meistern.

Faber [*Homo Faber.* Roman von Max Frisch, 1957]. – Walter F., ein fünfzigjähriger UNESCO-Ingenieur, ist der rationalistische moderne Techniker, dessen Weltbild rein diesseitsorientiert ist. Im Jahre 1957 bricht in sein Leben das Irrationale mit der Gewalt eines antiken Mythos ein und macht ihn zum modernen Ödipus. Er hat ein inzestuöses Verhältnis mit der eigenen Tochter Sabeth, von deren Existenz er nichts wußte, und ist mitschuldig an ihrem Tod. Er trifft deren Mutter → Hanna wieder, die er tot geglaubt hat. Schließlich erkennt F., daß er selbst unheilbar an Magenkrebs erkrankt ist.

Faber [*Wie eine Träne im Ozean.* Romantrilogie von Manès Sperber, 1961]. – Dojno F., ein Jude aus Galizien, dessen Schicksal Parallelen zur Biographie des Autors aufweist, geht einen für kommunistisch gesinnte Intellektuelle charakteristischen Weg. Nach Teilnahme an revolutionären Aktionen in Dalmatien und Verfolgung im

Nazideutschland kehrt er dem Kommunismus angesichts der stalinistischen Liquidationen den Rücken, schließt sich jedoch im Krieg wieder den Partisanen an. Er erlebt, wie diese mitten im Kampf heftige ideologische Streitigkeiten austragen, die darin gipfeln, daß seine Gruppe von moskautreuen Verbänden liquidiert wird.

Fabian [*Fabian.* Satirischer Roman von Erich Kästner, 1931]. – Der nicht besonders lebenstüchtige, 32jährige F., Germanist Dr. phil., treibt Ende der zwanziger Jahre im Großstadtsumpf Berlins. Als scharf beobachtender Moralist, der sich durch spießbürgerliche Tabus nicht einschränken läßt, hat er Gelegenheit, das Verhalten verschiedener sozialer Schichten und Außenseiter kennenzulernen. Nach dem Verlust von Stellung und Geliebter ertrinkt F., als er als Nichtschwimmer einem Jungen nachspringt, der von einer Elbbrücke gestürzt ist und sich ohne fremde Hilfe zu retten weiß.

Fähmel [*Billard um halbzehn.* Roman von Heinrich Böll, 1959]. – Die F.s sind eine rheinische Architektenfamilie, deren Schicksal mit der Abtei St. Anton verknüpft ist: Heinrich F. erbaut sie, der Sohn Robert sprengt sie Ende des Zweiten Weltkriegs in die Luft, der Enkel Joseph baut sie wieder auf; Johanna, Heinrich F.s Frau, schießt in geistiger Verwirrung auf einen Minister, der trotz Nazi-Vergangenheit wieder oben schwimmt. In dem Roman wird das zwiespältige Verhältnis der Familie zum Nationalsozialismus und zur Kirche dargestellt.

Fafner [*Der Ring des Nibelungen.* Musikdramatische Tetralogie von Richard Wagner, 1853]. – Die Riesen Fasolt und F., zwei Brüder, haben im Auftrag → Wotans eine strahlende Burg für die Götter gebaut und dafür die Göttin → Freia als Lohn erhalten. Aber aus Gier nach dem Nibelungengold tauschen sie diese gegen den Schatz ein, den → Alberich verflucht hat. Sie geraten in Streit, und F. erschlägt seinen Bruder. In der Gestalt eines Drachens hütet er den Nibelungenhort und wird von Siegfried getötet.

Fafnir → Siegfried *(Nibelungenlied)*

Fahrenholz [*Die Majorin.* Roman von Ernst Wiechert, 1934]. – Der Heimkehrer Michael F. kommt nach 20 Jahren Krieg und Gefangenschaft nach Ostpreußen zurück. Sein Vater sieht in ihm nur ein Gespenst, die »Majorin« beschäftigt ihn als Jäger. Nur langsam wandelt sich der Verbitterte, Verstörte durch die heilenden Kräfte des natürlichen Lebens und die selbstlose Liebe der Majorin wieder zu einem umgänglichen Mitglied der menschlichen Gemeinschaft.

Falkenberg → Gustav von F. (Jean Paul: *Die unsichtbare Loge*)

Falieri [*Doge und Dogaresse.* Erzählung von E.T.A. Hoffmann, ED 1818]. – Marino F., der Doge von Venedig, ist ein eitler und herrschsüchtiger Greis, der seine junge Frau → Annunziata eifersüchtig hütet. Er wird als Verschwörer hingerichtet.

Falk → Ernst und Falk (Lessing: *Ernst und Falk*)

Fanchon [*Die Grille.* Schauspiel von Charlotte Birch-Pfeiffer, UA 1856]. – F. ist eine Aschenputtelgestalt. Sie wird wegen ihrer häßlichen Erscheinung »die Grille« genannt und ist bei den wohlhabenden Bauern als Hexe verschrien. Trotzdem gewinnt sie die Liebe des begehrten reichen Bauernsohns Landry Barbeau und kommt zu ihrem verdienten Glück.

Fanny [*Oden.* Von Friedrich Gottlieb Klopstock, 1771]. – In den sogenannten »Fanny-Oden« besingt Klopstock seine Kusine und Jugendgeliebte Maria Sophia Schmidt. Er apostrophiert sie als »denkende Freundin« *(Der Lehrling der Griechen)*, widmet ihr die *Elegie* und *Wunsch* und nennt sie mit ihrem Namen *(An Fanny; Der Zürchersee)*.

Fanny → Krull (Sternheim: *Die Kassette*)

Farfalla [*Aus der Triumphgasse.* Roman von Ricarda Huch, 1902]. – Die vitale, bauernschlaue und mütterliche F. beherrscht die Triumphgasse in Triest und besonders das Mietshaus »Zum heiligen Antonius«. Die proletarische Welt um sie herum ist voller Schmutz, Armut, Trunksucht, Krankheit, Ehebruch, Zuhälterei und Mord. Auch ihre sieben Kinder taugen nicht viel bis auf den todkranken Krüppel Ricardo, ihren Jüngsten, von dem ein Leuchten ausgeht.

Faro → Salmê *(Salman und Morolf)*

Fasolt → Fafner (Wagner: *Der Ring des Nibelungen*)

Fatime [*Der Rubin.* Märchenlustspiel von Friedrich Hebbel, 1851]. – Die von einem bösen Geist in einen Rubin verwandelte Tochter des Kalifen von Bagdad kann nur erlöst werden, wenn jemand den kostbaren Edelstein wegwirft. Das tut der Jüngling → Assad.

Faust.
Dr. F. lebte von 1480–1540, studierte in Wittenberg, Erfurt und Ingolstadt Medizin, Astrologie und Alchemie und zog als Quacksalber durchs Land.
[*Historia von D. Johann Fausten* . . . Volksbuch, ED 1587]. – Dr. F. schließt einen Pakt mit dem Teufel, weil die Wissenschaft seinen Forschungsdrang nicht befriedigt. Der Teufel führt ihn durch Himmel, Hölle und die Städte der Erde und läßt ihn das Paradies schauen. F.

vollbringt magische Kunststücke. Mit Hilfe des → Mephistopheles beschwört er die Gestalt → Helenas und hat mit ihr den Sohn Faustus Justus; beide verschwinden nach seiner Höllenfahrt.

[*Fausts Leben, Taten und Höllenfahrt*. Roman von Friedrich Maximilian Klinger, 1791]. – Klingers F. ist ein suchender, experimentierfreudiger Renaissancemensch. Er erfindet den Buchdruck, was ihm nicht den erwarteten Ruhm und Gewinn bringt; deshalb verschreibt er sich dem Teufel. Dieser will ihm die Menschheit nackt zeigen und von seinem Pakt zurücktreten, wenn F. ihn von der Tugend der Menschen überzeugen kann. F. lernt alle Genüsse, Verbrechen und Laster auf seinen Reisen kennen, die ihn bis zum Papst nach Rom führen, und muß sich schließlich geschlagen geben, weil ihn der Teufel für Natürlichkeit und Edelmut blind macht.

[*Fausts Leben dramatisiert*. Drama (Fragment) von Friedrich Müller, 1778]. – F. ist das Kraftgenie des Sturm und Drang. Er kann seine Unabhängigkeit nur durch Reichtum und Macht gewinnen und schließt deshalb den Teufelspakt. Den Zeitpunkt, den Pakt rückgängig zu machen, versäumt er, weil er in Liebe zu der Königin von Aragon entbrannt ist.

[*Faust I; Faust II*. Tragödie von Johann Wolfgang von Goethe, ED 1808 und 1832]. – Dr. Heinrich F. ist der titanische Mensch, dessen grenzenloses Streben nach Erkenntnis des Weltsinns und nach Aufgehen in einem Allgefühl durch nichts befriedigt werden kann. Als zwiespältige Natur mit zwei Seelen in seiner Brust steht er zwischen den Mächten des Guten und des Bösen, des Geistes und der Physis und ringt sich im Kampf mit dem Teufel zur Klarheit durch. Der Gelehrte hat alle Wissenschaften studiert und höchste akademische Würde erlangt, ist aber bis zum Lebensüberdruß unzufrieden. Um die Geheimnisse der Welt zu erkennen, greift er zur Magie, wird aber in seine menschlichen Schranken zurückgewiesen. So ist er bereit, einen Pakt mit → Mephistopheles einzugehen, unter dessen Führung er die Niederungen der Welt kennenlernt, → Gretchen ins Unglück stürzt, am kaiserlichen Hof in das politisch-ökonomische Leben eingreift, in → Helena das Urbild griechischer Schönheit umarmt und schließlich als rücksichtsloser Kolonisator (→ Philemon und Baucis) dem Meer Land abgewinnt. Hundertjährig, blind, stirbt er, ohne sein Werk vollendet zu haben. Die Deutungen der Tragödie und der Faust-Gestalt gehen in die Tausende und reichen von dem Vertreter hybrider Unmoral bis zum sozialreformerischen Freiheitshelden oder zum Idealbild deutschen Wesens.

[*Don Juan und Faust*. Tragödie von Christian Dietrich Grabbe, 1829]. – Bei Grabbe verkörpert Faust die grüblerische Maßlosigkeit und das idealistische

Unendlichkeitsstreben der Menschen aus dem Norden im Gegensatz zu der leichtherzigen Lebensfreude der Romanen (Don → Juan).
[*Faust.* Drama von Nikolaus Lenau, 1836]. – F. spiegelt die Zerrissenheit und Ruhelosigkeit des Autors, sein zwischen Atheismus und Pantheismus schwankendes Lebensgefühl. F. endet sein Leben mit Selbstmord, um vor seinem realen Ich in ein irreales, mit Gott verbundenes Dasein zu entfliehen. Doch Mephistopheles triumphiert. Lenau wollte mit seinem Drama Goethes »Monopol« an diesem Stoff brechen.

Faustina [*Römische Elegien.* Gedichtzyklus von Johann Wolfgang von Goethe, ED 1795]. – Die junge Witwe F., die Geliebte des lyrischen Ichs, ist, wie Goethe betont, eine erfundene Gestalt (2. Elegie). Die vitale Erotik und das konspirative Verhalten der Liebenden gegenüber den Verwandten sind aber plastische Formen realen Erlebens.

Faustine [*Gräfin Faustine.* Roman von Ida Gräfin Hahn-Hahn, 1841]. – Die stark autobiographisch eingefärbte Gestalt der Gräfin F. Obernau, eine charmante, vitale Malerin, nimmt sich das Recht auf künstlerische und sexuelle Selbstverwirklichung, bleibt allerdings in ihrem aristokratischen Milieu. Sie flieht am Ende ihres Lebens aus Weltverachtung ins Kloster.

Faustus Justus → Faust *(Historia von D. Johann Fausten)*

Fava → Giglio F. (Hoffmann: *Prinzessin Brambilla*)

Fee → Hellwig (Marlitt: *Das Geheimnis der alten Mamsell*)

Fehleysen [*Abu Telfan.* Roman von Wilhelm Raabe, 1868]. – Der Gerichtsrat F. hat als Vorsitzender einer Verhandlung des Kriegsgerichts gewissenhaft seine Pflicht getan und wird von dem betroffenen Oberleutnant Baron v. → Glimmern und seiner bei Hofe einflußreichen Clique in den Tod getrieben. Sein Sohn Viktor (→ Mook) flieht deshalb aus dem Land; die Witwe Claudine wartet geduldig auf den verschollenen Sohn und ist in ihrer Güte und Gelassenheit ein ruhiger Pol für die Unglücklichen und Umhergetriebenen aus ihrer Umgebung.

Feinhals [*Wo warst du, Adam?* Roman von Heinrich Böll, 1951]. – Der Soldat F., im Zivilberuf Architekt, erlebt das herannahende Ende des Zweiten Weltkriegs auf dem nördlichen Balkan als sinnloses Opfern von Menschen. In einer Reihe von neun Episoden, in denen F. als Haupt- oder Nebenfigur erscheint, rückt der Schauplatz immer weiter nach Westen, dem Zusammenbruch entgegen.

Feirefiz [*Parzival.* Höfisches Epos von Wolfram von Eschenbach, entst. zwischen 1200 und

1210]. – Der schwarz-weiß gefleckte Sohn der Mohrenkönigin → Belakane und des weißen Ritters → Gahmuret ist ein edler Heide und vollendeter Ritter, Repräsentant einer höfischen Schicht, deren Sittenkodex international ist. Sein Halbbruder → Parzival führt ihn in den Artushof ein und nimmt ihn mit zur Gralsburg, wo er getauft wird. Mit → Repanse geht er nach Indien und läßt das Christentum verbreiten. Sein Sohn ist der Priesterkönig Johannes.

Felicitas → Sylvio (Wieland: *Die Abenteuer des Don Sylvio von Rosalva*)

Felicitas [*Kaiser Octavianus*. Lustspiel von Ludwig Tieck, 1804]. – Die Gemahlin des römischen Kaisers Octavianus wird mit ihren beiden Söhnen auf Grund einer Verleumdung ihrer Schwiegermutter verstoßen und gelangt nach vielen Abenteuern in die hl. Stadt Jerusalem, wo sich die Familie wieder vereinigt.

Felix [*Das Heidedorf*. Erzählung von Adalbert Stifter, ED 1840]. – Der Hütebub F. lebt ein einfaches, bescheidenes Leben. Als Jüngling zieht er in die Welt, erwirbt Wissen, Erfahrung und Güter. Als reifer Mann kehrt er zurück und nimmt das einfache Leben wieder auf, obwohl er sich damit die Heirat mit der geliebten Frau verscherzt.

Felix → Wilibald (Wickram: *Der jungen Knaben Spiegel*)

Felix → Marie (Schnitzler: *Sterben*)

Felix [*Wilhelm Meisters Lehrjahre*. Roman, 1795/96; *Wilhelm Meisters Wanderjahre oder Die Entsagenden*. Roman von Johann Wolfgang von Goethe, 1821/1829]. – F., der Sohn → Wilhelm Meisters und der Schauspielerin → Mariane, spielt in den *Wanderjahren* eine Rolle als Begleiter Wilhelm Meisters, der dabei Vaterpflichten zu übernehmen lernt. Als lernwilliger Heranwachsender wird F. in die sogenannte Pädagogische Provinz aufgenommen, ein striktes, umfangreiches und planmäßiges Erziehungsunternehmen. Dort eignet er sich vor allem neuere Sprachen an und wird gemäß seiner Neigung zum Pferdezüchter ausgebildet. Auffällig ist das Fehlen einer umfassenden Bildungsvorstellung, wie sie der Vater hat.

Felix Krull [*Bekenntnisse des Hochstaplers Felix Krull*. Romanfragment von Thomas Mann, 1954]. – F. K., Sohn eines bankrotten Sektfabrikanten, ist ein Pikaro des 20. Jh.s, ein Jüngling mit schauspielerischer Urbegabung, der mühelos in verschiedene Rollen schlüpfen kann und die Menschen betrügt, weil sie betrogen werden wollen. Er macht aus seinem Leben kunstvoll eine ästhetische Existenz und tritt nacheinander als Liftboy und Kellner Armand und als Marquis de → Venosta auf. Hermes, der jünglingshafte Gott der Diebe, ist sein mythisches Ebenbild.

Fendrich [*Das Brot der frühen Jahre.* Erzählung von Heinrich Böll, 1955]. – Walter F. leidet unter der Trägheit des Herzens, die sich hinter dem Anschein von Rechtschaffenheit in der Zeit nach dem Zweiten Weltkrieg verbirgt. Sein Leben ist ziellos und ohne Berufsvorstellung, bis ihn das Mädchen Hedwig aus der Resignation befreit.

Ferdinand [*Die Fastnachtsbeichte.* Erzählung von Carl Zuckmayer, 1959]. – Der uneheliche Sohn des angesehenen Kaufmanns Panezza, ein ehemaliger Fremdenlegionär und Abenteurer, wird am Fastnachtssamstag kurz vor dem Ersten Weltkrieg in Mainz ermordet. Die Aufklärung des Verbrechens mitten im Karnevalstreiben ist der Inhalt der Erzählung.

Ferdinand R. [*Barbara oder die Frömmigkeit.* Roman von Franz Werfel, 1929]. – Das Leben des Schiffsarztes F. R. ist eng mit der böhmischen Hausmagd → Barbara verbunden, die ihm, nachdem sein Vater verstorben und seine Mutter mit einem Rittmeister davongelaufen ist, ihre ganze Liebe schenkt und sein Leben hilfreich begleitet. Als Beweis ihrer Mutterliebe übergibt ihm die 75jährige vor ihrem Tod die Ersparnisse ihres ganzen Lebens in Gold. F. wirft ihr Vermächtnis ins Meer, um es vor der Entweihung zu bewahren. – Der Knabe F. gehört zu den zahlreichen Leidtragenden der robusten »Selbstjustiz« an k.u.k. Militärschulen (→ Basini).

Ferdinand von Walter [*Kabale und Liebe.* Bürgerliches Trauerspiel von Friedrich von Schiller, 1784]. – F. v. W., ein Major von hohem Adel, liebt das Bürgermädchen → Luise Millerin. Seine Leidenschaft macht ihn zum Revolutionär, der die Standesunterschiede aufheben will. Als Luise mit Rücksicht auf ihre Eltern seinen Höhenflug nicht teilen kann, wird er mißtrauisch, und so können beide die Opfer der Intrigen von F.s Vater, Präsident von → Walter, und der Hofgesellschaft werden.

Ferdinando → Guelfo (Klinger: *Die Zwillinge*)

Fernando [*Das Erdbeben in Chili.* Novelle von Heinrich von Kleist, ED 1807]. – Don F., ein Mensch von Seelengröße und demütiger Schicksalsergebenheit, nimmt sich nach dem Erdbeben des Paares → Jeronimo Rugera und → Josephe an. Heldenhaft stellt er sich in der Kirche der verhetzten Menge entgegen, kann aber weder seine Freunde noch das eigene Kind, den kleinen Juan, retten, der wegen einer Verwechslung von dem mörderischen Pöbel an einem Kirchenpfeiler zerschmettert wird. Den Sohn des verfemten Paares, Philipp, nimmt er an Kindes Statt an.

Fernando [*Stella.* Schauspiel von Johann Wolfgang von Goethe, 1776]. – Der »schöne lange Offizier« F. ist ein schwankender, treuloser Liebhaber wie → Clavigo und → Weislingen. Er hat seine Frau → Cäcilie und später seine Geliebte → Stella verlassen und kehrt nach einer halbherzigen Flucht zu dieser zurück. Bei ihr trifft er Cäcilie und seine Tochter Lucie an. Die Doppelliebe führt in der ersten Fassung zum Vorschlag einer Ehe zu dritt, in der zweiten endet sie tragisch. F. ist ein distanzierendes Selbstporträt Goethes zur Zeit seiner unentschlossenen Liebe zu Lili Schönemann, die er sucht und flieht wie F. Stella.

Ferner [*Der Meineidbauer.* Volksstück von Ludwig Anzengruber, 1871]. – Mathias F. verbirgt seine Besitzgier hinter einer frommen Fassade, an die er schließlich selbst glaubt. Durch Testamentsunterschlagung und Meineid wird er Bauer des Kreuzweghofes. Vroni, die uneheliche Tochter des toten Bruders, ein herzhaftes, natürliches Mädchen, entlarvt ihn als Betrüger. Trotz sozialkritischem Ansatz endet das Stück mit dem Bild einer heiteren Welt ohne Lüge und Haß.

Ferro [*Der Stumme.* Roman von Otto F. Walter, 1959]. – Loth (Lothar) F. hat als Kind seine Sprechfähigkeit verloren, als der Vater die Mutter brutal niederschlug. Der Erwachsene sucht seinen verschwundenen Vater, arbeitet mit ihm unerkannt auf einer Baustelle und tötet ihn unfreiwillig bei einer Sprengung. Der Schock bringt ihm die Sprache zurück.

Fessel [*Vatermord.* Schauspiel von Arnolt Bronnen, 1920]. – Der subalterne Büroangestellte Ignaz F. drangsaliert seine Familie mit Jähzorn und Egoismus. Auf seinen ältesten Sohn Walter projiziert er seinen Wunschtraum: Er soll Rechtsanwalt werden und für die Sache der Arbeiter eintreten. Der Gymnasiast Walter lehnt sich gegen den kleinbürgerlichen, tyrannischen Vater auf, der ihn erniedrigt und versklavt. Als es ihm nicht gelingt auszubrechen, bringt er nach der inzestuösen Vereinigung mit der Mutter, dem orgiastischen Höhepunkt seines Aufruhrs, den Vater um. In seinen Pubertätsschwierigkeiten und seinem anarchischen Freiheitsdrang ist Walter F. ein Seelenverwandter von Wedekinds → Moritz Stiefel und Hasenclevers → Sohn.

Feuerfuchs [*Der Talisman.* Posse von Johann Nestroy, 1843]. – Titus F. ist einer der lebensvollsten Helden der Wiener Volkskomödie, ein Außenseiter, den die Gesellschaft wegen ihres Vorurteils gegen Rothaarige ablehnt. Als er zufällig in den Besitz zuerst einer schwarzen, dann einer blonden, schließlich einer grauen Perücke kommt, erreicht er nacheinander alles, was ihm bisher verwehrt war. Als Rothaariger entlarvt, wird er wieder verstoßen. Sein Glück findet er mit der rothaarigen Gänsemagd Salome Pockerl.

Feuerstein → Kofler (Kipphardt: *März, ein Künstlerleben*)

Feyerabend [*Altershausen.* Roman (Fragment) von Wilhelm Raabe, 1911 (posthum)]. – Der mit Ehren überhäufte, weltweit bekannte Nervenarzt Friedrich F. entschließt sich an seinem 70. Geburtstag, seine Heimatstadt Altershausen zu besuchen. Aber der Traum von der glücklichen Kindheit wird durch ein Schockerlebnis zerstört: sein Jugendfreund Ludchen Bock ist infolge eines Unfalls auf dem geistigen Stand eines 12jährigen stehengeblieben, seine Gespielin Minchen Ahrens ist eine Greisin, die ihm die Geschichte des Unglücklichen erzählt.

Fiametta [*Dichter und ihre Gesellen.* Roman von Joseph Freiherr von Eichendorff, 1834]. – Die Tochter eines reichen italienischen Marchese folgt dem Dichter → Fortunat als Knabe verkleidet nach Deutschland und wird seine Frau.

Fibel [*Leben Fibels.* Roman von Jean Paul, 1812]. – Gotthelf F., einer von den weltfremden, gutartigen Narren Jean Pauls, ist die Karikatur eines aufgeblasenen Winkelgelehrten und -poeten, eines kleinen Gernegroß, der sich selbst erhöht. Er wächst als Voglerssohn in beschränkten Verhältnissen auf, wird aber von einer ehrgeizigen Mutter bei seinen Studien unterstützt. Er verfaßt schließlich eine neue ABC-Fibel, gründet einen Verlag und heiratet die Wildhüterstochter Drotta. Der Erzähler begegnet ihm als 125jährigem, kindlich geworden und mit seiner Winzigkeit versöhnt.

Fides [*Hadlaub.* Novelle von Gottfried Keller, ED 1876]. – F. Freifräulein von Schwarz-Wasserstolz ist die natürliche Tochter eines Geistlichen, des kaiserlichen Kanzlers Heinrich v. Klingenberg, späteren Bischofs von Konstanz, und eines adeligen Fräuleins, die später Fürstäbtissin wird. F. wächst im Hause Manesse auf, und aus Liebe zu ihr wird → Hadlaub zu einem neuen Minnesänger.

Fiebig [*Socialaristokraten.* Komödie von Arno Holz, 1896]. – F. ist der Typ des Salonliteraten der Gründerjahre, ein ehrgeiziger Dilettant, der die großen Gedanken des Jahrhunderts auf sein spießbürgerliches Niveau herunterzieht.

Fielitz [*Der rote Hahn.* Tragikomödie von Gerhart Hauptmann, 1901]. – Frau F., die verwitwete und neuverheiratete Mutter → Wolffen aus dem *Biberpelz,* hat ihre Spitzbübereien nicht aufgegeben, vielmehr eskaliert ihr Streben nach Wohlhabenheit zu einem Versicherungsbetrug mit Brandstiftung und Verdächtigung des Dorftrottels Gustav → Rauchhaupt. Dabei vermag sie das ganze Dorf direkt oder indirekt an der

Verschleierung ihrer Schuld zu beteiligen. Gustavs Vater zwingt jedoch Frau F. in die Defensive, und sie stirbt »buchstäblich an ihrem bösen Gewissen und der Furcht vor Entdekkung« (R. A. Schröder). Ihr Mann, der »Schuhmacher und Polizeispion« F., setzt ihren bauernschlauen betrügerischen Entwürfen zunächst halbherzigen Widerstand entgegen, wird dann aber zu ihrem Komplizen.

Fiesko [*Die Verschwörung des Fiesko zu Genua.* Tragödie von Friedrich von Schiller, 1783]. – F., Graf von Lavagna, ist das führungsstarke Haupt einer Adelsverschwörung in Genua gegen die Usurpation der Macht durch die → Dorias. Es geht ihm nicht darum, die Republik wiederherzustellen; vielmehr will er selbst in der »schrecklich erhabenen Höhe« stehen. Im Triumph des Sieges ergreift ihn der Machtrausch, so daß er zu dem wird, was er bekämpft hat. Der wahre Republikaner → Verrina stürzt ihn ins Meer.

Figaro [*Figaro läßt sich scheiden.* Komödie von Ödön von Horváth, UA 1937]. – Der aus Beaumarchais' Dramen und Mozarts Oper bekannte Diener des Grafen → Almaviva ist Protagonist einer Art Geschichtsrevue, die aus dem 18. ins 20. Jh. hinüberwechselt. 1789 flieht der Revolutionär aus Liebe zu Susanne mit dem gräflichen Paar, wird ein spießiger Friseur, der es allen rechtmachen will, und verlangt von Susanne vergeblich die gleiche Anpassung. Im 20. Jh. kehrt er als Verwalter in das Schloß zurück, das in ein Waisenhaus verwandelt worden ist. Seine revolutionäre Gesinnung hat sich zu einer humanitären Haltung, auch gegenüber den Feinden der Revolution, veredelt.

Filipo → Alma (Wedekind: *König Nicolo oder So ist das Leben*)

Filneck → Tempelherr (Lessing: *Nathan der Weise*)

Filser [*Briefwechsel eines bayerischen Landtagsabgeordneten.* Fingierte Briefe, 1909; *Jozef Filsers Briefwexel,* 1912; *Erster Klasse.* Bauernschwank, 1910, von Ludwig Thoma]. – Der urige bayerische Bauer Josef F. wird mit Hilfe des Pfarrers Landtagsabgeordneter. Er schreibt in derbem Bayrisch und in naiv phonetischer Rechtschreibung Briefe, die den klerikal-konservativen politischen Stil im Königreich bloßstellen. Im Schwank reist er Erster Klasse in die Landeshauptstadt. Sein lautes Benehmen und der Stoff der Gespräche mit seinem Freund Gsottmaier erregen bei den vornehmen Mitreisenden den Verdacht, daß er zu Unrecht in der Ersten Klasse sitzt.

Firdusi.

F., der »persische Homer« und Verfasser des Königsbuches *(Schah-Name),* lebte von 932 bis 1020.

[*Romanzero.* Gedichtzyklus von

Heinrich Heine, 1851]. – F. wird vom Sultan um den Lohn für sein Epos *Schah-Name* betrogen und erlebt so das problematische Verhältnis zwischen Herrschermacht und Dichtertum.

Fischer [*Die Ermordung einer Butterblume.* Erzählung von Alfred Döblin, ED 1910]. – Der freundliche Bürger Michael F. schlägt auf einem Spaziergang einer Butterblume den Kopf ab und gerät dadurch in ein seltsames Schuldverhältnis zu ihr.

Fischerle [*Die Blendung.* Roman von Elias Canetti, 1935]. – F. ist der »groteske jüdische Zwerg . . ., der sich für den größten Schachspieler der Welt hält (und zugleich weiß, daß er sich belügt)«. Mit absurden Tricks trägt er dazu bei, → Kien, der ihn für seinen Freund hält, zu vernichten.

Fitelberg [*Doktor Faustus.* Roman von Thomas Mann, 1947]. – Der Impresario mit dem, wie er selber sagt, »ausgesprochen miesen, polnisch-deutsch-jüdischen Namen« Saul F. sucht Adrian → Leverkühn in dem abgeschiedenen Pfeiffering auf, um ihn für eine Konzertreise in die Hauptstädte Europas zu gewinnen – mit einer aufdringlichen, aus Französisch und Deutsch gemischten, geschmeidig-unterwürfigen Suada, die an Lessings → Riccaut erinnert. Die negative Zeichnung dieses Aufsteigers aus dem »miesen Ljublin« hat Thomas Mann den Vorwurf eines unterschwelligen Antisemitismus eingebracht.

Fixlein [*Leben des Quintus Fixlein.* Humoristische Idylle von Jean Paul, 1796]. – Der Gymnasiallehrer Egidius Zebedäus F., Sohn einer Schloßgärtnerin, empfindet es als traumhaftes Glück, daß der Zufall ihn zum Konrektor und schließlich zum Pfarrer emporsteigen läßt und daß er das verarmte Edelfräulein Thienette zur Ehefrau gewinnt, die ihm einen Sohn schenkt. Das komisch-idyllische Glück wird vorübergehend verdüstert von F.s Aberglauben, er müsse wie alle in seiner Familie mit 32 Jahren sterben.

Flachsmann [*Flachsmann als Erzieher.* Komödie von Otto Ernst, 1901]. – Der Oberlehrer Jürgen Heinrich F. – eine der negativen Lehrergestalten in der Auseinandersetzung um die Welt der Schule zur Zeit der Jahrhundertwende (→ Traumulus, → Heitmann) – ist ein autoritärer kleinstädtischer Schultyrann, der seine Schüler zu Untertanen und Duckmäusern dressiert. Er wird vom Schulrat als Betrüger entlarvt und durch seinen Antipoden → Flemming ersetzt.

Flämmchen [*Die Epigonen.* Roman von Karl Leberecht Immermann, 1836]. – F., eine Goethes → Mignon nachempfundene Gestalt, ist ein Naturwesen mit einer »unbesieglichen Lust zum Tanze«. Das wilde Mädchen steht den Elementen näher als der menschlichen Gesellschaft und wird ohne Sarg beerdigt, um es der Natur direkt zurückzugeben. Auch F.s Liebe zu ihrem Beschützer → Hermann ist natur- und nymphenhaft.

Flamin [*Hesperus, oder 45 Hundsposttage.* Roman von Jean Paul, 1795]. – Der vermeintliche Pfarrerssohn F. ist mit → Viktor aufgewachsen und befreundet. Ihre Freundschaft leidet, als beide sich in → Klothilde verlieben und F. rasend eifersüchtig ist. Der Konflikt löst sich, da sich herausstellt, daß F. der Sohn eines Fürsten und Klothildes Bruder ist.

Flamm [*Rose Bernd.* Schauspiel von Gerhart Hauptmann, 1903]. – Da seine Frau gelähmt ist, sucht der Gutsherr und Landrat Christoph F. sexuelle Kompensation bei der Magd → Rose Bernd. Als diese jedoch ein Kind bekommt, distanziert er sich, und als sie es tötet, ist er, der eigentlich Schuldige, voller moralischer Entrüstung – ein Prototyp des heuchlerischen Mannes in einer bäuerlichen Umwelt, die der Frau allein eine strikte moralische Anständigkeit abfordert, dem Mann aber sexuelle Promiskuität zugesteht. Frau F. versucht mit Herzensgüte und großzügigem Verzeihen Rose zu helfen.

Flavius [*Hermann.* Trauerspiel von Johann Elias Schlegel, ED 1743]. – [*Die Hermannsschlacht.* Drama von Heinrich von Kleist, entst. 1808, ED 1821]. – Der bei Tacitus bezeugte Bruder des → Arminius steht in den Arminius- und Hermann-Dichtungen im Konflikt zwischen seiner Treuepflicht zu Rom und seiner Sippenbindung.

Fleder [*Die Freier.* Lustspiel von Joseph Freiherr von Eichendorff, 1833]. – Der Hofrat F. folgt, als Flötenspieler verkleidet, unter dem Namen Artur dem Grafen → Leonhard, um ihn im Auftrag von Leonhards Onkel zu beaufsichtigen.

Flemming [*Flachsmann als Erzieher.* Komödie von Otto Ernst, 1901]. – Der Junglehrer Jan F., der pädagogische Gegenspieler → Flachsmanns, ist ein Idealist, der sich auf Pestalozzi und Rousseau beruft, die Schüler musisch, lebensnah und frei erzieht, ihnen ihre persönliche Eigenart läßt und dafür ihre Liebe erntet.

Der fliegende → Holländer (Wagner: *Der fliegende Holländer*)

Flint [*Professor Bernhardi.* Komödie von Arthur Schnitzler, 1912]. – Der Unterrichtsminister, politische Entscheidungsinstanz in der Auseinandersetzung zwischen Professor → Bernhardis humanitärer Haltung und dem offiziellen Standpunkt der katholischen Kirche, laviert sich geschickt an allen Klippen vorbei – nach Schnitzler ein typischer Schauspieler auf dem Welttheater.

Flinz [*Frau Flinz.* Komödie von Helmut Baierl, 1961]. – In dem marxistischen Lehrstück vertritt Frau F. den individuellen Egoismus. Die verschlagene Kriegerwitwe Marthe F. verliert trotz ihres Widerstands ihre fünf Söhne an den Staat, der eine neue sozialistische Gesellschaftsordnung aufbaut. Im Gegensatz zu Brechts Mutter → Courage lernt sie aus ihren Erfahrungen und wird zur »positiven Heldin«, Parteigenossin und LPG-Vorsitzenden.

Flodoardo → Abällino (Zschokke: *Abällino*)

Flora → Adele (Eichendorff: *Die Freier*)

Flore und Blancheflur [*Flore und Blancheflur.* Versroman von Konrad Fleck, entst. um 1220; 1846]. – F. und B. sind das kindliche Liebespaar, das in unerschütterlicher Treue und unschuldiger Reinheit verbunden ist. Der Sohn des heidnischen Königs von Spanien wird mit der am gleichen Tag geborenen unfreien Christin Blancheflur erzogen, beide lieben sich von klein auf. Als sie getrennt werden, überwindet F. alle Hindernisse, bis er B. heiraten kann.

Florens [*Eine schöne und kurzweilige Histori von dem Kaiser Octaviano.* Volksbuch, aus dem Franz. übersetzt von Wilhelm Salzmann, 1535]. – F., der typische Held eines spätmittelalterlichen Ritter- und Abenteuerromans, wird als Kind mit seiner Mutter und dem Bruder Lion von seinem Vater, dem Kaiser → Octavian, aufgrund falscher Beschuldigungen verstoßen. Nach einer gefahren- und ereignisreichen Jugend findet er im Krieg gegen die Mohammedaner Bruder und Vater wieder und gewinnt die Sultanstochter Marcebila.
[*Kaiser Octavianus.* Lustspiel von Ludwig Tieck, 1804]. – Der Sohn der → Felicitas, ein christlicher Held im Glaubenskrieg gegen die Heiden, liebt Marcebille, die von ihrem Vater, dem Sultan von Babylon, heimlich als Kampfpreis für die Heiden ausgesetzt ist. Es gelingt F. durch seine Heldentaten, die Heiden zu besiegen, sie zu bekehren und Marcebille zu gewinnen.

Florentin [*Florentin.* Roman (Fragment) von Dorothea von Schlegel, 1801]. – Der romantische Vagabund und Müßiggänger F. ist ein Nachfolger → Wilhelm Meisters und → Franz Sternbalds. F. erzählt den neu gewonnenen Freunden Juliane und Eduard auf einem Schloß sein bisheriges Leben: seine Herkunft ist von einem Geheimnis umhüllt, er ist von einer unbestimmten Sehnsucht durch die Welt getrieben worden und plant nach Amerika zu gehen, um am Unabhängigkeitskrieg teilzunehmen. Er verläßt seine Freunde an ihrem Hochzeitstag.

Florestan [*Franz Sternbalds Wanderungen.* Romanfragment von Ludwig Tieck, 1798]. – Rudolph F. ist im Gegensatz zu dem ernsthaften Künstlertyp → Franz Sternbald der leichtlebige romantische Vagabund, der, ewig auf der Wanderschaft, in den Tag hineinlebt.

Florestan → Leonhard (Eichendorff: *Die Freier*)

Florian [*Der Diamant des Geisterkönigs.* Zauberposse von Ferdinand Raimund, ED 1837]. – Der Diener F., der → Eduard auf dessen Weg durch die ihm auferlegten Prüfungen begleitet, muß sozusagen stellvertretend für seinen Herrn körperlich leiden: Erst wird er in einen Pudel verwandelt, dann bekommt er jedesmal gräßliches Gliederreißen, wenn Eduard einem verlogenen Mädchen die Hand reicht. Trotz seiner komischen Rolle ist F. menschlich sympathisch gezeichnet und nicht als der traditionelle Rüpel des Vorstadttheaters.

Florian Geyer.
F. G. (um 1490–1525), fränkischer Reichsritter, trat zum Luthertum über und führte im Bauernkrieg die Aufständischen an. Sein Ziel war ein Reich ohne adelige Vorrechte.
[*Florian Geyer.* Tragödie von Gerhart Hauptmann, 1896]. – F. G. will die Bauern aus der Knechtschaft des Adels befreien, aber ihm fehlt die Kraft, die zersplitterten Revolutionäre unter seine Führung zu zwingen.

Floriê → Wigalois (Wirnt von Grafenberg: *Wigalois*)

Florindo [*Cristinas Heimreise.* Komödie von Hugo von Hofmannsthal, 1910]. – Der junge, hübsche F. ist ein Casanova, der mit Charme die Frauen betört, sie aber verläßt, sobald er sein Ziel erreicht hat. Er überredet und verzaubert → Cristina, die auf der Heimreise von Venedig in die Berge ist, und übergibt sie nach einer Nacht des Rausches dem Zufallsbekannten → Tomaso zur Weiterfahrt in die Heimat. So wird der Verführer zum Ehestifter.

Florindo [*Die drei ärgsten Erznarren in der ganzen Welt.* Roman von Christian Weise, 1672]. – F. erbt ein Schloß, wenn er Bilder der drei größten Narren herbeischafft, die es gibt. Die Bilder sollen im Schloß aufgehängt werden. F. reist mit zwei Gefährten durch die Welt, um die Testamentsklausel zu erfüllen.

Florio [*Das Marmorbild.* Novelle von Joseph Freiherr von Eichendorff, ED 1819; 1826]. – Der Dichter F. verfällt dem Zauber einer Venusstatue in einem nächtlichen Garten und gerät bei der sehnsuchtsvollen Suche nach Erfüllung in den Bann dämonischer Liebe. Vor dem Schicksal → Tannhäusers retten ihn seine Frömmigkeit und ein Lied seines Freundes Fortunato.

Flottwell [*Der Verschwender*. Zaubermärchen von Ferdinand Raimund, ED 1837]. – Die Fee → Cheristane hat dem Edelmann Julius von F. zu großem Reichtum verholfen, doch dieser verschleudert sein Vermögen. Erst als er seine Verschwendungssucht bereut, greifen wieder die überirdischen Mächte ein und verhelfen ihm zu neuem Wohlstand und zu der Einsicht, was die wahren Reichtümer der Menschenseele sind. – Der Verschwender ist eine im Wiener Volksschauspiel häufig auftretende Figur, F. die bekannteste und poetischste.

Fohrmann [*Irrlicht und Feuer*. Roman von Max von der Grün, 1963]. – Der Hauer Jürgen F. ist eine repräsentative Gestalt der »Literatur der Arbeitswelt«. Sein kräftezehrender Beruf läßt ihn alle »Oberen« – einschließlich der Gewerkschaftsbosse – hassen und zerstört sein Privatleben. Nach Zechenstillegung und Arbeitslosigkeit steht er am Fließband, aber diese leichtere, mechanische Tätigkeit rettet ihn nicht vor dem Bewußtsein der Entfremdung und der Sinnlosigkeit seines Daseins.

Folchi → Nicolo (Wedekind: *König Nicolo oder So ist das Leben*)

Folk [*Der Dra-Dra*. Theaterstück von Wolf Biermann, 1970]. – Hans F. bezwingt in der Parabel mit Hilfe der Tiere den Drachen (Dra-Dra), der das Land knechtet, unterliegt dann vorübergehend der »Drachenbrut« – womit die Speichellekker und Befehlsempfänger gemeint sind. Biermann wollte mit der Parabel die jeweils Herrschenden und ihre Handlanger treffen, denen »Hans Folk«, d. h. das gemeine Volk, das Heft aus der Hand nehmen sollte.

Fontana → Riccardo (Hochhuth: *Der Stellvertreter*)

Forell [*So weit die Füße tragen*. Roman von Josef Martin Bauer, 1955]. – Der Oberstleutnant Clemens F. gehört als Mann auf der Flucht zu den Grundtypen des Abenteuerromans; seine Flucht ist zum Kriegsgefangenenausbruch im Zweiten Weltkrieg aktualisiert. F. durchlebt eine dreijährige Odyssee, erleidet ungeheure Strapazen, übersteht schlimmste Gefahren und begegnet hilfsbereiten Menschen. Nach der Heimkehr ist er auf immer gezeichnet und ein anderer, scheuer Mensch geworden.

Formica → Rosa (Hoffmann: *Signor Formica*)

Forschungsreisender [*In der Strafkolonie*. Erzählung von Franz Kafka, 1919]. – In der Strafkolonie wird dem F. durch einen Offizier eine Straf-, Opfer- und Reinigungsmaschinerie vorgeführt, durch die eine Hinrichtung zur Lust werden und zu höheren Erkenntnissen verhelfen soll. Doch das Selbstopfer des Offiziers beweist das nicht. Er wird ohne eine sichtbare Spur von Erhöhung durch die Maschine abgeschlachtet. Der F., von anfang an skeptisch, gewinnt keine neuen Einsichten und reist angeekelt ab.

Fortunat [*Dichter und ihre Gesellen.* Roman von Joseph Freiherr von Eichendorff, 1834]. – F. ist wie sein Freund → Victor ein echter Dichter im Sinne der Romantik. Er verkörpert die heitere Seite des Lebens und Dichtens, ist der Welt zugewandt und unbekümmerten Gemüts. In Rom, wo er bei einer Schauspieltruppe lebt, lernt er seine spätere Frau → Fiametta kennen.

Fortunat [*Fortunat.* Roman von Otto Flake, 1946]. – Der Autor sagt zu seiner Romangestalt: »Fortunat ist weder als genialer, noch als genialischer Mensch angelegt: bloß als begabter, geistig lebendiger, der nur durch die Fähigkeit, das Gleichgewicht zu bewahren, den Durchschnitt überragt.« Jakob Kestenholz, genannt F., unehelicher Sohn eines Bauernmädchens, wächst im Haus seines Stiefvaters, des Chirurgen Kestenbach auf, wird selber Frauenarzt, bewegt sich in einem breiten, internationalen Lebenskreis, begegnet verschiedenen Frauen und erleidet Schicksalsschläge. Er ist ein ruhiger, selbstsicherer, weltoffener Mensch und bewahrt seine Gelassenheit und Haltung in einer entfesselten, lebensgierigen Zeit.

Fortunat → Fortunatus (Tieck: *Fortunat*)

Fortunato → Florio (Eichendorff: *Das Marmorbild*)

Fortunatus [*Fortunatus.* Anonymes Volksbuch, entst. um 1480; 1509]. – [*Fortunat.* Märchenspiel von Ludwig Tieck, ED 1816]. – Der Sohn eines armen Bürgers von Famagusta auf Zypern wählt von den sieben Glücksgütern, die ihm eine gute Fee anbietet, den Reichtum, steigt zu Macht und Ansehen auf und gewinnt die Hand einer schönen Grafentochter. Er hinterläßt seinen Söhnen Ampedo und Andolosia sein Glückssäckel und sein Wunschhütlein, aber diese können die Glücksgüter nicht bewahren, denn Ampedo ist zu träge, Andolosia zu maßlos.

Fox [*Pitt und Fox.* Roman von Friedrich Huch, 1909]. – F., der jüngere Bruder und Gegenpol von → Pitt, geht mit seiner Umwelt konform und übernimmt die amoralische Lebenshaltung des dekadenten, selbstgefälligen Bürgertums zu Ende des 19. Jh.s. Er wird zum Blender, Schmarotzer und Opportunisten. Sein verlogener, selbstsüchtiger Charakter zeigt sich auch in der Liebe: Er läßt seine Studentenliebe mit einem Kind sitzen und heiratet die reiche Tocher seines Chefs.

Francesco Vela [*Der Ketzer von Soana.* Roman von Gerhart Hauptmann, 1918]. – Der junge asketische Priester F. V. gerät, als er in einem seelsorgerischen Auftrag die heidnische Hirtenfamilie → Scarabota in den Tessiner Bergen besucht, in den Bann von deren vitaler Tochter Agata und der überwältigenden Natur. Alle Kasteiungen und Beschwörungen können den Priester nicht vor der rauschhaften Hingabe bewahren. Die Askese weicht der dionysischen Lebensbejahung, und aus dem Priester wird der Hirte Ludovico.

Francœur [*Der tolle Invalide auf dem Fort Ratonneau.* Erzählung von Ludwig Achim von Arnim, 1818]. – Der wie vom Teufel besessene F. hat sich auf dem Fort Ratonneau am Hafen von Marseille eingeschlossen und beschießt die Stadt mit Raketen und Leuchtkugeln. Seine Frau Rosalie kann die Stadt und ihren Mann retten, indem sie furchtlos auf das Fort zugeht. Die Aufregung setzt einen eitrigen Knochensplitter in einer alten Kopfwunde F.s frei, und er ist geheilt.

François [*Der Gott.* Erzählung von Kasimir Edschmid, ED 1916]. – Jean F. ist ein Exponent des frühexpressionistischen Weltgefühls. In der Südsee aufgewachsen und nach einem kurzen Aufenthalt in der Zivilisation dorthin zurückgekehrt, wird F. von den Eingeborenen als Gott verehrt. Seine Liebe zu Kalekua und später die »Stimme des Abgrunds« steigern sein Dasein zu einem erotischen und exotischen Gefühlsrausch.

Frank → Karin (Braun: *Unvollendete Geschichte*)

Franklin.
Benjamin F. (1706–1790), war 1776 bis 1785 amerikanischer Gesandter in Frankreich und brachte das Bündnis Frankreichs mit den Aufständischen zustande.
[*Waffen für Amerika.* Roman von Lion Feuchtwanger, 1947/48]. – Benjamin F. wird als Abgesandter der Aufständischen, für die er in Frankreich Waffen beschaffen soll, mit der Welt des Ancien régime konfrontiert, mit Königstreuen, die wegen der Niederlage im Siebenjährigen Krieg aus Englandfeindlichkeit das eigene ideologische System untergraben, und mit Menschen wie → Beaumarchais, Vertretern des ebenso geschäftstüchtigen wie revolutionären Bürgertums – Geistesverwandten der amerikanischen Siedler.

Franz Moor [*Die Räuber.* Schauspiel von Friedrich von Schiller, 1781]. – F. M. entwickelt den für den Sturm und Drang typischen pathologischen Bruderneid. Er fühlt sich als Zweitgeborener und in seiner Häßlichkeit von der Natur benachteiligt, zweifelt an der Weltordnung und an der Existenz Gottes und wird zum Bösewicht und Despoten. Als gelehriger Schüler der Aufklärung kalkuliert er kühl, verstandesklar, zweckbestimmt und ohne moralische Bedenken. Mit Intelligenz, Bosheit und Gewalt versucht er den Bruder → Karl und seinen Vater zu vernichten. Sein ausgesprochen moderner Nihilismus gipfelt in den Blasphemien vor seinem Selbstmord.

Franz von → Sickingen (Goethe: *Götz von Berlichingen*)

Franz Sternbald [*Franz Sternbalds Wanderungen.* Romanfragment von Ludwig Tieck, 1798]. – F. St. ist der Grundtyp des romantischen Künstlers, der sucht, aber nie zur Vollendung gelangt, ein → Wilhelm Meister ohne die »bürgerliche« Komponente. Sein Gegentyp ist → Florestan, der ruhelose Wanderer und Vagabund. St.s künstlerischer Werdegang enthält nach der Ausbildung durch → Dürer das Erlebnis der sinnenfrohen Malerei der italienischen Renaissance und sollte nach Tiecks Plan in die Rückkehr zur altdeutschen »einfältigen« christlichen Kunst des Mittelalters münden. Als »Sternbaldisieren« bezeichnete die christlich-deutsche Malerschule der »Nazarener« in Rom (ab 1810) ihre Kunstausübung.

Franziska [*Franziska.* Tragikomödie von Frank Wedekind, 1912]. – F. ist eine Parodie auf die emanzipierte Frau. Die freiheitsliebende, gefühlskalte F., ein weiblicher → Faust, schließt einen Pakt mit dem Versicherungsagenten Veit Kunz, damit er ihr alle raffinierten Freuden und Genüsse der Welt zeige. Sie wird durch ein wildes Leben geführt, aber als Kunz glaubt, sie als seine Sklavin sicher zu haben, folgt sie einem Kraftprotz in eine bürgerliche Ehe. So bricht die Naturbestimmung des Weibes durch und beendet den Höhenflug der Emanzipation.

Franziska [*Minna von Barnhelm oder das Soldatenglück.* Lustspiel von Gotthold Ephraim Lessing, 1767]. – Als zungenfertige, schnippische Kammerzofe entspricht F. dem Typus in der Komödie der Zeit.

Franziska Lukas [*Die Rote.* Roman von Alfred Andersch, 1960]. – Die rothaarige Dolmetscherin F. entflieht wie viele literarische Gestalten der 50er Jahre ihrem gehobenen Mailänder Wohlleben mit Mann und Geliebtem, um in Venedig die wahre Existenz zu suchen. Der Ausbruch endet in der Liebschaft mit einem Geiger an der Oper von Venedig, Fabio → Crepaz, der ihr ein kleinbürgerliches Zuhause bieten kann.

Freder [*Krankheit der Jugend.* Schauspiel von Ferdinand Bruckner, 1928]. – Der ewige Student und Zyniker wird vom Macht- und Sexualtrieb bestimmt; er spielt mit der Lebensgier und Haltlosigkeit seiner Umgebung. Als Experiment verleitet er das ihm hörige

Zimmermädchen Lucy zum Diebstahl und macht sie zur Dirne. Er tötet → Marie im Lustrausch.

Freia [*Der Ring der Nibelungen.* Musikdramatische Tetralogie von Richard Wagner, 1853]. – Die Göttin des Lebens, F., hütet die goldenen Äpfel, deren Genuß den Göttern ewige Jugend verleiht. Als die Riesen Fasolt und → Fafner sie als Entlohnung für den Bau der Götterburg mitnehmen, altern die Götter und fühlen sich nicht mehr wohl. F. wird deshalb von → Wotan gegen das Nibelungengold wieder eingelöst.

Frenssen [*Die sterbende Jagd.* Roman von Gerd Gaiser, 1953]. – Der Oberst F. haßt den »wahnsinnigen« Hitler, ist sich der hoffnungslosen Lage der deutschen Jagdflieger 1943 völlig bewußt und unterwirft sich trotzdem wegen seiner traditionsgebundenen soldatischen Pflichtauffassung dem höheren Befehl. Seine Melancholie und sein ausweglos moralisches Dilemma machen ihn zu einer Symbolfigur wie den General → Harras.

Freudenberg [*Der Schwierige.* Lustspiel von Hugo von Hofmannsthal, 1921]. – Der komödientypische, von sich selbst überzeugte jugendliche Liebhaber und angehende Gesellschaftslöwe Stani F. bringt ungewollt zwei Menschen wahrhaft adeligen Charakters zusammen, → Helene Altenwyl und Kari → Bühl. Er ist verliebt in Helene, und als sie sich seinem Onkel Kari zuwendet, rettet er sich leichthin in die Überzeugung, sein Onkel habe zu ungeschickt für ihn geworben. Stanis Mutter Crescence F., die Schwester Bühls, ist die naiv Schicksale bestimmende und Ehen stiftende Gesellschaftsdame.

Freudenstein [*Der Hungerpastor.* Roman von Wilhelm Raabe, 1864]. – Moses F., Sohn eines jüdischen Trödlers, strebt wie sein Freund → Unwirrsch nach Bildung. Aber das Wissen macht ihn gefühlskalt und phantasielos; er wird ein skrupelloser Egoist und Materialist. Im Streben nach gesellschaftlicher Anerkennung wird er katholisch und nennt sich Theophil Stein. Die antisemitische Tendenz ist ungewollt.

Frey [*Frühherbst in Badenweiler.* Roman von Gabriele Wohmann, 1978]. – Der Komponist Hubert F., der sich einer Kur in Badenweiler unterzieht, ist der Prototyp des Künstlers in der modernen Gesellschaft. Er zweifelt nicht nur an seinen eigenen Fähigkeiten, sondern überhaupt an der Möglichkeit der Kunst heutzutage. Er weiß, daß er nichts verändern kann, und versinkt in Lethargie.

Freytag [*Das Feuerschiff.* Erzählung von Siegfried Lenz, 1960]. – Ein Feuerschiff gerät in die Gewalt von drei Schwerverbrechern. Der Kapitän, F., ein

Mann der Ordnung und des Beharrens, erscheint in den Augen der Besatzung, vor allem des eigenen Sohnes Fred, als entschlußlos und feige, doch handelt er psychologisch und sachgemäß richtig und beweist selbstverständlichen Mut in dem Augenblick, in dem das Leben anderer, Unbeteiligter, gefährdet ist.

Fridbert → Wilibald (Wickram: *Der jungen Knaben Spiegel*)

Friebott [*Volk ohne Raum.* Roman von Hans Grimm, 1926]. – Cornelius F., Bauernsohn aus dem Weserbergland, wandert um 1900 nach Südafrika aus. Er ist ein Held kolonialer Kämpfe, vertritt völkisch-soziale Ideen und predigt nach dem Ersten Weltkrieg nationale Sammlung. So konnte er für die Nationalsozialisten eine Mustergestalt für den Kampf um mehr Lebensraum werden.

Frieda [*Das Schloß.* Roman (Fragment) von Franz Kafka, 1926 (posthum)]. – F., ein Serviermädchen im »Herrenhaus«, ist die Geliebte des Beamten → Klamm. In dem Versuch, sich mit Klamm zu messen, macht ihm der Landvermesser → K. die Geliebte abspenstig, kann sie jedoch nicht halten. F. kehrt in das Herrenhaus und damit in den direkten Ausstrahlungsbereich der Schloßhierarchie zurück.

Friedemann [*Der kleine Herr Friedemann.* Novelle von Thomas Mann, 1898]. – Johannes F., der durch die Unachtsamkeit einer Amme zum Krüppel geworden ist, wird notgedrungen zum introvertierten Menschen, der nur geistig-psychische Genüsse kennt. Das ändert sich, als er der aufregenden Gerda von Rinnlingen verfällt, die ihn jedoch spöttisch abweist. Ihm bleibt nur der Tod.

Friedemann Bach [*Friedemann Bach.* Roman von Albert Emil Brachvogel, 1858]. – F. B. (1710–1784), der begabte, labile älteste Sohn Johann Sebastian Bachs, steigt schnell zum Hoforganisten in Dresden auf, sinkt jedoch infolge von Intrigen, Streitigkeiten und seinem Mangel an innerer Festigkeit zum unsteten Zigeunergenossen und Bettler ab.

Friedemann Leutenbacher [*Else von der Tanne.* Erzählung von Wilhelm Raabe, ED 1865]. – Der Pastor F. L. »im Elend«, seiner Pfarrgemeinde Elend im Harz, empfindet die Welt am Ende des dreißigjährigen Kriegs als Chaos, in dem das einzige Lichtwesen, → Else, von der Gewalt des Bösen zerstört wird.

Friederike Ruthmeyer → Schlaggenberg (Doderer: *Die Dämonen*)

Friedrich [*Ahnung und Gegenwart.* Roman von Joseph Freiherr von Eichendorff, 1815]. – Wie Goethes → Wilhem Meister lernt Graf F. auf einer großen Wanderung die verschiedenen Aspekte des Lebens kennen. Er erfährt Liebe (→ Rosa), Freundschaft (→ Leontin), Treue (→ Erwin), Leidenschaft (→ Romana), wird aber immer enttäuscht. Zum Schluß zieht er sich resigniert aus der Welt in ein Kloster zurück.

Friedrich [*Die Wandlung.* Drama von Ernst Toller, 1919]. – Der Bildhauer F., der aus patriotischem Idealismus freiwillig am Kolonialkrieg teilgenommen hat und nach seiner Rückkehr den »Sieg des Vaterlands« mit einer Statue feiern will, wird von Kriegsinvaliden belehrt, daß Krieg und Vaterland nur für die reichen Ausbeuter förderlich sind. F. begibt sich auf die Suche nach dem Menschen, findet aber nur Zerrbilder; dennoch wird er, weil er auf seinem Weg Einsichten in die realen, sozialen und politischen Zustände gewonnen hat, zum Anwalt der Menschen und ruft sie zur Revolution auf.

Friedrich der Große
Friedrich II. (1712–1786), der Begründer der Großmachtstellung Preußens, lebt in der Literatur in dreierlei Gestalt fort: als feinsinniger Kronprinz, der mit seinem kulturfeindlichen Vater Friedrich Wilhelm I. zusammenstößt, als Philosoph auf dem Königsthron und als Repräsentant vaterländischer Einheitsträume.
[*Vater und Sohn.* Schauspiel von Joachim Freiherr von der Goltz, 1921]. – Die aus der Geschichte bekannten Fakten – die öffentliche Herabwürdigung durch den Vater, König → Friedrich Wilhelm I., das kulturelle Interesse, der Fluchtplan und sein Scheitern – sind vor allem in Auseinandersetzungen mit dem Vater und Dialogen mit seinem Jugendfreund und Fluchthelfer Katte ausgearbeitet. F. ringt sich schließlich mit Mühe dazu durch, vor seinem Vater Reue zu heucheln.
[*Tage des Königs.* Erzählungen von Bruno Frank, 1924]. – In drei Geschichten will Bruno Frank den Preußenkönig als Vorbild für die »Einheit von Humanität, Geist und Stärke« darstellen. Er zeichnet den alternden Monarchen als Staatsmann und Reformer, als vereinsamten Sonderling und als eigensinnigen Misanthropen.
[*Der Müller von Sanssouci.* Lustspiel von Peter Hacks, UA 1958]. – Hacks deutet die bekannte Anekdote um, in der F. den Mühlbetrieb in der Schloßnähe verbieten will, weil er sich durch das Klappern gestört fühlt, sich aber vor der stolzen Haltung des Müllers dem Recht beugt. Aus dem standhaften Müller wird ein devoter Untertan, aus dem gerechtigkeitsliebenden F. die Karikatur eines Herrschers, der den öffentlichen Protest des Müllers wünscht, um durch seine Gerechtigkeit bei seinem Volk Symphatien zu gewinnen und es von seinen Kriegsplänen abzulenken. Am Ende betrügt er den Müller mit einem Trick. Das Stück will die marxistische These von der Determiniertheit des Menschen

durch Stand, Politik und Ökonomie beweisen.

Friedrich von → Homburg (Kleist: *Prinz Friedrich von Homburg*)

Friedrich von Trota [*Der Zweikampf.* Erzählung von Heinrich von Kleist, ED 1811]. – F. ragt unter den zweiflerischen und skeptischen Männergestalten Kleists wegen seiner Gefühlssicherheit hervor. Trotz erdrückender Gegenbeweise und trotz seiner Niederlage im Zweikampf um die Ehre → Littegardes von Auerstein glaubt er, ohne zu wanken, an die Unschuld der Dame.

Friedrich Wilhelm.
F. W. von Brandenburg, der »Große Kurfürst« (1620–1688) versuchte aus Brandenburg einen calvinistischen Musterstaat zu machen und legte die Grundlagen für den späteren preußischen Verwaltungsstaat.
[*Prinz Friedrich von Homburg.* Schauspiel von Heinrich von Kleist, ED 1821 (posthum)]. – In der Rezeption erscheint F. W. als gottähnlicher Marionettenspieler, als um sein Selbstverständnis ringender Fürst oder als absolutistischer Despot. Kleists Intention war die Gestaltung eines Herrschers, der sich bewußt ist, daß er die Summe des Willens aller ist, und der demgemäß seine persönlichen Neigungen und Gefühle, seine ganze Individualität, vollkommen seiner abstrakten Funktion als Landesherr unterwirft. Insofern ist der Prinz v. → Homburg als ein mit traumhafter Sicherheit aus dem Gefühl handelndes Individuum sein absolutes Gegenteil.

Friedrich Wilhelm I.
F. W. I., der »Soldatenkönig« (1713–1740), war der Schöpfer des preußischen Beamtenstaates, dessen Pflichtethos er selbst vorlebte. – In der Literatur herrscht das Bild des kulturlosen und tyrannischen Vaters vor.
[*Zopf und Schwert.* Lustspiel von Karl Gutzkow, ED 1844]. – Zopf und Schwert sind die Symbole der preußischen Ordnung, und ihr Träger, der Soldatenkönig, beweist, »daß Könige in ihren Familien ein Muster für den biederen Hausstand ihrer Untertanen sein können«. Er lenkt seinen Hof und seine Familie mit despotischer Strenge und jovialer Biederkeit, die der königlichen Würde oft grotesk entgegengesetzt sind.
[*Vater und Sohn.* Schauspiel von Joachim Freiherr von der Goltz, 1921]. – Fr. W. I. sieht seinen Sohn Friedrich als Nichtstuer, Weichling und Angsthasen und zeigt öffentlich seine Verachtung. Der Kronprinz wird nach seinem Fluchtversuch zum Tode verurteilt. Die inneren Kämpfe des Königs, das Bemühen, seiner Prinzipientreue den Gnadenakt abzuringen, sind Höhepunkt der Charakterdarstellung.
[*Der Vater.* Roman von Jochen Klepper, 1937]. – Im Gegensatz zum tradierten Charakterbild sieht Klepper den Soldatenkönig positiv. F. W. ist der patriar-

chalisch strenge Herrscher, der aus der Tiefe religiös fundierten Pflichtbewußtseins den Ordnungsstaat schafft, die schweren Lasten gerecht verteilt, den eigenwillig widerspenstigen Kronprinzen Friedrich mit den härtesten Mitteln zur Einsicht in die Rigorosität des Gottesgnadentums zwingen will und sich selbst die schwersten Bürden auflädt.
[*Leben Gundlings.* Stück von Heiner Müller, 1977]. – Der König wird als ein Monstrum dargestellt. Er haßt alle, die nicht so grobschlächtig denken wie er. Er kujoniert die Intellektuellen und macht sie in → Gundling zum Narren, verachtet seinen Sohn Friedrich als Französling und Weichling und läßt dessen Freund Katte hinrichten, um die homoerotischen Neigungen des Kronprinzen auszulöschen.

Friedrich Wilhelm III.
F. W. III. war König von Preußen von 1797–1840.
[*Louis Ferdinand, Prinz von Preußen.* Drama von Fritz von Unruh, 1913]. – Der preußische König ist als Gegenspieler des Prinzen → Louis Ferdinand weitgehend in Übereinstimmung mit der historischen Realität dargestellt: ein unentschlossener Monarch, der den Frieden mit Napoleon unter allen Umständen bewahren will, auch gegen das Ehrgefühl des Heeres und des Prinzen.

Frisecke [*Der Stänker.* Komödie von Carl Sternheim, 1917]. – Der »Stänker« Fritz F. ist der typische Ellenbogenmensch aus Sternheims »bürgerlichem Heldenleben«. Er betreibt als Hotelier rücksichtslos seine Geschäfte, tritt das Glück seiner Familie mit Füßen und geht über Leichen; seine »mitbürgerliche Scheußlichkeit« begreift er als seine bürgerliche Freiheit: »Ich bin so!«

Fritz von → Berg (J.M.R. Lenz: *Der Hofmeister oder Vorteile der Privaterziehung*)

Fritzwilhelm [*Der fünfzehnte November.* Novelle von Ludwig Tieck, ED 1827]. – F. wird an seinem zehnten Geburtstag, einem 15. November, durch ein Nervenfieber geisteskrank. Als junger Mann rettet er am 15. November seine Familie bei einem Dammbruch in einem großen Boot, das er aus einem tierhaften Instinkt gebaut hat. Danach fällt er in einen tiefen Schlaf, aus dem er geheilt erwacht. Während seines Wahnsinns lebt F. in dem Zwischenreich zwischen dem Göttlichen und dem Kreatürlichen, das dem Gesunden verschlossen ist.

Fröben [*Die Bettlerin vom Pont des Arts.* Novelle von Wilhelm Hauff, ED 1826]. – Die Frau seines Jugendfreundes Faldner gibt sich Franz von → F. als die verschwundene tiefverschleierte Unbekannte zu erkennen, der er vor Jahren behilflich sein konnte, als sie auf dem Pont des Arts bettelte, und in die er sich verliebte. Er kann ihr abermals helfen, sie aus einer unerträglichen Ehe befreien und für sich gewinnen.

Fröbom [*Die Bergwerke zu Falun.* Novelle von E.T.A. Hoffmann, ED 1819]. – Der junge Seefahrer Elis F. wird von den Erzählungen des alten Bergmanns Torbern verführt, in die geheimnisvolle unterirdische Welt einzusteigen. Er gerät darüber in Konflikt zwischen seiner natürlichen irdischen Existenz, in der er Ulla, die Tochter des Bergwerkdirektors, liebt, und einem verlockenden und bedrohenden Reich im Inneren des Berges. Am Hochzeitsmorgen steigt F. in die Tiefe, um einen funkelnden Stein als Brautgeschenk zu holen, und kommt nicht mehr zurück. Nach 50 Jahren wird seine Leiche unversehrt gefunden, und Ulla bricht im Augenblick des Wiedersehens tot neben ihm zusammen. – Der Bergknappe in Hebels *Unverhofftem Wiedersehen* (1811) hat keinen Namen.
[*Das Bergwerk zu Falun.* Tragödie von Hugo von Hofmannsthal, entst. 1899–1908; ED 1952]. – Hofmannsthal baut die Vorstellung von der unterirdischen Welt aus zu einem zeitlosen, unvergänglichen Reich der strahlenden Bergkönigin, in das Elis F. mit unentrinnbarer magischer Gewalt gezogen wird. Der Weg ins »Innere« entfremdet ihn der irdischen Bindung und läßt ihn schuldig werden an dem zarten Mädchen Anna, denn er geht am Hochzeitstag in den Berg und wird nicht wieder aufgefunden.

Frymann [*Das Fähnlein der sieben Aufrechten.* Novelle von Gottfried Keller, ED 1861]. – Der reiche Zimmermeister F., mit seinem Freund → Hediger Anführer des »Fähnleins der sieben Aufrechten«, soll beim Aarauer Schützenfest die Festansprache für sein Fähnlein halten, bringt aber kein Wort heraus.

Fürst [*Wilhelm Tell.* Schauspiel von Friedrich von Schiller, 1804]. – Walter F. aus Uri, der Schwiegervater → Wilhelm Tells, ist ein besonnener, rechtlich denkender Mann, der durch die offensichtlich gezielten Unrechtshandlungen der Landvögte dazu gebracht wird, sich dem Bund der Eidgenossen anzuschließen.

Fugger.
Jakob F. der Reiche aus Augsburg (1459–1525) war der bedeutendste Bankier Europas, finanzierte den Papst, die Kriege Kaiser Maximilians und die Wahl Kaiser Karls V.
[*Martin Luther & Thomas Münzer oder Die Einführung der Buchhaltung.* Schauspiel von Dieter Forte, 1971]. – Jakob F. ist der Kapitalist an sich. Mit der Macht des Geldes beherrscht er Kaiser, Fürsten, Katholiken und Lutheraner, den gesamten politisch-kulturellen Bereich. Er sorgt für die Überwältigung der aufständischen Bauern, die

durch ihre Revolution die gesellschaftlichen Bedingungen auf Kosten des Kapitals grundlegend zu verändern drohen.

Fulco [*Die Albigenser.* Versepos von Nikolaus Lenau, 1842]. – Der gesangesfrohe Troubadour F. verwandelt sich in den Kreuzzügen gegen die Albingenser (13. Jh.) in »der Kirche Spür- und Hetzhund«. F. liebt die schöne Gräfin Adelheid, die zwar seine Liebe erwidert, aber tugendhaft bleibt. Als der eifersüchtige Gatte den Minnesänger aus der Burg verbannt, bricht das Herz der Gräfin, und F. wird aus Schmerz ein fanatischer Streiter Christi und später Bischof von Toulouse.

G. [*Godwi.* Roman von Clemens Brentano, 1801]. – Die Gräfin von G., eine lebenslustige Witwe, führt ein ungezügeltes Leben. Sie hält nichts von Tugend und Moral und will auch ihre fünfzehnjährige Tochter → Violette frühzeitig in die Geheimnisse der Liebe einführen. Die Darstellung unbekümmerter Sinnenlust ist die frühromantische Antwort auf die Tugendhaftigkeit der Aufklärung.

G. [*Ulanenpatrouille.* Roman von Horst Lange, 1940]. – Der Ulanenleutnant Friedrich von G. findet 1913 bei Herbstmanövern an der deutsch-polnischen Grenze in einem Schloß seine große Liebe Bronislawa wieder, die mit einem senilen Grafen verheiratet ist. Er erlebt eine Liebesnacht mit ihr und reitet am nächsten Morgen in einen rätselhaften Unfalltod.

G... [*Das Leben der schwedischen Gräfin von G...* Roman von Christian Fürchtegott Gellert, 1746–48]. – Die Tochter eines livländischen Landedelmannes heiratet mit 16 Jahren den schwedischen Grafen von G. Als dieser im Nordischen Krieg für tot erklärt wird, heiratet sie Herrn R., einen Freund ihres Gatten. Als der Graf aus sibirischer Gefangenschaft zurückkehrt, tritt R. ihm selbstlos seine Ansprüche ab, lebt aber weiter in der Hausgemeinschaft, in die auch die frühere Geliebte des Grafen aufgenommen wird. Erotische Konflikte gibt es für die vernunftgelenkten Menschen in ihrem Zusammenleben nicht.

Gabor → Melchior G. (Wedekind: *Frühlings Erwachen*)

Gabriel Schilling [*Gabriel Schillings Flucht.* Drama von Gerhart Hauptmann, 1912]. – Der Maler G. S. ist an zwei Frauen gekettet: seine gealterte säuerliche Ehefrau Eveline und seine sinnliche, intelligente Geliebte Hanna Elias. Seine Flucht auf eine Ostseeinsel bringt ihm nur kurzfristig Ruhe und Schaffenskraft, dann kommt es zur Auseinandersetzung zwischen den Frauen, und der schwerkranke Maler nimmt sich das Leben.

Gabriele [*Gestern war Heute – Hundert Jahre Gegenwart.* Roman von Ingeborg Drewitz, 1978]. – Die Gestalt der G., Jahrgang 1923, ist die individuelle Ausformung einer zeittypischen Frau, die zwischen Tradition und Emanzipation, zwischen Selbstverwirklichung und Sozialimpulsen schwankt. Ihr Schicksal und ihre Konflikte in der Berliner Familie, ihr Aufbegehren gegen das überkommene Rollenverständnis der Frauen und ihre Teilnahme an den historischen Abläufen von der Nazizeit bis zu den Studentenunruhen der sechziger Jahre stehen im Vordergrund. Autobiographische Züge.

Gabriele → Goldschmidt (Eich: *Die Mädchen aus Viterbo*)

Gabriele [*Das Schloß Dürande.* Novelle von Joseph Freiherr von Eichendorff, ED 1837]. – G. ist eine typisch romantische Frauengestalt, die der unbedingten Liebe und Selbstentäußerung fähig ist. Sie folgt unerkannt dem Geliebten, dem Grafen Hippolyt von → Dürande, als Gärtnerbursche verkleidet nach Paris. Als Doppelgänger des Grafen lenkt sie beim Sturm der Revolutionäre auf das Schloß Dürande die Kugeln auf sich und stirbt, im Tode mit dem Geliebten vereint.

Gabriele Klöterjahn [*Tristan.* Novelle von Thomas Mann, 1903]. – Die zarte, zerbrechliche Kindfrau G. ist der musikalisch begabte, leicht degenerierte Spätling einer alten Patrizierfamilie, eine für die Frühwerke des Autors charakeristische Figuration (Hanno → Buddenbrook; → Tonio Kröger). G. ist Ehefrau des derb-gesunden → Klöterjahn und Mutter seines gleichartigen Sohnes. In dem Sanatorium »Einfried«, wo sie ihr Lungenleiden auskurieren soll, wird sie durch den Schöngeist → Spinell ihrer Familie entfremdet und zum Klavierspiel von Wagners Tristan veranlaßt, einer körperlichen und psychischen Herausforderung, die ihren Zustand verschlechtert und ihren Tod herbeiführt.

Gabriotto [*Gabriotto und Reinhart.* Roman von Jörg Wickram, 1551]. – G. und Reinhart sind französische Ritter, deren Seelenlage deutschen bürgerlich-empfindsamen Vorstellungen angepaßt ist. Die beiden Freunde werden mit G.s Vater, dem Ritter Gernier, vom korrupten französischen Hof vertrieben. Am englischen Hof gewinnt G. die Liebe Philomenas, der Schwester des Königs, Reinhart die der Grafentochter Rosamunde. Die Standesunterschiede, neidische Rivalen, Spitzel und Intrigen lassen die beiden Liebespaare erst im Grab vereint werden.

Gackeleja → Gockel (C. Brentano: *Gockel, Hinkel und Gackeleja*)

Gaetano [*Florentiner Novellen.* Novellensammlung von Isolde Kurz, 1890]. – Die Künstlernovelle *Der heilige Sebastian* behandelt den Konflikt zwischen Kunst und Leben. Der Maler G. gibt einem Fresco des hl. Sebastian die Züge seines schönen Halbbruders Fabrizio, eines Kardinals. Als Pia, das von G. geliebte Mädchen, in Heiligenverehrung und Liebe dem Bild und später dem Modell verfällt, verrät G. in Eifersucht seinen Bruder und führt damit den Tod der beiden Liebenden herbei. G. zerstört unter dem Einfluß Savonarolas seine Kunstwerke und zieht sich in ein Kloster zurück.

Gahmuret [*Parzival.* Höfisches Epos von Wolfram von Eschenbach, entst. zwischen 1200 und 1210]. – Der Vater → Parzivals, der aus der Artussippe stammt, vereint höchsten Kampfesmut mit Abenteuerlust und Minnedrang. Er heiratet zuerst die Mohrenkönigin → Belakane und später → Herzeloyde von Waleis. Beide Frauen verläßt er nach kurzer Zeit, um wieder auf Ritterfahrt zu gehen, beide kommen mit einem Sohn nieder: → Feirefiz und → Parzival. Seine Söhne sieht er nie, denn er fällt im Kampf.

Gaigern [*Menschen im Hotel.* Roman von Vicki Baum, 1929]. – Der Baron von G. ist der Typ des edlen Diebs. Im Berliner Grand Hotel gegen Ende der zwanziger Jahre verliebt er sich in die alternde Primadonna Grusinskaja, deren Juwelen er eigentlich rauben wollte. Um sie auf eine Gastspielreise begleiten zu können, versucht er, sich durch Einbruch in Hotelzimmer Geld zu beschaffen. Dabei wird er getötet.

Galaktine → **Biribinker** (Wieland: *Die Abenteuer des Don Sylvio von Rosalva*)

Gale [*Das Totenschiff.* Roman von Bruno Traven, 1926]. – Der amerikanische Matrose G. hat sein Schiff in Antwerpen verpaßt, Geld und Papiere verloren und wird zum Freiwild für die Behörden und für die Schiffseigner, die ihn zuletzt für einen hochversicherten morschen Kahn anheuern, dessen Sinken vorgeplant ist. Der Held wird durch seine Erlebnisse zunehmend desillusioniert, so daß man von einem Anti-Abenteuerroman reden kann.

Galie [*Morant und Galie.* Anonymes Versepos, entst. zw. 1190 und 1210]. – G., die Gemahlin Karls des Großen, ist eine unschuldig des Ehebruchs bezichtigte Königin wie → Genovefa.

Galilei.
Galileo G. (1564–1642), italienischer Astronom und Physiker, trat für das kopernikanische System ein, mußte ihm aber nach einem Ketzerprozeß abschwören.
[*Leben des Galilei.* Schauspiel von Bertolt Brecht, 1. Fassg. UA 1943; 2. Fassg. UA 1947;

3. Fassg. UA 1957]. – G. ist eine sinnliche, keine intellektuelle Natur; daraus ergibt sich die Allgemeinverständlichkeit seiner Aussagen, aber auch sein Versagen, denn als Genußmensch widerruft er lieber seine Lehre, als die Tortur zu erleiden. In der 1. Fassg. ist der Widerruf eine List; der Gefangene der Inquisition veranlaßt seinen Schüler Andrea → Sarti, die heimlich geschriebenen *Discorsi* ins Ausland zu schmuggeln. In der 2. Fassg. erkennt der alternde G. in einer »mörderischen« Selbstanalyse, daß Standhaftigkeit seine ethische Pflicht gewesen wäre.

Gallistl [*Die Gallistl'sche Krankheit.* Kurzroman von Martin Walser, 1972]. – Der kleinbürgerliche Intellektuelle Josef Georg G. berichtet über seine Krankheit. Schon seit der Schulzeit leidet er unter seiner Unfähigkeit, die seiner Selbstliebe entsprechende Anerkennung der Gesellschaft zu finden. Das führt zur Isolation und der Unmöglichkeit, die Welt als Sinnganzes zu empfinden. G. entdeckt, daß diese Krankheit in der Leistungs- und Konkurrenzgesellschaft allgemein verbreitet ist und als Streben nach Individualität bemäntelt wird. Eine Therapie findet er in einer Gruppe von jungen Kommunisten, ihrer Solidarität und Opferbereitschaft.

Galomir [*Weh' dem, der lügt!* Lustspiel von Franz Grillparzer, 1840]. – G., ein Stammesverwandter → Kattwalds, soll dessen Tochter → Edrita zur Frau bekommen, doch diese verabscheut den Freier, der nur dumpfe Naturlaute von sich gibt. Die polternden und betrunkenen Germanenhäuptlinge trafen in einer Zeit der Deutschtümelei auf heftige Ablehnung; das Stück fiel beim Publikum durch.

Galotti [*Emilia Galotti.* Trauerspiel von Gotthold Ephraim Lessing, 1772]. – Odoardo G. ist der Bürger, der den Gewalttaten des absoluten Fürsten ausgeliefert ist und die Familienehre nur durch den Mord an der eigenen Tochter bewahren kann. Der Oberst, der ein cholerisches Temperament mit einer strengen Tugendmoral verbindet, ersticht → Emilia, um sie vor den lasterhaften Nachstellungen des Fürsten → Hettore Gonzaga zu retten. Sein moralisches Heldentum bleibt im Gegensatz zu der parallelen Handlung in Lessings Quelle ohne politische Folgen: Bei Livius stachelt die Tat des Römers Virginius das Volk zur Empörung auf.

Galy Gay [*Mann ist Mann.* Lustspiel von Bertolt Brecht, 1927]. – Der Packer G. G. ist ein Mann, der »nicht nein sagen kann« und deshalb leicht zu einem anderen Menschen ummontiert werden kann. In der ersten Fassung soll er einen neuen Menschentypus verkörpern: aus dem Schwächling wird der Stärkste, sobald er keine Privatperson mehr ist (Vorrede 1927). 1954 sieht Brecht dagegen in G. G. einen »sozial negativen Helden«, der zum austauschbaren Objekt wird.

Gamaheh → Dörtje Elverdink (Hoffmann: *Meister Floh*)

Gambetti [*Auslöschung.* Ein Zerfall. Roman von Thomas Bernhard, 1986]. – G., ein junger italienischer Adeliger und der einzige Schüler → Muraus, spielt die Rolle des wirklichen oder imaginierten Zuhörers, wie er für die Monolog-Romane Bernhards strukturbildend ist.

Ganelon [*Rolandslied.* Versepos von dem Pfaffen Konrad, entst. um 1172]. – Der Stiefvater → Rolands ist der von Natur aus Böse, ein Werkzeug des Teufels; deshalb wird er zum Verräter an seinem kaiserlichen Herrn und der christlichen Sache, als Kaiser → Karl der Große ihn wegen Friedensverhandlungen zu dem Heidenkönig Marsilius schickt.

Ganem → Sobeide (Hofmannsthal: *Die Hochzeit der Sobeide*)

Gantenbein [*Mein Name sei Gantenbein.* Roman von Max Frisch, 1964]. – Ein Ich-Erzähler, von seiner Frau verlassen, seelisch und körperlich zusammengebrochen, versucht seinen Identitäts- und Eifersuchtskonflikt zu lösen, indem er sich in verschiedene Geschichten hineindenkt und seine Erfahrungen in anderen Gestalten widerspiegelt. »Ich probiere Geschichten an wie Kleider.« Am längsten hält er die Rolle G.s durch, eines Mannes, den seine Umgebung für blind hält und der deshalb seine Mitmenschen ohne Verstellung kennenlernt. Mit seiner Frau → Lila lebt er zunächst glücklich, denn er braucht ihre Untreue nicht zur Kenntnis zu nehmen. Aber dann packt ihn doch die Eifersucht, er gibt seine Schelmenrolle auf, und die Ehe zerbricht.

Garga → Shlink (Brecht: *Im Dickicht der Städte*)

Gargantua [*Geschichtsklitterung.* Roman von Johann Fischart, 1575]. – Das Schicksal G.s und seiner Riesenfamilie spiegelt das Treiben der barokken »verwirrten ungestalten Welt«. Bei der Erziehung des Riesenkindes stehen körperliche und kriegerische Ausbildung im Vordergrund, so daß er schon in jungen Jahren große Heldentaten vollbringt. Die Satire Rabelais' auf die abenteuerlichen Rittergeschichten ist in der freien Bearbeitung Fischarts zur Moralsatire vergröbert, erweitert und auf deutsche Verhältnisse übertragen.

Gastl [*Abschied.* Roman von Johannes R. Becher, 1940]. – Hans G., eine Gestalt vom Typus der expressionistischen Söhne (→ Fessel, → Sohn), ist Kind eines Münchener Staatsanwalts, beschäftigt sich aus Opposition gegen das konservative Elternhaus intensiv und ausschließlich mit den sozialistischen Ideen und versagt deshalb bei der Abiturprüfung. Er verläßt das Elternhaus endgültig, als sein Vater verlangt, er solle sich im Ersten Weltkrieg freiwillig melden. Autobiographische Züge.

Gastmann [*Der Richter und sein Henker.* Kriminalroman von Friedrich Dürrenmatt, 1952]. – G., ein kühl rechnender und selbstsicherer Verbrecherkönig, wird von Kommissär → Bärlach vierzig Jahre lang erfolglos gejagt und schließlich in eine Falle gelockt.

Gawan (Gawein) [*Parzival.* Höfisches Epos von Wolfram von Eschenbach, entst. zwischen 1200 und 1210]. – Gawan ist der vollendete Artusritter, dessen vorbildlicher Werdegang mit dem → Parzivals kontrastiert. Er wird als Verräter verleumdet, verläßt, um sich zu rehabilitieren, die Tafelrunde und bricht in die Welt der Abenteuer auf. Wie Parzival erreicht er sein Ziel nur auf schmerzlichen Umwegen.
[*Wigalois.* Höfisches Epos von Wirnt von Grafenberg, entst. zw. 1200 und 1215]. – In der Vorgeschichte erlebt Gawein seine einzige Niederlage, und zwar durch den zauberkräftigen König Joram. G. folgt dem Sieger in sein Land, erhält die Nichte des Königs, Florîe, zur Gemahlin und kehrt an den Artushof zurück. Jorams geheimnisvolles Land findet er nicht wieder. Zwei Jahrzehnte später taucht sein Sohn → Wigalois am Artushof auf und wird von seinem Vater unerkannt zum Ritter erzogen.
[*Der Aventiure Crône.* Höfischer Roman von Heinrich von dem Türlin, entst. um 1220]. – Der Held Gawein steht im Mittelpunkt einer ungefügen Sammlung von ineinandergeschachtelten Märchen- und Abenteuermotiven. Er besucht auch die Gralsburg und stellt sofort die erlösende Frage - womit der Autor seinen Ehrgeiz verrät, sich mit Wolframs → Parzival zu messen.

Gawehn → Voigt (Bobrowski: *Litauische Claviere*)

Gawein → Gawan

Gebhart [*Barbara oder die Frömmigkeit.* Roman von Franz Werfel, 1929]. – Die Lehre des intellektuellen Weltverbesserers G. vom Matriarchat und von der Überwindung der Macht durch die Liebe steht in grotesk-tragischem Widerspruch zu seinem Verhalten als Vater. Sein vernachlässigtes, unterernährtes Kind hindert den Propheten durch sein Jammern daran, die Menschheit zu retten, und stirbt elendig.

Gebizo [*Sieben Legenden.* Erzählungen von Gottfried Keller, 1872]. – Der Graf G. ist der Wohltäter aus eitlem Streben nach Selbstbestätigung. Er treibt seine Nächstenliebe so weit, daß er völlig verarmt und seine tugendhafte Frau → Bertrade gegen Gold an den Teufel verkauft.

Geer [*Heliopolis.* Utopischer Roman von Ernst Jünger, 1949]. – Lucius de G. ist der Kommandant der Kriegsschule in der Stadt Heliopolis, die nach einer großen Katastrophe übriggeblieben ist. Er kämpft auf der Seite der Ordnungskräfte gegen die Anarchie und rettet während eines Progroms die Parsin Budur Peri.

Gehrke [*Exil.* Roman von Lion Feuchtwanger, 1940]. – Der Botschaftssekretär Baron v. G., genannt »Spitzi«, spielt eine wichtige Rolle im Machtkampf zwischen den Diplomaten und den parteitreuen Journalisten. Er wird – eine ahnungsvolle Vorwegnahme des Mordes an v. Rath, der den Anlaß für die Kristallnacht bot – von einem Emigranten angeschossen und von den Nazis zum Märtyrer hochstilisiert.

Geiser [*Der Mensch erscheint im Holozän.* Erzählung von Max Frisch, 1979]. – Herr G. hält sich in einem durch Unwetter abgeschlossenen Alpental auf und macht sich auf ein Katastrophenende gefaßt. Er zieht die Bilanz seines Lebens und orientiert sich dabei an den Büchern, die für ihn das menschliche Grundwissen enthalten: einem Lexikon, der Bibel und Geschichtswerken.

Geist [*Herrn Brechers Fiasko.* Roman von Martin Kessel, 1932]. – Der gehobene Angestellte Dr. G. ist Freund und Gegenfigur → Brechers. Er ist beruflich und persönlich erfolgreich und auf dem Weg nach oben.

Gemperlein [*Die Freiherren von Gemperlein.* Novelle von Marie von Ebner-Eschenbach, ED 1879]. – Die beiden letzten Brüder des uralten Geschlechts der G. verkörpern noch einmal die Urtypen der Familie. Friedrich, der ältere, ist ein adelsstolzer Offizier. Ludwig, der jüngere, hat studiert und denkt radikal, wenn es sich um Politik und Standesfragen handelt. Die Brüder leben gemeinsam auf dem mährischen Stammsitz, streiten sich ständig und übertreffen sich heimlich an Großmut und Bruderliebe.

Genia [*Das weite Land.* Tragikomödie von Arthur Schnitzler, 1911]. – Die Frau des Fabrikanten Friedrich → Hofreiter ist Beispielfigur für die Doppelmoral der Gesellschaft. Sie erträgt mit unerschütterlicher Geduld und Treue die beständigen Seitensprünge ihres leichtlebigen Mannes, was dieser geradezu als Demütigung empfindet. Um ihn eifersüchtig zu machen und wiederzugewinnen, beginnt sie ein Verhältnis mit einem jungen Fähnrich, Otto v. Aigner. Das jedoch zerstört die Ehe endgültig.

Genoveva [*Genovefa.* Volksbuch, aufgezeichnet von Martin von Cochem, 1687]. – [*Leben und Tod der heiligen Genoveva.* Trauerspiel von Ludwig Tieck, ED 1800]. – [*Genoveva.* Tragödie von Friedrich Hebbel, 1843]. – In dem Legendenstoff von der verleumdeten und geduldig leidenden Unschuld läßt Pfalzgraf Siegfried seine Gemahlin G. in der Obhut → Golos zurück, als er zu einem Kreuzzug aufbricht. Sie wird das Opfer von Golos Leidenschaft, Intrige, Verleumdung und Verfolgung. G. gebiert Siegfrieds Sohn Schmerzensreich im Kerker und zieht ihn in einer einsamen Waldhütte groß. Dort findet sie Siegfried nach sieben Jahren bei der Jagd.

Georg [*Götz von Berlichingen.* Schauspiel von Johann Wolfgang von Goethe, UA 1774]. – In dem »Buben« Georg sieht → Götz von Berlichingen sein eigenes Wesen wiederholt, ganz anders als in seinem saftlosen, frömmelnden Sohn Karl. G. kann den Tag nicht erwarten, an dem er ein richtiger Ritter wird und stirbt, ein halbes Kind noch, den Reitertod.

Georg [*Die Steinklopfer.* Novelle von Ferdinand von Saar, 1874]. – G. ist ein Überforderter und Duldender, der einmal über sich hinauswächst. Der ausgemergelte Soldat ist als Steinklopfer zum Bau der Semmering-Bahn abgestellt worden. Er liebt Tertschka, die Stieftochter des Aufsehers, der ein Schinder ist, Tertschka mißhandelt und ihr nachstellt. G. ermannt sich, bei ihm um die Tochter anzuhalten, und erschlägt den jähzornig aufbrausenden Aufseher in Notwehr.

Georg Jenatsch → Jürg J. (Meyer: *Jürg Jenatsch*)

Georg Letham [*Georg Letham, Arzt und Mörder.* Roman von Ernst Weiss, 1931]. – Der durch seinen Vater zu einem gefühlskalten und egozentrischen, aber zielbewußten Menschen erzogene Arzt L. (Anagramm von Hamlet) tötet seine Frau, weil ihn abstößt, daß sie über ihn bestimmen will und seine Forschungsarbeit behindert. Zu Zwangsarbeit auf einer Tropeninsel verurteilt, wird er dort in seinem Beruf eingesetzt. Dabei erlebt er, wie ein geliebtes Mädchen unter Qualen an Gelbfieber sterben muß. Das löst in ihm eine Wandlung aus, er begreift, daß das Menschenleben ein absoluter Wert ist, und macht fortan die Bekämpfung der Seuche zu seinem einzigen Lebensziel.

Gerardo [*Der Kammersänger.* Einakter von Frank Wedekind, 1899]. – Der erfolgreiche Kammersänger G., der als Künstler große Liebende wie Tristan verkörpert, ist als Mensch den Frauen gegenüber abweisend, weil ihm die Kunst über alles geht.

Gerber [*Der Schüler Gerber.* Roman von Friedrich Torberg, 1930]. – Kurt G. ist ein frühreifer, sensibler Schüler, der trotz einer hohen Intelligenz in Mathematik versagt und durch die Quälereien des Mathematiklehrers → Kupfer an sich selbst und dem Leben verzweifelt. Er stürzt sich aus dem Fenster, bevor er erfahren kann, daß er die Reifeprüfung bestanden hat. Autobiographische Züge.

Gerda Arnoldsen [*Buddenbrooks.* Roman von Thomas Mann, 1901]. – Die Millionärstochter G. ist ein fremdartiges, morbides Wesen von marmorner Schönheit und außergewöhnlicher Musikalität. Sie heiratet Thomas → Buddenbrook, lebt aber zurückgezogen, von Migräne geplagt, nur ihrem virtuosen Geigenspiel. Die Geburt ihres Sohnes Hanno bringt sie an den Rand des Todes.

Gerhard [*Der gute Gerhard.* Versroman von Rudolf von Ems, entst. um 1220/25]. – Die Lebensgeschichte des guten G. soll Kaiser Otto I. als Exempel wahrer Demut dienen. Der reiche Kaufmann aus Köln kauft die norwegische Königstochter → Irene auf einer Orientfahrt von den Heiden los und will sie mit seinem Sohn vermählen. Als jedoch der verschollene Bräutigam, der englische König Willehalm, wieder auftaucht, verzichtet er auf seine Ansprüche, hilft Willehalm seinen Thron zurückzuerobern und lehnt alle Belohnungen demütig ab.

Gerhard → Sedemund (Barlach: *Die echten Sedemunds*)

Gerlind [*Kudrun.* Anonymes Heldenepos, entst. um 1240]. – Die Mutter → Hartmuts von Ormanie ist die treibende Kraft hinter ihrem Sohn. Sie veranlaßt ihn zur Werbung um → Kudrun und zur gewaltsamen Entführung. Sie erniedrigt und tyrannisiert Kudrun auf teuflische Art, als diese ihren Sohn abweist.

Gernot [*Nibelungenlied.* Anonymes Heldenepos, entst. um 1200]. – Der zweite unter den Burgundenkönigen ist der Diplomat und Vermittler. Aber er kann den Kampf mit den Hunnen nicht verhindern, denn er will → Hagen nicht an → Kriemhild ausliefern. G. fällt durch die Hand → Rüdigers von Bechelarn, während er diesen gleichzeitig mit dem Schwert erschlägt, das er von ihm als Gastgeschenk erhalten hat.

Gerstein [*Der Stellvertreter.* Schauspiel von Rolf Hochhuth, 1963]. – Kurt G., Mitglied der Bekennenden Kirche und SS-Offizier in der Absicht, das Machtsystem des Nationalsozialismus von innen zu bekämpfen, sucht den Vatikan durch den Jesuitenpater → Riccardo Fontana über die Greueltaten in den KZs zu unterrichten. Aus aktiver christlicher Gesinnung nimmt er in Kauf, daß er entweder wegen Hochverrats oder als vermeintlicher Naziverbrecher sterben wird. G. ist eine historische Persönlichkeit.

Gertraud von der Staue → Prokopus (Stifter: *Prokopus*)

Gertrud [*Lienhard und Gertrud.* Roman von Johann Heinrich Pestalozzi, 1781–87]. – G., Frau des Maurers Lienhard und Mutter von sieben Kindern, ist als frommer, gütiger, hilfsbereiter Mensch ein Vorbild für das Schweizer Dorf Bonnal, in dem der Herr → Arner ein Reformwerk zugunsten der Armen durchsetzt. Sie verkörpert den positiven Einfluß der Familie auf die Erziehung der Kinder und deren Heranbildung von Naturwesen zu sittlich Handelnden.

Gertrud Imthor [*Gertrud.* Roman von Hermann Hesse, 1910]. – G. wird für → Kuhn zur Muse, die »als Stern und hohes Sinnbild über allem stehen mag«. Sie verfällt – wie alle Frauen – dem innerlich zerrissenen Sänger → Muoth und heiratet ihn, kann ihm aber trotz ihrer tiefen Liebe nicht zur Ruhe verhelfen und ihn nicht vor dem Selbstmord bewahren.

Gertrude [*Plautus im Nonnenkloster.* Novelle von Conrad Ferdinand Meyer, 1882]. – Das Bauernmädchen G. ist die Heldin der Binnenhandlung und in ihrer naiven Gläubigkeit und frommen Rigorosität der Gegenpol zu dem aufgeklärten Humanisten → Poggio. Sie meint, ein als Kind abgelegtes Gelübde einhalten und an ihrem 20. Geburtstag ins Kloster eintreten zu müssen, obwohl sie lieber die Frau eines Bauern würde.

Gesell [*Im Sommer des Hasen.* Roman von Adolf Muschg, 1965]. – Pius G. wird als Nachfolger des Werbechefs von »Inauen Suisse« eingestellt werden, obwohl er der einzige ist, der bei einem Stipendiatenaufenthalt in Japan keinen Text für eine Jubiläumsschrift des Konzerns zuwege bringt. Seine Unfähigkeit, einen Text auf Abruf zu verfassen, qualifiziert ihn für eine Position, die Innovation, nicht platte Zuverlässigkeit verlangt.

Gesine Cresspahl [*Mutmaßungen über Jakob.* Roman von Uwe Johnson, 1959]. – G. ist mit → Jakob Abs in Mecklenburg aufgewachsen. Nach einjährigem Anglistikstudium geht sie 1953 in den Westen, wird Dolmetscherin bei der Nato und damit interessant für den Staatssicherheitsdienst der DDR. Jakob wird von → Rohlfs, SSD, auf sie angesetzt, aber mit dem einzigen Erfolg, daß die beiden ihre Liebe zueinander erkennen. Jakob kehrt zurück und kommt auf rätselhafte Weise um. G. bleibt im Westen; sie bekommt ein Kind von Jakob (Marie).
[*Jahrestage.* Roman von Uwe Johnson, 1970–1983]. – G. C. lebt 1967 als Bankangestellte mit ihrer zehnjährigen Tochter Marie in New York. In Tonbandaufzeichnungen für ihre Tochter erzählt sie die Geschichte der Mecklenburger → Cresspahl-Familie und ihres Umfeldes in Jerichow; es ist gleichzeitig die Geschichte des Dritten Reiches und der Jahre

bis 1953. Die Erzählung ist in ein Zeitpanorama der amerikanischen Metropole verwoben, das aus G.s eigenem Erleben und aus der täglichen Lektüre der *New York Times* gespeist ist.

Geßler [*Wilhelm Tell.* Schauspiel von Friedrich von Schiller, 1804]. – Hermann G., Landvogt in Schwyz und Uri, eine im 14. Jh. erfundene Gestalt der Volkssage, repräsentiert die Versuche der Habsburger, die reichsunmittelbaren Schweizer in die Abhängigkeit ihrer südwestdeutschen Erblande zu zwingen. Seine Unterdrükkungsmethoden führen zur Konfrontation mit → Wilhelm Tell. G. versucht, Tells Willen, stellvertretend für den Widerstandsgeist der Schweizer, durch die Forderung nach dem Apfelschuß zu brechen.

Geyrenhoff [*Die Dämonen.* Roman von Heimito von Doderer, 1956]. – Der Sektionsrat G. ist über weite Strecken der Chronist, ordnet sich aber zeitweise in die Gruppe der beschriebenen Figuren ein. Er ist eine von mehreren objektivierten Spiegelgestalten des Autors.

Giacinta Soardi → Giglio Fava (Hoffmann: *Prinzessin Brambilla*)

Gianettino → **Doria** (Schiller: *Die Verschwörung des Fiesko zu Genua*)

Gianozzo [*Titan.* Roman von Jean Paul, 1800–1803. *Des Luftschiffers Gianozzo Seebuch. Komischer Anhang zum Titan* (1801)]. – Der Luftschiffer G. erhebt sich in seiner Montgolfière namens Siechkobel über die Erde, das »Spuckkästchen drunten« – eine Allegorie des Dichtertums, denn G. überschaut von da oben das Gegeneinander von Denken, Fühlen und Erleben und nimmt das lächerliche Treiben auf dem Planeten wahr, die Eitelkeiten, den Untertanengeist und die »polierte Alltäglichkeit« dieser menschlichen »Repetieruhren« und »Kopiermaschinen«.

Giebenrath [*Unterm Rad.* Roman von Hermann Hesse, 1906]. – In Hans G. hat eine Seite von Hesses polarem Weltbild zum erstenmal Gestalt gewonnen. Er ist ein wissensdurstiger, fleißiger Schüler, durchgeistigt und bildungswillig. Durch die Freundschaft mit seinem Gegenpol, dem lebenshungrigen, phantasievollen Hermann → Heilner, wird er aus der Bahn geworfen, versagt in der Schule und gerät »unters Rad« in einem Bildungssystem, das sich mit sensiblen Individuen nicht abgeben will. Eine Mechanikerlehre richtet ihn vollends zugrunde.

Giglio Fava [*Prinzessin Brambilla.* »Capriccio« von E.T.A. Hoffmann, 1821]. – In dem »Capriccio nach Jakob Callot« sind die beiden Vordergrundgestalten Doppelfiguren: im realen Bereich der eitle Schauspieler G. F. und die zierliche Putzmacherin Giacinta Soardi, im phantastischen Wirbel des römischen Karnevals der assyrische Prinz Cornelio Chiapperi und die äthiopische Prinzessin Brambilla. Die Realgestalten verlieben sich in die Märchenfiguren und verlieren dadurch den Halt in der Wirklichkeit, bis Cornelio vor Eifersucht seinen Doppelgänger im Duell tötet. Da fallen wirkliche und Märchenwelt wieder in eins zusammen. Der weise Scharlatan → Celionati macht dem Schauspieler G. durch das zauberhafte Geschehen den Unterschied zwischen pathetischer Effekthascherei und der wahren Stegreifkunst der commedia dell'arte klar.

Ginevra degli Amiere [*Florentiner Novellen.* Novellensammlung von Isolde Kurz, 1890]. – In der Novelle *Die Vermählung der Toten* – einer Romeo-und-Julia-Geschichte – wird G. mit dem ungeliebten Ricciardo vermählt, weil ihr heimlicher Verlobter Leonardo ein Feind ihrer Familie ist. G. erkrankt an der Pest und wird als Totgeglaubte auf den Friedhof gebracht, aber die Scheintote erwacht und beginnt mit Leonardo ein neues Leben.

Ginover → Lanzelet (Ulrich von Zatzikhofen: *Lanzelet*)

Gisela Waltz → Sturm (Jens: *Nein – Die Welt der Angeklagten*)

Giselher [*Nibelungenlied.* Anonymes Heldenepos, entst. um 1200]. – Der jüngste der burgundischen Königsbrüder heiratet auf der Hunnenfahrt die Tochter des Markgrafen → Rüdiger von Bechelarn. Er, der bei → Siegfrieds Tod nicht anwesend war, ist der Unschuldige, der mit seiner Sippe büßt und untergeht.

Gisson [*Der Versucher.* Roman von Hermann Broch, 1953]. – Mutter G. (Anagramm von Gnosis = Gottesschau), eine alte Bäuerin, ist eine mythisch übersteigerte Mutterfigur. Sie wird zum Gegenpol von → Marius, dem »Menschenjäger«; zugleich ist sie Personifikation der These, daß Volksverführer wie Hitler nicht durch die Ratio zu überwinden sind.

Giulietta → Spikher (Hoffmann: *Die Abenteuer der Silvesternacht*)

Giulio [*Angela Borgia.* Novelle von Conrad Ferdinand Meyer, 1891]. – Don G. ist ein gewissenloser, ausschweifender Jüngling, der von seinem eifersüchtigen Bruder, Kardinal Ippolito, geblendet wird, weil → Angela Borgia seine schönen Augen bewundert. Durch das schwere Schicksal und die Heirat mit Angela wird er völlig gewandelt.

Glas [*Der Wittiber.* Bauernroman von Ludwig Thoma, 1911]. – Sebastian G., nach dem Namen seines Hofes der »Schormayer«, wird durch den frühen Tod seiner Frau in einen tragisch endenden Vater-Sohn-Konflikt getrieben. Seine Kinder Lenz und Ursula fürchten um ihr Erbe, als der vitale Bauer mit der Magd Zenzi noch ein Kind zeugt. Scharfe Auseinandersetzungen treiben den Sohn zum Mord an der schwangeren Magd und den Vater von Haus und Hof in den Alkoholismus.

Glaubigern [*Der Schüdderump*. Roman von Wilhelm Raabe, 1870]. – Chevalier Karl Eustachius v. G., der ebenso edelmütige wie absonderliche Erzieher Hennig v. → Lauens, weiß um dessen begrenzte Geistes- und Willenskräfte; um so nachdrücklicher entwickelt er die reichen Anlagen des unehelichen Waisenkindes → Tonie, kann aber nicht verhindern, daß ihr verbrecherischer Großvater Dietrich → Häußler sie mit sich nimmt und zugrunde richtet. Ihr Tod treibt G. in geistige Umnachtung. Der alte Herr hat sich überlebt; er ist der Schlechtigkeit der neuen Zeit nicht gewachsen.

Glavina [*Rumänisches Tagebuch*. Hans Carossa, 1924]. – Der Meldegänger (»Befehlsträger«) G. ist eine poetische Kriegergestalt aus dem Ersten Weltkrieg: ein Individuum in der Masse der Soldaten. Der Feldarzt und Tagebuchschreiber Carossa findet in G. einen Gesprächspartner und später einen geistigen Halt, als er die hymnischen Gedichte liest, die er bei dem Gefallenen gefunden hat.

Gleitze → Zürn (M. Walser: *Seelenarbeit)*

Glimmern [*Abu Telfan*. Roman von Wilhelm Raabe, 1868]. – Baron v. G. ist das bitterböse Porträt eines Höflings. Er steigt zum Intendanten auf, ist ein Mädchenjäger und Intrigant, veruntreut Gelder aus dem Haushalt der Prinzessin und hat Leben und Glück mehrerer Menschen auf dem Gewissen. Wenn er auch am Ende von → Kind im Duell getötet wird, so überdauert doch das Böse, das er verkörpert.

Gluck.
Cristoph Willibald G. war Musiker und Opernkomponist (1714–1787).
[*Ritter Gluck*. Erzählung von E.T.A. Hoffmann, ED 1809]. – Der Mann, der sich am Ende der Erzählung mit »Ich bin der Ritter Gluck« vorstellt, ist exemplarisch für das Künstlerbild der Romantik allgemein und Hoffmanns im besonderen. Er ist in den Augen der Alltagsmenschen ein Wahnsinniger, für den Ich-Erzähler jedoch der wahre, geniale Künstler, gerade weil er die Realität gänzlich hinter sich gelassen hat und vollständig in die höhere Wirklichkeit der Musik eingegangen ist.

Glück [*Das Glück von Lautenthal*. Roman von Paul Ernst, 1933]. – Das Fräulein von G., eine junge Adelige vom Wolfenbüttler Hof, findet 1685 durch Rutengehen den verschütteten Zugang zu einem

Erzbergwerk im Harz und rettet damit die Bewohner eines Städtchens aus bitterer Not. Das Fräulein wandelt sich durch das Erlebnis und findet ihren Lebenssinn darin, dem Wohl der Gemeinschaft zu dienen.

Gluthammer [*Der Zerrissene.* Posse von Johann Nestroy, 1845]. – Der Schlosser G. ist mit seinem blindwütigen Aufbrausen und seiner unbeholfenen Logik eine typische Gestalt der Wiener Volkskomödie. Die Komik baut in dem Stück darauf auf, daß G. meint, er habe im Jähzorn Herrn v. → Lips, und dieser, er habe G. umgebracht.

Gnotke [*Stalingrad.* Roman von Theodor Plivier, 1945]. – Der Unteroffizier G. in einer Strafkompanie dient dem Autor in seinem »Tatsachenroman« dazu, der Darstellung des historischen Geschehens um den Untergang der deutschen 6. Armee bei Stalingrad personale Nähe und Anschaulichkeit zu vermitteln. Dem überzeugten Sozialisten fällt am Ende die Rolle des Mittlers zwischen den konservativen Patrioten und seinen zukunftsorientierten Gesinnungsgenossen zu.

Gockel [*Gockel, Hinkel und Gackeleja.* Märchen von Clemens Brentano, 1838]. – Gokkel, seine Frau Hinkel und ihre Tochter Gackeleja leben, da ihr Schloß zerstört ist, im Hühnerstall. Als G. erfährt, daß der Hahn Alektryo einen Wunschring in der Kehle hat, schlachtet er ihn und zaubert sein Schloß wieder herbei. Es geht durch die Unachtsamkeit Gackelejas noch einmal verloren, aber es ersteht wieder, und das Märchen endet mit einer glücklichen Hochzeit.

Godeke [*Godekes Knecht.* Roman von Hans Leip, 1925]. – G. Michels ist nach der Enthauptung Störtebekers der Anführer der Seeräuber, die unter dem Namen Likedeeler oder Vitalienbrüder von ihrem Stützpunkt Helgoland aus die Küstengebiete unsicher machen. Seine Abenteuer und Auseinandersetzungen mit der Hanse bis zur Hinrichtung 1402 hat der Magister → Wikbold aufgezeichnet.

Godwi [*Godwi.* Roman von Clemens Brentano, 1801]. – Der adelige Kaufmannssohn G., ein romantischer Nachfahre → Wilhelm Meisters, erlebt auf einer Reise erotische Abenteuer diverser Schattierungen. Dann gerät er in die Fänge der sinnlichen Gräfin v. → G. und lebt mit ihr wie Tannhäuser auf dem Venusberg. Vor der Liebe ihrer kindlichen Tochter → Violette flieht er.

Göde → **Hehlmanns** (Löns: *Der letzte Hansbur*)

Goethe.
Johann Wolfgang von G. (1749–1832) wurde literarisch im wesentlichen als der Weima-

rer Dichterfürst gestaltet, der seine Umgebung ausnützt und sein Ich vor der Welt abschirmt.
[*Lotte in Weimar.* Roman von Thomas Mann, 1939]. – Der berühmte Dichter lebt als Siebenundsechzigjähriger in einer erstarrten Umgebung, einsam und distanziert. Er hat längst die Erlebnisebene der Wertherzeit überwunden, auf der → Lotte noch verharrt, und eine höhere Bewußtseinsstufe der Vernunft und der Lebenserfahrung erreicht. Er weiß um die Inhumanität, die sich mit Größe notwendig paart, und nutzt die Aura von Gefühlskälte und Überlegenheit, die ihn umgibt, spielerisch und gleichzeitig zynisch aus. Die Menschen um ihn herum sind Handlanger oder Material für poetische Gestaltung, so wie es Lotte einmal gewesen ist.
[*Ein Gespräch im Hause Stein über den abwesenden Herrn von Goethe.* Schauspiel von Peter Hacks, UA 1976]. – Nach G.s überraschendem Aufbruch nach Italien (1786) stellt er sich in dem Monolog seiner langjährigen Geliebten Charlotte von Stein dar als Hypochonder und berechnender bürgerlicher Aufsteiger, als Sturm-und-Drang-Flegel, dem höfische Manieren erst anerzogen werden mußten, und als Versager in der Liebe. Trotzdem bangt Charlotte ungeduldig einem Brief aus Italien mit dem ersehnten Heiratsantrag entgegen.
[*In Goethes Hand.* Stück von Martin Walser, 1982]. – G. ist dargestellt als der eitle, egozentrische und mürrische Geheimrat, der → Eckermann bis auf das Mark seiner Persönlichkeit ausbeutet und psychologisch geschickt genug ist, jeweils das richtige Wort zu finden, das seinen Egoismus verschleiert und das Opfer einlullt.

Goethe → August von G. (T. Mann: *Lotte in Weimar*)

Götten [*Die verlorene Ehre der Katharina Blum.* Erzählung von Heinrich Böll, 1974]. – Ludwig G., der mit einer Soldkasse der Bundeswehr geflohen ist und von → Katharina Blum bei der Flucht unterstützt wird, wird von staatlichen Ermittlungsstellen und der Sensationspresse als Bankräuber und Terrorist dargestellt.

Götz von Berlichingen [*Götz von Berlichingen.* Schauspiel von Johann Wolfgang von Goethe, UA 1774]. – G. ist der Typ des starken »Kerls« der Sturm-und-Drang-Zeit und – wie Goethe selbst sagt – ein »Selbsthelfer in anarchischer Zeit«. Der impulsive, aber großmütige und treue Haudegen ist als freier Ritter gewöhnt, sich selbst Recht zu verschaffen. Als letzter Vertreter einer untergehenden Epoche gerät er in Konflikt mit der neuen Rechtsordnung, bricht den Landfrieden und schließlich die Urfehde, als er sich von aufständischen Bauern zum Anführer wählen läßt. Er stirbt an seinen Wunden und einem gebrochenen Herzen, weil er die Welt nicht mehr versteht, die seine Rechtauffassung nicht mehr gelten läßt.

Goldfuchs → Schlucker (Nestroy: *Zu ebener Erde und erster Stock*)

Goldmund [*Narziß und Goldmund.* Erzählung von Hermann Hesse, 1930]. – G., der Freund des → Narziß, ist dessen Gegenpol. Wo dieser sich der Kontemplation ergibt, öffnet sich G. der Sinnenwelt. Er wird Bildhauer und führt ein freies Wanderleben, das von Phantasie, Kunst und Eros bestimmt ist.

Goldschmidt [*Die Mädchen aus Viterbo.* Hörspiel von Günter Eich, 1961]. – Der alte jüdische Flüchtling G. und seine siebzehnjährige Enkelin Gabriele leben 1943 schon seit drei Jahren versteckt in einer Berliner Wohnung, als sie in einer Zeitung lesen, daß sich eine Gruppe Mädchen aus Viterbo in den römischen Katakomben verirrt hat. Die beiden Grenzsituationen: Hoffnung auf Entdeckung und Furcht vor ihr, werden kunstvoll aufeinander projiziert und ineinander verschlungen.

Golem.
Nach jüdischen Legenden im ostdeutschen Sprachraum (12./14.–17. Jh.) ist der G. (Golem (hebr.) = seelenlose Materie) eine Menschenfigur aus Lehm, die für eine gewisse Zeit durch Magie zum Leben erweckt werden kann und dann als stummer Diener Aufträge erfüllt.
[*Isabella von Ägypten.* Erzählung von Achim von Arnim, 1812]. – Der zukünftige Kaiser Karl V. liebt die Zigeunerprinzessin → Isabella. Er läßt sich durch einen polnischen Juden eine Golem-Bella erzeugen, um Rivalen abzulenken, doch deren sexuelle Ausstrahlung entfremdet ihn der wirklichen Bella.
[*Der Golem.* Roman von Gustav Meyrink, 1915]. – Hier verkörpert der G. den Geist der Judenstadt Prags, der alle Menschenalter einmal Gestalt gewinnen will. Gettobewohner in psychischer Verworrenheit finden sich in ihm wieder; so erscheint er Athanasius → Pernath als Spiegelbild.

Golo [*Genovefa.* Volksbuch, aufgezeichnet von Martin von Cochem, 1687]. – [*Leben und Tod der heiligen Genoveva.* Trauerspiel von Ludwig Tieck, ED 1800] – [*Genoveva.* Tragödie von Friedrich Hebbel, 1843]. – G. ist der Schurke, der das Vertrauen seines Herrn mißbraucht, indem er dessen Gattin → Genoveva nachstellt. Als er abgewiesen wird, verleumdet er sie. Bei Hebbel wird die unbezwingliche Liebe betont, die G. zum Verbrecher aus Leidenschaft macht.
[*Golo und Genovefa.* Schauspiel von Friedrich Müller, ED 1811]. – Der Ritter G., ein labiler Schwärmer, wird aus Schwäche und Selbstmitleid zum Verbrecher. Als er aus unglücklicher Liebe zu Genovefa schwermütig wird und Selbstmordgedanken hegt, greift seine Mutter, Mathilde von Ro-

senau, mit Intrige und Mord ein, um ihren Sohn zu retten. G. bringt nicht die Kraft auf, sich von diesem verbrecherischen Einfluß zu befreien und sich zur Entsagung durchzuringen.

Golubtschik [*Beichte eines Mörders*. Roman von Joseph Roth, 1936]. – G. ist ein Gescheiterter, dessen krankhafter Ehrgeiz seine Persönlichkeit verstört hat, weil die erstrebte Anerkennung durch die Gesellschaft ausbleibt. Fürst Krapatkin, sein Vater, will seinen unehelichen Sohn G. nicht legitimieren, und er wird nur ein mieser Spitzel bei der zaristischen Geheimpolizei Ochrana. Nachdem er das Mannequin Lutetia, dem er sexuell hörig ist, und seinen Halbbruder aus Eifersucht niedergeschlagen hat, hält er sich jahrelang für einen Doppelmörder, bis er erfährt, daß die beiden noch leben.

Gongolf [*Passio Gongolfi*. Verslegende von Hrotsvit von Gandersheim, entst. vor 959; ED 1501]. – Herzog G. von Varennes († um 760) ist dargestellt als ein frommer Mann, der schon zu Lebzeiten Wunder tut. Er versetzt eine Quelle in den eigenen Garten, wo sie große Heilkraft zeigt, aber auch in einer Art Gottesurteil die Hand seiner ungetreuen Ehefrau versengt. Im Gegensatz zum üblichen Legendenton wird G. in kräftiger Sprache lebensnah geschildert.

Goothein [*Der schwarze Schwan*. Zeitstück von Martin Walser, 1964]. – Der Chirurg Professor G. war, wie sein Freund Leibniz (→ Liberé), als Euthanasiearzt tätig (Namenssymbolik: goot Hein = der gute Tod; Euthanasie = der schöne Tod). Er hat sich nach 1945 gestellt und, so meint er, mit vier Jahren Zuchthaus seine Schuld abgetragen. Sein Sohn Rudi, der zufällig von der Schuld des Vaters erfährt, zerbricht stellvertretend an der Bewältigung der Vergangenheit. Er, der sich als Kind im Spiel mit → Hedi Leibniz vom »Schwarzen Schwan«, dem SS-Mann in Uniform, erschrecken ließ, bezeichnet sich nun selbst als solchen und kommt nicht über die verzweifelte Frage hinweg, ob er selbst zur heroischen Befehlsverweigerung fähig gewesen wäre.

Gorbach [*Eiche und Angora*. Stück von Martin Walser, 1962]. – G. ist der Typ, der immer oben schwimmt. Als NS-Kreisleiter schickt er sich an, mit dem Volkssturm die Heimat zu verteidigen, und kurz nach dem Krieg ist er wieder führend in Wirtschaft und Vereinsleben. Die wahrhaft Geschädigten sind die kleinen Leute wie Alois → Grübel.

Gorm Grymme [*Gorm Grymme*. Ballade von Theodor Fontane, entst. 1864; ED 1872]. – Der dänische König ist ein starker, grimmiger Herrscher, der nur für seine Frau und seinen einzigen Sohn Gefühle zeigt. Da er geschworen hat, denjenigen zu töten, der ihm einmal den Tod des Sohnes meldet, zeigt ihm seine Frau den Tod dadurch an, daß sie Trauerkleidung trägt und das Haus in ein Trauerhaus verwandelt. G. G. spricht daraufhin die Schreckensnachricht selbst aus.

Gottwald → Hannele (G. Hauptmann: *Hanneles Himmelfahrt*)

Gowinda [*Siddhartha.* Roman von Hermann Hesse, 1922]. – G. begleitet seinen Freund → Siddhartha bei der Suche nach Glauben und Erkenntnis. Er will als Jünger Gotama Buddhas diesem ähnlich werden und bleibt bei ihm, während Siddhartha weiterzieht. Am Ende begegnen sich die Freunde wieder, und G. erkennt, daß der Ruhelose durch Irrtümer und Zweifel zum Weisen und zu einer Inkarnation Buddhas geworden ist.

Gracchus [*Der Jäger Gracchus.* Erzählung von Franz Kafka, ED 1931 (posthum)]. – Der »grüne Jäger« G., auf der Gemsenjagd im Schwarzwald tödlich verunglückt, existiert zwischen den Reichen der Lebenden und der Toten, weil sein »Todeskahn (die Fahrt) verfehlte«. G. kann Symbolfigur für den modernen Menschen sein, der dem natürlichen Dasein entfremdet ist, oder für den Künstler, der »gestorben sein muß, um ganz ein Schaffender zu sein« (Th. Mann).

Grambauer → Martin G. (Welk: *Die Heiden von Kummerow*)

Grandpierre [*Das unauslöschliche Siegel.* Roman von Elisabeth Langgässer, 1946]. – Der Satan greift immer wieder und in wechselnder Gestalt, als G. oder Tricheur oder Matrose, in → Belfontaines Leben ein, zieht ihn in religiöse Zweifel, treibt ihn zum Abfall von Gott und verführt und ermordet seine zweite Frau → Suzette Bonmarché.

Greco.
Der Maler El G. (span.: »Der Grieche«; 1541–1614) arbeitete vorwiegend in Toledo. Kennzeichnend für ihn ist die ungewöhnlich übersteigerte, manieristische Malweise.
[*El Greco malt den Großinquisitor.* Novelle von Stefan Andres, 1936]. – Der Maler aus Toledo stellt den Großinquisitor → Guevara nicht im traditionellen Violett des Kardinals dar, sondern im Schwarz und Rot der brennenden Scheiterhaufen.

Gregor [*Sansibar oder der letzte Grund.* Roman von Alfred Andersch, 1957]. – Der in Moskau geschulte kommunistische Funktionär G. kommt 1938 in den Ostseehafen Rerik, um die Parteiarbeit zu reaktivieren, findet jedoch nur noch einen Genossen vor, → Knudsen. Statt seine Aufgabe zu erfüllen, befreit er sich aus ideologischen Fesseln: Er weicht von der kleinlichen, realitätsblinden Parteilinie ab, indem er dem Pfarrer → Helander und der bürgerlichen Jüdin → Judith Hilfe leistet.

Gregor Samsa [*Die Verwandlung.* Erzählung von Franz Kafka, 1915]. – G. S. revoltiert auf groteske Art gegen die bürgerlichen Familienverhältnisse und den Herrschaftsanspruch der Väter. Er erwacht eines Morgens und findet sich in einen riesengroßen Käfer verwandelt. Mit der Gestaltveränderung protestiert sein Unbewußtes gegen eine aufgezwungene Lebensweise als Reisender und Ernährer seiner Eltern und seiner Schwester. Da er jetzt seinerseits Schmarotzer ist, verliert er die Zuneigung der Eltern und zuletzt auch der Schwester. Autobiographische Züge sind bereits im Namen Samsa erkennbar: die Vokale sind identisch, die Konsonanten strukturgleich.

Gregor von Tours.
G.v.T. (um 540–594), Bischof und Geschichtsschreiber, berichtet in seiner *Historia Francorum* von einem Vorgang, den Grillparzer seinem Lustspiel zugrunde legt.
[*Weh' dem, der lügt!* Lustspiel von Franz Grillparzer, 1840]. – Zur Merowingerzeit lebt G., Bischof der Franken, als Verfechter der absoluten Wahrhaftigkeit. Als sich der Küchenjunge → Leon bereiterklärt, G.s Neffen → Attalus aus germanischer Gefangenschaft zu befreien, verlangt er, daß Leon es ohne eine Lüge tut. Am Schluß erkennt G., daß die absolute Wahrheit nur dem Reich Gottes zukommt und die Welt Zugeständnisse verlangt.

Gregorius [*Gregorius.* Verserzählung von Hartmann von Aue, entst. um 1190]. – [*Der Erwählte.* Roman von Thomas Mann, 1951]. – G. ist der christianisierte Ödipus, ein Inzestabkömmling, der unwissend seine eigene Mutter (Sibylle) heiratet und diese doppelte Schuld des Unschuldigen – durch 17jähriges Ausharren in Fesseln auf einem einsamen Felsenriff – bis zur Heiligkeit büßt, so daß er von Gott zum Papst bestimmt wird.

Grenouille [*Das Parfum.* Roman von Patrick Süskind, 1985]. – Jean-Baptiste G., der aus der Gosse kommt, ein häßlicher Gnom ist und keinerlei Eigengeruch hat, verfügt über eine Nase, deren Empfindlichkeit und Spürsinn alles Vorstellbare übersteigt. Sie befähigt ihn, jeden nur erdenklichen Duft zu identifizieren und synthetisch herzustellen. Wegen eines Mangels an Eigengeruch wird er übersehen, mißachtet und schamlos ausgenutzt, so daß sein zwanghaftes Bestreben darauf zielt, sich eine künstliche »olfaktorische« (Duft-)Ausstrahlung zu verschaffen. Er bewerkstelligt das, indem er jungfräuliche Mädchen ermordet und deren Duft in ein Parfum abzieht.

Grenwitz [*Problematische Naturen.* Roman von Friedrich Spielhagen, 1861]. – In einer Vorwegnahme der Thematik Fontanes stellt Spielhagen die freiherrliche Sippe der G. als typisch für die fassadenhafte Adelsgesellschaft der Restaurationszeit dar. Ein unehelicher Sproß der Familie ist Dr. Oswald → Stein.

Gret (Gredt) [*Das Kälberbrüten.* Fasnachtsspiel von Hans Sachs, entst. 1551; ED 1561]. – G., die arbeitsame, aber scharfzüngige Bäuerin, hat mit ihrem Mann Hans ihre liebe Not. Dieser ist ein träger, närrischer Nichtsnutz. Als er eines Tages auf einem Korb voll Käse Kälber ausbrüten will, hält sie ihn für vom Teufel besessen und ruft den Pfarrer zu Hilfe. Aber aus dem Bundesgenossen wird bald ein Gegner, der ihr als böser Ehefrau Vorhaltungen macht, so daß sie ihn rabiat vor die Tür setzt. Danach vertrinken G. und Hans einträchtig den Tagesverdienst.

Gretchen [*Faust I.* Tragödie von Johann Wolfgang von Goethe, ED 1808]. – G., eine Variation des im Sturm und Drang verbreiteten Themas der Kindsmörderin (→ Evchen Humbrecht), gerät zwischen die Mächte der Natur und der Gesellschaft und wird zerrieben. Das reine, unschuldige Naturgeschöpf lebt in einem kleinbürgerlichen Kreis und ist kirchlich und sozial gebunden. Sie gibt sich aus einem ihr selbst unbegreiflichen, natürlichen Drang dem Geliebten → Faust hin, hat aber das Bewußtsein, damit eine Sünde zu begehen. Da sie die moralische Ächtung der Gesellschaft nicht ertragen kann, bringt sie ihr Kind um und verfällt darüber in Wahnsinn. Als Faust die Geliebte aus dem Gefängnis befreien will, widersetzt sie sich, denn sie will ihre Schuld büßen.

Grete [*Der blaue Boll.* Drama von Ernst Barlach, 1926]. – Grete, die triebhafte Frau des Schweinehirten Grüntal, hat im religiösen Wahn ihre Familie verlassen; sie will das Fleisch abtöten und sich und ihre Kinder vergiften, um die Sünde aus der Welt zu schaffen. Die Begegnung mit ihr verändert den Gutsbesitzer → Boll in einen Menschenfreund, der G. in die Familie zurückführt.

Grete Minde [*Grete Minde.* Erzählung von Theodor Fontane, 1880]. – Die früh verwaiste G. M. wächst ohne Liebe im Haus ihres hartherzigen Halbbruders Gerdt und dessen kalter Frau Trud auf. Sie flieht mit ihrem herzensguten Jugendgespielen Valtin. Dieser stirbt früh und läßt sie mit einem Kind mittellos zurück. Als ihr Bruder sie um ihr Erbteil betrügt, steckt sie das Vaterhaus und die Stadt in Brand und stürzt mit Kind und Neffen vom brennenden Kirchturm in die Tiefe.

Grete Siebenschein → Stangeler (Doderer: *Die Strudlhofstiege*)

Grigia [*Drei Frauen. (Grigia).* Novellen von Robert Musil, 1924]. – Durch seine Geliebte, die Bäuerin G., erfährt der Geologe Dr. → Homo das kreatürliche Sein, geht aber auch an ihr zugrunde. Als die Liebenden sich in einem aufgelassenen Stollen treffen, versperrt der Ehemann G.s mit einem Felsbrocken den Eingang. G. kann durch einen rückwärtigen schmalen Spalt entkommen und überläßt den verdämmernden Geliebten seinem Schicksal.

Grillhofer [*Der G'wissenswurm.* Bauernkomödie von Ludwig Anzengruber, 1874]. – Der Bauer G. glaubt, daß sein Ende nahe sei, und hat Angst um seine sündige Seele. Sein Schwager Dusterer, ein Erbschleicher, rät ihm, allem Besitz zu entsagen und Buße zu tun. Zum Glück taucht rechtzeitig das Ergebnis einer Jugendsünde auf, die Tochter Horlacherlies, und gibt ihm seine Lebensfreude wieder.

Gripen → Barbara G. (Bergengruen: *Die Feuerprobe*)

Grisardis → Griseldis

Grischa Paprotkin [*Der Streit um den Sergeanten Grischa.* Roman von Arnold Zweig, 1927. (Teil des Romanzyklus *Der große Krieg der weißen Männer*)]. – G. P. verkörpert den schlichten Soldaten aller Zeiten, der im Räderwerk der Kriegsmaschinerie zermalmt wird. Nach Jahren der deutschen Gefangenschaft entflieht der bärenstarke, gutmütige Sergeant aus Heimweh. Er gibt sich als der Überläufer Bjuschew aus, als er wieder eingefangen wird, und wird als russischer Spion zum Tode verurteilt. Als er seine wahre Identität preisgibt, wäre das Urteil hinfällig; es wird jedoch nach monatelangen Auseinandersetzungen zwischen dem zuständigen Divisionskommandeur von → Lychow und dem Oberbefehlshaber Ost → Schieffenzahn vollstreckt, weil dieser sich über die menschlichen und juristischen Bedenken seiner Untergebenen hinweggesetzt, um ein Exempel zu statuieren.

Griselda → Griseldis

Griseldis.
G. ist eine große Dulderin, die von ihrem Ehemann, dem Grafen → Gualtieri, über die Maßen geprüft wird und auch die unmenschlichste Zumutung demütig und gehorsam hinnimmt. Der Märchen- und Sagenstoff wurde in Europa vielfach aufgegriffen.
[*Grisardis.* Novelle von Erhart Großz, entst. 1435]. – G. ist ein Exempel für die »rechte Ehzucht«.
[*Von großer Stätikait ainer Frowen Grisel gehaißen.* Novelle von Heinrich Steinhöwel, 1471]. – Der Dichter wählte als Vorlage die Petrarca-Fassung (1373) der Geschichte von der gehorsamen und treuen Gattin, da die breitere und gemütvollere Darstellung den deutschen Lesern mehr

entsprach als die sachliche des Boccaccio. Sein Übersetzungswerk wurde die Grundlage für alle frühen deutschen G.-Volksbücher und -Bearbeitungen.
[*Gedultig und gehorsam marggräfin Griselda.* Komödie von Hans Sachs, 1546]. – Sachs unterstreicht das Rührende der Gestalt durch eine herzliche und gefühlsstarke Redeweise und macht sie damit glaubwürdiger.
[*Griseldis.* Dramatisches Gedicht von Friedrich Halm, 1837]. – G. verläßt nach der Bewährungsprobe ihren Mann, weil er sie nicht geliebt hat und ihrer nicht würdig ist.
[*Griselda.* Lustspiel von Gerhart Hauptmann, 1909]. – G. ist ein glühendes, widerspenstiges Weib, dessen Widerstand gebrochen werden muß.

Grobianus [*Grobianus.* Lateinische Satire von Friedrich Dedekind, 1549]. – In der Gestalt des G. wird das zeitgenössische Studentenleben karikiert. G. ist ein Ausbund an Rüpelhaftigkeit, steht erst mittags auf, geht ungewaschen zu Tisch, ißt unappetitlich, benimmt sich ungehobelt und schamlos und geht angezogen zu Bett.

Gröningseck → Evchen Humbrecht (H. L. Wagner: *Die Kindsmörderin*)

Grötzinger → Laiper (Sperr: *Landshuter Erzählungen*)

Groland von Laufenholz [*Des Reiches Krone.* Novelle von Wilhelm Raabe, ED 1870]. – Der Nürnberger Junker Michel G. v. L. vereinigt in sich zwei widersprüchliche Aspekte von Raabes Weltsicht: den positiven des nationalen Einheitsgedankens und den negativen des blind zuschlagenden Schicksals. G. kämpft in den Hussitenkriegen (1419–1436) erfolgreich mit bei der Rückführung des Kronschatzes nach Nürnberg, wird jedoch nach dem Sieg von der Lepra befallen (→ Mechtilde Große).

Großer Kurfürst → Friedrich Wilhelm

Grossin → Mechtilde Große (Raabe: *Des Reiches Krone*)

Großinquisitor [*Don Carlos.* Tragödie von Friedrich von Schiller, 1787]. – Der G. ist die graue Eminenz, die den Weltherrscher → Philipp II. der Macht der Kirche unterwirft.

Großinquisitor → Guevara (Andres: *El Greco malt den Großinquisitor*)

Grossmann [*Katzgraben.* Komödie von Erwin Strittmatter in Zusammenarbeit mit B. Brecht, 1954]. – In den Jahren 1947/48 lehnt der hinterhältige Großbauer G. den Bau einer Straße ab, die den Kleinbauern zugute käme. Die Partei unterstützt die Kleinbauern, und die Straße wird gebaut.

Großmutter [*Geschichten aus dem Wienerwald.* Volksstück von Ödön von Horvàth, 1931].

– Die Großmutter dieses »Volksstücks« ist das Gegenteil einer liebevollen Märchengestalt. Das bigotte alte Weib setzt sein Enkelkind, da es ein Geschöpf der Sünde ist, der Zugluft aus, damit es stirbt, und vertreibt sich die Wartezeit bis zu seinem Tod mit frommen Betrachtungen.

Großtyrann [*Der Großtyrann und das Gericht.* Roman von Werner Bergengruen, 1935]. – Der G. von Cassano, einem italienischen Stadtstaat der Renaissance, fordert innerhalb von drei Tagen die Aufklärung des Mordes, der an dem Mönch Fra Agostino begangen wurde. Prominente Bürger versuchen durch Lügen und Intrigen den Fall zu lösen. Schließlich gesteht der G., daß er selber den Mord begangen habe, um seine Untertanen auf die Probe zu stellen. Als der Priester Don Luca ihn der Hybris zeiht, erkennt er seine Schuld.

Groth [*Das Impressum.* Roman von Hermann Kant, 1972]. – David G. ist ein Aufsteiger in der sozialistischen Gesellschaft der DDR. Bei einer Illustrierten hat er es vom Botenjungen zum Chefredakteur gebracht. Als er jedoch Minister werden soll, schreckt er zurück und beginnt über sein Leben zu reflektieren. Am Ende steht die Erkenntnis, daß sich Persönlichkeiten seiner Leistungsfähigkeit zur Verfügung stellen müssen, wenn sie gerufen werden.

Grude [*Die echten Sedemunds.* Drama von Ernst Barlach, 1920]. – Der Außenseiter G., der freiwillig im Irrenhaus lebt, deckt die ganze Schäbigkeit der Mitmenschen auf, indem er den Ausbruch eines Zirkuslöwen erfindet. In der Aufregung verraten die »echten« → Sedemunds ihre eigenen und die Missetaten ihrer Mitbürger; als die Löwenangst zusammenbricht, macht die Polizei die Augen zu und alles ist nicht mehr wahr.

Grübel [*Eiche und Angora.* Stück von Martin Walser, 1962]. – Alois G. wird im KZ einer so gründlichen Folter und Gehirnwäsche unterzogen, daß er zum hundertprozentigen Nazi wird. Noch 1945 gibt er forsche Parolen von sich, als er als (versehentlicher) Retter seiner Heimatstadt gefeiert wird. Im KZ hat man ihn entmannt, so daß er singen kann »wie eine Nachtigall«. Seine Stimme ist immer gefragt, gleichgültig, wer den Taktstock schwingt, und er singt folgsam, bis die anderen sein Leben ganz ruiniert haben.

Grünlich [*Buddenbrooks.* Roman von Thomas Mann, 1901]. – Bendix G. ist ein betrügerischer Hamburger Kaufmann, der mit gefälschten Geschäftsbüchern eine solide Firma vortäuscht, um →

Tony Buddenbrook heiraten zu können, deren Mitgift ihn sanieren soll. Trotzdem kann er den Bankrott nur um wenige Jahre hinausschieben.

Grüntal → Grete (Barlach: *Der blaue Boll*)

Gruhl [*Ende einer Dienstfahrt.* Erzählung von Heinrich Böll, 1966]. – Vater und Sohn G., hervorragende Kunsttischler, sind Einzelgänger, die sich mit »atemberaubender Gleichgültigkeit« von den Zwängen der Konvention und des öffentlich geregelten Zusammenlebens fernhalten. Sie stehen vor Gericht, weil sie einen Jeep der Bundeswehr in Brand gesteckt haben, um gegen deren absurde Verwaltungspraktiken zu protestieren. Der Richter Dr. → Stollfuß bestätigt sie in ihrer Narrenrolle, indem er die »Sabotage« zu einem künstlerischen Happening herunterspielt.

Grusche Vachnadze [*Der kaukasische Kreidekreis.* Stück von Bertolt Brecht, 1954; UA 1948]. – Die Magd G. V. rettet das von seiner Mutter → Natella Abaschwili verlassene Kind Michel und zieht es liebevoll als ihr eigenes groß. Seinetwegen verliert sie ihren Verlobten und heiratet einen ungeliebten Bauern. Bei der Kreidekreisprobe läßt sie das Kind los, um es nicht zu verletzen.

Grusinskaja → Gaigern (Baum: *Menschen im Hotel*)

Gruyten [*Gruppenbild mit Dame.* Roman von Heinrich Böll, 1971]. – Die ursprünglich wohlhabende, im Krieg besonders erfolgreiche kleinbürgerliche Bauunternehmerfamilie bricht mit dem Dritten Reich zusammen. Tochter des Hauses und Hauptfigur des Romans ist → Leni Pfeiffer; sie distanziert sich von dem Profitstreben und der heuchlerischen Wohlanständigkeit der Familie.

Gualtieri.
G., der Markgraf von Saluzzo, heiratet die Bauerntochter → Griseldis. Er behandelt sie unmenschlich, nimmt ihr die beiden Kinder weg und fordert sie nach dreizehn Jahren auf, bei seiner erneuten Hochzeit die Braut zu bedienen. Die »Braut« ist Griseldis' eigene Tochter, und die »Hochzeit« dient dazu, Griseldis wieder in Ehren aufzunehmen. Der Märchen- und Sagenstoff wurde in Europa vielfach aufgegriffen.
[*Grisardis.* Novelle von Erhart Großz, entst. 1435]. – Der gottesfürchtige G. verhängt die harten Prüfungen, um seinem Volk zu beweisen, daß → Griseldis die tugendhafteste Frau im ganzen Land ist.
[*Griseldis.* Dramatisches Gedicht von Friedrich Halm, 1837]. – Percival, ein Artusritter, wettet mit der Königin Ginevra um die Beständigkeit seiner Gattin.
[*Griselda.* Lustspiel von Gerhart Hauptmann, 1909]. – Ulrich von Saluzza handelt aus übersteigerter Liebe und Eifersucht.

Er ist ein psychopathischer Gewaltmensch.

Guatemoc [*Die weißen Götter.* Historischer Roman von Eduard Stucken, 1918–1922]. – G., der Vetter → Montezumas II., ist eine historische Gestalt. Er führt den Aufstand der Azteken gegen die Eroberer und kämpft um der Ehre willen verzweifelt bis zum heroischen Untergang. Er ist die tapfere Kontrastfigur zu dem kraftlosen, nachgiebigen Aztekenherrscher.

Gudrun [*Edda.* Anonyme Liedersammlung (altisländisch), aufgezeichnet nach 1250]. – G. (→ Kriemhild im *Nibelungenlied*) verschuldet im *Alten Sigurdlied* (entst. zw. 8. Jh. und 1100) mittelbar den Tod ihres Gemahls → Sigurd, denn sie deckt in einem Streit mit → Brynhild den Gestalttausch zwischen → Gunnar und Sigurd auf, bei dem dieser Brynhild für Gunnar als Frau gewann. Im *Atlilied* (entst. 9. Jh.) warnt G. ihre Brüder davor, der Einladung ihres Gemahls → Atli an den Hunnenhof zu folgen. Als Atli diese tötet, vollzieht sie in grausiger Weise die Blutrache: Sie schlachtet die Söhne Atlis, setzt beim Festmahl ihre Herzen dem Vater als Speise vor, ersticht diesen im Bett und stirbt in der von ihr angezündeten Atli-Halle.

Gudrun → Kudrun (*Kudrun*)

Gühler [*Die Geschlagenen.* Roman von Hans Werner Richter, 1949]. – Der Obergefreite G., ein »Sozialist und Deutscher«, kämpft in Hitlers Krieg, obwohl er das Naziregime haßt. Nach mörderischen Gefechten in Italien gerät er in amerikanische Gefangenschaft, wo er von den Amerikanern als Nazi und von den Lagergenossen als Verräter behandelt wird.

Guelfo [*Die Zwillinge.* Trauerspiel von Friedrich Maximilian Klinger, 1776]. – G. hat die monomanische, titanische Kraftnatur des typischen Sturm-und-Drang-Helden und erlebt den für die Literatur der Epoche ebenfalls charakteristischen Bruderkonflikt, hier auf die Spitze getrieben durch den Umstand, daß das Erstgeburtsrecht dem nur um wenige Minuten älteren, schwächlichen Zwillingsbruder Ferdinando zufällt. Als dieser G.s Jugendliebe Kamilla als Braut gewinnt, wird G. aus enttäuschtem Selbstgefühl und maßlosem Rachedrang zum Brudermörder. – Mit diesem Stück vollzieht sich im Sturm und Drang eine Wende, denn der schrankenlose Subjektivismus wird erstmals negativ eingestuft (→ Franz Moor).

Günderrode.
Die Dichterin Caroline von Günderode (sic!), 1780–1806, erdolchte sich aus unerfüllter Liebe und existenzieller Erschöpfung am Rheinufer bei Winkel.
[*Kein Ort. Nirgends.* Prosatext von Christa Wolf, 1979]. – In einem Landhaus in Winkel

kommt es 1804 zu einer fiktiven Begegnung zwischen der G. und Heinrich von → Kleist. Die alleinstehende Stiftsdame ist stille Beobachterin in einer illustren Teegesellschaft und tauscht mit dem anderen Außenseiter, Kleist, Blicke, die zu einer Annäherung führen. Auf einem Spaziergang in den Rheinauen, dort, wo die G. zwei Jahre später Selbstmord beging, führen sie ein Gespräch, in dem sich ihre ähnliche psychische Gestimmtheit andeutet.

Guevara [*El Greco malt den Großinquisitor.* Novelle von Stefan Andres, 1936]. – Der Großinquisitor G. in Sevilla läßt sich von El → Greco malen und lernt durch das Bild sich selber kennen.

Guido → Constantin (Leisewitz: *Julius von Tarent*)

Gumpelino [*Die Bäder von Lucca.* Prosa von Heinrich Heine, ED 1829]. – Den dummgeschwätzigen romantischen Spätling G., eine aufgeregte, oft hysterische, stets anbetungsbereite komische Figur, verwendet Heine als Vermittler seiner ersten Angriffe auf August Graf von Platen. G. liest dessen Gedichte und gerät so sehr ins Schwärmen, daß er zugunsten des schöngeistigen Erlebnisses auf eine Liebesnacht verzichtet, zumal er auch ein Abführmittel zu sich genommen hat.

Gundakar von Thernberg [*Der Pfaffe vom Kahlenberg.* Schwanksammlung von Philipp Frankfurter, entst. 1450–70; 1473]. – Der Pfarrer des Dorfes Kalenberg bei Wien ist ein Pfiffikus, der seine tölpelhaften Bauern narrt, seinen Amtsbrüdern Streiche spielt und schließlich in der Hofgesellschaft den Hofnarren macht. Neben derber Komik kommt auch Zeitkritik zum Ausdruck.

Gundelhuber [*Eine Wohnung ist zu vermieten ...* Posse von Johann Nepomuk Nestroy, entst. 1837; 1927]. – Der Rentier Herr von G., ein lüsterner und aggressiver Kleinbürger, in dem sich Engstirnigkeit und Dreistigkeit gefährlich verbinden, war ein so boshaftes Zerrbild des »normalen« Wieners, daß das Stück durchfiel, und ist eine Vorwegnahme von Karikaturen wie Herr → Karl.

Gunderloch [*Der fröhliche Weinberg.* Lustspiel von Carl Zuckmayer, 1925]. – Der Weingutsbesitzer G., ein vitaler Witwer, will sich auf den Altenteil zurückziehen und die Hälfte seines Besitzes seiner Tochter → Klärchen vermachen, unter der Bedingung, daß ihr Verehrer, der Mitgiftjäger Assessor Knuzius, vor der Heirat beweist, daß er in der Lage ist, für Nachwuchs zu sorgen.

Gundermann [*Der Stechlin.* Roman von Theodor Fontane, 1899]. – In dem erzkonservativen Sägemühlenbesitzer v. G. wird dem alteingesessenen Edelmann → Stechlin eine neureiche, eben erst (geld-)geadelte Kontrastfigur gegenübergestellt. Am Beispiel der Beurteilung der Telegraphie wird das deutlich: Stechlin sieht in der Telegrammsprache den Kulturverfall und das Ende jeder »Spur von Verbindlichkeit« gekommen, während G. das Telegramm als beflügelndes Hilfsmittel seiner Börsengeschäfte begrüßt.

Gundling [*Leben Gundlings.* Stück von Heiner Müller, 1977]. – An G. demonstriert Müller die Menschenfeindlichkeit der Preußenkönige. Der Professor und Präsident der Akademie wird von König → Friedrich Wilhelm I. und den Kumpanen seines Tabakskollegiums aus urtümlichem Haß gegen die Intellektuellen und alle verfeinerte Kultur gedemütigt und »zum Narren« gemacht.

Gunnar [*Edda.* Anonyme Liedersammlung (altisländisch) aufgezeichnet nach 1250]. – Im *Alten Sigurdlied* (entst. zw. 8. Jh. und 1100) ist der Burgundenkönig G. (→ Gunther im *Nibelungenlied*) ein Schwächling, der seinen Schwager → Sigurd dazu bringt, in seiner Gestalt die Walküre → Brynhild zu gewinnen. Als der Betrug aufkommt, verlangt Brynhild, daß er Sigurd erschlägt. Auch das vermag er nicht alleine zu tun; sein Bruder → Högni muß mithelfen. Im *Atlilied* (entst. im 9. Jh.) ist G. ein unerschrockener Held, der dem goldgierigen → Atli widersteht, als dieser das Versteck des Burgundenschatzes von ihm erpressen will, und mannhaft in der Schlangengrube stirbt, ohne das Geheimnis preiszugeben.

Gunten → Jakob von G. (R. Walser: *Jakob von Gunten*)

Gunther [*Waltharius.* Heldenepos (mlat.), früher Ekkehard von St. Gallen zugeschrieben, entst. zw. 800 und 900]. – G. hetzt aus Goldgier seine Gefolgsleute, darunter auch → Hagen, auf → Waltharius.
[*Nibelungenlied.* Anonymes Heldenepos, entst. um 1200]. – Der älteste der Burgundenkönige ist ein entschlußarmer, schwacher Herrscher. Seine Braut gewinnt er nur mit Hilfe → Siegfrieds, der an seiner Stelle die wilde → Brünhild besiegt. G.s Gestalt geht auf den → Gunnar des Heldenlieds zurück, sie erfährt bei späteren Bearbeitungen des Stoffes nur geringe Veränderungen.

Gurnemanz [*Parzival.* Höfisches Epos von Wolfram von Eschenbach, entst. zw. 1200 und 1210]. – Der greise Oheim → Parzivals führt diesen in das Ritterwesen ein und lehrt ihn die höfischen Formen und Normen. Von ihm kommt auch der Rat, nicht viel zu fragen, der rein gesellschaftlich gemeint ist und den Parzival mißversteht, als er bei → Anfortas die ›Mitleidsfrage‹ nicht stellt.
Bei Wagner (*Parsifal*, 1877) ist G. ein Gralsritter, der die Gestalt → Trevrizents einschließt.

Gustav Adolf.
Der König von Schweden (1594–1632) trat 1630 als Kämpfer für die protestantische Sache und die Macht seines Hauses in den Dreißigjährigen Krieg ein. Er fiel 1632 in der Schlacht bei Lützen.
[*Gustav Adolfs Page*. Novelle von Conrad Ferdinand Meyer, 1882]. – G. A. ist als väterlicher Herrscher und als ernster, verantwortungsvoller Glaubenskämpfer dargestellt. Er ahnt nicht, daß sein Page → Auguste Leubelfing ein Mädchen ist.

Gustav → **Rauchhaupt** (G. Hauptmann: *Der rote Hahn*)

Gustav von der → **Ried** (Kleist: *Die Verlobung in St. Domingo*)

Gustav von Falkenberg [*Die unsichtbare Loge*. Romanfragment von Jean Paul, 1793]. – G. ist die erste der schwärmerischen und begeisterungsfähigen Jünglingsgestalten, die kennzeichnend für die frühen großen Romane Jean Pauls sind. Seine Erziehung unterliegt extremen Prinzipien: zuerst durchläuft er eine achtjährige herrnhutisch-rousseauische Ausbildung, abgeschirmt von der Außenwelt in einer Höhle; dann eine musische durch den Schulmeister Jean Paul in der Residenzstadt Scheerau; dann wird er militärisch gedrillt. Schließlich wird er in die höfische Welt eingeführt und macht erste Liebeserfahrungen in den höchsten Kreisen. Der Roman bricht ab, als G. wegen revolutionärer Umtriebe ins Gefängnis kommt. Der verwickelte Bildungsweg hat ihn urteilsfähig und selbständig gemacht.

Gustchen [*Der Hofmeister*. Tragikomödie von Jakob Michael Reinhold Lenz, 1774]. – G. ist der Sturm-und-Drang-Typus des gefallenen Mädchens. Sie bringt das Kind des Hauslehrers → Läuffer in einer einsamen Waldhütte zur Welt und will sich in Verzweiflung ertränken. Sie wird gerettet, und man verzeiht der Entehrten.

Gustel → Auguste Leubelfing (Meyer: *Gustav Adolfs Page*)

Gustl [*Leutnant Gustl*. Erzählung von Arthur Schnitzler, 1901]. – Leutnant G. ist ein Musterbeispiel für den vollkommen veräußerlichten Ehrbegriff der k.u.k. Armee. G. meint, er müsse sich erschießen, weil er von einem Bäcker beleidigt worden ist, mit dem er sich nicht duellieren kann, da dieser nicht satisfaktionsfähig ist. In einem inneren Monolog G.s enthüllt sich die Leere und Sinnlosigkeit eines Lebens, das nur von Standesdünkel und gesellschaftlichem Ansehen bestimmt wird.

Gyburg [*Willehalm*. Unvollendetes Epos von Wolfram von Eschenbach, entst. zw. 1210 u. 1219]. – Die Heidin Arabele, Tochter und Gattin zweier mächtiger Heidenkönige, rettet → Willehalm aus der Gefangenschaft und wird als Christin Gyburg seine Gemahlin. Sie ist die liebende, hingebungsvolle Frau, die alles mit ihrem Ehemann teilt. Sie verteidigt für ihn die Stadt Orange, während er Hilfe holt. Sie leidet mit ihm um die gefallenen Christen und bittet für ihre heidnischen Verwandten, die auch Gottes Kinder sind und deren Leid sie verursacht hat. Ihre und Willehalms Liebe ruht in dem gemeinsamen christlichen Glauben.

Gyges [*Gyges und sein Ring.* Tragödie von Friedrich Hebbel, 1856]. – Der edle griechische Jüngling G. wird ungewollt schuldig, als er sich von seinem Freund, dem Lyderkönig → Kandaules, mit Hilfe eines unsichtbar machenden Ringes heimlich dessen Gemahlin → Rhodope zeigen läßt. Ihre Schönheit erschüttert G., macht ihm aber auch seine Verletzung der Menschenwürde bewußt. Als Folge seines Frevels muß er mit seinem Freund auf Leben und Tod kämpfen. Als Sieger fällt ihm Rhodope zu, aber diese nimmt sich am Altar das Leben.

H. H. [*Die Morgenlandfahrt.* Erzählung von Hermann Hesse, 1932]. – Der Violinspieler und Märchenerzähler H. H. befindet sich auf der Reise in den Orient und in ein imaginäres Reich des Unterbewußten und der Meditation, die »Heimat und Jugend der Seele«, ähnlich wie → Siddharta und Joseph → Knecht. Mit dem Diener und Mentor Leo erfährt er eine unio mystica, in der alle Zeiten eins werden. – Die Initialen H. H. verweisen wie der Name Harry → Haller im *Steppenwolf* auf den Autor Hermann Hesse.

Haake → Ravic (Remarque: *Arc de Triomphe*)

Habersaat [*Der grüne Heinrich.* Roman von Gottfried Keller, 1854/55; Neufassung 1879/80]. – Meister H., der erste Lehrmeister → Heinrich Lees, ist ein Gebrauchsgraphiker und mechanischer Reproduzent. Er lehrt seinen Schüler zwar eine »geläufige freche Manier«, doch fehlt ihm die Substanz, um Heinrich wirklich zu fördern. Daher trennt sich dieser unbefriedigt von dem »Schwindelhaber«.

Hackedahl [*Der eiserne Gustav.* Roman von Hans Fallada, 1938]. – An dem Zerfall der Familie H. wird der Untergang des Kleinbürgertums in Berlin zwischen 1914 und 1924 beispielhaft dargestellt. Der Droschkenkutscher H., wegen seiner unbeugsamen Strenge »der eiserne Gustav« genannt, verliert den Ältesten im Ersten Weltkrieg, sein Lieblingssohn Erich wird Schieber, Schwarzhändler und Spekulant, eine Tochter wird zur Dame und löst sich aus der Familie, die zweite geht in der Halbwelt unter. Nur der jüngste Sohn zeigt Spuren vom Charakter seines Vaters. Dieser bleibt trotz aller Schläge unverändert und wird zum Ende seines Lebens berühmt wegen einer Droschkenfahrt nach Paris.

Hadlaub [*Hadlaub.* Novelle von Gottfried Keller, ED 1876]. – Johannes H., der Sohn eines freien Bauern, wird Schreiber bei Rüdiger Manesse, dem er beim Sammeln und Aufzeichnen der Minnelieder hilft. Das regt ihn an, das Freifräulein → Fides in eigenen Minneliedern zu besingen. Die hohe Gesellschaft genießt das Spiel, doch als die jungen Leute heiraten wollen, wehrt sich der Adel gegen einen Einbruch in seine Kreise. H.s Vater löst das Problem, indem er seinem Sohn ein Haus in der freien Stadt Zürich kauft. Damit belegt Keller die zunehmende Bedeutung der Stadt und des Bürgerstandes zu Beginn des 14. Jh.s.

Hadschi Halef Omar [*Durch die Wüste.* Sechsteiliger Romanzyklus von Karl May, 1892]. – Der arabische Begleiter und Diener → Kara ben Nemsis ist ein treuer und tapferer Mann, der aber geschwätzig ist und Fehler macht, die der Unfehlbarkeit seines Herrn zusätzlichen Glanz verleihen.

Hadubrand [*Hildebrandslied.* Anonymes Heldenlied (Fragment), entst. Anfang 9. Jh.]. – H. ist der Sohn, der in einem tragischen Zweikampf von seinem Vater besiegt wird. Da → Hildebrand Frau und Kind vor 30 Jahren als Gefolgsmann → Dietrichs von Bern verlassen hat, hält H. ihn für tot, als er ihm »zwischen zwei Heeren« begegnet. Mißtrauisch verhöhnt er den alten Recken, als dieser sich als Vater zu erkennen gibt, und treibt ihn in den Zweikampf. Nach der nordischen Überlieferung nimmt man an, daß der Sohn getötet wird. Im *Jüngeren Hildebrandslied* (15. Jh.) endet der Konflikt mit einer Versöhnung.

Hadwig [*Ekkehard.* Historischer Roman von Joseph Victor von Scheffel, 1855]. – Die Herzogin von Schwaben, eine schöne junge Witwe, die sich von dem Mönch → Ekkehard in Latein unterrichten läßt, bringt ihrem Lehrer Zuneigung entgegen, glaubt sich aber wegen seiner Unerfahrenheit verschmäht und wendet sich stolz von ihm ab.

Häußler [*Der Schüdderump.* Roman von Wilhelm Raabe, 1870]. – Dietrich H., ehemals Barbier im Dorf Krodebeck, ein Egoist und Bösewicht, schiebt Tochter und Enkelkind ins Siechenhaus ab. Er bereichert sich durch undurchsichtige Geschäfte und erlangt die Würde eines Barons. Als seine Enkeltochter → Tonie ohne sein Verdienst zur Dame geworden ist, holt er sie nach Wien, um sie gewinnbringend an einen Grafen mit dem sprechenden Namen Basilides Conexionsky zu verheiraten. Die Gemeinheit siegt über den Seelenadel.

Hafis.
Der persische Dichter Schemseddin (Schams od-Din) Mohammed wurde H. genannt, d. h. »Bewahrer des Koran«, weil er sämtliche Suren des Korans im Gedächtnis bewahrte. Er besang in einem Diwan (»Versammlung«) von Ghaselen die Liebe, den Wein und die Schönheit der Natur.
[*West-östlicher Divan.* Gedichtsammlung von Johann Wolfgang von Goethe, 1819]. – Der persische Dichter dient Goethe als Sprecher bei seiner Anverwandlung, Veränderung und Vertiefung persischer und allgemein östlicher Weisheit. Der heitere H. gewinnt dabei ernste und mystische Züge.

Hagebucher [*Abu Telfan.* Roman von Wilhelm Raabe, 1868]. – Gestalt und Schicksal Leonhard H.s sind eine Abrechnung mit der politisch-gesellschaftlichen deutschen Wirklichkeit um die Mitte des 19. Jh.s. Der 1845 relegierte Theologiestudent hat zehn Jahre seines Lebens als Sklave bei den Negern in Abu Telfan verbracht und kann sich, zurückgekauft, in die spießige mitteldeutsche Kleinstadt mit ihrem stumpfen Untertanengeist nicht mehr eingewöhnen; die Zivilisation erscheint ihm bedrohlicher als sein Schicksal in Afrika. Er versucht durch Vorträge die seelisch erstarrten Menschen aufzurütteln; das wird ihm untersagt.

Hagedorn → Tobler (Kästner: *Drei Männer im Schnee*)

Hagen.
H. ist das Urbild der bedingungslosen Vasallentreue, die weder vor Heimtücke noch vor Meuchelmord zurückschreckt, ja diese als unvermeidliche Folge des Treueschwurs akzeptiert. Die Figur des H. geht auf den → Högni des Heldenlieds zurück.
[*Waltharius.* Heldenepos (mlat.), früher Ekkehard von St. Gallen zugeschrieben, entst. zw. 800 und 900]. – H. ist mit → Waltharius befreundet, seit sie beide Geiseln am Hofe Attilas waren; als → Gunther aus Goldgier befiehlt, H. solle Waltharius angreifen, unterwirft er sich folgsam der Treuepflicht und kämpft gegen den Freund.
[*Nibelungenlied.* Anonymes Heldenepos, entst. um 1200]. – Der dämonische H. von Tronje, selbstbewußter, eigenwilliger oberster Vasall am Hofe zu Worms, ist der bedingungslos treue, oft ungehörte Ratgeber eines schwächlichen Königs (→ Gunther). Um die Herrschaft seines Herrn zu sichern, verfährt er ohne Skrupel, greift zu Intrige, Raub und Mord. Er tötet auf Geheiß der Königin → Brünhild → Siegfried und versenkt den Nibelungenschatz im Rhein, um → Kriemhild die Mittel zur Rache zu entziehen.

Er führt die Burgunden an den Hof Etzels. Obwohl er von der Fahrt abgeraten hat und voraussieht, was geschehen wird, übernimmt er die schwersten Aufgaben und fällt als letzter der Recken durch Kriemhilds Hand.

[*Die Nibelungen.* Trauerspiel von Friedrich Hebbel, 1862]. – H., der »Niebesiegte und Niegebeugte«, muß die Ehre der Königin an einem Unerreichbaren rächen und sieht so den Meuchelmord als eine gerechte Tat an. Auch H.s Rolle als ungehörter Warner, der wissend in den Untergang geht, greift Hebbel auf.

[*Der Ring des Nibelungen.* Musikdramatische Tetralogie von Richard Wagner, 1853]. – H. ist bei Wagner Halbbruder Gunters und Sohn des Nibelungenfürsten Alberich. Er will den Ring zurückgewinnen, den → Siegfried Alberich im Kampfe abgenommen hat. Zu diesem Zweck manipuliert er Siegfrieds Schicksal und tötet ihn schließlich.

[*Der Nibelunge Not.* Dramatische Dichtung von Max Mell, 1951]. – Der Tod H.s steht unter dem Aspekt der Einsicht. H. hat sich zu Schuldbewußtsein durchgerungen, er ist nicht mehr der heidnische Held des starren Ehrgefühls und der unbedingten Gefolgschaftstreue, der im Tode triumphiert.

Hagen [*Kudrun.* Anonymes Heldenepos, entst. um 1240]. – In der Vorgeschichte wird H., der siebenjährige Sohn des irischen Königs Sigebant, von einem Greif auf eine Insel entführt, wo drei ebenfalls entführte Königstöchter leben. Er bildet sich selbst zu einem vollkommenen Helden aus, besiegt den Greif, kehrt mit den Mädchen nach Irland zurück, wo er eine der Geretteten – Hilde von Indien – heiratet. Er wird ein gefürchteter und angesehener Herrscher. Seine Tochter Hilde, die Mutter → Kudruns, ist eine umworbene Schönheit.

Hagenström [*Buddenbrooks.* Roman von Thomas Mann, 1901]. – Die H.s sind die gewöhnlich-handfeste Kontrastfamilie zu der etablierten hanseatischen Kaufmannsfamilie → Buddenbrook, die ihren Höhepunkt bereits überschritten hat. Sie sind Aufsteiger, Neureiche, ohne Benehmen, Takt und Tradition, aber geschäftlich erfolgreich.

Hagestolz [*Der Hagestolz.* Novelle von Adalbert Stifter, ED 1844]. – Weil ihn seine Jugendliebe um seines Bruders willen abgewiesen hat, ist der H. unverheiratet geblieben, hat die Welt bereist und ein Vermögen angesammelt. Als verbitterter alter Mann lebt er auf einer Insel in einem Gebirgssee und leidet unter der Einsamkeit und Kinderlosigkeit seines verfehlten Lebens. Seinem Neffen → Viktor gibt er den Rat, früh zu heiraten und die Familie in den Mittelpunkt seiner Existenz zu stellen.

Hahn [*Das Feuerzeichen.* Roman von Werner Bergengruen, 1949]. – Der Bauer und Gastwirt H. gerät ungewollt in eine Position zwischen Recht und Gerechtigkeit. Er verstößt gegen das Gesetz zum Schutz der Schiffahrt, als er während eines Unwetters Sommergäste mit Feuerzeichen aus Seenot rettet. Dem Strafprozeß entzieht er sich durch Erhängen.

Haien [*Der Schimmelreiter.* Novelle von Theodor Storm, 1888]. – Hauke H., hochbegabt, aber besitzlos, hat sich von klein auf mit den technischen Problemen der Küste befaßt und Deichprofile entwickelt. Als er → Elke Volkerts, die Tochter des verstorbenen Deichgrafen, heiratet, fallen ihm dessen Besitz und Amt zu, für das er dank seiner Kenntnisse, seines Arbeitseinsatzes und seiner Herrschernatur prädestiniert ist. Er setzt den Bau eines neuen Deichs durch, gewinnt Neuland, scheitert aber am Ende an der Bosheit und Borniertheit der Mitmenschen und den Naturgewalten. Als gespenstischer Schimmelreiter lebt er im Aberglauben des Volkes weiter.

Hainstock [*Winterspelt.* Roman von Alfred Andersch, 1974]. – Der Altkommunist und ehemalige KZ-Häftling Wenzel H. hat vor der Ardennenoffensive (Dezember 1944) Kontakte mit der anderen Seite der Front, mit dem amerikanisch besetzten Belgien. Er ist gegenüber den Plänen Major → Dincklages, zu kapitulieren, mißtrauisch, weil er, skeptisch geworden, der kollektiven Aktion keine Erfolgsaussichten zutraut. H. ist ein in Anderschs Werk mehrfach wiederkehrender Typ, eine Art Identifikationsfigur des Autors.

Haitang [*Der Kreidekreis.* Spiel nach dem Chinesischen von Klabund, 1925]. – H. wird von ihrer Mutter aus Not an ein Freudenhaus verkauft. Der Mandarin Ma macht sie zu seiner zweiten Frau, und sie bekommt einen Sohn. Die erste Frau verklagt sie als Mörderin Mas und will ihr das Kind nehmen. Der Kaiser löst den Fall mit der Kreidekreisprobe, die H.s Mutterliebe unter Beweis stellt.

Hakam [*Der Rubin.* Märchenlustspiel von Friedrich Hebbel, 1851]. – H. jagt als Gegenspieler → Assads dem Rubin aus Besitzgier nach, ohne vor Verbrechen zurückzuschrecken. Er vertritt den moralfreien Pragmatismus.

Hakert [*Die Ritter vom Geiste.* Roman von Karl Gutzkow, 1850/51]. – Fritz H., Schreiber und Gehilfe des Polizeipräsidenten Pax, fördert die Ideen des Geheimbundes »Ritter vom Geiste«. Er hat die Vertrauensstellung angestrebt, um dem Bund nützlich zu sein – eine Art »Maulwurf«, wie er in modernen Spionageromanen genannt würde.

Haldern [*Stine*. Roman von Theodor Fontane. 1890]. – Graf Sarastro v. H., der Onkel → Waldemars von Haldern, ist eine Dubslav von → Stechlin ähnliche Figur, ein Adeliger, der sich die Menschlichkeit bewahrt hat in einem überalterten, erstarrten Gesellschaftssystem, dessen Unsinnigkeit er zwar durchschaut, dessen stiller Nutznießer er gleichwohl bleibt.

Haller [*Der Steppenwolf*. Roman von Hermann Hesse, 1927]. – Harry H. ist als sensibler Kulturpessimist und Pazifist ein Außenseiter der bürgerlichen Gesellschaft der Weimarer Republik, die in einem pathetischen Patriotismus verharrt. Er fühlt sich als »Steppenwolf«, in dem Animalisches und kulturelle Prägung im Widerstreit liegen. Seine Vereinsamung wird durch die Bekanntschaft mit → Hermine und → Pablo zumindest vorübergehend aufgehoben. Sie öffnen ihm den Zugang zur Jazzmusik und zur Drogenwelt; er tritt im »Magischen Theater« in eine phantastische, abgründige Existenz, die ihn seine Bindung an die kulturelle Tradition neu erleben läßt. H. H. hat nicht nur die Initialen mit Hermann Hesse gemeinsam; er ist ein ziemlich genaues Spiegelbild des Autors in seiner Basler Zeit – und er ist eine Kultfigur der Aussteiger und Drogenabhängigen.

Halm [*Ein fliehendes Pferd*. Erzählung von Martin Walser, 1978]. – Helmut H., mit seiner Frau → Sabine im Urlaub am Bodensee, trifft nach Jahrzehnten einen Jugendfreund. Es kommt zu einer Art Leistungs- und Glücksvergleich zwischen dem introvertierten, wenig spontanen Studienrat und dem Partylöwen und Hansdampf Klaus → Buch, einem Journalisten.

[*Die Brandung*. Roman von Martin Walser,1985]. – H. ist für vier Monate auf Einladung seines ehemaligen Studienfreundes Rainer Mersjohann als guest lecturer an der Washington University in Oakland tätig. Er ist jetzt ein sich selbst analysierender, teils zynischer, teils unsicherer Fünfundfünfzigjähriger, dem die ihn geradezu zwangsläufig überkommende Liebe zu der Studentin Fran Webb zu schaffen macht.

Haman → Esther

Hamlet [*Lebenslauf eines dicken Mannes, der Hamlet hieß*. Roman von Georg Britting, 1932]. – H. ist in einer Reihe von acht spätexpressionistischen Episoden zu einem »fetten Dänenprinzen« verfremdet, der seinen Stiefvater auf einem Festbankett dazu verführt, sich zu Tode zu fressen und zu saufen. Er verzichtet auf die Rache an Polonius und seiner Mutter, überträgt ihnen die Regierungsgeschäfte und zieht sich mit seinem Sohn Hamlet, der wie der Vater an Lebensüberdruß und Lebensunfähigkeit leidet, in den Schutz eines Klosters zurück.

Hamlet [*Papa Hamlet.* Erzählskizze von Arno Holz und Johannes Schlaf, 1889]. – Papa H. ist der idealtypische Vertreter der Holzschen Kunsttheorie: ein Mensch, der von seiner Umwelt determiniert ist. In Not und Elend vegetiert der gescheiterte Schmierenkomödiant mit einer schwindsüchtigen Frau und einem schreienden Kind in einer Dachstube und trägt dazu hochtrabende Hamletverse vor. Er erwürgt sein Kind und geht am Alkohol zugrunde.

Hamsun [*Eiszeit.* Stück von Tankred Dorst, 1973]. – Angelehnt an das Schicksal des norwegischen Dichters Knut H. (1859–1953) zeigt Dorst an dem »Alten, einem neunzigjährigen Schriftsteller« auf, wie historische Wahrheit und individuelle Erinnerung auseinanderklaffen. Die Realität ist nicht faßbar, und es ist ein unmögliches Unterfangen, die Vergangenheit eines anderen zu bewältigen. Der »Alte« muß sich wegen seiner Rolle im Zweiten Weltkrieg verantworten. Aber er versteht die Anschuldigung des Landesverrats gar nicht. Nach seiner Erinnerung hat er seinen Bauernhof bestellt und mit Gleichgesinnten über Literatur diskutiert – daß dies zufällig SS-Angehörige waren, hat ihn nicht interessiert.

Hanna Elias → Gabriel Schilling (G. Hauptmann: *Gabriel Schillings Flucht*)

Hanna Graetz → März (Kipphardt: *März, ein Künstlerleben*)

Hanna Jagert [*Hanna Jagert.* Komödie von Otto Erich Hartleben, 1893]. – H. J., eine einst fanatische Sozialistin proletarischer Herkunft, gerät in »bessere Kreise«, läßt sich aber aus Stolz und verkrampftem Unabhängigkeitsstreben erst zu einer Ehe bewegen, als ein Kind unterwegs ist.

Hanna Landsberg [*Homo Faber.* Roman von Max Frisch, 1957]. – Die Halbjüdin H., Kunststudentin in Zürich, lehnt 1936 die Heirat mit Walter → Faber ab, obwohl sie ein Kind von ihm erwartet, weil seine Kälte sie verletzt und weil sie seiner Karriere nicht im Weg stehen will. Sie vertritt eine Gegenposition zu dem technischen Weltverständnis Fabers und wirft ihm vor, daß er »das Leben nicht als Gestalt, sondern als bloße Addition« behandele.

Hanne Schäl [*Fuhrmann Henschel.* Drama von Gerhart Hauptmann, 1899]. – Die triebhafte, berechnende Magd H. kündigt dem Fuhrmann → Henschel nach dem Tod seiner Frau, um so eine Heirat zu erpressen. Dann reißt sie die Herrschaft in Haus und Geschäft an sich, quält ihre uneheliche Tochter, betrügt ihren Ehemann und treibt ihn in den Selbstmord.

Hannele [*Hanneles Himmelfahrt.* Traumdichtung von Gerhart Hauptmann, 1894]. – H. Mattern ist aus Angst vor dem trunk- und tobsüchtigen Stiefvater ins Wasser gegangen, aber von einem Waldarbeiter gerettet und von dem Lehrer Gottwald halb erfroren ins Armenhaus eines schlesischen Waldarbeiterdorfes gebracht worden. Dort stirbt das Kind unter bösen Fieberträumen und glücklichen Visionen.

Hannes Bügel [*Aus dem Regen in die Traufe.* Erzählung von Otto Ludwig, ED 1857]. – Der kränkelnde Dorfschneider H. B. ist seiner tyrannischen Mutter nicht gewachsen und will ihr durch eine Heirat entkommen. Aber er trifft die falsche Wahl und verdankt es nur seinem Gesellen und seiner Kusine Sannel, daß er nicht vom Regen in die Traufe gerät.

Hanni Treutlein [*Neue Zeit*, 1975; *Tagebuch vom Überleben und Leben*, 1978. Romane von Hermann Lenz]. – Die »Treutlein Hanni«, eine Münchner Studienfreundin Eugen → Rapps, wird im Krieg als Halbjüdin zwangsverpflichtet und muß als Putzfrau bei der Straßenbahn arbeiten. Aus Kriegsgefangenschaft zurückgekehrt, trifft Eugen das Mädchen wieder; es wird seine Frau und zieht zu den Rapps. Das enge Zusammenleben so verschiedenartiger Charaktere führt zu Reibereien besonders mit Eugens Schwester Margarete.

Hannibal.
Der karthagische Feldherr (246–182 v. Chr.) zog über die Alpen nach Italien, schlug die Römer vernichtend, unterlag am Ende aber wegen zu geringer Unterstützung durch die Vaterstadt.
[*Hannibal.* Tragödie von Christian Dietrich Grabbe, 1835]. – Der finstere, asketische H. ist ein leidender Held, der erkennt, daß sein Handeln sinnlos ist und daß er nicht gegen das Krämerdenken der Karthager ankommt.

Hanno → **Buddenbrook** (T. Mann: *Buddenbrooks*)

Hanns [*Der beschriebene Tännling.* Erzählung von Adalbert Stifter, ED 1845]. – Der Holzknecht H. gehört zu den für Stifter typischen Charakteren, die von Leidenschaften überwältigt werden, zur Tat schreiten und in einem seelischen Abwiegelungsprozeß zur Besinnung kommen. Er wird von Hanna um des reichen Guido willen verlassen, will den Zerstörer seines Glücks mit der Axt erschlagen, schläft aber bei dem Tännling ein, in den jeder seine Liebe eingeschnitzt hat. Nach einer Traumvision, in der ihm die Jungfrau Maria erscheint, verläßt er als Gewandelter die Stätte.

Hans → Gret (H. Sachs: *Das Kälberbrüten*)

Hans → **Giebenrath** (Hesse: *Unterm Rad*)

Hans Hansen [*Tonio Kröger.* Novelle von Thomas Mann, ED 1903]. – H. H., der Blonde und Blauäugige, zeigt schon als Kind die Eigenschaften, die sein Allerweltsname symbolisch ausdrückt. Er ist der unkomplizierte Normalbürger, der in der Welt zu Hause ist. Der Jugendfreund → Tonio Krögers ist diesem als Kontrastfigur entgegengestellt. Tonio wünscht sich – ohne Hoffnung –, so lebensvoll und unkompliziert zu sein wie er.

Hans → **Sachs** (Wagner: *Die Meistersinger von Nürnberg*)

Hans von Stoffeln [*Die schwarze Spinne.* Novelle von Jeremias Gotthelf, ED 1842]. – Der Ritter H. v. St. zwingt seine leibeigenen Bauern von Sumiswald zu unmenschlicher Fronarbeit. Diese lassen sich deshalb auf einen Teufelspakt ein, der jedoch Pest und Verderbnis über das Tal bringt.

Hansen → Ole Bienkopp (Strittmatter: *Ole Bienkopp*)

Hansen → Hans H. (T. Mann: *Tonio Kröger*)

Harbricht [*Vereinigung durch den Feind hindurch.* Roman von Rudolf Borchardt, 1937]. – Georg von H., ein Generalstabsoffizier im Ersten Weltkrieg, muß sich nach dem Krieg seinen Lebensunterhalt in einer Straßenbaugesellschaft verdienen, bleibt aber der alten Gesellschaftsordnung treu. Er vertritt den Führungsanspruch des Adels gegen den »Feind«, die Emporkömmlinge der Geldaristokratie vom Typ eines → Nienhus, mit dem er jedoch das antidemokratische Denken während der Weimarer Republik teilt.

Hardekopf [*Verwandte und Bekannte.* Romantrilogie von Willi Bredel, 1943/1949/1953]. – Der Hamburger Metallarbeiter Johann H. ist ein aktiver Sozialdemokrat, der sich für seine Überzeugung kämpferisch einsetzt. Sein Schwiegersohn ist Carl → Brenten.

Hardine von → **Reckenburg** (François: *Die letzte Reckenburgerin*)

Hardt → Pfeifer von H. (Hauff: *Lichtenstein*)

Harfner [*Wilhelm Meisters Lehrjahre.* Roman von Johann Wolfgang von Goethe, 1795/96]. – Der rätselhafte Harfenspieler, ein ehrwürdiger, aber verstörter Greis, ist eine Symbolfigur für das urtümliche – romantische – Dichtertum, ein Sänger wie aus alten Zeiten. Er wird, wie → Mignon (die sich am Ende des Romans als Frucht seiner unglücklichen Verbindung mit seiner Schwester Sperata erweist), zum Begleiter → Wilhelm Meisters durch die Theaterwelt und geht, wie sie, zugrunde, als sich dieser bürgerlichen Pflichtvorstellungen zuwendet.

Harras [*Des Teufels General.* Drama von Carl Zuckmayer, 1946]. – Der Hauptheld des Dramas, General H., ist dem Fliegergeneral Udet nachgezeichnet. Er hat sich dem »Teufel« Hitler verdingt, um seiner Flugleidenschaft zu frönen. Seine militärischen Heldentaten geben ihm lange Narrenfreiheit, bis Sabotageakte seine Maschinen zum Absturz bringen. Als er in seinem Freund, dem Chefingenieur → Oderbruch, den Saboteur entdeckt, fliegt er in einer defekten Maschine in den Tod. Als Widerstandskämpfer ist er nicht zu gewinnen.

Harro von → Thornstein (Günther: *Die Heilige und ihr Narr*)

Harry → Haller (Hesse: *Der Steppenwolf*)

Hartknopf → Andreas H. (Moritz: *Andreas Hartknopf*)

Hartmut von Ormanie [*Kudrun.* Anonymes Heldenepos, entst. um 1240]. – H. v. O. (Normandie) wird als Bewerber um → Kudruns Hand abgewiesen, weil er nicht als ebenbürtig gilt, denn sein Vater ist von → Hagen von Irland lehnsabhängig. Er entführt Kudrun und hält sie jahrelang als Gefangene, doch sie bleibt ihrem Verlobten → Herwig von Seeland treu.

Hartunch → Immunch (*Ruodlieb*)

Hartwig [*Hammer und Amboß.* Roman von Friedrich Spielhagen, 1869]. – Georg H., der Ich-Erzähler, stellt seine Entwicklung dar von einem leichtsinnigen, idealistischen Jüngling aus kleinbürgerlichem Elternhaus bis zum durch viele Schicksalsschläge geläuterten Leiter einer Berliner Maschinenfabrik, der sich für soziale Reformen einsetzt.

Hartwig [*Johannisfeuer.* Schauspiel von Hermann Sudermann, 1900]. – Georg v. H., seit dem Hungerjahr 1867 als Pflegekind auf dem Gut des gutherzigen, lebensfrohen Naturmenschen Vogelreuther aufgewachsen und mit dessen Tochter verlobt, erlebt in der Johannisnacht, die die Erfüllung der verborgenen Sehnsüchte bringt, ein Liebesglück mit → Marikke; doch der Morgen bringt Vernunft, Vorteilsdenken und Verbindlichkeiten zurück.

Harvesthus → Peregrin (I. Seidel: *Unser Freund Peregrin*)

Haseloff → Amsel (Grass: *Hundejahre*)

Hassenreuter [*Die Ratten.* Tragikomödie von Gerhart Hauptmann, 1911]. – Der gescheiterte Theaterdirektor Hasso H. hält sich mit Kostümverleih und Schauspielunterricht über Wasser, ein Vertreter des überholten historisch-pomphaften Bühnenstils und der Pathetik, eine tragikomische, von sich selbst blind überzeugte Künstlernatur wie → Wermelskirch und Kollege → Crampton.

Hatem [*West-östlicher Divan.* Gedichtsammlung von Johann Wolfgang von Goethe, 1819]. – Goethe wählte den Namen H. nach zwei im *Diwan* des → Hafis genannten Arabern und verband damit die Bedeutung »der sich Verschenkende« und »der, dem Gegenliebe geschenkt wird«. In der Maske des alternden H. führt er den Liebesdialog mit Marianne von Willemer (→ Suleika).

Hauart [*Prinz Kuckuck.* Roman von Otto Julius Bierbaum, 1906/07]. – Felix Henry H., der »Prinz Kuckuck«, ist der Prototyp des reichen Parasiten zur Zeit Wilhelms II. Der Elternlose wird von dem Hamburger Millionär Hauart adoptiert, zum Alleinerben eingesetzt und als freier Herrenmensch erzogen. Er wird zu einem geltungssüchtigen Müßiggänger und Wollüstling, der sich in seiner Hybris über seine geistige und moralische Minderwertigkeit hinwegtäuscht und zusammenbricht, als er öffentlich als Jude identifiziert wird.

Hauke → Haien (Storm: *Der Schimmelreiter*)

Hauptmann [*Die Wahlverwandtschaften.* Roman von Johann Wolfgang von Goethe, 1809]. – Otto, der auf das Praktische ausgerichtete Freund → Eduards, der in dem Roman als »Hauptmann« figuriert, greift ordnend in die hochfliegenden Planungen Eduards ein. Er ist wesensverwandt mit → Charlotte; beide unterdrücken ihre Liebe zueinander, da sie sich in der Hand haben und ihr Gefühlsleben beherrschen.

Hauptmann [*Woyzeck.* Drama (Fragment) von Georg Büchner, entst. 1836; ED 1879; UA 1913]. – Der H. ist, wie der → Doktor, in Vorwegnahme expressionistischer Dramentechnik nicht als Individuum, sondern als Typus und karikierter Vertreter einer Klasse gezeichnet. Er philosophiert über → Woyzecks Kopf hinweg über eine bürgerliche Moral, die sich der Mensch im Elend nicht leisten kann.

Hauser → Kaspar H.

Hawermann [*Ut mine Stromtid.* Niederdt. Roman von Fritz Reuter, 1863–64]. – Der Gutsinspektor Karl H. verkörpert die bedächtige, konservative, ja altmodische, grundehrliche Seite des Niederdeutschen. Trotz seiner Tüchtigkeit und rastlosen Tätigkeit kommt er auf keinen grünen Zweig, weil er den skrupellosen Machenschaften der neumodischen, nur auf Gelderwerb erpichten bürgerlich-kapitalistischen Gutsbesitzer nicht gewachsen ist.

Hawkens [*Winnetou.* Abenteuerroman in drei Bd. von Karl May, 1893–1910]. – Sam H. ist der Prototyp des erfahrenen »Westmanns« in Karl Mays

Werken. Seine Kennzeichen und Attribute wiederholen sich in anderen Gestalten: Abgerissenes Erscheinungsbild, eine vorsintflutliche Flinte, die er treffsicher zu handhaben weiß, ein unansehnliches Pferd oder auch Maultier mit ungeahnten Qualitäten, menschenscheu, ein skurriles Wesen und eine stehende Redensart (»Wenn ich mich nicht irre . . .«). H. führt das Greenhorn Old → Shatterhand in die Gepflogenheiten und Kunstfertigkeiten ein, die das Überleben des »Westmanns« gewährleisten.

Hecastus [*Comedi von dem reichen sterbenden Menschen.* Hans Sachs, 1549]. – H. ist eine Jedermanngestalt aus dem spätmittelalterlichen Mysterienspiel. Er führt als reicher Bürger ein unbekümmertes Genußleben. Als der Tod an ihn herantritt, wird seine Seele durch den rechten Glauben gerettet, nachdem sich alles Weltliche, Besitz, Freundschaft und Verwandtschaft, von ihm entfernt hat.

Hechingen [*Der Schwierige.* Lustspiel von Hugo von Hofmannsthal, 1921]. – Graf H., Kriegskamerad des Grafen Kari → Bühl, ist ein gutmütiger Ehetrottel, der in der Liebe zu seiner Frau Antoinette aufgeht, obwohl diese, eine hypernervöse »femme fatale«, eine Affäre nach der anderen hat. Als Graf Bühl sie aus dem Gefühl der Schicklichkeit gegenüber H. verläßt, löst das bei ihr eine hysterische Explosion aus – doch der nächste Liebhaber steht schon bereit.

Hedi Leibniz [*Der schwarze Schwan.* Zeitstück von Martin Walser, 1964]. – Die Tochter des Euthanasiearztes Leibniz, der nach dem Krieg seinen Namen in → Liberé und ihren in Irm gewechselt hat, sieht sich zusammen mit ihrem Spielgefährten aus der Kinderzeit, Rudi → Goothein, mit der schuldhaften Vergangenheit der Väter konfrontiert. Hedi/Irm kann mit der Lüge weiterleben, während sich Rudi erschießt.

Hediger [*Das Fähnlein der sieben Aufrechten.* Novelle von Gottfried Keller, ED 1861]. – Der arme Schneidermeister H. ist einer der beiden wichtigsten Mitglieder des Schützenvereins »Fähnlein der sieben Aufrechten«. Sein Sohn Franz H. hält auf dem Schützenfest in Aarau für den verstörten → Frymann eine glänzende Festrede und ist außerdem ein guter Schütze. So gewinnt er Frymanns Tochter Hermine zur Frau.

Heding [*Die Michaelskinder.* Roman von Martin Beheim-Schwarzbach, 1930]. – Der spätmittelalterliche Bildschnitzer Georg H. vernachlässigt seine mitmenschliche Verantwortung um seiner Kunst willen. Er ringt in mystischer Besessenheit um die Gestaltung einer Michaelsstatue. Als er mit den Kindern seines Heimatdorfes in die Normandie zum Heiligtum St. Michaels pilgert, treibt ihn sein Schaffensdrang zurück, und die Kinder, führungslos, gehen zugrunde.

Hedwig [*Wilhelm Tell.* Schauspiel von Friedrich von Schiller, 1804]. – H., die Gattin → Wilhelm Tells, ist eine ängstliche Hausfrau und Mutter, die sich um den verwegenen Alpenjäger sorgt und vergeblich versucht, ihn zurückzuhalten.

Hedwig → Hutterer (Anzengruber: *Das vierte Gebot)*

Hedwiga [*Lebensansichten des Katers Murr.* Roman (Fragment) von E. T. A. Hoffmann, 1820–1822]. – Prinzessin H. ist eine dämonische Natur wie ihr Gesangslehrer → Kreisler. Sie ist die Braut des Prinzen → Hektor, der ihre Sinnlichkeit zu reizen weiß, liebt aber Kreisler, der sie zu höherer Geistigkeit emporhebt. Ihre enttäuschte Liebe zu ihm treibt sie zur Heirat mit dem Prinzen und damit zur tragischen Hingabe an den Schlechteren.

Heete → Richter (A. Schmidt: *Kaff auch Mare crisium*)

Hehlmanns [*Der letzte Hansbur.* Roman von Hermann Löns, 1909]. – Der jähzornige, leidenschaftliche Heidebauer Göde H. findet nach einem unruhigen, bedrohten Leben zu gemeinnützigem Einsatz und Ansehen im Dorf.

Heidi [*Heidis Lehr- und Wanderjahre.* Erzählung von Johanna Spyri, ED 1881]. – Als Fünfjährige kommt die Waise H. zu ihrem menschenfeindlichen Großvater auf die Alm, wo sie fern von den Menschen in der Natur lebt und mit dem Geißen-Peter die Tiere hütet. Als man sie als Spielgefährtin der gelähmten Klara in die große Stadt Frankfurt holt, erkrankt sie vor Heimweh und darf zu ihrem »Alm Öhi« zurück, den sie von seinem Menschenhaß heilt.

Heilmann → Coppi (P. Weiss: *Die Ästhetik des Widerstands*)

Heilner [*Unterm Rad.* Roman von Hermann Hesse, 1906]. – Hermann H., Schulfreund des gewissenhaften, bildungsbeflissenen Hans → Giebenrath, ist der Künstlertyp eines für Hesse typischen Gegensatzpaares: phantasievoll, ausschweifend, gegen jede Ordnung rebellierend. An ihm zeigt Hesse die Unterdrückung des künstlerischen Impulses und der schöpferischen Individualität durch ein Schulsystem, dessen Ziel die Hervorbringung von folgsamen Untertanen ist.

Hein [*Perrudja.* Roman von Hans Henny Jahnn, 1929]. – Gemeinsam mit → Perrudja tötet H. den Verlobten seiner Schwester → Signe Skaerdal. Nach dem Scheitern der Ehe zwischen Signe und Perrudja stehen dieser und H. in einem homoerotischen Verhältnis zueinander, das Perrudja zu seinen Weltbeherrschungsplänen beflügelt.

Heinecke [*Die Ehre*. Schauspiel von Hermann Sudermann, 1890]. – Robert H., nach 9 Jahren aus Indien heimgekehrt, fühlt sich zutiefst in seiner Ehre verletzt, weil seine Schwester mit Duldung der Eltern ein intimes Verhältnis mit dem Sohn seines Chefs hat. Als er Genugtuung verlangt, werden seine Eltern mit einer hohen Geldsumme abgefunden, und er wird entlassen.

Heink [*Das Konzert*. Lustspiel von Hermann Bahr, 1909]. – Dem eitlen Pianisten Gustav H. fliegen alle Frauenherzen zu, und er kann schlecht widerstehen. Als sich seine Ehefrau und der jungverheiratete Ehemann seiner Schülerin Delphine verschwören, können sie ein sich anspinnendes Liebesverhältnis verhindern.

Heinrich [*Der arme Heinrich*. Versepos von Hartmann von Aue, entst. um 1195]. – H. ist ein ritterlich-höfischer Mensch, der über den Weltfreuden Gott vergißt und durch Aussatz zur rechten Rangordnung der Werte zurückgeführt wird. Eine reine Jungfrau ist zum Opfertod bereit, damit er geheilt werde, aber erst der Verzicht auf dieses Opfer und die Bereitschaft, sein Schicksal von Gott anzunehmen, bringt ihm Genesung.
[*Der arme Heinrich*. Schauspiel von Gerhart Hauptmann, 1902]. – In Hauptmanns neuromantischem Erlösungsdrama steht H.s Verhältnis zu Gott im Mittelpunkt. Das Mädchen, das ihn retten will, heißt → Ottegebe.

Heinrich [*Die Narrenburg*. Erzählung von Adalbert Stifter, ED 1843]. – Der junge Naturforscher H. stößt bei seinen Streifzügen auf die Ruine der Burg Rothenstein und erfährt, daß er ein Nachkomme des Geschlechts der Scharnast ist. Er gliedert sich in die Geschlechterfolge der Scharnast ein, deren Schicksale tragisch kontrastieren zu der Idylle der Bauernwelt zu Füßen der Burg.

Heinrich [*Die versunkene Glocke*. Versdrama von Gerhart Hauptmann, 1897]. – H. ist der gescheiterte Künstler, der den Glauben an seine Berufung verliert und damit auch die Kraft zu leben. Böse Berggeister stoßen die Glocke des frommen Glockengießers H. in den See, wo sie versinkt. Er verläßt seine Familie und die Alltagswelt, um in einer magischen Naturwelt, geliebt von der Elfe Rautendelein, ein neues Werk zu schaffen. Diesmal scheitert er an seiner »Erdenschwere«. H. ist wie → Hannele eine Gestalt, mit der sich Hauptmann von seinen naturalistischen Anfängen zu lösen versucht.

Heinrich IV.
H. von Navarra (1553–1610), Führer der Hugenotten, löste durch seine Vermählung mit Margarete von Valois die Bartholomäusnacht aus. Um der Krone willen wechselte er zum Katholizismus über und wurde

1594 französischer König. Im Edikt von Nantes (1598) gewährte er den Hugenotten Glaubensfreiheit.
[*Die Jugend des Königs Henri Quatre*, 1935; *Die Vollendung des Königs Henri Quatre*, 1938. Historische Romane von Heinrich Mann]. – H. wird von Heinrich Mann zu einem Vorläufer des modernen Sozialismus stilisiert. In dem von religiösen und politischen Machtinteressen zerrissenen Land kämpft er für mehr Humanität gegen die volksfeindliche, an den Naziterror erinnernde Politik der katholischen Liga. Durch Montaigne erfährt seine Haltung ihre philosophische Grundlage. Als König beginnt er sein politisch-soziales Programm in die Tat umzusetzen.

Heinrich Brand [*Des Lebens Überfluß*. Novelle von Ludwig Tieck, ED 1839]. – H. B., ein bürgerlicher Diplomat, hat den Dienst quittiert und lebt mit seiner jungen Ehefrau Klara, die aus adeligem Haus stammt, verarmt, aber verliebt und glücklich in einer Dachstube, fern von aller Realität. Als sie aus Not die Treppe verheizen, die zu ihrer Stube führt, sind sie völlig von der Außenwelt abgetrennt. Am Ende werden sie in die Realität zurückgeholt und mit ihr versöhnt.

Heinrich Brielach [*Haus ohne Hüter*. Roman von Heinrich Böll, 1954]. – Der zwölfjährige H. B., dessen Vater im Krieg gefallen ist, muß für seine Mutter, die mit wechselnden Männern zusammenlebt, die schmale Haushaltskasse führen und seine Halbschwester beaufsichtigen. Er leidet unter dem schlechten Ruf seiner Mutter.

Heinrich → Drendorf (Stifter: *Der Nachsommer*)

Heinrich Lee [*Der grüne Heinrich*. Roman von Gottfried Keller, 1854/55; Neufassung 1879/80]. – H. L., der sich zum Künstler berufen fühlt, schwankt schon als Kind zwischen Phantasie und Realität, zwischen Geist und Natur. Diese Haltung bestimmt seine Schulzeit, seine Ausbildung zum Maler und sein Verhältnis zu den Frauen → Anna und → Judith. Nach seiner Lehrzeit in München kehrt er nach Hause zurück an das Totenbett der Mutter. Er erkennt, daß seine Fähigkeiten als Maler begrenzt sind, gibt seine Künstlerlaufbahn auf und leistet im öffentlichen Dienst seinen Beitrag für die Gemeinschaft. In der ersten Fassung stirbt er in einer Art Schuldbekenntnis des ausbeuterischen Sohnes seiner Mutter nach. Autobiographische Züge.

Heinrich von Ofterdingen. Der historisch nicht belegte Dichter, wahrscheinlich eine freie Erfindung, zählt in der Legende zu den zwölf »Meistern« des Minnesangs.
[*Der Wartburgkrieg*. Anonyme Spruchdichtung, entst. um 1260]. – H. v. O. ist der Herausforderer in einem Sängerwett-

streit am Hof des Landgrafen von Thüringen. Er verwettet sein Leben, daß niemand ihn beim Lobpreisen des Herzogs von Österreich übertreffen könne. Er wird von Walther von der Vogelweide besiegt, aber von der Landgräfin begnadigt.

[*Heinrich von Ofterdingen*. Romanfragment von Novalis, ED 1802 (posthum)]. – H. v. O. ist der zum Poeten geborene Jüngling, der durch die Berührung mit der Welt zu sich selbst findet. Auf einer Reise von seiner Vaterstadt Eisenach zum Großvater nach Augsburg begegnet ihm die Welt in den Reichen der Natur und der Geschichte und erschließt sein Inneres. Das Vorbild des großen Meisters → Klingsohr und die Liebe zu → Mathilde erwecken in ihm die Kunst der Sprache. Durch die Berührung mit dem Mysterium des Todes beim Sterben Mathildes erfährt er eine innere Erleuchtung und erhält die Weihe zum romantischen Dichter, der die irdische Welt hinter sich läßt und in eine Traumwelt eingeht. Die Fortführung des Fragments sollte die weltverwandelnde Macht des Dichters zeigen, der ein ewiges goldenes Zeitalter herbeiführt.

Heisler [*Das siebte Kreuz*. Roman von Anna Seghers, 1942]. – Der Kommunist Georg H. ist einer von sieben Häftlingen, die im Herbst 1937 aus dem Konzentrationslager entflohen sind. Er ist der einzige, der in Freiheit bleibt. Das verdankt er der Hilfe von Menschen, die seinetwegen ihr Leben aufs Spiel setzen. Der entkommene Flüchtling ist ein Symbol der Hoffnung und des Widerstands, denn er zeigt, daß das Regime nicht allmächtig ist.

Heiterethei → Annedorle (Ludwig: *Die Heiterethei*)

Heitmann [*Der Probekandidat*. Schauspiel von Max Dreyer, 1899]. – Dr. Fritz H., der Probekandidat, ist ein fortschrittlich denkender Lehramtskandidat in dem konfessionell gebundenen und neuerungsfeindlichen Wilhelminischen Schulsystem. An Stelle der Schöpfungsgeschichte lehrt er Darwins Evolutionstheorie und verweigert den Gehorsam. Das kostet ihn die Stellung und die Braut.

Heizer [*Amerika (Der Verschollene)*. Romanfragment von Franz Kafka, 1927; 1. Kapitel u. d. T. *Der Heizer* 1913]. – Der H., dem Karl → Roßmann im Schiffsinneren begegnet, ein riesiger Mann von großer Körperkraft, fühlt sich unerträglich unterdrückt, ist aber weder in der Lage, seine Ansprüche wirksam zu formulieren noch sich von seiner devoten Haltung zu befreien. Im Grunde nimmt er sein gedrücktes Dasein als selbstverständlich hin.

Hektor [*Lebensansichten des Katers Murr*. Roman (Fragment) von E. T. A. Hoffmann, 1820–1822]. – H. ist der sinnlich-teuflische Bösewicht und Lüstling. Den Verlobten →

Hedwigas reizt die Unschuld → Julia Benzons; dadurch wird er zum gefährlichen Feind → Kreislers, der Julia beschützt.

Helander [*Sansibar oder der letzte Grund.* Roman von Alfred Andersch, 1957]. – Pfarrer H. entzieht die Barlach-Plastik »Lesender Klosterschüler«, die für ihn die geistige Freiheit symbolisiert, dem Zugriff der Nazis, indem er sie durch den Fischer → Knudsen nach Schweden bringen läßt. Die Rettung des Kunstwerks ist für H. eine Flucht in effigie; er selbst stellt sich den Nationalsozialisten entgegen und wird erschossen.

Helena.
Die Königin von Sparta ist der griechischen Sage nach eine Frau von makelloser Schönheit, deren Entführung den Trojanischen Krieg veranlaßte. Sie wurde im Mittelalter zur Symbolgestalt für Verführung und sündige Liebe.
[*Historia von D. Johann Fausten.* Volksbuch, ED 1587). – Dr. Faust beschwört mit Hilfe des → Mephistopheles die Gestalt H.s und zeugt mit ihr den Sohn Faustus Justus.
[*Faust II.* Tragödie von Johann Wolfgang von Goethe, ED 1832]. – Goethes Faust holt die Gestalt gewordene Schönheit des klassischen Altertums von den Müttern, dem Reich der Schatten, in ihrer urbildlichen Gestalt herauf und durchlebt mit ihr eine klassisch-romantische Phantasmagorie. Heimgekehrt von Troja, wartet H. in Sparta auf Menelaos. Von → Mephistopheles in Gestalt der Phokas wird sie vor der Absicht des Menelaos, sie für ihre Untreue zu bestrafen, gewarnt und in die Arme Fausts getrieben, der als mittelalterlicher Herzog in einer Burg nördlich von Sparta lebt. Ihrem Liebesbund entspringt → Euphorion, dem H. nach dessen kurzem Erdendasein in den Hades nachfolgt. Faust läßt sie nur Gewand und Schleier zurück, die Symbole der antiken Form.

Helene [*Die fromme Helene.* Bildergeschichte von Wilhelm Busch, 1872]. – Die triebhafte H. wird, da sie von kleinbürgerlicher Moral umgeben ist, zur frommen Heuchlerin. Aber hinter der ordentlichen Fassade regen sich immer wieder die Triebe, deren Verdrängung zu Aggressionen und Ersatzbefriedigung führt.

Helene [*Die Rassen.* Schauspiel von Ferdinand Bruckner, 1933]. – H., die frühere Verlobte → Karlanners, ist die Antagonistin ihres Vaters, des Großindustriellen → Marx. Sie glaubt nicht, daß man mit den Nazis paktieren soll, und leistet Widerstand. Dank einer Warnung Karlanners kann sie einer Festnahme durch die Flucht ins Ausland zuvorkommen.

Helene Altenwyl [*Der Schwierige.* Lustspiel von Hugo von Hofmannsthal, 1921]. – H. A. und Kari Graf → Bühl sind das ideale Liebespaar in einer Gesellschaftskomödie. Sie ragen durch Charakterstärke, Zurückhaltung und Feingefühl über das Gewirr der oberflächlich-taktisch agierenden Standesgenossen hinaus und werden ein Paar, weil H. ihr inneres Einverständnis ganz gegen gesellschaftliche Usancen in Worte faßt, als Kari zu scheu und distinguiert dazu ist.

Helene Krause [*Vor Sonnenaufgang.* Drama von Gerhart Hauptmann, 1889]. – H. K. ist die reine Unschuld in einem verkommenen Milieu. Sie liebt Alfred → Loth und erhofft sich von ihm die Befreiung aus ihrer Umgebung. Als er sie aus Angst vor ihren Erbanlagen – sie ist die Tochter eines Alkoholikers – verläßt, nimmt sie sich das Leben.

Helene → **Sintlinger** (Stehr: *Der Heiligenhof*)

Helene Trotzendorff [*Die Akten des Vogelsangs.* Roman von Wilhelm Raabe, 1896]. – T., die Jugendfreundin von Velten → Andres und Karl → Krumhardt, ist eigenwillig und selbstbewußt, unterliegt jedoch dem psychischen Druck ihrer Mutter. Sie heiratet einen Geldmagnaten und erkennt zu spät, daß ihr Lebensglück bei Velten, dem Unzuverlässigen und Sprunghaften, gelegen hätte.

Helene Zinsdorfer [*Der Sternsteinhof.* Roman von Ludwig Anzengruber, 1885]. – H., ein naturalistisch gestalteter Charakter, stammt aus der ärmlichsten Hütte des Dorfes. Sie hat von Kindheit an den festen Willen, Bäuerin auf dem reichen Sternsteinhof zu werden, und erreicht dieses Ziel mit Rücksichtslosigkeit und Entschlossenheit. Aber sie ist mit ihrer Tatkraft und Tüchtigkeit auch die richtige Herrin für den großen Besitz.

Hell [*Der Pfarrer von Kirchfeld.* Volksstück von Ludwig Anzengruber, 1871]. – Der junge Pfarrer H. in Kirchfeld ist ein unorthodoxer Priester, der sich seine freie Denkungsart erhalten will und diese trotz innerer Unsicherheit auch mutig zur Schau stellt. Dadurch schafft er sich Feinde, denen er nicht gewachsen ist, und wird schließlich abberufen. Die Gestalt ist aus dem Widerstand gegen das Unfehlbarkeitsdogma (1870) entstanden, und ihretwegen mußte Anzengruber seinen Beruf als Kanzleibeamter bei der Polizei aufgeben. Anzengruber verstand sich in der Nachfolge Lessings als einer, »welcher der Zeit von der Bühne herab das Wort redete«.

Heller → Rita Süßfeldt (S. Lenz: *Das Vorbild*)

Hellriegel [*Und Pippa tanzt!* Ein Glashüttenmärchen von Gerhart Hauptmann, 1906]. – Der Okarina spielende Handwerksbursche H. ist auf dem Weg nach Süden in die Glasmacherstadt Venedig. Er erblindet beim Anblick des Eisdämons, folgt aber unbeirrt weiterwandernd seinem Traum.

Hellwig [*Das Geheimnis der alten Mamsell.* Roman von Eugenie Marlitt, 1868]. – Herr H., ein angesehener Bürger, nimmt das vierjährige Mädchen Fee, vermeintlich ein Kind fahrender Leute, in sein Haus auf. Nach seinem Tode behandelt Frau H. Fee schlimmer als eine Magd. Johannes, der Sohn des Hauses, verhält sich ebenso abweisend, bis er sich in die Heranwachsende verliebt. Ihre adelige Herkunft wird offenbar und sie heiraten.

Helmbrecht [*Meier Helmbrecht.* Verserzählung von Wernher dem Gartenaere, entst. zw. 1250 u. 1282]. – H. steht für den Verfall des Rittertums, die Verwischung der Standesgrenzen und die Auflösung der gesellschaftlichen Ordnung des Mittelalters. Vater H. ist noch stolz auf seinen bäuerlichen Stand und respektiert seine Grenzen: »Dîn ordenunge ist der pfluoc.« Den eitlen Bauernsohn H. treiben Hochmut und Geltungssucht zu den Raubrittern, mit denen er in Saus und Braus lebt. Die Bauern, die er geschädigt hat, hängen ihn am Ende auf.

Hennig von → Lauen (Raabe: *Der Schüdderump*)

Henno [*Henno.* Komödie von Johannes Reuchlin, 1498]. – Der Bauer H. ist der betrogene Betrüger. Er stiehlt seiner Frau Elsa acht Goldstücke, um sich einen neuen Rock machen zu lassen. Sein gewitzter Diener → Dromo bringt ihn um das Geld.

Henri [*Der grüne Kakadu.* Groteske von Arthur Schnitzler, 1899]. – Der Star unter den Schauspielern im »Grünen Kakadu« spielt den adeligen Gästen vor, er habe den Herzog von Cadignan als Liebhaber seiner Frau Léocadie ermordet. Der Wirt → Prospère weiß, daß das ehebrecherische Verhältnis tatsächlich besteht. Als er H. zur Flucht rät, geht diesem ein Licht auf. Er ersticht den Herzog, als er das Lokal betritt.

Henriette → Adrast (Lessing: *Der Freigeist*)

Henry [*Im Namen der Hüte.* Roman von Günter Kunert, 1967]. – H., ein Nachfahre der Picaros, kann die Gedanken der vormaligen Besitzer lesen, wenn er eine fremde Kopfbedeckung aufsetzt. Dank dieser medialen Fähigkeit findet er seinen unbekannten jüdischen Vater, allerdings erst nach dessen Ermordung, und entdeckt auch den Mörder, ohne jedoch, wie geplant, Rache zu nehmen. Die Abenteuer des Heranwachsenden dienen Kunert dazu, die letzten Kriegstage und die Nachkriegszeit in Berlin zu vergegenwärtigen.

Henschel [*Fuhrmann Henschel.* Drama von Gerhart Hauptmann, 1899]. – H., ein passiver Held, wird wie Bahnwärter →

Thiel von einer animalischen Person angezogen und zur Verzweiflung getrieben. Obwohl er seiner sterbenden Frau zugesagt hat, niemals seine triebhafte Magd → Hanne Schäl zu heiraten, bricht er sein Versprechen aus Einsamkeit und um die Versorgung seines Kindes sicherzustellen. Der einfältige, in sich gekehrte H. wird von seiner zweiten Frau beherrscht und betrogen und nimmt sich schließlich aus Schuldgefühlen das Leben.

Hentjen → Esch (Broch: *Die Schlafwandler*)

Herakles (Herkules).
Der Heros der griechischen Sage, Halbgott, Sohn des Zeus mit Alkmene und Befreier der Welt von Ungeheuern, tritt in Abwandlungen vom Komischen bis zum Tragischen auf.
[*Alceste*. Singspiel von Christoph Martin Wieland, 1773]. – Aus dem lärmenden, trinkfreudigen Halbgott in Euripides' Bearbeitung der Sage von → Alkestis und → Admetos (*Alkestis*, UA 438 v. Chr.) ist bei Wieland der handelnde Held geworden, der Alceste aus dem Totenreich zurückbringt, weil er »für die Tugend alles tut«.
[*Alkestis*. Trauerspiel von Hugo von Hofmannsthal, 1911]. – Bei Hofmannsthal kann Herakles zum Retter werden, weil er als Übermensch der Ichsucht der normalen Menschen entzogen ist.
[*Herkules und der Stall des Augias*. Hörspiel (1954) und Komödie (1963) von Friedrich Dürrenmatt]. – H. wird als desillusionierter Kraftmensch gezeigt, als polternd, listig und mitunter zartfühlend. Die Reinigung des Stalls mißlingt, weil die Behörden sie verhindern.
[*Omphale*. Komödie von Peter Hacks, UA 1970]. – In ironischer Heldendemaskierung, die die Nützlichkeit des Durchschnittsmenschen gegen das Heroentum ausspielt, tauscht H. mit seiner Geliebten Omphale Kleider und Rolle.

Herbert [*Mein Herbert*. Drama von Herbert Achternbusch, UA 1984]. – In der Gestalt gibt Herbert (!) Achternbusch seine eigenen Erfahrungen wieder, seinen psychischen Werdegang von der Kindheit im Bayerischen Wald über das Internat zum kritischen Zeitgenossen, und zwar unmittelbar, ohne Umwege über Fiktion und Reflexion. H. ist eine stehende Gestalt in den Werken des Autors.

Herbert [*Nun singen sie wieder*. Drama von Max Frisch, 1946]. – H., der Vorgesetzte von → Karl, der den Befehl zu einer Geiselerschießung gegeben hat, ist dazu in der Lage, mit ästhetischer Schwärmerei das Geschehen zu verdrängen. Er ist eine von den Gestalten, die Grausamkeit und schönen Schein in sich vereinen können.

Heriburg → Immunch (*Ruodlieb*)

Herkules → Herakles

Hermann → Arminius

Hermann [*Die Epigonen.* Roman von Karl Leberecht Immermann, 1836]. – Der Sohn eines Bremer Senators, der in Wirklichkeit der uneheliche Sprößling eines Adeligen ist, macht eine Reise, die ihn mit verschiedenen Gesellschaftsschichten in Berührung bringt. Er erkennt die Brüchigkeit seiner Zeit, des Adels wie der Industriegesellschaft, und will sie bekämpfen, indem er den Boden in Ackerland zurückverwandelt.

Hermann [*Frau Erdmuthens Zwillingssöhne.* Roman von Louise von François, 1872]. – Der bedächtige H., der Antipode seines Bruders → Raul, studiert Geisteswissenschaften, empfindet deutsch und wird Freiheitskämpfer.

Hermann [*Hermann und Dorothea.* Epos von Johann Wolfgang von Goethe, 1798]. – Goethe wollte mit H. und → Dorothea wahre, echte Menschen von homerischer Schönheit und Schlichtheit darstellen. Es ist ein Bild behäbigen, harmonischen, noch bäuerlichen Bürgertums entstanden, dessen Werte: Besitz, Ehe, Familie, Religion H. hochhält. Der Sohn des Wirts zum goldenen Löwen in einem Landstädtchen verliebt sich in das arme Flüchtlingsmädchen Dorothea, setzt trotz seiner Schüchternheit und seiner Ehrfurcht vor den Eltern eine Heirat dem Vater gegenüber durch und reift darüber zum Manne.

Hermann → Edgar (Kroetz: *Nicht Fisch, nicht Fleisch*)

Hermann → **Heilner** (Hesse: *Unterm Rad*)

Hermenegilda [*Das Gelübde.* Novelle von E. T. A. Hoffmann, ED 1817]. – Das Motiv der Schwängerung im Zustand der Bewußtlosigkeit, in Kleists *Marquise von O.* (→ O . . .) zur Charakternovelle verarbeitet, ist bei Hoffmann eine Schicksalsnovelle, in der ein geheimnisvolles Rätsel aufgeklärt wird. H. hat ihren Verlobten, Graf Stanislaus, einen polnischen Freiheitskämpfer, verstoßen, als der Aufstand gescheitert ist. Sie bereut ihre Tat und ihr Geist verwirrt sich. In einem somnambulen Zustand erlebt sie ihre Trauung mit Stanislaus, der daraufhin den Heldentod stirbt. Unter Mißbrauch der Situation hat ein Verwandter ihres Geliebten die reale Hochzeit vollzogen. Als sie später die Wahrheit erfährt, geht sie ins Kloster, läßt ihr Gesicht mit einer Totenmaske bedecken und verbirgt es unter einem schwarzen Schleier.

Hermine [*Der Steppenwolf.* Roman von Hermann Hesse, 1927]. – Das Mädchen H., eine Zwittergestalt zwischen Sinnlichkeit und Weltschmerz, lesbischer und heteroerotischer Liebe, führt Harry → Haller in die Welt der Jazzmusik und des Drogenrausches ein, für die der Saxophonist → Pablo die Symbolfigur ist, und verschafft Haller Phasen des glücklichen Vergessens. H. ist die poetische Spiegelung einer Basler Bekannten Hermann Hesses.

Hermione [*Die gefesselte Phantasie*. Zauberspiel von Ferdinand Raimund, 1828]. – H. herrscht als Königin über die Halbinsel Flora, die von den Zauberschwestern Vipria und Arrogantia verwüstet worden ist. Um ihrem Land männlichen Schutz zu geben, will H. den Sieger eines Sängerwettstreits heiraten. Der von ihr geliebte, als Hirte verkleidete Prinz Amphio gewinnt dank der Hilfe Apollos, obwohl die bösen Schwestern die Phantasie gefangensetzen.

Hernandez → Paco (Andres: *Wir sind Utopia*)

Hernisch → Walt (Jean Paul: *Flegeljahre*)

Hero.
H. und Leander sind eines der berühmten tragischen Liebespaare der Weltliteratur wie Romeo und Julia. Der Stoff stammt aus der griechischen Mythologie.
[*Es waren zwei Königskinder*. Volksballade, aufgez. 1807]. – [*Hero und Leander*. Ballade von Friedrich von Schiller, 1797]. – [*Der Meeres und der Liebe Wellen*. Tragödie von Franz Grillparzer, 1840]. – Grillparzer zeichnet in H. das Seelendrama des Mädchens, das sich zu früh für eine weltabgewandte Lebensform entschieden hat. Sie wird gerade zur Priesterin der Aphrodite geweiht, der jede Verbindung mit der Außenwelt untersagt ist, als ihr Blick auf → Leander fällt und die Liebe zu ihm sie wie ein Blitz trifft. Ihr ganzes Wesen wird verwandelt: die in harmonischer Selbstgenügsamkeit Lebende wird in Unruhe versetzt. Als sie die Leiche Leanders am Ufer entdeckt, stirbt sie vor Liebesschmerz.

Herodes [*Herodes und Mariamne*. Tragödie von Friedrich Hebbel, 1850]. – H. und → Mariamne sind ein leidenschaftlich liebendes Ehepaar, das seine Liebe durch die ethische Unbedingtheit der Forderung an den Partner zerstört. H.s Liebe ist maßlos und ihr Anspruch ist rigoros, d. h. zu ihr gehört auch der gemeinsame Tod. Als Mariamne nicht schwören will, ihm in den Tod zu folgen, falls er aus dem Krieg nicht zurückkommt, stellt er sie »unters Schwert«, d. h. er gibt den Auftrag, sie zu töten, falls er selbst umkommt. Mit diesem Vertrauensbruch entwertet er sie zum Besitz und zerstört ihre Liebe.

Herrfurth [*Der geteilte Himmel*. Roman von Christa Wolf, 1963]. – Der junge Chemiker und Erfinder Manfred H., mit dem → Rita zusammenlebt, steht der sozialistischen Gesellschaftsordnung kritisch gegenüber, da er in der Stalinzeit böse Erfahrungen mit ihr gemacht hat. Er entschließt sich zur »Republikflucht«.

Herse [*Michael Kohlhaas.* Novelle von Heinrich von Kleist, ED 1810]. – H. wird von den Leuten des Junkers → Tronka mißhandelt, als er die Rösser seines Herrn → Michael Kohlhaas vor Mißbrauch zu schützen versucht. Er ist auch später ein treuer Gefolgsmann von Kohlhaas und findet in seinen Diensten den Tod.

Herse Andernoth [*Schlußball.* Roman von Gerd Gaiser, 1958]. – H. A., deren Mann seit dem Krieg vermißt ist, lebt als Außenseiterin in der vom Geld regierten Wohlstandsgesellschaft der Nachkriegszeit. Sie bewahrt sich in einer als seelenlos empfundenen Welt ihr Innenleben. Aus Treue zu ihrem Mann und ihrem Schmerz läßt sie ihn nicht für tot erklären, obwohl ihr das eine Rente einbringen würde, und lehnt eine neue Bindung mit dem Lehrer → Soldner ab.

Hertha Tinnert → Richter (A. Schmidt: *Kaff auch Mare crisium*)

Herwig → Schalanter (Anzengruber: *Das vierte Gebot*)

Herwig von Seeland [*Kudrun.* Anonymes Heldenepos, entst. um 1240]. – H. wird als Bewerber um → Kudruns Hand zunächst abgewiesen, aber nach kriegerischen Auseinandersetzungen von Kudrun als zukünftiger Ehemann erwählt. Er muß seine Braut aus dem Normannenland befreien.

Herzbruder [*Der Abenteuerliche Simplicissimus.* Roman von Hans Jakob Christoffel von Grimmelshausen, 1668]. – Der alte H., ein väterlicher Freund des → Simplicius, ist ein belesener, gottesfürchtiger Mann und verfügt über die Gabe des Wahrsagens. Sein Sohn, Ulrich H., schließt mit Simplicius Blutsbrüderschaft und bleibt lebenslang dessen Freund, auch wenn sie verschiedene Wege gehen. H. wird von dem bösen → Olivier durch eine Intrige als Dieb beschuldigt und verliert seine Stelle als Musterschreiber. Er beschließt sein Leben auf dem Bauernhof, den Simplicius mit dem von Olivier ererbten Geld erworben hat.

Herzeloyde [*Parzival.* Höfisches Epos von Wolfram von Eschenbach, entst. zwischen 1200 und 1210]. – H. von Waleis ist die Schwester des → Anfortas und gehört damit zur Gralsfamilie. Sie heiratet den kampfstarken Ritter → Gahmuret, der bald darauf im Orient fällt. In großem Leid zieht sie sich in den Wald von Soltane zurück, wo sie → Parzival das Leben schenkt und ihn fern allen Rittertums großzieht. Sie stirbt aus Kummer, als Parzival dennoch Ritter werden will und sie verläßt.

Hespera → **Lautenschlag** (Kolb: *Die Schaukel*)

Heßling [*Der Untertan.* Roman von Heinrich Mann, 1918]. – Diederich H. ist der repräsentative Staatsbürger des wilhelminischen Zeitalters, Untertan und Tyrann zugleich. Als Untertan durchläuft er die prägenden Institutionen der Staatsmacht: Gymnasium, Universität, Korporation und Reserveoffiziersausbildung und wird zum Anbeter der Macht – einer in der Masse der Gleichgesinnten. In Familie und Betrieb herrscht er als Tyrann.

Hetel von Hegelingen [*Kudrun.* Anonymes Heldenepos, entst. um 1240]. – Der König von Dänemark muß eine Kraft- und Rangprobe mit dem irischen König → Hagen bestehen, ehe er dessen Tochter Hilde zur Ehefrau gewinnt. Dann regiert er gerecht und friedlich. Seine Kinder Ortwein und → Kudrun läßt er sorgfältig erziehen.

Hetmann [*Hidalla oder Sein und Haben.* Schauspiel von Frank Wedekind, 1904]. – Karl H., der häßlich und verwachsen ist, hat einen »Internationalen Verein zur Züchtung von Rassemenschen« gegründet, dem nur schöne Menschen angehören dürfen, die zu freier Liebe bereit sind. H. muß wegen einer unzüchtigen Schrift ins Gefängnis, aber seine Lehre breitet sich aus, nicht zuletzt dank der Veröffentlichungen des Verlegers Launhart.

Hettore Gonzaga [*Emilia Galotti.* Trauerspiel von Gotthold Ephraim Lessing, 1772]. – H. ist der Prototyp des absolutistischen Fürsten, der über dem Gesetz steht und tun und lassen kann, was er will. Dem Prinzen von Guastalla fehlt die moralische Stärke, nur zu tun, was er vor dem Sittengesetz und seinem eigenen Gewissen rechtfertigen kann. Er begehrt → Emilia Galotti und sucht sie ohne Respekt vor der bürgerlichen Tugend, und ohne vor einem Meuchelmord zurückzuschrekken, in seine Gewalt zu bringen.

Heydebregg [*Exil.* Roman von Lion Feuchtwanger, 1940]. – Konrad H. ist der Mann im Hintergrund, der in Wahrheit die Fäden in der Hand hat. Als Sonderbeauftragter der Nazis nach Paris gesandt, spielt das »Nilpferd«, das kaum die Augen aufzumachen scheint, alle gegeneinander aus.

Heym → Jakob H. (Becker: *Jakob der Lügner*)

Hicketier [*Bürger Schippel.* Komödie von Carl Sternheim, 1913]. – Tilmann H., ein Goldschmied, ist der biedere Bürger der wilhelminischen Zeit, der voller Standesdünkel den Proletarier → Schippel verachtet, ihn aber heranzieht, als er ihm von Nutzen ist.

Hidalla [*Mine-Haha oder Über die körperliche Erziehung der jungen Mädchen.* Romanfragment von Frank Wedekind, 1901]. –

Die pensionierte Lehrerin H. berichtet über ihre Erziehung im Geist der Mädchenpensionate bis zur Zeit der körperlichen Reife. Die geistige Erziehung bleibt bewußt ausgespart, dagegen wird jede ursprünglich triebhaft natürliche Bewegung bis zur ästhetischen Schönheit dressiert. Damit enthüllt sich zugleich die Kunstwelt der Bühne als seelenloses Marionettentheater.

Hierl [*Erfolg*. Roman von Lion Feuchtwanger, 1930]. – Der Komiker H. durchleuchtet die provinziellen politischen Manöver und die grotesken Erscheinungen der Zeit. Er ist dem Münchner Komiker Karl Valentin nachgebildet.

Hieronimus [*Gladius Dei*. Novelle von Thomas Mann, ED 1903]. – H. ist eine in der Kulturszenerie Münchens um die Jahrhundertwende völlig deplazierte Savonarola-Gestalt. Er nimmt Anstoß an der übergroßen Photographie eines lasziven Madonnenbilds in der Kunsthandlung von Herrn → Blüthenzweig und scheitert lächerlich bei dem Versuch, ihm die Verwerflichkeit seiner Geschäfte bewußt zu machen.

Hieronimus [*Die Jobsiade*. Ein komisches Heldengedicht von Carl Arnold Kortum, 1784/1799]. – Der Sohn des schwäbischen Ratsherrn Hans Jobs ist von Kindesbeinen an ein rechter Tunichtgut; er meidet die geistigen Anstrengungen und genießt die Güter des Leibes, anstatt Theologie zu studieren. So endet er als Nachtwächter. Nach einem Scheintod fängt er ein neues Leben an, in dem er es doch noch zum Pfarrer bringt und als Schloßherr endgültig stirbt.

Hildburg → Mannelin (Keller: *Das Sinngedicht*)

Hilde [*Ellernklipp*. Erzählung von Theodor Fontane, 1881]. – Das Waisenkind H., von fremder, geheimnisvoller Herkunft, ist eine aparte Erscheinung, die Männer anzieht, ohne es zu wollen. Dadurch bringt sie Unheil über ihren Pflegevater → Bocholt und seinen Sohn Martin. Erst als beide zu Tode gekommen sind, findet sie als Spenderin »werktätiger Liebe« zu sich selbst.

Hilde → Hagen (*Kudrun*)

Hildebrand (Hiltibrant). H. ist in den deutschen Heldensagen der Waffenmeister → Dietrichs von Bern.

[*Hildebrandslied*. Anonymes Heldenlied (Fragment), entst. Anfang 9. Jh.]. – H. ist der Vater im tragischen Konflikt zwischen Ehrgebot und Vaterliebe. Er begegnet nach dreißigjähriger Abwesenheit im Dienste seines Herrn Dietrich von Bern zwischen den zwei feindlichen Heeren seinem Sohn → Hadubrand. Obwohl er weiß, wen er vor sich hat, muß er den Sohn im Zweikampf töten, denn dieser glaubt seinen Vater tot und bezichtigt ihn der Falschheit und Feigheit.

[*Jüngeres Hildebrandslied.* Anonyme Heldenballade, entst. im 15. Jh.]. – Hier ist H. der fröhliche Heimkehrer. Nach dem Sieg über seinen Sohn zieht er mit ihm gemeinsam heim zu Frau Ute.

Hildegunde → Elmar (Weber: *Dreizehnlinden*)

Hillgesill → Wikbold (Leip: *Godekes Knecht*)

Hilse [*Die Weber.* Schauspiel von Gerhart Hauptmann, 1892]. – Hauptmann hat den alten H. in seinem an sich historisch-naturalistischen Werk am stärksten als Symbolfigur gestaltet. Aus pietistischer Frömmigkeit lehnt H. Gewalt ab; er beteiligt sich als einziger Heimweber nicht am Aufstand, und gerade er fällt als erstes Opfer, am Webstuhl von einer verirrten Kugel getroffen. Hauptmanns soziale Mitleidshaltung und seine Frage nach dem Sinn eines fortwährenden Daseinskampfes nehmen in H. Gestalt an.

Hiltigunt → Waltharius (*Waltharius*)

Himmelstoß [*Im Westen nichts Neues.* Roman von Erich Maria Remarque, 1929]. – Unteroffizier H. ist der sprichwörtlich gewordene Kasernenhoftyrann, der seine Soldaten sinnlos schikaniert und an der Front vor Angst versagt.

Himmler [*Der Vater eines Mörders.* Erzählung von Alfred Andersch, 1980]. – Der Vater des Reichsführers der SS ist Oberstudiendirektor des Wittelsbacher Gymnasiums in München. Er ist Anhänger der »Bayerischen Volkspartei, schwarz bis in die Knochen, . . . nicht einmal Antisemit«. Der 14jährige Franz → Kien erlebt H. bei dessen Unterrichtsbesuch in einer Griechischstunde, wo er mit der Überheblichkeit des Humanisten seinen patriarchalisch-autoritären Führungsstil demonstriert.

Hinkel → Gockel (Brentano: *Gockel, Hinkel und Gackeleja*)

Hinkemann [*Der deutsche Hinkemann.* Tragödie von Ernst Toller, 1923]. – H. ist ein verstümmelter Heimkehrer nach dem Ersten Weltkrieg, der vereinsamt und sich nicht wieder in die Gesellschaft einzugliedern vermag – ein Vorläufer von Borcherts → Beckmann.

Hinrich [*Zur Chronik von Grieshuus.* Novelle von Theodor Storm, 1884]. – H. ist der ältere der gegensätzlichen Zwillingsbrüder, die Mitte des 17. Jh.s auf Grieshuus heranwachsen. Er ist der geborene Landwirt und Jäger, ein jähzorniger, aber gutherziger Naturbursche. Wegen seiner Mesalliance mit dem Dorfmädchen → Bärbe erbt sein jüngerer Bruder Detlev, ein kalter und berechnender Jurist, den Stammsitz. H. bringt den Bruder im

Zweikampf um und leitet damit den Untergang der Adelsfamilie ein.

Hinrichs [*Der Mann im Strom.* Roman von Siegfried Lenz, 1957]. – Ein alternder Taucher fälscht das Geburtsdatum in seinen Papieren, weil er Angst davor hat, überflüssig zu werden. H.s Arbeits- und Lebensprobleme bis zum Entdecktwerden sind Inhalt des Romans.

Hinze [*Hinze-Kunze-Roman.* Roman von Volker Braun, 1985]. – H., der Chauffeur, und Kunze, der Parteifunktionär, den er fährt, sind zwei individuelle Ausprägungen von Hinz und Kunz. Sie fügen sich als realsozialistische Variante ein in die lange Reihe der Herr-und-Knecht-Figurationen, zu denen z. B. → Matti und → Puntila, → Zürn und sein Chef, aber auch schon Diderots Jacques und sein Herr gehören.

Hippias [*Geschichte des Agathon.* Roman von Christoph Martin Wieland, 1766/67; 3. Fassung 1794]. – Der reiche Sophist H., der → Agathon auf dem Sklavenmarkt in Smyrna gekauft hat, sucht diesen für seine hedonistische Lehre zu gewinnen und will ihn als Nachfolger heranbilden. Als er jedoch Agathons Idealismus in Gesprächen nicht erschüttern kann, versucht er es mit Hilfe der Hetäre → Danae. Auch dieses Experiment mißglückt, und H. rächt sich, indem er den verliebten Agathon über die Vergangenheit von Danae aufklärt.

Hippolyt [*Das junge Europa.* Roman in drei Teilen von Heinrich Laube, 1833/37]. – Der exzentrische, genußsüchtige Kraftmensch H. versteht die gesellschaftliche Veränderung durch den Liberalismus als individuelle und erotische Emanzipation. Seine sexuelle Libertinage führt seinen Untergang herbei.

Hippolyt von → Dürande (Eichendorff: *Das Schloß Dürande*)

Hochleithner [*Der Seelenbräu.* Erzählung von Carl Zuckmayer, 1945]. – Der reiche Brauherr Matthias H. aus dem Salzburgischen, »Leibesbräu« genannt, ist einer der beiden fülligen Dorf-Mächtigen, der seinem Kontrahenten, dem Dechanten oder »Seelenbräu«, mit reservierter Achtung gegenübersteht.

Hodann [*Die Ästhetik des Widerstands.* Roman in drei Teilen von Peter Weiss, 1975, 1978, 1981]. – Der Arzt Max H. begleitet als eine Art Mentor den Lebensweg des Ich-Erzählers in Spanien und Schweden, berät ihn in Kunstangelegenheiten und in Lebensfragen und kommentiert politische Abläufe mit der Distanz des gesunden Menschenverstands. Er fügt sich nicht in das Freund-Feind-Bild ein, das die Vorstellungen der aktiven Klassenkämpfer beherrscht, da er aufgrund seiner Erfahrungen in Spanien und in Abgrenzung gegen den Stalinismus einen selbständigen linken Sozialismus entwickelt hat. H. sieht auch – im Gegensatz zum Ich-Erzähler – keine Wechselwirkung zwischen Kunstausübung und politischer Tat. – Die Gestalt ist historisch: Weiss lernte den Sozialmediziner und Freudianer H. 1940 im schwedischen Exil kennen; er erscheint bereits in dem Roman *Fluchtpunkt* (1969) unter dem Namen Hoderer.

Hoderer → Hodann (P. Weiss: *Fluchtpunkt*)

Höfel [*Nackt unter Wölfen.* Roman von Bruno Apitz, 1958]. – H., Kommunist und Ausbilder des Internationalen Lagerkomittees (ILK) im KZ Buchenwald im Jahre 1945, das die Befreiung vorbereitet, versteckt einen aus Auschwitz eingeschmuggelten dreijährigen jüdischen Knaben. Er verstößt aus Menschlichkeit gegen die kommunistische Parteidisziplin, die die Preisgabe des Knaben fordert, um den Aufstand nicht zu gefährden. Am Ende schützt die ILK selbst den Kleinen.

Höfgen [*Mephisto.* Roman von Klaus Mann, 1936]. – Der ehrgeizige Schauspieler Hendrik H. (eine deutliche Anspielung auf Klaus Manns ehemaligen Schwager Gustav Gründgens) steigt vom kulturbolschewistischen Provinzschauspieler zum Star der Berliner Bühnen und zum Intendanten auf. Er wird als Prototyp des intellektuellen Mitläufers dargestellt, der den Faschismus erst möglich machte.

Högni [*Edda.* Anonyme Liedersammlung (altisländisch), aufgezeichnet nach 1250]. – H., der → Hagen des *Nibelungenliedes*, ist in der *Edda* der jüngere Bruder des Burgundenkönigs → Gunnar. Im *Alten Sigurdlied* (entst. zw. 8. Jh. und 1100) tötet er mit diesem zusammen auf Anstiften → Brynhilds den Schwurbruder → Sigurd und bekennt sich offen vor → Gudrun zu der Tat. Im *Atlilied* (entst. 9. Jh.) wird H. vollends zum Urbild des germanisch-trotzigen Recken. Obwohl er die Katastrophe vorhersieht, zieht er mit Gunnar an den Hof → Atlis. Als dessen Gefangener wird ihm bei lebendigem Leibe das Herz herausgeschnitten, was er lachend erträgt.

Hölderlin [*Hölderlin.* Stück von Peter Weiss, 1971]. – Weiss macht aus H. eine Parallel-Figur zu seinem → Marat. Er sieht ihn als einen gescheiterten Revolutionär, der in den Wahnsinn flüchtet, um den sozialen Mißständen der Zeit zu entgehen. Als angeblicher Besucher im Tübinger Turm bestätigt ihn Karl Marx als Vorkämpfer der Revolution. Die Interpretation schließt sich an die Hölderlin-Auslegung des französischen Germanisten Pierre Bertaux an.

Höller [*Vor dem Ruhestand.* Stück von Thomas Bernhard, 1979]. – Die Geschwister Clara, Vera und Rudolf H. reflektieren ihre verpfuschten Leben. Rudolf H. war SS-Offizier und stellvertretender Lagerkommandant eines KZ, ist jetzt Gerichtspräsident an der Altersgrenze und feiert alljährlich mit der ihm bedingungslos dienenden und inzestuös an ihn gebundenen Vera Himmlers Geburtstag. Dabei muß die gelähmte, gesellschaftskritische Clara zusehen, manchmal auch als KZ-Opfer mitspielen.

Hofmiller [*Ungeduld des Herzens.* Roman von Stefan Zweig, 1938]. – Der Ulanenleutnant Anton H. begeht den Fauxpas, Edith von Kekesfalva, die schöne Tochter eines reichen, geadelten Juden, zum Tanz aufzufordern, weil er nicht weiß, daß sie gelähmt ist. Um seinen Fehler wiedergutzumachen und aus Mitleid beginnt er eine Beziehung zu ihr. Dieses Mitleid ist eigentlich nur »Ungeduld des Herzens« aus »instinktiver Abwehr des fremden Leidens vor der eigenen Seele«. Es kommt zur Verlobung, die er aus Furcht vor dem Spott seiner Kameraden – und unfähig zu echtem Mitleid – verleugnet.

Hofreiter [*Das weite Land.* Tragikomödie von Arthur Schnitzler, 1911]. – Der Fabrikant Friedrich H. ist der Exponent einer untergehenden Gesellschaftsschicht um die Jahrhundertwende, die das Leben als ein Spiel auffaßt und sich über das »weite Land« der Seele tändelnd hinwegbegibt. Er teilt sein Scheinleben, das einen angemessenen Ausdruck in der inhaltsleeren Konversation findet, mit anderen: seiner Frau → Genia, deren Geliebtem, Fähnrich Otto v. Aigner, den er gewissermaßen aus Jux im Duell tötet, und seiner eigenen Geliebten Erna Wahl.

Hofschulze [*Münchhausen.* Humoristischer Roman von Karl Leberecht Immermann, 1838/39]. – Der H. verkörpert die bodenständige Wirklichkeit als Gegenbild zur Schloßwelt des Barons → Schnuck. Die zentrale Gestalt des Oberhof-Teils – einer oft aus dem Roman herausgelösten Bauerngeschichte – ist ein Patriarch auf einem westfälischen Großhof, einer Welt für sich. Er ist ein unabhängiger Mann, der mit Kraft seine Arbeit tut, mit Bauernschläue seine Geschäfte führt und »über die Seinigen unumschränkt herrscht und richtet«.

Hohenberg [*Die Ritter vom Geiste.* Roman von Karl Gutzkow, 1850/51]. – Als Gegenspieler der »Ritter vom Geiste« vertritt Prinz H. die radikal restaurativen Kräfte des Vormärz, wie sie sich für die Liberalen im Prinzen Wilhelm von Preußen verkörperten.

Hohenzollern [*Prinz Friedrich von Homburg.* Schauspiel von Heinrich von Kleist, ED 1821 (posthum)]. – Graf H., mit →

Homburg befreundet, treibt mehrfach die dramatische Entwicklung voran: indem er den Hof zu dem Traumwandler Homburg führt, diesem später bewußt macht, daß er mit seiner Hinrichtung rechnen muß, und schließlich, als er vor dem Kurfürsten → Friedrich Wilhelm dessen Mitschuld an der Verfehlung Homburgs vertritt.

Holdersfritz → Annedorle (Ludwig: *Heiterethei*)

Holk [*Unwiederbringlich.* Roman von Theodor Fontane, 1891]. – Die Ehe des lebenslustigen Grafen H. und der tugendstrengen Christine ist wegen der Unvereinbarkeit der Temperamente und der Geisteshaltungen »unwiederbringlich« zerrüttet. Gleichzeitig wird die endzeitliche, spätfeudale Gesellschaft vorgeführt, die orthodoxe Gläubigkeit und individuelle Gefühlsregungen nicht mehr vereinbaren kann.

Holl [*Schöne Tage.* Roman von Franz Innerhofer, 1974]. – Der autobiographische Anti-Heimat- und Bauernroman schildert den Ausbruch des Buben H. aus der bedrückenden Enge der Bergbauernwelt. Der uneheliche Franz, immer nur mit dem Nachnamen Holl gerufen, wird wie ein Leibeigener behandelt und durch harte Arbeit diszipliniert. Auch Schule und Kirche bringen ihm nur Erniedrigungen. Als er erfährt, daß man sich seiner Haut wehren kann, rechnet er mit seinem leiblichen Vater und dem gesamten patriarchalischen System ab und wird Lehrling in einer Schmiedewerkstatt. Das ist der Anfang seiner Individuation, deren weitere Phasen: Fabrikarbeiter und Werkstudent, in den Folgebänden dargestellt werden (*Schattseite*, 1975; *Die großen Wörter*, 1977].

Holländer.
Nach einer Seemannssage muß der fliegende H. aufgrund eines Fluches in alle Ewigkeit die Meere befahren. Mehrfache Bearbeitungen, u. a. von Hauff (*Das Gespensterschiff*, 1825) und Heine (*Der Salon*, 1834).
[*Der fliegende Holländer.* Romantische Oper von Richard Wagner, 1843]. – In der Wagnerschen Fassung darf der Ruhelose alle sieben Jahre an Land gehen, um eine unberührte Frau zu suchen, die ihm ewige Treue schwört und ihn so erlöst. In → Senta findet er die Frau, die ihm Erlösung und Tod bringt. Die Oper steht in der romantischen Tradition der Begegnung zwischen Menschen- und Geisterwelt (→ Undine). Außerdem ist der H. ein Künstler mit Wagnerschen Zügen: der von schöpferischer Unrast getriebene Außenseiter, der des Lebens überdrüssig ist.

Holofernes.
Im Buch Judith des Alten Testaments wird H., der Feldherr des Königs Nebukadnezar von Babylon (= Artaxerxes III., 359–338?), von der frommen Jüdin Judith erschlagen. – Be-

liebter Dramenstoff der Weltliteratur.
[*Judith*. Tragödie von Friedrich Hebbel, 1841]. – H. ist der Machtmensch, der sich in seiner Hybris selbst vergöttlicht und sich an die Stelle Baals setzen möchte. Seiner Umgebung bleibt in ihrem Verhältnis zu ihm nur die Wahl zwischen bedingungsloser Unterwerfung oder Vernichtung. Auch von → Judith verlangt der Feldherr bei der ersten Begegnung »Stürz hin und bete mich an!«. Er erkennt sie nicht als eigenständiges Wesen an; die Begegnung mit ihr dient nur der Verabsolutierung des eigenen Ichs.

Homburg.
Der historische Prinz v. H. war ein Berufssoldat, der in verschiedenen Armeen diente, auch in der schwedischen. 1675, bei der Schlacht von Fehrbellin, war er mit der Prinzessin Natalie v. Kurland verheiratet und Vater von 16 Kindern. Sein vorschnelles Eingreifen brachte ihm einen milden Tadel ein.
[*Prinz Friedrich von Homburg*. Schauspiel von Heinrich von Kleist, ED 1821 (posthum)]. – Der Reitergeneral Prinz Friedrich v. H. greift mit traumwandlerischer Sicherheit im richtigen Augenblick in die Schlacht von Fehrbellin ein und setzt sich damit über die ausdrückliche Order hinweg. Er wird nach dem Kriegsrecht zum Tode verurteilt, erlebt eine urtümliche Todesangst und erniedrigt sich maßlos, bis er durch die Frage des Kurfürsten, ob er das Urteil für nicht Rechtens halte, zur Selbstbesinnung kommt. Seine Einsicht in die Notwendigkeit des Gesetzes macht seine Begnadigung möglich.

Homer.
Der Dichter der *Ilias* und der *Odyssee* soll arm, blind und vielgereist gewesen sein und hat vermutlich im 8. Jh. v. Chr. gelebt.
[*Der sechste Gesang*. Roman von Ernst Schnabel, 1956]. – Der kurzsichtige Dichter H. sammelt Material für sein Epos; da begegnet er bei den Phäaken dem leibhaftigen → Odysseus, der anders ist, als er ihn für sein Epos braucht, viel wirklichkeitsbewußter und mit der natürlichen Erklärung seiner Abenteuer bei der Hand. Unter H.s Einfluß stilisiert sich Odysseus zu dem gewünschten mythischen Heros und kehrt heim, um dem Epos das von H. gewünschte »ordentliche Ende« zu geben.

Homo [*Drei Frauen (Grigia)*. Novellen von Robert Musil, 1924]. – Dr. H., ein Geologe, stellt in den italienischen Alpen Untersuchungen an. Er entfernt sich innerlich von Frau und Kind, gewinnt größere Nähe zu einem natürlichen Sein und hat ein Verhältnis mit einer Bäuerin, → Grigia. Dieses Aufgehen in einer anderen, chthonischen Existenzform ist für H. tödlich; er verdämmert, eingeschlossen in einem aufgelassenen Bergwerksstollen.

Homunculus [*Faust II.* Tragödie von Johann Wolfgang von Goethe, ED 1832]. – Das von → Wagner künstlich gezeugte »chemische Menschlein« ist ein Geistwesen ohne Fleisch und Blut, aber gelehrt wie die Renaissance. Er führt Faust in das klassische Land der Schönheit und zerschellt am Muschelwagen der Galathea, der Göttin der Schönheit.

Hopp [*Krambambuli.* Novelle von Marie von Ebner-Eschenbach, ED 1883]. – Der Jäger H. tauscht gegen Branntwein von einem Landstreicher den reinrassigen Jagdhund Krambambuli ein, der ihn nach zwei harten Monaten als Herrn akzeptiert. Hopps Leben dreht sich von da an nur noch um den Hund.

Hoppenmariechen [*Vor dem Sturm.* Roman von Theodor Fontane, 1878]. – Die Botenfrau H. ist eine lebensvolle, farbige Gestalt aus der märkischen Dorfwelt. Am Vorabend des »Sturms« gegen Napoleon (1813) beteiligt sie sich mit Mut und Mutterwitz an der Befreiung von Lewin von → Vitzewitz aus französischer Gefangenschaft.

Horacker [*Horacker.* Roman von Wilhelm Raabe, 1876]. – Der neunzehnjährige entlaufene Fürsorgezögling Cord H. ist durch das Gerede der Bauern in den Ruf eines Verbrechers und Mörders geraten. Durch die Hilfe einiger verständnisvoller Erwachsener wird H. in ein geordnetes Leben zurückgeführt und mit seinem geliebten → Lottchen Achterlang verheiratet.

Horand [*Kudrun.* Anonymes Heldenepos, entst. um 1240]. – H., einer der drei Brautwerber König → Hetels von Hegelingen, kann wie Orpheus mit seinem Gesang alle Menschen in seinen Bann ziehen. Ihm gelingt es, die junge Hilde für seinen König zu gewinnen.

Horatio [*Novelle.* Prosadichtung von Johann Wolfgang von Goethe, ED 1828]. – Als der aus sittlicher Reife Entsagende ist H. eine für den alten Goethe typische Gestalt. Der Junker liebt seine Fürstin verstohlen; er lernt seine Leidenschaft zu überwinden, als er erlebt, wie ein Kind sich anschickt, mit seinem Flötenspiel einen Löwen zu bändigen und damit ein Beispiel für die gewaltlose Beherrschung der Natur zu setzen.

Horlacherlies → Grillhofer (Anzengruber: *Der G'wissenswurm*)

Horn [*Fluß ohne Ufer.* Roman in drei Teilen von Hans Henny Jahnn, 1949–61]. – Der Tonsetzer Gustav Anias H. geht als blinder Passagier auf ein Schiff, um seiner Verlobten Ellena, der Tochter des Kapitäns, nahe zu sein. Aber Ellena ist verschwunden und das Schiff geht unter. Dem Matrosen Alfred Tutein, der Ellena ermordet hat, verzeiht H. und verbindet sich mit ihm zu einer homoerotischen Blutsfreundschaft, die bis zu Alfreds Tod anhält. Ein anderer Überlebender des Schiffsuntergangs, Ajax von Uchri, will Alfreds Nachfolger werden und wird der Mörder H.s.

Horn [*Die Merowinger oder Die totale Familie.* Roman von Heimito von Doderer, 1962]. – H., Professor der Psychiatrie, behandelt die Aggressionen → Childerichs III. von Bartenbruch mit grotesken Heilmethoden, deren Höhepunkt die Erfindung eines »Wuthäusleins« ist, wo sich Affekte versachlichen lassen.

Horn [*Unseres Herrgotts Kanzlei.* Erzählung von Wilhelm Raabe, 1862]. – An Markus H. stellt Raabe den Kampf eines evangelischen Christen um Glaubens- und Gedankenfreiheit dar. H. bemüht sich in der von der katholischen Partei belagerten Stadt Magdeburg (1550/52) erfolgreich um Versöhnung mit dem Vater, um die Liebe zu Regina und um die Rettung der Heimatstadt.

Horribilicribrifax [*Horribilicribrifax.* Lustspiel von Andreas Gryphius, 1663]. – Don H. von Donnerkeil auf Wüsthausen – der Typus des Miles gloriosus, des Aufschneiders und Feiglings – ist ein Hauptmann der reformierten Armee zu Ende des Dreißigjährigen Krieges. Er spricht eine mit italienischen Flüchen gespickte bombastische Sprache.

Houpflé [*Bekenntnisse des Hochstaplers Felix Krull.* Romanfragment von Thomas Mann, 1954]. – Mme Diane H., eine exzentrische Schriftstellerin, ist von dem Liftboy Armand, alias → Felix Krull, entzückt, erst recht, als er gesteht, ihren Schmuck gestohlen zu haben. Sie vergleicht ihn mit Hermes, dem jünglingshaften Gott der Diebe.

Hoyer → Signe Skaerdal (Jahnn: *Perrudja*)

Hradschek [*Unterm Birnbaum.* Roman von Theodor Fontane, 1885]. – Der stark verschuldete Dorfkrämer und Schankwirt Abel H. bringt mit Hilfe seiner Frau einen Geschäftsreisenden um. Obwohl er den Mordverdacht ablenken kann, bleibt die Erinnerung an die Tat wach, und die Gerüchte treiben H. schließlich in den Tod.

Hubert [*Hubert oder Die Rückkehr nach Casablanca.* Roman von Peter Härtling, 1978]. – H. Windisch, Sohn eines SS-Obersturmbannführers, hat sich den Filmschauspieler Humphrey Bogart zum Vorbild genommen und stilisiert sich zum Außenseiter der Gesellschaft. Damit kompensiert er seine Durchschnittlichkeit und seinen Mangel an charakterlicher Singularität.

Hudetz [*Der jüngste Tag.* Schauspiel von Ödön von Horváth, UA 1937; 1955]. – Der Bahnhofsvorsteher Thomas H., der mit einer dreizehn Jahre älteren, eifersüchtigen Frau unglücklich verheiratet ist, verursacht ein Zugunglück, weil er von der Wirtstochter Anna in dem Moment geküßt wird, als er ein Signal hätte setzen müssen. Er wird nach einem Meineid Annas vor Gericht freigesprochen. Nachdem er die von Gewissensbissen geplagte, lebensmüde Wirtstochter getötet hat, weckt ihr Geist in ihm das Bewußtsein seiner Schuld, und er stellt sich dem Gericht.

Huemer [*Der Mantel.* Erzählung von Franz Turnler, 1959]. – Der Held der Erzählung ist ein passiver, ängstlicher Mensch, der mit sich selbst zerfallen und völlig vereinsamt ist. Der Verlust eines teuren Mantels verändert sein Leben; er bringt ihm die Anteilnahme von Mitmenschen, was ihm Selbstvertrauen schenkt und die Angst nimmt.

Hüon [*Oberon.* Verserzählung von Christoph Martin Wieland, 1780]. – Der Ritter H. ist bei Kaiser Karl in Ungnade gefallen und wird mit unlösbaren Aufgaben nach Bagdad geschickt. Er gewinnt die Hilfe des Elfenkönigs → Oberon, besteht viele heroische Abenteuer und gewinnt die Kalifentochter → Rezia. Dem Liebespaar stehen schwere Bewährungsproben bevor, ehe es zu einer höheren Humanität emporwächst.

Huge Scheppel → Hugo Capet (E. v. Nassau-Saarbrücken: *Huge Scheppel*)

Hugo [*Das alte Siegel.* Erzählung von Adalbert Stifter, ED 1843]. – Veit H. läßt sich von einem unerbittlichen Prinzip beherrschen und geht deshalb am Leben vorbei. Er erbt von seinem Vater, einem alten Soldaten, ein Siegel mit der Aufschrift: »Servandus tantummodo honor« (Allein die Ehre muß immer gewahrt bleiben). Diesen Wahlspruch macht er sich zur Lebensregel und verzichtet deshalb auf die geliebte Frau Coeleste, die ihn ohne sein Wissen zum Ehebrecher gemacht hat. Als er die Tyrannei des Siegels bricht und es in eine Schlucht wirft, ist es zu spät.

Hugo Capet.
H. C. (um 940–996) wurde 987 nach dem Tod des letzten Karolingers Ludwig V. zum König von Frankreich gewählt und begründete das Kapetinger-Haus. [*Huge Scheppel.* Prosaroman von Elisabeth von Nassau-Saarbrücken, entst. vor 1437; ED 1500]. – Der Titelheld ist – entgegen der historischen Wahrheit – der Sohn eines Ritters und einer Metzgerstochter. In vielen Abenteuern und Waffengängen bewährt er sich und besiegt mit seinen zehn unehelichen Söhnen in großen Schlachten die Feinde der Krone. Zum Lohn wird er mit der Thronerbin vermählt und zum König erhoben. In neuen Kämpfen muß er seine Ansprüche vertei-

digen, ehe er in Frieden regieren kann.

Huguenau [*Die Schlafwandler.* Romantrilogie von Hermann Broch, 1931/32]. – Die Hauptgestalt des 3. Teils *Huguenau oder die Sachlichkeit – 1918*, ist ein völlig egozentrischer, amoralischer Geschäftsmann, der seine Mitmenschen skrupellos an die Wand drückt und keiner tieferen Einsichten mehr fähig ist, ein »Henker einer Welt, die sich selbst gerichtet hat.«

Huhn → Pippa (G. Hauptmann: *Und Pippa tanzt!*)

Huld [*Der Prozeß.* Roman (Fragment) von Franz Kafka, 1925 (posthum)]. – Der Advokat H., an den sich Josef → K. wendet, weil dieser über einflußreiche Beziehungen zum Gericht verfügen soll, hält den Prozeß hin, eine Taktik, die dem auf eine schnelle Entscheidung drängenden K. widerstrebt.

Hulda [*Das Donauweibchen.* Singspiel von Karl Friedrich Hensler, 1792/98]. – Die Donaunixe H. ist die Geliebte des Ritters Albrecht von Waldsee. Als dieser sich standesgemäß verheiraten will, erscheint H. ihm in verschiedenen Gestalten, um ihm drei Tage im Jahr abzugewinnen. Da er nicht zu überreden ist, holt sie ihn am Hochzeitstag in eine Liebesgrotte auf den Grund der Donau. H. ist die Ahnfrau aller Undinen und Melusinen der Romantik.

Huldbrand [*Undine.* Erzählung von Friedrich de la Motte Fouqué, 1811]. – Der Ritter H. von Ringstetten liebt und heiratet das elbische Wesen → Undine, wendet sich aber später von ihr ab und beleidigt sie, so daß sie ins Wasser zurückkehren muß. Als er → Bertalda heiraten will, verfällt er für seine Treulosigkeit der Rache der Elemente; in einer letzten Umarmung wird er von Undine erstickt.

Hull [*Der Aufstand der Fischer von St. Barbara.* Erzählung von Anna Seghers, 1928]. – H. ist der Anführer der Fischer. Er organisiert den Widerstand gegen die Ausbeutung durch die Reeder. Der Aufstand scheitert, H. findet den Tod.

Hungerkünstler [*Ein Hungerkünstler.* Erzählung von Franz Kafka, 1924]. – Das Hungern ist für diesen Mann »die leichteste Sache der Welt«, weil ihm Appetitlosigkeit angeboren ist. Trotzdem leidet er an dem Unglauben und der Teilnahmslosigkeit des Publikums. Das Sendungsbewußtsein des Ausnahmemenschen wird vor der Gleichgültigkeit der Menge zunichte; der Künstler scheitert daran, daß er nur sich selbst genügt.

Hutten.
Ulrich von H. (1488–1523), Reichsritter, Humanist und Dichter, trat für die neuen Wissenschaften, die Reichseinheit und die Reformation ein.
[*Huttens letzte Tage.* Gedichtzy-

klus von Conrad Ferdinand Meyer, 1871]. – Ulrich von H. ist der Held am Wendepunkt zweier Zeiten. Das gibt dem Autor die Möglichkeit, H.s Empfindungen seiner eigenen Gegenwart zu unterstellen. Der verbannte Ritter liegt auf der Insel Ufenau im Zürichsee im Sterben und läßt sein bewegtes, kämpferisches Leben als Glaubensstreiter an sich vorüberziehen.

Hutterer [*Das vierte Gebot.* Volksstück von Ludwig Anzengruber, 1878]. – Am Beispiel der Familie H. wird das uneinsichtige Fehlverhalten bigotter Christen dargestellt und das Gebot der Elternliebe ad absurdum geführt. Anton H. ist ein Familientyrann, der seinen Willen gegenüber der Tochter Hedwig unter Berufung auf das vierte Gebot durchsetzt. Dabei hat er die Unterstützung seiner Frau und des frisch ordinierten Priesters Eduard → Schön. Hedwig heiratet fromm und folgsam statt des geliebten Klavierlehrers Robert Frey den bösartigen und verkommenen, aber reichen August Stolzenthaler, der sie zugrunde richtet.

Hwang Ti [*Die chinesische Mauer.* Eine Farce von Max Frisch, 1947]. – Der chinesische Kaiser H. T. ist der Tyrann schlechthin. Als er um seine Macht fürchten muß, läßt er die große Mauer bauen und verschärft Unterdrückung und Unmenschlichkeit. Um ihn kreisen die »Lemuren der Geschichte«: Pilatus, Kolumbus, Napoleon, usw.

Hyazinth [*Die Bäder von Lucca.* Prosa von Heinrich Heine, ED 1829]. – H., der Diener → Gumpelinos mit dem romantisch-poetischen Namen, sticht von seinem immer aufgeregten und anbetungswütigen Herrn durch seinen ruhigen Pragmatismus ab wie Sancho Pansa von Don Quichote.

Hyazinth [*Hyazinth und Rosenblütchen.* Märchen (aus dem Romanfragment *Die Lehrlinge zu Sais*) von Novalis, ED 1802]. – In einer Parabel romantischer Kunstauffassung läßt sich H. von einem wunderlichen Mann verlocken, sein geliebtes Rosenblütchen zu verlassen und in die Ferne zu ziehen, um den Urgrund aller Dinge zu finden. Als er sein Ziel, die verschleierte Göttin, erreicht hat und den Schleier lüftet, sieht er seine Geliebte und begreift, daß nur die Liebe ihm das Geheimnis offenbaren kann.

Hyperion [*Hyperion oder der Eremit in Griechenland.* Roman von Friedrich Hölderlin, 1797–99]. – H. erzählt rückblikkend in Briefen seine Entwicklung zum Dichter. In der Jugend begeistert er sich dank seinem Lehrer → Adamas für die Bildungsgüter seiner griechischen Heimat. Die Begegnung mit → Alabanda schenkt ihm das Erlebnis der Freundschaft. In → Diotima erlebt er die vollendete Schönheit und »Herzenruhe der

Seligen«. Seine Teilnahme am Freiheitskrieg der Griechen zeigt ihm den Widersinn, geistige Ziele mit Taten erreichen zu wollen. Zum Schluß lebt H. einsam, um Freund und Geliebte trauernd, als Eremit und sucht das Einssein mit der Natur, das Aufgehen in der Gottheit.

I. → Malina (Bachmann: *Malina*)

Iblis → Lanzelet (Ulrich von Zatzikhofen: *Lanzelet*)

Ibykus [*Die Kraniche des Ibykus.* Ballade von Friedrich von Schiller, ED 1798]. – Der Dichter I., den Kraniche auf seinem Weg zu den heiligen Spielen nach Korinth begleiten, wird von Räubern überfallen und getötet. Die Mörder entlarven sich selbst unter dem überwältigenden Eindruck des Chors der Eumeniden, als Kraniche über das Theater fliegen. Mit der Ballade will Schiller den Sinn und die Wirkung des Theaters als Menschenerzieher zeigen und den Sieg der Gerechtigkeit in der Weltordnung verkünden.

Ida Buchner → Scholz (G. Hauptmann: *Das Friedensfest*)

Idoine [*Titan.* Roman von Jean Paul, 1800–1803]. – Die Prinzessin I. von Haarhaar ist ein zurückhaltendes, aufopferungsbereites Mädchen. In ihrem Äußeren ähnelt sie → Liane und kann in deren Gestalt → Albano von einem schweren Fieber heilen, in das er nach Lianes Tod verfallen ist. Sie ist jedoch im Gegensatz zu Liane gesund und voller Tatkraft, die Herrin eines landwirtschaftlichen Musterbetriebs. In ihr findet Albano eine ebenbürtige Gattin.

Ill [*Der Besuch der alten Dame.* Tragische Komödie von Friedrich Dürrenmatt, 1956]. – Alfred I. läßt seine Freundin → Claire aus Furcht vor der öffentlichen Meinung in Güllen im Stich, als sie ein Kind von ihm erwartet. Claire kehrt als Frau Zachanassian nach 45 Jahren zurück und fordert »totale Rache«. Da kommt I. schrittweise zur Anerkennung seiner Schuld und sühnt mit dem Tod – der »im mythischen Reich einer antiken Polis« nach Dürrenmatt sinnvoll gewesen wäre; die Güllener, Menschen von heute, zerreden den Opfertod, um sich aus der Verantwortung zu stehlen.

Illo.
Christian v. Ilow, genannt Illo, General unter Wallenstein (1583–1634), kam mit diesem um.
[*Wallenstein.* Dramatisches Gedicht (Trilogie) von Friedrich von Schiller, 1800]. – Der Haudegen I. ist ein unbedingter und unbedachter Anhänger → Wallensteins. Er organisiert zusammen mit → Terzky die Unterzeichnung der Pilsner Ergeben-

heitsdeklaration der Generäle und entwirft selbst die beiden verschiedenen Fassungen, von denen die zweite in betrügerischer Absicht die Eidesverpflichtung gegenüber dem Kaiser ausläßt.

Ilsan [*Der Rosengarten.* Anonymes Heldenepos, entst. um 1250]. – Der Mönch I. ist einer der ersten zur Karikatur verzerrten Helden der Ritterdichtung. Der ganz unmönchische, grobschlächtige Draufgänger kämpft als einer der elf Männer → Dietrichs von Bern im Rosengarten. Er besiegt danach noch insgesamt 52 Burgunden, darf Krimhilde 52mal küssen (und kratzt ihr dabei mit dem Bart die Wangen blutig). Ins Kloster zurückgekehrt, drückt er seine 52 Siegesprämien, Rosenkränze, seinen Mitbrüdern gewaltsam als Dornenkronen aufs Haupt.

Ilse Bauer [*Die verlorene Handschrift.* Roman von Gustav Freytag, 1864]. – I. B. ist das unverdorbene, natürliche Landkind, das von ihrem Gatten Felix → Werner in eine städtisch-höfische Gesellschaft verpflanzt wird. Dort ist sie fürstlichen Nachstellungen ausgesetzt, deren sie sich nur schwer erwehren kann und für die ihr weltfremder Ehemann blind ist.

Ilsebill [*Der Butt.* Roman von Günter Grass, 1977]. – I., so genannt nach der machtgierigen Ilsebill des plattdeutschen Märchens *Von dem Fischer und syner Fru*, ist die Frau des in mythische Höhen versetzten »unsterblichen« Ich-Erzählers (→ Edek). Sie hat von ihm ein Kind empfangen, und während der neun Monate der Schwangerschaft erfährt sie in neun Erzähleinheiten von der Rolle der Frau durch die Jahrtausende – als Geliebte, als Köchin und als große Mutter.

Imma Spoelmann [*Königliche Hoheit.* Roman von Thomas Mann, 1909]. – Die neunzehnjährige Tochter des amerikanischen Milliardärs → Spoelmann ist eine lebhafte, selbstbewußte Person mit einer scharfen Zunge. Sie glaubt dem Prinzen → Klaus Heinrich zunächst seine Zuneigung nicht, schenkt ihm aber über dem gemeinsamen Studium der Wirtschaftswissenschaften ihr Vertrauen, weil er seine Scheinexistenz überwindet.

Immeke [*Hastenbeck.* Erzählung von Wilhelm Raabe, 1899]. – Johanne, auch Immeke (Bienchen) genannt, und Pold → Wille sind die erfundenen Vordergrundfiguren in einer Erzählung um Ereignisse während des Siebenjährigen Krieges. Die sechzehnjährige Adoptivtochter des Pfarrers Holtnikker liebt und heiratet den Porzellanmaler und desertierten hannoverschen Soldaten Pold Wille und flieht mit ihm in das neutrale Blankenburg. Das Paar, dem Wesen nach zur Idylle veranlagt, muß diese dem »Widerspruchsgedränge des Lebens« abringen.

Immo [*Die Ahnen.* Romanzyklus von Gustav Freytag, 1872–80]. – I., eine der typischen fiktiven Vordergrundfiguren des Professorenromans, macht sich als heldenhafter Parteigänger des Königs Heinrich II. verdient und gewinnt Hildegard, die Tochter von einem der erbittertsten Gegner.

Immunch [*Ruodlieb.* Ritterepos eines Tegernseer Mönches (mlat., Fragment), entst. um 1050]. – Die Gestalt des Königs I. gewinnt keine scharfen Konturen. Als → Ruodlieb im Zweikampf einen Zwerg besiegt hat, verspricht dieser ihm die Schätze von I. und dessen Sohn Hartunch sowie die Tochter Heriburg als Gemahlin. Dann bricht das Werk ab.

Indre [*Die Reise nach Tilsit.* Erzählung von Hermann Sudermann, ED 1917]. – Von den polaren Frauengestalten der Erzählung ist I. die empfindsame, seelenvolle, auch zivilisierte. Auf dem Bootsausflug nach Tilsit gewinnt sie ihren Mann → Ansas Balczus durch ihr stilles, zartes Wesen zurück von der derben, sinnlichen Magd → Busze.

Ines [*Viola tricolor.* Novelle von Theodor Storm, ED 1874]. – Die zweite Frau des Gelehrten → Rudolf kann die Liebe ihres Gatten und seines Kindes Nesi nicht vorbehaltlos gewinnen, weil die Erinnerung an die erste Frau zwischen ihnen steht. Erst die eigene Mutterschaft bricht den Bann. Die psychologische Problematik hat einen autobiographischen Hintergrund.

Ines Rodde [*Doktor Faustus.* Roman von Thomas Mann, 1947]. – I. R., ursprünglich ein frauliches, wirklichkeitsnahes Wesen mit bürgerlichem Ordnungssinn, entwickelt in der enttäuschenden Ehe mit Helmut → Institoris vitale emanzipatorische Tendenzen, verführt Rudi → Schwerdtfeger und sucht dann bei ihm doch wieder einen dauerhaften Halt, den er ihr nicht geben kann. Als sich Schwerdtfeger von ihr löst, erschießt sie ihn in der Straßenbahn und kommt in eine Anstalt. I. ist in ihrem Zwiespalt zwischen Bürgerlichkeit und Liebes- und Erlebenssehnsucht als weibliche Parallelfigur zu Adrian → Leverkühn entworfen.

Ingigerd → Kammacher (G. Hauptmann: *Atlantis*)

Ingo [*Die Ahnen.* Romanzyklus von Gustav Freytag, 1872–80]. – I. ist ein germanischer Held der Völkerwanderungszeit, ein vandalischer Königssohn, der zum Stammherrn eines neuen thüringischen Geschlechts wird. Auf der Flucht kommt er nach Thüringen, wirbt um Irmgard, die Tochter des Fürsten Answald, und entführt sie, als der Vater sie nicht freigibt.

Ingraban [*Die Ahnen.* Romanzyklus von Gustav Freytag, 1872–80]. – I. ist ein Nachkomme → Ingos; er bekehrt sich zum Christentum und wird mit Bonifazius im Land der Friesen getötet.

Ingrid Babendererde [*Ingrid Babendererde – Reifeprüfung 1953.* Roman von Uwe Johnson, 1985 (posthum)]. – Die Schülerin I. B. der Klasse 12 A in einem Gymnasium in Mecklenburg tritt für ein Mädchen ein, das als Mitglied der christlichen »Jungen Gemeinde« aufgefallen ist. Sie wird aus der FDJ ausgeschlossen und von der Schule verwiesen. I. geht mit ihrem Klassenkameraden Klaus Niebuhr in den Westen.

Inken Peters → Clausen (G. Hauptmann: *Vor Sonnenuntergang*)

Innocens [*Innocens.* Novelle von Ferdinand von Saar, 1866]. – Pater I. hat Liebe und Versuchung erfahren, aber durch die Erkenntnis, daß alles Irdische hinfällig ist, die Kraft zur Entsagung gefunden.

Innstetten [*Effi Briest.* Roman von Theodor Fontane, 1895]. – Der pflichtbewußte Beamte Baron von I. ist der um mehr als 20 Jahre ältere Ehemann → Effi Briests, der sich an die starren Ehrgesetze seiner Gesellschaftsschicht hält, für die der Seitensprung seiner Gattin eine Schande ist, auch wenn er lange zurückliegt und niemand bekannt ist. So tötet er »einem Begriff zuliebe« den Verführer, Major → Crampas, trennt sich von Effi und entfremdet ihr auch das Kind.

Institoris [*Doktor Faustus.* Roman von Thomas Mann, 1947]. – Helmut I., Privatdozent für Kunstgeschichte an der Technischen Hochschule München und Ehemann von → Ines Rodde, ist ein »die ›brutalen Instinkte‹ vergötternder Schwachmatikus«. Der Kontrast zwischen seinem ideologischen Kraftmeiertum und seiner kümmerlichen Persönlichkeit führt dazu, daß sich Ines von ihm abwendet.

Ion [*Ion.* Schauspiel von August Wilhelm Schlegel, 1803]. – Der Sohn des Apollo und der → Kreusa, von der Mutter gleich nach der Geburt ausgesetzt, ist von der Seherin Pythia großgezogen worden. An seinem 16. Geburtstag erfährt er das Geheimnis seiner Abstammung und wird von Kreusa und → Xuthus, den Herrschern von Athen, als Sohn und Erbe liebevoll aufgenommen. Er wird der Ahnherr der Jonier. Der Autor wollte in Konkurrenz zu Euripides einen »deutschen Ion« schreiben und betont statt der politisch-mythologischen die familienpsychologische Seite der Handlung.

Iphigenie.
In der griechischen Mythologie wird I. von ihrem Vater Agamemnon in Aulis der Artemis

geopfert, damit diese der griechischen Flotte günstige Winde für die Fahrt nach Troja schickt. Die Göttin tauscht I. gegen eine Hirschkuh aus und entführt sie. – In dem Drama *Iphigenie bei den Taurern* (um 412 v. Chr.) fügt Euripides die Motive hinzu, die den eigentlichen literarischen Iphigenienstoff ausmachen. I. wird in der Fremde Artemispriesterin und muß alle ankommenden Griechen opfern. Sie erkennt in einem davon ihren Bruder Orest, der nach einer Weissagung von seinem auf den Muttermord an Klytämnestra zurückgehenden Wahnsinn geheilt wird, wenn er das Götterbild der Artemis nach Griechenland bringt. Mit List und mit Hilfe der Götter gelingt den Geschwistern das Vorhaben und sie kehren heim.

[*Iphigenie auf Tauris.* Schauspiel von Johann Wolfgang von Goethe, 1787]. – I. verkörpert das Ideal der »reinen Menschlichkeit«: gottergeben und selbstlos löst sie ihre Konflikte durch Humanität. Sie übt einen sittlichenden Einfluß auf die Barbaren aus und veranlaßt den König → Thoas, die mörderischen Opferbräuche aufzugeben. Thoas führt sie aber wieder ein, als sie sich weigert, seine Gemahlin zu werden. Die ersten, die es trifft, sind → Orest und → Pylades. Die drei Griechen wollen gemeinsam fliehen. Zu diesem Zweck soll I. Thoas ein Lügengebäude vorsetzen. Doch I. kann den König nicht betrügen, weil das ihrer humanitären Idealvorstellung und ihrem innersten Wesen widerspricht. Sie verrät die Fluchtpläne und bittet Thoas, sie in Frieden ziehen zu lassen. So ist das Handlungsdrama der Antike in ein Seelendrama verwandelt.

[*Atridentetralogie.* Tragödienzyklus von Gerhart Hauptmann, 1941–1948]. – Im ersten Teil (*Iphigenie in Aulis*) wird I. von zwei Priesterinnen – Symbolgestalten der chthonischen Mächte der Unterwelt – auf dem Totenschiff der Hekate nach Tauris entführt. Das humanistische Griechenlandbild Goethes weicht bei Hauptmann einem chaotisch-grausamen. Im vierten Teil (*Iphigenie in Delphi*) wird I.s Schicksal wie im Mythos wieder von den Göttern gelenkt, denen der Mensch ausgeliefert ist. I., die in Tauris dem Tod enkommen ist, bringt sich in Delphi selbst als Sühneopfer dar.

Ippolito → Giulio (Meyer: *Angela Borgia*)

Irad [*Der Rubin.* Märchenlustspiel von Friedrich Hebbel, 1851]. – I. spielt die Rolle des greisen Magiers, der die Geschicke des naiv-impulsiven → Assad in die richtige Bahn lenkt – eine typische Gestalt der Zauberspiele.

Irene [*Angst.* Novelle von Stefan Zweig, 1920]. – I. ist die Ehebrecherin, die zwischen der Angst vor der Entdeckung und dem Wunsch nach einem Geständnis hin- und hergerissen wird. Die Rechtsanwaltsgattin ist aus einer kühlen Ehe ausgebrochen in ein Verhältnis mit einem Musiker, das ihr jedoch nichts bedeutet. Als eine Mitwisserin sie schamlos erpreßt, sieht sie nur noch den Selbstmord als Ausweg. Da greift der Ehemann ein. Er hat die Erpressung selbst veranlaßt, um seiner Frau einen Schock zu versetzten und sie dadurch zurückzurufen.

Irene [*Der gute Gerhard.* Versroman von Rudolf von Ems, entst. um 1220/25]. – Die norwegische Königstochter I. wird auf ihrer Brautfahrt nach England vom Sturm an die Küste Marokkos verschlagen, während ihr Bräutigam, der englische König Willehalm, vermißt wird. Als I. nach Jahren bereit ist, den Sohn des Kaufmanns → Gerhard zu ehelichen, der sie von den Heiden losgekauft hat, taucht auf dem Hochzeitsfest Willehalm als Pilger wieder auf, und das Königspaar wird vermählt.

Irene → Krumm (H. Lenz: *Verlassene Zimmer*)

Irm Liberé → Hedi Leibniz (M. Walser: *Der schwarze Schwan*)

Irrsigler [*Alte Meister. Komödie.* Roman von Thomas Bernhard, 1985]. – Der Museumsdiener Jenö I. ist ein einfältiger, treuherziger und lernwilliger Geist, der volle Lebensbefriedigung in seiner gesicherten subalternen Stellung findet. Er ist als erdnahe Kontrastfigur zu den beiden Stubengelehrten → Atzbacher und → Reger entworfen.

Isabeau [*Die Jungfrau von Orleans.* Tragödie von Friedrich von Schiller, 1802]. – Königin I., die Mutter → Karls VII., ist eine »rasende Megäre«, ein unnatürliches Mannweib, das den eigenen Sohn preisgibt und sich mit den Engländern verbündet. Sie läßt die »Hexe von Orleans« gefangennehmen und liefert sie den Feinden aus.

Isabella [*Die Braut von Messina oder die feindlichen Brüder.* Tragödie von Friedrich von Schiller, 1803]. – I., die Fürstin von Messina, hat wie antike Vorbilder versucht, das Schicksal zu hintergehen, aber das prophezeite Verhängnis erfüllt sich. Sie rettet ihre eben geborene Tochter → Beatrice, deren Tod ihr Gemahl wegen eines Traumorakels verfügt hat, und läßt sie in einem Kloster aufwachsen. Die Täuschung führt dazu, daß ihre beiden Söhne → Cesar und → Manuel sich in die unbekannte Schwester verlieben, mühsam geheilter Bruderzwist wieder aufflammt und die Familie vernichtet wird.

Isabella [*Isabella von Ägypten, Kaiser Karl des Fünften erste Jugendliebe.* Erzählung von Achim von Arnim, 1812]. – Die schöne und tugendhafte Tochter eines unschuldig gehenkten Zigeunerherzogs gelangt mit der Hilfe eines Alrauns und der Zigeunerin Braka zu Reichtum und zu einem Wiedersehen mit dem Erzherzog Karl, dem zukünftigen Kaiser Karl V., der sie heiraten will. Doch erliegt er einem weiblichen → Golem, den er hat schaffen lassen, um den Alraun von I. abzulenken. I. wird Königin der Zigeuner und führt sie in ihre Heimat Ägypten zurück.

Isegrim [*Reinhart Fuchs.* Versepos von Heinrich dem Glîchezaere, entst. nach 1182]. – [*Reynke de vos.* Anonymes Tierepos (niederdt.), 1498]. – [*Reineke Fuchs.* Tierepos von Johann Wolfgang von Goethe, ED 1794]. – Der Wolf (beim Glîchezaere: Ysengrîn) ist die fest geprägte Fabelgestalt des räuberischen Ritters, der sich aufgrund seiner Stärke überlegen fühlt, doch den Ränken von → Reineke Fuchs nicht gewachsen ist.

Isfandiar [*Der goldene Spiegel.* Roman von Christoph Martin Wieland, 1772]. – I. wird von seinen unterdrückten Untertanen ermordet, weil er und sein machiavellistischer Ratgeber als Tyrannen herrschen.

Isidora → Ponce de Leon (C. Brentano: *Ponce de Leon*)

Isolde.
In der mittelalterlichen Tristan-Epik treten drei Frauen mit dem Namen I. auf: 1. die heil- und zauberkundige Gemahlin Gurmunds, des Königs von Irland, und Schwester des riesenhaften Recken → Morolt, 2. deren Tochter, die »blonde« I., Geliebte Tristans, und 3. die Tochter des Herzogs von Arundel, → I. Weißhand.
[*Tristrant und Isalde.* Versroman von Eilhart von Oberge, entst. um 1170/80]. – [*Tristan.* Versroman (unvollendet) von Gottfried von Straßburg, entst. um 1200–1210]. – I. (bei Eilhart: Isalde; bei Gottfried: Isolt) und Tristan sind das einander unwiderruflich verfallene Liebespaar. I., eine Frau von betörender Schönheit wie Helena, wird durch einen Zaubertrank mit übernatürlicher Gewalt an Tristan gefesselt, den sie ursprünglich als Mörder ihres Oheims → Morolt haßt und obwohl sie die Braut und später die Gemahlin König → Markes ist. Um ihrer Liebe willen greift sie zu List und Betrug, macht sogar Christus in einem verlogenen Gottesurteil zum Komplizen ihrer Liebe; sie erfährt Freude und Leid, Glück und Unglück, ist in ihrer Hingabe und Treue unbedingt und deshalb skrupellos, wenn es gilt, ihre Liebe vor der argwöhnischen Umwelt zu schützen.
[*Tristan und Isolde.* Musikdrama von Richard Wagner, 1859]. – Bei Wagner ist die Todesnähe der Liebenden verstärkt und I.s Haßliebe zu Tristan hervorgehoben: I. erkennt in Tantris (Tristan) den Mörder ihres Oheims, doch als sie ihn ihrerseits ermorden will, hält sie ein Blick des Todkranken ab. Sie will ihn dann durch Gift töten und mit ihm sterben, doch → Brangäne tauscht den Todestrank gegen den Liebeszauber aus und kettet sie dadurch unwi-

derruflich zusammen. Die letzte Begegnung ist durch das unbedingte Sterbenwollen geprägt. [*Tantris der Narr.* Drama von Ernst Hardt, 1907]. – Als → Tristan nach zehnjähriger Trennung verkleidet an Markes Hof zurückkehrt, ist die noch immer ihrer Liebe nachtrauernde I. ahnungslos. Erst als Tristan nach zwei Begegnungen für immer das Schloß verläßt, erschüttert, daß die innere Stimme nicht gesprochen hat, erkennt sie den Davonziehenden und bricht zusammen.

Isolde Weißhand [*Tristrant und Isalde.* Versroman von Eilhart von Oberge, entst. um 1170/80]. – [*Tristan.* Versroman (unvollendet) von Gottfried von Straßburg, entst. um 1200–1210]. – Der Fürst von Arundel verspricht seine Tochter I. W. dem wegen seiner Liebe zu → Isolde vom Hofe → Markes verbannten → Tristan für dessen Hilfe im Krieg. Tristans schwankende Empfindungen ihr, der Namensgleichen, gegenüber, die ihn wirklich liebt, stehen am Ende des Fragments von Gottfried von Straßburg. In Eilharts *Tristrant und Isalde* (und den Fortsetzungen von Gottfrieds Fragment durch Ulrich von Türheim und Heinrich von Freiberg) verursacht I. W. Tristans Tod. Als der Todwunde die heilkundige blonde Isolde erwartet, lügt I. W. ihm vor, das herannahende Schiff trüge ein schwarzes Segel – Zeichen, daß Isolde nicht an Bord ist. – In Wagners Musikdrama entfällt die Gestalt; sie verträgt sich nicht mit der Vorstellung, daß sich das Ich in der Liebe nur einmal absolut aufheben kann.

Israel Ben Elieser. I. (1700–1760), gen. Baal Schem (hebr.: Herr des göttlichen Namens), ist der Stifter des Chassidismus (chassid = der Fromme), einer mystischen Bewegung des Judentums in Osteuropa (Galizien). [*Die Legende des Baalschem.* Prosa von Martin Buber, 1908]. – In dem Werk sind seine Lehre und seine Parabeln zusammengestellt.

Iswall [*Die Aula.* Roman von Hermann Kant, 1965]. – In der Gestalt des Robert I. zeichnet der Autor ein Musterexemplar des neuen Menschen in der DDR. Als Arbeiterkind hat I. 1949–1952 an einer ABF (Arbeiter- und Bauernfakultät) studiert, ist also Produkt der »sozialistischen Bildungsreform«, die auch den unterprivilegierten Schichten die akademische Laufbahn öffnet.

Ither [*Parzival.* Höfisches Epos von Wolfram von Eschenbach, entst. zwischen 1200 und 1210]. – Der Rote Ritter I. wird von dem jungen → Parzival in einem Zweikampf getötet, der allen ritterlichen Gesetzen eines Waffengangs Hohn spricht; viel später erfährt Parzival, daß er einen Blutsverwandten getötet hat.

Itzig [*Soll und Haben.* Roman von Gustav Freytag, 1855]. –

Der Jude Veitel I., die tief antisemitisch eingefärbte Gegenfigur zu Anton → Wohlfahrt, dem Idealbild bürgerlicher Rechtschaffenheit und Pflichterfüllung, geht bei glänzenden intellektuellen Anlagen an seinem übergroßen Ehrgeiz und seiner Raffgier zugrunde.

Ivan → Malina (Bachmann: *Malina*)

Iver [*Der arme Vetter.* Drama von Ernst Barlach, 1918]. – Hans I., der »arme Vetter«, will aus Ekel vor der Niedrigkeit und Begrenztheit der Menschen an einem Ostersonntag in einer einsamen Heidegegend aus dem Leben scheiden. Eine bunte Gesellschaft von Ausflüglern kann seinen Selbstmordversuch vorübergehend aufhalten und den Verletzten verbinden. Als I. dann sein Ende herbeiführt, hat er bei einer Seele Verständnis für seine Verzweiflung gefunden: Frl. Isenbarn löst ihre Verlobung mit dem Geschäftsmann Siebenmark und beginnt ein neues Leben.

Ivo [*Die Ahnen.* Romanzyklus von Gustav Freytag, 1872–80]. – Der Ritter I. aus dem Geschlecht → Ingos zieht in den Kreuzzug und muß sich, verspätet heimgekehrt, seinen Hof Ingersleben in Thüringen erst wieder erstreiten. Als sich der Deutsche Orden, der ihn unterstützt hat, im Weichselland niederläßt, wird I. »Burgmann von Toron« (Thorn).

Iwein [*Iwein.* Versroman von Hartmann von Aue, entst. um 1202]. – Der Artusritter I. tötet im Kampf König Askalon und gewinnt dessen Reich und die Witwe → Laudine. Schon während der Hochzeitsfeierlichkeiten mahnt ihn Gawein (→ Gawan), die Ritterfahrten fortzusetzen. Er erhält von Laudine Urlaub für ein Jahr, vergißt jedoch über den Waffenspielen sein Gelübde zur Rückkehr und verliert dadurch seine Ehre. Der erschütterte I. muß als »Löwenritter« viele Abenteuer bestehen, ehe es zur Versöhnung kommt. Wie Hartmanns → Erec durchläuft auch I. einen mühevollen Weg zu ritterlicher Vollendung.

Jaákob → Jakob

Jacobi → Pagenstecher (Schmidt: *Zettels Traum*)

Jacobowsky [*Jakobowsky und der Oberst.* Komödie von Franz Werfel, 1944]. – Der jüdische Exilpole J., der seit seiner Kindheit durch Europa flüchtet, lädt 1940 beim Näherrücken der Deutschen auf Paris den Oberst → Stjerbinsky und dessen Burschen zur Mitfahrt in seinem Auto ein. Diese Großzügigkeit treibt ihn in Abenteuer und Gefahren, die er dank seines Erfindungsreichtums und seiner Geistesgegenwart besteht.

Jacques [*Züricher Novellen.* Erzählungen von Gottfried Keller, 1878]. – Der wohlhabende Kaufmannssohn J. hat sich vorgenommen, ein Originalgenie zu werden und in Versen und Bildern alles zu verherrlichen, was seiner Vaterstadt Zürich zu Ehren gereicht. Sein Pate treibt ihm mit Geschichten den Dünkel aus und holt ihn auf den Boden der Wirklichkeit zurück, wo er sich als Kaufmann und Förderer der Künste und Wissenschaften bewährt. J. ist der Held der Rahmenhandlung um die Geschichten → *Hadlaub*, *Der Narr von Manegg* und *Der Landvogt von Greifensee* (→ Landolt).

Jäcki [*Die Palette.* Roman von Hubert Fichte, 1968]. – J., die Hauptgestalt des Romans, ist ein Wirtshaus-Chronist in dem Hamburger Huren-, Homo- und Gammlerlokal »Palette«. Er gibt Fragmente von Vorkommnissen und Lebensläufen aus diesem Aussteigermilieu wieder und reflektiert über Zeitstrukturen und Wirklichkeitsschichten. Der Autor ist hinter seiner Erzählfigur nur anfangs verborgen.
J. tritt auch in dem Roman *Detlevs Imitationen ›Grünspan‹* (Roman, 1971) auf und ist die Zentralgestalt des unvollendeten Romankomplexes *Die Geschichte der Empfindlichkeit*, Band I: *Hotel Garni* (posthum, 1988).

Jäger → Bäcker (G. Hauptmann: *Die Weber*)

Jaffier [*Das gerettete Venedig.* Trauerspiel (nach Thomas Otway) von Hugo von Hofmannsthal, 1905]. – Das Stück lebt aus dem Kontrast zwischen willensstarken und weichlichen Partnern, vor allem der Freunde Pierre und Antonio J. Dieser ist verarmt und geächtet, seit er Belvidera Priuli gegen den Willen ihres Vaters, eines venezianischen Senators, geheiratet hat. Er läßt sich hinreißen, an einer Verschwörung seines Freundes → Pierre teilzunehmen, vermag dann der inständigen Bitte Belvideras, die Verschwörer zu verraten und um Gnade zu bitten, nichts entgegenzusetzen und führt so den Tod aller Beteiligten herbei.

Jagert → Hanna J. (Hartleben: *Hanna Jagert*)

Jakob.
J., Stammvater der Israeliten, von dem das Alte Testament (1. Buch Mose) berichtet, gewann seinem Bruder Esau das Erstgeburtsrecht ab und hatte zwölf Söhne, darunter → Joseph.
[*Jaákobs Traum.* Dramatische Dichtung von Richard Beer-Hofmann, 1918]. – Jaákob hat durch eine List seiner Mutter Rebekah (Rebekka) für ein Linsengericht anstelle seines älteren Zwillingsbruders Edom (Esau) das Erstgeburtsrecht und den väterlichen Segen erhalten. Edom erkennt nach vergeblichem Mordversuch an, daß sein Bruder von Gott erwählt ist. Im Traum sieht J. nun die Erzengel vom Himmel herabsteigen, um

ihn zu demütigen, aber auch sie müssen seinem Stolz nachgeben und bringen ihm die göttliche Botschaft, daß er Haß, Qual und Tod auf sich nehmen und den Leidensweg seines Volkes gehen soll.
[*Joseph und seine Brüder.* Roman-Tetralogie von Thomas Mann, 1933–1943]. – Jaakob erscheint als Epiphanie des Urvaters, von »majestätischer und fast übermenschlicher Größe«, wenngleich er wegen der sanften Furchtsamkeit seiner Seele »nicht immer eine würdevolle und heldische Rolle« gespielt hat. Mit dem Tod des Patriarchen endet die Geschichte.

Jakob [*Pastor Ephraim Magnus.* Drama von Hans Henny Jahnn, 1919]. – Als Kontrastfigur zu dem Gottsucher und körperfeindlichen Adepten des »Mysteriums der Qual«, seinem Halbbruder → Ephraim, durchlebt J. das »Mysterium der Lust« bis zum sadistischen Mord.

Jakob Abs [*Mutmaßungen über Jakob.* Roman von Uwe Johnson, 1959]. – J. ist die erste Gestalt, an der ernsthaft das Ost-West-Problem und das Aufeinandertreffen der beiden Ideologien auf deutschem Boden dargestellt wird. Er ist in verantwortlicher Position (als »Dispatcher«) bei der »Reichsbahn« (DDR) tätig. Da er mit → Gesine Cresspahl aufgewachsen ist, soll er sie, die im Westen für die Nato als Dolmetscherin arbeitet, für den Staatssicherheitsdienst der DDR gewinnen. Er lehnt das Ansinnen ab. Als er nach einem Besuch im Westen seinen Dienst wieder antritt, wird er auf dem Dresdner Bahngelände im Nebel überfahren. Ob es Selbstmord, Unfall oder Liquidation ist, bleibt Mutmaßung.

Jakob der Rotbart [*Der Zweikampf.* Erzählung von Heinrich von Kleist, ED 1811]. – J. gewinnt einen Zweikampf, in dem es um die Ehre → Littegardes von Auerstein geht, die er böswillig verleumdet hat. Eine höhere Gerechtigkeit zeigt sein Unrecht an: während sein Widersacher → Friedrich von Trota trotz einer scheinbar tödlichen Wunde genest, stirbt er an einer geringfügigen Handverletzung.

Jakob Heym [*Jakob der Lügner.* Roman von Jurek Becker, 1970]. – J. H., der in der Nazizeit im Getto lebt, gewinnt seinen Lebensmut dadurch, daß er sich in lauter Lügen verstrickt, Lügen, die auch den übrigen Eingeschlossenen Hoffnung machen.

Jakob Steinreuter [*Jakob der Letzte.* Roman von Peter Rosegger, 1888]. – J. S. behält seinen Hof im Altenmoos, während die anderen Dorfbewohner an einen Kapitalisten verkaufen. Sein Leben wird einsam und schwierig, und er macht ihm selbst ein Ende, nachdem er im Kampf gegen die Wildschäden versehentlich den Waldmeister erschossen hat.

Jakob von Gunten [*Jakob von Gunten.* Roman von Robert Walser, 1909]. – Der feinsinnige, künstlerisch veranlagte Junge aus gutem Haus ist Schüler des seltsamen Berliner Erziehungsinstituts → Benjamenta. Die Entwicklung des scheuen, unsicheren J. führt über zärtliche Gefühle für den Mitschüler Kraus, Träume von einem Luxusleben, Liebesabenteuer, Einblicke in die Berliner Gesellschaft, Träume von einer symbolischen Lebensweihe zu einem gestärkten Selbstbewußtsein und leichtlebiger Sicherheit.

Jan → Jennifer und Jan (Bachmann: *Der gute Gott von Manhattan*)

Janek [*Janek.* Roman von Peter Härtling, 1966]. – Johannes Biala, ein uneheliches Kind, dessen Mutter Selbstmord begangen hat, ist in Brünn zu Hause und wird tschechisch Janek gerufen. Sein ihm unbekannter Vater war »ein Jude ... ein Pole oder Zigeuner«. J., dessen sich die Babitschka und seine Tante Carola annehmen, hat Lust und Begabung zum Coupletsänger, singt »unter Benesch, auch unter Hitler« und verläßt im Viehwagen Brünn in Richtung Deutschland. Auf der Fahrt hält er Rückschau über sein Leben und befreit sich dabei von den Schatten der Vergangenheit.

Jans [*Hilligenlei.* Roman von Gustav Frenssen, 1905]. – Der invalide Matrose und Lehrerssohn Kai J. studiert Theologie, weil er ein Heiliges Land sucht, das dem einfachen Dithmarscher in einer Zeit der allgemeinen Umwertung aller Werte einen Halt gibt und eine Wiedergeburt ermöglicht. J. entwirft das Bild eines nordischen Heldenheilands, in dem sich das Gesunde, Heile und Natürliche verkörpert, und wird zum religiösen und nationalistischen Eiferer.

Jaretzki [*Die Schlafwandler.* Romantrilogie von Hermann Broch, 1931/32]. – Der armamputierte junge Leutnant J., der seine Kriegserlebnisse im Alkohol zu ertränken versucht und den Krieg für die Vereinsamung der Menschen verantwortlich macht, ist ein Symbol für die verstümmelte Menschheit jener Zeit.

Jarno [*Wilhelm Meisters Lehrjahre.* Roman von Johann Wolfgang von Goethe, 1795/96.] – Major J., eine zunächst undurchsichtige Hintergrundgestalt, ist ein Kunstkenner und macht → Wilhelm Meister mit dem Werk und dem umfassenden Weltbild Shakespeares bekannt. Der kritisch-skeptische Mann entpuppt sich später als Mitglied der Turmgesellschaft (→ Lothario). In den *Wanderjahren* (1821/29) hat er sich gemäß seinen auf das Bergbau- und Gesteinswesen konzentrierten Interessen den Namen Montan zugelegt. Er vertritt die Idee, daß die »Zeit der Einseitigkeiten« angebrochen sei, daß jedermann sich auf einen speziellen gemeinnützigen Beruf einzustellen habe (wie Wilhelm Meister als Wundarzt und er selbst als Bergbauingenieur), also der universellen Ausbildung entsagen müsse.

Jaromir [*Der Unbestechliche.* Lustspiel von Hugo von Hofmannsthal, UA 1912; ED 1956]. – Graf J. ist der für Hofmannsthal typische dekadente Adlige, dessen leichtfertige Lebensweise am Wesentlichen vorbeizuführen droht. Der Einfluß und die Intrigen seines »unbestechlichen« Dieners → Theodor, die die vorzeitige Abreise der beiden ehemaligen Geliebten J.s zur Folge haben, lassen ihn schließlich zu seiner Ehe mit Anna und seinen Pflichten als Standesherr zurückfinden.

Jaromir von Eschen [*Die Ahnfrau.* Trauerspiel von Franz Grillparzer, 1817]. – J. v. E. ist der vertauschte Grafensohn, der in einer bösen Umwelt zum Räuberhauptmann herangewachsen ist. Er errettet → Berta, die Tochter des Grafen → Borotin, von den Räubern, wird aber als deren Anführer entlarvt. Als er erfährt, daß er der als Dreijähriger entführte Sohn des Grafen ist, stirbt er in den Armen der gespenstigen Ahnfrau.

Jason.
Held der griechischen Argonautensage.
[*Das goldene Vlies.* (*Der Gastfreund; Die Argonauten; Medea.*) Trilogie von Franz Grillparzer, 1822]. – J. wird von seinem Onkel, König Pelias von Thessalien, mit den Argonauten nach Kolchis geschickt, um → Phryxus zu rächen und das goldene Vlies zurückzuerobern. Dabei hilft ihm die kolchische Prinzessin → Medea, die er nach Erfüllung seiner Aufgabe als Gemahlin mit nach Griechenland nimmt. Als sie wegen ihrer Zauberkünste und ihrer barbarischen Herkunft in Schwierigkeiten gerät, sagt er sich ohne Skrupel von ihr los. Damit löst er die Katastrophe aus.

Jau → Schluck und Jau (G. Hauptmann: *Schluck und Jau*)

Jean [*Zwei Krawatten.* Musikalische Revue von Georg Kaiser, 1930]. – J.s Schicksal ist eine moderne Version der Redensart »Kleider machen Leute«. Der Kellner J. tauscht seine berufliche schwarze Frackkrawatte gegen eine weiße, wird daraufhin für einen Ballgast gehalten und steigt unaufhaltsam in den Kreis der oberen Zehntausend auf.

Jean Paul [*Die unsichtbare Loge.* Romanfragment von Jean Paul, 1793]. – In der extensiven Erziehungsgeschichte → Gustav von Falkenbergs führt sich der Autor selbst als Hofmeister ein, der den Jungen nach einer herrnhutischen Erziehung auf sentimentalische Weise in literarisch-musische Gegenstände einweist. Als Gegengewicht folgt danach militärischer Drill durch Herrn v. → Oefel, doch auf lange Sicht sollte sich nach der Anlage des Fragments die wahrhafte Persönlichkeitsbildung durch J. P. durchsetzen.

Jedermann.
Der J., der im Augenblick des plötzlichen Todes und in Erwartung des Jüngsten Gerichts von allen Freunden und Gütern dieser Welt verlassen ist, ist eine Gestalt des spätmittelalterlichen Mysterienspiels.
[*Jedermann.* Spiel von Hugo von Hofmannsthal, 1911]. – Hofmannsthals J. ist ein glaubensloser, eher neuzeitlicher als mittelalterlicher Mensch. Als der Tod an ihn herantritt, wenden sich auch der beste Freund (der »gute Gesell«) und die Geliebte (die »Buhlschaft«) entsetzt von ihm ab. Dem »Mammon« ist der Besitzer einerlei, so daß der reiche Mann auf nichts mehr zählen kann als auf ein paar Mitleidsregungen, die »guten Werke«, und auf den Glauben, zu dem er zurückfindet.

Jenatsch → Jürg J. (Meyer: *Jürg Jenatsch*)

Jennifer und Jan [*Der gute Gott von Manhattan.* Hörspiel von Ingeborg Bachmann, UA 1958]. – Das selbstvergessene Paar verstößt in seiner Liebestrunkenheit gegen die Konvention und gegen die Herrschaft des gesunden Menschenverstandes. Es stört, wie der »gute Gott von Manhattan«, eine Personifikation »modernen« Zweckmäßigkeitsdenkens, feststellt, das Gleichgewicht der Welt. In seinem Auftrag wird ein Attentat auf das Paar ausgeübt, dem Jan entgeht, weil er in einem Rückfall in die Normalität für eine halbe Stunde allein sein wollte.

Jenny [*Dreigroschenoper.* Schauspiel von Bertolt Brecht, 1929]. – Von der Spelunken-J., einer kalten, berechnenden Hure, stammt der bekannte Ausspruch: »Erst kommt das Fressen, dann kommt die Moral.« Sie läßt sich von Frau Peachum bestechen, → Macheath bei einem Bordellbesuch der Polizei zu verraten.

Jenny Harrower → Lucie Gelmeroth (Mörike: *Lucie Gelmeroth*)

Jenny Treibel [*Frau Jenny Treibel.* Roman von Theodor Fontane, 1892]. – Die Berliner Kommerzienratsgattin J. T. ist die typische Bourgeoise. Als Tochter eines Kolonialwarenhändlers ist sie zu Wohlleben aufgestiegen und tarnt ihre materialistische Gesinnung mit der Erinnerung an eine schwärmerische Jugendliebe zu dem anspruchslosen Lehrerstudenten Willibald → Schmidt. Die Mesalliance ihres Sohnes → Leopold mit Schmidts Tochter → Corinna weiß sie jedoch zu verhindern.

Jepsen [*Deutschstunde.* Roman von Siegfried Lenz, 1968]. – Jens J., der Vater von → Siggi, ist Polizist in dem fiktiven schleswig-holsteinischen Dorf Rugbüll. Er ist der Typ des Befehlsempfängers, der stur seine Pflicht tut und in seiner Obrigkeitshörigkeit unmenschlich handelt. Er überwacht das Malverbot gegen seinen Freund Max → Nansen ohne Erbarmen, obwohl ihm dieser einmal das Leben gerettet hat.

Jeremias Gotthelf [*Der Bauernspiegel.* Roman von Jeremias Gotthelf, 1837]. – J. G., der Held des Romans, ist ein armer Waisenknabe, der als »Güterbub« auf den Höfen nur Hartherzigkeit und Selbstsucht erfährt, darüber zum Rebellen wird und nach einem abenteuerlichen Leben als Erzieher und Reformer gegen Aberglauben und Radikalismus ankämpft. Der Autor Albert Bitzius behielt den Namen des Helden als Pseudonym bei.

Jeromin [*Die Jerominkinder.* Roman von Ernst Wiechert, 1945–1947]. – In dem ärmlichen ostpreußischen Dorf am Ende der Welt, Sowirog, leben seit langem die J.s als Fischer im Dienste der Grundherren von → Balk – so noch der Großvater Michael J., eine Abrahamsgestalt. Sein Sohn Jakob J., ein Köhler, hat sieben Kinder, deren Schicksale im Mittelpunkt des Romans stehen. Unter ihnen sticht Jons Ehrenreich besonders hervor. Als begabtestem seiner Schüler ermöglicht ihm der alte Lehrer des Dorfes, Stilling, den Besuch des Gymnasiums, und Herr von Balk finanziert das Medizinstudium. Als Landarzt ist Jons im Heimatdorf segensreich tätig; er wird zum Seelentröster und zum geistigen Vater der Gemeinde, als Herr von Balk von den Nazis umgebracht wird.

Jeronimo Rugera [*Das Erdbeben in Chili.* Novelle von Heinrich von Kleist, ED 1807]. – J. und → Josephe sind Liebende, die an den gesellschaftlichen Ordnungen von Kirche und Staat zugrunde gehen. Der Hauslehrer J. R. liebt seine Schülerin Josephe und kann die Verbindung auch dann heimlich fortsetzen, als die Geliebte von ihrem Vater in ein Karmeliterkloster eingewiesen worden ist. Die Geburt eines Kindes entlarvt die Sünder und Josephe wird zum Tode verurteilt. J. will sich in der Stunde der Hinrichtung im Gefängnis erhängen, als das Erdbeben beide befreit. Er findet Josephe und das Kind und verlebt mit ihnen einige Stunden unbeschwerten Zusammenseins, weil das Erdbeben vorübergehend Vorurteile und Konventionen außer Kraft gesetzt hat. Als sie an einem Dankgottesdienst teilnehmen, werden sie von dem aufgeputschten Mob erschlagen.

Jeschute [*Parzival.* Höfisches Epos von Wolfram von Eschenbach, entst. zwischen 1200 und 1210]. – Der schlafenden Gattin des eifersüchtigen Orilus werden von dem jugendlichen → Parzival aufgrund falsch verstandener Verhaltensregeln Kuß und Ring geraubt. Dafür muß sie hart büßen und auf einem alten Gaul in Schimpf und Schande ein Jahr lang hinter ihrem Mann herreiten.

Jesse von Velderndorff [*Jesse und Maria.* Roman von Enrica von Handel-Mazzetti, 1906]. – In der Geschichte aus den Glaubenskämpfen in Österreich (1558) stehen sich der Protestant J. und die katholische Förstersfrau → Maria Schinnagel gegenüber. Als J. gegen Heiligenbilder vorgeht, denunziert Maria den Grafen, der sich in der Verhandlung vor der »Religionskommission« rechtfertigen muß. Aufgrund der Schärfe des Verhörs vergißt sich J. so weit, daß er auf den Generalkommissar, einen Abt, schießt. Das führt unwiderruflich zum Todesurteil; seinem Glauben schwört J. nicht ab. Die Namen J. und Maria weisen auf das gemeinsame alttestamentliche Erbe und auf die katholische Gottesmutter-Verehrung.

Jessie Hobbarth [*Die Unauffindbaren.* Roman von Ernst Kreuder, 1948]. – J. ist für Gilbert → Orlins der Inbegriff der irrationalen, märchenhaften Existenz jenseits der rationalgemütsfeindlichen Welt des Alltags. Sie gehört zu den »Unauffindbaren«, einem losen Bündnis von Menschen, die in einer Welt der verantwortungsfreien Phantasie und der Selbstfindung leben und daher von den braven Bürgern verfolgt werden.

Jettchen Gebert [*Jettchen Gebert.* Roman von Georg Hermann, 1906]. – Die Waise J. G. wächst zur Zeit des Biedermeier in der Familie ihres Onkels Salomon, eines nüchternen jüdischen Geschäftsmanns, in den besseren bürgerlichen Kreisen Berlins auf. Aus Dankbarkeit den Verwandten gegenüber verzichtet sie auf ihre Liebe zu dem Literaten Dr. → Kößling, einem vermögenslosen Christen, und heiratet einen jüdischen Geschäftsmann aus Posen, obwohl sie ahnt, daß sie damit in ihr Unglück rennt.

Jizchak [*Gog und Magog.* Chronik von Martin Buber, 1949]. – Der Rabbi Jaakob J. von Lublin, ein Zaddik (Führer der chassidischen Gemeinde), wird als einziger vom Volk »der Seher« genannt, weil er die Gabe der Intuition in gesteigertem Maße besitzt. Er kann an einem Besucher nicht nur sein Wesen und seine Taten, sondern auch die Herkunft und die Wanderungen seiner Seele erkennen. J. versucht mit anderen Zaddikim, die Napoleonischen Kriege durch Handlungen der »praktischen Kabbala« in den messianischen Endkampf der Gog und Magog umzuwandeln und gerät darüber in Streit mit einem

Schüler gleichen Namens, zur Unterscheidung »der Jude« genannt, der die Erlösung nur durch Umkehr des Menschen vorbereiten will.

Joachim I. [*Am Himmel wie auf Erden.* Roman von Werner Bergengruen, 1940]. – Der brandenburgische Kurfürst J. ist ein Musterbeispiel für menschliches Versagen in einer Grenzsituation. Als der Hofastrologe Carion für den St.-Heinrichs-Tag 1524 eine Flutkatastrophe voraussagt, will J. die Massenhystrie verhindern und verbietet die Flucht. In letzter Minute treibt ihn selbst die Angst auf eine Anhöhe. Am Schluß steht die Erkenntnis, daß es eine Rettung vor der Furcht nur in der Gottergebenheit gibt.

Joachim, Kurfürst von Sachsen [*Michael Kohlhaas.* Novelle von Heinrich von Kleist, ED 1810]. – Indem J. seine adeligen Freunde deckt, als sie gegen → Michael Kohlhaas Unrecht tun, erweist er sich als das Negativbild eines Landesherren, der doch in seiner Person den Gesamtwillen seines Volkes vereinigen müßte. J. verscherzt sich und seinen Nachkommen dadurch den Anspruch auf die Kurfürstenwürde.

Joachim Pausewang [*Meister Joachim Pausewang.* Roman von Erwin Guido Kolbenheyer, 1910]. – Der in sich ruhende, nachdenkliche Schuhmachermeister J. P. in Breslau schreibt die Geschichte seines Lebens für seine Nachkommen auf: das Verhältnis zu seinem ruhelosen Vater, der seine Schenke verspielt, als Prediger durchs Land zieht und schließlich als Soldat nach Paris geht; seine Gesellenzeit zusammen mit Jakob Böhme bei dem Schuster Wutke, der durch alchimistische Versuche Hab und Gut verliert. P. heiratet Wutkes Tochter Christin und bringt die Werkstatt wieder hoch.

Jobs → Hieronimus (Kortum: *Die Jobsiade*)

Jörn Uhl [*Jörn Uhl.* Roman von Gustav Frenssen, 1901]. – Der holsteinische Bauernsohn, dessen trunksüchtiger Vater und ältere Brüder den Hof völlig heruntergewirtschaftet haben, rakkert sich viele Jahre lang ab, um den Besitz vor dem Ruin zu bewahren. Dabei wird er von Schicksalsschlägen verfolgt. Als schließlich der Hof abbrennt, ist er frei, kann studieren und Landvogt werden, wie er es sich erträumt hat.

Joggeli [*Uli der Knecht. – Uli der Pächter.* Doppelroman von Jeremias Gotthelf, 1846 u. 1849]. – In J., dem Bauern »in der Glungge«, bei dem Uli als »Meister» in Dienst geht, zeichnet Gotthelf das Negativbild eines Hofbesitzers: der Herr ist mürrisch und faul, und so ist sein Gesinde. Uli schafft Ordnung, obwohl J. und die Knechte nur widerwillig auf ihn hören. Am Ende wird J. von seinen habgierigen und anspruchsvollen Kindern völlig ruiniert.

Johann [*Johann, der muntre Seifensieder.* Verserzählung von Friedrich von Hagedorn, ED 1738]. – J. ist der fröhliche Einfältige, der sich seine Lust, frühmorgens zu singen, auch nicht für Geld abkaufen läßt.

Johann [*Zu ebener Erde und erster Stock.* Posse von Johann Nestroy, 1838]. – Mit J. schuf Nestroy einen sprichwörtlich gewordenen Typus (und schrieb ihn sich selbst auf den Leib): den kühl beobachtenden, alles durchschauenden und durch Welterfahrung skeptischen Kammerdiener. Mit der Ehrlichkeit nimmt es J. nicht allzu genau. Zynismus und Überlegenheitsbewußtsein machen ihn zum Betrüger.

Johann → **Buddenbrook** (T. Mann: *Buddenbrooks*)

Johanna.
Die französische Nationalheilige, das Bauernmädchen Jeanne d'Arc, führte im Hundertjährigen Krieg zwischen Frankreich und England (1339–1453) die französischen Truppen 1429/30 siegreich an, geriet in die Hände der Engländer und wurde 1431 als Hexe verbrannt. 1920 wurde sie heiliggesprochen.
[*Die Jungfrau von Orleans.* Tragödie von Friedrich von Schiller, 1802]. – J. ist die von einer göttlichen Sendung erfüllte Einsame, die ihrer Berufung folgen muß, auch wenn sie in Widerspruch mit dem eigenen Gewissen und den eigenen Gefühlen gerät. Das fromme Bauernmädchen wird dreimal im Traum von der Himmelskönigin berufen, die Engländer aus dem Land zu vertreiben und König → Karl VII. zur Krönung nach Reims zu führen. Dafür muß sie jeder irdischen Liebe entsagen und ihre Gegner gnadenlos töten. Sie erfüllt ihre Sendung, bis sie → Lionel begegnet, den sie nicht tötet, weil sie in Liebe zu ihm entflammt. Sie gerät in Gefangenschaft, kann aber fliehen und stirbt – bei Schiller – nach erneutem Kampf und Sieg auf dem Schlachtfeld.

Johanna [*Ein Fest für Boris.* Bühnenstück von Thomas Bernhard, UA 1970]. – Die Magd J. ist die einzig Unbeschädigte im Haushalt der »Guten«, von der sie ständig erniedrigt wird, was sie fast wortlos erträgt. Sie muß eine Schweinemaske tragen und die Rolle einer Beinlosen spielen, denn die Gleichheitsgesellschaft zwingt dem Individuum ihre Verstümmelungen auf.

Johanna Dark [*Die heilige Johanna der Schlachthöfe.* Stück von Bertolt Brecht, 1932; UA 1959]. – J. D., Leutnant der Heilsarmee, setzt sich bei dem Fleischkönig → Mauler und an der Viehbörse gewaltlos für die ins Elend geratenen Arbeiter ein. Sie erringt scheinbar einen Erfolg, hat aber ungewollt Mauler bei seinen Spekulationen in die Hände gearbeitet. Dafür wird die Sterbende von den Ausbeutern lauthals als Märtyrerin gefeiert. In dem Lärm geht unter, daß sie ihren Irrtum erkannt hat und zur Gewalt aufruft.

Johanna Krain [*Erfolg*. Roman von Lion Feuchtwanger, 1930]. – J. ist neben Martin → Krüger die Hauptgestalt des Romans. Als der revolutionäre Krüger verhaftet wird, versucht sie mit allen Mitteln Beziehungen anzuknüpfen, um ihn freizukämpfen. Nach seinem Tod hält sie die Erinnerung an ihn durch eine Filmproduktion aufrecht und macht die Öffentlichkeit auf die »Politisierung der Justiz« aufmerksam.

Johanne → Immeke (Raabe: *Hastenbeck*)

Johannes [*Aquis submersus*. Novelle von Theodor Storm, 1877]. – Der Maler J. ist der unglückliche Vater, der schuld am Tod seines Kindes ist. Als er nach Jahren der Suche in einer Pfarrersfrau seine verschollene Geliebte Katharina wiederfindet, ertrinkt der gemeinsame Sohn, weil er für kurze Zeit unbeaufsichtigt ist. J. malt das Kind mit einer Wasserlilie und der Unterschrift C. P. A. S. (Culpa patris aquis submersus: Durch Schuld des Vaters im Wasser ertrunken).

Johannes [*Aus der Chronika eines fahrenden Schülers*. Fragment einer erzählenden Dichtung von Clemens Brentano, 1818]. – Der zwanzigjährige arme wandernde Student wird von dem Ritter Veltlin von Türlingen als Schreiber in sein Haus in Straßburg aufgenommen. Seinem neuen Herrn und dessen Töchtern erzählt er aus seinem Leben und liest ihnen die Geschichte seiner seligen Mutter vor, der schönen und frommen → Laurenburger Els.

Johannes → Repanse de la Schoye (Wolfram von Eschenbach: *Parzival*)

Johannes Niemand → Mergel (Droste-Hülshoff: *Die Judenbuche*)

Johannes → **Parricida** (Schiller: *Wilhelm Tell*)

John [*Die Ratten*. Tragikomödie von Gerhart Hauptmann, 1911]. – Frau J., Maurersgattin und Putzfrau, kauft das uneheliche Kind des Dienstmädchens → Pauline Piperkarcka und gibt es als eigenes aus. Sie wird zur Betrügerin, weil ihr Ehemann ihr die Kinderlosigkeit als Schuld anrechnet; als sie sich in Verbrechen verstrickt hat, wendet er sich ab, einer der Hauptmannschen selbstgerechten Männer, die den bequemen Weg der Entrüstung gehen.

John Maynard [*John Maynard*. Ballade von Theodor Fontane, ED 1886]. – J. M. ist ein Held des Alltags: ein Steuermann, der sein brennendes Schiff sicher über den Eriesee in den Hafen von Buffalo steuert, alle Passagiere rettet, aber selbstlos das eigene Leben opfert. Die Mitbürger danken ihm mit ihrer Liebe.

Joie [*Der Opfergang.* Novelle von Rudolf G. Binding, 1911]. – Die Kontrastgestalt zu → Octavia ist J., der »unmittelbar lebende Mensch«. Ihre natürliche Vitalität und Sinnlichkeit weckt → Albrechts Leidenschaft.

Jonas [*Benjamin und seine Väter.* Roman von Herbert Heckmann, 1962]. – Der kernige, einfallsreiche Rechtsanwalt Dr. Fritz Bernouilli, der sich Jonas nennt, nimmt sich liebevoll des unehelichen Sohnes seiner Angestellten Anna Weis an, setzt den – ebenfalls biblischen – Namen → Benjamin durch und wird nach dem Tod der Mutter sein Adoptivvater. Die Darstellung des schwergewichtigen Gourmet J. mit seiner eigenwilligen Weltsicht enthält Züge eines ironischen Selbstportraits.

Jons Ehrenreich → Jeromin (Wiechert: *Die Jerominkinder*)

Josaphat [*Barlaam und Josaphat.* Versroman von Rudolf von Ems, entst. um 1230]. – J. ist ein indischer Prinz, der christlichen Vorstellungen anverwandelte junge Buddha. Als Königssohn von allen Härten des Lebens ferngehalten, erblickt er dennoch einen Aussätzigen, einen Blinden, einen Greis und einen Toten und erkennt so die Wirklichkeit. Der Asket → Barlaam bekehrt ihn zum Christentum, und er zieht sich in die Einsamkeit zurück.

Josef → K. (Kafka: *Der Prozeß*)

Josefine [*Josefine, die Sängerin oder Das Volk der Mäuse.* Erzählung von Franz Kafka, ED 1924]. – J., die Sängerin vor dem Mäusevolk, tritt mit dem Anspruch auf künstlerische Anerkennung auf, ohne daß die Zuhörer ihren Gesang vom ordinären Pfeifen der Mäuse wirklich unterscheiden können oder wollen – eine Parabel von der Realitätsferne des Künstlertraumes.

Joseph.
Die alttestamentarische Geschichte vom Lieblingssohn → Jakobs, der von seinen Brüdern nach Ägypten verkauft wird und dort durch seine Klugheit zum hohen Beamten aufsteigt, wurde seit der Reformationszeit mehrfach dichterisch gestaltet.
[*Joseph und seine Brüder.* Roman-Tetralogie von Thomas Mann, 1933–1943]. – Der individualistische Spieler und sozial unverantwortliche Artist J., der Lieblingssohn Jakobs, ist in narzißtischer Verliebtheit der Ansicht, alle müßten ihn ebenso lieben wie er sich selbst. Er wird von den gar nicht feinsinnigen Brüdern »in die Grube« geworfen, von Ismaeliten nach Ägypten verkauft (→ Petepré) und fällt ein zweitesmal »in die Grube«,

d. h. kommt ins Gefängnis, weil er angeblich → Mut-em-enet nachgestellt hat. Schließlich steigt er dank seiner Traumdeutung und seiner Kenntnis wirtschaftlicher Grundfaktoren zu hohen Würden auf, stellt sich auf verantwortliche Verwaltungstätigkeit ein und wird der »Ernährer« Ägyptens und seines eigenen Stammes.

Joseph → **Kerkhoven** (Wassermann: *Joseph Kerkhovens dritte Existenz*)

Joseph der Zweite [*Wilhelm Meisters Wanderjahre oder Die Entsagenden.* Roman von Johann Wolfgang von Goethe, 1821/29]. – Der Zimmermann, gen. St. Joseph der Zweite, seine Frau Maria und sein Kind sind eine gewollte und stilisierte Wiederholung der heiligen Familie nach dem Muster von Renaissance-Gemälden. Ihre Naivität und ihre angeborene Poesie lassen sie ein beispielhaft harmonisches einfaches Leben führen.

Josepha [*Die Kreuzelschreiber.* Komödie von Ludwig Anzengruber, 1872]. – J. ist eine bäuerliche Lysistrata (Aristophanes). Die jung verheiratete Frau des Gelbhofbauern tritt auf Anstiftung des Dorfkaplans in Ehestreik, weil ihr Mann ein ketzerisches Schreiben unterzeichnet hat, das den Widerstand gegen das päpstliche Unfehlbarkeitsdogma unterstützt.

Josepha → **Schalanter** (Anzengruber: *Das vierte Gebot*)

Josephe [*Die Bettlerin vom Pont des Arts.* Novelle von Wilhelm Hauff, ED 1826]. – J. ist die verlorene und wiedergefundene Geliebte. Als das Mädchen aus guter, aber verarmter Familie auf dem Pont des Arts bettelt, hilft der junge Deutsche Franz von → Fröben der verschleierten Unbekannten. Sie begegnet ihm als Ehefrau seines Jugendfreundes nach Jahren wieder und gibt sich zu erkennen, als sie erfährt, daß er immer noch nach der geheimnisvollen Frau sucht.

Josephe [*Das Erdbeben in Chili.* Novelle von Heinrich von Kleist, ED 1807]. – Die kindlich-unschuldige J., von ihrem Vater in einem Kloster versteckt, gibt ihrem natürlichen Gefühl der Liebe zu → Jeronimo Rugera im Klostergarten nach, schenkt einem Sohn das Leben und wird dafür zum Tode verurteilt. Das Erdbeben unterbricht die Hinrichtung, sie kann den Säugling unbeschädigt retten und trifft an einer Talquelle auf Jeronimo: so ist die Familie für kurze Zeit glücklich vereint. Aus Dankbarkeit treibt es J. in die Kirche, wo sie von dem durch den Priester aufgehetzten Pöbel erschlagen wird.

Juan.
Don J. ist der Archetyp des von übermäßiger Sinnlichkeit beherrschten gewissenlosen Abenteurers, dessen Verführungskunst alle Frauen erliegen, den aber keine zu halten vermag.

[*Don Juan.* Novelle von E. T. A. Hoffmann, ED 1813]. – Don J. erscheint in der Interpretation, zu der ein reisender Theaterbesucher bei und nach einer Vorstellung von Mozarts *Don Giovanni* (1787) angeregt wird, als ein Übermensch mit dem »Feuer übersinnlicher Sinnlichkeit« und als der Sucher nach einem Ideal, das unerreichbar ist. Aus Enttäuschung wird er zum Gotteslästerer und zum bösen Dämon der Frauen. Diese Sicht Hoffmanns hatte einen bestimmenden Einfluß auf die spätere Gestaltung des Stoffes.
[*Don Juan und Faust.* Tragödie von Christian Dietrich Grabbe, 1829]. – Die beiden Titanen Don J. und → Faust sind Symbolfiguren für die zwei Seiten des europäischen Menschen. Don J. verkörpert die leichtherzige Lebensfreude und den Sensualismus der Romanen, Faust die grüblerische Maßlosigkeit und das idealistische Unendlichkeitsstreben des Nordens.
[*Don Juan.* Dramatisches Gedicht von Nikolaus Lenau, ED 1851]. – Lenaus Don J. ist ein »Zerrissener«, der die eine Frau nicht findet, die ihm Erfüllung gibt. Nach jedem Liebesabenteuer empfindet er nur Leere und Überdruß, die sich zu Weltschmerz und Daseinsekel steigern. Er stirbt nicht durch die Strafe einer höheren Macht, sondern läßt sich nach einem siegreich bestandenen Duell aus Lebensüberdruß von seinem Gegner erstechen.
[*Don Juans Ende.* Trauerspiel von Paul Heyse, ED 1883]. – Der alternde Verführer begegnet Gianetto, seinem Sohn aus einer früheren Liebesverbindung. Er will ihn für sich gewinnen, bringt ihm aber nur Unglück und Tod. Durch die reine Liebe seines Sohnes zur Contessa Ghita wird er selbst geläutert und sucht in den Lavamassen des ausbrechenden Vesuvs das Ende.
[*Don Juan kommt aus dem Krieg.* Schauspiel von Ödön von Horváth, UA 1952]. – Don J. kehrt aus dem Ersten Weltkrieg heim; er will ein neuer Mensch werden und sucht reumütig die Braut, die er verlassen hat. Doch er wird seine alte Rolle nicht los. Alle Frauen sehen in ihm den großen Verführer, so daß er zur ihrem Opfer wird. Er stirbt, verfemt und verachtet, auf dem Grabe seiner Braut.
[*Don Juan oder Die Liebe zur Geometrie.* Komödie von Max Frisch, 1953]. – Entgegen der Vorstellung vom bekannten Frauenheld ist Don J. in Frischs Parodie ein zynischer Intellektueller, der die falschen Gefühle flieht und die »männliche Geometrie« liebt. Aber die Frauen, die für ihn nur Episoden sind, jagen ihn und so muß er schließlich als Ehemann und Familienvater an der Seite Mirandas resignieren.

Juarez.
Der mexikanische Nationalheld Benito J. Garcia (1806–1872), Präsident seit 1861, wehrte sich erfolgreich gegen die französische Fremdherrschaft und gegen Kaiser Maximilian (1864–

1867) und ordnete dessen Erschießung an.
[*Juarez und Maximilian.* »Dramatische Historie« von Franz Werfel, 1924]. – J. tritt in dem Drama nicht selbst auf, ist aber im Bewußtsein seines Generals Porfirio Diaz, seiner Anhänger und auch seines Gegners → Maximilian allgegenwärtig als mythische Führergestalt.

Juckenack [*Wer weint um Juckenack?* Tragikomödie von Hans Rehfisch, 1924]. – Nach einem Herzanfall kehrt der egozentrische Jurist J. noch einmal ins Leben zurück. Um jemand zu finden, der bei seinem Tod um ihn trauert, wird er zum Menschenfreund, der sein Geld verschenkt, Tagediebe und Trinker beglückt und Menschheitserlösung predigt. Aber er scheitert, weil er selbst nicht liebt, und ist bei seinem Tod wieder allein.

Judah [*Die Makkabäer.* Trauerspiel von Otto Ludwig, ED 1854]. – Um 165 v. Chr. rüttelt der Sohn des Priesters Mattathias das von den Syrern beherrschte jüdische Volk auf. Seine Ziele sind Einigkeit, religiöse Reinheit und der Kampf gegen die Unterdrücker. Er scheitert an der Unvereinbarkeit der Ziele. An einem Sabbat verweigern ihm die Juden die Gefolgschaft, um nicht gegen das religiöse Gebot der Arbeitsruhe zu verstoßen, und lassen sich widerstandslos niedermetzeln. J. ist weitgehend die Personifizierung des Volkswillens, und das jüdische Volk ist der eigentliche Handlungsträger.

Judas [*Judas der Erzschelm, für ehrliche Leute.* Theologisches Werk von Abraham a Sancta Clara, 1686–1695]. – Das Leben des abtrünnigen Apostels J. soll der Erbauung dienen. Als Neugeborener wird er von seiner Mutter auf dem Meer ausgesetzt, von einer Königin gefunden und aufgezogen. Als Jugendlicher tötet er den Sohn seiner Wohltäterin und flieht zu Pilatus. In dessen Dienst erschlägt er bei einem Diebstahl den eigenen Vater und heiratet seine Mutter. Als er die Hintergründe erfährt, schließt er sich reumütig Jesus an, den er jedoch verrät. Er erhängt sich und fährt in die Hölle, wo er gleich neben Luzifer sitzt.

Judejahn [*Der Tod in Rom.* Roman von Wolfgang Koeppen, 1954]. – Gottlieb J., ein ewig gestriger ehemaliger SS-General, der als militärischer Berater in einem Scheichtum untergetaucht ist, kommt wegen Waffengeschäften nach Rom. Er ist noch immer der Nazi-Ideologie ergeben und hofft auf die Wiederherstellung des Faschismus. Sein Sohn Adolf, der auf einer nationalsozialistischen Ordensburg erzogen worden ist, will als Priester für die Schuld des Vaters büßen.

Judith.
Im Buch Judith des Alten Testaments ist die schöne Witwe aus der belagerten Stadt Bethu-

lia von Gott ausersehen, die Juden zu befreien. Sie dringt in das Lager der Feinde ein, erweckt die Lust des assyrischen Feldherrn → Holofernes und ermordet ihn in seinem Zelt. Der Stoff ist seit dem Anfang des 12. Jh.s vielfach bearbeitet worden.

[*Judith.* Tragödie von Friedrich Hebbel, 1841]. – J. ist, wie die Jungfrau von Orleans, eine Frau, die sich durch göttlichen Auftrag zu politischem Handeln berufen fühlt. Aber diese Berufung stellt sich als Illusion heraus. J. erliegt ihrer eigenen Sinnlichkeit und dem Bann des Mannes → Holofernes. Aus Zorn darüber, daß er in ihr keinen gleichberechtigten Menschen sieht, verwandelt sich ihr Handlungsmotiv in persönlichen Haß, und die Ermordung des Holofernes geschieht aus verworrenem, dumpfem Trieb, aus Rache für ihre entweihte Liebe. Nach der Tat wird ihr das eigensüchtige Motiv bewußt.

[*Die jüdische Witwe.* Drama von Georg Kaiser, 1911]. – Die zwölfjährige J. wird mit dem greisen Manasse vermählt. Bei seinem Tod ist sie jungfräuliche Witwe, die erst in Holofernes, dann in König Nebukadnezar den potenten Mann sucht. Doch als sie den einen tötet, um den anderen zu gewinnen, flüchtet der König entsetzt vor der liebesgierigen Witwe. Diese wird zur Priesterin gemacht und findet in einem jungen Priester den Mann, den sie ersehnt hat.

Judith [*Der grüne Heinrich.* Roman von Gottfried Keller, 1854/55; Neufassung 1879/80]. – Die ältere, erfahrene J. lockt den jungen → Heinrich Lee mit ihrer Sinnlichkeit und verführt ihn. Sie verkörpert für ihn die Wirklichkeit des Lebens, während → Anna ein romantisch verschwebender Traum ist. In der ersten Fassung wandert J. nach Amerika aus; in der zweiten Fassung kehrt sie zurück und lebt in entsagender Freundschaft mit dem nunmehrigen Stadtschreiber H. Lee.

Judith [*Der kurze Brief zum langen Abschied.* Roman von Peter Handke, 1972]. – J., die Ehefrau des Ich-Erzählers, verfolgt ihren Mann durch die Vereinigten Staaten, wohin er gereist ist, um Abstand von seiner Ehe zu gewinnen und ein neuer Mensch zu werden. Sie bedroht ihn immer wieder auf den verschiedenen Etappen seiner Reise, lernt aber trotzdem langsam die Vergangenheit zu bewältigen. Als das Paar schließlich in Kalifornien zusammentrifft und gemeinsam den alten Regisseur John Ford besucht, sind beide bereit, sich in Frieden endgültig zu trennen.

Judith Levin [*Sansibar oder der letzte Grund.* Roman von Alfred Andersch, 1957]. – Dem jüdischen Mädchen J. gelingt 1937 die Flucht nach Schweden dank der Hilfe der Kommunisten → Gregor und → Knudsen. Ihre Mutter hat ihr den Weg ins Ausland freigemacht, indem sie Selbstmord beging.

Judith Platter → Rochus (R. Voss: *Zwei Menschen*)

Jürg Jenatsch. Graubündener Politiker im Dreißigjährigen Krieg, der 1639 ermordet wurde.
[*Jürg Jenatsch.* Roman von Conrad Ferdinand Meyer, 1876]. – Der wilde Kraftmensch J. J. wird getrieben von Vaterlandsliebe und Machtwillen, aber er kann Macht und Recht, Politik und Moral nicht vereinbaren und scheitert an seiner Hybris. Als junger protestantischer Pfarrer kämpft er für seinen Glauben, dann für die Unabhängigkeit seines Vaterlandes gegen die Spanier und Österreicher. Zum Schluß verrät er seine französischen Bundesgenossen und wechselt seinen Glauben, um einen Unabhängigkeitsvertrag zu erzwingen. So rettet er seine Heimat auf Kosten seiner Ehre.

Julchen Blasius [*Schinderhannes.* Schauspiel von Carl Zuckmayer, 1927]. – Die Bänkelsängerin J. ist die Geliebte des Schinderhannes Johann → Bückler. Sie sucht ihn vergeblich von allzu tollkühnen Unternehmungen abzuhalten, wird verprügelt und verstoßen, kehrt aber immer wieder zu ihm zurück.

Julia Benzon [*Lebensansichten des Katers Murr.* Roman (Fragment) von E. T. A. Hoffmann, 1820–1822]. – J. ist → Kreislers »Künstlerliebe«, d. h. das Objekt einer unausgesprochenen Liebe, die aus einer Seelengemeinschaft besteht und deren Kind das Kunstwerk ist. Die kindliche, unschuldige Tochter der Rätin Benzon hat eine engelhafte Stimme, wird Kreislers Schülerin und übt eine beruhigende Wirkung auf den exaltierten Künstler aus, den sie innig verehrt und der sie vor den Nachstellungen → Hektors beschützt. Sie wird das Opfer der Heiratspläne ihrer intriganten Mutter, die sie an den schwachsinnigen Prinzen Ignaz verkuppelt. J. spiegelt die Bamberger Erlebnisse des Autors mit Julia Marc.

Julian → Philipp (Zschokke: *Das Abenteuer der Neujahrsnacht*)

Julian [*Der Turm.* Trauerspiel von Hugo von Hofmannsthal, ED 1925]. – Der Gouverneur des Turmes, in dem → Sigismund gefangen ist, ist ein Geistesmensch in Hofmannsthals Sinn. Um die Kräfte der rohen Gewalt und der Tyrannei wirksam zu bekämpfen, läßt er sich jedoch auf ein politisches Lavieren zwischen dem Adel, dem Volk und den Aufständischen ein, was ihn zugrunde richtet.

Julian Bouffler [*Das Leiden eines Knaben.* Novelle von Conrad Ferdinand Meyer, 1883]. – Der mutterlose J. wird von seinem Vater, dem Marschall Bouffler, in ein Jesuiteninternat gesteckt. Dort wird der Knabe, der schön von Gestalt und Charakter, aber schwach an Verstand ist, von seiner Umgebung, besonders von dem Pater → Le Tellier, zu Tode gequält, weil der Marschall den Jesuiten verhaßt ist.

Juliane → Adrast (Lessing: *Der Freigeist*)

Juliane → Chrysander (Lessing: *Der junge Gelehrte*)

Julie [*Dantons Tod*. Drama von Georg Büchner, 1835; UA 1902]. – J. ist → Dantons zweiter Frau, Louise Gély, nachgebildet. Sie steht mit hilfloser Liebe vor der titanischen Größe und dem Nihilismus ihres Mannes und geht ihm mit selbstverständlicher Treue im Tode voraus. Als Zeichen dafür schickt sie ihm eine abgeschnittene Locke ins Gefängnis.

Julika [*Stiller*. Roman von Max Frisch, 1954]. – Stillers Versuch, seine Identität zu wechseln, ist mitverursacht durch das gestörte Verhältnis zu seiner Ehefrau J. Diese, eine zarte, spröde und frigide ehemalige Tänzerin, stürzt ihn in existenzielle Zweifel, weil er als Mann versagt und weil sie vor seinen verzweifelten Ausbrüchen in die Krankheit flieht. Als Stiller in sein abgestreiftes Leben zurückgezwungen wird, versuchen die beiden einen neuen Anfang, versinken aber wieder in die alte Verstörung.

Julius [*Die Insel Felsenburg*. Roman von Johann Gottfried Schnabel, 1731–1743]. – Der »Altvater« Albertus J. gründet als Schiffbrüchiger auf einer paradiesischen Insel »südöstlich von St. Helena« einen patriarchischen Musterstaat nach Art der Utopien der Frühaufklärung, vor allem nach der in Defoes *Robinson Crusoe*. J., seine Gefährtin → Concordia Plürs, ihre 300 Nachkommen und neu hinzugekommene Schiffbrüchige und Zivilisationsflüchtlinge haben Religionsdifferenzen, Besitzhierarchie und Standesunterschiede hinter sich gelassen. J.s »Bruders-Sohnes-Sohnes-Sohn« Eberhard J. besucht mit Freunden 1725 die glückliche Insel, im hundertsten Lebensjahr des »Altvaters«, und zeichnet auf, was dieser und eine Reihe von später Dazugekommenen aus ihrem Leben erzählen

Julius → Constantin (Leisewitz: *Julius von Tarent*)

Julius [*Lucinde*. Roman von Friedrich Schlegel, 1799]. – Der Maler J. bildet sich in Männerfreundschaften und Liebesabenteuern zu einem ästhetischen Lebenszustand heran. Seine Erfahrungen haben ihn gelehrt, daß es echte Liebe nicht gibt. Da begegnet er → Lucinde. In der Verbindung mit ihr werden Leben, Liebe und Poesie eins, und zwar nach der Vorstellung von der androgynen Urbefindlichkeit des Menschen, die sich nur in wahrer erotischer Partnerschaft verwirklicht.

Jupiter [*Amphitryon*. Lustspiel von Heinrich von Kleist, 1807].

– [*Zweimal Amphitryon.* Drama von Georg Kaiser, ED 1948]. – [*Amphitryon.* Komödie von Peter Hacks, 1968]. – In der griechischen Sage nähert sich Zeus in Gestalt des Feldherrn → Amphitryon dessen Gattin → Alkmene und verbringt mit ihr eine Liebesnacht, deren Frucht Herakles ist. In den Amphitryon-Dramen, die auf eine Quelle des römischen Komödiendichters Plautus zurückgehen, taucht der antike Göttervater unter seinem römischen Namen Jupiter auf.

Just [*Minna von Barnhelm oder das Soldatenglück.* Lustspiel von Gotthold Ephraim Lessing, 1767]. – J. ist ein grundehrlicher, treuherziger Grobian und als Bursche → Tellheims seinem Herrn absolut ergeben. Er sticht in dieser Hinsicht deutlich von dem Pikarotyp des eigensüchtigen und betrügerischen Dieners in der zeitgenössischen Komödie ab. Lessing hat ihn dem vom Ehrgefühl besessenen Herrn als gesunde, einfache Seele entgegengesetzt.

Jutta [*Spiel von Frau Jutten.* Versdrama von Dietrich Schernberg, entst. 1480]. – J. studiert wie die Päpstin → Johanna als Mann verkleidet mit ihrem Buhlen in Paris und wird Kardinal und Papst. Verführt zu dieser Rolle haben sie Lucifer und seine Teufel, mit denen sie aus Eitelkeit und Hochmut einen Pakt schließt, der sie klug und weise macht. Nachdem der Teufel verraten hat, daß sie eine schwangere Frau ist, demütigt sie sich, gebiert öffentlich ihr Kind und stirbt. Sie wird von Mutter Maria gerettet.

Juvan [*Bocksgesang.* Tragödie von Franz Werfel, 1921]. – J. löst den Einbruch archaischer Naturgewalten in eine geordnete Gesellschaft aus. Der unheimliche Student fällt um 1790 mit einer Rotte von Landsuchern und Ekstatikern in ein Dorf im Banat ein. Er bringt den Bocksmenschen, eine Mißgeburt der Bauersleute Milič, in seine Gewalt und veranstaltet in der Kirche eine Art Teufelsmesse für den Gott Pan und die Sexualität als vernunftlose Urkraft, bei der die jungfräuliche Bauerntochter Stanja dem Untier als Braut geopfert wird.

K. [*Der Prozeß.* Roman (Fragment) von Franz Kafka, 1925 (posthum)]. – An seinem 30. Geburtstag wird Josef K., Bankprokurist und Junggeselle, »verhaftet«. Er fühlt sich schuldlos, versucht vergeblich, sein Vergehen zu ermitteln und zum Gericht vorzudringen. Seine anfängliche Selbstsicherheit gerät ins Wanken, er steht zunehmend unter einem Rechtfertigungszwang, sein Verstand trübt sich unerklärlich, und in entscheidenden Phasen, wenn er schon meint, den Prozeß zu durchschauen, läßt er sich zu erotischen Eskapaden hinreißen, die ihn sein Ziel aus den

Augen verlieren lassen. Am Vorabend seines 31. Geburtstags wird Josef K. hingerichtet. [*Der neue Prozeß*. Stück von Peter Weiss, 1984]. – Weiss hat Kafkas *Prozeß* dramatisiert; in einer auf unsere Zeit zugeschnittenen Fassung ist Josef K. ein Konzernangestellter, der sich in den Slums sozial engagiert und gegen Rüstungsgeschäfte agitiert. Dem Vorstand dient er als willkommenes, eingeplantes Aushängeschild und Alibi; daher steigt Josef K. stetig in der Hierarchie auf. Als er das System durchschaut, will er fliehen und wird liquidiert.
[*Das Schloß*. Roman (Fragment) von Franz Kafka, 1926 (posthum)]. – Im Gegensatz zu Josef → K. im *Prozeß*, der unvorbereitet »verhaftet« wird, scheint K. im *Schloß* durchaus die Absicht zu haben, sich mit der Beamtenhierarchie zu messen. Im Scheitern der Versuche, zu den maßgebenden Instanzen vorzudringen, sind sie sich jedoch ähnlich. K. glaubt sich als Landvermesser vom Grafen berufen und kommt spätabends in dem verschneiten Dorf an. Er macht die alptraumhaften Erfahrungen des vergeblichen mühevollen Voranschreitens, plötzlicher Willenlosigkeit und der unmotivierten Abschweifung kurz vor dem Ziel. Er kommt nicht an die Schloßhierarchie heran und wird subalternen Menschen, wie dem Gemeindevorsteher, zunehmend hörig, so daß sich sein ursprünglicher Durchsetzungswille in hilfloses Dahindämmern verwandelt.

K. → Keuner (Brecht: *Geschichten vom Herrn Keuner*).

Kadidja → Buridan (Wedekind: *Die Zensur*)

Käthchen von Heilbronn [*Das Käthchen von Heilbronn oder die Feuerprobe*. Historisches Schauspiel von Heinrich von Kleist, 1810]. – Das fünfzehnjährige K. ist ein Bild der Reinheit und Unschuld. Aus innerem Zwang folgt sie → Wetter vom Strahl. Diese rätselhafte Tatsache ist das Symbol für den dunklen, geheimnisvollen Bezug zwischen zwei Menschen, die sympathetische Beziehung füreinander bestimmter Seelen. Am Ende siegen K.s Demut und bedingungslose Gefolgschaft über das Standesdenken des Grafen und die Intrigen der Nebenbuhlerin → Kunigunde von Thurneck. Kleist bezeichnete K. als Gegenpol zu → Penthesilea, »ebenso mächtig durch gänzliche Hingebung, als jene durch Handeln«.

Käthe Lenk [*Winterspelt*. Roman von Alfred Andersch, 1974]. – Nach dem gewaltsamen Tod ihrer Eltern hat sich K. in die Abgeschiedenheit des Eifeldorfes Winterspelt zurückgezogen. Sie ist die Geliebte des Majors → Dincklage, beteiligt sich an dessen subversiven Plänen und hat das Ziel, aus Nazideutschland zu fliehen.

Kakabsa [*Die Dämonen*. Roman von Heimito von Doderer,

1956]. – Dem Arbeiter Leonhard K., einer Lieblingsfigur Doderers, gelingt es, sich durch Bildung aus seinen beengenden Verhältnissen zu befreien, innere Selbständigkeit zu gewinnen und sich unter mehreren Möglichkeiten für die behinderte → Mary K. als seine Frau zu entscheiden.

Kalb [*Kabale und Liebe.* Bürgerliches Trauerspiel von Friedrich von Schiller, 1784]. – Der Hofmarschall von K., ein alberner Allerweltsmann und affektierter Höfling, läßt sich aus Eitelkeit und Dummheit vom Präsidenten von → Walter für dessen Intrige gegen → Luise Millerin mißbrauchen.

Kalekua → François (Edschmid: *Der Gott*)

Kalle → Ziffel (Brecht: *Flüchtlingsgespräche*)

Kamala [*Siddhartha.* Roman von Hermann Hesse, 1922]. – Die schöne und kluge Kurtisane K. weist den Asketen → Siddhartha in das weltliche Leben ein; sie lehrt ihn in Luxus zu leben und die Freuden der Liebe zu genießen. Nach seinem Verschwinden zieht sie sich aus ihrem Leben als Kurtisane zurück und wird eine Wohltäterin der frommen Pilger. Eines Tages macht sie sich mit ihrem Sohn, den sie beim letzten Beisammensein von Siddhartha empfangen hat, auf die Pilgerschaft zu dem sterbenden Gotama Buddha. Sie wird von einer Schlange gebissen und stirbt im Anblick des ehemaligen Geliebten, der seinen Frieden gefunden hat.

Kamaswami [*Siddhartha.* Roman von Hermann Hesse, 1922]. – Der reiche Kaufmann K. betreibt seine Geschäfte mit Sorgfalt und Leidenschaft. Er nimmt → Siddhartha in sein Haus auf und läßt ihn an seinem Handel teilhaben, denn er erkennt, daß dieser zwar nie ein richtiger Kaufmann werden wird, aber Gleichmut und eine glückliche Hand hat.

Kambyses → Nitetes (Ebers: *Eine ägyptische Königstochter*)

Kammacher [*Atlantis.* Roman von Gerhart Hauptmann, 1912]. – Der zweiunddreißigjährige Arzt erlebt die zersetzende und heilende Kraft der Liebe. Sein Verhältnis zu der koketten, oberflächlichen sechzehnjährigen Tänzerin Ingigerd ist wie eine »gefährliche Krankheit«, die ihn zu zerstören droht. Die Liebe zu der Bildhauerin Eva Burns hilft ihm nach einem physischen und psychischen Zusammenbruch.

Kandaules [*Gyges und sein Ring.* Tragödie von Friedrich Hebbel, 1856]. – Der Lyderkönig K. rührt an den »Schlaf der Welt« und verletzt das Gebot der Liebesreinheit, als er seinem Freund → Gyges im Besitzerstolz und in verletzender Ehrfurchtslosigkeit gegenüber der Würde seiner Frau und der Sitte heimlich seine unverschleierte Gemahlin → Rhodope zeigt. Er erkennt seine Verfehlung und büßt dafür mit dem Tod im Zweikampf.

Kandel [*Der Kutscher und der Wappenmaler.* Roman von Hermann Lenz, 1972]. – August K. hat einen »in die Vergangenheit gerichteten Blick« und sieht die Welt aufgespalten in ein gesundes Früher und ein gekünsteltes Jetzt. Für das Damals ist der Wappenmaler mit seiner freien Existenz und seinem individuellen, unzeitgemäßen Beruf symbolhaft.

Kantorek [*Im Westen nichts Neues.* Roman von Erich Maria Remarque, 1929]. – Der Klassenlehrer K. veranlaßt seine Schüler durch seine scharfmacherischen Phrasen und durch psychischen Druck, »freiwillig« an die Front zu gehen.

Kapuziner [*Wallenstein.* Dramatisches Gedicht (Trilogie) von Friedrich von Schiller, 1800]. – Im Vorspiel *Wallensteins Lager* predigt der K. im Stile Abrahams a Sancta Clara gegen die Sittenlosigkeit der Soldateska und gegen → Wallenstein als den Urheber des moralischen und religiösen Nihilismus im Heer.

Kara ben Nemsi [*Durch die Wüste.* Sechsteiliger Romanzyklus von Karl May, 1892]. – »Karl, Sohn der Deutschen«, der Ich-Erzähler, ist der Superman der Jahrhundertwende: klug, tapfer, edelmütig und sich seiner Überlegenheit als Europäer und Deutscher aufdringlich bewußt. Er bereist mit → Hadschi Halef Omar und Lord David → Lindsay den nahen Orient und rettet die Guten, straft die Bösen. Seine Feinde unterschätzen ihn und legen seine christliche Langmut als Schwäche aus; um so glanzvoller sind seine Siege, und er kann seine Unfehlbarkeit stets neu beweisen, weil ihn seine Begleiter immer wieder tolpatschig in Gefahr bringen.

Kardeiz → Condwiramurs (Wolfram von Eschenbach: *Parzival*)

Kari → **Bühl** (Hofmannsthal: *Der Schwierige*)

Karin [*Unvollendete Geschichte.* Erzählung von Volker Braun, ED 1975]. – K. gerät in den Konflikt zwischen Liebe und der Vaterwelt. Die Tochter eines hohen SED-Funktionärs liebt Frank, einen wegen Rowdytums vorbestraften und vom Stasi überwachten jungen Mann. Der Funktionär sieht sich politisch kompromittiert und setzt seine Machtmittel ein, um die vermeintlichen Staatsinteressen vor dem unschuldigen Liebespaar zu schützen. K. gibt zunächst nach, kehrt aber zu Frank zurück.

Karin Bratt [*Kolportage.* Komödie von Georg Kaiser, 1924]. – Die reiche Kaufmannstochter K. B. hat, nachdem sie von dem verarmten Grafen Stjernenbö geschieden worden ist, ihren kleinen Sohn Eric gegen ein Proletarierkind ausgetauscht, das dann auch prompt von der gräflichen Familie entführt wird, denn der Junge soll als Volljähriger das Brattsche Vermögen erben. Der echte Eric wird in Amerika aufgezogen und erscheint erst wieder an seinem 21. Geburtstag, um den falschen Eric zu entlarven.

Karin S. [*Das dritte Buch über Achim.* Roman von Uwe Johnson, 1961]. – Die Schauspielerin K. S. lädt ihren ehemaligen Freund → Karsch nach Leipzig ein. Sie lebt mit dem Radrennfahrer → Achim T. zusammen, entfremdet sich aber von ihm, weil sie sich im Gegensatz zu ihm ein politisch selbständiges Denken bewahrt; doch auch mit Karsch, dem Westler, kann sie sich nicht verstehen.

Karl [*Der Herr Karl.* Satirischer Monolog von Carl Merz und Helmut Qualtinger, 1962]. – K. ist der Typus des schmierigen, gemütsrohen und opportunistischen Spießers, der sich politisch und privat ohne moralische Skrupel und ohne Schuldbewußtsein »arrangiert«.

Karl [*Karl und Anna.* Erzählung von Leonhard Frank, 1927]. – Der unverheiratete K. hat in der russischen Gefangenschaft von seinem Kameraden Richard so viel über dessen Frau Anna gehört, daß er sich in sie verliebt hat und sich als ihr Mann ausgeben kann, als er vor Richard entlassen wird. Bei Richards Heimkehr ist die Liebe zwischen Anna und Karl so groß, daß sie beisammen bleiben wollen.

Karl [*Nun singen sie wieder.* Drama von Max Frisch, 1946]. – K. kann den Gesang der 21 Geiseln nicht mehr vergessen, die er auf Befehl erschießen mußte. Er desertiert und nimmt sich das Leben, als auch sein Vater keine Antwort auf seine Frage nach der Verantwortung weiß.

Karl V. → Isabella (Armin: *Isabella von Ägypten)*

Karl VII.
Karl VII. (1403–1461) war durch Intrigen der Mutter Isabeau zugunsten des englischen Königs Heinrich V. enterbt worden. Er begann mit Jeanne d'Arc die Rückeroberung Frankreichs.
[*Die Jungfrau von Orleans.* Tragödie von Friedrich von Schiller, 1802]. – Der König von Frankreich ist ein unkämpferischer, musischer Träumer. Vor dem unaufhaltsamen Vordringen der Engländer mutlos geworden, wird er vom Heer, dem Parlament und der eigenen Mutter, Königin → Isabeau, im Stich gelassen. In dieser Situation greift → Johanna ein, besiegt die Engländer, gewinnt die Abtrünnigen zurück und führt den König zur Krönung nach Reims.

Karl der Große.
Karl I., von 768–814 König der Franken, wurde 800 von Papst Leo III. zum Kaiser gekrönt und 1165 heiliggesprochen. Sein Kampf gegen das arabische Spanien führte zur Errichtung der Spanischen Mark (→ Roland).
[*Kaiserchronik.* Anonyme Verschronik, entst. um 1150]. – K. ist ein Gotteskrieger, voll christlicher Demut, dem es gelungen ist, sein Seelenheil mit der weltlichen Ehre harmonisch zu verbinden. Der Autor macht ihn zu einem leiblichen Bruder Papst Leos und symbolisiert damit den Gedanken vom christlichen Reich, in dem Kaiser und Papst zusammen regieren.
[*Rolandslied.* Epos von dem Pfaffen Konrad, entst. um 1172]. – Der greise Kaiser ist auch hier mehr geistlicher Herrscher, dessen alttestamentarische Gottesnähe durch Visionen und Träume unterstrichen wird und dessen Sündenbewußtsein seine fromme Demut vertieft. Dieses Bild führte zur Heiligsprechung K.s.

Karl Heinrich [*Alt-Heidelberg.* Schauspiel von Wilhelm Meyer-Förster, 1903]. – K. H. ist der einsame, unverstandene Prinz, dem nur eine kurze Zeit des Glücks beschieden ist. Der Erbprinz entflieht dem kalten Schloß und der steifen Hofetikette und erlebt als Student in Heidelberg die »alte Burschenherrlichkeit« und die Liebe der schlichten Gastwirtsnichte Käthi. Schon bald wird er zurückgeholt, zu einer Vernunftehe gezwungen und zum regierenden Fürsten berufen.

Karl Moor [*Die Räuber.* Schauspiel von Friedrich von Schiller, 1781]. – K. M. ist der Typ des genialischen, freiheitsliebenden, seine Leidenschaften auslebenden Kraftmenschen des Sturm und Drang. Gleichzeitig vertritt er den Typ des »edlen Räubers« und Rebellen, der den Unterdrückten hilft und die Tyrannen richtet – eine Robin-Hood-Figur. Der Erstgeborene, durch schöne Gestalt, wachen Geist und edlen Charakter ausgezeichnet, ist der Lieblingssohn des alten Grafen → Moor. Als er nach wilden Studentenjahren reuevoll ins Vaterhaus zurückkommen will, wird er infolge einer Intrige seines Bruders → Franz abgewiesen und schließt sich unbesonnen mit Zechkumpanen zu einer Räuberbande zusammen, deren Hauptmann er wird. Als er sein Handwerk aufgeben will, ist er durch einen Eid unwiderruflich gebunden.

Karlanner [*Die Rassen.* Schauspiel von Ferdinand Bruckner, 1933]. – K. ist der vom Nationalsozialismus verführte Idealist, der an ein deutsches Großreich glaubt. Der Medizinstudent löst seine Verlobung mit der Jüdin → Helene, nachdem er sich den Nationalsozialisten angeschlossen und ihre Ideen übernommen hat. Aber er erlebt eine innere Wandlung, rettet seine ehemalige Freundin und wird von seinen Parteigenossen liquidiert.

Karlos: Schillers ursprüngliche Schreibung von Don → Carlos.

Karola [*Dumala.* Roman von Eduard Graf von Keyserling, 1908]. – K. ist eine schöne, vitale Frau, die alle Männer anzieht. Aber auch sie ist von der Dekadenz der Zeit angekränkelt und kehrt von einem Abenteuer resigniert auf das Gut Dumala zurück.

Karoline [*Kasimir und Karoline.* Volksstück von Ödön von Horváth, UA 1932]. – Das lebenslustige Mädchen K. wendet sich auf dem Münchener Oktoberfest von dem geliebten → Kasimir ab und anderen Männern zu, weil sie in dem Verhältnis mit einem depressiven Arbeitslosen keine Zukunft sieht.

Karsch [*Das dritte Buch über Achim.* Roman von Uwe Johnson, 1961]. – Der Hamburger Journalist K. soll eine affirmative Biographie des ostdeutschen Radrennfahrers → Achim T. schreiben, bringt sie aber nicht zustande, weil die Realitäten den Erwartungen seiner Auftraggeber nicht standhalten. [*Jahrestage.* Roman von Uwe Johnson, 1970–1983]. – Im ersten Band schreibt K. ein Buch über die Mafia, wird zur Einschüchterung entführt und von → Gesine Cresspahl freigekauft.

Karsta Lackner [*Der Kanal.* Roman von Manfred Bieler, 1978]. – K. entwickelt einen grandiosen Plan, sich an ihrem Ehemann dafür zu rächen, daß er sie betrügt. Sie fingiert einen Großauftrag für seine Porzellanmanufaktur, die Reproduktion des Nymphenburger Kanals als Tafelaufsatz, und gedenkt das vollendete Werk vor den Augen ihres Mannes in Stücke zu schlagen.

Karsthans [*Karsthans.* Anonyme Flugschrift, ED 1521]. – K. war ursprünglich ein Spottname für die Bauern, die sich mühsam mit dem Karst, einer Spitzhacke, ihr Brot erwarben. Mit dem gegen Thomas Murner gerichteten Pamphlet wurde es vorübergehend eine ehrende Bezeichnung für die Anhänger Luthers in den unteren Schichten, denn der einfältige Bauer K. verteidigt in Dialogen seinem theologisch ge- und verbildeten Sohn gegenüber die Position des bibelfesten »burenglaubens«.

Kasda [*Spiel im Morgengrauen.* Erzählung von Arthur Schnitzler, 1927]. – Der Leutnant Wilhelm K. ist einem Kameraden gegenüber gedankenlos hilfsbereit, wie es dem Ehrenkodex des k.u.k. Offiziers angemessen ist. Er verspricht ihm Geld, versucht es im Spiel zu gewinnen, verliert aber das Zehnfache. Zufälle führen dazu, daß er dem Kameraden helfen kann, selbst aber wegen der Spielschulden Selbstmord begeht. K. bietet ein für Schnitzler typisches Charakterbild des haltlos-läppischen, aber blind kameradschaftlichen Offiziers der Spätzeit des Kaiserreichs, der wie dieses haltlos in den Abgrund sinkt.

Kasimir [*Kasimir und Karoline.* Volksstück von Ödön von Horváth, UA 1932]. – Der Lastwagenfahrer K. besucht mit seiner Braut → Karoline das Münchner Oktoberfest. Er ist arbeitslos geworden, und die Lebhaftigkeit und Fröhlichkeit Karolines macht ihn elend und mißtrauisch. Sie leben sich an diesem Abend auseinander.

Kaspar [*Kaspar.* Theaterstück von Peter Handke, 1968]. – Am Beispiel K.s demonstriert Handke, wie sich der Mensch durch Sprache an ein Schema der Wahrnehmung seiner selbst und der Umwelt anpaßt und seine Individualität verliert.

Kaspar Hauser.
K. H., ein Findelkind, tauchte 1828 als zerlumpter 16jähriger in Nürnberg auf, völlig weltfremd und sprachungewohnt, da er ohne menschlichen Kontakt in einem Verlies eingesperrt gewesen war. Seine Abstammung blieb ungeklärt, doch Gerüchte kamen auf, er sei der legitime Erbprinz von Baden. 1833 wurde er im Ansbacher Hofgarten erstochen.
[*Caspar Hauser oder Die Trägheit des Herzens.* Roman von Jakob Wassermann, 1908]. – Wassermann schildert den Leidensweg des unbekannten Jungen, der in einer egoistischen, lieblosen, selbstgerechten Bürgerwelt heimatlos bleibt.

Kasper Pött [*Kasper-Ohm un ick.* Erzählungen von John Brinckman, 1855]. – Der derbe Rostocker Kapitän K. P. ist der typisch niederdeutsche Seebär. Seine in aller Welt gewonnene Lebenserfahrung und sein übersteigertes Selbstbewußtsein geraten in Konflikt mit der kleinbürgerlichen Enge der Heimat.

Kasperl [*Geschichte vom braven Kasperl und dem schönen Annerl.* Novelle von Clemens Brentano, 1817]. – Der Ulan K., dessen Leben von einem überstarken Ehrgefühl bestimmt wird, zeigt seinen eigenen Vater und seinen Stiefbruder an, als sie ihm Pferd und Felleisen rauben; er erschießt sich am Grab seiner Mutter, weil er nicht als Sohn eines Diebes leben will.

Kasperl Larifari [*Lustiges Komödienbüchlein.* Puppenspieltexte von Franz Graf von Pocci, 1859–1877]. – Die Hauptfigur der kleinen Komödien für Kinder ist der K. L., der den Volkshumor und das naive Volksempfinden verkörpert. Er ist zwar grob, unhöflich und prügelt gern, hat aber Bauernschläue und Mutterwitz und ist im Grunde fromm und konservativ, trotz aller satirischer Anspielungen auf politische und gesellschaftliche Mißstände.

Kassandra.
In der griechischen Mythologie ist K. die Tochter des trojanischen Königs Priamus, die Seherin unter den Geblendeten, von denen ihre Vorhersagen nicht ernstgenommen werden. Sie ist Agamemnons trojanische Kriegsbeute und wird in seinem Haus ermordet.
[*Kassandra*. Erzählung von Christa Wolf, 1983]. – Das Schicksal der Seherin weitet sich aus zu einer Gesamtschau der Frauenschicksale in einer kriegerischen Männergesellschaft.

Kassierer [*Von morgens bis mitternachts*. Theaterstück von Georg Kaiser, 1916]. – Der in der typisierenden Manier des Expressionismus nur mit seiner Funktion bezeichnete K. versieht mechanisch seinen Beruf. Er ist sich seiner selbst und der ihm innewohnenden Gier nach dem »echten Leben« nicht bewußt, bis er eines Tages der Faszinationskraft einer fremden, eleganten Dame erliegt, mit ihr fliehen will und zu diesem Zweck 60 000 Mark unterschlägt. Sie lehnt das Ansinnen ab. In einem aktionistischen Rausch verpraßt und verschleudert er das Geld, zunehmend desillusioniert und von der Welt angeekelt, und erschießt sich um Mitternacht.

Katczinsky [*Im Westen nichts Neues*. Roman von Erich Maria Remarque, 1929]. – K. ist das erfahrene und gewiefte »Frontschwein« und der ewige Gefreite, der die jungen Rekruten väterlich berät und beschützt.

Katharina Blum [*Die verlorene Ehre der Katharina Blum*. Erzählung von Heinrich Böll, 1974]. – K. B. ist von Böll als Exempel dafür entworfen, daß Staatsgewalt Gegengewalt erzeugt und zu Mord und Totschlag führt. Die kritische und menschenscheue Haushälterin verliebt sich auf einem Familienfest in den jungen Ludwig → Götten, der in den Verdacht gerät, ein Terrorist zu sein. K. B. wird vom Verfassungsschutz verhört, von der Presse verleumdet und gejagt, in ihrer Existenz vernichtet. In Verzweiflung erschießt sie den zudringlichen Journalisten → Tötges.

Katharina Knie [*Katharina Knie*. Ein Seiltänzerstück von Carl Zuckmayer, 1929]. – Die Tochter des Zirkusbesitzers Knie stiehlt bei dem reichen Bauern Rothacker in der schweren Zeit der Inflation Hafer für ihr Eselchen. Sie bleibt bei dem Bauern als Arbeitskraft und ist bereit, ihn zu heiraten. Als der Zirkus nach einem Jahr zurückkommt und der alte Knie seine Tochter in der Vorstellung sieht, läßt er sich zu waghalsigen Kunststücken verleiten, die ihn das Leben kosten. K. kehrt daraufhin zum Zirkus zurück, um das Familienunternehmen fortzuführen.

Katharina von Bora.
K. v. B. (1499–1552) war zu-

nächst Nonne, floh dann aus dem Kloster und wurde 1525 die Frau Martin → Luthers. [*Martin Luther oder Die Weihe der Kraft.* Tragödie von Zacharias Werner, 1807]. – K. haßt Luther als Teufelsanbeter, doch als sie ihn sieht, erscheint er ihr als das »Urbild« ihrer Wünsche. Sie entscheidet sich für ihn in der Stunde seiner tiefsten Depression und richtet ihn damit wieder auf. Sie ist für Luther die Vision des »reinen Weibes«.

Katherine von Rosen [*Bürgerlich und romantisch.* Lustspiel von Eduard von Bauernfeld, 1835]. – Die Generalstochter K. hat sich, indem sie allein in einen modischen Badeort gereist ist, in eine gewagte Situation begeben und wird für eine Tänzerin gehalten. Zum Glück kann sie alle entstehenden Mißverständnisse klären und den Baron von Ringelstern, der sie zunächst unverschämt behandelt hat, als Bräutigam gewinnen.

Kattrin [*Mutter Courage und ihre Kinder.* Bühnenstück von Bertolt Brecht, UA 1941, ED 1949]. – Aus Mitleid mit den Kindern trommelt die stumme Tochter der Mutter → Courage die schlafenden Bewohner der protestantischen Stadt Halle wach, um sie vor einem feindlichen Überfall zu warnen. Dabei wird sie von den kaiserlichen Truppen erschossen.

Kattwald [*Weh' dem, der lügt!* Lustspiel von Franz Grillparzer, 1840]. – Der rauhe heidnische Rheingraf hält den Christen → Attalus gefangen und verlangt von dessen Onkel, Bischof → Gregor von Tours, Lösegeld. Die Darstellung K.s und des »dummen → Galomir«, des Bräutigams seiner Tochter → Edrita, als hohlköpfige, polternde Säufer hat in einer Zeit, in der Germanophilie und Franzosenfeindlichkeit im Schwange waren, entscheidend zum Mißerfolg des Lustspiels beigetragen.

Katzenberger [*D. Katzenbergers Badereise.* Roman von Jean Paul, 1809]. – Der verwitwete Arzt und Anatomieprofessor ist ein Sonderling und Unmensch. Er hat ein Werk über Mißgeburten verfaßt, sammelt Abstrusitäten, sucht das Eklige und versteht es, Normales eklig zu machen. Er reist mit seiner Tochter Theoda und einem Herrn von → Nieß nach Bad Maulbronn, um den Badearzt Strykius, seinen Rezensenten, zu verprügeln, und kehrt triumphierend mit einem neuen Sammelobjekt, einer sechsfingrigen Hand, zurück.

Kauz [*Das Mädl aus der Vorstadt.* Posse von Johann Nestroy, 1845]. – Der Spekulant K. hat einen Einbruch in seine Hauptkasse angestiftet und den Verdacht auf den Kassier gelenkt. Dessen Tochter Thekla Stimmer muß deshalb ein ärmliches Leben als Stickerin in der Vorstadt führen. Der Winkelagent → Schnoferl stellt die Ehre des Kassiers wieder her. Hinter den

Lustspielklischees verbirgt der Autor seine Gesellschaftskritik.

Keetenheuve [*Das Treibhaus*. Roman von Wolfgang Koeppen, 1953]. – Der Bundestagsabgeordnete der Opposition K., der die Nazizeit im Exil verbracht hat, kann weder persönlich noch politisch den Anschluß an die Nachkriegszeit finden. Seine schöngeistigen Neigungen und sein bohemienhafter Lebensstil stoßen bei den Parteigenossen auf Ablehnung. Das Treibhausklima der Hauptstadt, der autoritäre Stil des »Kanzlers« und die Wirkungslosigkeit seines politischen Handelns geben ihm das Bewußtsein des Scheiterns. Er springt von der Rheinbrücke.

Keil [*Rose Bernd*. Schauspiel von Gerhart Hauptmann, 1903]. – Der schwindsüchtige, pietistisch frömmelnde Buchbinder August K. ist in verzeihender Temperamentlosigkeit bereit, das »gefallene Mädchen« → Rose Bernd zu heiraten, denn er gewinnt daraus religiöses Selbstwertgefühl. Von der meineidigen Kindsmörderin zieht er sich jedoch zurück.

Keith [*Der Marquis von Keith*. Schauspiel von Frank Wedekind, 1901]. – Der Marquis v. K., der die Münchener Gesellschaft um die Jahrhundertwende mit einem hochstaplerischen Projekt hereinlegt, ist der Typ des »Glücksritters«, der skrupellos dem Geld und dem Lebensgenuß nachjagt, dabei stolpert, aber auch immer wieder hochkommt. Die kapitalistische Gesellschaft, deren Exponent K. ist, verachtet ihn.

Kelly [*Die Flußpiraten des Mississippi*. Roman von Friedrich Gerstäcker, 1848]. – K. ist der Hauptmann einer Piratenbande, die auf einer unbewohnten Insel im Mississippi Unterschlupf gefunden hat und von dort aus Frachtboote und Flöße ausraubt. Da K. ein Doppelleben als ehrbarer Friedensrichter Squire Dayton führt, ergibt sich eine spannende, vielschichtige Handlung.

Kepler.
Johannes K. (1571–1630) vervollkommnete das kopernikanische Weltsystem. Er ging dabei im aristotelischen Sinn von Erfahrungswerten aus.
[*Tycho Brahes Weg zu Gott*. Roman von Max Brod, 1916]. – K. vertritt ein Weltbild, das dem von → Tycho Brahe konträr entgegensteht. Der gefühlskalte reine Wissenschaftler hat das kopernikanische System bedingungslos übernommen, denn der Himmel ist ihm ein ausschließlich astronomisches Phänomen, kein göttliches.

Kerkhoven [*Etzel Andergast*. Roman von Jakob Wassermann, 1931]. – Der Landarzt Joseph K. gerät in eine Lebenskrise, als er dem todkranken Industriellen Johann Irlen begegnet. Er wird sein Freund, und auf seine Bitte erlöst er ihn von seinem Leiden. Als Seelenarzt

wird K. zu einer Heilsfigur der Epoche.
[*Joseph Kerkhovens dritte Existenz*. Roman, 1934]. – Nach selbstverschuldeten menschlichen Enttäuschungen geht K. in die Südsee, um eine Gehirnkrankheit zu studieren, schreibt ein Buch über die »Pathologie der Wahnvorstellungen«, das eigentlich die Krankheit der Epoche beschreibt, und kehrt am Ende zum einfachen Arztberuf zurück.

Kestenholz → Fortunat (Flake: *Fortunat*)

Ketten [*Drei Frauen* (*Die Portugiesin*). Novellen von Robert Musil, 1924]. – K., der als Kavalier um seine Frau, die »Portugiesin«, gefreit hat, verwandelt sich in seiner Südtiroler Heimat wieder zum Raubritter. Seine Frau bleibt etwas Kostbares und Geheimnisvolles in seinem Leben. Als sie ihm während seiner langwierigen, schweren Krankheit an einen Jugendfreund zu entgleiten scheint, wird ihm bewußt, wie rätselhaft sie einander geblieben sind.

Keuner [*Geschichten vom Herrn Keuner*. Kurzprosa von Bertolt Brecht, 1930, 1932, 1949]. – Herr K. tritt in den gleichnishaften Texten in den Masken des Weisheitslehrers, Ideologen oder Aphoristikers auf. Vgl. »keiner« und den »Niemand« der Odyssee.

Keuschnig [*Die Stunde der wahren Empfindung*. Roman von Peter Handke, 1975]. – Wie → Gregor Samsa erwacht der Botschaftsangestellte Gregor K. und fühlt sich verwandelt. Durch einen Traum, in dem er zum Mörder einer alten Frau geworden ist, wird er völlig aus seinen alltäglichen Lebensgewohnheiten herausgerissen. In diesem Grenzzustand gewinnt er eine Art mystisches Verhältnis zum Dasein.

Kien [*Die Blendung*. Roman von Elias Canetti, 1935]. – Dr. Peter K. ist ein realitätsferner Privatgelehrter, der ganz in der Welt seiner Bücher lebt. Aber er ist kein liebenswerter, weltfremder Romantiker, sondern unmenschlich und monströs; seine Hausgehilfin → Therese vernichtet zuerst seine Bücher und dann ihn selbst.

Kien [*Der Vater eines Mörders*. Erzählung von Alfred Andersch, 1980]. – In der »Absicht, mich meines Lebens in Erzählungen zu erinnern«, schrieb Andersch sechs Geschichten, in denen er sich Frank K. nennt. K. stammt aus einem deutschnationalen Elternhaus und entwickelt sich im Widerspruch dazu zum Kommunismus hin. In *Der Vater eines Mörders* ist Frank K. ein lernunlustiger vierzehnjähriger Schüler des Wittelsbacher Gymnasiums in München, der den überfallartigen Unterrichtsbesuch des Schulleiters → Himmler in einer Griechischstunde erlebt. Dieser stellt seine Unwissenheit bloß und demütigt ihn mit der Ankündigung, daß er von der Schule verwiesen wird.

Kienbaum → Störzer (Raabe: *Stopfkuchen*)

Kieselack [*Professor Unrat.* Roman von Heinrich Mann, 1905]. – Der kleine, quirlige K. gehört zu dem vom Haß Professor → Unrats verfolgten Schülertrio; später erliegt er der Spielleidenschaft, so daß der nunmehrige Spielhöllenbesitzer Unrat seine Beamtenexistenz vernichten kann. Wenn seine Freunde → Lohmann und Graf Ertzum nach Heinrich Manns Intention exemplarisch für das Besitzbürgertum und für den dekadenten Adel stehen, vertritt er das Kleinbürgertum, die dritte Gruppierung, die Politik und Moral der kleinen Stadt bestimmen.

Kilmarnock [*Bekenntnisse des Hochstaplers Felix Krull.* Romanfragment von Thomas Mann, 1954]. – Der schottische Lord K. ist von dem Kellner Armand, alias → Felix Krull, homoerotisch berührt, will ihn als Kammerdiener um sich haben und bietet ihm zuletzt sogar die Adoption an, doch »Armand« zieht die hochstaplerische Freiheit dem sicheren Reichtum vor.

Kind [*Abu Telfan.* Roman von Wilhelm Raabe, 1868]. – Der kleinbürgerliche Leutnant gehört zu den Gestalten Raabes, die ihr Leben wegen der Bosheit der Menschen in Bitternis verbringen. Er betreibt über ein Jahrzehnt lang verbissen Ermittlungen gegen den unerreichbar hochgestellten Baron von → Glimmern, der seine Tochter entehrt hat.

Kirch [*Hans und Heinz Kirch.* Novelle von Theodor Storm, ED 1882]. – Hans K., ein Kapitän und Schiffseigner in einer Hafenstadt an der Ostsee, überträgt seinen Ehrgeiz und seine Sehnsucht nach gesellschaftlichem Aufstieg auf seinen Sohn Heinz K., der auch zur See fährt. Aber mit seiner Tyrannei vertreibt er den Sohn aus dem Elternhaus, und die Zukunftspläne bleiben unerfüllt.

Kirchhof [*Der Trompeter von Säckingen.* Versepos von Joseph Viktor von Scheffel, 1854]. – Der gescheiterte Jurastudent Werner K. wird als Trompeter in das Laienorchester eines Freiherrn aufgenommen, in einem Scharmützel mit aufständischen Bauern verwundet und von der Tochter des Freiherrn, Margareta, gesundgepflegt. Durch seinen Aufstieg zum päpstlichen Marchese Camposanto verdient er sich ihre Hand. Das Buch von der innigen Liebe des Trompeters war als Scherz gedacht, machte den Autor jedoch zum berühmten Mann und wurde Vorbild für zahlreiche Kitschromane.

Kittelhaus [*Die Weber.* Schauspiel von Gerhart Hauptmann, 1892]. – Pastor K. und seine Frau sind die beschämende Karikatur eines Pfarrerehepaars. Sie reden den Fabrikanten nicht nur devot nach dem Mund, sondern haben sich deren Denkweise so sehr zu eigen gemacht, daß sie ihre soziale Aufgabe ganz aus dem Blickfeld verlieren. Die Gebildeten bleiben unter sich und halten sich von den Proletariern fern.

Kitz [*Altherrensommer*. Roman von Rudolf Hagelstange, 1969]. – Der Reporter K., der vor seiner besitzergreifenden, eifersüchtigen Ehefrau geflohen ist, findet durch den Abstand und die Eindrücke einer Ostasienreise zu sich selber und beginnt ein neues Leben als Auslandskorrespondent.

Klärchen (Klare) [*Egmont*. Trauerspiel von Johann Wolfgang von Goethe, 1788]. – K. ist wie Goethes → Gretchen eine bedingungslos Liebende. Das einfache Bürgermädchen setzt sich über die Vorurteile der Gesellschaft hinweg und ist stolz auf ihre illegitime Beziehung zu → Egmont. Sie nimmt ihre Liebe als Schicksal, das zu tragen sie bereit und stark genug ist.

Klärchen [*Der fröhliche Weinberg*. Lustspiel von Carl Zuckmayer, 1925]. – K., die Tochter des Weingutbesitzers → Gunderloch, soll den phrasendreschenden Korpsstudenten Assessor Knuzius heiraten, liebt aber den einfachen Rheinschiffer Jochen Most. Es gelingt ihr beim Winzerfest, den Assessor an ihre Freundin Babettchen abzutreten, die nach Höherem strebt.

Klaff [*Ehen in Philippsburg*. Roman von Martin Walser, 1957]. – Dem Schriftsteller K. fehlt die nötige Begabung für seinen Beruf und die Fähigkeit, sich in der Gesellschaft anzupassen. Deshalb verläßt ihn seine enttäuschte Frau, und er begeht Selbstmord.

Klamm [*Das Schloß*. Roman (Fragment) von Franz Kafka, 1926 (posthum)]. – Klamm ist der wichtigste Beamte der Schloßhierarchie, mit dem der Landvermesser → K. Kontakt aufnehmen kann. Seine Position ist allerdings nur höchst vage erkennbar; er verfügt aber über die Dorfbewohner in einer einem Halbgott ähnlichen Weise, gibt ihnen Aufträge, entzieht ihnen seine Gunst und macht die Frauen nach Willkür zu seinen Geliebten.

Klammbüdel → Martin Grambauer (Welk: *Die Heiden von Kummerow*)

Klamroth [*Vor Sonnenuntergang*. Schauspiel von Gerhart Hauptmann, 1932]. – Der Schwiegersohn des kultivierten Zeitungszaren Matthias → Clausen ist ein moderner Managertyp: grobschlächtig und ungebildet, aber mit Instinkt für Geld und Macht.

Klara → Heinrich (Tieck: *Des Lebens Überfluß*)

Klara [*Maria Magdalene.* Bürgerliches Trauerspiel von Friedrich Hebbel, 1844]. – Wie der Titel in Anspielung an die Bibel aussagt, ist K. die »reuige Sünderin«. Die Tochter des Tischlers Meister → Anton hat sich ohne Liebe ihrem Bräutigam → Leonhard hingegeben, einem Zyniker und Opportunisten, der sich von ihr trennt, als die Mitgift niedriger ist als erhofft. Da sie schwanger ist, niemand ihr hilft und sie meint, ihrem Vater die Schande nicht antun zu können, ertränkt sie sich. Ihre Tragik liegt in ihrer Unfähigkeit, sich über die bürgerlichen Normen hinwegzusetzen; deshalb wird sie ein Opfer ihres Vaters und ihrer Umwelt.

Klara Hühnerwadel [*Musik.* Bühnenstück von Frank Wedekind, 1908]. – K. erwartet von ihrem Lehrer, dem Gesangspädagogen → Reißner, ein Kind, läßt es auf sein Drängen hin abtreiben und kommt ins Gefängnis. Ein zweites Kind will sie austragen. Das widerspricht den eingespielten »sittlichen» Verhaltensmustern der wohlanständigen Gesellschaft. K. zerbricht an den Widerständen.

Klarinett → Siglhupfer (Eichendorff: *Die Glücksritter*)

Klaus Heinrich [*Königliche Hoheit.* Roman von Thomas Mann, 1909]. – Von Jugend an wird K. H. auf seine Repräsentationspflichten als späterer Fürst vorbereitet, eine Existenz, die ihm unter dem Einfluß seines weltoffenen und sarkastischen Lehrers Dr. Überbein verlogen vorkommt und ihn isoliert. Als er → Imma Spoelmann begegnet, der Tochter eines amerikanischen Multimillionärs, kämpft er gegen die Scheinwelt an, studiert Wirtschaftswissenschaften und kann durch die Heirat mit ihr seine isolierte und künstliche Existenz der Realität näherbringen.

Klein [*Die Sanduhr.* Roman von Otto Flake, 1950]. – Alexander K. ist ein Spätling im deutschen Bildungsroman. Er entwickelt sich zum Kunsthistoriker mit sublimem Schönheitssinn und zum stoischen Bewahrer der überkommenen Werte, und zwar vor einem Zeitgemälde der ersten Hälfte des zwanzigsten Jahrhunderts aus Schweizer Perspektive.

Kleist.
Der Dichter Heinrich von K. (1777–1811) erlitt Ende 1803 in Paris und der Normandie einen psychischen Zusammenbruch und hielt sich zur Heilung monatelang bei dem Hofrat Wedekind in Mainz auf.
[*Kein Ort. Nirgends.* Prosatext von Christa Wolf, 1979]. – Als Teil seiner Therapie führt der Arzt Wedekind K. unter Menschen. In einer Teegesellschaft mit erlesenen Gästen trifft K. Caroline von → Günderrode. Sie entdecken ihre verwandten Seelen: beide leiden an der Konventionalität der Menschen und

an ihrem Absolutheitsanspruch an die Existenz.

Klemm [*Die Toten bleiben jung.* Roman von Anna Seghers, 1949]. – Der Reichswehroffizier v. K. kommandiert 1918 das Exekutionskommando, das den Spartakisten → Erwin erschießt. Er macht später Geschäfte mit der französischen Besatzungsmacht, wird zum Kapitalisten und bekämpft zusammen mit Industriellen und rechten Kampfverbänden die Weimarer Republik.

Kleopatra.
Die ägyptische Königin K. (69–30 v. Chr.) war zunächst die Geliebte von Cäsar, dann von Marcus → Antonius. Als Octavian sie nach dessen Tod nach Rom locken wollte, um sie als Siegesbeute im Triumphzug vorzuführen, beging sie Selbstmord.
[*Cleopatra.* Trauerspiel von Daniel Casper von Lohenstein, 1661]. – In dem Muster eines barocken Trauerspiels verkörpert C. die Macht der Liebe und deren Auswirkung auf die Politik. Als sie sich zu Unrecht von Antonius verraten glaubt, täuscht sie ihren Tod vor und treibt ihn damit absichtlich in den Selbstmord. Ihr Werben um Octavius bleibt ohne Erfolg, sie entzieht sich der Versklavung durch den Biß einer Giftschlange.

Klesel [*Ein Bruderzwist in Habsburg.* Trauerspiel von Franz Grillparzer, entst. 1825–1848; ED 1872]. – Von Ehrgeiz und Geltungswillen besessen, macht der zwielichtige Bischof K. den willensschwachen Erzherzog → Matthias zur Marionette seiner Pläne und treibt ihn dazu an, → Rudolf II. die Macht zu entreißen. Erst Ferdinand, der zukünftige Kaiser, zeigt sich ihm gewachsen.

Klingsberg [*Die beiden Klingsberg.* Lustspiel von August Kotzebue, 1801]. – Die beiden Wiener Grafen K., der eitle Vater und der großmäulige Sohn, sind Müßiggänger und Schürzenjäger. Sie spielen einander die Tugendhaften vor, geraten sich aber bei ihren Abenteuern immer wieder in die Quere.

Klingsohr [*Heinrich von Ofterdingen.* Roman (Fragment) von Novalis, ED 1802 (posthum)]. – In Novalis' Roman verbirgt sich hinter K. die Gestalt Goethes. Der würdevolle Dichter bändigt den überschwenglichen Jüngling → Heinrich von Ofterdingen und lehrt ihn Besonnenheit. In einer harten Schule bringt er ihm strenge klassische Grundsätze bei, denn »Begeisterung ohne Verstand ist unnütz und gefährlich«.

Klingsor [*Der Wartburgkrieg.* Anonyme Spruchdichtung, entst. um 1260]. – Der Zauberer K. wird von → Heinrich von Ofterdingen aus Ungarn geholt, damit er ihm im Sängerstreit auf der Wartburg helfe. Als Gelehrter der Astronomie und der schwarzen Kunst gibt er in einem Gelehrtenwettstreit, der unter Einsatz des Lebens stattfindet, Wolfram von Eschenbach religiös-moralische Rätsel auf, die dieser alle löst. Als K. einen Teufel um Hilfe bittet, wird dieser mit dem Kreuzeszeichen vertrieben.

[*Merlin*. Drama von Karl Lebrecht Immermann, 1832]. – In der Gestalt K.s, eines agnostischen, ichsüchtigen Spielers, ironisiert Immermann Goethe, mit dem und mit dessen *Faust* er sich mit seinem Drama »auf Leben und Tod messen« will.

[*Parsifal*. Musikdrama von Richard Wagner, 1877]. – Der Magier K., eine Nebengestalt bei Wolfram (→ Clinschor), wird bei Wagner zur personifizierten Macht des Bösen und zum feindlichen Gegenspieler der Gralsritter. Er lebt in seinem erotischen Zaubergarten auf der arabischen Südseite des Monsalvat. Nachdem Amfortas (→ Anfortas) seinen Verführungskünsten erlegen und von ihm mit dem heiligen Speer verwundet worden ist, hofft er auch den Gral – bei Wagner der Kelch des hl. Abendmahls – mit magischen Mitteln zu erobern. → Parsifal besiegt ihn und läßt den Zaubergarten verdorren.

Klingsor [*Klingsors letzter Sommer*. Erzählung von Hermann Hesse, 1920]. – K. ist der amoralische, ekstatische Künstler, dessen Leben und Schaffen ein ständiger Rauschzustand ist. Der berühmte Maler verbringt den letzten Sommer seines Lebens im Tessin mit wilden Trinkgelagen und ungezügelter Erotik, getrieben von Lebensgier und Todesahnung.

Klöterjahn [*Tristan*. Novelle von Thomas Mann, 1903]. – Der Großhändler K. (Klöten, nddt. = Hoden) ist ein Vertreter der gesunden bürgerlichen Geschäftswelt: von derber Sinnlichkeit, großsprecherischem Stolz auf sein Geld und blindem Optimismus der tödlichen Krankheit seiner zarten Frau → Gabriele gegenüber, die er mit warmer Herzlichkeit liebt.

Klosterbruder [*Herzensergießungen eines kunstliebenden Klosterbruders*. Prosa von Wilhelm Heinrich Wackenroder, 1797]. – »In der Einsamkeit eines klösterlichen Lebens« versenkt sich ein Mönch in frühere Zeiten und in eine kultische Verehrung Raffaels, Leonardos und Dürers. Das mittelalterliche Nürnberg ersteht vor seinen Augen in einer Malerei des Maßes, der Einfalt und der Klarheit. Die »Herzensergießungen« sind der erste Ausdruck romantischen Lebensgefühls.

Klosterbruder [*Nathan der Weise*. Dramatisches Gedicht von Gotthold Ephraim Lessing, 1779]. – Der K. soll im Auftrag des → Patriarchen den → Tempelherrn und → Nathan ausspionieren. Das ist seinem geraden und schlichten Wesen zuwider und er entledigt sich seiner Aufträge so, daß die Betroffenen gewarnt sind.

Klostermeyer [*Glaube, Liebe, Hoffnung.* »Ein kleiner Totentanz« von Ödön von Horváth, UA 1936]. – Der Schupo Alfons K. lernt → Elisabeth kennen. Als er von ihrer 14tägigen Vorstrafe erfährt, verfliegt seine Liebe vor der Angst, seine Karriere zu gefährden.

Klothar [*Flegeljahre.* Roman (Fragment) von Jean Paul, 1804–1805]. – Graf K. ist ein »schöner langer Jüngling in roter Uniform«. → Walt schwärmt ihn an und glaubt in ihm den erträumten Freund gefunden zu haben. Aber K. ist in Wirklichkeit ein egoistischer, blasierter Weltmann voller Standesdünkel und dieser idealen Freundschaft nicht wert.

Klothilde [*Hesperus, oder 45 Hundsposttage.* Roman von Jean Paul, 1795]. – Die holde K. ist ein Inbild der Tugend und Entsagung. Sie trauert einer verstorbenen Freundin nach und ist bei nachlassenden Kräften selbst dem Grabe nahe. Einem solchen ätherischen Wesen kann → Viktor nur mit Anbetung und Verehrung begegnen, und ihre Liebe bleibt hyperideal.

Knarrpanti [*Meister Floh.* Märchen von E.T.A. Hoffmann, 1822]. – In dem schwachsinnigen Polizeispitzel K., einer Nebengestalt, karikiert E.T.A. Hoffmann den Berliner Polizeidirektor v. Kamptz. Dieser veranlaßte die Streichung der inkriminierten Stellen. Sie wurden 1905 im Preußischen Staatsarchiv wiederentdeckt.

Knecht [*Das Glasperlenspiel.* Roman von Hermann Hesse, 1943]. – Der musikalische Josef K. wird als zwölfjähriger Lateinschüler in die Eliteschule des kastalischen Ordens der Glasperlenspieler aufgenommen. In diesem Orden, der die ›Inhalte und Werte unserer Kultur‹ pflegt und das Schöne verabsolutiert, steigt er dank seiner geistigen, künstlerischen und diplomatischen Fähigkeiten rasch bis zum Magister Ludi auf, resigniert dann aber vor der Realitätsferne des kastalischen Ordens und nimmt das Angebot einer Hauslehrerstelle an.

Kneigt → Tiburius (Stifter: *Der Waldsteig*)

Knie → Katharina K. (Zuckmayer: *Katharina Knie*)

Knieriem [*Der böse Geist Lumpazivagabundus.* Zauberposse von Johann Nestroy, 1833]. – K. ist ein Schuster und ein Grobian, dem Trunke ergeben. Das Geld, das ihm durch ein Glückslos zufällt, vertrinkt er umgehend.

Knipperdollinck [*Die Wiedertäufer.* Komödie von Friedrich Dürrenmatt, 1967]. – Der Bürgermeister K., die Gegenfigur zu Jan → Bockelson im Gottesreich der Wiedertäufer in Münster, richtet sich in blinder

Glaubensdemut zugrunde, denn er nimmt das Evangelium wörtlich, gibt Amt und Besitz auf und fühlt sich als Nachfolger Christi. Das Volk richtet ihn im Massenwahn hin.

Knör [*Die unsichtbare Loge.* Romanfragment von Jean Paul, 1793]. – Der Obristforstmeister v. K. und seine Frau gehören zu den skurrilen Elternpaaren und Erblassern Jean Pauls, die für seine Romanhandlungen konstitutiv sind. Durch ihre verdrehten »pädagogischen« Vorstellungen gestalten sie den Weg ihrer Nachfahren steinig und kurvenreich. K. will seine Tochter Ernestine nur einem überlegenen Schachspieler zum Manne geben, Frau v. K. verlangt eine achtjährige herrnhutische Erziehung unter der Erde für den ersten Enkel, → Gustav von Falkenberg.

Knudsen [*Sansibar oder der letzte Grund.* Roman von Alfred Andersch, 1957]. – Der Fischer K. ist nach 1933 der letzte aktive Kommunist im Ostseehafen Rerik. Am liebsten würde er sich von den Nazis und seinen Parteiverpflichtungen nach Schweden absetzen, doch hält ihn der Gedanke an seine geistesgestörte Frau ab, die ohne ihn der Euthanasie verfiele. Er bringt → Judith Levin und die Plastik »Lesender Klosterschüler« in Sicherheit.

Knulp [*Knulp.* Drei Geschichten aus dem Leben Knulps von Hermann Hesse, 1915]. – Der heitere Landstreicher K. ist der Typ des »reinen Toren«. Er wird nie seßhaft und hegt am Ende seines Lebens Zweifel an seiner Existenzberechtigung. Aber Gott rechtfertigt sein Wanderleben, denn so kann er »überall ein Stück Kindertorheit und Kinderlachen hintragen«.

Knuzius → Gunderloch (Zuckmayer: *Der fröhliche Weinberg*)

Kobal [*Die Wiederholung.* Erzählung von Peter Handke, 1986]. – Filip K., gebürtig in einem slowenisch-deutschen Mischgebiet südlich von Klagenfurt, geht auf die Suche nach seinem während des Krieges im Karst verschollenen, offenbar wegen seines slowenischen Patriotismus desertierten Bruder Gregor und findet dabei zu sich selbst.

Kobalt → Traun (H. Mann: *Der Atem*)

Kobler [*Der ewige Spießer.* Roman von Ödön von Horváth, 1930]. – Der schmierige Geschäftemacher K., der sich durch eine reiche Heirat sanieren will, ist der Typ des neuen Spießers, der aus dem entwurzelten Proletariat hervorgeht: dumm, skrupellos, egoistisch und ohne politisches Bewußtsein.

Koch [*Theodor Chindler.* Roman von Bernard von Brentano, 1936]. – Kaspar K. ist Sozialist und Kriegsgegner. Seine Geliebte, → Marianne Chindler, stammt aus bürgerlich-konservativer Familie. Am Kriegsende schließt er sich der USPD an und wird als Arbeiter- und Soldatenrat von regierungstreuen Truppen erschossen.

Kößling [*Jettchen Gebert.* Roman von Georg Hermann, 1906]. – Dr. Kößling, ein weltfremder Literat mit linkischem Gehabe, gilt den spießigen bürgerlichen Verwandten nicht als standesgemäßer Ehemann für → Jettchen Gebert.

Kofler [*März, ein Künstlerleben.* Schauspiel von Heinar Kipphardt, 1980]. – Mit Dr. K. und Professor Feuerstein stoßen im Topos der Ärztekonfrontation der junge, idealistische Psychiater, der für humane, offene Therapie eintritt, und der erfahrene Anstaltsleiter aufeinander, der, abgebrüht und skeptisch, Fälle als hoffnungslos abtut, bei denen K. noch Wege der Heilung sieht.

Kohlhaas → Michael K. (Kleist: *Michael Kohlhaas*)

Kohler [*Justiz.* Roman von Friedrich Dürrenmatt, 1985]. – Dr. h.c. Isaak K., reicher und einflußreicher Geschäftsführer einer großen Waffen- und Prothesenfabrik, erschießt in aller Öffentlichkeit einen Literaturprofessor, gesteht die Tat und wird verurteilt, macht aber mit Hilfe von Gutachtern und Anwälten die offenbare Wahrheit fragwürdig. Die Gerechtigkeit nimmt den Lauf, den er mit Geld und Einfluß vorzeichnet.

Koiri [*Der Henker.* Roman von Edzard Schaper, 1940]. – Der estnische Bauer K. ist ein Repräsentant der von Russen und Deutschbalten unterdrückten Bevölkerung. Als seine drei Söhne wegen Raubes und Mordes bei den Aufständen 1905 verurteilt werden, kämpft er verbissen im Untergrund gegen den »Henker«, Rittmeister → Ovelacker, an. Dieser versöhnt sich mit K. an dessen Todeslager und holt den überlebenden Jüngsten auf K.s Hof zurück.

Koldewey [*Das Beil von Wandsbek.* Roman von Arnold Zweig, 1947]. – Der Hamburger Gefängnisdirektor Dr. K. ist ein Vertreter des Rechts in rechtloser Zeit. Er plant ein Attentat auf Hitler.

Koljaiczek [*Die Blechtrommel.* Roman von Günter Grass, 1959]. – Auf der Flucht vor zwei Landgendarmen verbirgt sich der »kleine aber breite«, dumpf nationalpolnisch gesinnte Brandstifter Joseph K. unter den vier weiten Röcken der → Anna Bronski, zeugt → Oskar Matzeraths Mutter Agnes und verschwindet dreizehn Jahre später nach einer spektakulären Flucht über riesige Langholzflöße auf Nimmerwiedersehen in den Fluten eines Weichselarms.

Kolumbus [*Kolumbus vor der Landung.* Eine Legende von Emil Belzner, 1934]. – Das reine, nach dem Guten strebende Kind K. entwickelt sich durch die wachsende Einsicht in die eigene und der Welt Unvollkommenheit zum rücksichtslosen Verfolger seines Ziels, als erster auf dem Seeweg nach Indien zu segeln und dadurch berühmt und reich zu werden. K. wird zum Beispiel für die Fragwürdigkeit aller moralischen Gesetze.

Konrad [*Bergkristall.* Erzählung von Adalbert Stifter, 1845]. – K. ist der tapfere, verantwortungsvolle große Bruder, der seine kleine Schwester → Sanna im Schneesturm vor dem Erfrieren bewahrt.

Konrad → Else (Raabe: *Else von der Tanne*)

Konrad [*Das Kalkwerk.* Roman von Thomas Bernhard, 1970]. – K., pathologisch empfindlich und in sich selbst verbohrt, wie es Bernhards Protagonisten häufig sind, hat sich in die Einsamkeit eines aufgelassenen Kalkwerks zurückgezogen, um eine wissenschaftliche Arbeit über das Gehör niederzuschreiben; doch sein Lebenswerk kommt trotz der Denkarbeit von Jahrzehnten nicht zustande. In seiner Frustration erschießt er seine an einen Rollstuhl gefesselte Frau und macht damit ihrer und seiner Qual ein Ende.

Konrad [*Der Müller und sein Kind.* Volksschauspiel von Ernst Benjamin Raupach, 1835]. – In dem melodramatischen Rührstück schläft der arme Müllerbursche K., dem der geizige Müller Reinhold die Hand seiner Tochter Marie verweigert, am Heiligabend um Mitternacht auf dem Kirchhof, weil er einen über den Durst getrunken hat, und sieht im Traum den Müller und seine Tochter unter den Toten des kommenden Jahres, die sich nach dem Volksglauben dort jährlich einmal versammeln. Der Traum erfüllt sich.

Konstantin [*König Rother.* Anonymes Spielmannsepos, entst. um 1150]. – Der byzantinische Kaiser K. ist als Gegenbild zu König → Rother eine Karikatur, die das Mißtrauen der Kreuzritter gegen Byzanz dokumentiert. Er ist hartherzig, grausam, geizig und feige, es fehlt ihm jede Selbstbeherrschung und Klugheit.

Konstanze von Armond [*Maler Nolten.* Roman von Eduard Mörike, 1832]. – Die Hofdame Gräfin K. von A. ist eine reife Frau von Welt, schön, gebildet, warmherzig. Bei ihr sucht der exaltierte Maler → Nolten Loslösung von Dumpfheit und Verstrickung und die Lebensluft der Sicherheit und Klarheit. Aber K. wendet sich von Nolten ab, als ihr Briefe Noltens an → Agnes zugespielt werden.

Kordelchen von Zeck → Anton Warberger (Iffland: *Die Jäger*).

Korf [*Palmström*. Lyrische Grotesken von Christian Morgenstern, 1910]. – Der Komponist v. Korf ist ein Freund → Palmströms und – wie dieser – ein Erfinder seltsamer Dinge.

Korl → Berta (Fleißer: *Pioniere in Ingolstadt*)

Kornblume [*Verliebtes Gespenst. Die geliebte Dornrose*. Doppeldrama von Andreas Gryphius, 1661]. – Gregor K., der männliche Held des Scherzspiels *Die geliebte Dornrose* und auf einer niederen sozialen Ebene Spiegelbild des → Sulpicius aus dem Singspiel *Verliebtes Gespenst*, liebt Lise → Dornrose, die man ihm wegen einer Familienfeindschaft verweigert, und wird selbst von der Kräuterhexe »Mutter Salme« begehrt. K. beschützt Dornrose vor den Nachstellungen seines Nebenbuhlers → Aschewedel, was ihm einen moralischen und juristischen Anspruch auf das Mädchen gibt, den er auch durchsetzen kann.

Kortüm [*Der Herr Kortüm*. Roman von Kurt Kluge, 1938]. – K. ist ein Gastwirt und ehemaliger Kapitän, in dessen Wirtshaus sich Schicksale kreuzen und der die Welt so komisch findet wie die Welt ihn.

Koseleger → Lorenzen (Fontane: *Der Stechlin*)

Kosinsky [*Die Räuber*. Schauspiel von Friedrich von Schiller, 1781]. – Das Leben des böhmischen Edelmanns K. spiegelt das Schicksal von → Karl Moor. K. stößt zu der Räuberbande, weil er sich an der intriganten, bösartigen Adelsgesellschaft rächen will, die ihn um Braut und Vermögen betrogen hat.

Kosme [*Romanzen vom Rosenkranz*. Epos von Clemens Brentano, entst. 1804–12, ED 1852]. – Der Maler K. hat mit seiner Frau drei Söhne und mit deren Schwester, einer Nonne, drei Töchter. In dem stark mystifizierten Geschehen um die Liebe der Halbgeschwister, deren Inzest göttliche Vorsehung verhindert, symbolisiert Brentano eine Schicksalskonstellation des Menschengeschlechts. Darauf könnte der Name K. (vgl. Kosmos) hinweisen.

Kottwitz [*Prinz Friedrich von Homburg*. Schauspiel von Heinrich von Kleist, ED 1821 (posthum)]. – Der Reiteroberst K. versucht → Homburg vergeblich vom orderwidrigen Angriff abzuhalten und folgt ihm dann frohgemut in die Schlacht. Als Fürsprecher des zum Tode verurteilten Homburg bringt er durch seine mannhaft-treuherzige Argumentation ein komödiantisches Element in die ernste staatspolitische Aktion.

Kragler [*Trommeln in der Nacht*. Komödie von Bertolt Brecht, 1923]. – Andreas K., Typus des Kriegsheimkehrers wie → Hinkemann, aber in komödiantischer Variante, war vier Jahre vermißt und platzt unvermutet in die Verlobungsfeier seiner Braut Anna mit → Murk. Er ist eine Mischung aus Außenseiter und Exote, sympathisiert mit dem Spartakusaufstand, will aber nicht kämpfen und lieber zu Anna in »das große, weiße, breite Bett« zurückkehren.

Kramer [*Die Insel Felsenburg.* Roman von Johann Gottfried Schnabel, 1731–1743]. – Der Chirurg K. gelangt nach trüben Erfahrungen in der selbstsüchtigen Gesellschaft europamüde auf der Insel an und gliedert sich freudig in den konfliktfreien Inselstaat ein. Seine Lebensgeschichte ist der des Autors ähnlich.

Kramer → Michael K. (G. Hauptmann: *Michael Kramer*)

Krastinik [*Größenwahn.* Roman von Karl Bleibtreu, 1888]. – In dem Schlüsselroman über den Berliner Literatenkreis um die Brüder Hart hält sich der österreich-ungarische Offizier Graf Xaver K. für einen genialen Schriftsteller. Er wird durch den Umgang mit den Berliner Kaffeehausliteraten charakterlich so verdorben, daß er das Werk seines verstorbenen Freundes Leonhardt als eigenes ausgibt und damit endlich den Durchbruch schafft. Doch er findet zu sich selbst zurück, erkennt seinen »Größenwahn«, kehrt nach Siebenbürgen heim und widmet sich der Landwirtschaft und naturwissenschaftlichen Studien.

Krause [*Vor Sonnenaufgang.* Drama von Gerhart Hauptmann, 1889]. – An der Familie K. demonstriert Hauptmann die Einstellung des Naturalismus zu Darwin und der Vererbungslehre. Der schlesische Bauer K. ist reich geworden, da auf seinem Land Kohle gefunden wurde. Das müßige Leben des Neureichen hat ihn zum Alkoholiker gemacht, und auch seine Nachkommen sind – bis auf → Helene Krause – alkoholsüchtig und moralisch verkommen.

Kreisler [*Kreisleriana.* 13 Skizzen von E.T.A. Hoffmann, 1814/15]. – [*Lebensansichten des Katers Murr.* Roman (Fragment) von E.T.A. Hoffmann, 1820–1822]. – Johannes K., der exzentrische, exaltierte Musiker, der den Menschen oft als verrückt erscheint und der sich vor dem Wahnsinn fürchtet, ist ein typischer spätromantischer Künstler und ein poetisches Ebenbild des Autors. Er ersehnt die Harmonie zwischen der Welt des Alltäglichen und den höheren Sphären der Ideen und leidet unter der Unmöglichkeit, sie herzustellen. Der Dualismus zwischen dem Himmlischen und dem Dämonischen in seinem Inneren spiegelt sich im *Kater Murr* in seiner »reinen Liebe« zu → Julia Benzon und seiner sinnlichen Leidenschaft für Prinzessin → Hedwiga. – Als Nebenfigur erscheint K. auch in *Nachricht von den neuesten Schicksalen des Hundes Berganza*; er weist den Hund → Berganza in das Wesen der Musik ein.

Krespel [*Rat Krespel.* Novelle von E.T.A. Hoffmann, ED 1818]. – Der Jurist Rat K. ist einer von den Hoffmannschen Käuzen und Sonderlingen. Er verwirklicht seltsame Einfälle und gestikuliert auf wunderliche Art, ist aber wegen seiner Gutmütigkeit beliebt. Seine Leidenschaft sind Musik und Geigenbau. Er beschützt seine liebliche Tochter → Antonie vor der Welt, um ihr Leben zu erhalten. Modell war ein Jugendfreund Goethes, der skurrile Archivar Crespel (1747–1843).

Kreszenz → Kreuzhalter (Billinger: *Rauhnacht*)

Kretschmar [*Doktor Faustus.* Roman von Thomas Mann, 1947]. – Der Domorganist Wendell K., der Mentor und Musiklehrer Adrian → Leverkühns, veranlaßt diesen zum Wechsel des Studiums von der Theologie zur Musik. K.s Beethovenvorträge hat Thomas Mann den musiktheoretischen Schriften Theodor W. Adornos entnommen.

Kreusa [*Das goldene Vlies. (Der Gastfreund; Die Argonauten; Medea.)* Trilogie von Franz Grillparzer, 1822]. – K., Tochter des Korintherkönigs Kreon, ist als die lichte Griechin die Gegenfigur zu der dunkel-barbarischen → Medea.

Kreusa [*Ion.* Schauspiel von August Wilhelm Schlegel, 1803]. – K. hat ihren Sohn → Ion gleich nach der Geburt vor dem Tempel seines Vaters Apoll in Delphi ausgesetzt. Als ihr Gemahl → Xuthus nach 16 Jahren den unbekannten Jüngling an Sohnes statt annehmen will, gibt sie den Auftrag, ihn zu töten, um ihr Geschlecht vor einem Bastard zu bewahren. Der Anschlag mißlingt und K. erfährt von Pythia die wahren Zusammenhänge.

Kreuzgang → Bonaventura (*Die Nachtwachen des Bonaventura*)

Kreuzhalter [*Rauhnacht.* Schauspiel von Richard Billinger, 1931]. – Als Verfemter, als »Götzenpriester« lebt Simon K. auf einem einsamen Bauernhof in Oberösterreich, denn er hat seine Priesterausbildung und sein Wirken als Missionar in Afrika abgebrochen. In der Rauhnacht (23. auf 24. Dez.) feiert er in rauschhafter Ekstase eine Orgie mit einigen Dörflern, ersticht im Blutrausch die Krämerstochter Kreszenz, zündet sein Haus an und wird in den Inn gehetzt. K. ist ein Entwurzelter, den die elementaren Kräfte der Natur überwältigen.

Kridwiß [*Doktor Faustus.* Roman von Thomas Mann, 1947]. – Der Münchner Intellektuellen-Zirkel um Sixtus K. steht beispielhaft für die Gebildeten, die mit ihrem realitätsblinden Theoretisieren der nationalsozialistischen Ideologie den Weg bahnen. Die Intellektuellen versetzen sich in eine verblasene, präfaschistische Phantasiewelt, in der sie die verfeinerte Kultur des Bürgertums abschaffen und an deren Stelle den Irrationalismus einer urtümlichen, geistfeindlichen Volksgemeinschaft treten lassen (→ Breisacher; → Institoris; → Zur Höhe).

Kriemhild.
K. geht auf die → Gudrun des Heldenlieds zurück.
[*Nibelungenlied.* Anonymes Heldenepos, entst. um 1200]. – K. ist die treu Liebende, der aus ihrer Liebe große Freude und schweres Leid erwachsen und die sich darüber zur Rächerin wandelt. Die anmutige Schwester der Burgundenkönige liebt vom ersten Augenblick an den Helden → Siegfried und wird seine glückliche Gattin. Als Siegfried von → Hagen unter Mitwissen ihrer Brüder umgebracht wird, gibt sie sich jahrelangem Klagen und Trauern hin. Dann folgt sie der Werbung des Hunnenkönigs → Etzel, um an dessen Machtmittel zu gelangen, und nimmt blutige Rache an ihrer ganzen Sippe.
[*Die Nibelungen.* Trauerspiel von Friedrich Hebbel, 1862]. – Hebbel läßt die tragische Zwanghaftigkeit hervortreten, mit der die zarte, mädchenhafte K. im Ansturm der Wirklichkeit zum Rachedämon wird.

Kristeller [*Zum wilden Mann.* Novelle von Wilhelm Raabe, ED 1874]. – Philipp K. hat als armer Laborant von einem geheimnisvollen Unbekannten Geld bekommen, um die Apotheke »Zum wilden Mann« zu kaufen. Später stellt sich heraus, daß das Geld von dem jungen Scharfrichter stammt, der sein erstes Blutgeld im ererbten Beruf K. gegeben hat, um sich reinzuwaschen.

Kristlein [*Halbzeit,* 1960; *Das Einhorn,* 1966; *Der Sturz,* 1973. Romane von Martin Walser]. – Anselm K., der Ich-Erzähler, ist ein typischer angepaßter Durchschnittsbürger der fünfziger Jahre: 35 Jahre alt, abgebrochenes Studium, Vertreter, verheiratet, drei Kinder, viele Liebesaffären. Er steigt dank seiner Fähigkeit, die jeweils erwarteten Verhaltensweisen anzunehmen, beruflich auf, fängt aber an, sich gegen die vollkommene psychische Fesselung zu wehren. Im *Einhorn* verweigert er sich dem alltäglichen Konkurrenzkampf als freiberuflicher Schriftsteller, kehrt aber, erfolglos, im *Sturz*, wieder zum Geldverdienen als Angestellter zurück. Das Ende ist offen; erneut sucht er, mit verringerter Energie und Hoffnung, die Selbstverwirklichung.

Kröger → Tonio K. (T. Mann: *Tonio Kröger*)

Krokowski [*Der Zauberberg.* Roman von Thomas Mann, 1924]. – Dr. K. will die Psychoanalyse als Heilmethode einführen, doch erweist sich bei allem sensationslüsternen Interesse der Patienten die eingespielte altmodische Struktur des täglichen Ablaufs im Sanatorium »Berghof« als stärker und als segensreicher für die Psyche der Lungenkranken, die eigentlich gar nicht gesund werden wollen.

Kromer [*Demian.* Roman von Hermann Hesse, 1919]. – Franz K., der Sohn eines Schneiders, öffnet dem behüteten Knaben Emil → Sinclair eine ganz neue, reizvoll-gefährliche Welt – die Welt der Gosse, der kleinen Diebstähle und Schwindeleien; er macht den Bürgersohn hörig und zum angstgeschüttelten Nervenbündel.

Krüger [*Erfolg.* Roman von Lion Feuchtwanger, 1930]. – Der revolutionär gesinnte Kunsthistoriker und Subdirektor der Münchener staatlichen Sammlungen Dr. Martin K. ist Zentralfigur der dargestellten politisch-weltanschaulichen Strömungen in der »Provinz« (Bayern). Er wird im Zusammenwirken konservativer Politiker und der Justiz durch Meineidsverdacht in seiner bürgerlichen Existenz vernichtet und zu Unrecht inhaftiert. Freunde, vor allem → Johanna Krain, bemühen sich um seine Freilassung, aber K. stirbt kurz vor seiner Entlassung an einem Herzleiden.

Krull → Felix K. (T. Mann: *Bekenntnisse des Hochstaplers Felix Krull*)

Krull [*Die Kassette.* Komödie von Carl Sternheim, 1912]. – Das ganze Leben des spießigen Oberlehrers Heinrich K. kreist um zwei Pole: die erotische Anziehung seiner viel jüngeren zweiten Frau Fanny und die Kassette mit den Wertpapieren seiner unverheirateten Tante Elsbeth Treu, die er zu erben hofft. Das Geld siegt über die Erotik, aber die Tante hat K. längst enterbt.

Krumhardt [*Die Akten des Vogelsangs.* Roman von Wilhelm Raabe, 1896]. – Karl K., der wohlerzogene, nüchterne Sohn eines Obergerichtssekretärs, geht einen geraden Weg durch Schule und Universität und lebt als angesehener Oberregierungsrat ein braves Bürgerleben in der Vorstadt Vogelsang, wo er als Kind mit seinen Freunden Velten → Andres und Helene Trotzendorff aufgewachsen ist.

Krumm [*Verlassene Zimmer.* Roman von Hermann Lenz, 1966]. – Der Büchsenmacher und – seit einer Fingeramputation – Gastwirt Julius K. ist geistig interessiert und musisch veranlagt; seine Tochter Irene studiert Musik, muß aber nach dem Tode des Vaters ihr Studium abbrechen und heiratet den Zeichenlehrer Hermann → Rapp. In K. porträtiert H. Lenz seinen Großvater mütterlicherseits.

Kuckuck [*Bekenntnisse des Hochstaplers Felix Krull.* Romanfragment von Thomas Mann, 1954]. – Der Paläontologe Professor K. erzählt dem Weltreisenden Marquis de Venosta, alias → Felix Krull, im Speisewagen des Schnellzugs nach Lissabon von der Entstehung des Seins aus dem Nichts, des Belebten aus dem Unbelebten, des Tieres aus der Pflanze. Krull versteht das als die kosmische Rechtfertigung seiner hochstaplerischen Metamorphosen. Mit Mme. Maria Pia K. und ihrer Tochter Susanna (»Zouzou«) hat der »Marquis« ein erotisches Doppelverhältnis, mit dem Thomas Mann auf die mythische Einheit des Weiblichen, verkörpert in der mütterlichen Demeter und der jungfräulichen Persephone, anspielt.

Kuckuck → Hauart (Bierbaum: *Prinz Kuckuck*)

Kudrun [*Kudrun.* Anonymes Heldenepos, entst. um 1240]. – K. ist die Tochter von König → Hetel von Hegelingen und seiner Frau Hilde. Sie wird von → Hartmut von Ormanie entführt, gibt aber seiner Werbung nicht nach. Sie muß deshalb 13 Jahre Magddienste tun, bis sie von ihrem Verlobten → Herwig von Seeland und ihrem Bruder Ortwein nach einem schweren Kampf befreit wird.

Kühleborn [*Undine.* Erzählung von Friedrich de La Motte Fouqué, 1811]. – K., der mächtige Oheim der Nixe → Undine, warnt seine Nichte vor den Menschen und hilft ihr in immer neuen Verwandlungen gegen deren Herzlosigkeit. Er verkörpert die feindliche Kraft der Elemente gegenüber der Menschenwelt.

Küngolt → Dietegen (G. Keller: *Dietegen*)

Künhild [*Laurin.* Anonymes Spielmannsepos, entst. um 1250]. – K. ist die Schwester von Dietleip, einem der Mannen Dietrichs von Bern. Sie wird von dem Zwergenkönig → Laurin in sein unterirdisches Reich entführt, wo sie hilft, Dietrich und seine Leute zu befreien.

Kürmann [*Biografie.* Ein Spiel von Max Frisch, 1967]. – Dem Verhaltensforscher K. wird die Möglichkeit gegeben, sein Leben noch einmal neu zu entwerfen. Das Experiment zeigt, daß Lebensentscheidungen Ausdruck der Persönlichkeit und im wesentlichen unveränderbar sind. Eine grundlegende Wandlung kann nur von außen kommen. Die Identitätsfrage ist ein Grundthema Frischs (→ Stiller, → Gantenbein).

Kufalt [*Wer einmal aus dem Blechnapf frißt.* Roman von Hans Fallada, 1934]. – Ähnlich wie Döblins → Biberkopf ist Willi K. die Problemfigur des entlassenen Sträflings, der vergeblich versucht, wieder Fuß zu fassen, zwangsläufig erneut straffällig wird und resigniert ins Gefängnis zurückkehrt.

Kuhn [*Gertrud*. Roman von Hermann Hesse, 1910]. – K. fühlt sich wie Hesse als einsamer und unverstandener Künstler. Das Leben des Geigers und Komponisten, der durch einen Unfall verkrüppelt ist, ist ganz auf die Musik ausgerichtet, aber von Unsicherheit und Unzufriedenheit mit sich und der Welt bestimmt. Seine tiefe Liebe zu → Gertrud Imthor beflügelt ihn zu künstlerischer Hochleistung, aber er muß zugunsten seines Freundes → Muoth auf sie verzichten.

Kule [*Der tote Tag*. Drama von Ernst Barlach, 1912]. – Der blinde Bettler K. ist eine Vaterfigur göttlichen Ursprungs: er symbolisiert die Geist-Welt als Gegensatz zur mütterlichen Erd-Welt. Um den Sohn aus der chthonischen Mutterbindung zu befreien, schenkt er ihm das Pferd Herzhorn, das ihn in die zukünftige Welt des Vaters führen soll. Aber die um ihre Herrschaft fürchtende Mutter tötet das Pferd.

Kullmann [*Der Stadtpfeifer*. Novelle von Wilhelm Heinrich von Riehl, ED 1856 (in: *Kulturgeschichtliche Novellen*)]. – In den Hungerzeiten des Siebenjährigen Krieges nimmt Heinrich K., der jungverheiratete Stadtpfeifer zu Weilburg, ein Findelkind auf. Die Verantwortung verwandelt den jungen Musikus in einen Familienvater, der die Seinen ernähren kann.

Kumetat [*Rheinpromenade*. Schauspiel von Karl Otto Mühl, 1974]. – Der Rentner Fritz K. sucht wie Brechts *Unwürdige Greisin* der selbstsüchtigen Betreuung durch die Familie und der eigenen Überflüssigkeit zu entkommen. In dem Drang, seine Individualität zu bewahren, begeht er einen Kaufhaus-Diebstahl und legt sich eine junge Freundin zu, das einfältige Küchenmädchen Kläre. Die Umwelt zwingt K. schließlich in die Abhängigkeit zurück.

Kummerer [*Die Verbrecher*. Schauspiel von Ferdinand Bruckner, 1929]. – Der Student und Dichter K. spricht der Justiz jedes Recht ab, Menschen zu verurteilen. »Es gibt keine Verbrecher« nennt er das Buch, das er schreibt. K. ist das Sprachrohr Bruckners, und die Handlung des Schauspiels dient der Beweisführung: In einem Mietshaus wohnen lauter Menschen, die sich schuldhaft verhalten. Während jedoch die Schwerverbrechen ungesühnt bleiben, werden kleinere Vergehen von der Justiz hart geahndet.

Kundry [*Parsifal*. Musikdrama von Richard Wagner, 1877]. – K., die als Herodias beim Anblick der Leiden Christi gelacht hat und deshalb verflucht wurde (bei Wolfram → Cundrîe), will ihre Schuld als Gralsdienerin abbüßen, erliegt aber den triebhaften Mächten und der schwarzen Magie → Klingsors. In dessen Garten übt sie ihre erotischen

Zauberkünste aus und verführt durch ihre Schönheit Amfortas (→ Anfortas). Sie wird von → Parsifal erlöst.

Kunigunde von Thurneck [*Das Käthchen von Heilbronn oder die Feuerprobe.* Historisches Schauspiel von Heinrich von Kleist, 1810]. – K. ist in dem märchenhaften Spiel die Inkarnation des Bösen, die teuflische Hexe, die von ihrem Gegenpart, dem unschuldigen → Käthchen von Heilbronn, entzaubert wird. Sie spielt der Welt das ewig lockende, verführerische Weib vor aus der Reihe der Eva, Helena, Kleopatra, ist aber nur eine Prothesenfigur, deren Wesen ebenso unecht ist wie ihre äußere Erscheinung (falsche Haare, Zähne, Busen). Unter dem Kunstprodukt versteckt sich eine geldgierige Betrügerin, die sich auf das Feudalrecht versteht, ihre krummen Geschäfte macht und mehrere Ritter gegeneinander ausspielt.

Kunz → Franziska (Wedekind: *Franziska*)

Kunze → Hinze (Braun: *Hinze-Kunze-Roman*)

Kupfer [*Der Schüler Gerber.* Roman von Friedrich Torberg, 1930]. – Der Mathematikprofessor Artur K. ist der unmenschliche Schulmeister, der wie ein Gott über seinen Schülern thront und sie beherrscht. Er quält den Schüler → Gerber bis zur Verzweiflung. Der tyrannische, schülerfeindliche Pädagoge ist ein Topos seit der Jahrhundertwende.

Kurrubi [*Ein Engel kommt nach Babylon.* Komödie von Friedrich Dürrenmatt, 1954]. – Ein Engel soll das Mädchen K., das gerade von Gott erschaffen wurde, dem Geringsten der Menschen als Geschenk seiner Gnade überbringen. Die ganze Stadt Babylon liebt sie; aber niemand außer dem Bettler → Akki ist bereit, ihretwegen auf Besitz und Macht zu verzichten.

Kurruth [*Der vierundzwanzigste Februar.* Tragödie von Zacharias Werner, 1815]. – Der 24. Februar ist der Schicksalstag der Familie K. Kunz K. hat einst an diesem Tag ein Messer nach seinem gewalttätigen Vater geworfen und ist verflucht worden. Sein Sohn Kurt tötet beim Spiel mit jenem Messer seine kleine Schwester, wird seinerseits verflucht und flieht. Als er nach vielen Jahren unerkannt zurückkommt, um Verzeihung zu erlangen, wird er von seinem verschuldeten Vater um seines Geldes willen erstochen – am 24. Februar mit dem bewußten Messer. Das Schauspiel begründet die Gattung der Schicksalstragödie.

Kuttel Daddeldu [*Kuttel Daddeldu.* Gedichte von Joachim Ringelnatz, 1920]. – Der ständig betrunkene Seebär ist eine fiktive Gestalt mit vielen autobiographischen Zügen. Er singt in seinen moritatenhaften Kabarettliedern von Abenteuern zur

See und an Land, die von grobem und makabrem Witz, aber auch von Melancholie und Desillusion durchsetzt sind.

Kuttelwascher [*Squirrel oder Der Ernst des Lebens.* Schauspiel von Ernst Penzoldt, UA 1953; ED 1962]. – Die Mitglieder der Familie K., Kutt, Mutt und die Kinder Barbara und Anselm, haben es zu nichts gebracht und sind so verzweifelt, daß sie gemeinsam Selbstmord begehen wollen. Da taucht der Gassenjunge → Squirrel auf, der in den Tag hinein lebt und sie lehrt, nichts übertrieben ernst zu nehmen.

Kutzner [*Erfolg.* Roman von Lion Feuchtwanger, 1930]. – Rupert K. ist der Schlüsselname für Hitler, der als grotesker Phantast dargestellt ist. Er sagt den Marsch auf Berlin »noch vor der Baumblüte« voraus, bleibt aber schon an der Münchener Feldherrenhalle stecken (1923).

Kyrill [*Der Begleiter.* Novelle von Henry von Heiseler, 1919]. – Der Rittmeister K. verfällt während eines Urlaubs in St. Petersburg der schönen Zigeunersängerin Sara. Die Liebe wird ihm schon bald zum Alptraum, denn er hat das ständige Gefühl, von einem »Dritten« begleitet zu sein, von dem er sich nicht mehr befreien kann, auch als er Sara verläßt und in die Garnison zurückkehrt. Er fällt in Wahnsinn und verwünscht Gott. Es bleibt offen, ob der »Begleiter« eine überirdische Macht verkörpert oder ein Wahnbild ist.

Labude [*Fabian.* Satirischer Roman von Erich Kästner, 1931]. – Die Freunde → Fabian und L., ehemalige Studienkollegen, diskutieren über den moralischen Niedergang der Menschheit, den Verlust von Anstand und Redlichkeit. L. wird zum eklatanten Beispiel für den Kollegenneid und die Winkelzüge im Universitätsbereich. Er will sich mit einer Schrift über Lessing habilitieren, ein mißgünstiger Nebenbuhler lügt ihm vor, die Arbeit sei als ungenügend abgelehnt worden. Als Opfer eines »tragischen Witzes« begeht L. daraufhin Selbstmord.

Lackner → Karsta L. (Bieler: *Der Kanal*).

Laconius → Charlotte (J. E. Schlegel: *Die stumme Schönheit*)

Lacrimosa [*Das Mädchen aus der Feenwelt oder Der Bauer als Millionär.* Zaubermärchen von Ferdinand Raimund, 1826]. – Die Fee L. ist wegen Hochmut verbannt und kann nur erlöst werden, wenn ihre irdische Tochter → Lottchen noch vor dem achtzehnten Geburtstag einen armen Mann heiratet. Die Geister »Neid« und »Haß« suchen das zu verhindern und setzen damit die verwickelte Handlung in Gang.

Ladalinski [*Vor dem Sturm*. Roman von Theodor Fontane, 1878]. – Die Familie L. spiegelt Probleme der polnischen Minderheit im Staate Preußen. Geheimrat v. L., Sohn Tubal und Tochter Kathinka gehören zum polnischen Adel, sind aber protestantisch-preußisch geworden. Tubal fällt als Preuße; Kathinka heiratet einen polnischen Grafen, wird wieder katholisch und Polin.

Lämmchen → Pinneberg (Fallada: *Kleiner Mann – was nun?*)

Laertmeister → Delaide (Lichnowsky: *Delaide*)

Läuffer [*Der Hofmeister oder Vorteile der Privaterziehung*. Tragikomödie von Jakob Michael Reinhold Lenz, 1774]. – Der Theologiestudent L. wird trotz Warnungen Hauslehrer auf dem ostpreußischen Adelsitz des Majors von Berg. Er verführt dessen Tochter → Gustchen und flieht zu dem schrulligen Dorfschulmeister Wenzeslaus, wo er ein einfaches Leben führt und sich in Selbstjustiz entmannt. Lenz geißelt in der Gestalt die Unterwürfigkeit der Bürger, die die unwürdige Position des Hofmeisters erst möglich macht.

La Feu → Wild (Klinger: *Sturm und Drang*)

Laiper [*Landshuter Erzählungen*. Stück von Martin Sperr, ED 1967]. – Der Bauunternehmer L. sen. ist ein dickschädeliger Bayer, der sich Neuerungen verschließt und damit seine Firma zugrundegerichtet hat. Sein Sohn Sorm möchte die Tochter des Konkurrenten Grötzinger heiraten, die ein Kind von ihm erwartet, und die Firmen fusionieren. Der Alte widersetzt sich, intrigiert und prozessiert. In einer handgreiflichen Auseinandersetzung erwürgt der Sohn den Vater. Der Mord wird vertuscht, Heirat und Geschäft sind gerettet. In dieser Romeo-und-Julia-Konstellation siegen die Jungen, weil sie keinerlei Skrupel haben.

Lais [*Aristipp und einige seiner Zeitgenossen*. Romanfragment von Christoph Martin Wieland, 1800–1801]. – Die griechische Hetäre L. ist Wielands Idealbild von der schönen, freien, gebildeten Frau. Die kühle L. verliebt sich jedoch in einen kühnen Jüngling, der ihr ganzes Geld durchbringt.

Lampioon [*Lampioon küßt Mädchen und kleine Birken*. Roman von Manfred Hausmann, 1928]. – Nachdem er seine Frau aus Eifersucht getötet hat, führt L. das rastlose Leben eines einsamen Landstreichers, wobei er die großen Städte meidet und ein mystisches Einswerden mit der Natur anstrebt.

Landarzt [*Ein Landarzt*. Erzählung von Franz Kafka, 1919]. –

Ein L. fährt im tiefsten Winter in einer aus dem Nichts aufgetauchten Kutsche zu einem alptraumhaft-unwirklichen Krankenbesuch bei einem Jungen, der in der Hüftgegend eine handtellergroße Wunde hat. Die Wunde ist unheilbar, er ist der »falsche« Arzt, der selbst die gleiche Wunde hat, und er verläßt den Ort zu einer ungewissen Heimfahrt.

Landauer.
Der Journalist Gustav L. (1870–1919) war an der Münchener Räterepublik von 1919 beteiligt; er wurde von Rechtsradikalen erschlagen.
[*Toller.* Schauspiel von Tankred Dorst, 1968]. – Mit dem Anspruch auf historisch getreue Darstellung zeichnet Dorst L. als einen rückwärts gewandten Utopisten, der das Urchristentum zum Muster für eine brüderliche, gewaltlose Menschengemeinschaft nimmt.

Landolt [*Der Landvogt von Greifensee.* Novelle von Gottfried Keller, ED 1877]. – Der unverheiratet gebliebene, ältere Landvogt Salomon L. lädt seine fünf verflossenen Lieben, die ihm alle in der Jugend einen Korb gegeben haben, gleichzeitig auf sein Schloß ein und verlebt mit ihnen einen heiteren Festtag. Damit nimmt er in leichter Melancholie Abschied von der Liebe und der schwindenden Kultur des Rokoko.

Langenau [*Die Weise von Liebe und Tod des Cornets Christoph Rilke.* Zyklische Prosadichtung von Rainer Maria Rilke, 1906]. – Der Junker Christoph Rilke von L. wird im Feldzug gegen die Türken in Ungarn 1663 Fahnenträger des Regiments. Der Rausch seiner ersten Liebesnacht geht über in den Todesrausch in der Schlacht. Die geradezu metaphysische Einheit von Jugend, Liebe und Tod machte den Cornet zu einer Kultfigur der Jugend im Ersten Weltkrieg, in der Wandervogelbewegung und – in der Hitlerjugend.

Langreuter [*Alte Nester.* Roman von Wilhelm Raabe, 1880]. – Friedrich L. hat als Sohn der Haushälterin auf Schloß Werden an der Weser mit der Grafentochter Irene von Everstein, deren Vetter Just → Everstein und den Försterskindern Ewald und Eva Sixtus eine paradiesische Jugendzeit verbracht. Der als Privatgelehrter in Berlin lebende L. erzählt die Lebensgeschichten der Freunde.

Lanzelet [*Lanzelet.* Höfisches Epos von Ulrich von Zatzikhofen, entst. um 1194]. – L. ist der strahlende Jüngling und vollkommene Ritter. Der von der Meerkönigin als Kind Entführte wird auf einer glückseligen Insel groß. Mit 15 Jahren zieht er in die Welt, geht mehrere kurzfristige Ehen ein, siegt in vielen Kämpfen, befreit Ginover, die Gattin des Königs Artus, erfährt seine königliche Herkunft, wird Ritter der Artusrunde und lebt lange glücklich mit seiner Frau

Iblis. (Die ehebrecherische Beziehung zu Ginover (Ginevra) fehlt in Ulrichs Bearbeitung.)

Laotse.
L. (Lao-tzu), um 300 v. Chr.?, ist biographisch nicht faßbar. Nach einer Legende soll er als alter Mann auf dem Weg von China nach Indien dem Grenzwächter seine Schrift Taoteking (Tao-Te-Ching) ausgehändigt haben.
[*Legende von der Entstehung des Buches Taoteking auf dem Weg des Lao Tse in die Emigration.* Ballade von Bertolt Brecht, ED 1939]. – Brecht betont die Bedürfnislosigkeit des greisen Gelehrten und seine Bereitwilligkeit, dem einfältigen und ärmlichen, aber lerneifrigen Zöllner seine Kenntnisse weiterzugeben. Ihm zuliebe schreibt er die 81 Sprüche des Taoteking auf, die somit dank dem Insistieren des Zöllners überliefert werden.

Larîe → Wigalois (Wirnt von Grafenberg: *Wigalois*)

Larkens [*Maler Nolten.* Roman von Eduard Mörike, 1832]. – Der Schauspieler L. ist der ältere, weltkundige Freund → Noltens, ein früher Typ des »Zerrissenen«, der an sich selbst krankt. Als Künstler ist er für Schein und Spiel anfällig und neigt zur Mystifikation. Als ihm die Kunst nicht mehr Lebensinhalt sein kann, will er ein einfacher, redlicher Mensch werden und als Schreiner eine praktische Tätigkeit ausüben. Der Gestaltwandel gelingt ihm nicht, und er begeht Selbstmord.

La Roquette [*Das Urbild des Tartuffe.* Lustspiel von Karl Gutzkow, 1844]. – La R., der Präsident des königlichen Gerichts, will die Uraufführung von Molières *Tartuffe* verhindern, weil er sich selbst als Urbild dieser Gestalt erkennt. Er fürchtet, als frommer Heuchler und Betrüger entlarvt zu werden, kann aber die Aufführung nicht auf Dauer aufhalten und wird bloßgestellt. Gutzkows Absicht war es, am Beispiel R.s die Manipulationen von Kirche und Staat im Vormärz aufzudecken.

Las Casas.
Der spanische Hidalgo und Dominikanermönch Fray Bartolomé de L. C. (1474–1566) kämpfte gegen die spanische Conquista und für die Gleichberechtigung der Indios.
[*Las Casas vor Karl V.* Erzählung von Reinhold Schneider, 1938]. – L. C. segelt von Veracruz zurück nach Spanien, um den Kaiser zu einer Änderung der Kolonialpolitik zu bewegen. In einer großen Disputation vor Karl V. ergreift er als Naturrechtler für die Unterdrückten und gegen den Staatsrechtler Juan Ginés Sepulveda Partei. Der Mönch geht siegreich aus dem Kampf hervor und erhält den Auftrag, als Bischof von Chiapa in Mexiko die »Neuen Gesetze« zu verkünden. In der Schlüsselgeschichte will der Autor die Verbrechen

des Naziregimes gegen die Juden aufzeigen.

Laschen [*Die Fälschung.* Roman von Nicolas Born, 1979]. – Der Reporter Georg L. hat den Auftrag, über den Krieg im Libanon zu berichten. Der absurde, mörderische Kampf aller gegen alle, in dem jeder nur Rache nimmt und keiner Versöhnung sucht, wird zur Allegorie des Menschenlebens überhaupt. Die Existenz des Individuums L. ist ebenso undurchschaubar, von wechselnder Anziehung und Abstoßung geprägt, eine »Fälschung« wie der Bürgerkrieg, den er, der Journalist, wie ein »empfindungsloses Monstrum« beschreibt, potentielle Leser vor Augen, nicht die am Krieg leidenden Menschen.

Latude → Legros (H. Mann: *Madame Legros*)

Lau [*Das Stuttgarter Hutzelmännlein.* Märchen von Eduard Mörike, 1853]. – Die in das Märchen eingefügte *Historie von der schönen Lau* erzählt von der Donaunixe L., einer Kunstfigur wie Heines Lorelei (→ Lore Lay). Sie lebt im Blautopf von Blaubeuren. Erst nachdem sie fünfmal gelacht hat, kann sie ein lebendes Kind gebären.

Laudine [*Iwein.* Versroman von Hartmann von Aue, entst. um 1202]. – L. ist die trauernde und racheschwörende Witwe, die sich sehr schnell dem Mörder ihres Gatten ergibt, weil die Sicherheit des Landes dies erfordert. Sie gewährt ihrem zweiten Ehemann → Iwein ein Jahr Urlaub, weil sie Verständnis für seinen Rittersinn hat, löst aber den Ehebund, als er zur festgesetzten Zeit nicht zurückkehrt. Durch Vermittlung von → Lunete wird das Paar am Ende versöhnt.

Lauen [*Der Schüdderump.* Roman von Wilhelm Raabe, 1870]. – Hennig v. L. wird zusammen mit dem Armenhauskind → Tonie auf Gut Lauenhof erzogen. Er entwickelt sich zum liebenswerten, aber entschlußschwachen Durchschnittsmenschen, der sich weder seines Lehrers, des Chevaliers v. → Glaubigern, noch Tonies würdig erweist. So gestaltet Raabe in Schopenhauerschem Pessimismus gegenläufige Lebensschicksale. Dem Jungherren verhelfen alle Bildungsprivilegien nur zu biederer Anständigkeit, und das Armenhäuslerkind, eine Auserwählte, geht zugrunde.

Launhart → Hetmann (Wedekind: *Hidalla oder Sein und Haben*)

Laurella [*L'Arrabbiata.* Novelle von Paul Heyse, ED 1855]. – Die schöne L. ist eine trotzige, rabiate Person (l'arrabiata (ital.) = die Erzürnte, Widerspenstige), die den Schiffer Antonio abweist und vor seinen Anträgen ins Meer springt, obwohl sie ihn liebt. Sie hat sich vorgenommen, nie zu heiraten, seit sie miterleben mußte, wie ihre

Mutter von ihrem Vater mißhandelt wurde. Aber Antonio gelingt es, sie von ihrem Vorsatz abzubringen.

Laurenburger Els [*Aus der Chronika eines fahrenden Schülers.* Fragment einer erzählenden Dichtung von Clemens Brentano, 1818]. – Die schöne Els wächst in der ärmlichen Behausung ihres Vaters, eines Jägers, auf, in Freundschaft mit dem Junker Siegmund auf Laurenburg. Aus Freundschaft wird Liebe, und Siegmund ist wohl der Vater des Erzählers → Johannes.

Laurence [*Florentinische Nächte.* Novellenfragment von Heinrich Heine, ED 1837]. – Die kleine Tänzerin L. kam als Kind einer Scheintoten in einem Grab zur Welt. Ihr trancehafter Tanz drückt die Schauer der Todesnähe aus und bedeutet für den Erzähler → Maximilian den Höhepunkt des Virtuosentums, gerade weil er »etwas grauenhaft Schmerzliches« enthält. So ist L. eine Gestalt der schwarzen Romantik.

Lauretz [*Via mala.* Roman von John Knittel, 1934]. – In dem klassischen Trivialroman tyrannisiert der Sägemüller Jonas L. aus dem Ysollatal, ein heruntergekommener Trinker, seine Familie so lange, bis diese ihn umbringt. Die nicht an dem Mord beteiligte Tochter Silvia heiratet einen Adeligen, der als Untersuchungsrichter auf die Akte der Familie L. stößt, sie aber aus Liebe zu seiner Frau im Archiv verschwinden läßt.

Laurin [*Laurin.* Anonymes Spielmannsepos, entst. um 1250]. – Der Zwergenkönig L. hat einen Zaubergürtel, der ihm die Stärke von zwölf Männern verleiht. Trotzdem wird er von → Dietrich von Bern und Hildebrand von Garte überwältigt, schwört Treue und lädt sie in sein unterirdisches Reich ein. Dort nimmt er sie jedoch gefangen, um sich für die Zerstörung seines Rosengartens zu rächen. Nachdem er abermals unterlegen ist, folgt er Dietrich nach Bern, tritt zum Christentum über und ist hinfort sein treuer Freund.

Lautenschlag [*Die Schaukel.* Autobiographischer Roman von Annette Kolb, 1934]. – L. ist der Deckname für die exzentrische, kunstliebende und -ausübende Familie Kolb; in dem Matthias genannten fünfzehnjährigen Mädchen, einem »ausgesprochenen Wunsch- und Willensmenschen«, spiegelt sich Annette Kolb selbst. Die älteste Schwester Hespera (Luise), die in dem Jahr, das dargestellt wird, stirbt, erscheint als »paradiesische Figur«, als Zentralpunkt des ästhetischen und harmonischen Strahlenfelds der Familie.

Lavinia → Eneas (Heinrich von Veldeke: *Eneide*)

Lea de Chassefierre [*Exil.* Roman von Lion Feuchtwanger,

1940]. – L., eine große Dame, Liebhaberin und Diplomatin, steht zwischen den nationalsozialistischen Journalisten, dem deutschen Botschaftspersonal und den Emigranten, die 1935 in Paris leben.

Leah [*Die Makkabäer.* Trauerspiel von Otto Ludwig, ED 1854]. – Die Mutter des → Judah ist stolz auf ihre Söhne und voller Ehrgeiz, den Ruhm ihrer Familie zu mehren. Sie steigert sich wie Niobe zu übermenschlichem Heldentum und schickt ihre Söhne lieber in den Feuertod, als zu erleben, daß sie dem Glauben abschwören.

Leander.
L. ist der tragische Liebende aus der griechischen Mythologie, der den Hellespont durchschwimmt, um zu seiner Geliebten Hero zu gelangen, und dabei umkommt.
[*Es waren zwei Königskinder.* Volksballade, aufgez. 1802]. – [*Hero und Leander.* Ballade von Friedrich von Schiller, 1797]. – [*Des Meeres und der Liebe Wellen.* Tragödie von Franz Grillparzer, 1840]. – Seit → Heros Blick L. bei ihrer Weihung zur Priesterin getroffen hat, ist er liebeskrank. Er überwindet alle Hindernisse, durchschwimmt das Meer und erklettert den Turm, in dem Hero lebt, um der Geliebten nahe zu sein. Sein Abschied wird beobachtet, und als er am nächsten Abend wiederkommt, hat der Priester das Öllämpchen gelöscht, das ihm den Weg weisen soll. Er kommt in den Wellen um.

Lebandowski [*Die Pulvermühle.* Roman von Gertrud Fussenegger, 1968]. – L. ist ein gewissen- und herzloser Mensch. Als österreichischer Offizier hat er das bosnische Dorf Filica vernichten lassen. Nach dem Krieg lebt er als reicher Besitzer eines Porphyrsteinbruchs und Leuteschinder im Eisacktal. Er wird von seinem bosnischen Sprengmeister → Dragenowitsch ermordet, als dieser von seinem Kriegsverbrechen erfährt.

Leberecht Hühnchen [*Leberecht Hühnchen.* Idylle von Heinrich Seidel, 1882]. – L. H. ist ein Lebenskünstler, der in bescheidenen Verhältnissen Feste zu feiern weiß, immer seinen Humor behält, zu geistreichen Scherzen aufgelegt ist und dessen sonniges Gemüt auch Schicksalsschläge überwindet.

Lee → Heinrich L. (Keller: *Der grüne Heinrich*)

Le Grand [*Ideen. Das Buch Le Grand.* Prosa von Heinrich Heine, ED 1827]. – Der nach Jahren aus Rußland zurückgekehrte französische Tambour L. G. ist ein Medium für Heines Napoleon-Verehrung.

Legros [*Madame Legros.* Drama von Heinrich Mann, 1913]. – Die einfache Kleinbürgerin Madame L. setzt sich bei allen Gesellschaftsschichten bis zur Königin für den seit 43 Jahren unschuldig eingekerkerten Gefangenen Latude ein. Sie erreicht ihr Ziel, weigert sich aber beim Sturm auf die Bastille, als Führerin voranzuschreiten, denn sie ist desillusioniert durch die rohe Gewalt der Revolution.

Lehninger [*Italienische Nacht.* Volksstück von Ödön von Horváth, UA 1931]. – Der Gastwirt Josef L. vermietet seinen Saal an Nazis und Sozis in gleicher Weise. Er ist der Typ des nach allen Seiten beschwichtigenden, ängstlichen, unpolitischen Bürgers. Sein Geschäft blüht.

Leibgeber [*Siebenkäs.* Roman von Jean Paul, 1796/97]. – L. ist wie sein Freund und Doppelgänger → Siebenkäs ein verschrobener Sonderling. Aber er ist freier und respektloser und verführt Siebenkäs zu einer Scheintodkomödie. Zum Schluß gibt er sich selbst auf und überläßt seinen Namen dem angeblich gestorbenen Freund, um ihm ein neues Leben zu ermöglichen. Er selbst wandert ins Ungewisse. – Als → Schoppe läßt der Autor ihn im *Titan* wieder auferstehen.

Leibniz → Liberé (M. Walser: *Der schwarze Schwan*)

Leicester.
Robert Dudley, Earl of Leicester (1533–1588) war ein Günstling Elisabeths I.; militärisch war er ein Versager.
[*Maria Stuart.* Trauerspiel von Friedrich von Schiller, 1801]. – Der bedachtsame Opportunist und ehrgeizige Egoist L. will die Gunst seiner Königin, um die er lange vergeblich geworben hat, nicht verlieren, obwohl er → Maria Stuart liebt (eine Erfindung von Schiller); deshalb treibt er ein gefährliches Doppelspiel.

Leim [*Der böse Geist Lumpazivagabundus.* Zauberposse von Johann Nestroy, 1833]. – L. ist Tischler und einer der drei lockeren Gesellen, über die Fortuna ihr Füllhorn ausschüttet. Er ist der Brave und Solide und bringt es zu einer bürgerlichen Existenz.

Leinlein [*Die Riesenzwerge.* »Ein Beitrag« von Gisela Elsner. 1964]. – Lothar L., Lehrerssohn, noch nicht schulpflichtig, berichtet aus seiner Kinderperspektive von seinen Erfahrungen mit den Eltern und anderen »Riesenzwergen«, woraus sich eine bittere Gesellschaftskritik ergibt.

Leirerin [*Der seltsame Springinsfeld.* Erzählung von Hans Jakob Christoffel von Grimmelshausen, 1670]. – Als der alternde → Springinsfeld mit fahrendem Volk umherzieht, lernt er die Tochter eines Bettlers kennen, die auf der Leier spielt. Sie heißt daher die L. (Leyrerin). Springinsfeld heiratet sie, doch sie verläßt ihn, als sie ein unsichtbar machendes Vogelnest findet. Springinsfeld erfährt, daß sie nach allerlei Abenteuern mit der Tarnkappe dadurch zu Tode kam, daß ein Hellebardier, den sie unsichtbar bestohlen hatte, mit seiner Waffe blindlings um sich schlug. Die weiteren Schicksale der Tarnkappe verbinden sich mit dem neuen Besitzer, dem Hellebardier Michael Rechulin von → Sehmsdorff.

Lembeck [*Ein Fest auf Haderslevhuus.* Novelle von Theodor Storm, 1885]. – Rolf von L., Held der im 14. Jh. spielenden Geschichte, ist der höfisch erzogene, wenig kriegerische Sproß aus altem Rittergeschlecht. Er wird standesgemäß verheiratet mit der Witwe → Wulfhild von Pogwisch, deren Triebhaftigkeit ihn zunächst zu fesseln vermag. Als er aber der mädchenhaften → Dagmar begegnet, weiß er, was Liebe ist. L. wird eines Tages zu einem Fest nach Haderslevhuus geladen, glaubt zu Dagmars Heirat mit einem anderen Ritter aufzubrechen, findet sie jedoch als Tote auf der Bahre. Er stürzt sich mit der Leiche von einem Turm in die Tiefe.

Lemelie [*Die Insel Felsenburg.* Roman von Johann Gottfried Schnabel, 1731–1743]. – Der Kapitän des Schiffes, das vor der Atlantikinsel untergeht, ein gebürtiger Franzose, der ein verbrecherisches Leben geführt hat, ist das teuflische Element in der unfreiwilligen Gemeinschaft der vier Überlebenden. Der Rationalist tut nur, was ihm nützt, und da er → Concordia Plürs begehrt, verlangt er eine offene Weibergemeinschaft und stürzt Concordias Gemahl, der sich widersetzt, eine Klippe hinunter. L. kommt um, als er den letzten potentiellen Rivalen, Albert → Julius, ermorden will.

Lena [*Leonce und Lena.* Komödie von Georg Büchner, ED 1842]. – Die anmutige Prinzessin L. von Pipi ist weniger problematisch und natürlicher als → Leonce, aber auch sie leidet am Dasein und will in der Liebe die Auflösung des Lebens finden. Das schwärmerische Mädchen flieht vor der abgekarteten Ehe mit dem Prinzen Leonce von Popo und läuft geradewegs in seine Arme.

Lenardo [*Wilhelm Meisters Wanderjahre oder Die Entsagenden.* Roman von Johann Wolfgang von Goethe, 1821/29]. – L. ist die zukunftsweisende Gestalt des Romans. Er, als Junker konventionell mit Privilegien und Grand Tour aufgewachsen, sieht den Übergang von der Akkerbauwirtschaft zum Industriestaat voraus. Er ist technisch interessiert (Weber-Heimindustrie und Fabriken) und hat Besitzungen in Amerika. So ist er der geeignete Mann für ein großes Auswanderungsunternehmen, in dem jenseits des Ozeans frei von feudalistischen Zwängen Siedlungen, Verkehrswege und Industrieanlagen geplant werden.

Lene [*Bahnwärter Thiel.* »Novellistische Studie« von Gerhart Hauptmann, 1892]. – Die arbeitsame Bauernmagd, die der verwitwete Bahnwärter → Thiel heiratet, ist ein brutales, triebhaftes Weib, das hart und streitsüchtig das Regiment im Hause führt, den Stiefsohn Tobias mißhandelt und verwahrlosen läßt. Als das Kind von der Eisenbahn überfahren wird, hält Thiel sie des Mordes für schuldig und bringt sie und ihr Baby um.

Lene Nimptsch [*Irrungen, Wirrungen.* Roman von Theodor Fontane, 1888]. – Die Plätterin L. genießt für einen Sommer die Liebe des jungen Barons Botho von → Rienäcker, ohne sich je Illusionen über das baldige Ende der Beziehung zu machen, denn beide können nicht gegen die bestehende Gesellschaftsordnung leben.

Lenette [*Siebenkäs.* Roman von Jean Paul, 1796/97]. – Die naive L. ist der Typ der ständig fegenden und wischenden Hausfrau, die weder Verständnis für die Bücherwelt und das Ruhebedürfnis ihres Gatten → Siebenkäs hat noch für seine Narreteien. So steht die junge Ehe von vorneherein unter keinem guten Stern. Die von ihrem Mann verschuldete Armut wächst sich zu einer Katastrophe aus.

Leni Pfeiffer [*Gruppenbild mit Dame.* Roman von Heinrich Böll, 1971]. – Mit der Legende von L. P. zeichnet Böll die Vision eines guten Menschen, einer naiven und »unschuldigen« Frau, die frei von Fanatismus, Vorurteilen und Profitdenken unbeirrt tut, was ihr das Herz befiehlt. Im Krieg hilft sie einem russischen Kriegsgefangenen, → Boris, von dem sie ein Kind bekommt, in der Wirtschaftswunderzeit lebt sie mit einem türkischen Müllarbeiter zusammen und ist Hausmutter einer Anzahl von untüchtigen, getretenen Untermietern. So wird sie zum Symbol der tätigen Toleranz.

Lennacker [*Lennacker.* Roman von Ina Seidel, 1938]. – L. ist der Familienname einer evangelischen Pfarrerdynastie, deren jüngstes Glied, der Medizinstudent Hans Jakob L., nach dem Ersten Weltkrieg, der ihn aufgewühlt hat, in zwölf Fiebernächten die Anfechtungen, Kämpfe und die Bewährung seiner zwölf Ahnen von der Reformation bis zum 20. Jh. durchlebt. Das Erlebnis gibt ihm neuen Lebensmut und vermittelt ihm die Aufgabe, eine geistige Tradition weiterzuführen.

Lenore [*Deutsche und lateinische Gedichte.* Von Johann Christian Günther, 1724–35]. – Mit L. ist zum erstenmal in der Lyrik ein Mädchen mit Fleisch und Blut genannt und die Liebe zu ihr unmittelbar in Worte gefaßt – eine Vorwegnahme der Goetheschen Erlebnislyrik. Es handelt sich dabei um Lenore Jachmann aus Schweidnitz.

Lenore [*Lenore.* Ballade von Gottfried August Bürger, 1774]. – L. zweifelt an Gott und ersehnt den Tod, weil ihr Bräutigam nicht aus dem Krieg zurückgekehrt ist. Als Gespensterreiter holt dieser L. ins Hochzeitsbett: das Grab.

Lenz.
Jakob Michael Reinhold Lenz (1751–1792), ein Freund Goethes in dessen Straßburger Zeit, war vor allem Dramatiker. Er litt unter Schizophrenie.
[*Lenz.* Novellenfragment von Georg Büchner, ED 1839]. – In der psychopathologischen Studie in Erzählform hält sich L. zur Heilung bei dem Pfarrer → Oberlin im Elsaß auf und erlebt die Welt in seinem psychisch labilen Zustand überhöht und außerhalb der vernunftmäßigen Erfassung.
[*Lenz.* Erzählung von Peter Schneider, 1973]. – Der Name L. wird symbolhaft einem Studenten der 68er Generation zugeteilt. Dieser empfindet schizophrene Anwandlungen angesichts der Diskrepanz zwischen der repressiven Gegenwart und seiner utopischen Zukunftserwartung, aber auch wegen der Unvereinbarkeit der sozialrevolutionären Ziele mit dem Wunsch nach Entfaltung seiner Persönlichkeit.
[*Die Rückkehr des verlorenen Jakob Michael Reinhold Lenz nach Riga.* Erzählung von Gert Hofmann, ED 1981]. – Der selbstgewisse, starrsinnige Vater, Generalsuperintendent von Lettland, weist den hilfesuchenden, psychisch kranken Aussteiger ab.

Lenz [*Das Spinnennetz.* Roman von Joseph Roth, 1923]. – Benjamin L., ein galizischer Jude, ist kühler Beobachter der politischen Wirren in Deutschland nach dem Ersten Weltkrieg. Er macht unter der Hand mit bei dem Kampf aller gegen alle und fühlt sich als Marionettenspieler, der die Puppen ins Verderben tanzen läßt.

Leo.
Kaiser Leo der Armenier regierte 813–820 und wurde am Hl. Abend des Jahres 820 am Hof zu Konstantinopel ermordet.
[*Leo Armenius.* Trauerspiel von Andreas Gryphius, ED 1650]. – Michael Balbus, der ehemalige Kampfgenosse des Kaisers L., ist als Verschwörer zum Tode verurteilt worden. Weil L. wegen des Weihnachtsfestes die Hinrichtung aufschiebt, gibt er seinen Widersachern Gelegenheit, ihn während der Mitternachtsmesse umzubringen. Dadurch wird der Tyrann zum Märtyrer, und in Michael Balbus besteigt ein neuer Despot den Thron.

Leo → H. H. (Hesse: *Die Morgenlandfahrt*)

Léocadie → Henri (Schnitzler: *Der grüne Kakadu*)

Leokadja → **Begbick** (Brecht: *Aufstieg und Fall der Stadt Mahagonny)*

Leon [*Weh' dem, der lügt!* Lustspiel von Franz Grillparzer,

1840]. – Der Küchenjunge des Bischofs → Gregor von Tours zieht aus, dessen Neffen → Attalus aus der Gefangenschaft der barbarischen Germanen zu befreien. Wie es ihm der Bischof auferlegt hat, sagt er dabei immer die Wahrheit, aber er sagt sie so, daß ihm niemand glaubt und sie damit zur Lüge wird. Im Laufe seiner Befreiungsaktion findet er den Durchbruch zu echter Wahrhaftigkeit im Vertrauen auf Gott. In L. vereinigen sich Züge des traditionellen komödiantischen Possenreißers mit unprätentiösem, geradezu widerwilligem Heldenmut.

Leonce [*Leonce und Lena.* Komödie von Georg Büchner, ED 1842]. – Der einsame Prinz L. von Popo ist ein spätromantischer Weltschmerzler aus der Reihe: → Werther, → Oronaro, William → Lovell, → Roquairol. Er wird von Langeweile, Lebensüberdruß und der Determiniertheit des Daseins gequält. Als er die Prinzessin → Lena heiraten soll, entflieht er zusammen mit → Valerio, weil er kein »nützliches Mitglied der menschlichen Gesellschaft« werden will. Er begegnet der Braut, ohne sie zu kennen, und verliebt sich in sie. Um das Glück des Augenblicks festzuhalten, will er sich in den Tod stürzen, was Valerio verhindert.

Leonhard [*Die Elixiere des Teufels.* Roman von E.T.A. Hoffmann, 1815/16]. – In der Gestalt des eleganten Weltmanns L. begegnet der Mönch → Medardus am Hof eines kleinen Fürsten → Aurelie wieder. Die Hochzeit wird festgesetzt, aber L. plagen Zweifel, ob er die Unwissende zur Frau eines sündigen Mönches machen darf. Am Hochzeitstag sagt er ihr die Wahrheit, stößt sie mit dem Messer nieder und rennt davon.

Leonhard [*Die Freier.* Lustspiel von Joseph Freiherr von Eichendorff, 1833]. – Graf L. macht sich, als Schauspieler verkleidet, auf den Weg zum Schloß der Gräfin → Adele, die er auf Wunsch seines Onkels heiraten soll. Später gibt er sich als der »Sänger« Florestan aus. In einem verwirrenden Verwechslungsspiel, in dem jeder in eine andere Rolle geschlüpft ist, findet er seine Braut.

Leonhard [*Maria Magdalene.* Bürgerliches Trauerspiel von Friedrich Hebbel, 1844]. – L. ist der unwürdige, berechnende Verlobte, der die Hingabe seiner Braut fordert, aber nicht für die Folgen einstehen will. Er benutzt die Gelegenheit, daß der Bruder → Klaras unter falschem Verdacht verhaftet wird, um die Verlobung zu lösen, die ihm wegen der fehlenden Aussteuer schon lästig geworden ist. Klaras Bitte, sie wegen des zu erwartenden Kindes doch zu heiraten, schlägt er ab.

Leonore [*Die stumme Schönheit.* Lustspiel von Johann Elias Schlegel, 1747]. – L., die Tochter eines Landedelmanns, die von ihrer Pflegemutter, Frau Praatgern, aus Habgier gegen deren eigene Tochter → Charlotte ausgetauscht worden ist, wächst zum Ideal der neuen bürgerlichen Erziehung heran: zu einem natürlichen, anmutigen Mädchen, das Herz und Verstand hat.

Leonore [*Die Verschwörung des Fiesko zu Genua.* Tragödie von Friedrich von Schiller, 1783]. – Die Gemahlin → Fieskos gehört dem Stadtadel an und stellt sich, wie dieser, gegen den Drang der → Dorias zur Alleinherrschaft. Als sie erkennt, daß Fiesko selbst zur Krone greift, versucht sie ihn umzustimmen. Sie folgt ihm verkleidet in den Aufstand und fällt von seiner Hand.

Leonore Sanvitale [*Torquato Tasso.* Schauspiel von Johann Wolfgang von Goethe, 1790]. – Die listige Gräfin L. S., die bei ihrer Freundin, der Prinzessin → Leonore von Este zu Besuch weilt, nutzt die Unstimmigkeiten → Tassos mit dem Herzog von Ferrara, um den Dichter zu überreden, sie nach Florenz zu begleiten. Sie möchte wie Laura von Petrarca von ihm besungen werden und sich in seinem Geiste bespiegeln.

Leonore von Este [*Torquato Tasso.* Schauspiel von Johann Wolfgang von Goethe, 1790]. – Die Prinzessin L. v. E. entspricht dem klassischen Frauenideal: sie vereint gesellschaftliches Feingefühl mit klarem Geist und harmonischem Wesen. Ihre weibliche Aufgabe ist es, den von dämonischen Naturkräften beherrschten Mann zu sich emporzuziehen (→ Iphigenie). Die feingebildete Prinzessin lebt am Musenhof ihres Bruders Alfons, des Fürsten von Ferrara. Sie ist die Muse des Dichters → Tasso und versucht den Ungestümen zu maßvoller Gesittung zu führen. Als er die Probe nicht besteht und sich ihr in Überschätzung seiner Person als Liebhaber nähert, verdammt sie ihn und verstößt ihn vom Hofe.

Leonore von Gystrow [*Schloß Wetterstein.* Drama von Frank Wedekind, 1912]. – L. v. G. ist die frustrierte Frau, die nach anfänglicher Entrüstung alle bürgerlichen Konventionen und Verhaltensnormen hinter sich läßt und Rüdiger von → Wetterstein, den Mörder ihres Gatten, heiratet, weil sie glaubt, in ihm den richtigen Partner für eine wirkliche Ehe gefunden zu haben.

Leonore von → Rothensattel (Freytag: *Soll und Haben*)

Leontin [*Ahnung und Gegenwart.* Roman von Joseph Freiherr von Eichendorff, 1815]. – Graf L. ist eine phantasievolle, poetische Natur wie sein Freund → Friedrich, aber diesseitiger und weltoffener. Um seinem Leben einen Sinn zu geben, heiratet er Julie, ein Mädchen aus der heilen Welt des Landadels, und wandert mit ihr nach Amerika aus.

Leopold Treibel [*Frau Jenny Treibel*. Roman von Theodor Fontane, 1892]. – L., das jüngste Kind der → Jenny Treibel, ist der völlig unselbständige Sohn einer starken Mutter. Er liebt zwar → Corinna aufrichtig, hat aber nicht genügend Kraft, seinen Willen gegen die Mutter durchzusetzen.

Leporello.
L. ist der niederträchtige, aufschneiderische und eigennützige, aber seinem Herrn untertänige Diener in den Don-Juan-Dramen seit Mozart/da Pontes *Don Giovanni* (1787). Er imitiert seinen Meister und ist dessen verzerrtes Spiegelbild auf einer niederen Ebene. (Don → Juan).

Lerch [*Reitergeschichte*. Novelle von Hugo von Hofmannsthal, ED 1899]. – Das Schicksal des Wachtmeisters Anton L. ist eine verwirrende, symbolisch ausgestaltete psychologische Fallstudie. Äußerlich ein Haudegen und tapferer Soldat, mischen sich in seiner Psyche untrennbar Besitzgier und Liebesbedürfnis, Grobheit und Sehnsucht. Verstörende Vorfälle bei einem Erkundungsritt seiner Schwadron gipfeln in L.s Halluzination, seinem eigenen Spiegelbild zu begegnen. Sein Unterbewußtsein drängt ihn, nicht mehr hündisch zu gehorchen, und er provoziert seine Erschießung durch Rittmeister → Rofrano.

Lerse [*Götz von Berlichingen*. Schauspiel von Johann Wolfgang von Goethe, UA 1774]. – Der Reitknecht Franz L. trifft in einem Scharmützel auf → Götz von Berlichingen und zeigt sich als tapferer, ausdauernder Gegner. Seitdem bewundert er den Ritter, und als dieser in die Enge getrieben ist, bietet er ihm seine Dienste an. Er erweist sich als zuverlässiger zweiter Mann, als der Getreueste von allen.

Lesabéndio [*Lesabéndio*. Roman von Paul Scheerbart, 1913]. – In dem phantastischen Weltraumroman, der in der Tradition Jules Vernes steht und ein Vorläufer der Science-Fiction-Romane ist, lebt L. als Techniker auf dem Asteroid Pallas, den er für ein »Rumpfgestirn« hält und mit einem »Kopfgestirn« zu einem »Doppelgestirn« verbinden will. Als einzigem Pallasianer gelingt ihm die Vereinigung, er geht durch einen Rauschzustand und wird langsam selbst zu einem Stern, der um die Sonne kreist.

Le Tellier [*Das Leiden eines Knaben*. Novelle von Conrad Ferdinand Meyer, 1883]. – In Le T. zeichnet Meyer das Schreckbild eines Jesuiten aus der Zeit Ludwigs XIV., der die Ordensinteressen mit persönlicher Bosheit und Rachegefühlen verbindet, um den Knaben → Julian Bouffler zu vernichten.

Leubelfing → Auguste L. (Meyer: *Gustav Adolfs Page*)

Leutenbacher → Friedemann L. (Raabe: *Else von der Tanne*)

Leuven → Concordia Plürs (J. G. Schnabel: *Die Insel Felsenburg*)

Leuwenhoek [*Meister Floh.* Märchen von E.T.A. Hoffmann, 1822]. – Der Direktor eines Flohzirkus ist in Wirklichkeit der Revenant (von den Toten wiedergekehrte) Anton van L., ein holländischer Naturforscher und Konstrukteur magischer Mikroskope, der Zugang zum Geisterreich hat.

Leverkühn [*Doktor Faustus.* Roman von Thomas Mann, 1947]. – Der Komponist Adrian L. ist ein dämonischer Künstler, sozial verantwortungslos, kühl und distanziert, weil Leben und Kunst nicht vereinbar sind. Über den Umweg der Theologie kommt er zur Musik, und um die allgemeine künstlerische Krise der Jahrhundertwende zu bewältigen, schließt er einen Teufelspakt: Er infiziert sich absichtlich mit der Syphilis (→ Esmeralda), weil ihn die Krankheit in einen Schöpfungsrausch zu versetzen verspricht; die depressiven Phasen und das bittere Ende im Wahnsinn nimmt er in Kauf. »Das Gift wirkt als Rausch, Stimulanz, Inspiration«; bei der ersten Vorführung seines großen Werkes »Dr. Fausti Weheklag« kommt die Paralyse zum Durchbruch. – L.s Lebensgeschichte entspricht in vielen Einzelheiten der Biographie Nietzsches. Adrians Vater, Jonathan L., ist ein Mann von scheinbar altdeutscher Biederkeit, wie aus einem Gemälde von Lucas Cranach herausgeschnitten, doch wirkt sein Interesse für Absonderlichkeiten der Natur und für die Schwarze Kunst dekadent und auf Adrian komisch. Trotzdem verdankt der Sohn dem Vater seine Aufgeschlossenheit für die mystifizierende Denkweise des ausgehenden Mittelalters.

Levin [*Levins Mühle.* Roman von Johannes Bobrowski, 1964]. – Nachdem seine Mühle in Westpreußen 1874 durch Öffnen der Schleusen absichtlich zerstört worden ist, verbündet sich der Jude L. mit den Unterdrückten: Polen, Juden, Zigeunern und deutschen Proletariern, bis sie den Großvater des Erzählers, einen deutschen »Herrenmenschen» und Mühlenbesitzer, aus dem Ort vertrieben haben.

Leviné.
Eugen L. (1883–1919) versuchte im Auftrag der KPD die Errichtung der Räterepublik in Bayern (1919) zu verhindern. Als das mißlang, nahm er teil, wurde als Rädelsführer zum Tode verurteilt und hingerichtet.
[*Toller.* Schauspiel von Tankred Dorst, 1968]. – Der kommunistische Parteifunktionär L. ist ein Gegenbild zu → Toller, eine austauschbare, nur durch den Einsatz in der Organisation bestimmte Figur. Er hält sich an die Erkenntnis der Partei, daß die Zeit für eine Revolution noch nicht reif ist.

Lewfrid [*Der Goldfaden.* Roman von Jörg Wickram, 1557]. – Der arme Hirtensohn L. liebt Angliana, die Tochter des Grafen von Merida. Als Liebesprobe soll er einen Goldfaden ein Jahr lang unbeschädigt aufbewahren. L. läßt den Faden in einen Schnitt einwachsen, den er sich auf der Brust beibringt. Durch viele Heldentaten beweist er seine Rittertugenden, wird trotz der ursprünglichen Standesvorurteile geadelt und mit Angliana vermählt.

Leyrerin → Leirerin (Grimmelshausen: *Der seltsame Springinsfeld*)

Lia → Compass (Hasenclever: *Ein besserer Herr*)

Liane [*Titan.* Roman von Jean Paul, 1800–1803]. – Die fromme, tugendhafte L. ist ein Madonnentyp, eine leidende, weltentrückte Heilige. Der Reiz der ätherisch zarten Schönen liegt in ihrer rührenden Hinfälligkeit, die sie übersensitiv macht, ihr die Gewißheit eines frühen Todes und das Gefühl gibt, mit dem Himmel vermählt zu sein. Sie wird von dem ritterlichen Schwärmer → Albano angebetet, der gegen ihre krankhaften Todesgedanken ankämpft, aber ihr Hinschwinden nicht verhindern kann.

Liberé [*Der schwarze Schwan.* Zeitstück von Martin Walser, 1964]. – Der Psychiater Leibniz war während der NS-Zeit als Euthanasiearzt tätig. Daher nimmt er nach dem Krieg den bei seiner Schuld absurden Namen L. an. Er gründet die Nervenheilanstalt Karwang, in die Rudi → Goothein aufgenommen wird, als ihm die frühere Tätigkeit seines Vaters keine Ruhe mehr läßt. Die Konfrontation mit der Vergangenheit bleibt aber bei L. und seiner Tochter Irm (→ Hedi Leibniz) folgenlos.

Libuschka → Courasche (Grimmelshausen: *Trutz Simplex*)

Libussa.
In böhmischen Sagen erscheint L. als eine mythische Seherin und die Urmutter der Přemysliden.
[*Libussa.* Trauerspiel von Franz Grillparzer, ED 1872]. – L. verkörpert das Matriarchat, ein goldenes Zeitalter, das der Zivilisation vorausgeht und dem die Menschen ihre Gemütskräfte, ihre Begeisterungsfähigkeit und ihre visionäre Schau verdanken. Die aus göttlichem Geschlecht stammende L. löst sich aus der »hohen« mythischen Welt ihrer warnenden Schwestern und steigt in die »niedere« Welt der Menschen herab: sie übernimmt nach dem Tod ihres Vaters die böhmische Königswürde, um »mit den Menschen Mensch« zu sein. Aber ihre milde Herrschaft, die auf Liebe und Vertrauen basiert und ohne Rechtsordnung auskommen will, scheitert. Sie wird zur Heirat gedrängt und macht den Bauern → Primislaus, der ihr einmal das

Leben gerettet hat und den sie liebt, zum Ehemann und Landesherrn. Sie billigt seine Herrschaft eines pragmatischen Humanismus, aber für ihre göttlichen Ideale ist kein Platz mehr.

Licht [*Der zerbrochene Krug.* Lustspiel von Heinrich von Kleist, 1811]. – Der Schreiber L., ein dienstbeflissener, aber auch scharfsichtig auf das eigene Fortkommen bedachter Mann, bringt »Licht« in die Affäre um den zerbrochenen Krug. Er ist der Nutznießer der Verfehlungen des Dorfrichters → Adam.

Liddy [*Scherz, Satire, Ironie und tiefere Bedeutung.* Lustspiel von Christian Dietrich Grabbe, ED 1827]. – L., die Nichte des Barons v. Haldingen, gerät in Gefahr, das Opfer erst des Mitgiftjägers v. → Wernthal, dann des Grobians v. → Mordax zu werden; zum Glück erscheint gerade noch rechtzeitig der Richtige, Herr v. → Mollfels.

Liebenau [*Hundejahre.* Roman von Günter Grass, 1963]. – Der Funkautor Harry L., eine der drei Erzählfiguren des Romans, erinnert seine Kusine → Tulla an die gemeinsamen Erlebnisse als Heranwachsende im Danzig, bevor und als die Stadt in das Dritte Reich einverleibt wurde, vor allem auch an das Schicksal des Halbjuden Eddi → Amsel.

Liebscher → Overbeck (de Bruyn: *Preisverleihung*)

Lienhard → Gertrud (Pestalozzi: *Lienhard und Gertrud*)

Lieven [*Die Toten bleiben jung.* Roman von Anna Seghers, 1949]. – Der Reichswehroffizier v. L., einer der Mörder → Erwins, schlägt sich konsequent auf die rechtsextremistische Seite. Er gewinnt dank dem Nationalsozialismus das Familiengut im Osten zurück, wird aber von einem Partisanen erschossen.

Lila [*Mein Name sei Gantenbein.* Roman von Max Frisch, 1964]. – Die weibliche Zentralfigur des Romans ist eine schöne Frau von unberechenbarem Charakter, die ihren jeweiligen Partner betrügt und ihre Rollen wechselt, von der Schauspielerin zur Maniküre und zur morphiumsüchtigen venezianischen Contessa.

Liljecrona [*Missa sine nomine.* Roman von Ernst Wiechert, 1950]. – Der Freiherr Amadeus von L. ist eine der Gestalten, die für Wiecherts Schaffen typisch sind. Durch böse Erfahrungen im Konzentrationslager von den Menschen abgestoßen, verbittert und verstört, gewinnt er unter dem heilenden Einfluß eines naturgebundenen, »einfachen Lebens« eine verzeihende und helfende Humanität zurück.

Lill → Walter (Weisenborn: *Die Illegalen*)

Linchen → **Selicke** (Holz/Schlaf: *Die Familie Selicke*)

Linda [*Titan*. Roman von Jean Paul, 1800–1803]. – L. de Romeiro, das weibliche Gegenbild des Titan, ist die heroische Frau, die Amazone. Als freiheitsliebende Individualistin verachtet sie die Männer und will sich nicht versklaven lassen. Wenn sie liebt, dann mit einer eifersüchtigen, besitzergreifenden Liebe nur den Einen. Ihre leidenschaftliche Liebe gilt → Albano – und sie glaubt sich ihm hinzugeben, als → Roquairol sie in Albanos Gestalt umarmt. Als sie von der Täuschung erfährt, betrachtet sie sich als Witwe des Selbstmörders Roquairol.

Lindhoff [*Die Stadt hinter dem Strom*. Roman von Hermann Kasack, 1947]. – Der Orientalist Dr. Robert L. wird als Chronist in die surrealistische Totenstadt »hinter dem Strom« verpflichtet. Angesichts des Zerfalls aller überkommenen abendländischen Werte findet er in der Betrachtung fernöstlicher Weisheit wieder zu sich selbst, ohne dem Versinken ins Nichts zu entgehen.

Lindhorst [*Der goldene Topf*. Kunstmärchen von E.T.A. Hoffmann, ED 1814]. – Der geheime Archivarius L. ist die bürgerliche Erscheinungsform des Elementargeists → Salamander aus dem Land Atlantis, dem Reich der Phantasie. Er lebt als Sonderling in einer Villa vor den Toren Dresdens und zieht unter dieser Maske den Studenten → Anselmus in sein Geisterreich hinein.

Lindner [*Freund Hein. Eine Lebensgeschichte*. Roman von Emil Strauß, 1902]. – Heiner L. ist hochmusikalisch, den Anforderungen der Schule in Mathematik jedoch nicht gewachsen; deshalb nimmt er sich das Leben.

Lindsay [*Durch die Wüste*. Sechsteiliger Romanzyklus von Karl May, 1892]. – Der spleenige Lord David L. mit der Aleppobeule, einem riesigen Furunkel auf der Nase, will seinen Reichtum dazu nützen, als Archäologe berühmt zu werden. Er stürzt dabei arglos und unbekümmert von einer Gefahr in die nächste, doch → Kara ben Nemsi rettet ihn jeweils in letzter Minute.

Linek → Teta L. (Werfel: *Der veruntreute Himmel*)

Lion → Florens (*Eine schöne und kurzweilige Histori von dem Kaiser Octaviano*)

Lionel [*Die Jungfrau von Orleans*. Tragödie von Friedrich von Schiller, 1802]. – Der englische Feldherr L., der den Tod → Talbots rächen will, wird von → Johanna im Zweikampf besiegt und entgegen ihrem Gelübde verschont, weil sein Anblick ihre Liebe erweckt. L. ist gerührt und will sie retten, als sie in Gefangenschaft der Königin → Isabeau gerät, wirbt um sie, wird aber abgewiesen.

Lips [*Der Zerrissene.* Posse von Johann Nestroy, 1845]. – Der »Kapitalist« Herr v. L. ist die ins Komödiantisch-Satirische verwandelte zeittypische Gestalt des Zerrissenen, den Weltschmerz und Lebensüberdruß plagen, weil er alle Abenteuer des Lebens kaufen kann und daher unendliche Langweile empfindet. Der Vorschlag der Freunde, es einmal mit dem Abenteuer der Ehe zu versuchen, führt zu Verwicklungen, die ihm Todesangst und Schuldgefühle verschaffen, ihn seine »Freunde» durchschauen lehren und ihn vom Weltschmerz heilen.

Liris → Ophioch (Hoffmann: *Prinzessin Brambilla*)

Lisa → **Benjamenta** (R. Walser: *Jakob von Gunten*)

Lisaweta Iwanowna [*Tonio Kröger.* Novelle von Thomas Mann, ED 1903]. – Die Malerin und Künstlerfreundin → Tonio Krögers steht dem »unter die Künstler verirrten Bürger« als Kontrastgestalt gegenüber. Sie verkörpert die Harmonie von Künstlertum und Menschlichkeit, die Tonio Kröger (und Thomas Mann) in der russischen Literatur verwirklicht scheint, für ihn aber unerreichbar ist.

Lisbeth [*Münchhausen.* Humoristischer Roman von Karl Leberecht Immermann, 1838/39]. – Der arme Findling L. ist ein Naturkind (nach Goetheschem Verständnis). Sie verkörpert das Ursprüngliche, Echte in einer aus den Fugen geratenen Epoche, das Ewige der Poesie und der Liebe. Ihre Geschichte klingt wie ein Märchen. Der armen Unbekannten begegnet im Wald der Jäger → Oswald, und dieser entpuppt sich als reicher »Prinz«, der sie erlöst.

Lisbeth → **Cresspahl** (Johnson: *Jahrestage*)

Lisbeth Kohlhaas [*Michael Kohlhaas.* Novelle von Heinrich von Kleist, ED 1810]. – L.s Versuch, ihrem Gemahl sein Recht zu verschaffen, indem sie dem Kurfürsten von Brandenburg eine Bittschrift überreicht, führt zu einer tödlichen Verletzung durch einen der Wächter. Das gibt den endgültigen Ausschlag, daß sich → Michael Kohlhaas sein Recht mit Gewalt erkämpft.

Lisei → Paulsen (Storm: *Pole Poppenspäler*)

Lisette [*Der junge Gelehrte.* Lustspiel von Gotthold Ephraim Lessing, ED 1754]. – Die Zofe L. schließt schon dem Namen nach an den Typus der berechnenden und frivolen Dienerinnen der italienisch-französischen Komödie an. Sie ist eine stehende Figur auch in *Die Juden* (ED 1754), *Der Misogyn* (ED 1755) und *Der Freigeist* (ED 1755).

Lisiska [*Totentanz.* Drama von Frank Wedekind, 1906]. – L. ist eine Grundfigur der sozialen Mitleidsdichtung: das Dienstmädchen, das zur Prostituierten wird. Nach Wedekinds Aussage soll L. »die Nichtigkeit oder vielmehr die absolute Unmöglichkeit eines rohen Sinnengenusses« zeigen, »insofern es sich um die unglücklichen Opfer handelt«.

Littegarde von Auerstein [*Der Zweikampf.* Erzählung von Heinrich von Kleist, ED 1811]. – L. ist eine der nachtwandlerisch sicheren Frauengestalten Kleists (→ Käthchen von Heilbronn; Marquise von → O.). Sie wird von ihren Brüdern verstoßen, weil diese scheinbar unverrückbare Beweismittel höher einschätzen als die Beteuerungen ihrer Schwester. Auch als ihr Vertrauter → Friedrich von Trota im Zweikampf, dem Gottesurteil über ihre Unschuld, unterliegt und sie beide zum Tode verurteilt werden, glaubt sie noch an einen gerechten Ausgang, der sich dank höherer Fügung tatsächlich einstellt.

Lju [*Der letzte Sommer.* Erzählung von Ricarda Huch, 1910]. – Der Student L. ist von seinen revolutionären Genossen dazu ausersehen, ein Attentat auf den Gouverneur Jegor von → Rasimkara auszuüben. Obwohl er als Sekretär des Gouverneurs nur Gutes erfährt und Zuneigung für sein Opfer empfindet, erfüllt er im Konflikt zwischen Ideologie und Menschlichkeit seinen terroristischen Auftrag.

Lobheimer → Christine Weiring (Schnitzler: *Liebelei*)

Lötscher [*Eisenwichser.* Stück von Heinrich Henkel, 1970]. – In einer intensiven Sozialstudie wird ein Arbeiter gezeigt, den die abstumpfend eintönige Tätigkeit als Anstreicher von unterirdischen Rohrleitungen sprachlos gemacht hat, außer wenn es um Weiber und Fußball geht. Für L. ist seine Arbeit, ohne daß es ihm bewußt wird, sein ganzes Leben. Sein Partner ist der zwanzigjährige → Volker.

Lohengrin [*Lohengrin.* Höfisches Epos, entst. 1283–1290]. – L., der Sohn Parzivals, wird von der Gralsburg als Gottesstreiter für die verleumdete → Elsa(m) von Brabant ausgesandt. Er erscheint in einem Nachen, der von einem Schwan gezogen wird, besiegt den Verleumder → Telramund und heiratet Elsa. Vorher nimmt er ihr das Versprechen ab, nie nach seinem Namen zu fragen, da er sie sonst verlassen muß. Er kämpft als Held unter Kaiser und Papst gegen die Heiden. Als Elsa ihn Jahre später doch nach seinem Namen fragt, lüftet er das Geheimnis, muß aber zur Gralsburg zurückkehren.
[*Lohengrin.* Romantische Oper von Richard Wagner, 1850]. – Das Geschehen um Wagners L. nimmt den gleichen Verlauf, ist jedoch stark zusammengedrängt, da → Elsa von Brabant die verbotene Frage gleich am Hochzeitsabend stellt. Vor sei-

nem Verschwinden erlöst er durch sein Gebet den von → Ortrud in einen Schwan verzauberten Bruder Elsas, Gottfried, und gibt Brabant in diesem einen neuen Herrscher. Für Wagner ist L. die Symbolgestalt des Künstlers, der die bürgerliche Welt (Elsa) nur vor Wertezerfall und Materialismus (Ortrud) erlösen kann, wenn sie ihm bedingungslos folgt.

Loher [*Loher und Maller*. Roman von Elisabeth von Nassau-Saarbrücken, entst. um 1437; ED 1513]. – Der von seinem Vater, Karl dem Großen, wegen seiner erotischen Ausschweifungen verbannte L. besteht dank seiner Tapferkeit und der List seines Dieners → Maller viele Abenteuer und wird schließlich Kaiser von Byzanz und Rom. Als Vorbilder gelten die Merowinger-Könige Childerich I. und Chlothar I.

Loherangrin → Condwiramurs (Wolfram von Eschenbach: *Parzival*)

Lohmann [*Professor Unrat*. Roman von Heinrich Mann, 1905]. – Der Schüler L. stammt aus dem Großbürgertum und ist dem Schultyrannen Professor → Unrat geistig überlegen, was dessen Haß auslöst. Als Erwachsener ist L. ein Literat und der Kunst bis zur Schwärmerei ergeben. Er löst die Schlußkatastrophe um Professor Unrat aus. Autobiographische Züge.

Lohse [*Das Spinnennetz*. Roman von Joseph Roth, ED 1923]. – Theodor L. ist der Typus des »aus den sozialen Ordnungen entgrenzten, wild gewordenen Kleinbürgers«, ein Leutnant, der nach dem Ersten Weltkrieg, bindungslos, der extremen Rechten zufällt und in deren Strahlungsfeld seine Persönlichkeit neu aufbaut.

Longimanus → Eduard (Raimund: *Der Diamant des Geisterkönigs*)

Lorchen → Cornelius (T. Mann: *Unordnung und frühes Leid*)

Lore Lay [*Zu Bacharach am Rheine*. Ballade von Clemens Brentano, ED 1801]. – Die L. (bei Heine: Lorelei) ist eine Erfindung Brentanos, ein schönes Mädchen, das Untreue erfahren hat und unwillentlich alle Männer verhext, auch den Bischof, der sie verurteilen soll, und drei Ritter, die sie ins Kloster führen. Um dem eigenen Wirkungszwang zu entrinnen, stürzt sie sich vom Felsen in den Rhein. In den *Rheinmärchen* (1846) tritt sie als »Lurelay« auf, die sich auf hohem Felsen weinend das Haar kämmt und spottlustigen Mühlknechten Verderben bringt.

[*Waldgespräch*. Gedicht von Joseph Freiherr von Eichendorff, ED 1815]. – Eichendorff greift das Grundmotiv des betrogenen, leidvoll Verderben bringenden Mädchens Loreley auf. Es lockt einen Ritter in die weg-

losen Wälder, und er kommt darin um.
[*Ich weiß nicht, was soll es bedeuten ...* Lied von Heinrich Heine, ED 1827]. – In Heines Gedicht hat die synthetische Sage letzte Gestalt gewonnen: Das amoralische elbische Wesen lockt die Schiffer auf dem Rhein emotionslos ins Verderben, und sie sterben im Hochgefühl imaginierter erotischer Erfüllung.

Lorelei → Lore Lay

Lorentz [*Der berühmte Narren-Spital.* Roman von Johann Beer, 1681]. – L. ist der Typ des unflätigen Grobians, wie der französische Gargantua oder der englische Fallstaff. Der Landedelmann hinter der Wiesen kümmert sich nicht um standesgemäßes Leben, sondern schlägt den Tag im Bett oder hinter dem Ofen tot, wenn er nicht mit seinem Diener närrische Streiche oder Rüpeleien ausführt.

Lorenz Stark [*Herr Lorenz Stark.* Roman von Johann Jakob Engel, 1801]. – L. St. figuriert als Vater in einem Generationskonflikt der Goethezeit. Der wohlhabende Handelsherr ist ein »altdeutscher Charakter«. Der gutmütige aber sittenstrenge und eigenwillige Mann übt heftige Kritik an seinem egoistischen, charakterschwachen Sohn und treibt ihn damit aus dem Haus. Aber der Konflikt löst sich, als der Sohn sich unter dem Einfluß seiner Liebe zu Madame Lyk wandelt.

Lorenzen [*Der Stechlin.* Roman von Theodor Fontane, 1899]. – Der Pastor L. vertritt einen christlichen Sozialismus, unternimmt »Ritte ins Bebelsche«, wie Dubslav von → Stechlin sagt, und unterscheidet sich dadurch von der orthodoxen Glaubensstarre seiner Amtsbrüder, besonders des gesellschaftlich gewandten, systembejahenden Superintendenten Koseleger. Damit ist L. Sprachrohr des Autors.

Lorenzo di Medici.
L. di M. »il Magnifico« (1449–1492) führte als Stadtherr von Florenz ein selbstbewußtes Regiment. Er förderte zahlreiche Maler und Bildhauer und versuchte sich selbst als Dichter und Philosoph.
[*Fiorenza.* Drama (Prosa) von Thomas Mann, 1906]. – L. ist als Epikureer, der das Leben und die Kunst genießt, ein Antipode → Savonarolas. Der sterbende L. wird von dem Treiben des Bußpredigers beunruhigt und lädt ihn zu einem Gespräch. Dabei deckt sich eine Verwandtschaft der Charaktere auf: auch L. – häßlich und ohne Geruchssinn – hat frühe Leiden kompensiert in Ichsucht und Machtrausch. Aber er steht auf der Seite des Lebens und haßt seinen Gegner für dessen Willen, alles Lebendige zu zerstören.

Loser [*Der Chinese des Schmerzes.* Roman von Peter Handke, 1983]. – Andreas L., Lateinlehrer und Archäologe in Salzburg, überschreitet mehrmals die Schwelle zu krankhafter Aggressivität und ermordet zuletzt einen Hakenkreuzschmierer. Er ist hin- und hergerissen zwischen Handlungsschüben und Zeiten kontemplativer Ich-Suche.

Loth [*Vor Sonnenaufgang*. Drama von Gerhart Hauptmann, 1889]. – Alfred L. ist der starre Prinzipienreiter, dessen sozialreformerisches Engagement wirklichkeitsfremd und rein dogmatisch ist. Er kommt in das Haus der Familie → Krause, weil er eine Studie über das schlesische Kohlenrevier schreiben will, erweckt in → Helene Krause Liebe und Hoffnung auf Erlösung aus ihrem Milieu, läßt sie aber im Stich, da ihm seine Vorstellungen von der Vererbung die Heirat mit einem Mädchen verbieten, dessen Familie dem Alkoholismus verfallen ist.

Lothar → Serapion (Hoffmann: *Die Serapionsbrüder*)

Lothario → Victor (Eichendorff: *Dichter und ihre Gesellen*)

Lothario [*Wilhelm Meisters Lehrjahre*. Roman von Johann Wolfgang von Goethe, 1795/96]. – L. ist ein »heroisch-aktiver« Mann von edler Größe. Er hat, wie → Wilhelm Meister, ein extensives Leben geführt, hatte eine Liebschaft mit einer Schauspielerin, → Aurelie, war nach Amerika gegangen, findet aber an der Seite → Thereses im begrenzten Pflichtbereich der Heimat und in sozialer Fürsorge den Lebenssinn. Auf L.s Schloß hat die »Gesellschaft vom Turm« ihr Zentrum, eine Vereinigung aktiver Humanisten, die den Weg Wilhelm Meisters von ferne begleitet. In den *Wanderjahren* (1821/29) geht L. mit nach Amerika.

Lottchen [*Das Mädchen aus der Feenwelt oder Der Bauer als Millionär*. Zaubermärchen von Ferdinand Raimund, 1826]. – Die Tochter der Feenkönigin → Lacrimosa und eines Sterblichen ist bescheiden und tugendhaft. Sie will den armen Fischer Karl heiraten und bleibt ihm trotz vieler Verlockungen aus dem Geisterreich treu. Damit erlöst sie auch ihre verbannte Mutter.

Lottchen Achterlang [*Horacker*. Roman von Wilhelm Raabe, 1876]. – L. A., eine der liebenswertesten Mädchengestalten Raabes, hält mit rührender Gefühlssicherheit an ihrem Verlobten Cord → Horacker fest, den Gerüchte zu einem bösartigen Strolch machen, und läuft zu Fuß von Berlin nach Thüringen, um ihm beizustehen.

Lotte [*Groß und klein*. Szenen von Botho Strauß, 1978]. – Die Mittdreißigerin aus Remscheid-Lennep, Graphikerin ohne Arbeit, ist die Figuration des modernen Menschen, der in der Massengesellschaft vereinsamt und zugrunde geht. L. scheitert in Ehe und Beruf und sucht zwischen Marokko und Sylt vergeblich einen Platz auf der Welt, wo sie dazugehört, bleibt aber unverändert anpassungsbereit und menschenfreundlich.

Lotte [*Die Leiden des jungen Werthers*. Roman von Johann Wolfgang von Goethe, ED 1774]. – L. ist ein Naturgeschöpf, das in innerer Harmonie mit der Welt lebt und ihr Glück in der Beschränkung auf ihre Häuslichkeit und in dem liebevollen Einsatz für die Familie findet. Die leidenschaftliche Seelenliebe → Werthers zeigt ihr eine andere Welt, kann sie jedoch weder aus dem inneren Gleichgewicht bringen noch ihre Liebe zu ihrem Verlobten → Albert stören. Ihr anmutiges Erscheinungsbild, durch die Augen Werthers gesehen und poetisch verklärt, ist das Frauenideal einer Epoche geworden.

Lotte [*Lotte in Weimar*. Roman von Thomas Mann, 1939]. – Als dreiundsechzigjährige alte Dame kommt die Hofrätin Charlotte Kestner, geb. Buff, das Urbild der berühmten → Lotte aus dem *Werther*, nach Weimar. In der Begegnung mit Menschen aus Goethes Umgebung und schließlich mit → Goethe selbst stellt sich heraus, daß L. in dem Weltverständnis der Wetzlarer Zeit verharrt, während der Dichter längst darüber hinausgeschritten ist.

Louis Ferdinand.
L. F., eigentlich Friedrich Ludwig Christian, Prinz von Preußen, 1772–1806, Neffe Friedrichs des Großen, war Komponist, verkehrte in den frühromantischen Zirkeln und faszinierte die literarische Welt. Als Befehlshaber der preußischen Vorhut fiel er bei Saalfeld (vor der Schlacht von Jena).
[*Louis Ferdinand, Prinz von Preußen*. Drama von Fritz von Unruh, 1913]. – Prinz L. F., eine strahlende Jünglingsgestalt, steht zwischen Pflicht und Selbstverwirklichung. Er fühlt sich zu Großem berufen und zum Herrscher bestimmt; deswegen opponiert er gegen die Politik des Königs → Friedrich Wilhelm III. und bekommt von Verschwörern die Krone angeboten. Aber der Prinz durchlebt eine Wandlung von Selbstüberhebung zu Selbstüberwindung und kehrt zurück zu Pflicht und Gesetz. Im Kampf für Preußen findet er einen tragisch verklärten, ekstatischen Heldentod.

Lovell → William L. (Tieck: *Geschichte des Herrn William Lovell*)

Luchs [*Reiseschatten*. Roman von Justinus Kerner, 1811]. – Hinter dem Pseudonym L. verbirgt sich der Autor, der als »Schattenspieler« in Yoriks Manier deutsche Landschaften, Reisegefährten und Kunsterlebnisse Revue passieren läßt. (Yorik ist eine Gestalt aus Sternes *Empfindsamer Reise*.)

Luciane [*Die Wahlverwandtschaften*. Roman von Johann

Wolfgang von Goethe, 1809]. – Die mondäne Tochter → Charlottes aus erster Ehe ist in ihrer oberflächlichen, eitlen, egoistischen Lebensart ein Gegenbild zu → Ottilie.

Lucidor [*Lucidor*. Novelle von Hugo von Hofmannsthal, 1910]. – In diesem Vorläufer der Komödie → *Arabella* verkleidet Frau von Murska ihre jüngere Tochter Lucile als Knabe L., um damit einem frauenfeindlichen Onkel Geld zu entlocken. L. verliebt sich in einen der Verehrer ihrer Schwester Arabella und wird unter der Vorgabe, Arabella zu sein, nachts in deren Zimmer seine Geliebte. Die Novelle bricht ab, als sich die Wahrheit herausstellt.

Lucie [*Das Sinngedicht*. Novellenzyklus von Gottfried Keller, 1882]. – In der Gutsbesitzerstochter L. findet → Reinhart die »schöne Galathee«, die gemäß dem Logauschen Sinngedicht errötend lacht, als er sie küßt.

Lucie Gelmeroth [*Lucie Gelmeroth*. Novelle von Eduard Mörike, 1834]. – L. nimmt in einer Art religiösen Wahns einen Mord auf sich, den sie nicht begangen hat. Sie hat den Ermordeten innerlich verwünscht und hält sich deshalb für die geistige Urheberin der Tat. Durch »Sühnung der Blutschuld« will sie Gottes Verzeihung erlangen. L.s Name lautete im Entwurf von 1834 Jenny Harrower.

Lucile [*Dantons Tod*. Drama von Georg Büchner, 1835; UA 1902]. – In der bedingungslosen Liebe L.s zu Camille → Desmoulins heben sich die Widersprüche des Seins auf. Nach Camilles Hinrichtung provoziert sie – dem Wahnsinn nahe – mit dem Ruf: »Es lebe der König!« den eigenen Tod.

Lucina → Apollonius

Lucinde [*Lucinde*. Roman von Friedrich Schlegel, 1799]. – L. ist die Geliebte des → Julius, mit ihm in Vorwegnahme eines utopischen Weltzustands vereint, in dem Poesie, Liebe und Leben eins sind – eine Verwirklichung frühromantischer Lebensvorstellung. Die Darstellung der L. galt als Beispiel für übertriebene erotische Freizügigkeit und für die schamlose Bloßstellung eines Menschen, da L. allgemein mit Schlegels Geliebter Dorothea Veith identifiziert wurde.

Lucretia [*Lucretia*. Tragödie von Hans Sachs, entst. um 1527; 1561]. – Als erste deutsche Dramatisierung eines antiken Stoffes gestaltet H. Sachs nach Livius die Geschichte der keuschen L., die vor den Augen ihres Gatten und ihres Vaters Selbstmord begeht, nachdem der Königssohn Sextus sie entehrt hat. Ihre Tat führt zum Sturz des Königtums.

Lucullus.
Der römische Feldherr Lucius Licinius L. (1. Jh. v. Chr.)

wurde sprichwörtlich für das üppige Leben, das er mit den in seinen Feldzügen erworbenen Reichtümern führte.
[*Das Verhör des Lukullus.* Hörspiel von Bertolt Brecht, ED 1940]. – L. ist die Personifikation des Krieges. Vor einem Gericht in der Unterwelt wird er entheroisiert: er zerstörte Menschen und Städte, ließ seine Soldaten verbluten und bereicherte sich. Nur der Koch und ein Bauer loben ihn, weil er ein Genießer war und weil er den Kirschbaum in Italien einführte.

Lucy Beerbaum [*Das Vorbild.* Roman von Siegfried Lenz, 1973]. – L. B. soll als »Vorbild« in Lesebücher eingehen. Sie ist eine griechische Wissenschaftlerin, die sich während der Obristenherrschaft auferlegt hat, in ihrer Wohnung unter denselben Bedingungen wie ihre Freunde in griechischen Gefängnissen zu leben. Sie stirbt darüber beim Hungerstreik. Die Lesebuchherausgeber können sich über die Vorbildhaftigkeit dieses politisch folgenlosen Protests nicht einigen (→ Rita Süßfeldt).

Ludchen Bock → Feyerabend (Raabe: *Altershausen*)

Ludovico → Francesco Vela (G. Hauptmann: *Der Ketzer von Soana*)

Ludwig.
Der westfränkische König Ludwig III., der Ururenkel Karls des Großen, siegte 881 bei Saucourt über die Normannen.
[*Ludwigslied.* Anonymes Preislied, entst. 881/882]. – L. ist der Führer von Gottes Gnaden. Schon der verwaiste Knabe steht unter Gottes Schutz, der ihm Erziehung, Gefolgschaft und Thron gewährt. L. besiegt die heidnischen Normannen, die Gott als Strafe für die Sünden der Franken ins Land geschickt hat. Das historische Geschehen ist als Heilsgeschichte gedeutet; der Preis für den Sieg gebührt Gott.

Ludwig [*Lausbubengeschichten.* Erzählungen von Ludwig Thoma, 1905]. – Der Ich-Erzähler, der Lausbub L., ist ein Lateinschüler in Oberbayern. Mit seinen Streichen rächt er sich und befreit sich von dem autoritären Verhalten seiner Umgebung: seiner spießigen Verwandtschaft, seiner hochnäsigen Nachbarschaft, seiner Lehrer und seiner streberischen Altersgenossen.

Ludwig XI. von Frankreich → Necker (Neumann: *Der Teufel*)

Luise Blume [*Luise.* Ein ländliches Gedicht in drei Idyllen von Johann Heinrich Voß, 1795]. – Die Pfarrerstochter L. feiert ihren achtzehnten Geburtstag mit einem Picknick am See, wobei für sie die Hauptperson der junge Arnold Ludwig Walter ist. Dieser erscheint später als Pfarrer zu einem Bräutigamsbesuch und wird in der dritten Idylle mit L. getraut. Voß wollte die Idylle erneuern und setzte an die Stelle des unwirklichen Arkadien eine einfache, realistisch geschilderte, aufgeklärte ländliche Gesellschaft.

Luise Maske [*Die Hose*. Lustspiel von Carl Sternheim, 1911]. – L. ist eine hübsche, junge Kleinbürgerin, die erst kurz mit dem Spießer Theobald → Maske verheiratet ist, als ihr das Mißgeschick passiert, daß sie bei einer Parade im Tiergarten beim Vorbeifahren des Kaisers ihre Hose verliert. Das Ereignis bringt ihr Untermieter ins Haus, mit denen sie kokettiert. Sie schwärmt für einen von ihnen, den Schriftsteller Scarron, und wäre einem Seitensprung nicht abgeneigt. Aber der Schwächling versteht die Situation nicht zu nutzen, und so wendet sich L. lieber wieder ihrem vitaleren Ehemann zu.

Luise Millerin [*Kabale und Liebe*. Bürgerliches Trauerspiel von Friedrich von Schiller, 1784]. – L. ist das Bürgermädchen, das die Schranken der Standesgesetze vor ihrer Liebe zu dem Adeligen → Ferdinand von Walter nicht zu überwinden vermag. Sie ist zu kleinmütig, um sich über ihre religiöse, soziale und ihre Vaterbindung hinwegzusetzen und ihrem Geliebten in seiner heldenhaften Auflehnung gegen das Herkommen zu folgen. Das entzweit die Liebenden, so daß sie den Hofintrigen zum Opfer fallen.

Lukretia Planta [*Jürg Jenatsch*. Roman von Conrad Ferdinand Meyer, 1876]. – L. P. liebt ihren Jugendgespielen → Jürg Jenatsch und muß doch ihren Vater rächen, den Jenatsch aus politischen Gründen getötet hat. Aus Liebe, um den Mördern zuvorzukommen, erschlägt sie ihn mit dem Beil, durch das ihr Vater gefallen ist.

Lukrezia Borgia.
Papst → Alexander VI. Borgia (1492–1502) und seine Kinder (»Nepoten«) Cesare († 1507) und Lucrezia († 1519) gelten als Prototypen renaissancehafter Verruchtheit und ungehemmten Lebensgenusses. Sie sind Gestalten zahlreicher literarischer Werke.
[*Angela Borgia*. Novelle von Conrad Ferdinand Meyer, 1891]. – L. B. ist die Frau von überschäumender Vitalität und ohne Gewissen, im Gegensatz zu ihrer jüngeren Verwandten → Angela Borgia. Sie hat ein lasterhaftes Leben hinter sich und will in dritter Ehe mit dem Herzog von Ferrara, Alfonso d'Este, neu anfangen. Aber unter dem dämonischen Einfluß ihres Vaters, des Papstes Alexander VI., und ihres furchtbaren Bruders Cesare Borgia intrigiert sie gegen Alfonso und begeht Landesverrat. Erst nach Cesares Tod löst sich der Bann und sie gesteht reumütig ihre Schuld.

Lulu [*Der Erdgeist*. Tragödie, 1895; *Die Büchse der Pandora*, 1904; zusammengefaßt unter dem Titel *Lulu,* 1913, von Frank Wedekind]. – Die faszinierende L. ist von einer animalischen, ungehemmten Triebhaftigkeit. Sie führt ein zügelloses Leben und stürzt alle in Unglück und Tod, die ihrem Bann verfallen.

Lunarin [*Sonne und Mond.* Roman von Albert Paris Gütersloh, 1962]. – Baron Enguerrand vererbt seinem unruhig umherschweifenden Neffen Graf L. ein riesengroßes verfallendes Schloß in der boshaften Absicht, ihn seßhaft zu machen. L. überträgt zuerst die Verwaltung, später den gesamten Besitz dem tüchtigen Till → Adelseher. Darin wird der Übergang vom aristokratisch-monarchischen Prinzip zum demokratischen symbolisiert, ein freiwilliger Verzicht, der das »Erlöschen des Königsgedankens im König anzeigt«.

Lund → Tobias L. (S. Lenz: *Stadtgespräch*)

Lunete [*Iwein.* Versroman von Hartmann von Aue, entst. um 1202]. – L. ist eine der ersten klugen und gewitzten Kammerzofen der Literatur. Sie verbirgt → Iwein mit Hilfe eines Zauberringes vor der Verfolgung durch die Leute König Askalons und bleibt seine Bundesgenossin bei der Eroberung von Askalons Witwe → Laudine. Sie bringt Iwein die Nachricht vom Zorn ihrer Herrin über den Bruch seines Gelübdes und vermittelt schließlich die Versöhnung der Eheleute.

Luther.
Der Reformator Martin L. (1483–1546) war sogleich nach seinem Auftreten als Kirchenkritiker Gegenstand literarischer Kontroversen zwischen den protestantischen und katholischen Parteigängern. Er wird bis heute in einer von der jeweiligen Ideologie abhängigen Verengung literarisch gestaltet.
[*Die Wittenbergische Nachtigall.* Gedicht von Hans Sachs, 1523]. – Das Gedicht ist berühmt als die erste publikumswirksame poetische Verklärung des Reformators. L., die Nachtigall, hat über den Mond (die falsche Lehre) und den Löwen (Papst Leo) gesiegt und die Sonne des Evangeliums verkündet.
[*Von dem großen lutherischen Narren.* Satirisches Epos von Thomas Murner, 1522]. – Der überzeugte Katholik und Minoritenpater Murner rechnet mit dem Luthertum und seinen pietätlosen Reformen ab, schreibt eine unflätige Persiflage auf L.s Familienleben und stellt den Reformator als Zerstörer der Einheit des Glaubens an den Pranger.
[*Martin Luther oder Die Weihe der Kraft.* Tragödie von Zacharias Werner, 1807]. – In dem historischen Drama im Stil Schillers wird das Schicksal L.s zwischen der Verbrennung der Bannbulle und dem Auftreten als »Junker Jörg« in Wittenberg gegen die Bilderstürmer (1520–1522) in großzügiger Umgehung der Fakten behandelt. L. ist auf einem Tiefpunkt des Glaubens- und Selbstverständnisses ange-

langt und wird von → Katharina von Bora aus seinen Zweifeln gerissen.

[*Martin Luther & Thomas Münzer oder Die Einführung der Buchhaltung*. Schauspiel von Dieter Forte, 1971]. – Forte arbeitet mit Wesenszügen, Anschauungen und Verhaltensweisen L.s, die ihn während des Bauernaufstands zum fürstenhörigen Opportunisten stempeln. So wird der Reformator zur negativen Beispielfigur einer marxistischen Geschichtsauffassung und zum Gegenpol Thomas → Münzers.

Lychow [*Der Streit um den Sergeanten Grischa*. Roman von Arnold Zweig, 1927 (Teil des Romanzyklus *Der große Krieg der weißen Männer*)]. – Die Exzellenz v. L. wehrt sich als pflicht- und rechtsbewußter preußischer General alter Schule dagegen, daß das Leben des russischen Kriegsgefangenen → Grischa Paprotkin einem militärpolitischen Kalkül geopfert wird. Sein Vorgesetzter → Schieffenzahn setzt die Hinrichtung über seinen Kopf hinweg durch.

Lydia [*Pankraz, der Schmoller*. Novelle von Gottfried Keller, ED 1856 (in: *Die Leute von Seldwyla*)]. – Die Tochter des Regimentskommandeurs, die von → Pankraz als edles Wesen verehrt wird, verbirgt hinter der wunderschönen Fassade eine kokette, herrschsüchtige Natur.

Lydia [*Schloß Gripsholm*. Roman von Kurt Tucholsky, 1931]. – L., die mit dem Schriftsteller Peter als seine »Prinzessin« idyllische Ferien in Schweden verbringt, ist eine mütterliche, humorvolle, zupackende Person.

Lykus → Elpenor (Goethe: *Elpenor*)

Lys [*Der grüne Heinrich*. Roman von Gottfried Keller, 1854/55, Neufassung 1879/80]. – In der »großen Hauptstadt« (München) schließt sich → Heinrich Lee anderen »Peripheriegermanen« an, dem Holländer L. und dem reichen, aber talentlosen Schweden Erikson. L., der Hochbegabte, scheitert künstlerisch an seiner abgrundtiefen Skepsis und verhält sich als Mensch bedenkenlos. Er läßt seine Freundin Agnes im Stich und wendet sich Eriksons Verlobter zu, und als sich Heinrich aus Mitgefühl für Agnes einmischt und dem Holländer wegen seines Wankelmuts erbitterte Vorwürfe macht, kommt es zu einem Duell, das in der Urfassung für L. tödlich endet. In der Neufassung bricht L., zur Besinnung gekommen, das Duell ab und kehrt München und der Malerei den Rücken.

Lysander [*Cardenio und Celinde*. Trauerspiel von Andreas Gryphius, ED 1657]. – L., der Gemahl der edlen und schönen Olympia, wird beinahe das Opfer der Rache seines erfolglosen Nebenbuhlers → Cardenio.

Eine Geistererscheinung in der Gestalt Olympias verhindert den Mordanschlag.

Mabonagrin [*Erec.* Höfisches Epos von Hartmann von Aue, entst. um 1185]. – Der Ritter M. hat sich mit seiner Geliebten in den Garten »Joie de la cort« von der Gesellschaft zurückgezogen und schlägt allen eindringenden Rittern den Kopf ab. Erst → Erec gelingt es, M. zu besiegen, ihn in die Gesellschaft zurückzuholen und so die Hofesfreude (»Joie de la cort«) wiederherzustellen.

Macheath [*Dreigroschenoper.* Schauspiel von Bertolt Brecht, 1929]. – M. ist ein Straßenräuber, Zuhälter und großer Weiberheld. Er heiratet heimlich die Tochter des Verbrecherkönigs → Peachum, → Polly, und wird deshalb von Peachum verfolgt.

Machiavelli.
Niccolo M. (1469–1527), italienischer Staatsmann und Geschichtsphilosoph, entwickelte in *Il principe* eine Technik der Politik, in der Macht vor Recht, List und Gewalttat vor Moral geht, sofern es die Staatsraison gebietet.
[*Bäurischer Machiavellus.* Lustspiel von Christian Weise, 1681]. – Dem italienischen Politiker M. wird vor Gericht von Apollo vorgeworfen, daß er »Falschheit, List und Betrügerei in die Welt eingeführt« habe. Zu seiner Verteidigung behauptet M., daß diese Untugenden dem Menschen von »Natur« aus eigen seien und die Bauern und Kleinbürger die durchtriebensten Machiavellisten seien. Den Beweis liefert der Marktflecken Querlequitsch, wo die Wahl des Pickelhärings die schlimmsten Intrigen und Betrügereien auslöst.

Machorel → Ortnît (*Ortnît und Wolfdietrich*)

Mackie Messer → Macheath

MacLean [*Die Magd des Jürgen Doskocil.* Roman von Ernst Wiechert, 1932]. – Der Mormonenmissionar M. ist ein Psychopath, der religiösen Fanatismus mit krankhafter Triebhaftigkeit verbindet. Er verfolgt die hübsche → Marte Grotjohann mit seinen Anträgen, verflucht und erpreßt sie, bis sie ihn ersticht.

Maechler [*Das Geschlecht der Maechler.* Romantrilogie von Hermann Stehr, 1929–1944]. – Die Trilogie behandelt das Leben von Vater, Sohn und Enkel des Geschlechts aus Wilkau im Riesengebirge. Der Gerber Nathanael M., als Geselle ein Achtundvierziger, erweist sich handwerklich und im öffentlichen Leben als tüchtig, ist zugleich aber von einer tiefen emotionalen und mythischen Erlebensfähigkeit. Sein Sohn Jochen M. konzentriert sich in der Gründerzeit ganz auf die Förderung des Betriebs. Seine verinnerlichte Religiosität verstärkt sich zum Eigenbrötlerischen, als sich herausstellt, daß sein Sohn den Gerberberuf nicht ergreifen wird. Die Erlebnisse des Altertumswissenschaftlers Damian M. im Ersten Weltkrieg und danach füllen den dritten Band. In Damian kommt wieder die mythisch-prophetische Grundanlage der M.s zum Durchbruch.

März [*März, ein Künstlerleben.* Schauspiel von Heinar Kipphardt, 1980]. – Der schizophrene Dichter Alexander M. wird von dem idealistischen jungen Arzt Dr. → Kofler in der Heilanstalt besonders betreut, und ein Heilungsprozeß kommt in Gang. Als er die Liebe der Patientin Hanna Graetz gewinnt, kann er mit ihr fliehen und auf einer Alm vorübergehend ein glückliches Leben führen. Hanna wird schwanger und die beiden kommen in der Hoffnung auf eine offene Therapie zurück, aber sie werden enttäuscht. Die unpersönliche Anstaltsroutine nimmt sie wieder auf. Der Roman *März* (1976) endet mit der Selbstverbrennung des Dichters in einer Christus-Pose.

Mätzli Rüerenzumph → Bertschi (Wittenweiler: *Der Ring*)

Magda [*Heimat.* Schauspiel von Hermann Sudermann, 1893]. – Die von ihrem Vater wegen einer Liebesaffäre verstoßene M. kommt nach zwölf Jahren als berühmte Sängerin zu ihrem Vater, dem Oberstleutnant a. D. Schwarze, zurück. Dieser will sie mit der Pistole zwingen, die Familienehre wiederherzustellen und den Vater ihres unehelichen Kindes zu heiraten. Nur der tödliche Schlaganfall des Alten verhütet weiteres Unheil.

Magdalen [*Das Apostelspiel.* Läuterungsdrama von Max Mell, 1923]. – Das Bergbauernkind M. hält zwei verkommene Subjekte, die den Hof ausrauben und niederbrennen wollen, für die Apostel Petrus und Johannes und läutert sie durch ihre arglose Frömmigkeit.

Magdalena [*Magdalena.* Volksstück von Ludwig Thoma, 1912]. – M. gehört in die Reihe der Bauerntöchter, die zum Freiwild der rücksichtslosen städtischen und ländlichen Männerwelt werden. Sie ist in der Stadt verführt, ihres gesparten Geldes beraubt und ins Gefängnis gesperrt worden. Ein Polizist bringt sie ins Elternhaus zurück, über das sie nur Schande bringt. Deshalb will M. das Dorf wieder verlassen, hat aber kein Geld. Das bringt sie auf den Gedanken, einen Burschen, der in ihre Kammer gestiegen ist, um Geld zu bitten. Die Dorfbewohner sind empört, und Vater »Paulimann« ersticht die sündige Tochter.

Magdalena [*Mutter und Kind.* Epos von Friedrich Hebbel, 1859]. – Durch Mutterschaft gelangt M. zu sittlicher Reife. Die arme Küchenmagd fürchtet, ihren Bräutigam zu verlieren, weil er aus Not auswandern will. Deshalb läßt sie sich auf einen Handel mit einem reichen, kinderlosen Hamburger Ehepaar ein. Sie verspricht ihnen ihr erstgeborenes Kind, erhält dafür ein Gütchen im Harz und kann heiraten. Als das Kind da ist, will die Mutter es jedoch nicht mehr hergeben und lieber zurück in die Armut. Das Kaufmannspaar sieht das Unrecht seiner Forderung ein und überläßt M. Kind und Gut.

Magdalena [*Der Schandfleck.* Roman von Ludwig Anzengruber, 1877]. – Der »Schandfleck« ist M., die dem Bauern Joseph Reindorfer nach zwanzigjähriger Ehe von seiner Frau als »Bankert« (außereheliches Kind) ins Nest gelegt wird. Sie wächst zu einem schönen, tüchtigen und hilfsbereiten Mädchen heran und macht Reindorfer mehr Freude als die eigenen Kinder.

Magdlene [*Der Femhof.* Roman von Josefa Berens-Totenohl, 1934]. – M. ist die Hoferbin, die in tragischer Liebe zu einem Knecht verstrickt ist. Im Sauerland des 14. Jh.s ist die Wulfbauertochter von → Ulrich vor dem Ertrinken bewahrt worden und ihrem Lebensretter in tiefer Liebe verbunden. Sie geht mit ihm, als er verfolgt und verfemt wird; sie begräbt seine Leiche gegen das Femeurteil, als ihr Vater Ulrich tötet. M. erbt das Gut, das den Namen Femhof erhält, und schenkt einem Sohn Ulrichs das Leben.

Magelone.
M. ist eine Gestalt der provençalischen Sage.
[*Die schöne Magelone.* Prosaroman von Veit Warbeck, 1535]. – Die schöne M., Königstochter aus Neapel, ist die treu Liebende, die von ihrem Geliebten, → Peter von Provence, getrennt und erst nach jahrelangen Irrfahrten wieder mit ihm vereint wird. Ihr Schicksal ist strukturgleich mit zahlreichen Abenteuerromanen getrennter Liebender seit Heliodor.
[*Wundersame Liebesgeschichte der schönen Magelone und des Grafen Peter von Provence.* Volksmärchen von Ludwig Tieck, ED 1797]. – Tieck nimmt den Stoff wieder auf und fügt märchenhafte und lyrische Elemente ein.

Mager [*Die Räuberbande.* Roman von Leonhard Frank, 1914]. – Der Lehrer der Jungen aus der »Räuberbande« gehört in die Reihe der Erzieher der Wilhelminischen Zeit, die der Jugend verständnislos gegenüberstehen und ihre wesentliche Aufgabe in disziplinarischer Härte sehen.

Magerhold [*Der Bilderstürmer.* Roman von Wilhelm Lehmann, 1917]. – Der ehrgeizige Ernst M. ist wegen seiner rücksichtslosen Erziehungsmethoden aus dem Gymnasialdienst entlassen worden. In dem Dorf Hollebüttel gründet er eine Arbeitsschule, in der praktische Arbeit auf dem Land mit der theoretischen Unterweisung verbunden ist. Aber es kommt zu Spannungen, weil der »Bilderstürmer« in seinem gefühlskalten Rationalismus die mythische Naturverbundenheit der Dorfgemeinschaft zerstört, der sich seine Mitarbeiter angeschlossen haben. M. scheitert mit seinem Programm der totalen Naturbeherrschung.

Magnus → Ephraim M. (Jahnn: *Pastor Ephraim Magnus*)

Mahlke [*Katz und Maus*. Novelle von Günter Grass, 1961]. – Joachim M. hat einen überdimensionalen Adamsapfel, die »Maus«, der ihm peinlich ist und den er deshalb hinter einem Schraubenzieher, einem Marienmedaillon und zum Schluß hinter einem Ritterkreuz verbirgt.

Maiwald [*Stellenweise Glatteis*. Roman von Max von der Grün, 1973]. – Der Schlosser Karl M., Mitglied des Betriebsrats in einem Dortmunder Fabrikationsbetrieb für Industrieanlagen, entdeckt eine Abhöranlage, die Gespräche der Arbeiter überwacht und den Arbeitgeber über alle Vorgänge im Betrieb informiert. M. macht seine Entdeckung bekannt und entwendet bei einem Einbruch beweiskräftige Akten. Er wird fristlos entlassen.

Maja [*Die Biene Maja und ihre Abenteuer*. Erzählung von Waldemar Bonsels, 1912]. – Die Biene M. ist die Hauptfigur in einer märchenhaften Erzählung, in der Insekten individualisiert sind. Sie flieht aus dem Bienenstock, erlebt eine Reihe von Abenteuern mit anderen freundlichen und feindlichen Insekten, warnt den eigenen Stock vor einem Angriff der Hornissen und wird nach einem erfolgreichen Kampf wieder in Ehren in die Gemeinschaft aufgenommen.

Majorin → Fahrenholz (Wiechert: *Die Majorin*)

Makarie [*Wilhelm Meisters Wanderjahre oder Die Entsagenden*. Roman von Johann Wolfgang von Goethe, 1821/29]. – Die gebrechliche alte Dame voller Weisheit und Güte übt einen ordnenden und bestimmenden Einfluß auf die Menschen ihrer Umgebung aus und ist zugleich entrückt durch ein intuitives, naturmagisches Einssein mit den Gestirnen. M. ist ein Zusatz der Endfassung von 1829.

Malchus → Elfriede von M. (Wedekind: *Totentanz*)

Malgrato → Ruggiero M. (Halm: *Das Haus an der Veronabrücke*)

Malifer [*Rennewart*. Höfisches Epos von Ulrich von Türheim, entst. um 1250]. – Der Sohn → Rennewarts, des getauften Heiden, und Alises, der Tochter Ludwigs des Frommen, wird als (getauftes) Kleinkind ins Morgenland entführt, heidnisch erzogen und besteht Liebesabenteuer und Kämpfe, bis er gegen den eigenen Vater antritt und nach einer Erkennungsszene zum Christentum zurückfindet. – In der Gestalt sind die beiden zeittypischen Motive des edlen heidnischen Ritters und des Kampfes zwischen Vater und Sohn mit glücklichem Ausgang vereinigt.

Malina [*Malina.* Roman von Ingeborg Bachmann, 1971]. – Die Ich-Erzählerin I. lebt mit Dr. M. zusammen und verliebt sich in Ivan. Die beiden Männer scheinen sich jedoch im Verlauf des Romans als Projektionen des eigenen Ichs der Erzählerin zu erweisen, wobei M., der Schutz und Heimkommen bietet, als Wesenshälfte der Erzählfigur zu deuten ist, während Ivan mit seinem »einfachen Leben« für die ersehnte Vollkommenheit steht. Ob es sich um eine oder um mehrere Personen handelt, bleibt in der Schwebe.

Malintzin → Marina (Stucken: *Die weißen Götter*)

Maller [*Loher und Maller.* Roman von Elisabeth von Nassau-Saarbrücken, entst. um 1437; ED 1513]. – M. ist der zeitlose Typ des Dieners: als treuer und gewitzter Begleiter rettet er seinen Herrn → Loher mit Mut und List aus mancher Bedrängnis.

Malloneck [*Dorothea Angermann.* Schauspiel von Gerhart Hauptmann, 1926]. – Der Koch Mario M. ist ein grobschlächtiger Mann, der »mit Weibern Bescheid weiß«. Skrupellos verführt er → Dorothea Angermann in einem Augenblick der physischen und psychischen Schwäche. Auch als sie seine Ehefrau geworden ist, beutet er sie aus und nutzt seine Macht über sie, um ihr Ausbrechen zu verhindern.

Malte Laurids Brigge [*Die Aufzeichnungen des Malte Laurids Brigge.* Tagebuchroman von Rainer Maria Rilke, 1910]. – Der empfindsame junge Däne von Adel, letzter seines Geschlechts, der als Dichter in Paris lebt, wird von der Häßlichkeit der Großstadt und der Erinnerung an Kindheitserlebnisse in Daseinsangst versetzt. Seine Eindrücke, Erlebnisse und Reflexionen hält er als Bewußtseinsstrom in seinen Aufzeichnungen fest.

Manao Vinje [*Armut, Reichtum, Mensch und Tier.* Drama von Hans Henny Jahnn, 1948]. – Der norwegische Bauer M. V. trägt den Kreislauf der ewigen Erneuerung der Natur in sich und lebt als Gefährte von Trollen und Elfen hoch in den Bergen. Zwei Frauen treten in sein Leben, die besitzgierige, herrische Erbin Anna Frönning und die sanfte, hingebungsvolle, kränkelnde Magd Sofia Fuur, der er sich als einem mystisch verwandten Wesen zuwendet.

Mandandane [*Der Triumph der Empfindsamkeit.* Komödie von

Johann Wolfgang von Goethe, 1787]. – M., die Gemahlin des gutmütigen Königs Andrason, ist eine exzentrische Schwärmerin mit einem »papiernen Herzen«, das von empfindsamen Büchern a la Werther geprägt ist. Sie glaubt, den Prinzen → Oronaro zu lieben, der aber einer Puppe mit ihrer Maske den Vorzug gibt. Sie wird von ihrer Verwirrung geheilt.

Mandelstam → Maske (Sternheim: *Die Hose*)

Mandryka [*Arabella.* Komödie (Libretto) von Hugo von Hofmannsthal, 1933]. – Der steinreiche M. wirbt um → Arabella, gerät aber in rasende Eifersucht, als ihn seine Braut, wie er meint, hintergeht. Er kann das absolute Vertrauen nicht aufbringen, das Arabella als selbstverständlich von ihrem zukünftigen Ehemann erwartet.

Mannelin [*Das Sinngedicht.* Novellenzyklus von Gottfried Keller, 1882]. – In der Novelle *Die Geisterseher* liebt der Student mit dem Spitznamen M. ebenso wie sein Freund, der »Oberst«, die Bankierstochter Hildburg. Als sie in den Krieg ziehen, verspricht das Mädchen ihre Hand dem Überlebenden. Als beide zurückkehren, stellt sie die Freier als Gespenst auf die Probe und wählt den beherzteren M. Die Freunde M. und der »Oberst« sind die Väter → Reinharts und → Lucies, der Gestalten der Rahmenerzählung.

Manuel [*Die Braut von Messina oder die feindlichen Brüder.* Tragödie von Friedrich von Schiller, 1803]. – Die beiden Söhne des Fürsten von Messina, Don M. und Don → Cesar, sind einem verhängnisvollen Bruderhaß verfallen, der auch die Untertanen in zwei feindliche Lager teilt. Eine Versöhnung, von der Mutter → Isabella herbeigeführt, ist von kurzer Dauer, denn beide Brüder verlieben sich – ohne voneinander zu wissen – in das gleiche Mädchen → Beatrice. Don M. findet Gegenliebe und wird von seinem Bruder getötet.

Manz und Marti [*Romeo und Julia auf dem Dorfe.* Novelle von Gottfried Keller, ED 1856 in: *Die Leute von Seldwyla*]. – Die Väter von → Sali und Vrenchen sind bis in Verhalten und Gebärden einheitlich geschildert, nicht als Charaktere, sondern als zwei Männer eines Typus: des wohlhabenden Bauern mit seiner unverrückbaren Selbstsicherheit. Erst als sie der Streit um den Acker zwischen ihren Feldern zu armen Schluckern gemacht hat, »entwickelt« sich Manz zum verkommenen Schankwirt und Marti zum verbitterten Sonderling.

Marat.
Jean Paul M. (1744–1793) war einer der radikalsten Anführer der französischen Revolution und begann als Präsident des Jakobinerclubs im Frühjahr 1793 den Vernichtungskampf gegen die Girondisten. Er litt unter ei-

ner schmerzhaften Hautkrankheit und hielt sich deshalb auch bei Amtsgeschäften oft zur Linderung in einer Badewanne auf. Die Royalistin Charlotte Corday erstach ihn in der Badewanne.

[*Die Verfolgung und Ermordung Jean Paul Marats.* Drama von Peter Weiss, 1964; vier weitere Fassungen]. – Der Revolutionsführer M. nimmt Fehler und Irrtümer in Kauf und plädiert gegen alle Humanität für den Massenmord an sämtlichen Andersdenkenden, um in der gereinigten Welt ein Reich der Brüderlichkeit und Gleichheit zu errichten. Er ist als Menschheitsbeglücker ebenso unmenschlich wie sein Gegenspieler Marquis de → Sade als Menschenverächter. Es ist eine Ironie des Schicksals, daß er, der Tatendurstige, durch seine Krankheit bewegungsunfähig ist.

Marbot [*Marbot.* Eine Biographie. Erzählung von Wolfgang Hildesheimer, 1981]. – Der junge englische Aristokrat Sir Andreas M. ist eine literarische Kunstfigur, deren fiktive Biographie in die kulturhistorische Wirklichkeit des frühen neunzehnten Jh. hineinkonstruiert ist. M. hat durch das inzestuöse Verhältnis mit seiner Mutter weitreichende tiefenpsychologische Einblicke in das Wesen der Kunst und des Schönen gewonnen. Als er erkennt, daß er selbst nicht zum Künstler geboren ist, beendet er gelassen sein Leben.

Marcebila → Florens (*Eine schöne und kurzweilige Histori von dem Kaiser Octaviano*)

Marcebille → Florens (Tieck: *Kaiser Octavianus*)

Marchese [*Das Bettelweib von Locarno.* Erzählung von Heinrich von Kleist, ED 1810]. – In der Gespenstergeschichte verursacht der M. durch eine Hartherzigkeit mittelbar den Tod einer Bettlerin. Seitdem spukt sie im Schloß und stürzt den M. so sehr in Verzweiflung, daß er Feuer legt und mit seinem Besitztum verbrennt.

Marcolina → Casanova (Schnitzler: *Casanovas Heimfahrt*)

Marcus Antonius → Antonius

Mardochai → Esther

Mareile Cibo → Tarniff (Keyserling: *Beate und Mareile*)

Mareili [*Das Erdbeeri Mareili.* Novelle von Jeremias Gotthelf, ED 1851]. – M. ist ein Wesen von naiver und zugleich magischer Naturverbundenheit und kann mit seiner sanften Unbefangenheit Mitmenschen verwandeln. Sie tritt in den Dienst des Fräuleins vom Schloß und hilft diesem, seine Hemmungen zu überwinden und zur Harmonie mit sich selbst zu finden.

Maren Boysen [*Maren.* Dorfroman (plattdeutsch) von Johann Hinrich Fehrs, 1907]. –

Das Schicksal der M. ist verquickt mit dem Freiheitskampf der Schleswig-Holsteiner in der Zeit von 1848/51. Mit Klugheit und Opferbereitschaft rettet die ehrgeizige Frau ihre Familie vor dem wirtschaftlichen Untergang, indem sie den reichsten Bauern des Orts, Paul Struck, heiratet und dessen Anwesen vorbildlich führt. Sie stirbt bei der Geburt des Stammhalters.

Marfa.
Die Mutter des 1591 vermutlich im Auftrag Boris Godunovs ermordeten Zarewitsch Demetrius (Dimitrij) erkannte 1605, wohl unter Druck, den Thronprätendenten → Demetrius als Sohn an.
[*Demetrius.* Dramenfragment von Friedrich von Schiller, entst. 1804/05; ED 1815]. – M. ist sich sicher, daß der angebliche → Demetrius nicht ihr Kind ist, ergreift jedoch die Möglichkeit, sich an dem Zaren Boris Godunov, dem Mörder ihres Sohnes, zu rächen, indem sie den Prätendenten als ihren Sohn anerkennt.

Margareta → Kirchhof (Scheffel: *Der Trompeter von Säckingen*)

Margarete → Ackermann (Johannes von Tepl: *Der Ackermann aus Böhmen*)

Margarete Maultasch [*Die häßliche Herzogin Margarete Maultasch.* Historischer Roman von Lion Feuchtwanger, 1923]. – M. M. ist eine historische Gestalt aus dem 14. Jh. Die hochbegabte Herrin Tirols, die ihr Land mit modernen Methoden zum Blühen bringt, zerbricht an ihrer Häßlichkeit. Ihre Ehen scheitern, ihr Bedürfnis nach Liebe bleibt ungestillt, sie vereinsamt, verwahrlost und verfällt einer krankhaften Freßgier.

Margarethe von Österreich.
Die Witwe König Heinrichs VII. von Hohenstaufen, M., war die Schwester des letzten Babenberger Herzogs. Durch die Ehe mit ihr wollte Ottokar von Böhmen seine Ansprüche auf Österreich legitimieren.
[*König Ottokars Glück und Ende.* Tragödie von Franz Grillparzer, 1825]. – Durch die Heirat mit → Ottokar bricht M. ein Gelübde der Ehelosigkeit, das sie beim Tod ihres ersten Gatten abgelegt hat. Als Ottokar die Ehe auflöst, erkennt sie diesen Rechtsbruch als Folge ihres Wortbruchs. Im Verlauf des Dramas taucht M. an entscheidenden Wendepunkten gleichsam als das personifizierte mahnende Gewissen Ottokars auf.

Marggraf → Nikolaus M. (Jean Paul: *Der Komet*)

Margot von → **Sy** (H. Lenz: *Der innere Bezirk*)

Maria [*Abraham.* Drama (mlat.) von Hrotsvit von Gandersheim, entst. um 965; 1501]. – M. ist die bußfertige Sünderin, die dank der Langmut Gottes Verzeihung erlangt. Sie wird schon als neunjähriges Kind von ihrem Onkel, dem Eremiten → Abraham, zu einem Leben als Einsiedlerin erzogen. Ein angeblicher Mönch verführt sie später, sie flieht und gerät in ein Freudenhaus. Von dort holt ihr Onkel sie auf den rechten Weg zurück. Durch strenge Askese in ihrer alten Klause büßt sie für ihre Schuld.

Maria [*Florentinische Nächte.* Novellenfragment von Heinrich Heine, ED 1837]. – Die schöne, sterbenskranke M. hört den »Phantasmen« ihres Freundes → Maximilian zu, die sie von ihrem Schicksal ablenken sollen. Sie ist gefaßter als der Erzähler.

Maria [*Godwi.* Roman von Clemens Brentano, 1801]. – Der Dichter M., ein Pseudonym für Brentano, hat anhand von Briefen und anderem Material den ersten Teil der Lebensgeschichte → Godwis aufgezeichnet. Der Auftraggeber, nicht zufrieden mit der Ausführung, bricht die Beziehung ab. M. sucht daraufhin den Herrn in seinem Schloß auf und erfährt die Fortsetzung der Geschichte. Den Dichter befällt eine tödliche Krankheit und er vollendet die Aufzeichnungen auf seinem Sterbelager.

Maria [*Götz von Berlichingen.* Schauspiel von Johann Wolfgang von Goethe, UA 1774]. – Die Schwester Götz' von Berlichingen ist eine stille, fromme, barmherzige Frau. Sie wird die Verlobte → Weislingens, als dieser sich in Gefangenschaft nach Frieden und Ruhe sehnt, aber von ihm verlassen, als seine Lebensgeister wieder erwachen. Goethe betonte mehrmals, daß das Schicksal M.s dem Friederike Brions nachempfunden ist.

Maria del Pilar → Vigoleis (Thelen: *Die Insel des zweiten Gesichts)*

Maria Magdalene → Klara (Hebbel: *Maria Magdalene*)

Maria Morzeck [*Maria Morzeck oder Das Kaninchen bin ich.* Roman von Manfred Bieler, 1969]. – Die Kellnerin M. M., eine freche, unkomplizierte Berliner Göre, ist Erzählerin und Hauptfigur einer Geschichte aus dem Alltag der DDR, in dem ihre persönlichen Gefühle und Verhaltensweisen mit ideologischen Verhärtungen in Konflikt geraten. Sie darf nicht studieren, weil ihr Bruder wegen eines Verbrechens gegen den Staat im Zuchthaus sitzt (er hat eine Adenauerrede über den Betriebsfunk abgespielt). M. lernt Paul Deister kennen, den Richter, der Dieter verurteilt hat, will sich für Dieter einsetzen und verliebt sich in Deister. Dafür verprügelt sie der heimgekehrte Bruder brutal.

Maria Pia → Kuckuck (T. Mann: *Bekenntnisse des Hochstaplers Felix Krull*)

Maria Schinnagel [*Jesse und Maria.* Roman von Enrica von Handel-Mazzetti, 1906]. – Als gläubige Katholikin zeigt die

Förstersfrau M. S. den Lutheraner → Jesse von Velderndorff bei einer Religionskommission wegen Ketzertum an (1558). Als man Jesse zum Tode verurteilt, wird M. von Gewissensbissen geplagt. Sie besucht den Verurteilten und bringt ihm die Nachricht von der Geburt seines Sohnes; die Glaubensdifferenzen bleiben bestehen.

Maria Schweidler [*Maria Schweidler, die Bernsteinhexe.* Roman von Wilhelm Meinhold, 1843]. – M. S., die Tochter des Pfarrers auf Usedom, wird die Bernsteinhexe genannt, weil sie am Strand der Ostsee einen großen Bernsteinfund gemacht hat. Ein zurückgewiesener Amtshauptmann und ein böses Weib bringen sie in den Ruf der Zauberei und vor Gericht. Aber Gott hilft der Unschuldigen und bestraft die Schurken. Die »Bernsteinhexe« gehört zu den Literaturfälschungen; Meinhold imitiert erfolgreich die Sprache des 17. Jh.s.

Maria Stuart.
M. S. (1542–1587), Königin von Schottland, erhob Ansprüche auf den englischen Thron, wurde von → Elisabeth I. auf Fotheringhay gefangengesetzt und wegen Beteiligung an einem katholischen Komplott hingerichtet. In der Literatur erscheint sie als »Dulderin Maria« und Märtyrerin der katholischen Sache. Eine Mitschuld an der Ermordung ihres zweiten Gatten Darnley ist nicht erwiesen.
[*Maria Stuart.* Tragödie von Friedrich von Schiller, 1801]. – Schiller stellt M. S. als ambivalenten Charakter dar. Sie ist sich der Wirkung ihrer Schönheit bewußt und nutzt sie, doch empfindet sie zerknirscht die verderblichen Folgen ihrer erotischen Ausstrahlung. Sie ringt sich zu stoischer Todesbereitschaft durch und nimmt ihr Schicksal an, weil sie sich durch den Gattenmord moralisch schuldig weiß, wenngleich sie – in dem Drama – im politischen Sinne zu Unrecht verurteilt worden ist. Im Angesicht des Todes erhebt sie sich zur Vollkommenheit der »schönen Seele«, die äußere und innere Schönheit vereint.

Mariamne [*Herodes und Mariamne.* Tragödie von Friedrich Hebbel, 1850]. – M. ist wie ihr Gatte → Herodes kompromißlos in ihrem Anspruch an den Ehepartner. Sie liebt ihn und ist bereit, ihm in den Tod zu folgen, ist aber nicht gewillt, ihm das zu schwören. Sie verlangt, daß Herodes an ihre Liebe glaubt und ihr unbedingt vertraut. Als er zweimal einen anderen beauftragt, sie im Falle seines Todes auf dem Schlachtfeld zu töten, falls sie es nicht selbst tut, verletzt er sie in ihrer inneren Würde, denn sie fühlt sich als Ding und Besitz entwertet. Sie spielt Herodes die Treulose vor und zwingt ihn so, sie hinrichten zu lassen, denn sie will nicht mehr leben.

Mariandl → Octavian (Hofmannsthal: *Der Rosenkavalier*)

Mariane [*Wilhelm Meisters Lehrjahre.* Roman von Johann Wolfgang von Goethe, 1795/96]. – Die Schauspielerin M. ist die Geliebte des jungen → Wilhelm Meister. Sie zieht ihn in ihre Kreise und bestärkt sein Interesse am Theater. Wilhelm bricht die Beziehung abrupt ab, als er fälschlich meint, sie sei ihm untreu. M. stirbt kurz nach der Geburt von → Felix, von dessen Existenz der Vater nichts ahnt.

Marianne [*Geschichten aus dem Wienerwald.* Volksstück von Ödön von Horváth, 1931]. – Die unerfahrene Kleinbürgerstochter aus der Wiener Vorstadt ist von ihrem Vater (→ Zauberkönig) dem Metzgermeister → Oskar versprochen, läßt sich aber von dem Strizzi → Alfred verführen und ins Unglück stürzen. Völlig erniedrigt, aus dem Gefängnis entlassen, kehrt sie ins Elternhaus zurück und wird von dem stumpfen, aber gutmütigen Oskar geheiratet.

Marianne [*Die Geschwister.* Schauspiel von Johann Wolfgang von Goethe, entst. 1776; 1787]. – M., ein junges Mädchen von natürlicher Frische und weiblicher Fürsorglichkeit, ist ihrem Bruder Wilhelm, einem Kaufmann, zärtlich zugetan. Als ein Freund Wilhelms um sie wirbt, kommt die wahre Art ihrer »Geschwisterliebe« ans Licht; Marianne ist die Tochter von Wilhelms früherer Geliebten, nicht seine Schwester.

Marianne Chindler [*Theodor Chindler.* Roman von Bernard von Brentano, 1936]. – Die Tochter des Zentrumsabgeordneten Theodor → Chindler lehnt sich gegen die konservativ-katholische Familientradition auf. Sie liebt den Pazifisten und späteren Spartakisten Kaspar → Koch und wird wegen »hochverräterischer Umtriebe« verhaftet. Die Familie läßt sie daraufhin fallen.

Marianne Helldegen [*Spätestens im November.* Roman von Hans Erich Nossack, 1955]. – In einem großen Monolog legt die soeben verstorbene M. H. Rechenschaft ab über ihr Leben. Sie hat Mann, Kind und eine hohle großbürgerliche Existenz verlassen, um dem Schriftsteller Berthold Möncken in ein lebenswertes Dasein zu folgen. Da ihr Zusammenleben auf die Dauer das Schaffen des Dichters hemmt, kehrt sie in ihr altes Leben zurück. Als im November das Werk abgeschlossen ist, will Möncken die Geliebte endgültig zu einem gemeinsamen Leben zurückholen, fährt aber mit ihr im Auto in den Tod.

Marie [*Ansichten eines Clowns.* Roman von Heinrich Böll, 1963]. – M. ist die katholische Tochter eines Kommunisten, die mit Hans → Schnier sechs Jahre in freier Ehe zusammengelebt hat, ihn aber unter dem moralischen Druck der eigenen Frömmigkeit und der ihrer katholischen Seelenbetreuer verläßt.

Marie [*Krankheit der Jugend.* Schauspiel von Ferdinand Bruckner, 1928]. – Nach dem Ersten Weltkrieg gerät die idealistische Medizinstudentin M. aus der Bahn, als sie ihren Freund, den Dichter Petrell, an eine Studienkollegin verliert. Sie gibt der Werbung der lesbischen Intellektuellen Desirée nach, dann verfällt sie dem Sexualprotz → Freder, der sie auf ihren Wunsch im Lustrausch tötet.

Marie [*Nußknacker und Mausekönig.* Märchen von E. T. A. Hoffmann, ED 1816]. – M. verkörpert die erlösende Kraft selbstloser Menschlichkeit. Sie spielt am Weihnachtsabend mit dem häßlichen, melancholisch ausschauenden Nußknacker und gewinnt ihn lieb. Dadurch begegnet sie dem Wunderbaren, was sie mit Angst und Krankheit bezahlen muß. Doch am Ende erlöst sie den Nußknacker durch ihre Liebe.

Marie [*Sterben.* Novelle von Arthur Schnitzler, 1895]. – Als M. erfährt, daß ihr schwindsüchtiger Geliebter Felix nur noch ein Jahr zu leben hat, verspricht sie, nach dieser Frist mit ihm zusammen zu sterben. Aber die selbstlose Hingabe verwandelt sich in Skepsis und Wiedererwachen des Lebenswillens. Das Ersterben ihrer Liebe ist gespiegelt im tatsächlichen Sterben des Kranken – ein für Schnitzler und die Jahrhundertwende charakteristisches Motiv.

Marie [*Die Toten bleiben jung.* Roman von Anna Seghers, 1949]. – Die Freundin des 1918 in Berlin erschossenen Spartakisten → Erwin hat von ihm einen Sohn, Hans, und heiratet einen Sozialdemokraten. Sie ist Handlungsmittelpunkt bei der Darstellung der Linken auf ihrem Weg in Anpassung oder Not und Verfolgung im Dritten Reich.

Marie [*Woyzeck.* Drama (Fragment) von Georg Büchner, entst. 1836; ED 1879; UA 1913]. – M., die Geliebte → Woyzecks und die Mutter seines Kindes, wird vom Glanz und der Männlichkeit des → Tambourmajors geblendet und wendet sich von Woyzeck ab. Dieser, der sie noch immer liebt, ermordet sie in hilfloser Wut.

Marie Beaumarchais [*Clavigo.* Trauerspiel von Johann Wolfgang von Goethe, 1774]. – M. ist der Prototyp des verlassenen Mädchens. Die anspruchslose, schwindsüchtige Französin fühlt sich des feurigen spanischen Jünglings → Clavigo nicht würdig und zerbricht an seinem zweimaligen Treuebruch.

Marie → **Curie** (Fussenegger: *Zeit des Raben – Zeit der Taube*)

Marie de l'Incarnation [*Die Letzte am Schafott.* Novelle von Gertrud von Le Fort, 1931]. – Die Novizenmeisterin M. ist der Novizin → Blanche de la Force antithetisch zugeordnet. Ihr, die den Märtyrertod herbeisehnt und die Mitschwestern mit ihrer Todesbereitschaft ansteckt, bleibt die Selbsthingabe versagt. Sie muß sich überwinden, um das Leben als Buße auf sich zu nehmen.

Marie Farrar [*Hauspostille.* Gedichtsammlung von Bertolt Brecht, 1927]. – In einem Bänkellied greift Brecht das Thema der Kindsmörderin wieder auf; er unterstreicht das Motiv der sozialen Notlage. Als das unmündige, rachitische, reizlose Dienstmädchen M. F., eine Waise, schwanger ist und alle Abtreibungsversuche scheitern, tötet sie ihren Sohn gleich nach der Geburt, damit seine Schreie sie nicht verraten. Sie büßt ihre Tat mit lebenslänglicher Haft im Gefängnis zu Meißen.

Marie Wesener [*Die Soldaten.* Komödie von Jakob Michael Reinhold Lenz, 1776]. – Das Bürgermädchen M. ist noch ein halbes Kind, unsicher und unentschlossen, aber von erotischer Ausstrahlung. Der Glanz des Offiziers Baron → Desportes läßt sie ihrem Bräutigam → Stolzius untreu werden, weil sie so »ihr Glück besser machen kann«. Ohne zu wissen, was Liebe ist, gerät sie in den Ruf, eine Soldatendirne zu sein. Desportes läßt sie fallen, und andere Offiziere bemühen sich um sie; doch erspart ihr Lenz das zeittypische Los der Kindsmörderin.

Marikke [*Johannisfeuer.* Schauspiel von Hermann Sudermann, 1900]. – Das litauische Mädchen M., Tochter der Weßkalnene, einem erdhaft-urtümlichen, verkommenen Original, ist selbst von schillerndem Wesen, häuslich (»Heimchen« genannt) und elfenhaft zugleich. In der Johannisnacht, in der alle Sehnsüchte wach werden, erlebt sie ihr Wunschglück mit Georg v. → Hartwig; doch mit dem Morgen verfliegen alle Träume.

Marina.
Die Verlobung mit M., der Tochter des Wojewoden (Gouverneurs) Mnischek von Sendomir, brachte dem russischen Thronprätendenten → Demetrius die Unterstützung des polnischen Adels ein.
[*Demetrius.* Dramenfragment von Friedrich von Schiller, entst. 1804/05; ED 1815]. – Die brennend ehrgeizige M. zweifelt an der Berechtigung der Ansprüche des → Demetrius, benutzt ihn jedoch, um Macht und Größe zu erlangen. Nach Schillers Entwürfen intrigiert sie in Moskau, erzwingt die Heirat mit dem widerstrebenden Demetrius und sagt sich von ihm los, als sein Stern sinkt. – In Hebbels *Demetrius*-Fragment spielt M. eine Nebenrolle.

Marina [*Die weißen Götter.* Historischer Roman von Eduard Stucken, 1918–1922]. – Die Aztekin M., von den Indianern Malintzin genannt, ist eine historische Gestalt. Sie glaubt in → Cortez dem weißen Gott Quetzalcoatl zu dienen, wird seine Geliebte, Dolmetscherin und Interpretin der Lebensformen ihres Volkes. Als Cortez sie wegschickt, verläßt ihn das Glück.

Marinelli [*Emilia Galotti.* Trauerspiel von Gotthold Ephraim Lessing, 1772]. – M. ist der Typus des glatten Höflings, der den Wünschen des Fürsten (→ Hettore Gonzaga) bis zum Verbrecherischen zu Diensten ist, weil er ihn damit desto sicherer in der Hand hat.

Marino [*Savonarola.* Versepos von Nikolaus Lenau, 1837]. – Als Gegenspieler des Sittenpredigers → Savonarola ist M. papsttreu und vertritt in den Kanzelverkündigungen die Sache des Vatikans gegenüber Savonarolas Gottesstaat-Ideen.

Mario → Cipolla (Th. Mann: *Mario und der Zauberer*)

Marion [*Dantons Tod.* Drama von Georg Büchner, 1835; UA 1902]. – Die Grisette M. ist ein Naturkind, einfältig und naiv. Ihre geradlinige Lebensweise kontrastiert mit → Dantons, ihres Liebhabers, kompliziertem Schwanken zwischen Genuß und Desillusion.

Marius.
Gaius M. (156–86 v. Chr.) war ein erfolgreicher römischer Feldherr, der die Gunst der Volkspartei genoß. Dadurch geriet er in Konflikt mit Sulla und der Senatspartei.
[*Marius und Sulla.* Tragödie (Fragment) von Christian Dietrich Grabbe, ED 1827]. – Das Drama arbeitet den überlieferten Kontrast der Charaktere von M. und → Sulla heraus; das historische Geschehen ist stark komprimiert. M., der Vertreter des demokratischen Herrschaftsprinzips, ist ein bäuerlicher Typ, dickköpfig und starr, von Aberglauben und Vorurteilen beherrscht. Er genießt seine Macht und rächt sich blutig an seinen Gegnern.

Marius [*Der Versucher.* Roman von Hermann Broch, 1953]. – Der Scharlatan M. Ratti, ein schöner, wortgewandter Wanderprediger, kommt in ein abgelegenes Gebirgsdorf als »Versucher«. Sein Sendungsbewußtsein und seine Phrasen verführen die Dorfbewohner zu einem inhumanen Massenwahn. Dieser artikuliert sich in einem heidnisch-mystischen Fest, das sich bis zu einem Ritualmord steigert. Mit dem »Menschenjäger« M. ist Hitler, mit dem Dorf Deutschland gemeint.

Marke [*Tristrant und Isalde.* Versroman von Eilhart von Oberge, entst. um 1170/80]. – [*Tristan.* Versroman (unvollendet) von Gottfried von Straßburg, entst. um 1200–1210]. –

König M. von Kornwall, der Bruder von → Tristans Mutter Blancheflur (→ Riwalin und Blancheflur), ist ein Schwächling, der lange zwischen Argwohn und Vertrauenswilligkeit hin und her schwankt. Als er Gewißheit über die Liebe seiner Frau → Isolde zu Tristan erlangt hat, bindet er sie aus Begierde trotzdem an sich und zwingt die einander Verfallenen zu einem unehrenhaften Leben.

Markhold [*Adriatische Rosemund.* Roman von Philipp von Zesen, 1645]. – Der adelige schlesische Dichter M. liebt die Venezianerin → Rosemund, doch ihr unterschiedlicher Glauben trennt sie. Der erste Liebhaber des deutschen Barockromans trägt autobiographische Züge.

Markolf → Salomon (*Salomon und Markolf*)

Marschallin [*Der Rosenkavalier.* Komödie für Musik von Hugo von Hofmannsthal, 1911]. – Die Feldmarschallin Fürstin Werdenburg spielt in dem »ewig typischen Verhältnis der Figuren« der Komödie die reife Dame, deren jugendlicher Liebhaber (→ Octavian) eines Tages zwangsläufig und unwiderstehlich von einem süßen Mädel angezogen wird. Mit wehmütigem Verständnis läßt die Marschallin ihren Liebhaber ziehen.

Marsius → Aramena (Anton Ulrich Herzog von Braunschweig-Wolfenbüttel: *(Aramena*)

Marte Grotjohann [*Die Magd des Jürgen Doskocil.* Roman von Ernst Wiechert, 1932]. – M., die zur Mormonengemeinde der »Erweckten« → MacLeans gehört, wird von dem Missionar mit sexuellen Forderungen belästigt – und verflucht, als sie sich ihm verweigert und → Doskocil heiratet. Nach einer Fehlgeburt gibt sie sich dem Wanderprediger hin, um den Fluch zu lösen. Als er sie weiterhin erpreßt und nötigt, weiß sie sich nicht mehr zu helfen und ersticht ihn. Sie geht ins Gefängnis in Erwartung eines Kindes von ihrem Mann.

Marthe Rull [*Der zerbrochene Krug.* Lustspiel von Heinrich von Kleist, 1811]. – Frau M., die Mutter → Eves, eine volkstümlich-kräftige Gestalt wie Mutter → Wolffen oder Mutter → Courage, bringt durch ihre Klage wegen des zerbrochenen Kruges die Komödienhandlung in Gang.

Marthe Schwerdtlein [*Faust I.* Tragödie von Johann Wolfgang von Goethe, ED 1808]. – Frau M. S. ist eine neugierige, schwatzhafte und freundliche, aber falsche Kleinbürgerin. Als Nachbarin schenkt ihr das harmlose → Gretchen Vertrauen; dabei entpuppt sich Frau M. als Gelegenheitskupplerin.

Marti [*Der Gehülfe.* Roman von Robert Walser, 1908]. – Josef

M., ein dreiundzwanzigjähriger Kontorist in der Gemeinde Bärenswil am Züricher See, erlebt den Untergang der Familie → Tobler mit, an deren Leben er mit einer Mischung von Unverschämtheit und Unterwürfigkeit teilnimmt. Autobiographische Züge.

Marti → Manz und Marti (Keller: *Romeo und Julia auf dem Dorfe*)

Martin [*Haus ohne Hüter.* Roman von Heinrich Böll, 1954]. – Der zwölfjährige Martin, ein Freund → Heinrich Brielachs, ist wie dieser der Sohn einer Kriegswitwe. Da seine Mutter aus reichem Haus stammt, fehlt es nicht an Geld, aber sie ist psychisch gestört und belastet ihren Sohn mit ihren Stimmungen.

Martin [*Idylle vom Bodensee.* Versepos von Eduard Mörike, 1846]. – Der alte Bodenseefischer M. verleitet durch die Erzählung von einer wunderbaren Glocke zwei junge Burschen zu dem Versuch, sie aus dem halbzerfallenen Turm einer Kirche zu stehlen; aber sie werden von M. genasführt.

Martin [*Italienische Nacht.* Volksstück von Ödön von Horváth, UA 1931]. – M. verkörpert den Typ des überzeugten, kämpferischen Sozialdemokraten, der sich dem heraufkommenden Nationalsozialismus in den Weg stellt, wo opportunistische, etablierte Genossen (→ Ammetsberger) die Gefahr mit Phrasen wegdiskutieren.

Martin [*Meister Martin der Küfner und seine Gesellen.* Historische Novelle von E. T. A. Hoffmann, ED 1818]. – Der wohlhabende und angesehene Meister M., Küfner im Nürnberg von 1580, ist stolz auf seinen Beruf und will seine Tochter Rosa nur einem hervorragenden Meister des gleichen Handwerks zur Frau geben – eine Forderung, der keiner der drei Bewerber entspricht. Die Novelle wurde Muster für Richard Wagners *Meistersinger.*

Martin Grambauer [*Die Heiden von Kummerow.* Roman von Ehm Welk, 1937]. – Der zehnjährige M. G. ist der aufgeweckteste unter den Jungen des pommerschen Dorfes Kummerow und der Held des Romans. Er verliert seinen Glauben an die Gerechtigkeit, als er erlebt, wie die gefühllosen Erwachsenen den bewährten Dorfhirten Krischan Klammbüdel aus dem Dorf vertreiben, weil er keine ordentlichen Papiere und eine fragwürdige Vergangenheit hat.

Martin Salander [*Martin Salander.* Roman von Gottfried Keller, 1886]. – Martin S. repräsentiert den Gemeinschaftssinn in den raffgierigen, skrupellosen Gründerjahren. Zweimal durch seinen Jugendfreund Louis Wohlwend um sein Vermögen gebracht, gelingt es M. S. in Südamerika jedesmal wieder, die finanzielle Basis für ein neues Unternehmen in der Heimat zu schaffen. Er setzt sich als Demokrat aktiv in der Gemeindepolitik ein, wird aber enttäuscht, weil er von Geschäfte- und Karrieremachern umgeben ist. Trost und Hilfe findet er nur bei seinem skeptischen, realistischen Sohn Arnold.

Marulja → Nikolaos und Marulja (Ahlsen: *Philemon und Baukis*)

Marwood [*Miss Sara Sampson.* Trauerspiel von Gotthold Ephraim Lessing, 1755]. – Miss M. ist das literarische Urbild der Mätresse. Die ehemalige Geliebte → Mellefonts und Mutter seiner Tochter Arabella will diesen mit allen Mitteln zurückgewinnen. Das »rasende Weib« ist skrupellos genug, die Rivalin → Sara Sampson zu vergiften. Damit löst sie auch den tragischen Untergang Mellefonts aus. Ihr selbst gelingt die Flucht.

Marx [*Die Rassen.* Schauspiel von Ferdinand Bruckner, 1933]. – Der Großindustrielle M. ist ein Vertreter des konservativen Judentums, ein Deutschnationaler, der darauf vertraut, daß man sich mit den Nazis arrangieren kann, mit denen er die rassistischen Vorurteile gegen die Ostjuden teilt. Seine Antagonistin ist seine Tochter → Helene.

Mary K. [*Die Strudlhofstiege,* 1951; *Die Dämonen,* 1956. Romane von Heimito von Doderer]. – M. verliert 1925 bei einem Straßenbahnunfall ein Bein. Sie wird mit ihrer Behinderung fertig und meistert ihr Leben.

Masaniello [*Trauerspiel von dem neapolitanischen Hauptrebellen Masaniello.* Drama von Christian Weise, 1683]. – Der neapolitanische Fischer Tommasio Aniello, genannt M., führt 1647 einen Aufstand an, der sich wegen ungerechter Steuern gegen den spanischen Vizekönig und den Adel richtet. Als er nach dem Sieg in sein Fischerdasein zurückkehren will, wird er von seinen machtgierigen Mitrebellen vergiftet, und der Aufstand bricht zusammen. Absicht des Autors war es, seine Schüler über die Pflichten gegenüber der Obrigkeit aufzuklären. Nach seinem Verständnis ist M.s Schicksal untragisch, denn er erleidet die gerechte Bestrafung für seine Rebellion gegen die gottgewollte Ordnung.

Maske [*Die Hose.* Bürgerliches Lustspiel von Carl Sternheim, 1911]. – Theobald M., ein subalterner Beamter und Spießbürger, fürchtet um seine Stellung, weil seine Frau → Luise ihre Hose verloren hat, als gerade der Kaiser vorbeifuhr. Um eventuellen finanziellen Nachteilen zuvorzukommen, nimmt er den Friseurgehilfen Mandelstam und den Schriftsteller Frank Scarron als Untermieter auf. Dies führt zwar zu erotischen Verwirrungen, bringt aber soviel Geld, daß Maskes sich ein Kind leisten können.

[*Der Snob*, 1914; *1913*, 1915. Komödien von Carl Sternheim]. – Als der Emporkömmling Christian M., der Sohn von Theobald und Luise M., bis zum Generaldirektor eines großen Konzerns aufgestiegen ist, schafft er sich mit Geld seine Geliebte und seine Eltern vom Hals und heiratet zur Vervollkommnung seiner gesellschaftlichen Reputation eine verarmte Grafentochter. – In *1913* erkennt der nunmehrige Freiherr Christian M. von Buchow an seiner Tochter Sophie, Gräfin von Beeskow, die gleiche skrupellose Geschäftstüchtigkeit, die ihn selbst zum Großindustriellen gemacht hat. Sophie wendet sie gegen ihren Vater an.

Mašlan [*Mašlans Frau.* Erzählung von Marie von Ebner-Eschenbach, ED 1901]. – Mašlan und seine Frau Evi sind Eheleute, die ihr glückliches Zusammenleben aus Trotz und Stolz zerstören. Der Müller Matěj M. wird jedesmal, wenn er seinen Herrn nach Wien begleitet, seiner Frau Evi untreu, obwohl er sie liebt. Als er einmal bei seiner Heimkehr die Haustür verschlossen findet, schwört er, nie mehr zu seiner Frau zurückzukehren oder sie zu sich zu rufen. Evi antwortet mit dem gleichen Eid, und beide halten ihn, bis zu M.s Tod.

Matern [*Hundejahre.* Roman von Günter Grass, 1963]. – Der Müllerssohn Walter M. aus dem Danziger Hinterland schließt als Achtjähriger Blutsbrüderschaft mit dem gleichaltrigen Halbjuden Eddi → Amsel und beschützt ihn. Als SA-Mann jedoch überfällt er ihn mit einem Rollkommando und schlägt ihm alle Zähne aus. Er bekommt deshalb Gewissensbisse und wird selbst von den Nazis verstoßen. Aus der Kriegsgefangenschaft zurück, rächt sich der wandelbare Idealist an Nutznießern der Naziherrschaft, die das Jahr 1945 unbeschadet überstanden haben.

Mathias → Ferner (Anzengruber: *Der Meineidbauer*)

Mathilde [*Heinrich von Ofterdingen.* Roman (Fragment) von Novalis, ED 1802]. – M. ist das Mädchen, das im Traumerlebnis, in der Wirklichkeit und der transzendenten Welt für → Heinrich von Ofterdingen zum Inbegriff von Poesie und Liebe wird. Die Tochter des Dichters → Klingsohr ist ein zartes, blumenhaftes Wesen, ein verklärtes Idealbild von Novalis' Braut Sophie von Kühn. M. und Heinrich werden magisch zueinander hingezogen, sie wird seine Muse und seine Braut. Bei ihrem frühen Tod stürzt sie ihn in Leere und Verzweiflung, führt ihm aber als Wundererscheinung Cyane zu, die ihn trösten soll, solange er auf Erden bleiben muß.

Mathilde Möring [*Mathilde Möring.* Roman von Theodor Fontane, ED 1906]. – Die aus dem Kleinbürgertum Berlins stammende ehrgeizige M. M. plant den Aufstieg in eine höhere Gesellschaftsschicht und bedient sich dazu des energielosen Jura-Kandidaten Hugo Großmann, den sie durchs Examen, in die Ehe und zu einem Bürgermeisterposten treibt. Als der Ehemann früh stirbt, versucht sie aus eigenen Kräften als Lehrerin einen Weg nach oben zu finden.

Mathilde Tarona [*Der Nachsommer.* Roman von Adalbert Stifter, 1857]. – M. ist eine typisch Stiftersche Gestalt, die dramatische Emotionen zu gebändigtem, altersweisem Verzicht zurücknimmt. Ein halbes Kind noch, erfaßt sie eine Leidenschaft für ihren Hauslehrer → Risach. Sie entfremdet sich ihm, weil er bereit ist, bis zu ihrer Volljährigkeit geduldig auf sie zu warten. Als verwitwete Gräfin Tarona und Mutter zweier Kinder, Natalie und Gustav, erlebt sie mit Riesach einen durch Zurückhaltung und gegenseitige Achtung geprägten, leidenschaftslosen »Nachsommer«.

Mathilde von Rosenau → Golo (F. Müller: *Golo und Genovefa*)

Mathilde von Zahnd [*Die Physiker.* Komödie von Friedrich Dürrenmatt, 1962]. – Eine verrückte, mißgestaltete Psychiaterin, in deren privatem Nervensanatorium drei Kernphysiker eingesperrt sind, hat die Manuskripte des Physikers → Möbius photokopiert und so die Voraussetzung für die Weltherrschaft und den Weltuntergang in ihrer Hand. Sie zeigt die Gefährdung der Welt, wenn das Wissen von der Kernenergie in falsche Hände gerät und dem Zufall überlassen bleibt.

Matthias.
M., Kaiser von 1612–1618, entwand seinem Bruder, Kaiser Rudolf II., die Macht und ließ ihm lediglich die Herrschaft über Böhmen.
[*Ein Bruderzwist in Habsburg.* Trauerspiel von Franz Grillparzer, entst. 1825–1848; ED 1872]. – Der willensschwache, aber von ehrgeizigen Träumen und von dem zielsicheren Machtwillen seines Beraters Bischof → Klesel vorangetriebene M. erhebt sich gegen seinen Bruder, den tatenscheuen Kaiser → Rudolf II., dessen politische Maxime »weises Zögern« ist. Als er die Herrschaft in der Hand hat, befallen ihn »Unsicherheit und Mangel an Entschluß«; der Thronfolger, Erzherzog Ferdinand, nimmt das Heft in die Hand.

Matthias → Lautenschlag (Kolb: *Die Schaukel*)

Matthieu [*Die Nacht aus Blei.* Roman von Hans Henny Jahnn, 1956]. – Der 23jährige M., ein homoerotischer Narziß, ist auf der Suche nach sich selbst; diese endet in der Aufhebung des Daseins. In M.s traumhaften Visionen überlagern sich psychologische und metaphysische Motive.

Matti [*Herr Puntila und sein Knecht Matti.* Volksstück von Bertolt Brecht, 1950; UA 1948]. – M., der Chauffeur → Puntilas, wird zum Kumpan seines Herrn, wenn dieser besoffen ist, und kann ihn zu menschenfreundlichen Handlungen bewegen, Kündigungen verhindern und Eva, die Tochter Puntilas, vor der Ehe mit einem Mitgiftjäger bewahren. Fast bekommt er sie selbst zur Frau; er lehnt aber ab, weil sie zur Hausarbeit unfähig ist. Wenn der Herr nüchtern ist, wird M. wieder zum Knecht erniedrigt, und was beschlossen wurde, gilt nicht mehr. Am Ende macht sich M. davon. Er will lieber, statt in Wechselbädern von Einfluß und Erniedrigung, als Proletarier unter seinesgleichen leben.

Matzerath [*Die Blechtrommel.* Roman von Günter Grass, 1959]. – Der nationalsozialistisch gesinnte Lebensmittelhändler in Danzig, der – zumindest gesetzliche – Vater → Oskars, stirbt beim Einmarsch der Russen (1945) mittelbar daran, daß ihm sein Parteiabzeichen, das er verschlucken will, im Hals steckenbleibt – ein symbolischer Tod, das zum Bild gewordene Ende des »deutschen« Danzig und des Dritten Reiches. – Seine Frau Agnes hat ein Verhältnis mit ihrem Vetter, dem schönen, eleganten Jan → Bronski, so daß Oskar vermutet, dieser sei sein wirklicher Vater. Agnes leidet darunter, daß ihr Sohn ein Gnom ist, und bringt sich durch den ungehemmten Verzehr verdorbener Fische langsam um.

Maud Cantley → Defoe (Forster: *Robinson soll nicht sterben*)

Mauler [*Die heilige Johanna der Schlachthöfe.* Stück von Bertolt Brecht, 1932; UA 1959]. – Der Fleischkönig von Chicago, Pierpont M., manipuliert während der Wirtschaftskrise von 1929 die Viehbörse, um die Konkurrenz zu vernichten, und verursacht dadurch Massenentlassungen.

Maurice S. → Nina (Rinser: *Abenteuer der Tugend*)

Maurizius [*Der Fall Maurizius.* Roman von Jakob Wassermann, 1928]. – Leonhart M., Privatdozent der Kunstgeschichte, wird als Vierundzwanzigjähriger unschuldig verurteilt, seine Frau Elli ermordet zu haben, um für seine Geliebte Anna Jahn frei zu werden. Als er nach 18 Jahren aus dem Gefängnis entlassen wird, findet er keinen Anschluß mehr an das Leben und begeht Selbstmord.

Max [*Anatol.* Dramatische Skizze von Arthur Schnitzler, 1893]. – M. dient seinem Freund → Anatol als Gesprächspartner: er gibt die Stichworte und kommentiert die Situationen.

Max und Moritz [*Max und Moritz.* Bildergeschichte von Wilhelm Busch, 1865]. – Die bösen Buben M. u. M. richten ihre aggressiven, auch sadistischen Bosheiten gegen die beschränkten Kleinbürger: die Witwe Bolte, deren unwürdiger Lebensinhalt ihre Hühner sind; den Schneider Böck, der alle Angriffe langmütig und feige erträgt, usw.

Maximilian.
Erzherzog M., der jüngere Bruder des österreichischen Kaisers, wurde durch Initiative Napoleons III. Kaiser von Mexiko und 1867 von den siegreichen Republikanern unter Benito → Juarez hingerichtet.
[*Juarez und Maximilian.* »Dramatische Historie« von Franz Werfel, 1924]. – M. ist ein Träumer und ein ästhetischer Phantast. Er verabscheut Gewalt, wird jedoch in eine Heldenrolle gedrängt, die seinem edlen und feinsinnigen Wesen zuwiderläuft. Erst angesichts des Todes findet er zur Wirklichkeit seines Lebens.

Maximilian [*Florentinische Nächte.* Novellenfragment von Heinrich Heine, ED 1837]. – M. erzählt der sterbenden Freundin → Maria phantastische Geschichten, um sie von ihrem Schicksal abzulenken. Die Geschichten drehen sich um Künstlertum und Tod und umgeben M. mit einer Aura von spätromantisch-artifizieller Todessüchtigkeit.

Maximilian I.
Kaiser M. I. (1459–1519) pflegte Wissenschaften, Künste und Ritterwesen. In Volkssage und Literatur ging er – teils dank seiner eigenen pseudobiographischen Schriften – als großer Jäger, »letzter Ritter« und »Vater der Landsknechte« ein.
[*Der Weißkunig.* Prosaroman von Kaiser Maximilian I., entst. 1515; ED 1775]. – In dieser unvollendet gebliebenen Autobiographie idealisiert M. seine Person und sein Leben für die Nachwelt. Der »letzte Ritter« sucht »êre« und »gotes hulde« noch einmal nach dem mittelalterlichen Tugendsystem in Übereinstimmung zu bringen. Durch eine glänzende Rüstung wird der »junge weiße König« zu einem Lichtsymbol, was zur Mythisierung der Gestalt beiträgt.

Maximin [*Der siebente Ring.* Gedichtzyklus von Stefan George, 1907]. – [*Maximin.* Ein Gedenkbuch von Stefan George, 1907]. – M. ist die Idealgestalt des schönen Jünglings, ein homoerotischer Wahrtraum Stefan Georges. Das Modell für M. war Max Kronberger, der 1904 mit 16 Jahren starb.

Mecenigo → Abällino (Zschokke: *Abällino*)

Mechtilde Große [*Des Reiches Krone.* Novelle von Wilhelm Raabe, ED 1870]. – M., die patriotische Braut Michel → Grolands von Laufenholz, treibt diesen in den Hussitenkriegen im 15. Jh. zum Kriegsdienst als Minnedienst an. Als Michel leprakrank zurückkehrt, verläßt die »Grossin« die Welt der Gesunden und wird zur »Mater Leprosum«.

Medardus [*Die Elixiere des Teufels*. Roman von E. T. A. Hoffmann, 1815/16]. – Der Mönch M. ist vom Teufel besessen, nachdem er im Kloster von einem Elixier gekostet hat. Er wird von sündiger Leidenschaft zu der unschuldigen → Aurelie ergriffen und versucht sie unter dem Namen → Victorin zu verführen. Ein zweites Mal begegnet M. dem Mädchen in veränderter Gestalt als → Leonhard. Bei der dritten Begegnung wird der teuflische Zauber gebrochen, als Aurelie als Nonne vor dem Altar das Keuschheitsgelübde ablegt.

Medea.
Gestalt der Argonautensage: die zauberkundige Frau, die die eigene Familie um des Geliebten willen verrät (→ Jason), diesem in die Fremde, nach Griechenland, folgt, dort wegen ihres barbarischen Andersseins zurückgestoßen wird und aus Rache die Nebenbuhlerin und die eigenen Kinder umbringt.
[*Das goldene Vlies.* (*Der Gastfreund; Die Argonauten; Medea.*) Trilogie von Franz Grillparzer, 1822]. – Medea ist eine barbarische, ihren Zauberkünsten ergebene, männerfeindliche Amazone. Um so wilder ist ihre Leidenschaft, als sie sich in den Griechen → Jason verliebt. Seinetwegen versucht sie, ihr Barbarentum abzustreifen und Griechin zu werden; aber sie bleibt die Fremde, deren Wesen und Zauberkunst den Menschen unheimlich ist. Als Jason sie verläßt und ihr auch die beiden Söhne entfremdet, fällt sie in ihre urtümliche Wildheit zurück und tötet ihre Nebenbuhlerin Kreusa und ihre eigenen Kinder.
[*Medea.* Tragödie von Hans Henny Jahnn, 1926]. – M. wird modernisiert als eine wegen ihrer Rassenzugehörigkeit diskriminierte Negerin, die, gealtert und häßlich geworden, dem dank ihrer Zauberkraft jung gebliebenen Jason als »ergrautes Nachtgespenst der Hölle« erscheint. Nach dem Blut- und Racherausch kehrt sie der zivilisierten Griechenwelt den Rükken und sinkt in ihren animalisch-ekstatischen Urzustand zurück.

Meinau [*Menschenhaß und Reue.* Drama von August von Kotzebue, 1789]. – Das bürgerliche Rührstück entwirrt eine triviale Ehebruchsgeschichte des Barons M. und seiner Frau Eulalia. Beide leben, nachdem Eulalia ihren Mann wegen einer trügerischen Liebschaft verlassen hat, unter anderem Namen in Einsamkeit; er als Menschenhasser, sie als Menschenfreundin. Zufällig kreuzen sich nach Jahren ihre Wege, und die Kinder führen die Versöhnung herbei.

Meisgeier [*Die Dämonen.* Roman von Heimito von Doderer,

1956]. – Der Mörder M., ein Unmensch, kommt in der Wiener Kanalisation um, von wo aus er die Polizei angegriffen hat.

Meister → Anton etc.

Meister → Wilhelm M. (Goethe: *Wilhelm Meisters Lehrjahre; Wilhelm Meisters Wanderjahre*)

Melanie [*L' Adultera.* Roman von Theodor Fontane, 1882]. – M., die verwöhnte junge Frau des wesentlich älteren Kommerzienrats van der → Straaten, löst sich aus allen konventionellen Bindungen, als sie zum erstenmal die wahre Liebe erlebt.

Melchior Gabor [*Frühlings Erwachen.* Eine Kindertragödie von Frank Wedekind, 1891]. – Der Schüler M. G. ist freiheitlich erzogen und selbstsicher. Als sein Freund → Moritz Stiefel sich das Leben nimmt, gibt man ihm die Schuld, weil er für Moritz eine sexuelle Aufklärungsschrift verfaßt hat. Er wird in eine Erziehungsanstalt gesteckt. Auch er spielt mit dem Gedanken an Selbstmord, weil er sich am Tode → Wendlas schuldig fühlt.

Melchthal [*Wilhelm Tell.* Schauspiel von Friedrich von Schiller, 1804]. – Arnold v. M. ist ein tatkräftiger, aufbrausender Mann, von Haß gegen die Habsburg hörigen Vögte erfüllt, die seinen Vater aus nichtigem Grund geblendet haben.

Melina [*Wilhelm Meisters Lehrjahre.* Roman von Johann Wolfgang von Goethe, 1795/96]. – An dem Schauspieler M. demonstriert Goethe Exzentrik, Undank und schließlich auch Philistertum des darstellenden Künstlers. Er hat hochfliegende Pläne, reißt seine Umgebung mit und verdammt wortreich das Komödiantenschicksal.

Melitta [*Sappho.* Tragödie von Franz Grillparzer, 1819]. – Die Sklavin M., ein gerade erblühtes Naturgeschöpf, zieht → Phaon an und erfährt die erste Liebe. Das stürzt sie in den Konflikt zwischen ihrer Verehrung der Dichterin → Sappho und ihrer Zuneigung zu dem Jüngling.

Mellefont [*Miss Sara Sampson.* Trauerspiel von Gotthold Ephraim Lessing, 1755]. – Der Verführer → Sara Sampsons ist kein reiner Bösewicht, sondern »mehr unglücklich als lasterhaft«, ein Weltmann und Freigeist mit einer Scheu vor der ehelichen Bindung. Er hat seine langjährige Geliebte Miss → Marwood verlassen und ist mit Sara in einen Gasthof in der Provinz geflohen. Obwohl er Sara liebt und Gewissensbisse hat, kann er sich nicht zu einer Eheschließung durchringen. Saras Tod beantwortet er mit Selbstmord und der Bitte um Gnade an ihren Vater. M. begründet den Typus des flatterhaften Liebhabers zwischen zwei Frauen.

Melusine.
Die sagenhafte Nixe oder »Meerfee« gehört zu den mythischen Tiermenschen. Der aus dem Französischen stammende Stoff ist weltweit verbreitet.
[*Melusine.* Prosaroman von Thüring von Ringoltingen, entst. 1456; ED 1474]. – M. ist – ein weiblicher Lohengrin – die geheimnisvolle Frau, die ihrem Mann Glück bringt, solange er ihr Geheimnis respektiert. Sie heiratet den armen Ritter Raimund, nachdem er gelobt hat, nie nach ihrer Herkunft zu fragen und sie nie samstags zu besuchen. Sie verhilft ihm zu Reichtum und gebiert zehn starke, tapfere Söhne, die jedoch alle seltsame Verunstaltungen aufweisen. Als der Graf sein Versprechen bricht und an einem Samstag entdeckt, daß ihr Leib in einem Fischschwanz endet, muß die gute Fee ihre Familie verlassen. Dramatisierung durch Hans Sachs (1556) und Jakob Ayrer (1598).
[*Die neue Melusine.* Märchen von Johann Wolfgang von Goethe, ED 1817–1819]. – M. ist eine Zwergin, deren Ring ihr zu Menschgröße verhilft und ihren Liebhaber, den Erzähler, zum Zwerg schrumpfen läßt.

Melusine Barby [*Der Stechlin.* Roman von Theodor Fontane, 1899]. – Die ältere Tochter des Botschaftsrats Graf → Barby ist ein heiteres, weltgewandtes Geschöpf, undinenhaft natürlich (Namenssymbolik!) auch in der eleganten hauptstädtischen Gesellschaft. Eine enttäuschende Ehe, die sie entschlossen aufgelöst hat, bildet den dunklen Hintergrund, vor dem sie ihren Geist und ihre Anmut entfaltet. M. ist Dubslav v. → Stechlin wesensähnlich und vom Autor als zeitgemäßes Frauenbild ähnlich vorbildhaft entworfen wie Stechlin als wahrer Edelmann.

Melzer [*Die Strudlhofstiege.* Roman von Heimito von Doderer, 1951]. – M. geht den Weg vom »Bosniakenleutnant zum Menschen«. Als 1918 die Offizierslaufbahn des k. u. k. Infanterieleutnants plötzlich zu Ende ist, muß er sich in das Leben eines Zivilisten fügen und als Amtsrat bei der Tabakregie weiterleben. Nach einem erhellenden Überblick über die Stufen seines Lebenswegs gelingt ihm die »Menschwerdung«: er kann ein »einfacher Mensch« sein und eine idyllische Ehe mit der Kleinbürgerin Thea Rokitzer führen. Seinem Schicksal parallel läuft die Entwicklung Österreichs.

Menis [*Die Standarte.* Roman von Alexander Lernet-Holenia, 1934]. – Der Fähnrich Herbert M. des Regiments Maria Isabella ist ein österreichischer Offizier, den sein Fahneneid und seine Pflichtauffassung noch binden, als Treue zur Fahne in der allgemeinen Auflösung des Reiches am Ende des Ersten Weltkrieges schon sinnlos geworden ist. Er ist in seinem rauschhaften Heldentum eine Parallelgestalt zu Rilkes Cornet (→ Langenau) und eine Kontrastfigur zu Schnitzlers kraftlosen, dekadenten Leutnants.

Mephistopheles.
Die Herkunft des Namens M., im Mittelalter Mephistopholis, im Volksbuch Mephistophiles, ist unklar; vielleicht kommt er von hebr. mephir = Zerstörer und topel = Lügner.
[*Historia von D. Johann Fausten.* Volksbuch, ED 1587]. – → Faust verbündet sich mit dem bösen Geist M., damit er ihm helfe, die »Elementa zu spekulieren«. M. führt ihn in das System der Gestirne und die Astrologie ein, zeigt ihm Himmel und Hölle, gibt ihm die Macht, eine Kriegstruppe aus dem Boden zu stampfen und Gestalten der Antike erscheinen zu lassen. Schließlich zaubert er für Faust die leibhaftige → Helena herbei.
[*Faust I*; *Faust II*; Tragödie von Johann Wolfgang von Goethe, ED 1808 und 1832]. – M. ist ein Teufel, aber nicht Satan selbst. Er vertritt die absolute Verneinung und den Willen zur vollständigen Vernichtung. Da er nicht glaubt, daß der Mensch nach Höherem strebt und der Verführung des Teufels widerstehen kann, erbittet er von Gott die Erlaubnis, → Faust zu versuchen. Mit Lug, Trug und Zauberei trachtet er danach, Faust und dessen Umwelt dem Untergang zuzuführen. Dabei geht er mit zynischer Menschenkenntnis, weltmännischer Gewandtheit und Sarkasmus vor.

Mergel [*Die Judenbuche.* Novelle von Annette von Droste-Hülshoff, ED 1842]. – In Friedrich M. ist erstmals ein gefährdeter Charakter realistisch dargestellt. Der Sohn eines Trunkenbolds und Wilderers in einem ärmlichen westfälischen Dorf um die Mitte des 18. Jh.s gerät nach dem Tod des Vaters unter schlechten Einfluß, wird mitschuldig am Tod des Oberförsters und ermordet den Juden Aaron unter einer Buche. Er entflieht mit einem ähnlich gearteten Verwandten, Johannes Niemand. Nach 28 Jahren kommt er als Krüppel aus türkischer Gefangenschaft zurück, gibt sich als Johannes aus und erhängt sich eines Tages an der Judenbuche.

Merlin.
Der Zauberer und Prophet des Artuskreises, Sohn eines Incubus (Buhlteufels) und einer englischen Königstochter, also ein Zwitterwesen, ist möglicherweise der Phantasie Geoffrey's of Monmouth entsprungen (*Historia regum Britanniae*, 1136).
[*Merlin.* Versroman von Albrecht von Scharfenberg, entst. gegen Ende des 13. Jh.s]. – Der grüblerische Zauberer und Seher M., der nach Wissen und Magie strebt, ist eine faustische Gestalt. Als Sohn des Teufels und einer keuschen, jungfräulichen Königstochter ist er mit überirdischen Kräften ausgestattet. Seinem Sohn Uter Pandragon verhilft er zum Thron und rät ihm, die Tafelrunde zu

gründen, als deren Herr sein Enkel → Artus später auftritt. [*Merlin.* Drama von Karl Lebrecht Immermann, 1832]. – M., der Sohn Satans und der Jungfrau Candida, soll für seinen Vater eine Mittlerrolle zur Welt übernehmen wie Christus für Gott. Er soll das heidnisch-sinnliche Prinzip verkörpern, strebt stattdessen jedoch die Taufe und die Erneuerung gnostischer Mythen an, will die Tafelrunde zum Gral führen und das Heilswerk Gottes und Christi vollenden. Immermanns Intention war es, sich »auf Tod und Leben mit Goethe (zu) messen«; M. sollte → Faust übertrumpfen. [*Merlin oder Das wüste Land.* Schauspiel von Tankred Dorst, 1981]. – M. erscheint als tragische Figur, die sich um ein friedliches Nebeneinander in einer Welt bemüht, die, hin- und hergerissen zwischen selbstischem Streben und Heilslehren, blind ihrem Ende zutaumelt.

Mersjohann [*Die Brandung.* Roman von Martin Walser, 1985]. – Rainer M., der ehemalige Studienfreund Helmut → Halms, lädt diesen zu einer Gastdozentur nach Kalifornien ein. Aus dem enthusiastisch-genialischen Dichter ist ein versoffener, aufgeschwemmter, grell angezogener älterer Herr geworden, der Enthusiasmus und Genialität verloren hat und als Literaturprofessor große Aufsätze plant und selten vollendet. M. begeht am Ende Selbstmord, weil seine Schaffenskraft erschöpft ist.

Meternagel [*Der geteilte Himmel.* Erzählung von Christa Wolf, 1963]. – Rolf M., der ganz positiv gesehene, redliche und arbeitsfrohe Kommunist in der prämiierten Brigade der Waggonfabrik, ist am Ende ein Wrack; offizielle Anerkennung verdienen sich andere, die mehr an sich selbst denken.

Mewes [*Seefahrt ist not!* Roman von Gorch Fock (eigentl. Hans Kienau), 1913]. – Der junge Klaus M., zur Unterscheidung von seinem gleichnamigen Vater »Klaus Störtebeker« genannt, setzt seinen Drang zur Hochseefischerei gegen den Willen seiner Mutter Gesa und trotz des Seetods seines Vaters und der Kenntnis des harten Berufslebens durch und führt die Familientradition fort.

Mews [*Mudder Mews.* Drama (niederdt.) von Fritz Stavenhagen, 1904]. – Mudder M. ist die böse Schwiegermutter, die den häuslichen Frieden ihres Sohnes zerstört und die Schwiegertochter in den Tod treibt. Als der Sohn die alte Frau, die in einem schweren Leben hart, mißtrauisch und selbstherrlich geworden ist, in seinen Haushalt aufnimmt, beklagt sie die nachlässige Haushaltsführung und die moderne Kindererziehung ihrer Schwiegertochter und reißt die Herrschaft an sich. Ihr Sohn Wilhelm ist zu schwach, um seine Frau Elsabe vor ihren Angriffen und Verleumdungen zu schützen, so daß diese sich in den Fluß stürzt.

Meyhöfer [*Frau Sorge.* Roman von Hermann Sudermann, 1887]. – Paul M., ein gehemmter Junge, wird von dem Schreckbild der »Frau Sorge« verfolgt: Er trägt schwer daran, daß die Familie durch die Schuld des Vaters ihren Gutshof verloren hat. In unermüdlicher Tätigkeit bringt er die verarmte Familie wieder hoch, obwohl ihm der launische, jähzornige und trunksüchtige Vater dauernd Knüppel zwischen die Beine wirft, und gewinnt die Oberhand über »Frau Sorge«.

Michael [*Hirtennovelle.* Erzählung von Ernst Wiechert, 1935]. – Der arme Dorfjunge M. ist das Urbild des Hirten. Seine paradiesische Lebensweise kontrastiert mit der höheren Schulbildung seiner Freunde und jeder rationalistischen Geisteshaltung. In der Malerin Tamara begegnet er der dekadenten Zivilisation. Er opfert sein Leben, um das Lamm eines Armen vor den Kosaken zu retten.

Michael Balbus → Leo (Gryphius: *Leo Armenius*)

Michael Kohlhaas [*Michael Kohlhaas.* Novelle von Heinrich von Kleist, ED 1810]. – Dem »Roßkamm« (Pferdehändler) K., dessen Rechtsgefühl »einer Goldwaage glich«, geschieht Unrecht. Der sächsische Junker Wenzel von → Tronka beschlagnahmt willkürlich zwei Rappen und wirtschaftet sie bei der Ernte beinahe zugrunde. Als sich K. bei ordnungsgemäßer Klage vor den sächsischen Gerichten nicht durchsetzen kann, weil der Junker Beziehungen bis zum Kurfürstenhof hat, wird er zum »Racheengel«, der mit unverhältnismäßigen Mitteln, als »Räuber und Mörder«, sein Recht zu erkämpfen sucht. K. wurde sprichwörtlich für Menschen, die mit blinder Gewalt um die Wiedergutmachung eines geringfügigen Unrechts kämpfen. Kleist hat die Geschichte des Kaufmanns Hans Kohlhase, dessen Pferde 1522 beschlagnahmt wurden, novellistisch gestrafft und zu einer klassischen Charakterdarstellung verdichtet.

Michael Kramer [*Michael Kramer.* Drama von Gerhart Hauptmann, 1900]. – Der Maler und Akademieprofessor M. K. ist der angepaßte Künstler, der mit Fleiß seinen Beruf ausübt wie jeder »normale« Bürger. Sein Sohn Arnold K. verkörpert einen gegensätzlichen Künstlertypus: begabt und von absolutem Kunstanspruch, ordnet er sich sozial nicht ein. Daß er außerhalb aller gesellschaftlichen Bindungen steht, bestraft die Bourgeoisie mit Verachtung, und sie richtet den Leidenden zugrunde.

Michael Unger [*Vita somnium breve.* Roman von Ricarda Huch, 1903; seit 1913 u. d. T. *Michael Unger*]. – M. U., geschäftlich erfolgreicher, norddeutscher Patrizier, flieht aus der satten, erstarrten Kaufmannsexistenz, verläßt Frau und Kinder, um mit der Malerin Rose ein freies, erfülltes Leben in einem Kreis von Künstlern und Studenten zu führen. Nach kurzem Glück kehrt er um seines Sohnes Mario willen aus dem romantischen Traum zurück in die bürgerliche Pflichtenwelt.

Michelangelo.
M. Buonaroti (1475–1564), Bildhauer, Maler und Architekt der Hochrenaissance.
[*Michel Angelo*. Drama von Friedrich Hebbel, 1855]. – M. ist eine Identifikationsfigur Hebbels in der Auseinandersetzung mit seinem Künstlertum und mit seinen Neidern und Kritikern. M. betont den Anspruch des großen Individuums, sich durchzusetzen, und ringt um Anerkennung. Um sie zu erlangen, vergräbt er seine Zeus-Statue, nachdem er ihr den Arm abgebrochen hat. Der Torso wird ausgegraben und als antikes Meisterwerk gelobt. Der Arm beweist M.s Urheberschaft.

Michels → Godeke (Leip: *Godekes Knecht*)

Mignon [*Wilhelm Meisters Lehrjahre*. Roman von Johann Wolfgang von Goethe, 1795/96]. – → Wilhelm Meister kauft einer Seiltänzertruppe ein Mädchen ab, ein fremdartiges, dunkles Kind von zwölf Jahren, das seine Sehnsucht nach der südländischen Heimat mit dem berühmten Lied »Kennst du das Land, wo die Zitronen blühn« zum Ausdruck bringt. Es dient Wilhelm voller Hingabe und ist ihm in halb kindlicher, halb erotischer Verfallenheit zugetan. Wie der → Harfner verliert M. ihren Platz in der Bildungsgeschichte Wilhelms, als dieser in die Turmgesellschaft aufgenommen wird. Sie stirbt an Herzeleid, als Wilhelm → Therese umarmt. Die geheimnisvolle Kindfrau wurde zu einem Topos in der Romantik und darüber hinaus (→ Peregrina).

Milada [*Das Gemeindekind*. Roman von Marie von Ebner-Eschenbach, 1887]. – Dem zierlichen kleinen Mädchen M. bleibt es erspart, wie ihr Bruder → Pavel als Gemeindekind aufzuwachsen, denn die Gutsbesitzerin läßt es in einer städtischen Klosterschule erziehen. Als M. ihren Bruder nach Jahren wiedersieht, ist sie erschüttert über dessen Verwahrlosung und bringt ihn auf den rechten Weg. Sie selbst stirbt an den Kasteiungen, die sie sich als Buße für ihre verbrecherischen Eltern auferlegt.

Milford [*Kabale und Liebe*. Bürgerliches Trauerspiel von Friedrich von Schiller, 1784]. – Lady M. gehört zum Typus der »edlen« Mätresse, die ihren Einfluß auf den Fürsten dazu nützt, die Härten des absolutistischen Herrschaftssystems zu mildern, und die zum Schluß dem falschen Glanz des Hoflebens entsagt.

Miller [*Kabale und Liebe.* Bürgerliches Trauerspiel von Friedrich von Schiller, 1784]. – Die Millers repräsentieren die Bürgerwelt in der Tragödie der unüberbrückbaren Standesunterschiede. Der derb-biedere Musiker M., Vater der → Luise, ist standesbewußt und von unverrückbarer Ehrenhaftigkeit. Die beschränkte Mutter fühlt sich bei aller angepaßten Tugendhaftigkeit geschmeichelt, daß ihre Tochter einen adeligen Verehrer hat, und sieht die Konsequenzen nicht.

Milliardär [*Die Koralle.* Schauspiel von Georg Kaiser, 1917]. – Der Milliardär ist der Sohn eines Proletariers und sein Leben lang auf der Flucht vor der Armut. Deshalb hat er sich zu einem brutalen Ausbeuter entwickelt. Als er erkennt, daß man Lebensglück nicht mit Besitz und Können erwirbt, sondern daß es eine vegetative Grundgegebenheit ist, ermordet er seinen Sekretär und Doppelgänger in der Hoffnung, mit dessen Identität auch seine glücklichere Veranlagung gewinnen zu können.

Milliardärssohn [*Gas (I).* Drama von Georg Kaiser, 1918]. – Der M. opponiert als Sozialrevolutionär gegen seinen Vater, den → Milliardär (*Die Koralle*). Er beteiligt die Arbeiter an der Gasfabrik. Statt sie zu »neuen Menschen« zu machen, löst er damit aber ein hektisches Besitzstreben aus. Man vernachlässigt den Katastrophenschutz um der Gewinnmaximierung willen, und die Fabrik fliegt in die Luft. Auch weitere Heilspläne (Rückkehr zu vorindustriellen Daseinsformen) scheitern am grassierenden Materialismus.

Mime [*Der Ring des Nibelungen.* Musikdramatische Tetralogie von Richard Wagner, 1853]. – Der heimtückische Zwerg M., ein Bruder → Alberichs, hat Siegfried in seiner Felsenschmiede großgezogen. Er will dessen Kraft nutzen, um Gold und Zauberring in seine Gewalt zu bringen und die Weltherrschaft zu erlangen, dann will er Siegfried mit einem Gifttrank töten. Aber dieser erkennt M.s Tücke und kommt ihm zuvor.

Mimili [*Mimili.* Erzählung von Heinrich Clauren, 1816]. – Das sechzehnjährige Schweizer Bergkind M. verbindet unschuldsvolle Natürlichkeit mit gutem Benehmen und erstaunlicher Bildung, so daß sich der preußische Offizier Wilhelm in sie verliebt. Die süßlich-kitschige Gestalt, die sich naiv an der Grenze zur Schlüpfrigkeit bewegt, wurde zum Idol einer ausgedehnten Leserschaft und beispielgebend für die triviale Liebesgeschichte bis in unsere Zeit.

Minde → Grete M. (Fontane: *Grete Minde*)

Minna von Barnhelm [*Minna von Barnhelm oder das Soldatenglück.* Lustspiel von Gotthold Ephraim Lessing, 1767]. – Das sächsische Edelfräulein hat → Tellheim, einen Major in preußischen Diensten, wegen seiner menschenfreundlichen Haltung als Besatzungsoffizier in Sachsen lieben gelernt und kämpft um diese Liebe mit List und Beharrlichkeit.

Mirza → Rustan (Grillparzer: *Der Traum ein Leben*)

Mischka [*Er laßt die Hand küssen.* Novelle von Marie von Ebner-Eschenbach, ED 1886]. – Der Leibeigene M. ist einer der wenigen menschlich empfindenden Personen in dem erstarrten Sozialgefüge der Feudalgesellschaft. Seine natürliche Liebe zu einem Mädchen widerspricht der prüden Moralauffassung der Gräfin, und sie richtet ihn zugrunde, weil sie das Recht über Leben und Tod ihrer Untertanen leichtfertig handhabt. Der devote Kammerdiener Fritz berichtet die rigorose Durchsetzung der herrschaftlichen Befehle jeweils mit der Floskel: »Er laßt die Hand küssen.«

Mississippi [*Die Ehe des Herrn Mississippi.* Komödie von Friedrich Dürrenmatt, 1952]. – Der Staatsanwalt Florestan M. ist von einem fanatischen und absolut unbarmherzigen Gerechtigkeitssinn besessen und hat bereits 350 Todesurteile durchgesetzt. Er zwingt → Anastasia zur Heirat. Er weiß, daß sie ihren Gatten François ermordet hat, der mit M.s Frau Ehebruch begangen haben soll, und gesteht, seine Frau Madeleine aus eben dem Grund getötet zu haben. Durch die Ehe der Täter will er die beiden unaufgeklärten Morde sühnen und die vollkommen amoralische Anastasia sittlich heben.

Mittler [*Die Wahlverwandtschaften.* Roman von Johann Wolfgang von Goethe, 1809]. – M., ein ehemaliger Geistlicher, pflegt eine seinem Namen gemäße Leidenschaft, nämlich in Ehezwistigkeiten zu vermitteln. Seine Auslegung des sechsten Gebots verursacht den endgültigen seelischen Zusammenbruch von → Ottilie und ihren Tod.

Miura [*Das heilige Experiment.* Schauspiel von Fritz Hochwälder, 1947]. – Don Pedro de M., ein vom spanischen König eingesetzter Grande, muß am 16. Juli 1767 in Buenos Aires über das Schicksal eines Experiments der Jesuiten richten. Diese haben im Urwald von Paraguay einen Idealstaat aufgebaut, in dem die Indios soziale Gerechtigkeit und Schutz vor Ausbeutung finden. M. bricht das Experiment gewaltsam ab, da es wirtschaftliche und politische Interessen stört.

Möbius [*Ein besserer Herr.* Komödie von Walter Hasenclever, 1927]. – Der charmante Heiratsschwindler, der eine riesige Kartei über die möglichen Objekte seiner Jagd nach dem Geld führt, imponiert Lia → Compass und ihrem Vater, einem Finanzhai, durch seine Kaltblütigkeit und seinen Geschäftsinn, so daß sie ihn als Familienmitglied akzeptieren, nachdem er seine vielen Opfer in einer »Konferenz« geschickt beruhigt hat.

Möbius [*Die Physiker.* Komödie von Friedrich Dürrenmatt, 1962]. – Johann Wilhelm M. ist der Typ → Oppenheimer. Der von seiner Wissenschaft besessene Kernphysiker weiß, daß seine Erkenntnisse, wenn sie in die Hände der Politiker geraten, die Menschheit vernichten können. Aus Verantwortungsgefühl hat er sich in eine private Irrenanstalt zurückgezogen und verbrennt seine Manuskripte, um ohne Gefährdung für die Welt seiner Forschung leben zu können. Sein Opfer stellt sich als vergeblich heraus, denn: »Was einmal gedacht wurde, kann nicht mehr zurückgenommen werden.« Die Leiterin des Sanatoriums, → Mathilde von Zahnd, hat die Texte schon kopiert.

Möller [*David und Goliath.* Komödie von Georg Kaiser, 1920/21]. – Der kleine Beamte M. beweist durch sein Schicksal, daß der Geruch des Geldes das Geld selbst ersetzen kann. Er hat Beträge einer Wettgemeinschaft veruntreut, und als die Nummer gezogen wird, schafft er den sozialen Aufstieg auch ohne den verscherzten Gewinn.

Möncken → Marianne Helldegen (Nossack: *Spätestens im November*)

Möros, der Name → Damons im Erstdruck von Schillers *Die Bürgschaft*

Mohr [*Die Verschwörung des Fiesko zu Genua.* Tragödie von Friedrich von Schiller, 1783]. – Der Mohr Muley Hassan ist der sprichwörtliche Schurke, dessen Dienste man in Anspruch nimmt, solange er nützlich ist. Er soll → Fiesko ermorden, wird von diesem durchschaut und »umgedreht«, zu seinem Spion und Werkzeug gemacht, am Ende fallengelassen. »Der Mohr hat seine Arbeit getan, der Mohr kann gehen.«

Mokenesa [*Pferdemusik.* Roman von Ludwig Tügel, 1935]. – M. lebt als Offiziersbursche mit »Major« → Tyllbeck in dessen Phantasie- und Erinnerungswelt »Höhe zwoundsiebzig«; sie gelten beide als nicht ganz richtig im Kopf. Tyllbeck ist in seiner Einsamkeit der Sphärenmusik hingegeben; der treue und treuherzige M. versteht den Begriff nicht und verballhornt ihn zu »Pferdemusik«.

Molart [*Die Freiheit des Gefangenen.* Roman von Edzard Schaper, 1950]. – Pierre du M., ein Leutnant Napoleons, ist unter dem Verdacht des Hochverrats ins Gefängnis geraten. Als seine Geliebte, die Gräfin d'Anjou, ihm zur Flucht verhelfen will, lehnt er aus soldatischem Ehrgefühl ab. Im Laufe seiner Gefangenschaft wandeln sich seine Ehrbegriffe völlig, und er erlangt durch den Glauben an Gott seine innere Freiheit.

Mollfels [*Scherz, Satire, Ironie und tiefere Bedeutung.* Lustspiel von Christian Dietrich Grabbe, ED 1827]. – Der häßliche, bucklige, aber edel gesinnte Verehrer → Liddys befreit diese aus den Fängen des Wüstlings v. → Mordax und gewinnt sie als Gattin.

Momo [*Momo.* Roman von Michael Ende, 1973]. – Das kleine Mädchen M. wohnt in den Trümmern eines römischen Amphitheaters. Es hat Zeit und kann gut zuhören, es spielt mit seinen Freunden und man erzählt sich Geschichten. Aber eines Tages ändert sich alles, denn die Leute werden beeinflußt, ihre Zeit auf einer »Zeitsparkasse« zu sparen, wo sie angeblich Gewinn bringt, in Wirklichkeit aber gestohlen wird. Nur M. schließt sich von dieser Entwicklung aus, und es gelingt ihr, den Leuten die gestohlene Zeit zurückzubringen.

Montan → Jarno (Goethe: *Wilhelm Meisters Wanderjahre*)

Montezuma II. [*Die weißen Götter.* Historischer Roman von Eduard Stucken, 1918–1922]. – M., der Herrscher der Azteken (1466–1520), eine feinsinnige, überzüchtete Gestalt, ist entschlußlos, laviert ungeschickt und wird von Alpträumen geplagt. Er ahnt seinen Untergang voraus und glaubt zunächst in → Cortez dem Gott Quetzalcoatl zu begegnen. Entgegen der historischen Überlieferung wird er von flüchtenden Spaniern in der »Noche triste« erwürgt.

Montreas [*Der redliche Mann am Hofe.* Staatsroman von Johann Michael von Loën, 1740]. – Die Gräfin M. ist ein Musterbild von Edelmut und Standhaftigkeit am Fürstenhof. Der König begehrt sie, der Mann, den sie liebt, Graf → Rivera, will zugunsten des Herrn verzichten, doch sie bleibt ihm treu und stellt ihm vor Augen, wie ehrenrührig sein Untertanengeist ist.

Mook [*Abu Telfan.* Roman von Wilhelm Raabe, 1868]. – Der Tierhändler Kornelius van der M. hat → Hagebucher aus der Sklaverei zu Abu Telfan losgekauft. Es stellt sich heraus, daß er Viktor, der verschollene Sohn von Frau Claudine → Fehleysen ist. Durch das Unglück seines Vaters ist er völlig aus der Bahn gerissen worden und hat Heimat, Ehre und Namen darüber eingebüßt.

Moor [*Die Räuber.* Schauspiel von Friedrich von Schiller, 1781]. – Graf M. ist der Vater der feindlichen Brüder → Karl und → Franz, der Inbegriff eines sanftmütigen und tugendhaften Patriarchen, der »goldenen Träumen« einer menschenfreundlichen Herrschaft nachsinnt. Deren Verwirklichung scheitert an seiner Humanität, die sich als Schwäche erweist, da sie ihn hilflos den Intrigen seines bösen Sohnes Franz ausliefert, so daß dieser ihn zu einem jammernden Alten degradieren kann.

Moosbrugger [*Der Mann ohne Eigenschaften.* Unvollendeter Roman von Robert Musil, 1930, 1933, 1943; Gesamtausg. 1952]. – Den wahnsinnigen Prostituiertenmörder M. empfindet → Ulrich als ein Sinnbild der gebrochenen Welt. Für ihn ist auch das Verbrechen eine irrationale Gegenwelt zur technischen Zivilisation.

Moosthaler [*Die Sintflut.* Romantrilogie von Stefan Andres, 1949, 1951, 1959]. – Andres schildert den Nationalsozialismus und seine ideologische Entwicklung in einer phantasievoll verfremdeten Umgebung. Der Theologieprofessor Alois M. ist ein Hitler nachgebildeter machtgieriger Gewaltmensch, der mit Hilfe von → Olchs Normbewegung die Macht in Deutschland ergreift. Jetzt nennt er sich »Jörg Retter«. Er festigt seine Macht und entfesselt einen Weltkrieg, in dem er umkommt.

Morant von Rivere [*Morant und Galie.* Anonymes Versepos, entst. zw. 1190 und 1210]. – Der Ritter und Gefolgsmann Karls des Großen wird von dem Höfling Rohart zu Unrecht des Ehebruchs mit → Galie, Karls Gemahlin, bezichtigt. Er besiegt den Verleumder im Zweikampf und entlarvt ihn.

Mordax [*Scherz, Satire, Ironie und tiefere Bedeutung.* Lustspiel von Christian Dietrich Grabbe, ED 1827]. – Wie der Name sagt, ist Freiherr v. M. ein grimmiger Draufgänger und gewalttätiger Freier, die Karikatur des adeligen Grobians wie Grillparzers → Galomir.

Mordechai (**Mardochai**) → Esther

Mordred [*Merlin oder Das wüste Land.* Schauspiel von Tankred Dorst, 1981]. – Sir M., ein natürlicher Sohn des Königs Artus, verkörpert das Zerstörerische in der Welt. Als Kainsgestalt will er Böses tun, damit Gott ihn zur Kenntnis nimmt, und sein ganzer Lebensgenuß liegt darin, daß er tut, was ihn verabscheuungswürdig macht. So stellt er zugleich den ewigen Widerspruch zwischen der Vaterwelt mit ihrem gesicherten Glauben und ihren festen Konventionen und der naturnotwendigen vitalistischen Auflehnung der Söhne dar.

Moritz [*Trilogie des Wiedersehens.* Schauspiel von Botho Strauß, 1976]. – Der 37jährige Direktor eines Kunstvereins hat im Sommer 1975 eine Ausstellung des Neorealismus unter dem Titel »Kapitalistischer Realismus« organisiert und zu einer Vorbesichtigung vierzehn Leute eingeladen. Der fahrige M. begegnet → Susanne in einer dreifachen Wiederholung von Wiedersehen und Trennung – ein Beispiel für die Bindungslosigkeit und Vereinsamung des modernen Menschen.

Moritz Stiefel [*Frühlings Erwachen.* Eine Kindertragödie von Frank Wedekind, 1891]. – Der ängstliche Schüler M. S. kann den Anforderungen der Schule und seiner Eltern nicht gerecht werden und leidet an sexuellen Zwangsvorstellungen. Als sein Freund → Melchior Gabor ihn schriftlich aufklärt, verstört ihn das völlig, er verfehlt das Klassenziel und sieht als Ausweg nur den Selbstmord.

Mortiz Tassow [*Moritz Tassow.* Komödie von Peter Hacks, ED 1965]. – Der vitale Schweinehirt und Sozialutopist M. T., der sich während der Nazizeit taubstumm gestellt hat, gründet 1945 in seinem mecklenburgischen Dorf eine landwirtschaftliche Kommune. Doch er hat den Arbeitswillen und die Nächstenliebe der Menschen überschätzt und scheitert. M. T. gehört in die Reihe der fortschrittsfrohen und aufbauwilligen Kommunisten, deren Prototyp → Ole Bienkopp ist. Sie scheitern an Uneinsichtigkeit, Konservativismus und Funktionärsborniertheit.

Morolf [*Salman und Morolf.* Anonymes Spielmannsepos, entst. um 1180/90]. – Entgegen der Vorliebe der Spielleute für festumrissene Typen ist M. eine schillernde Gestalt: treuer Vasall seines Bruders, des Königs → Salman (Salomon), edler, höfischer Ritter und tapferer Kämpfer einerseits, ausgepichter Schurke, Narr und Spitzbube andererseits. Listenreich und zauberkundig findet er die entführte → Salmê wieder und tötet sie nach ihrer zweiten Flucht. Der Name M. stammt von Mercurius (Hermes) ab, dem Gott der Händler und Diebe.

Morolt [*Tristrant und Isolde.* Versroman von Eilhart von Oberge, entst. um 1170/80]. – [*Tristan.* Versroman (unvollendet) von Gottfried von Straßburg, entst. um 1200–1210]. – Der starke Recke M., der Oheim → Isoldes, fordert von → Marke, dem König von Kornwall, Tribut. → Tristan, Gefolgsmann seines Onkels Marke, tötet ihn und wendet dadurch die Forderung ab. Das ist der Grund für den ursprünglichen Haß Isoldes auf Tristan.

Morone [*Die Versuchung des Pescara.* Novelle von Conrad Ferdinand Meyer, 1887]. – In Girolamo M., dem Kanzler des Mailänder Herzogs Francesco Sforza, verbinden sich Züge des politisch-patriotischen Phantasten mit denen des skrupellosen Intriganten, der nicht vor Rufmord, Bestechung, Verrat, Mißbrauch des Edelmuts anderer zurückschreckt, um das Vaterland Italien zu einigen. So macht er sein erhabenes Ziel von Anfang an durch die Wahl der Mittel unglaubwürdig und steht am Schluß als tragikomische Figur da.

Morten → **Schwarzkopf** (T. Mann: *Buddenbrooks*)

Mortimer [*Maria Stuart.* Trauerspiel von Friedrich von Schiller, 1801]. – M., eine von Schiller frei erfundene Gestalt, ist eine der hochfahrenden, leidenschaftlichen Jünglingsfiguren des Dramatikers. In ihm verbinden sich mystische Glut und Erotik. Das hat ihn zum katholischen Konvertiten gemacht und läßt ihn zum Sklaven von → Maria Stuarts Schönheit werden. Sein waghalsiger Versuch, sie zu befreien, kreuzt sich mit politischen Winkelzügen der Beteiligten, denen er nicht gewachsen ist.

Moser [*Die Räuber.* Schauspiel von Friedrich von Schiller, 1781]. – Der menschenfreundliche Pastor M. vertritt die christliche Moral gegenüber dem Verbrecher → Franz Moor. Aber die Stimme des Gewissens verhallt ungehört.

Moses [*Das Gesetz.* Erzählung von Thomas Mann, 1944]. – M. ist als Künstlertypus gezeichnet, der die Israeliten zu einem Volk mit einer lebensnahen Moral und einer durchgeistigten Religion gestaltet. Formwille und Sinnlichkeit befähigen ihn dazu; er erreicht sein Ziel, indem er erfindungsreich die primitive Gutgläubigkeit der Menschen ausnützt, sie beschwindelt und betrügt. Thomas Mann orientierte sich bei der Gestaltung an Michelangelo und dessen Mosesstatue.

Moses [*Ut mine Stromtid.* Niederdt. Roman von Fritz Reuter, 1863–64]. – In dem Geldverleiher M., einem reellen Geschäftsmann mit Herz, entsteht eine Gegenfigur zu dem verbrecherischen Veitel → Itzig aus Freytags *Soll und Haben.* M. ist ganz ohne antisemitische Untertöne dargestellt.

Most → Klärchen (Zuckmayer: *Der fröhliche Weinberg*)

Mozart [*Mozart auf der Reise nach Prag.* Novelle von Eduard Mörike, 1856]. – M. ist als das doppelgesichtige Genie dargestellt: er genießt in Lebens- und Schaffensfreude den Augenblick und verschwendet sich voller Hingabe an ihn, dabei verzehrt er sich selber und ist vom Tode schon gezeichnet. So verbinden sich Heiterkeit und Schwermut in seinem Charakter. Die historische Figur des als verwandt empfundenen Mozart gestaltet Mörike zum erhöhten Bild seiner selbst.

Mucki Schöpps [*Herrn Brechers Fiasko.* Roman von Martin Kessel, 1932]. – Als die selbstbewußte, wählerische M. S. in die Firma UVAG eintritt, verschärft sie eine für das Angestelltenmilieu als typisch gesehene und seitdem in der Literatur häufig wiederholte Kampfsituation zwischen zwei Männern, hier Max → Brecher und Dr. → Geist, um einen leitenden Posten. Der Sieger, Dr. Geist, schiebt am Ende auch M. S. ab; er ist ja etwas Besseres geworden.

Münchhausen.
Baron Karl Friedrich Hieronymus v. M. (1720–1797) war schon zu Lebzeiten als »Lügenbaron« berühmt. Er war gegen eine Publikation seiner Geschichten, konnte sich aber bei der Rechtslage der Zeit nicht dagegen wehren.
[*Wunderbare Reisen zu Wasser und Lande, Feldzüge und lustige Abenteuer des Freiherrn von Münchhausen.* Lügengeschichten von Gottfried August Bürger, 1786]. – Auf die Person M.s wurden traditionelle Lügengeschichten, die bis auf das klassische Altertum zurückgehen, übertragen. Bürgers Sammlung ist nicht die erste, aber die bekannteste. M. ist der feudale Landjunker, der neben Essen und Trinken die Jagd und den Türkenkrieg liebt. In seinen Geschichten stellt er sich mit einem ironischen Unterton als den Tausendsassa dar, der tapfer und geistesgegenwärtig die schwierigsten Situationen meistert.

Münchhausen [*Münchhausen.* Humoristischer Roman von Karl Leberecht Immermann, 1838/39]. – In dem Weltenbummler, Abenteurer und Geschichtenerzähler, dem angeblichen Enkel des berühmten Lügenbarons, sieht Immermann einerseits die Verkörperung des Zeitgeistes, seiner Lügenhaftigkeit und Hohlheit, auf der anderen Seite aber den bindungslosen Spötter, der die Wertlosigkeit der Ideale durchschaut und alle Gefühlsregungen ablehnt. Sein Lebensgenuß besteht in dem Bewußtsein der eigenen Überlegenheit und der Fähigkeit, die Menschen zu manipulieren; so treibt er mit Schadenfreude die Bewohner auf dem Schloß des Barons → Schnuck weiter in ihre Hirngespinste.

Münchhausen [*Das Odfeld.* Erzählung von Wilhelm Raabe, 1888]. – Thedel v. M. ist die Gegengestalt zu seinem ehemaligen Lehrer → Buchius, ein aktiver, tatendurstiger junger Mann. Er stellt sich in den Dienst des preußischen Feldherrn Herzog Ferdinand von Braunschweig und fällt noch am gleichen Tag, dem 5. Nov. 1761, in der Schlacht. Mit seinem Schicksal führt er den Geschichtsoptimismus der Gründerzeit ad absurdum.

Münzer.
Der Priester Thomas M. (1489–1525) radikalisierte die Lehre Luthers zu einem urchristlichen Kommunismus und führte revolutionäre Erhebungen der Bauern in Zwikkau, Böhmen und Mühlhausen (Thüringen) an.
[*Martin Luther & Thomas Münzer oder Die Einführung der Buchhaltung.* Schauspiel von Dieter Forte, 1971]. – Thomas M.s religiösen Wahn und seine Rückkehr zum Urchristentum gestaltet Forte – gemäß der seit Engels eingeführten Interpretation – zu einer sozialistischen, antikapitalistischen Weltverbesserungstheorie, M. selbst als

Bauernführer zum Vorläufer und Propheten von Karl Marx.

Mulay Hassan → Mohr (Schiller: *Die Verschwörung des Fiesko zu Genua*)

Muoth [*Gertrud*. Roman von Hermann Hesse, 1910]. – Dem Sänger M., einem Freund → Kuhns, fliegen die Frauenherzen zu, aber nur Gertrud Imthor liebt ihn aufrichtig. Trotzdem kann sie seinem zerrissenen Charakter keinen Frieden bringen, und er endet durch Selbstmord.

Murai [*Brigitta*. Erzählung von Adalbert Stifter, ED 1843]. – Der begehrte Weltmann Major Stephan M. liebt und heiratet die häßliche → Brigitta und wird glücklich mit ihr. Nachdem er ihren Stolz durch ein Liebesverhältnis verletzt und sie ihn verlassen hat, lebt er in ihrer Nähe, auf die Rolle des guten Nachbarn beschränkt, aber in geistiger Verbundenheit. Ein Unfall des gemeinsamen Sohnes führt die Ehegatten auch äußerlich wieder zusammen.

Murau [*Auslöschung. Ein Zerfall*. Roman von Thomas Bernhard, 1986]. – Franz-Josef M. ist der Sproß eines oberösterreichischen Adelsgeschlechts, ein menschenscheuer, egozentrischer Einzelgänger, der ästhetischen und intellektuellen Interessen nachgeht. Von der betriebsamen, bodenständigen Familie, deren bereitwillige Anpassung an Nationalsozialismus und katholische Kirche ihn abstößt, hat er sich abgesondert und lebt als Privatgelehrter in Rom. Der Unfalltod seiner Eltern und seines älteren Bruders macht ihn zum Alleinerben. In einem Riesenmonolog löscht er seine Familie aus seinem Bewußtsein aus und verschenkt dann Schloß, Grund und Vermögen.

Murk [*Trommeln in der Nacht*. Komödie von Bertolt Brecht, 1923]. – In dem Kriegsgewinnler M. karikiert Brecht den Typus des »tüchtigen« bürgerlichen jungen Mannes, der sich unter Umgehung des Kriegsdienstes von unten hochgearbeitet und es dank seiner Ellenbogen und seiner genagelten Profitmacher-Stiefel zu etwas gebracht hat.

Murke [*Doktor Murkes gesammeltes Schweigen*. Satire von Heinrich Böll, 1958]. – Dr. M., Rundfunkangestellter in der Kulturabteilung, zwingt den gefeierten Literaten Professor Bur-Malottke, der – wendig dem Zeitgeist folgend – in seinen Morgenansprachen das Wort »Gott« durch »jenes höhere Wesen, das wir verehren« ersetzen will, die neue Formulierung in allen Deklinationsformen 27mal auf Tonband zu sprechen. Angewidert von der endlosen Abfolge anpasserischen Kulturgeschwätzes, sammelt Dr. M. Bandschnipsel, auf denen absolutes Schweigen herrscht.

Murphy [*Das Kajütenbuch.* Roman von Charles Sealsfield, 1841]. – M., einer der reichsten und tapfersten Männer der USA, verkörpert das Ideal des demokratischen Staatsbürgers. Im Landhaus des Kapitän M., der »Kajüte«, trifft sich eine Abendgesellschaft, hauptsächlich Offiziere, deren Gespräche und Erzählungen um den Kampf des Südens für politische Unabhängigkeit kreisen.

Murr [*Lebensansichten des Katers Murr.* Fragmentarischer Roman von E. T. A. Hoffmann, 1820–22]. – Der schriftstellernde Kater beschreibt in eitler Selbstgefälligkeit seinen Bildungsweg von der Jugend bis zum reifen Mannesalter. In der Tiergestalt wird das Philistertum der zeitgenössischen bürgerlichen Gesellschaft verspottet; seine Lebensansichten sind der Biographie des Kapellmeisters → Kreisler kontrapunktisch gegenübergestellt.

Musa [*Sieben Legenden.* Erzählungen von Gottfried Keller, 1872]. – Die fromme, tanzwütige M. wird von König David dazu gebracht, um der ewigen Seligkeit willen dem Tanz auf dieser Welt zu entsagen. Als Heilige in den Himmel aufgestiegen, bemerkt sie, daß für dessen Bewohner der Tanz auf Erden die Seligkeit bedeuten würde – eine Seligkeit, die sie auf ewig verpaßt haben.

Musarion [*Musarion oder Die Philosophie der Grazien.* Versdichtung von Christoph Martin Wieland, 1768]. – Die Hetäre M. ist eine »schöne Seele« im Sinne Shaftesburys, in der Vernunft und Gefühl sich harmonisch vereinen. Sie bekehrt den schwärmerischen Jüngling Phanias zu heiterer und weiser Lebenskunst.

Mut-em-enet [*Joseph und seine Brüder.* Roman-Tetralogie von Thomas Mann, 1933–1943]. – M., die jungfräuliche »Mondnonne«, aus zeremoniellen Gründen dem Groß-Eunuchen → Peteprê angetraut, wird von ihrer plötzlich erwachenden Sexualität dazu getrieben, → Joseph nachzustellen; doch dieser vollbringt drei Jahre lang »ein Virtuosenstück der Tugend«, worauf ihn M. verleumdet und ins Gefängnis bringt.

Mutter → Courage, → Wolffen etc.

Myga → Norris (Raabe: *Die schwarze Galeere*)

Nachodine [*Wilhelm Meisters Wanderjahre oder Die Entsagenden.* Roman von Johann Wolfgang von Goethe, 1821/29]. – N. ist Beispielfigur für die Angleichung der Stände in den *Wanderjahren.* Die Pächterstochter nähert sich dem Junker → Lenardo als Supplikantin, gerät durch seine halbherzige Reaktion ins Elend, doch nach Jahren findet er sie, die er als das »nußbraune Mädchen« lange gesucht hat, als ebenbürtige Leiterin einer umfangreichen Weber-Heimindustrie wieder.

Nachtigall [*Die gefesselte Phantasie.* Zauberspiel von Ferdinand Raimund, 1828]. – Der weinselige, zänkische Harfenist N. aus einer Wiener Heurigenschenke steht in der Tradition des älteren Wiener Volkstheaters. Er wird von bösen Zauberschwestern auf die Insel Flora gebracht, um sich in einem Sängerwettstreit um die Hand der Königin → Hermione zu bewerben; aber sein Preislied ist ein Mißerfolg.

Nadja [*Simultan.* Erzählung von Ingeborg Bachmann, 1972]. – Die Dolmetscherin N. verlebt einige Tage in einem calabrischen Hotel mit Ludwig Frankel, einem UNO-Fachmann wie Walter → Faber. Trotz aller Bereitschaft, sich aufeinander einzustimmen, sind die Wesensunterschiede zwischen der empfindlichen, eigenwilligen Frau und dem überlegten, emotional gemäßigten Mann zu groß, so daß es zu einer »Blockade zwischen ihr und ihm und der Welt« kommt. Autobiographische Anklänge.

Nadler [*Die Toten bleiben jung.* Roman von Anna Seghers, 1949]. – Der Kleinbauer N. kommt über ein Freikorps zum Nationalsozialismus. Er verhält sich autoritätsgläubig nach oben und gewalttätig nach unten. Als Angehöriger der Besatzungsmacht in Frankreich wird er von einem Widerstandskämpfer erschossen.

Nägler [*Das Haus in Montevideo.* Lustspiel von Curt Goetz, 1953]. – Der kauzige Professor Traugott Hermann N., Vater von 12 Kindern, ist mitschuldig, daß seine damals siebzehnjährige Schwester wegen eines unehelichen Kindes verstoßen wurde. Diese Schwester ist in Montevideo reich verstorben und hinterläßt der Familie ein Vermögen, unter der Bedingung, daß sie innerhalb eines Jahres ein uneheliches Kind vorweisen kann.

Naëmi → Süß-Oppenheimer

Nagelschmidt [*Michael Kohlhaas.* Novelle von Heinrich von Kleist, ED 1810]. – Das ehemalige Mitglied des Kohlhaasschen Haufens schart eine eigene Bande um sich, mißbraucht dafür den Namen → Michael Kohlhaas' und bietet Kohlhaas schriftlich die Führung an. Dadurch gerät dessen Rechtssuche ins Zwielicht; die sächsischen Behörden können ihr Wort brechen und das freie Geleit aufheben.

Nansen [*Deutschstunde.* Roman von Siegfried Lenz, 1968]. – Der Maler Max Ludwig N. ist ein ganzer Mensch, mutig, hilfsbereit und gütig. In der Nazizeit erhält er als »entarteter Künstler« Malverbot. Der Polizist Jens → Jepsen überwacht es mit pflichtgetreuer Sturheit, obwohl N. sein Jugendfreund ist und ihm einmal das Leben gerettet hat. – Gestalt und Lebensumstände erinnern an Emil Nolde, der mit bürgerlichem Namen Hansen hieß.

Nante [*Berlin, wie es ist – und trinkt.* Humoristische Skizzen von Adolph Glassbrenner, 1832–1850]. – Der »Eckensteher« N., eine Erfindung des Komikers Beckmann, ist eine sprichwörtliche Berliner Figur, die mit Wortwitz und vorgeblichem Unverstand die Verhältnisse so falsch kommentiert, daß ihre Unnatur deutlich hervortritt. N.s Beiname leitet sich davon ab, daß er als Gelegenheitsarbeiter auf der Straße auf Aufträge wartet.

Naphta [*Der Zauberberg.* Roman von Thomas Mann, 1924]. – Der Jesuit Leo N. predigt einen asketischen Todesfanatismus, den er mit kommunistischen Ideen verbindet. In scharfsichtigen Analysen führt er in den Streitgesprächen, die eigentlich der Belehrung Hans → Castorps gelten, die humanitären Weltbeglückungsvisionen → Settembrinis ad adsurdum. Er hält Terror für den wahren Impuls des Fortschritts.

Napoleon [*Napoleon oder Die hundert Tage.* Drama von Christian Dietrich Grabbe, 1831]. – N. wird nicht als Held gesehen, sondern als »Reflex seines eigenen Mythos«. Der titanische einzelne wie die mächtige Masse werden von der alles beherrschenden Geschichte in einer ständigen sinnlosen Kreisbewegung abwechselnd hoch- und hinabgetragen.

Narziß [*Narziß und Goldmund.* Erzählung von Hermann Hesse, 1930]. – Der Klosterschüler N., ein sensibler Intellektueller, fühlt sich zu mönchischem Leben berufen. Seine Lebensprinzipien heißen: Geist, Logos, Askese. Seinem Freund und Gegenpol → Goldmund rät er dagegen vom geistlichen Beruf ab. Das Thema der Polarisierung von Geist und Leben tritt auch bei Hesses Zeitgenosse Thomas Mann auf (→ Tonio Kröger).

Nasemann → Arthez (Nossack: *Der Fall d'Arthez*)

Natalie [*Der Nachsommer.* Roman von Adalbert Stifter, 1857]. – Im Gegensatz zu ihrer Mutter → Mathilde Tarona, die sich wegen ihrer unziemlichen leidenschaftlichen Ungeduld das Glück wahrer Liebe verscherzt hat, ist N. von gebändigtem Gemüt und findet, gelenkt durch die späte Einsicht der Mutter und den bedächtig formenden Willen des Freiherrn von → Risach, ihr Glück mit Heinrich → Drendorf, der seine Beherrschtheit und Reife ebenfalls dem charakterbildenden Einfluß Risachs verdankt.

Natalie [*Prinz Friedrich von Homburg.* Schauspiel von Heinrich von Kleist, ED 1821 (posthum)]. – Die Prinzessin N. von

Oranien gehört zu den Kleistschen Frauengestalten, die bedingungslos lieben; sie setzt sich entschlossen für → Homburg ein, auch als er völlig verstört um das nackte Leben fleht und sich von ihr lossagt. Der Augenblick ihrer tiefsten Verzweiflung kommt, als Homburg entscheiden soll, ob sein Todesurteil gerecht ist; denn sie weiß seine Antwort voraus und muß glauben, ihn endgültig verloren zu haben.

Natalie [*Wilhelm Meisters Lehrjahre.* Roman von Johann Wolfgang von Goethe, 1795/96]. – N. hilft dem bei einem Raubüberfall verwundeten → Wilhelm Meister. Dem halb Ohnmächtigen erscheint sie wie eine Heilige im Strahlenkranz, und die unbekannte schöne Reiterin beschäftigt seine Phantasie fortan als »Amazone«. Am Ende des Romans sieht er sie als Schwester → Lotharios wieder und gewinnt sie zur Frau. Sie ist die wahrhaft »schöne Seele« (→ Phyllis), die aus Natur und Neigung ihre Aufgaben in der Gesellschaft erfüllt – so, wie sie ganz selbstverständlich einem Fremden Hilfe geleistet hat. In den *Wanderjahren* (1821/1829) lebt sie von ihrem Gemahl Wilhelm M. getrennt und ist Empfängerin von dessen Briefen. Beide hoffen auf eine Wiedervereinigung in Amerika.

Natella [*Der kaukasische Kreidekreis.* Stück von Bertolt Brecht, 1954; UA 1948]. – Die verwöhnte Frau des Gouverneurs von Grusinien läßt in politischen Wirren ihr Kind zurück und flieht mit ihren Kleidern. Als die Gefahr vorbei ist, läßt sie ihr Kind der Erbschaft wegen suchen. Der Richter → Azdak lehnt ihre Ansprüche ab und spricht das Kind → Grusche zu.

Nathan [*Nathan der Weise.* Dramatisches Gedicht von Gotthold Ephraim Lessing, 1779]. – Der reiche jüdische Kaufherr N. hat durch christliche Kreuzritter seine Frau und seine sieben Söhne verloren. Er nimmt sein Unglück – wie Hiob – als Prüfung Gottes an und erzieht das elternlose Christenkind → Recha, das er an Kindes Statt aufgenommen hat, im Geiste einer undogmatischen Gläubigkeit, die Judentum, Christentum und Islam als gleichrangig vor Gott nebeneinander bestehen sieht. Er legt diese Vorstellung vor dem Sultan → Saladin in der *Ringparabel* dar; sie fußt auf der Toleranz und dem allen Religionen gemeinsamen Gebot der Menschenliebe.

Nathan Strong [*Nathan.* Roman von Charles Sealsfield, 1837]. – N. ist das Urbild des amerikanischen Pioniers und ein echter Squatter, d. h. ein Mann, der sich ohne Besitzrecht auf passendem Land niederläßt, es rodet und urbar macht. Er führt die ersten Einwanderer in das Red-River-Gebiet in Louisiana, steht mit seinen Nachbarn den Angriff der weit überlegenen Spanier durch, hält an seinem Besitz fest und führt ein arbeitsames, puritanisches Leben. Man macht ihn zum Regulator der selbsternannten Spitze der Verwaltung. Als 1803 Louisiana einer geordneten amerikanischen Verwaltung unterstellt wird, zieht N. weiter nach Westen, um in Texas wieder als Pionier anzufangen.

Nathanael [*Der Sandmann.* Erzählung von E. T. A. Hoffmann, ED 1817]. – In N. verbinden sich auf die für Hoffmann charakteristische Weise Realbezüge (er studiert Naturwissenschaft) mit den Erscheinungsformen einer bösen Märchenwelt. N.s psychopathischer Angst vor dem Augenverlust liegen Kindheitsträume zugrunde und die fixe Idee, daß → Coppelius ihm die Augen für ein alchimistisches Experiment wegnehmen will. Seine Braut → Clara vermag ihn nur kurzfristig zu heilen, und am Ende erliegt er seinen medizinisch exakt geschilderten Angstzuständen.

Natterer [*Altaich.* Eine heitere Sommergeschichte von Ludwig Thoma, 1918]. – In N. nimmt Thoma den Typus vorweg, der dazu beigetragen hat, die altbayrische Bauernwelt grundlegend zu verändern. Der fortschrittliche einheimische Kaufmann lockt mit Werbung den Fremdenverkehr in einen verschlafenen oberbayrischen Marktflecken, bringt damit Unruhe in den Ort und stört die Idylle. Noch scheitert das Experiment, und nach einer Saison kehrt der Friede zurück.

Nausikaa [*Nausikaa.* Tragödienfragment von Johann Wolfgang von Goethe, ED 1827/28]. – N. entdeckt – wie in der *Odyssee* – beim Ballspiel den schiffbrüchigen Ulysses (→ Odysseus) und bringt ihn in die Stadt der Phäaken. Geweckt durch die »Rührung eines weiblichen Gemüts durch die Ankunft eines Fremden«, sollte die unerfüllbare Liebe des Mädchens zu Ulysses in ihrem Selbstmord enden.

Nausikaa → Odysseus (Schnabel: *Der sechste Gesang*)

Nebukadnezar [*Ein Engel kommt nach Babylon.* Komödie von Friedrich Dürrenmatt, 1954]. – Der König von Babylon, der den vollkommenen Staat anstrebt, hat das Betteln verboten. Er tritt als Bettler von Ninive verkleidet einen Bettelwettstreit mit → Akki an, den er natürlich verliert. So ist er als der Geringste der Menschen ausgewiesen und erhält → Kurrubi, »die Gnade des Himmels«. Obwohl er sie liebt, ist er nicht bereit, ihretwegen für immer auf seine Macht zu verzichten.

Necker [*Der Teufel.* Roman von Alfred Neumann, 1926]. – Der Genter Barbier Oliver N., genannt der »Teufel«, wird zum mächtigsten Mann in Frankreich. In mythischer

Machtbesessenheit ist er dem französischen König Ludwig XI. (1423–83) ergeben und setzt dessen Interessen mit dämonischen Intrigen und Konspirationen durch. Für die Idee der Reichseinheit opfert er sein persönliches Glück und nach dem Tode des Königs sein Leben.

Neidhart.
Neidhart von Reuenthal (1180 od. 1190–1240) ist der Begründer einer »höfischen Dorfpoesie« (K. Lachmann). Er wurde im 14. und bis zum 16. Jh. als Bauernfeind angesehen.
[*Neidhart Fuchs.* Anonymes Volksbuch, entst. 14./15. Jh.; 1490]. – N. flieht wegen einer Frau aus seiner Heimatstadt Meißen, dient dem Herzog von Nürnberg und später dem von Österreich als eine Art Hofnarr und erzählt die derben Streiche und Schwänke, die er und die Bauern sich gegenseitig gespielt haben. N. ist auch der Held des gleichnamigen deutschen Fastnachtsspiels. Sein Hauptgegner ist der Bauer Engelmar.

Neoptolemos [*Philoktet.* Schauspiel von Heiner Müller, 1966]. – Im Gegensatz zu der Tragödie des Sophokles (409 v. Chr.), in der sich N., der Sohn des Achilles, zu edler Menschlichkeit durchringt und den Betrugsversuch des → Odysseus an Philoktet durchkreuzt, wird der arglose N. bei Müller das Opfer der Überredungs- und Verdrehungskünste des listenreichen Odysseus; er belügt und betrügt den ausgesetzten, haßerfüllten → Philoktet und läßt sich sogar von der Notwendigkeit überzeugen, diesen zu töten.

Nepalleck [*Die letzten Tage der Menschheit.* Tragödie von Karl Kraus, ED 1918/19; UA 1964]. – Der Hofrat im Obersthofmeisteramt ist zuständig für die Aufbahrung des Thronfolgerpaares. Er ist der fleischgewordene österreichische Bürokratismus, devot und von schleimiger Verbindlichkeit gegenüber den Mächtigen – aber schon buckelt er nicht mehr vor den gestern noch einflußreichen Gesinnungsbrüdern des Ermordeten.

Nepomuk [*Doktor Faustus.* Roman von Thomas Mann, 1947]. – Der fünfjährige Neffe Adrian → Leverkühns N. Schneidewein durchbricht mit seinem Liebreiz den Panzer der Kühle, mit dem sich der Komponist umgeben hat. N. stirbt qualvoll an Gehirnhautentzündung und erschüttert Leverkühn, der sich gegen menschliche Regungen gefeit fühlt, zutiefst.

Nesi → Ines (Storm: *Viola tricolor*)

Nettchen [*Kleider machen Leute.* Novelle von Gottfried Keller, ED 1874 (in: *Die Leute von Seldwyla*)]. – Die Tochter des Amtmanns verliebt sich in den Märchenprinzen → Strapinski, der ihren romantischen Jungmädchenträumen entspricht. Als der falsche Graf auf dem Verlobungsfest entlarvt wird, hält sie zu dem Gedemütigten und setzt die Heirat furchtlos gegen alle Widerstände durch.

Nettemair [*Zwischen Himmel und Erde.* Roman von Otto Ludwig, 1856]. – Der Roman stellt einen Bruderkonflikt dar. Fritz N., ein oberflächlicher Mensch, der das Wirtshaus liebt und sein Dachdeckergeschäft vernachlässigt, ist eifersüchtig auf seinen tüchtigen Bruder Apollonius, den er um die Braut betrogen hat, und versucht ihn umzubringen. Bei einem Zweikampf der Brüder stürzt er von der Kirchturmspitze zu Tode. Apollonius N. ist von einem Träumer zu einem gewissenhaften Menschen, tüchtigen Handwerker und zuverlässigen Geschäftsmann gereift. Er gerät in Gewissenskonflikte, weil er sich schuldig fühlt am Tod seines Bruders Fritz und weil er dessen Witwe Christiane liebt. Nachdem er in einer Sturmnacht unter Einsatz seines Lebens die Stadt vor einem Brand gerettet hat, gewinnt er sein inneres Gleichgewicht wieder. Er baut das Geschäft für seine Neffen aus und lebt mit Christiane in geschwisterlicher Verbundenheit.

Neumerkel [*Kater Lampe.* Komödie von Emil Rosenow, 1906]. – Das Stück bietet die Sozialstudie eines erzgebirgischen Dorfes. Der als ausgebeuteter Heimarbeiter tätige Schnitzergeselle N. hat einen Kater, der »verhaftet« und dem Gemeindediener zur Verwahrung übergeben wird, weil er Kleidungsstücke im Haus des neureichen Spielwarenfabrikanten Neubert beschädigt hat. Als N. in den Besitz einer Erbschaft gelangt und den Kater zurückverlangt, ist er bereits im Kochtopf der Frau des Gemeindedieners verschwunden.

Newton und Einstein [*Die Physiker.* Komödie von Friedrich Dürrenmatt, 1962]. – Herbert Georg Beutler und Ernst Heinrich Ernesti sind Kernphysiker, die als verrückt Spielende in die Identität von N. und E. geschlüpft sind, um im Auftrag einer westlichen und einer östlichen Weltmacht die Geheimnisse des genialen → Möbius auszuforschen, der ins Irrenhaus gegangen ist, um die Welt vor seinen vernichtenden Kenntnissen zu bewahren.

Nicolo [*Der Findling.* Novelle von Heinrich von Kleist, ED 1811]. – N. verkörpert eine destruktive, unberechenbare Macht des Lebens, die Böses ausbreitet und das Gute zerstört. Der mit der Pest infizierte elternlose Knabe bittet den Kaufmann → Piachi um Hilfe, steckt dessen Söhnchen an und wird so schuldig an seinem Tod. Er wächst in die Rolle des Verstorbenen und wird von Piachi adoptiert. Zwar wird er ein guter Geschäftsmann, aber seine Bigotterie treibt ihn unter den Einfluß habgieriger Mönche, sein früh entwickelter Sexualtrieb in die Arme einer Kurtisane. Als seine Wollust auch vor seiner Pflegemutter → Elvire nicht haltmacht und er Piachi aus Haus und Geschäft treibt, die dieser ihm bereits überschrieben hat, wird er von seinem Adoptivvater erschlagen.

Nicolo [*König Nicolo oder So ist das Leben*. Schauspiel von Frank Wedekind, 1902]. – N. ist das parabelhafte alter ego Wedekinds, der beklagt, daß er als Dichter nicht ernstgenommen wird und sich mit der Rolle des Possenreißers abfinden muß. Der König von Umbrien zur Zeit der Renaissance wird von dem ehemaligen Schlachter Pietro Folchi gestürzt und verbannt. Als er auf der Bühne versucht, sein tragisches Schicksal den Menschen bewußt zu machen, wird er ausgelacht und statt als Tragöde als Komiker engagiert. Schließlich stellt ihn der Usurpator als Hofnarren ein.

Nidhod → Wieland (*Wölundlied*)

Niebuhr → Ingrid Babendererde (Johnson: *Ingrid Babendererde*)

Niembsch.
Nikolaus Niembsch, Edler von Strehlenau (1802–1850), schrieb unter dem Pseudonym Nikolaus Lenau spätromantische naturmythische Gedichte und Versepen.
[*Niembsch oder Der Stillstand*. Eine Suite von Peter Härtling, 1964]. – Die innere Entwicklung des Dichters N., der von der Gestalt des Don Juan magisch ergriffen ist und sich mit dieser identifiziert, führt von einer Phase der gleichförmigen Wiederholung in einen Zustand des wortlosen Stillstands.

Niemeyer [*Traumulus*. Tragische Komödie von Arno Holz und Oskar Jerschke, 1904]. – Im literarisch fruchtbaren Problemfeld des autoritären wilhelminischen Bildungssystems (Hesse, Wedekind, H. Mann), das von jeglichem psychologischen Verständnis für die Jugend unberührt ist, figuriert der Gymnasiumsdirektor Professor N., ein wirklichkeitsfremder Idealist, von unerschütterlichem Glauben an die Anständigkeit seiner Schüler beseelt und blind für menschliche Schwächen. Das hat ihm den Spitznamen »Traumulus« eingebracht. Als er entdeckt, daß sein Vertrauen mißbraucht worden ist, übertreibt er seine Enttäuschung genauso wie seine Gutgläubigkeit und verursacht dadurch den Tod seines Lieblingsschülers Kurt v. → Zedlitz.

Nienhus [*Vereinigung durch den Feind hindurch*. Roman von Rudolf Borchardt, 1937]. – Als Gegenbild zu → Harbricht vertritt N. die Schicht der rastlos aktiven Emporkömmlinge und Wirtschaftsführer, die Besitz und Macht anhäufen und keinen Sinn für Tradition haben. Mit seinem Gegenspieler teilt er das antidemokratische Denken.

Nieß [*D. Katzenbergers Badereise.* Roman von Jean Paul, 1809]. – Herr von N., die Karikatur eines eitlen Dichters, ist ein sentimentaler, narzißtischer Schwärmer. Unter dem Pseudonym Theudobach hat er es als Bühnendichter zu einigem Ruhm gebracht und reist inkognito in der gleichen Kutsche mit → Katzenberger und dessen Tochter Theoda, die er gerne erobern möchte. Aber obwohl Theoda für seine Bühnenstücke schwärmt, scheitert er bei seiner Werbung.

Nikola [*Abu Telfan.* Roman von Wilhelm Raabe, 1868]. – In N., → Kind und → Fehleysen gipfelt der Raabesche Pessimismus: Die edlen Menschen scheitern, es bleiben ihnen nur Haltung und Selbstbescheidung. Das arme Edelfräulein N. v. Einstein, eine Ehrendame in der Residenz, empfindet die substanzlose, wichtigtuerische Gesellschaft bei Hofe als abstoßend und kommt sich wie eine Sklavin vor. Sie wartet auf die Rückkehr des verschollenen Viktor Fehleysen (→ Mook), wird aber von der Hofschranze Baron von → Glimmern zur Ehe gezwungen.

Nikolaos und Marulja [*Philemon und Baukis.* Schauspiel von Leopold Ahlsen, 1956]. – Das alte Ehepaar N. und M., einfache griechische Bauersleute, verstecken 1944 einen Partisanenführer vor den Deutschen und mit der gleichen selbstverständlichen Gastfreundschaft einige Zeit später drei verfolgte deutsche Soldaten vor den Partisanen. Die alten Leute können nicht verstehen, daß sie den Widerstand verraten haben, weil sie aus Menschlichkeit die Feinde nicht ausgeliefert haben. Sie werden gemeinsam von den Partisanen hingerichtet.

Nikolaus Marggraf [*Der Komet.* Roman (Fragment) von Jean Paul, 1820–22]. – Der Narr N. M. ist von doppeltem Größenwahn besessen, er hält sich für einen Heiligen und einen Fürsten. Der Sohn des Apothekers aus einem Landstädtchen ist in Wahrheit der illegitime Sproß eines Fürsten. Schon als Kind fühlt er sich als Nachfolger seines Namenspatrons, denn wenn er in den Spiegel schaut, dampft sein Kopf eine Art Heiligenschein aus. Er wird auch Apotheker und entwickelt eine Methode, Diamanten herzustellen. Zu Reichtum gelangt, macht er sich mit einem Hofstaat auf die Suche nach seinem wirklichen Vater.

Nimmermann [*Der romantische Ödipus.* Lustspiel von August Graf von Platen, 1829]. – Durch Spott auf seine Ghaselen gereizt, nimmt Platen mit N. den Dichter Karl Leberecht Immermann und dessen frühe Dramen aufs Korn. In der Rahmenhandlung (1. u. 5. Akt) sonnt sich N. im Ruhme, der neue Shakespeare zu sein, doch seine Eitelkeit bringt ihn am Ende um den Verstand und die »Vernunft« liefert ihn ins Tollhaus ein. Die Akte 2–4 parodieren mit einer → Ödipus-Tragödie romantische Dramentheorie und -praxis. Die Parodie löste den berühmten Literaturstreit zwischen Heine (der ebenfalls angegriffen wurde) und Platen aus.

Nina [*Mitte des Lebens.* Roman von Luise Rinser, 1950]. – Die eigenwillige Psychologiestudentin und spätere Schriftstellerin N. Buschmann ist dem Arzt Dr. Stein ein Leben lang zuerst in einer komplizierten Liebe, dann in einer zuverlässigen Freundschaft verbunden. Zwischen den Begegnungen liegen verschiedene Liebschaften N.s, eine unglückliche Ehe, ein Selbstmordversuch, politische Verfolgung und Haft. In dem unmittelbar anschließenden Roman *Abenteuer der Tugend* (1957) findet N. in einer aufreibenden Ehe mit dem genialen, rauschgiftsüchtigen Sänger Maurice S. durch Selbstaufgabe zu einer katholisch orientierten Neuordnung ihres Lebens.

Ninon de Hauteville [*Moral.* Komödie von Ludwig Thoma, 1909]. – N., eigentlich Therese Hochstetter, ist eine »Private«, ein Freudenmädchen, das unter den Honoratioren einer kleinen Residenzstadt bis hinauf zum Erbprinzen seine Kundschaft hat. Der übereifrige Gerichtsassessor → Strobel läßt sie verhaften, muß sie aber unter dem Druck der Betroffenen wieder freilassen, um einen Skandal zu vermeiden.

Ninon von Lenclos [*Ninon von Lenclos.* Drama von Ernst Hardt, 1905]. – Die schöne N. v. L. zieht sich 1660 auf einem ihrer ausgelassenen Feste voller Melancholie in den Park zurück. Dort erfährt sie, daß der unbekannte Jüngling, der sie fasziniert hat, der Vicomte von Villiers ist, hört dessen leidenschaftliches Liebesbekenntnis und entnimmt seiner Lebensgeschichte, daß er ihr eigener Sohn ist. Villiers tötet sich in Verzweiflung. Der historische Stoff ist auch von Paul Heyse und Paul Ernst bearbeitet worden.

Nis Randers [*Nis Randers.* Ballade von Otto Ernst, ED 1907]. – Die Ballade von dem Fischerssohn, der trotz der Bitte seiner Mutter, die schon den Mann und zwei Söhne auf See verloren hat, mit heldenhafter Selbstverständlichkeit zur Rettung eines Schiffbrüchigen aufbricht – und den eigenen, verschollenen Bruder vom Wrack holt, gehört zu der »Seefahrt ist Not«-Ideologie der Wilhelminischen Zeit (→ Mewes).

Nitetis [*Eine ägyptische Königstochter.* Roman von Georg Ebers, 1864]. – In dem Prototyp des »Professorenromans« wird N., die Tochter des Pharao Apries, durch Intrigen und die grundlose Eifersucht ihres Bräutigams, des Perserkönigs Kambyses, in den Freitod getrieben. Die historischen Vorgänge um den Untergang der 26. ägyptischen Dynastie (525 v. Chr.) sind anachronistisch mit den Gefühlen und der Denkweise des Bürgertums durchsetzt.

Nithart [*Pfaff vom Kahlenberg.* Epos von Anastasius Grün, 1850]. – Der streibare mittelalterliche Sänger (→ Neidhart) wird von den Bauern vor der Hofgesellschaft blamiert und spielt ihnen aus Rache derbe Streiche und verhöhnt sie mit Spottversen.

Nobel [*Reynke de vos.* Anonymes Tierepos (niederdt.) 1498]. – Der Löwe und König der Tiere N. (der Name taucht zuerst im frz. *Roman de Renart* auf) spielt eine auf die politischen Verhältnisse der Zeit abgestimmte Rolle. N. läßt sich von dem zungenfertigen Reynke (→ Reineke Fuchs) davon abbringen, Recht zu sprechen und sein Volk zu schützen. Er begünstigt den Bösewicht unter schwachen und unehrenhaften Höflingen.
[*Reineke Fuchs.* Tierepos von Johann Wolfgang von Goethe, ED 1794]. – Bei Goethe erscheint N. als macht- und geldgieriger Herrscher, aber ohne zeitkritische Spitze, eher als Tierallegorie der menschlichen Schwächen eines Mächtigen.

Nörgler [*Die letzten Tage der Menschheit.* Tragödie von Karl Kraus, ED 1918/19; UA 1964]. – Der N. und der → Optimist treten als häufig wiederkehrende Kommentatoren auf. Sie diskutieren die Abläufe des Ersten Weltkriegs entsprechend ihrer Benennung, wobei der N. der Ideenträger des Dramas und das Sprachrohr des Autors ist; in I,25 identifiziert sich Kraus ausdrücklich mit ihm. Der N. ist »ein Mensch, der bekanntlich keine Ideale hat«, der Krieg ist ihm ein Schauplatz, auf dem den Knechten Gewalt gegeben ist und sich Korruption, sadistisches Behagen und Verbrechertum durchsetzen. In einem Monolog »am Schreibtisch« schildert der N. die fortschreitende Zersetzung des Gewissens und rechnet nicht nur mit Deutschland und Österreich, sondern mit Monarchie und Krieg schlechthin ab.

Nolten [*Maler Nolten.* Roman von Eduard Mörike, 1832]. – Der Maler Theobald N. ist der romantische Künstler, der sich den verhängnisvollen Kräften seines Inneren und der Außenwelt nicht zu entziehen vermag. Sein Leben ist von einem dämonischen Schicksal bedroht, seit er in früher Jugend der schönen Zigeunerin → Elisabeth begegnet ist. Von ihrem unheilvollen Einfluß vermag er sich weder durch die Möglichkeiten künstlerischer Objektivierung zu befreien noch durch die Verlobung mit der Försterstochter → Agnes und die Beziehung zur Gräfin → Konstanze von Armond. Seine zwischen Lebenswillen und Todeswollust schwankenden Stimmungen, die mangelnde Kraft, den

»Nachtseiten« der eigenen Seele und der Vergangenheit entgegenzutreten, lassen ihn dem Bann des Nichtgeheuren verfallen und daran zugrunde gehen.

Norris [*Die schwarze Galeere.* Novelle von Wilhelm Raabe, ED 1865]. – Jan N., der Steuermann der »Schwarzen Galeere«, eines Kaperschiffs der niederländischen Freiheitskämpfer, der »Wassergeusen«, befreit seine Braut Myga aus den Händen der Spanier in dem besetzten Antwerpen.

Nothafft [*Das Gänsemännchen.* Roman von Jakob Wassermann, 1915]. – Daniel N. flieht aus Kaufmannslehre und bürgerlicher Existenz in Nürnberg, um Musiker zu werden. Auch in der Ehe geht er ungewöhnliche Wege und scheitert mehrmals. Als sein Lebenswerk als Komponist vernichtet wird, steht er an einem Tiefpunkt seines Lebens, der aber eine Wandlung herbeiführt: N. stellt seine Kunst in den Dienst am Nächsten.

Nothanker → Sebaldus N. (Nicolai: *Das Leben und die Meinungen des Herrn Magister Sebaldus Nothanker*)

O** [*Der Geisterseher.* Romanfragment von Friedrich von Schiller, 1789]. – Der Graf von O** ist der Erzähler der unheimlichen Begebenheiten, die den protestantischen → Prinzen von ... charakterlich verändern und seinen fürstlichen Verwandten entfremden.

O ... [*Die Marquise v. O ....* Novelle von Heinrich von Kleist, ED 1808]. – Die Marquise Julietta v. O ..., die ohne ihr Wissen schwanger geworden ist, sucht durch eine Zeitungsannonce den Vater des Kindes, das sie erwartet, um ihn »aus Familienrücksichten« zu heiraten. Sie gerät in einen Konflikt der Gefühle, geradezu in eine existenzielle Krise, als sich herausstellt, daß der russische Offizier Graf v. F., der sie vor der russischen Soldateska beschützt hat und ihr als »Engel« erschienen ist, ihre Ohnmacht ausgenutzt hat und damit der »Teufel« ist, der ihr Lebensglück und das Gleichgewicht ihrer Seele zerstört hat.

Oberförster [*Auf den Marmorklippen.* Erzählung von Ernst Jünger, 1939]. – Der sogenannte O. ist der Archetyp des ebenso grausamen wie jovialen und genießerischen Machtmenschen, der unerbittlich seinen Herrschaftsbereich ausdehnt. Dabei zerstört er die kulturelle Blüte der eroberten Landschaften. Seine Macht potenziert sich durch die Furcht, die er verbreitet. Der O. hat Züge von Bismarck, Stalin und Göring.

Oberlin.
Johann Friedrich O. (1740–1826) übte als Pfarrer von Wal-

dersbach (Vogesen) eine segensreiche sozialpädagogische Tätigkeit aus und hatte einen Ruf als Philanthrop.
[*Lenz.* Novellenfragment von Georg Büchner, ED 1839]. – O. nimmt den psychisch kranken Dichter → Lenz in seinem Pfarrhof auf, beobachtet ihn teilnahmsvoll, kann aber seinen Zustand nicht bessern. Büchner hat O.s Aufzeichnungen über den Fall großenteils wörtlich in die Novelle übernommen.

Obermüller [*Der Hauptmann von Köpenick.* Drama von Carl Zuckmayer, 1930]. – Der Bürgermeister von Köpenick, Dr. O., ist ein ehrgeiziger kaiserlicher Untertan und strammer Reserveoffizier. Er läßt sich daher von → Voigt und seiner Hauptmannsuniform dupieren.

Oberon [*Oberon.* Verserzählung von Christoph Martin Wieland, 1780]. – Der Elfenkönig und Naturgott O. verkörpert eine natürliche Sittlichkeit. Mit seiner Frau Titania hat er sich entzweit, weil sie einer Ehebrecherin, der Vertreterin niederer Sinnlichkeit, geholfen hat. Dem Menschenpaar → Hüon und → Rezia sagt er Schutz und Hilfe zu, damit sie die Reinheit und Beständigkeit der Liebe beweisen. Er verlangt, daß sie die Ehe nicht vorzeitig vollziehen, und überfordert damit die menschliche Natur. Wenn die beiden auch seine Bedingungen nicht buchstabengetreu erfüllen, so bestehen sie doch in einem tieferen Sinn die ihnen auferlegte Prüfung. Die Dichtung gehört in das Umfeld der großen Humanitätsdichtungen (*Nathan der Weise*, *Iphigenie*).
[*Der Park.* Schauspiel von Botho Strauß, 1983]. – Der Elfenkönig O. und seine Frau Titania aus Shakespeares *Sommernachtstraum* erscheinen, alt geworden, zu einem erotischen Vexierspiel in einem Park in der Bundesrepublik. Was sie an Liebesverwirrung und Zauberei anrichten, findet keine Resonanz bei den Menschen; ihre Aufforderung zu unbeschwerter Sinnlichkeit löst Unverständnis, Ablehnung und Aggressionen aus, und die Liebespaare, die sich bei Shakespeare finden, entfremden sich bei Strauß. Die Neigung, sich zu begegnen, verfliegt, wo »Bewußtsein und Geschäfte« die eigentlichen Lebensimpulse sind. »Die Liebe hat verloren.«

Oberstelehn [*Eine Stimme hebt an.* Roman von Gerd Gaiser, 1950]. – Der Kriegsheimkehrer O. steht stellvertretend für alle, die in das Zivilleben zurückkommen, veränderte, zunächst undurchsichtige und unkontrollierbare Verhältnisse vorfinden, dann aber trotz aller Rückschläge die Nachkriegszeit meistern.

Ochs auf Lerchenau [*Der Rosenkavalier.* Komödie für Musik von Hugo von Hofmannsthal, 1911]. – Der Baron O. vereinigt in sich die traditionellen Komödientypen des alternden Weiberhelden und des Mitgiftjägers. Seine beiden Laster kommen sich in die Quere, und er wird von → Octavian sowohl um sein Rendezvous mit »Mariandl« als auch um seine Braut geprellt.

Octavia [*Octavia.* Roman von Herzog Anton Ulrich von Braunschweig-Wolfenbüttel, 1677–1707]. – O., die unglückliche Gattin Kaiser Neros, liebt den armenischen König Tyridates, aber erst nach vielen Abenteuern und Leiden können sie ein Ehepaar werden. O.s beständige Treue und unerschütterliches Gottvertrauen lassen sie alle Gefahren und Anfechtungen in der unsicheren Welt bestehen.

Octavia [*Der Opfergang.* Novelle von Rudolf G. Binding, 1911]. – Als ihr Ehemann → Albrecht sich in die lebensfrohe → Joie verliebt, behält die leidende O. ihre vornehme Selbstbeherrschung. Sie steigert diese zur Selbstüberwindung und Größe, als sie nach dem Tode ihres Mannes in dessen Kleidern der schwerkranken Rivalin aus der Ferne zuwinkt, um sie am Leben zu erhalten. Sie gehört zu den »mittelbar« lebenden Menschen von geistigem Adel, aber schwindender Vitalität, wie sie in der zeitgenössischen Dichtung von Th. Mann und H. Hesse gestaltet worden sind.

Octavian [*Der Rosenkavalier.* Komödie für Musik von Hugo von Hofmannsthal, 1911]. – In einer gewollt typischen Komödienkonstellation ist O., genannt Quin-quin, der jugendliche Liebhaber der alternden → Marschallin. Als Zofe Mariandl entlarvt er in einer Verkleidungsintrige den Schürzenjäger Baron → Ochs auf Lerchenau und gewinnt dessen Braut Sophie Faninal, zu der er als Brautwerber (»Rosenkavalier«) geschickt wird.

Octavian [*Eine schöne und kurzweilige Histori von dem Kaiser Octaviano.* Volksbuch, aus dem Franz. übersetzt von Wilhelm Salzmann, 1535]. – Kaiser O. verstößt seine Gattin mit ihren beiden Söhnen → Florens und Lion aufgrund einer Verleumdung. Nach vielen Jahren der Trennung und der Abenteuer findet die Familie wieder zusammen und versöhnt sich. Die Oktavianssage gehört der Gruppe der Crescentia-, Genoveva-, Sibyllen- und Olivasagen an und wurde im Spätmittelalter vielfach bearbeitet.

Octavio → Anna (Grabbe: *Don Juan und Faust*)

Oderbruch [*Des Teufels General.* Drama von Carl Zuckmayer, 1946]. – O. ist Ingenieur im Luftfahrtsministerium und Widerstandskämpfer. Um den Krieg zu beenden, macht er Flugzeuge unbrauchbar, so daß sie abstürzen. Den vielfachen Mord rechtfertigt O. mit der moralischen Notwendigkeit der Niederlage: »Nur dann können wir, gereinigt, auferstehen.«

Odoardo [*Wilhelm Meisters Wanderjahre oder Die Entsagenden.* Roman von Johann Wolfgang von Goethe, 1821/29]. – O., ein erfahrener Verwaltungsfachmann und Gouverneur mit konservativem Beharrungsvermögen, leitet ein Siedlungsprojekt in Europa, eine Parallelaktion zu → Lenardos Amerikaplänen. O.s persönliche Vorgeschichte, seine Konflikte zwischen der Frau, die er liebt, und der Frau, die er heiratet, werden in der eingeschobenen Erzählung *Nicht zu weit* dargestellt.

Odoardo → Galotti (Lessing: *Emilia Galotti*)

Odysseus.
O., der König von Ithaka, spielt bei Homer (vermutl. 8. Jh. v. Chr.) und in der nachfolgenden Literatur eine Doppelrolle: als schlauer, »listenreicher« Abgesandter und Unterhändler in der *Ilias*, der immer neue Lügen erfindet, um die Sache der Griechen und seine eigenen Interessen zu fördern (z. B. das trojanische Pferd), und als »Dulder« in der *Odyssee*, der zehn Jahre auf der Heimfahrt von Troja umherirrt, unterwegs unglaubliche Gefahren und seelische Versuchungen besteht (Kirke, Kalypso, Nausikaa) und schließlich sich zu Hause der dreisten Freier seiner treuen Gattin Penelope erwehren muß.
[*Nausikaa.* Tragödienfragment von Johann Wolfgang von Goethe, ED 1827/28]. – In der Tragödie sollten der reife Mann Ulysses und das erblühende, in der Liebe ahnungslose Mädchen einander gegenübertreten – ein Topos des älteren Goethe. Dabei hätte U. die Konstellation durch Verschweigen und Lügen dazu benutzt, seine Heimkehr zu befördern, und dadurch → Nausikaa in den Tod getrieben.
[*Der Bogen des Odysseus.* Drama von Gerhart Hauptmann, 1914]. – Der Heimkehrer O. fühlt sich von den Göttern verstoßen. Aus der heimatlichen Erde schöpft er die Kraft, den Kampf gegen die Freier zu bestehen. Das Spannen des Bogens symbolisiert dabei die allein dem reifen, erfahrenen Mann eigene Fähigkeit, die auseinanderstrebenden dionysischen und apollinischen Prinzipien zusammenzuführen, die im Freier Eurymachos und in Telemach einseitig verkörpert sind.
[*Der sechste Gesang.* Roman von Ernst Schnabel, 1956]. – Schnabel konfrontiert den erfahrenen Seefahrer und vom Unglück verfolgten Heimkehrer O., dessen Erlebnisse – und besonders die Begegnung mit Nausikaa – ganz diesseitig-real sind, mit seiner Existenz als Sagenfigur. Der reale O. hört davon aus dem Munde des mittelmäßigen Sängers Demodokos und lernt, den sagenhaften Doppelgänger als seine neue Lebenswirklichkeit zu akzeptieren. Unter dem Einfluß → Homers sieht er sich verpflichtet, Nausikaa zu verlassen und den mythischen Auftrag der Heimkehr zu erfüllen.
[*Das Testament des Odysseus.* Roman von Walter Jens, 1957]. –

O., dem seine Abenteuer zu Unrecht zugeschrieben werden, wird dargestellt als weiser Richter und Friedensstifter, der scheitert und der am Ende Penelope dem greisen Amphinomos überläßt, um keine neuen Kämpfe auszulösen.
[*Philoktet.* Schauspiel von Heiner Müller, 1966]. – O., der Listenreiche, ist zum Schreckbild des lügenden, betrügenden und mordenden Zynikers der Macht gesteigert, der wortgewandt andere nicht nur seinen verbrecherischen Zielen gefügig macht, sondern sie auch psychisch überwältigt, so daß sie sich mit seinem politischen Willen identifizieren. Auf diese Weise treibt er → Neoptolemos bis zum Mord an → Philoktet.

Öderland [*Graf Öderland.* Schauspiel von Max Frisch, 1951]. – In einem Staatsanwalt weckt ein unerklärlicher Mordfall das Verlangen nach einem freien Leben. Er flieht vor der Bürokratie und identifiziert sich mit dem sagenhaften Grafen Ö., der mit der Axt mordend durch das Land zieht.

Ödipus.
Der thebanische Königssohn Ö. (griech. Oidipus = Schwellfuß) wird infolge eines verhängnisvoll zweideutigen Orakelspruchs als Kleinkind mit durchbohrten Füßen ausgesetzt; er tötet als Jüngling seinen Vater und heiratet seine Mutter; als reifer Mann deckt er seine eigenen Untaten auf, blendet sich und entschwindet geheimnisvoll aus dem irdischen Dasein. Ö. gehört zu den zentralen Gestalten der Weltliteratur (und der Psychoanalyse).
[*Der romantische Ödipus.* Lustspiel von August Graf von Platen, 1829]. – In einer Verspottung der romantischen Dramentheorie und -praxis wird als Spiel im Spiel in den Akten 2–4 das Leben Ödipus von der Wiege bis zu seinem selbstgewählten Ende als Lebendig-Begrabener dargeboten. Platen persifliert damit die völlige Aufhebung der drei Einheiten im romantischen Drama, die Mischformen zwischen Tragödie und Komödie und die Schicksalstragödie (→ Nimmermann).

Oefel [*Die unsichtbare Loge.* Romanfragment von Jean Paul, 1793]. – In einer Art von Schocktherapie läßt Herr v. O. den herrnhutisch-sentimental erzogenen → Gustav von Falkenberg in alle militärischen Disziplinen einweisen und präsentiert ihn am Hofe von Scheerau als gutgedrillten Kavalier.

Oelze [*Meister Oelze.* Drama von Johannes Schlaf, 1892]. – Der Tischlermeister O. ist ein Prototyp des konsequenten Naturalismus. Der Freigeist und Zyniker hat zwanzig Jahre zuvor den Stiefvater vergiftet, um ein Testament zugunsten seiner Stiefschwester Pauline zu verhindern. Jetzt ist er schwer lungenkrank, und seine Schwester will ihm ein Geständnis entlokken. O. wird von der Angst, sich zu verraten, gequält und fürchtet sich andererseits davor, schuldig zu sterben. Ein Blutsturz macht seinem Leben ein Ende, ehe er gestanden hat.

Örindur [*Die Schuld.* Schicksalstragödie von Adolf Müllner, 1816]. – Graf Hugo lebt mit seiner Gattin Elvire auf dem Stammsitz der Grafen Ö. an der Nordseeküste Skandinaviens. An einem Tag, dem »dies fatalis«, erscheint der kastilische Grande Don Valeros und deckt die Schuld des Paares am Tod des ersten Gatten Elvires auf, der zu allem Unglück auch noch ein leiblicher Bruder Hugos war. Die klassische Schicksalsdramatik ist in dem Stück zu einer Ansammlung von Grusel- und Schauerelementen trivialisiert.

Offizier → Forschungsreisender (Kafka: *In der Strafkolonie*)

Ogul [*Der goldene Spiegel.* Roman von Christoph Martin Wieland, 1772]. – Der Tatarenkhan erobert das zersplitterte Scheschian und beherrscht es als unumschränkter Monarch mit viel Weisheit.

Oinone → Paris (Hagelstange: *Spielball der Götter*)

Olch [*Die Sintflut.* Romantrilogie von Stefan Andres, 1949, 1951, 1959]. – Der »Confessor« O. hat in der südlichen Stadt Citta morta eine Sekte von Nietzsche-Jüngern um sich gesammelt, die verlangt, die eigene Individualität aufzugeben zugunsten des normierten Menschen. Als »Normer« ruft O. eines Tages Alois → Moosthaler aus. In dessen Händen wird O.s harmlose Ansammlung von Phantasten zu einem gefährlichen Machtinstrument.

Old → Shatterhand (May: *Winnetou*)

Oldendorf [*Die Journalisten.* Lustspiel von Gustav Freytag, 1854]. – Prof. O. ist Redakteur einer liberalen Zeitung geworden, um politische Ziele zu verfolgen und Abgeordneter zu werden. Das bringt ihn in Konflikt mit dem konservativen Oberst von Berg, um dessen Tochter Ida er sich bemüht.

Ole Bienkopp [*Ole Bienkopp.* Roman von Erwin Strittmatter, 1963]. – O. Hansen, genannt Bienkopp, ist ein Märtyrer des sozialistischen Aufbaus in einem DDR-Dorf. Der »Wegsucher« und »Spurmacher« gründet in Eigeninitiative und »hinter dem Rücken der Partei« die Bauerngenossenschaft »Blühendes Feld«, den Vorläufer einer LPG, und setzt sich gegen konservative und dogmatische Gegner durch. Am Schluß wird er zu Unrecht für Mißwirtschaft verantwortlich gemacht und schaufelt sich, verrückt geworden, zu Tode, weil er einen Bagger ersetzen will.

Olearius [*Götz von Berlichingen.* Schauspiel von Johann Wolfgang von Goethe, UA

1774]. – Der eingebildete Jurist am Bamberger Hof mit dem modisch latinisierten Namen O. (»Mein Vater hieß Öhlmann«) ist ein Repräsentant des Römischen Rechts. In O.s trokkener, uninspirierter Gelehrsamkeit karikiert Goethe weltferne Juristerei, wie er sie am Reichskammergericht erlebt hatte. O.s Rechtsauffassung steht der des freien Reichsritters → Götz von Berlichingen, der sich an das herkömmliche pragmatische Recht hält, diametral entgegen.

Olga → Barnabas (Kafka: *Das Schloß*)

Olga Berotter [*Fegefeuer in Ingolstadt.* Schauspiel von Marieluise Fleißer, 1926]. – Die Schülerin O. ist geprägt von einer verklemmten katholischen Klostererziehung, der Zugehörigkeit zu einer kleinbürgerlichen und kleinstädtischen Schicht und der pubertären Phase ihrer Entwicklung. Sie wird zum Außenseiter der Gesellschaft und von dem Psychopathen → Roelle verfolgt, weil sie von dem Mitschüler Peps, der sich schon von ihr abgewendet hat, ein Kind erwartet. Ein Abtreibungsversuch ist mißlungen, auch ein Selbstmordversuch scheitert, es bleibt O. kein Ausweg aus der höllischen Situation.

Olivier [*Der Abenteuerliche Simplicissimus.* Roman von Hans Jakob Christoffel von Grimmelshausen, 1668]. – O. ist im Gegensatz zu → Simplicius der echte Picaro aus Abenteuerlust. Schon als Schüler begeht er Schelmenstreiche, und auf der Universität setzt er sie fort. Er wird wegen Diebstahls relegiert, schließt sich einer Diebesbande an und geht schließlich zu den Soldaten, wo er Marodebruder (versprengter, plündernder Soldat) wird. Der durchtriebene O. gewinnt großen Einfluß auf Simplicius und verführt ihn dazu, an seinem Räuberleben teilzunehmen. Simplicius rächt O.s Tod und erbt dessen zusammengeraubten Schatz.

Olivier [*Rolandslied.* Versepos von dem Pfaffen Konrad, entst. um 1172]. – Der O. des Pfaffen Konrad ist wie sein Freund → Roland der miles christianus, der nur auf Gott ausgerichtete mönchische Kreuzritter, im Unterschied zu dem O. des französischen *Chanson de Roland,* der mäßigend auf Roland einwirkt.

Olivier [*Der Turm.* Trauerspiel von Hugo von Hofmannsthal, ED 1925]. – O., zuerst ein bramarbasierender Wachsoldat, wandelt sich zum Anführer eines Volksaufstandes. In ihm stellt Hofmannsthal den von unten kommenden, skrupellosen Machtgierigen dar, dem überlieferte symbolische Formen nur Mittel zum Zweck der Festigung seiner Herrschaft sind.

Olly [*Der Rangierbahnhof.* Roman von Helene Böhlau, 1895].

– O. ist Malerin aus Leidenschaft. Auch als sie den Landschaftsmaler Friedel Gastelmeier heiratet, gilt ihr ganzes Interesse nur ihrer Arbeit und ihrem Ruhm. Erst eine schwere Krankheit und ein früher Tod bringen ihren Schaffensdrang und ihre innere Unruhe zum Stillstand.

Olmers [*Die deutschen Kleinstädter.* Lustspiel von August von Kotzebue, 1803]. – O. kommt in die Kleinstadt Krähwinkel mit der Absicht, um die Hand Sabines, der Tochter des Bürgermeisters, anzuhalten. Er scheitert beinahe an der Ämter- und Titelsucht des Ortes.

Oluf [*Erlkönigs Tochter.* Urspr. dänische Tanzballade, übertragen von Johann Gottfried Herder, ED 1779]. – Der Ritter O. weckt die Begehrlichkeit der Elfenprinzessin, sucht vergeblich ihrem Bann zu entkommen und wird am nächsten Morgen, seinem Hochzeitstag, tot aufgefunden. (→ Erlkönig)

Olympia [*Der Sandmann.* Erzählung von E. T. A. Hoffmann, ED 1817]. – O. ist eine von dem Physikprofessor Spalanzani konstruierte automatische Puppe, der von dem italienischen Optiker Coppola (→ Coppelius) glühende Augen eingesetzt worden sind. → Nathanael erblickt O. zuerst durch ein Fernrohr, verfällt der glutäugigen Schönen und vergißt darüber seine nüchterne Braut → Clara. Als er erfährt, daß das schöne Mädchen nur ein Automat ist, verliert er den Verstand.

O'Malley [*Die Rote.* Roman von Alfred Andersch, 1960]. – In einer Art Geschichte in der Geschichte läuft die kolportagehafte Racheaktion O'M.s ab, der als Agent 1944 mit dem Fallschirm über Deutschland absprang, gefaßt wurde und unter der Folter durch den Gestapobeamten Kramer seinen Kontaktmann verriet. O'M. vergiftet Kramer in Venedig.

Ophioch [*Prinzessin Brambilla.* »Capriccio« von E. T. A. Hoffmann, 1821]. – In die Mythe vom Lande Urdargarten verkleidet Hoffmann seine Dichtungstheorie. Der durch Philosophieren trübsinnig gewordene König O. und seine Gemahlin Liris, die fortwährend albern lacht, erkennen beim Blick in den »wunderbaren sonnenhellen Spiegel des Urdarsees« ihre Einseitigkeiten und finden sich in der alles vereinenden Heiterkeit romantischen Humors.

Oppenheim [*Die Geschwister Oppenheim.* Roman von Lion Feuchtwanger, 1933]. – An der Familie O. stellt Feuchtwanger exemplarisch das Schicksal der jüdischen Oberschicht im Jahre 1933 dar. Von den drei Brüdern O. führt der Seniorchef Gustav das Leben eines reichen Kunstfreunds, Literaten und Genießers, der zweite, Martin, leitet das Möbelhaus und die Fabrik, der dritte, Edgar, ist ein beliebter und angesehener Chirurg. Gustav emigriert rechtzeitig, kehrt aber 1933 mit falschem Paß zurück, um politische Aktionen gegen die Nazis zu unternehmen. Er gerät ins KZ und entkommt als menschliches Wrack. Die Firma geht in die Hände des arischen Konkurrenten → Wels über. Martins Sohn Berthold wird von seinem Lehrer → Vogelsang in den Selbstmord getrieben, weil er die deutsche Heldenverehrung abgeschmackt findet.

Oppenheimer.
Der Physiker Julius Robert Oppenheimer leitete von 1943 bis 1945 die Laboratorien, in denen die amerikanische Atombombe entwickelt wurde. Nach Hiroschima legte er sein Amt nieder. 1954 wurde ein Verfahren gegen ihn eröffnet, das seine Staatstreue überprüfte.
[*In der Sache J. Robert Oppenheimer.* Szenischer Bericht von Heinar Kipphardt, 1965]. – In dem nach den Protokollen gestalteten Stück steht O. vor der Gewissensfrage, ob die Wertfreiheit der Forschung und die Bindung an den eigenen Staat die Verantwortung gegenüber der Menschheit aufhebt.

Optimist [*Die letzten Tage der Menschheit.* Tragödie von Karl Kraus, ED 1918/19; UA 1964]. – In den Dialogen mit dem → Nörgler vertritt der O., seinem Namen gemäß, die Ansicht, daß der Krieg, der Vater aller Dinge, die Menschen seelisch aufrütteln werde; er erwartet eine große Zeit voll Edelsinn und Opfermut.

Oranien.
Wilhelm von Nassau-Oranien, 1533–84, war der Anführer des Freiheitskampfes der Niederlande gegen die Spanier.
[*Egmont.* Trauerspiel von Johann Wolfgang von Goethe, 1788]. – Im Gegensatz zu → Egmont ist O. ein bedachtsamer und wissender Politiker. Er kennt die Gefährlichkeit → Albas und warnt Egmont – vergeblich.

Orendel [*Orendel.* Anonymes Spielmannsepos, entst. um 1190]. – O., der Sohn des Königs Ougel von Trier, wird auf der Werbefahrt um die Königin Bride von Jerusalem als Schiffbrüchiger auf eine Insel verschlagen. Dort gelangt er als Gehilfe eines Fischers in den Besitz des heiligen Rocks, den er im Magen eines Wals findet. Fortan trägt er ihn wie ein Mönchsgewand. Nach schweren Kämpfen um das heilige Grab kehrt er mit Bride und der Reliquie nach Trier zurück. O. ist der naive, fromme Ritter und tapfere Held, der durch seine Selbsterniedrigung die Idee des Mönchtums verkörpert.

Orest.
In der griechischen Mythologie rächt O. den Tod seines Vaters Agamemnon an dessen Mördern, Ägistheus und seiner eigenen Mutter Klytämnestra. Wegen dieser Tat wird er von den Rachegöttinnen, den Erinnyen

(lat. Furien), in den Wahnsinn getrieben. Um Genesung zu erlangen, entführt er auf Geheiß Apollos das Kultbild von dessen Schwester Artemis aus dem Lande der Taurer nach Griechenland.

[*Iphigenie auf Tauris.* Schauspiel von Johann Wolfgang von Goethe, 1787]. – Der von den Erinnyen gehetzte Muttermörder sucht Entsühnung, indem er nach der Insel Tauris segelt, um die »Schwester« nach Griechenland zurückzuführen. Nachdem O. durch die heilsame Kraft der Schwesterliebe → Iphigeniens von seinem Wahnsinn befreit worden ist, klärt sich ein scheinbar unlösbares Dilemma: O. erkennt, daß der Orakelspruch nicht das Kultbild der Artemis meint, sondern Iphigenie. Dieser Schwesterntausch ist Goethes Erfindung.

[*Atridentetralogie.* Tragödienzyklus von Gerhart Hauptmann, 1941–1948]. – Im zweiten Teil (*Agamemnons Tod*) und im dritten Teil (*Elektra*) motiviert Hauptmann den Muttermord durch Notwehr, denn Klytämnestra greift ihren um Liebe bettelnden Sohn an.

Orgeluse [*Parzival.* Höfisches Epos von Wolfram von Eschenbach, entst. zwischen 1200 und 1210]. – Die dämonisch-schöne, durch den Tod ihres Geliebten verletzte und verletzende O. ist schuld an den Leiden des → Anfortas und am Tod vieler Helden. → Parzival ist gegen ihre Lockungen gefeit. → Gawan dient ihr mit Geduld und erringt sie zum Weibe.

Orilus → Jeschute (Wolfram von Eschenbach: *Parzival*)

Orla [*Das einfache Leben.* Roman von Ernst Wiechert, 1939]. – Thomas von O., ein ehemaliger Korvettenkapitän, der am Trauma des verlorenen Ersten Weltkriegs leidet, verläßt seine Familie und lebt als Fischer das »einfache Leben« in der Einsamkeit der Masurischen Seen.

Orlins [*Die Unauffindbaren.* Roman von Ernst Kreuder, 1948]. – Gilbert O., ein Immobilienmakler, gibt unvermittelt seine bürgerliche Existenz auf, um sich den »Unauffindbaren« anzuschließen, einer Gruppe von Menschen, die die inhumane Verstandes- und Erwerbswelt hinter sich lassen auf der Suche nach einem Zauberreich der Phantasie und der gefühlswirklichen Seinserfahrung und die deshalb als Anarchisten unerbittlich, aber vergeblich polizeilich verfolgt werden. Mit → Jessie Hobbarth »erfährt er die Märchenzeit der Liebesstunde«.

Oronaro [*Der Triumph der Empfindsamkeit.* Komödie von Johann Wolfgang von Goethe, 1787]. – Der Prinz O. ist eine Karikatur des empfindsamen Helden, dessen Naturgefühl rein literarisch ist. Mit der Figur setzt sich Goethe gegen die

Mode der Werther-Schwärmerei zur Wehr. Die Nerven des Prinzen sind so mitgenommen, daß er die echte Natur mit ihren Temperaturschwankungen, ihrer Luftfeuchtigkeit und ihren Insekten nicht mehr verträgt und eine künstliche Naturkulisse im Koffer mit sich führt. Auch von seiner Geliebten → Mandandane läßt er eine Puppe als Abbild schaffen, das er dem Original vorzieht.

Orsina [*Emilia Galotti.* Trauerspiel von Gotthold Ephraim Lessing, 1772]. – Die Gräfin O. ist die von Liebe und Rachsucht getriebene verlassene Frau, eine psychologisch differenziertere → Marwood. Als die Mätresse des Fürsten → Hettore Gonzaga die Vergänglichkeit seiner Liebe erfährt, reagiert sie darauf mit hemmungsloser Leidenschaft und dem Scharfblick der Verlassenen. Sie klärt Vater → Galotti über das Intrigenspiel auf, dessen Opfer seine Tochter ist.

Ortnît [*Ortnît und Wolfdietrich.* Anonymes Heldenepos, entst. um 1220]. – O., der König von Lamparten (Langobarden), entführt Sidrat, die Tochter des Heidenkönigs Machorel von Tyrus, nach harten Kämpfen zwischen Heiden und Christen. Aus Rache schickt der Vater zwei Eier, aus denen Drachen schlüpfen, die O.s Land verwüsten und ihn verschlingen. Die Sage von O., ursprünglich selbständig, wurde Teil der Dietrich-Epik.

Ortrud [*Lohengrin.* Romantische Oper von Richard Wagner, 1850]. – O. ist eine freie Erfindung Wagners. Die noch tief im germanischen Götterglauben verwurzelte Gestalt ist die eigentliche Gegenspielerin → Elsas von Brabant. Sie hat deren Bruder Gottfried in einen Schwan verwandelt und ihren Gemahl → Telramund angestiftet, Elsa des Brudermords anzuklagen. Sie reizt schließlich Elsa, die verhängnisvolle Frage zu stellen.

Ortwein → Kudrun (*Kudrun*)

Oskar [*Geschichten aus dem Wienerwald.* Volksstück von Ödön von Horváth, 1931]. – Das Mädchen → Marianne soll den rohen, gemütsarmen Metzger O. heiraten; sie wirft sich, verschreckt, aus blinder Liebessehnsucht einem Ganoven an den Hals (→ Alfred), doch am Ende muß sie dankbar sein, daß O. sie noch nimmt, wenn auch wie eine Ware minderen Wertes.

Oskar Matzerath [*Die Blechtrommel.* Roman von Günter Grass, 1959]. – O., 30jähriger Ich-Erzähler des Romans, verfügt bereits bei seiner Geburt über vollentwickelte geistige Kräfte und beschließt, im Alter von drei Jahren durch einen Sturz von der Treppe sein Wachstum abzubrechen und den Eintritt in die Erwachsenenwelt zu verweigern. Als Kleinkind getarnt, durchdringt er scharf beobachtend und ungetrübt von moralischen Hemmungen oder sexuellen Tabus seine kleinbürgerliche Umgebung und vertraut das Geschehene seiner weißroten Kindertrommel an. Der Hintergrund seines Lebens ist Danzig vor und während des Zweiten Weltkriegs, das Gemisch der Deutschen, Polen, Kaschuben und Juden und das doppelte Ende der Stadt 1939 und 1945, schließlich Düsseldorf. Der skurrile, zwergenwüchsige Gnom travestiert in barocker Fabulierlust die Vervollkommnungsidee des traditionellen Bildungs- und Entwicklungsromans. – In dem Roman *Die Rättin* (1985) taucht O. als Videofilmproduzent im Mercedes mit Chauffeur wieder auf.

Ossia [*Der junge Mann.* Roman von Botho Strauß, 1984]. – O., mit bürgerlichem Namen Alfred Weigert, ist Regisseur und der Freund und Lehrer des Romanhelden Leon → Pracht. Er erlangt Berühmtheit – und seinen Künstlernamen – durch die Filmrolle des hageren Clowns Ossia, eines »Narren des hohen Willens und der Ideale«, einer »Kreuzung zwischen Parzival und Paracelsus«. Doch Erfolg, Verwöhnung durch das Publikum und Eßlust lassen es am Ende nicht mehr zu, daß er den Clown weiterspielt, und er verfällt an Willenskraft und Kunstverstand in dem Maße, in dem er an Körperfülle zunimmt.

Oswald [*Münchhausen.* Humoristischer Roman von Karl Leberecht Immermann, 1838/39]. – Der Jäger O. – hinter dem sich ein schwäbischer Graf versteckt – hat eine närrische Leidenschaft geerbt: er ist von einer Schießwut besessen, obwohl er immer sein Ziel verfehlt. Er zieht aus, um für einen von → Münchhausens Streichen Rache zu nehmen, und findet eine Braut in → Lisbeth. Seine Liebe muß Leiden und Krisen bestehen und soziale Hindernisse überwinden, aber es siegt das Recht des Herzens.

Ottegebe [*Der arme Heinrich.* Drama von Gerhart Hauptmann, 1902]. – Die Meierstochter O. ist bereit, für die Heilung des Ritters → Heinrich zu sterben. Ihr Motiv ist jedoch nicht der Wunsch nach Märtyrertum, wie in der mittelalterlichen Verslegende, sondern weltliche Liebe. Hauptmann entlehnt den Namen O. für das namenlose Mädchen in Hartmann von Aues Werk aus dem *Guten Gerhard* von Rudolf von Ems.

Ottilie [*Die Wahlverwandtschaften.* Roman von Johann Wolfgang von Goethe, 1809]. – O. ist die unschuldig Schuldige, die zwischen der elementaren Gewalt der Leidenschaft und der absoluten Forderung des moralischen Gesetzes zerbricht. Die Nichte und Pflegetochter von → Charlotte ist ein demütiges, engelhaftes Mädchen, dessen Gesinnung ein Ehebruch völlig fremd ist. Sie verfällt ahnungslos dem wahlverwandtschaftlichen Zwang ihrer Liebe zu

Charlottes Ehemann → Eduard und verliert die Harmonie ihres Wesens. Nach einem leidenschaftlichen Zusammentreffen mit Eduard verschuldet O. den Tod des Kindes von ihm und Charlotte. Die Katastrophe führt zum Erwachen und zur Umkehr. Durch Buße und Entsagung findet sie zurück zum Einklang mit ihrem inneren Gesetz. Da Eduard nicht von ihr lassen kann, scheidet sie wie eine Heilige durch einen langsamen Prozeß der Selbstaufgabe aus der Welt.

Ottmar → Serapion (Hoffmann: *Die Serapionsbrüder*)

Otto.
Otto I., der Große, deutscher Kaiser 936–973, setzte Verwandte als Stammesherzöge ein, um die Zentralgewalt zu stärken. Doch sein Sohn Liudolf erhob sich im Interesse Schwabens gegen ihn. In der Spielmannsepik werden Otto und Liudolf mit Konrad II. und Herzog Ernst von Schwaben vermengt (1030).
[*Herzog Ernst.* Anonymes Spielmannsepos, entst. um 1180]. – O. erscheint als der Verfechter der Reichsgewalt, der die Stammesherzogtümer und den Partikularismus bekämpft.

Otto [*Dichter und ihre Gesellen.* Roman von Joseph Freiherr von Eichendorff, 1834]. – Der ehemalige Jurastudent O. ist ein Dichter wie seine Freunde → Fortunat und → Victor. Er verkörpert die dunklen Seiten des Dichtertums; es fehlt ihm an Kraft und Sammlung, so daß er ein Zerrissener bleibt und in Verzweiflung und Tod endet.

Otto der Fröhliche [*Pfaff vom Kahlenberg.* Epos von Anastasius Grün, 1850]. – Herzog O. d. F. von Österreich zieht nach Kärnten, um nach altem Brauch das Land aus Bauernhand als Lehen zu empfangen. Er tauscht vorübergehend mit → Nithart die Rolle und bereist unerkannt mit → Wigand das Land, um es kennenzulernen. O. spiegelt Grüns Vorstellung von einem liberal-monarchistischen Fürsten.

Otto von Meran [*Ein treuer Diener seines Herrn.* Tragödie von Franz Grillparzer, 1830]. – Der zucht- und sittenlose Bruder der Königin Gertrude von Ungarn ist ein Liebling der Frauen. Aus Langeweile macht er → Erny, der Frau des → Bancbanus, den Hof. Als diese ihm in der Öffentlichkeit ihre Verachtung zeigt, gerät er aus einer Mischung von Liebe, Haß, verletzter Eitelkeit und Rache in Raserei und läßt Erny verhaften; sie entzieht sich jedoch durch einen Dolchstoß der Gefangennahme. Ihr Tod erregt den Aufruhr des Volkes, vor dem O., der um sein Leben zittert, von Bancbanus gerettet wird. Ein für O. bestimmter Dolch tötet bei der Flucht die Königin.

Ottokar.
Der Přemyslide O. II., König von Böhmen von 1252 bis 1278, dehnte seine Herrschaft über Österreich aus und wurde von Kaiser Rudolf von Habsburg auf Böhmen und Mähren zurückgedrängt.
[*König Ottokars Glück und Ende.* Tragödie von Franz Grillparzer, 1825]. – Am Beispiel des Königs O. stellt Grillparzer die typische Folge von »Übermut und Fall« im menschlichen Schicksal dar; dabei ist eine Analogie zu Napoleon beabsichtigt. Der Machtmensch O. begeht einen Rechtsbruch, als er seine Ehe mit → Margarethe von Österreich auflöst. Die neue Ehe mit einer ungarischen Königstochter und militärische Erfolge geben ihm die Illusion des unendlichen Höhenflugs – aber sein Niedergang kündigt sich bereits an. O. erkennt am Sarg Margarethes seine Verblendung und das begangene Unrecht.

Ovelacker [*Der Henker.* Roman von Edzard Schaper, 1940]. – Der Rittmeister Graf O., der Herkunft nach zwischen Deutschland, Baltikum und Rußland stehend, wird 1905 mit einer Schwadron Ulanen nach Estland geschickt, um die vorwiegend deutschen Grundbesitzer vor den Überfällen der Bevölkerung zu schützen. In den sozialen und nationalen Auseinandersetzungen gerät er in einen schweren juristischen und ethischen Konflikt, als er die drei Söhne des alten Bauern → Koiri als Mordgesellen verurteilen muß. Er wird als »Henker« angesehen und von der Rache Koiris und des unterdrückten Volkes verfolgt. Am Ende verzichtet er auf starre Standes- und Rechtsansprüche und sucht die Versöhnung im Mitleid mit den Unterdrückten.

Overbeck [*Preisverleihung.* Roman von Günter de Bruyn, 1972]. – Der Literaturwissenschaftler Theo O. soll die Laudatio auf das preisgekrönte Buch seines ehemaligen Freundes Paul Schuster halten. Diese Aufgabe löst aufwühlende Konflikte in O. aus, denn er gerät in den Zwiespalt zwischen dem Zwang, ein mäßiges Werk aufzuwerten, weil es gerade politisch opportun ist, und der Erkenntnis, daß die reale gesellschaftliche Entwicklung eine engagierte Gegenrede verlangen würde. In der Diskussion mit Professor Liebscher, seinem Ordinarius, sieht er sich in die Rolle des »Subjektivisten« und Realitätsfernen gedrängt. O. gibt nach, da persönliches Streben nach Ehrlichkeit in politischen Problemsituationen schädlich zu sein scheint und er nicht zum Umstürzler und Reformator geboren ist.

Pablo [*Der Steppenwolf.* Roman von Hermann Hesse, 1927]. – Der Saxophonist P. ist eine Symbolfigur für den Einbruch der amerikanischen Zivilisation in die verstaubte abendländische Kulturwelt. Er erscheint Harry → Haller als ein selbstloser Freund, der nichts anderes als sein Seelenglück im Sinn hat, ist in Wirklichkeit jedoch ein geschickter Drogenhändler, der ihn in einer Rauschgiftorgie seinen Kulturpessimismus und seine »Steppenwolf«-Verstörung vergessen läßt.

Paco [*Wir sind Utopia.* Novelle von Stefan Andres, 1943]. – Der abtrünnige Mönch und Franco-Söldner P. Hernandez kommt als Gefangener in das als Gefängnis dienende Kloster zurück, in dem er zwanzig Jahre zuvor als Padre Consalves gelebt und das er wegen der Vision einer utopischen Gesellschaft der Toleranz und der Gerechtigkeit verlassen hat. Der vom Ungenügen an sich selbst und an der Welt zu unvereinbaren Extremhaltungen Getriebene gewinnt in seiner alten Zelle seine religiöse Überzeugung zurück, und seine soziale Utopievorstellung wandelt sich in eine transzendente.

Pafnutius [*Pafnutius.* Drama von Hrotsvit von Gandersheim, entst. nach 962; ED 1501]. – Der Einsiedler P. geht als Buhler verkleidet ins Freudenhaus und bewegt die Dirne Thais zu Umkehr und Buße.

Pagel [*Wolf unter Wölfen.* Roman von Hans Fallada, 1937]. – Dem Fähnrich Wolfgang P. gelingt es, sich durch die turbulente Zeit des Inflationsjahres 1923 zu retten und ein Medizinstudium zu beginnen. Ausgerechnet er, der Glücksspieler, übersteht die Inflation – im Gegensatz zu seinen ehrenwerten Regimentskameraden → Prackwitz-Neulohe und → Studtmann unbeschadet.

Pagenstecher [*Zettels Traum.* Roman von Arno Schmidt, 1970]. – Der Ich-Erzähler Daniel P., der als Schriftsteller und Übersetzer in dem Dorf Ödingen in der Heide lebt, hat an einem Sommertag des Jahres 1968 Gäste: das Übersetzerehepaar Paul und Wilma Jacobi und deren Tochter Franziska. Man diskutiert die Probleme, die bei der Übersetzung von Edgar Allan Poes Werken aufgetreten sind, und entwirft ein Psychogramm des Dichters. Die sechzehnjährige Franziska umschmeichelt und umwirbt den alternden P., aber dieser verzichtet. P. spiegelt, wie andere Hauptgestalten Schmidts, Züge vom Wesen und von den Wunschvorstellungen des Autors.

Pahlen [*Der Patriot.* Historische Novelle von Alfred Neumann, 1925]. – Der Kriegsgouverneur von P. ist der Anführer einer Offiziersverschwörung gegen den despotischen Zaren → Paul I. im Jahre 1801. Er wird ständig von Zweifeln geplagt, an sich selbst und seinen wirklichen Motiven (Patriot oder Usurpator) und an der moralischen Berechtigung des Tyrannenmords. Nach vollbrachter Tat geht P. in den Freitod.

Palma [*Die Richterin.* Novelle von Conrad Ferdinand Meyer, 1885]. – P. liebt ihren vermeintlichen Halbbruder → Wulfrin. Aus der Verwirrung der Gefühle, die sie an den Rand des Todes bringt, rettet sie das Geständnis der Mutter → Stemma Judiatrix, daß P.s Vater nicht Graf Wulf ist, sondern der Kleriker Peregrin.

Palmström [*Palmström.* Lyrische Grotesken von Christian Morgenstern, 1910]. – P. ist ein gutmütiger Idealist und Wahrheitssucher, der sich sein eigenes Weltsystem errichtet. Er hat einen außergewöhnlichen Erfindergeist, denkt sich z.B. eine Uhr mit Herz aus.

Pammachius [*Pammachius.* Drama (nlat.) von Thomas Naogeorg, ED 1538]. – P. ist sowohl die Personifikation des Papsttums als auch des Antichristen, denn das protestantische Kampfdrama soll zeigen, daß das Papsttum seine Existenz einer Verbindung von Kirchenfürst und Teufel verdankt. Der römische Bischof P. schließt einen Höllenpakt mit dem Satan, daß er mit seinen Worten dem Himmel, mit seinen Taten aber der Hölle dienen will. So kann P. seine Macht erweitern, Papst werden und schließlich den Kaiser unterwerfen.

Pamphilius [*Tragoedia von einem Buhler und Buhlerin.* Tragödie von Herzog Heinrich Julius von Braunschweig-Wolfenbüttel, 1593]. – P. ist der von Leidenschaft getriebene Jüngling, der seine gerechte Strafe findet. Auf einer Kavalierstour verführt der französische Adelige mit Hilfe des Teufels die sechzehnjährige Dina, die mit einem sechzigjährigen Säufer verheiratet ist. Er wird von den Stadtknechten beim Rendezvous erschlagen.

Pandora.
Um Prometheus dafür zu strafen, daß er das Feuer gestohlen und die Menschen geschaffen hat, schickt Zeus P. auf die Erde. Sie ist mit allen Reizen ausgestattet, trägt aber ein Gefäß (eine »Büchse«) mit sich, das alle Übel enthält, die den Menschen befallen können. Prometheus warnt, doch sein Bruder Epimetheus heiratet P., sie öffnet ihr Gefäß und bringt den Menschen unendliche Leiden.
[*Pandora.* Festspiel von Johann Wolfgang von Goethe, ED 1810 (Fragment)]. – Im Gegensatz zur Mythe enthält die Büchse der P. »muntere Luftgeburten«, die man als dichterische Gattungen interpretiert hat. Sie verflüchtigen sich ebenso schnell, wie das luftige Wesen Pandora aus dem Leben des → Epimetheus verschwindet. Ihre Wiederkunft sollte offenbar die in → Prometheus und Epimetheus verkörperte Antinomie zwischen vita activa und contemplativa versöhnen.

Pankraz [*Pankraz, der Schmoller.* Novelle von Gottfried Keller, ED 1856 (in: *Die Leute von Seldwyla*)]. – P. ist der Kellersche Typus des Neurotikers, der nach langem Fehlverhalten durch eine individuelle Katastrophe zur Besinnung kommt. P. tyrannisiert Mutter und Schwester mit ständigem Schmollen über ihm angeblich zugefügtes Unrecht. Eines Nachts flieht er aus Seldwyla und wird Soldat. Sein Schmollen äußert sich hier als schweigender Gehorsam und ist seiner Karriere günstig. Die realitätsblinde Leidenspose hat ihn aber der Welt entfremdet und gerät ihm zum Unglück in seiner Liebe zu → Lydia, der Tochter des Regimentskommandeurs.

Papinianus.
P. (um 140–212) war Rechtslehrer und als Präfekt der Prätorianer der oberste Richter des Römischen Reiches unter Septimius Severus und Caracalla.
[*Großmütiger Rechtsgelehrter oder Sterbender Aemilius Paulus Papinianus.* Trauerspiel von Andreas Gryphius, 1659]. – Als Caracalla Bassianus seinen Bruder und Mitkaiser Geta im Streit erstochen hat, soll P. den Mord vor Volk und Heer rechtfertigen. Der für sein unbeugsames Rechtsdenken berühmte Jurist P. widersetzt sich und läßt sich weder durch Drohungen und die Ermordung seines Sohnes noch durch die Möglichkeit, selbst die Kaiserkrone zu übernehmen, von seinem Ziel abbringen, das Recht wiederherzustellen. Als »Sün-opffer« für das Recht wird er von Caracalla hingerichtet, der dem Wahnsinn aus Gewissensnot anheimfällt.

Paracelsus.
Schweizer Arzt, Naturphilosoph und Begründer einer ganzheitlichen Heilmittellehre (1493–1541).
[*Paracelsus.* Romantrilogie von Erwin Guido Kolbenheyer, 1917–1925]. – Der Wunsch, den Menschen zu helfen, läßt P. Arzt werden und ruhelos durch Europa wandern. Aber die scholastische Medizin befriedigt ihn nicht, und er wendet sich der Astronomie, Magie und den Naturheilkräften zu; zugleich nähert er sich der neuen evangelischen Lehre. Die Schriften des Gottsuchers und Zweiflers werden von der Kirche verboten und von der Wissenschaft abgelehnt. Der Autor sieht im »faustischen Wesen«, im »ingenium teutonicum« des P. den typisch deutschen Geist wirken.

Paris [*Spielball der Götter.* Roman von Rudolf Hagelstange, 1959]. – Der Trojaner P. führt Tagebuch in der Kriegszeit. Er durchschaut die »Verbindung von Ehre und Nutzen«, die der Krieg stiftet. Die Nymphe Oinone, in der er das von Aphrodite versprochene schönste Weib zu erkennen meint, kann er nicht gewinnen; denn die Götter haben anderes mit ihm vor, und er ist ihr Spielball.

Parricida.
Herzog Johann v. Schwaben

(1290–1313) ermordete 1308 mit Gleichgesinnten seinen Oheim, König Albrecht I., aus unbefriedigter Geltungssucht. Deshalb wurde er Parricida = Vater-, Verwandtenmörder genannt.

[*Wilhelm Tell.* Schauspiel von Friedrich von Schiller, 1804]. – Auf der Flucht sucht Johannes P. → Wilhelm Tell auf, weil er in ihm eine verwandte Seele vermutet. In einer berühmten Szene weist Tell den Mörder aus Ehrsucht und Eigenliebe von sich, denn seine eigene Tat war »die gerechte Notwehr eines Vaters« und galt der Verteidigung des Naturrechts und der Sittlichkeit.

Parsifal [*Parsifal.* Musikdrama von Richard Wagner, 1877]. – Die Gestalt P.s stimmt mit dem → Parzival Wolframs weitgehend überein. Ausgespart sind die Ereignisse um die Tafelrunde des Königs Artus und die Ehe mit Condwiramurs. P.s Aufgabe beim Gral wird erweitert: Er muß nicht nur die Mitleidsfrage an Amfortas (→ Anfortas) richten, sondern auch den heiligen Speer zurückholen, der Amfortas verwundet hat und der in den Händen des Magiers → Klingsor zurückgeblieben ist. Das gelingt P. trotz der Verführungskünste → Kundrys, weil er gegen ihre und Klingsors Zauberkraft gefeit ist. – Die Schreibung Parsifal geht auf einen Versuch von Görres zurück, den Namen von arabisch: reiner Dummer (fal parsi) abzuleiten.

Parzival.
Die mittelalterliche Sagengestalt des Artus- und Gralsritters wird im *Perceval* (altfrz.) des Chrétien de Troyes ausgeformt. Chrétien ist die Vorlage für Wolfram.

[*Parzival.* Höfisches Epos von Wolfram von Eschenbach, entst. zw. 1200 und 1210]. – P. entwickelt sich in einer langen Lehrzeit voller Irrtum, Schuld und Zweifel zum christlichen Ritter, dem Bildungsideal der kulturtragenden Schicht. Von seiner Mutter → Herzeloyde in der Einsamkeit erzogen, kommt P. als »reiner Tor« in die Ritterwelt und begeht viele grobe, ja tödliche Verstöße gegen die Normen. Sein schlimmster Fehler ist, daß er es aufgrund äußerlich angelernter Anstandsregeln unterläßt, auf der Gralsburg mitleidig nach König → Anfortas' Wunde zu fragen. Deshalb wird er am Artushof von der Gralsbotin → Cundrîe verflucht. Voller Verzweiflung zieht er in die Welt, um den Gral zu suchen; er hadert mit Gott. Erst als er sich nach langen Irrfahrten der Gnade Gottes öffnet, findet er die Gralsburg wieder, erlöst Anfortas und wird selber Gralskönig. P.s Werdegang wird in dem des weltlichen Artusritters → Gawan gespiegelt.

[*Merlin oder Das wüste Land.* Schauspiel von Tankred Dorst, 1981]. – In Dorsts Werk erkundet P. die Welt wie ein staunendes Kind. Von ihren Fährnissen kaum berührt, zieht er immer am Abgrund entlang, anfangs mit der naiven Sicherheit des reinen Toren. Unter dem Titel *Parzival* lösten Dorst und Robert Wilson 1987 Partien aus dem Werk heraus und erweiterten den Text zu einem selbständigen Bilderdrama.

Pasenow [*Die Schlafwandler.* Romantrilogie von Hermann Broch, 1931/32]. – Joachim von P. ist die Hauptgestalt des 1. Teils der Trilogie: *Pasenow oder die Romantik – 1888.* Er verkörpert die Degeneration des Adels. Der feinnervige Offizier aus dem brandenburgischen Gutsherrnmilieu rettet sich vor dem Zerfall der tradierten Wertewelt in die Ehe mit der Adeligen Elisabeth Baddensen, die er romantisch überhöht, und in die Rituale seiner Gesellschaftsschicht, die ihm eine harmonische Welt vorspiegeln. Der Schlafwandler endet als wahrer »Romantiker« im Wahnsinn.

Pat [*Die Unauffindbaren.* Roman von Ernst Kreuder, 1948]. – Der skurrile, inzwischen senile Erfinder P. hat sich konsequent von dem alltäglichen, zweckmäßigen Leben ferngehalten und gilt deshalb den Behörden als Außenseiter und Schädling. Er ist Mitglied der Geheimgesellschaft der »Unauffindbaren«, die ein Leben in der Phantasie und der »Widerwelt« neben der mechanistisch-rationalistischen Alltäglichkeit führen.

Patriarch [*Nathan der Weise.* Dramatisches Gedicht von Gotthold Ephraim Lessing, 1779]. – Der höchste Würdenträger der Christen in Jerusalem greift im Interesse seiner Religion kaltherzig zu unlauteren Mitteln, zu Intrige, Verrat und Verfolgung Andersgläubiger. Er ist eine Gegenfigur zu → Nathan, der Toleranz vorlebt, obwohl Christen seine Familie ausgerottet haben.

Paul I.
P., 1796–1801 Zar von Rußland, rief durch adelsfeindliche Maßnahmen und despotisches Verhalten die Verschwörung herauf, der er zum Opfer fiel.
[*Der Patriot.* Historische Novelle von Alfred Neumann, 1925]. – Der Zar P., ein Despot, der seine Umgebung tyrannisiert und gegen sich aufbringt, wird in der von → Pahlen organisierten Verschwörung getötet. Unter dem Druck der Todesangst verliert er alle Würde und will nur noch überleben.

Paulinchen [*Paulinchen war allein zu Haus.* Roman von Gabriele Wohmann, 1974]. – P. ist das satirisch gesehene Objekt moderner linksintellektueller Erziehungsmethoden. Das achtjährige Kind, das seine Eltern bei einem Autounfall verloren hat, wird von dem »fortschrittlichen« Schriftstellerehepaar Christa und Kurt adoptiert und nach den neuesten psychologischen und soziologischen Erkenntnissen antiautoritär erzogen. Was die Eltern als Partnerschaft und Toleranz verstehen, erlebt das Kind als Lieblosigkeit und reagiert in seiner Verlassenheit mit Lügen, Trotz und Aufsässigkeit, so daß es für alle eine Erlösung ist, als P. in ein Internat kommt.

Pauline Piperkarcka [*Die Ratten.* Tragikomödie von Gerhart Hauptmann, 1911]. – Das schwangere Dienstmädchen P. P. verkauft ihr noch ungeborenes uneheliches Kind an Frau → John. Sie bekommt jedoch Angst und Gewissensbisse und meldet die Geburt des Kindes den Behörden. Damit löst sie die tragischen Folgen aus, denen sie selbst zum Opfer fällt.

Pauline → Pittelkow (Fontane: *Stine*)

Paulmann [*Der goldene Topf.* Kunstmärchen von E. T. A. Hoffmann, ED 1814]. – Der Konrektor P. und seine Tochter Veronika vertreten die Alltagswirklichkeit im Gegensatz zu der Märchenwelt des Archivarius → Lindhorst. Es ist eine prosaische, aber lustige Welt, in der man bei einem Punchgelage durchaus von etwas Höherem ergriffen wird und sich verrückt benimmt – aber man wacht am nächsten Morgen mit einem Kater wieder auf.

Paulsen [*Pole Poppenspäler.* Novelle von Theodor Storm, 1875]. – Paul P., ein »Kunstdrechsler und Mechanikus«, hat sich als Bürgerkind von der abenteuerlichen Künstlerwelt der Puppenspieler verzaubern lassen, später gegen alle Vorurteile das Puppenspieler-Lisei geheiratet und sich so den Spitznamen Pole Poppenspäler eingehandelt. P. gehört in die Reihe der Figuren zwischen Künstlertum und Bürgertum, deren Gestaltung bei T. Mann ihren Höhepunkt erreicht.

Pausewang → Joachim P. (Kolbenheyer: *Meister Joachim Pausewang*)

Pavel [*Das Gemeindekind.* Roman von Marie von Ebner-Eschenbach, 1887]. – P., der Sohn eines Mörders und einer Zuchthäuslerin, behauptet sich trotz niederschmetternder Voraussetzungen im Leben, womit die Autorin die Vererbungs- und Milieutheorie des Naturalismus widerlegen will. Als Gemeindekind wird P. so schlecht behandelt, daß er verstockt wird und die typische Entwicklung eines schwer erziehbaren, verwahrlosten Jungen durchlebt: Schlägereien, Schuleschwänzen, Diebstahl. Unter dem Einfluß seiner Schwester → Milada wandelt er sich völlig und wird ein rechtschaffener, guter Mensch.

Peachum [*Dreigroschenoper.* Schauspiel von Bertolt Brecht, 1929]. – P. ist auf das Mitleid der Menschen angewiesen, denn er erwirbt seinen Reichtum durch die Almosen, die seine Schar von unechten Krüppeln und sehenden Blinden einnimmt. Als seine Tochter → Polly sozusagen unter ihrem Stand den kleinen Ganoven Mackie Messer

(→ Macheath) heiratet, setzt er seine gesamte Organisation und seine Beziehungen ein, um den unerwünschten Schwiegersohn zu vernichten.

Pedrillo [*Die Abenteuer des Don Sylvio von Rosalva*. Roman von Christoph Martin Wieland, 1764]. – Der Diener und Knappe Don → Sylvios, ein geschwätziger Bauernjunge, ist eine – allerdings blasse – Parallelfigur zu Sancho Pansa.

Peeperkorn [*Der Zauberberg*. Roman von Thomas Mann, 1924]. – Mynheer P., javanischer Plantagenbesitzer und steinreich, taucht als Begleiter von → Clawdia Chauchat im Sanatorium »Berghof« auf. Er schöpft aus dem vollen seiner imposanten Lebenskräfte und vertritt eine vitalistische Philosophie des Genusses. Mit dem – zögernden – Hans → Castorp schließt er Bruderschaft. – P. hat Züge von Gerhart Hauptmann, der Thomas Mann ebenfalls die Bruderschaft antrug; dieser verhielt sich jedoch reserviert. – Am Ende hilft alles In-die-Brust-Werfen nichts gegen das »maligne Tropengift« in seinem Körper, und P. begeht Selbstmord.

Pelagius [*Pelagius*. Verslegende von Hrotsvit von Gandersheim, entst. vor 959; ED 1501]. – Der Königssohn P. begibt sich als Geisel für seinen Vater in die Gefangenschaft des Kalifen, der in Liebe zu dem anmutigen Jüngling entbrennt. P. weist den Heiden zurück und wird zum Märtyrer der Keuschheit. Gleichzeitig ist er ein Symbol für den Sieg des Christentums über die Heiden.

Penthesilea [*Penthesilea*. Trauerspiel von Heinrich von Kleist, 1808]. – Als Amazone ist P. ein unnatürliches, zwiespältiges Wesen: sie muß einen Mann mit den Waffen besiegen, um als Weib seine Liebe zu erringen, wobei ihr persönliche Gefühle untersagt sind. Die Begegnung mit → Achilles weckt in der Amazonenkönigin das natürlich fühlende Weib und bringt sie so in Konflikt mit Gesetz und Pflicht ihres Staates, von dem sie sich lossagen will. Als sie sich von Achilles verraten glaubt, wird sie zur Furie: sie durchbohrt ihn nicht nur mit einem Pfeil, sondern zerfleischt ihn, zusammen mit ihren Hunden, mit den Zähnen. Dann folgt sie ihm in den Tod.

Pepusch [*Meister Floh*. Märchen von E.T.A. Hoffmann, 1822]. – George P., »in Wahrheit« die Distel Zeherit, ist das ideelle und reale Gegenstück zu → Peregrinus Tyss. Die Sehnsucht nach einer höheren Welt macht ihn zum Zerrissenen, der mit Stacheligkeit auf die Umwelt reagiert. Das versperrt ihm auch lange den Weg zu Prinzessin Gamaheh, alias → Dörtje Elverdink. Aber sie finden schließlich zueinander und gehen im Liebestod als Distel und Tulpe in ein höheres Reich ein.

Peregrin → Stemma Judiatrix (Meyer: *Die Richterin*)

Peregrin [*Unser Freund Peregrin.* Erzählung von Ina Seidel, 1940]. – Der fiktive, 1820 auf Schloß Herbsthausen verstorbene Dichter Veit von Harvesthus (niederdt. für Herbsthausen) hat unter dem Namen Vitus Peregrinus fünf Bände mit seinen Dichtungen hinterlassen. Er ist wesenhaft eine Novalisgestalt. In der Figur des orphischen Dichters sucht Ina Seidel die Todeserfahrung zu bewältigen: ihr Bruder Willy Seidel, Schriftsteller wie sie selbst, war 1934 gestorben.

Peregrina [*Peregrina-Zyklus.* Gedichte von Eduard Mörike, ED 1829–1838]. – Die Titelgestalt ist ein rätselhaftes weibliches Wesen, das symbolisch die Doppeldeutigkeit der Liebe als »Unschuld« und »Sünde« verkörpert. Dahinter steckt ein autobiographisches Erlebnis: Mörike war als Neunzehnjähriger von der um einige Jahre älteren Maria Meyer fasziniert. Das zwielichtige, krankhaft veranlagte, ungewöhnlich schöne Mädchen aus einer bürgerlichen Schweizer Familie war zur Landstreicherin herabgesunken. Es ließ sich an der Stadtgrenze verschiedener Orte ohnmächtig auffinden und von mitleidigen Menschen helfen, nützte diese aus und verschwand. Als → Elisabeth ist P. in den Roman *Maler Nolten* eingegangen.

Peregrinus Tyss [*Meister Floh.* Märchen von E.T.A. Hoffmann, 1822]. – P. T. ist ein typischer Hoffmannscher Märchenheld wie → Anselmus im *Goldenen Topf.* Der weltfremde Träumer, der aus Sehnsucht nach der höheren Welt in einem Zustand der Kindlichkeit verharrt, wird durch die sinnliche Anziehung → Dörtje Elverdinks in Verwirrung gestürzt. Aber er überwindet die »Schlange im Paradies« und findet in einer reinen Liebe zu Röschen, der unschuldigen Tochter des Buchbinders Lämmerhirt, sein wahres Selbst, und zwar – anders als Anselmus – im Diesseitigen.

Permaneder [*Buddenbrooks.* Roman von Thomas Mann, 1901]. – Alois P. ist die Karikatur eines Urbayern, der für seine feine Lübecker Ehefrau → Tony Buddenbrook zu grob und ungebildet ist und jeden beruflichen Ehrgeiz vermissen läßt. Er ist der Zeichnung eines dicken Trinkers aus dem *Simplicissimus* nachgestaltet.

Pernath [*Der Golem.* Roman von Gustav Meyrink, 1915]. – Der Ich-Erzähler findet sich im Halbschlaf als der Gemmenschneider Athanasius P. im Prager Ghetto wieder. Er verliert sich in eine phantastische Welt von seltsamen Charakteren, grauenvollem Milieu, mystischen Bildern und kabbalistischen Symbolen. Dort begegnet er auch dem → Golem, der ihm eine Nacht als Spiegelbild gegenübersitzt.

Perpetua [*Perpetua.* Roman von Wilhelm von Scholz, 1926]. – Die Dulderin Maria Breitenschnitt, die Verkörperung der hellen Mächte, geht unter dem Namen P. ins Kloster, als ihre Zwillingsschwester Katharina, die über magische Kräfte verfügende Vertreterin des bösen Prinzips, ihr den Geliebten wegnimmt. Als Katharina später als Hexe zum Scheiterhaufen verurteilt wird, tauscht Maria mit ihr die Rolle und stirbt an ihrer Statt. Katharina geht als P. ins Kloster zurück. Die Geläuterte tut Wunder und lebt wie eine Heilige.

Perrudja [*Perrudja.* Roman von Hans Henny Jahnn, 1929]. – P. ist kein eindeutig fixierter Charakter, sondern ein »Schauplatz für Abläufe«. Er erfährt die Bedingtheit seiner physio-psychischen Konstitution auf verschiedenen Stufen: in der »großen Freundschaft« zum Tier, die in das Sehnsuchtsmotiv der Kentauren als Einheit von Mensch und Tier mündet; in der mythischen Wesenhaftigkeit der Natur, die wechselweise abstößt, bedroht und durchdringt; in Angst und Einsamkeit, die nach Nähe und fleischlicher Erlösung verlangen. Diese erotische Heilserwartung ist umfassend, hetero- und homosexuell und verbindet sich mit einer skrupellosen Welterlösungsideologie.

Pescara [*Die Versuchung des Pescara.* Novelle von Conrad Ferdinand Meyer, 1887]. – Der kaiserliche Feldherr und Sieger in der Schlacht von Pavia (1525), Fernando Francesco d'Avalos, Marchese von P., ist Mittelpunkt eines Intrigenspiels der italienischen Teilstaaten. Sie wollen ihn unter der politischen Führung des Mailänder Kanzlers → Morone zum Abfall vom Kaiser bewegen, indem sie ihn mit der Krone Neapels locken. P. ist über jede Versuchung erhaben, weil er weiß, daß er an einer vor Pavia empfangenen Wunde sterben wird; doch sein Verhalten ist undurchsichtig. Er beobachtet als Wissender und Darüberstehender das schattenhafte Spiel, das sich um die Schimäre seiner Entscheidungsfreiheit dreht.

Pestalozzi.
Der Schweizer Pädagoge Johann Heinrich P. lebte von 1746 bis 1827.
[*Lebenstag eines Menschenfreundes.* Roman von Wilhelm Schäfer, 1915]. – P., schon in der Jugend ein unsicherer Mensch und Einzelgänger, vermag nur im Einsatz für die Schwachen mutig aufzutreten. Als Jurastudent und im Berufsleben scheitert P. aus mangelndem Realitätssinn. Seine von Rousseau beeinflußten pädagogischen Ideen kann er erst spät verwirklichen.

Peteprê (Potiphar) [*Joseph und seine Brüder.* Roman-Tetralogie von Thomas Mann, 1933–1943]. – Der Groß-Eunuch des Pharao kauft → Joseph als Sklaven und vertraut ihm später die

Verwaltung seines Hauses an. P.s Gemahlin, die jungfräuliche → Mut-em-enet, entbrennt in Liebe zu ihm, was den wohlwollenden und bedächtigen Eunuchen zu ungewollten Reaktionen zwingt. Er veranlaßt, daß Joseph ins Gefängnis geworfen wird.

Peter [*Als ich noch der Waldbauernbub war.* Erzählungen von Peter Rosegger, 1902]. – P. ist der Autor selbst, der in ärmlichen Verhältnissen in der Steiermark großgeworden ist. Als anspruchsloses und frommes Kind gewinnt er dem kargen Leben auf dem Lande komische, idyllische und rührende Seiten ab.

Peter → Lydia (Tucholsky: *Schloß Gripsholm*)

Peter Camenzind [*Peter Camenzind.* Erzählung von Hermann Hesse, 1904]. – Auf den Künstler mit negativer Welterfahrung überträgt Hesse, wie oft, Selbsterlittenes. P. C. wächst als Hirte im Schweizer Dorf Nimikon heran. Seine Bekanntschaft mit der großen Welt führt zu Enttäuschung, Resignation und Weltverachtung, denn seine Liebe bleibt unerwidert, sein Freund stirbt, seine publizistische Tätigkeit befriedigt ihn nicht. So kehrt er nach einem Franziskus-Erlebnis in das einfache Leben seines Dorfes zurück und findet zu einem naturmythischen Verhältnis zu Gott. P.s neuromantische Flucht in die Innerlichkeit hat zwischen Gerhart Hauptmanns → Heinrich (*Versunkene Glocke*) und Ernst Wiecherts Thomas von → Orla (*Das einfache Leben*) zahlreiche Parallelen.

Peter der Große.
Zar P. I. (1672–1725) unternahm eine Bildungsreise durch Europa und betrieb dann unnachsichtig die Einführung westlicher Kultur und Kriegstechnik in Rußland.
[*Peter und Alexej.* Tragödie von Henry von Heiseler, 1912]. – Zar P. ist ein Pragmatiker, der glaubt, es nicht verantworten zu können, daß sein Thron an seinen Sohn → Alexej übergeht, der ein »Spieler und Träumer« ist. Er zwingt ihm vergifteten Wein auf, nachdem er ihn der Teilnahme an einer Verschwörung überführt hat.

Peter Schlemihl [*Peter Schlemihls wundersame Geschichte.* Erzählung von Adelbert von Chamisso, 1814]. – P. S. verkauft dem Teufel für ein stets mit Dukaten gefülltes Glückssäckel seinen Schatten – nicht aus faustischem Erkenntnisdrang, sondern aus Besitzgier. Damit hat er seine bürgerliche Existenz aufgegeben, denn wo man seinen Mangel bemerkt, wird er geächtet, und er verliert seine Geliebte. Als ihm nach einem Jahr angeboten wird, den Schatten um den Preis seiner Seele zurückzugewinnen, lehnt er ab. Er entledigt sich schließlich des Säckels und führt ein Leben außerhalb der Gesellschaft als Weltreisender und Naturforscher. Man hat in P. S. die Symbolgestalt für die Vaterlandslosigkeit des eingedeutschten Franzosen Chamisso gesehen.

Peter Squentz [*Peter Squentz.* »Schimpfspiel« von Andreas Gryphius, 1658]. – P. S. ist Beispielgestalt für die Selbstgefälligkeit und die Selbstüberschätzung des Kleinbürgers sowie für die Diskrepanz zwischen künstlerischem Wollen und Vermögen. Der Schreiber und Schulmeister aus Rumpelskirchen führt mit den Handwerkern des Dorfes zu Ehren des durchreisenden Königs das Drama von Pyramus und Thisbe auf, wobei ihm viele Entgleisungen unterlaufen. – Die Komödie lehnt sich stark an das Zwischenspiel in Shakespeares *Sommernachtstraum* an.

Peter von Provence [*Die schöne Magelone.* Prosaroman von Veit Warbeck, 1535]. – [*Wundersame Liebesgeschichte der schönen Magelone und des Grafen Peter von Provence.* Volksmärchen von Ludwig Tieck, ED 1797]. – Der Graf P. v. P. gewinnt die Liebe der schönen → Magelone, Tochter des Königs von Neapel, und flieht mit ihr. Das Paar wird getrennt, als P. einem diebischen Vogel drei Ringe abjagen will, die Unterpfand ihrer Liebe sind. Die Liebenden finden sich erst nach jahrelanger Irrfahrt wieder.

Peters [*Der Schimmelreiter.* Novelle von Theodor Storm, 1888]. – Ole P. ist der schwerfällige, in dumpfem Aberglauben und überkommenen Sitten verharrende Bauer, ein natürlicher Widersacher des aufgeklärten, technisch denkenden Hauke → Haien. Schon als Großknecht sucht er seinem Feind zu schaden. Seine hinhaltende Wühlarbeit verführt den durch Krankheit zermürbten Deichgrafen Haien einmal zu einer weniger gründlichen Reparatur am Deich und wird so die Ursache der Katastrophe.

Petrell → Marie (Bruckner: *Krankheit der Jugend*)

Petuel [*Kranich mit dem Stein.* Roman von Josef Martin Bauer, 1958]. – In der Biographie des Martin P. schildert Bauer ein trotz aller Anfechtungen und Fährnisse mannhaftes und vorbildliches Priesterleben. P. ist dem Münchner Kardinal Michael Faulhaber (1869–1952) ähnlich.

Pfaffrath [*Der Tod in Rom.* Roman von Wolfgang Koeppen, 1954]. – P., der Schwager des SS-Generals → Judejahn, war in der Nazizeit ein hoher Parteigenosse, hat sich nach Kriegsende den Christlich-Konservativen angeschlossen und ist als Oberbürgermeister ein einflußreicher Mann geworden. Sein Sohn Siegfried, ein Komponist, verfällt infolge seiner Erziehung in der nationalsozialistischen Männergesellschaft einer Ordensburg der Homosexualität.

Pfannenschmidt [*Dorothea Angermann.* Schauspiel von

Gerhart Hauptmann, 1926]. – Der Bibliothekar Herbert P. ist ein weltfremder, gelehrter Idealist, der sich dem geliebten Mädchen → Dorothea Angermann gegenüber korrekt und ritterlich benimmt, weil er die leidenschaftlich Liebende für ein ländlich unschuldiges Pastorenkind hält. Dorothea wird Mario → Malloneck hörig, und als P. sie retten will, ist es zu spät.

Pfannenstiel [*Der Schuß von der Kanzel.* Novelle von Conrad Ferdinand Meyer, 1877]. – Robert Pf., Kandidat der Theologie, ist ein bescheidener, unsicherer Mensch, der wegen der Standesunterschiede seine Liebe zu Rahel, der Tochter des Pfarrers Wertmüller, aufgeben und als Militärkaplan dem General Rudolf → Wertmüller in den Krieg folgen will. Der General verschafft ihm die Hand Rahels und die Pfarrstelle von Mythikon.

Pfeifer von Hardt [*Lichtenstein.* Roman von Wilhelm Hauff, 1826]. – Der Parteigänger → Ulrichs von Württemberg, eine erfundene, aber volksnahe und glaubwürdige Gestalt, greift helfend, vermittelnd und regelnd in die Lebensschicksale Georg von → Sturmfeders und in die Kämpfe zwischen dem Herzog und dem Schwäbischen Bund ein. In der Schlacht von Türkheim opfert er sich für den Herzog.

Pfeiffer [*Die Feuerzangenbowle.* Roman von Heinrich Spoerl, 1933]. – Dr. Hans Pf., ein junger Schriftsteller, beschließt bei einer Feuerzangenbowle, das Gymnasium in der Kleinstadt Babenberg als Oberprimaner zu besuchen. Er tut sich dort durch eine Reihe von Streichen hervor und heiratet zum Schluß die Tochter des Direktors.

Pfeiffer [*Die Weber.* Schauspiel von Gerhart Hauptmann, 1892]. – P. stammt aus dem Weberproletariat und ist in eine Aufseherposition aufgestiegen. Er ist der typische hochgekommene Leuteschinder, ein williges Werkzeug des Fabrikanten → Dreißiger.

Pfister [*Pfisters Mühle.* Erzählung von Wilhelm Raabe, 1884]. – Dr. Eberhard P., ein besinnlicher, rückwärts gewandter und etwas weltferner Lehrer, berichtet von Mühle und Gasthaus, die zwei Jahrhunderte lang im Familienbesitz waren. Sein Vater, Bertram Gottlieb P., hat aufgegeben, weil eine Zuckerfabrik am Oberlauf das Wasser des Mühlbachs in eine schleimige, stinkende Brühe verwandelt hat. Nach juristischen Feldzügen, die an die heutige Umweltproblematik erinnern, hat er die Industrialisierung als unvermeidlich hingenommen. – Der Sohn verkauft an die Fabrikherren.

Phanias → Musarion (Wieland: *Musarion oder Die Philosophie der Grazien*)

Phaon → Prächtel (G. Hauptmann: *Die Insel der großen Mutter oder Das Wunder von Ile des Dames*)

Phaon [*Sappho.* Tragödie von Franz Grillparzer, 1819]. – Der begeisterungsfähige Jüngling Ph. bewundert die gefeierte → Sappho, obwohl er ihre Dichtung nicht begreift. Seine Liebe aber gehört der Sklavin → Melitta.

Philander von Sittewald [*Gesichte Philanders von Sittewald.* Prosasatire von Johann Michael Moscherosch, 1640–43]. – Der biedere Deutsche P., hinter dem sich der Autor verbirgt, erlebt auf der Reise nach Frankreich seltsame Dinge, z. B. Teufelaustreibung, Venusberg, Kämpfe, Raubzüge, Kerker. Neben einer Standessatire entsteht dabei ein Sittengemälde der Epoche, in dem der treu deutsch und protestantisch gesinnte P. antihöfische und antiwelsche Akzente setzt. Der Name P. v. S. ist sprechend: der Menschenfreund, der der Sitte waltet.

Philemon [*Philemon Martyr.* Märtyrerdrama von Jakob Bidermann, 1618]. – P. tut um eines Vorteils willen vor Gericht so, als wäre er ein Christ, und versetzt sich dann so sehr in die Rolle, daß er tatsächlich gläubig wird.

Philemon und Baucis.
In den *Metamorphosen* (um 2–8 n. Chr.) gestaltet Ovid die griechische Sage von dem alten Ehepaar, das den unerkannt auf Erden wandelnden Zeus trotz Armut freundlich aufnahm und dem der Gott die Bitte erfüllte, gleichzeitig zu sterben. Das Paar steht symbolisch für selbstlose Gastlichkeit und für rührendes Glück in der Bescheidung.
[*Faust II.* Tragödie von Johann Wolfgang von Goethe, ED 1832]. – Das Anwesen der beiden Alten, die zufrieden in einer Idylle leben, ist den Arrondierungsplänen des Kolonisators → Faust im Wege. Sie werden von seinen Leuten unter Anführung von → Mephistopheles in ihrer Hütte verbrannt. Der Tod von P. und B. lastet als Schuld auf dem Auftraggeber, der es so nicht gewollt hat. Er symbolisiert, daß die Kulturtaten des Menschen nicht ohne Gewalt und Zerstörung vor sich gehen.

Phileros → Epimeleia (Goethe: *Pandora*)

Philine [*Wilhelm Meisters Lehrjahre.* Roman von Johann Wolfgang von Goethe, 1795/96]. – Die Schauspielerin P., eine temperamentvolle, leichtlebige und gutmütige Person von »gegenwärtiger Sinnlichkeit«, fesselt → Wilhelm Meister an die Schauspielergruppe, der er seine intensivsten Theatererlebnisse verdankt.

Philipp [*Das Abenteuer der Neujahrsnacht.* Erzählung von Heinrich Daniel Zschokke, 1818]. – P., der Sohn des Nachtwächters, macht für seinen Vater in der Neujahrsnacht Dienst, wechselt mit einem Maskierten seine Kleidung und wird beim Ball am Hof für den Prinzen Julian gehalten. Dieser macht sich inzwischen als Nachtwächter mit Spottversen auf die Minister verdächtig. Beide landen hinter Gittern, aber alles klärt sich glücklich auf.

Philipp II.
Der spanische König P. II. (1556–1598) war als stenggläubiger Katholik der Vorkämpfer der Gegenreformation. Unter ihm erlebte Spanien den Höhepunkt seiner politischen Macht und deren Niedergang.
[*Don Carlos.* Tragödie von Friedrich von Schiller, 1787]. – P. ist der einsame Weltherrscher und Despot. Er steht einem System der Unterdrückung vor, das von der strengen Hofetikette bis zur Inquisition reicht und auf einer Ideologie der Menschenverachtung beruht: Die Menschen vertragen keine Freiheit und wären sich selbst überlassen keiner sittlichen Lebensführung fähig, sondern stürzten ins Chaos. Der König ist selbst Opfer seines Despotismus, denn er hat Menschlichkeit und Aufrichtigkeit in seiner Umgebung abgetötet. Als die ungewohnt freie Sprache des Marquis → Posa sein Herz rührt und er glaubt, einen Freund gewonnen zu haben, wird er betrogen, fällt in seine alte Rolle zurück und liefert seinen Sohn Don → Carlos der Inquisition aus.

Philoktet.
Der berühmte griechische Bogenschütze P. wird von einer Schlange gebissen und auf Anraten des Odysseus von den Achaiern auf der unbewohnten Insel Lemnos ausgesetzt, weil der Gestank der Wunde und P.s Wehgeschrei die Trojakämpfer demoralisiert. Nach zehn Jahren holt ihn Odysseus ins griechische Lager zurück, denn nach einer Weissagung bringen nur seine Pfeile den Sieg.
[*Philoktet.* Schauspiel von Heiner Müller, 1966]. – Das Drama beruht auf dem Schauspiel des Sophokles (409 v. Chr.). Bei Müller ist der Ausgesetzte von unendlichem Haß gegen → Odysseus und die Atriden erfüllt; trotzdem wird er nach zehnjähriger Sprachlosigkeit von der sprachgewandten Doppelzüngigkeit des zynischen Lügners und seines willenlosen Sprachrohrs → Neoptolemos angezogen und läßt sich, obwohl er dem Lügengebäude mißtraut, seine Waffen abschwatzen.

Philotas [*Philotas.* Trauerspiel in einem Akt von Gotthold Ephraim Lessing, 1759]. – Der Königssohn P. ist in Gefangenschaft geraten. Sein Gegenspieler Aridäus, ein vernünftig denkender Herrscher und Staatsmann, will ihn gegen den eigenen, ebenfalls gefangenen Sohn austauschen. In übersteigertem Patriotismus begeht P. Selbstmord, um seinem Vater Entscheidungsfreiheit zu verschaffen.

Phöbe [*Unruhige Gäste.* Roman von Wilhelm Raabe, 1886]. – P. Hahnenmeyer ist die Vertreterin einer heilen ländlichen Welt, die nichts von der Hektik und Oberflächlichkeit des »Säkulums«, der technisch-wirtschaftlichen Erfolgswelt der Zeit, an sich hat. Sie ruht in sich und stellt sich opferbereit und unerschrocken der Krankheit und dem Tod als natürlichen Erscheinungen des Daseins.

Phokas → Helena (Goethe: *Faust II*)

Phryxus [*Das goldene Vlies.* (*Der Gastfreund; Die Argonauten; Medea.*) Trilogie von Franz Grillparzer, 1822]. – Der junge Grieche P. hat auf göttliches Geheiß, das ihm im Traum vermittelt wurde, das goldene Vlies von einer Götterstatue in Delphi mitgenommen. Im Land der Kolcher, wo er um Gastfreundschaft bittet, wird er von König → Aietes, dem er das Vlies zur Aufbewahrung übergibt, ermordet.

Phyllis [*Wilhelm Meisters Lehrjahre.* Roman von Johann Wolfgang von Goethe, 1795/96]. – P. nennt sich die Verfasserin der *Bekenntnisse einer schönen Seele*, in denen die Gedankenwelt Susanna von Klettenbergs, der pietistischen Bekannten des jungen Goethe in Frankfurt, niedergelegt ist. Die Heiterkeit ihres gotterfüllten Gemüts wird weder durch schwere Krankheit (zweimaliger Blutsturz), noch durch die Entfremdung von Bräutigam und Familie getrübt. Sie gewinnt ihre Glaubensgewißheit aus ihrer herrnhutischen Frömmigkeit. Im Roman sind die Bekenntnisse an der Stelle eingefügt, als → Wilhelm Meister zur Besinnung kommt und die Theaterleidenschaft ablegt.

Pia → Gaetano (I. Kurz: *Florentiner Novellen*)

Piachi [*Der Findling.* Novelle von Heinrich von Kleist, ED 1811]. – Antonio P. ist der gute Mensch, der erleben muß, wie aus Gutem Böses entsteht und seine Welt aus den Fugen gerät. Der reiche Kaufmann adoptiert nach dem Tod seines kleinen Sohnes den Waisenknaben → Nicolo. Dieser entwickelt sich zu einem Weiberhelden und Schurken. Als er sich an seine junge Pflegemutter → Elvire heranwagt und ihren Tod verschuldet, außerdem P. um seinen Besitz bringt, ermordet dieser ihn in einem Racherausch.

Piccolomini.
Fürst Ottavio P. (1599–1656), Offizier im Heer Wallensteins, teilte dessen Eigenmächtigkeiten dem Kaiser Ferdinand II. mit und wurde beauftragt, den Feldherrn festzunehmen.
[*Wallenstein.* Dramatisches Gedicht (Trilogie) von Friedrich von Schiller, 1800]. – Der an Recht und Pflicht orientierte, der Tradition verhaftete General Octavio P. nimmt in den Auseinandersetzungen zwischen Kaiser und Feldherr eine

konfliktträchtige, zwielichtige Position ein. Er hat → Wallensteins absolutes Vertrauen, ist aber unverrückbar kaisertreu. Als offenbar wird, daß Wallenstein vom Kaiser abfallen wird, spielt er die Rolle des Vertrauten weiter, um der Sache des Kaisers zu dienen, und nimmt die Aura des Verräters und Opportunisten auf sich. Er wird zum Dank für seine Dienste gefürstet, bezahlt aber mit der Liebe und dem Leben seines Sohnes. Sein Sohn Max P. ist der reine Idealist, ein Mensch ohne Verstellung, ein Symbol unschuldigen Denkens. Der jugendliche Held ist in blinder Verehrung für Wallenstein aufgewachsen und in inniger Liebe mit dessen Tochter → Thekla verbunden. In seiner Liebe ist er ein Träumender, in seiner Freundschaft zu Wallenstein voller Vertrauen. Als er vom Doppelspiel des Vaters erfährt und sich von Vater und Feldherr hintergangen sieht, weil beide krumme Wege gehen, sucht er in freier sittlicher Entscheidung den Schlachtentod.

Pidder Lüng [*Pidder Lüng*. Ballade von Detlev von Liliencron, ED 1893]. – P. L. ist der Vorkämpfer des Freiheitswillens der Nordfriesen, deren Leitspruch »Lewwer duad üs Slaav!« ist. Als der Amtmann Henning Pogwisch ungesetzliche Steuern eintreiben will, widersetzt sich P. L. stellvertretend für die Bewohner der Insel Sylt und steckt den Kopf des Amtmanns in die Grünkohlsuppe, bis er erstickt.

Pierre [*Das gerettete Venedig*. Trauerspiel (nach Thomas Otway) von Hugo von Hofmannsthal, 1905]. – Im Gegensatz zu seinem Freund → Jaffier ist P. ein starker Charakter und Draufgänger. Als der tüchtige Kapitän zu Unrecht aus den Diensten Venedigs entlassen worden ist, zettelt er mit anderen Unzufriedenen eine Verschwörung an, in die er auch Jaffier hineinzieht.

Pineiß [*Spiegel, das Kätzchen*. Märchen von Gottfried Keller, ED 1856 (in: *Die Leute von Seldwyla*)]. – Der Stadthexenmeister P. braucht für seine Zaubereien Katzenfett (»Schmer«) und schließt mit dem denkenden Kater → Spiegel einen Vertrag, daß er ihn dick und rund füttern und anschließend schlachten werde. Spiegel erfindet eine lebensrettende Geschichte, die an die Geldgier P.s appelliert.

Pinneberg [*Kleiner Mann – was nun?* Roman von Hans Fallada, 1932]. – Der Angestellte Johannes P. heiratet sein schwangeres »Lämmchen« in der Zeit der Wirtschaftskrise. Dem jungen Paar steht ein schweres Leben mit Arbeitslosigkeit und Armut bevor, doch findet P. in der Liebe zu Lämmchen und seinem Sohn »Murkel« ein idyllisches Glück.

Piperkarcka → Pauline P. (Hauptmann: *Die Ratten*)

Pippa [*Und Pippa tanzt!* Ein Glashüttenmärchen von Gerhart Hauptmann, 1906]. – In der Tochter eines italienischen Glasbläsers ist der Funke eines Elementarwesens erhalten, das in einer auseinanderbrechenden Welt die mythische Einheit des Lebens symbolisiert. Ihr sind die Träume und Wünsche aller zugeordnet: der rohe Sexualtrieb des Glasbläsers Huhn, die mythische Hoheit des alten Wann, die kindliche Gläubigkeit des Handwerksburschen → Hellriegel.

Pirlipat [*Nußknacker und Mausekönig.* Märchen von E.T.A. Hoffmann, ED 1816]. – In einem Märchen im Märchen erzählt → Droßelmaier → Marie, daß der Mausekönig die liebreizende Prinzessin P. in einen abstoßenden Gnom verzaubert hat. Nur der Kern der steinharten goldenen Nuß Krakatuk kann sie erlösen. Das geschieht durch einen jungen Mann, der sich noch nie rasiert und noch nie Stiefel getragen hat; doch wird er dabei zu einem häßlichen Nußknacker verzaubert, so daß sich P. entsetzt von ihm abwendet.

Pitt [*Pitt und Fox.* Roman von Friedrich Huch, 1909]. – P., der sensible Sohn eines reichen Fabrikanten, ist der unangepaßte Skeptiker. Er verfolgt als passiver Beobachter die Verlogenheit und Sinnlosigkeit seiner Umwelt und vermeidet es, in ihr Treiben verwickelt zu werden. Auch in der Liebe ist er unentschlossen, scheut die feste Bindung. Sein Gegenpol ist sein Bruder → Fox.

Pittelkow [*Stine.* Roman von Theodor Fontane, 1890]. – Die Witwe Pauline P. ist eine waschechte Berlinerin der unteren Stände, moralisch weitherzig und mit gesundem Instinkt für ihre Stellung und ihre Möglichkeiten. Sie akzeptiert ihren Platz in der festgefügten Gesellschaftshierarchie, deren Hohlheit sie durchschaut, und hält gleichzeitig selbstsicheren Kontakt zu dem Grafen Sarastro v. → Haldern, der sie aushält. Sie ist eine der »Nebenfiguren« in Fontanes Werk, die er als die eigentlichen Hauptfiguren ansah, und gilt als eine seiner lebensvollsten Gestalten.

Pius → Sonntag (Lasker-Schüler: *Die Wupper*)

Pius XII.
P. XII. (Eugenio Pacelli, 1876–1958) war Nuntius in Bayern und im Deutschen Reich 1917 bis 1929. Als Papst (ab 1939) führte er u. a. eine Liturgiereform durch, betrieb die Dogmatisierung der Himmelfahrt Mariae und verschaffte dem Papsttum durch seine integre Persönlichkeit eine außerordentliche moralische Autorität.
[*Der Stellvertreter.* Schauspiel von Rolf Hochhuth, 1963]. – Hochhuth stellt P. als den Papst

dar, der sich der Dogmatik und den Finanzen widmet und von den unmittelbaren politischen Problemen – auch wegen seiner Deutschfreundlichkeit – fernhält. In den Nazis sieht der Vatikan nicht in erster Linie die Judenmörder, sondern die potentiellen Verbündeten gegen den kommunistischen Atheismus.

Planta → Lukretia P. (Meyer: *Jürg Jenatsch*)

Podlaha [*Der Keller. Eine Entziehung.* Autobiographischer Text von Thomas Bernhard, 1976]. – Karl P. ist ein Außenseiter der Gesellschaft, ein empfindsamer Mensch, der Musiker hatte werden wollen, es aber nur zum Lebensmittelhändler in der Scherzhauserfeldsiedlung, dem übelsten Viertel der Stadt Salzburg, gebracht hat.

Pött → Kasper P. (Brinckmann: *Kasper-Ohm un ick*)

Poggenpuhl [*Die Poggenpuhls.* Roman von Theodor Fontane, 1896]. – Die Witwe des bei Gravelotte gefallenen Majors von P. versucht mit ihren fünf Kindern trotz äußerster Armut standesgemäß zu leben, d. h. ohne Arbeit als Broterwerb. Eine großzügige Verwandte erleichtert die finanzielle Notlage.

Poggio.
P. di Guccio Bracciolini (1380–1459) ist ein Florentiner Humanist.
[*Plautus im Nonnenkloster.* Novelle von Conrad Ferdinand Meyer, 1882]. – Der Humanist P., die Hauptfigur der Rahmenhandlung, ist der religiöse Skeptiker, für den alle Werte relativ sind und für den es keine letztgültige Wahrheit gibt. Er erwirbt während des Konzils zu Konstanz (1414–1418) in einem nahegelegenen Nonnenkloster mit nicht ganz fairen Mitteln eine kostbare Abschrift des Plautus und rettet → Gertrude vor dem ungewollten Klosterleben.

Pole Poppenspäler → Paulsen (Storm: *Pole Poppenspäler*)

Polly [*Dreigroschenoper.* Schauspiel von Bertolt Brecht, 1929]. – P. ist die Tochter des Hehler- und Bettlerkönigs → Peachum. Obwohl von ihm für eine bessere Partie vorgesehen, heiratet sie heimlich den Zuhälter, Straßenräuber und Weiberhelden → Macheath und bleibt ihm auch in dem Unglück ergeben, das ihr Vater über ihn heraufbeschwört.

Polykrates.
Macht und Reichtum des griechischen Alleinherrschers über Samos (um 538 v. Chr.) waren sprichwörtlich. Er wurde von den Persern in ihr Land gelockt und getötet.
[*Der Ring des Polykrates.* Ballade von Friedrich von Schiller, ED 1798]. – P. wird wegen seines übergroßen Glücks von seinem Gastfreund, dem König von Ägypten, vor der Mißgunst der Götter gewarnt. P. wirft seinen liebsten Besitz, einen wertvol-

len Ring, ins Meer, um die Götter zu beschwichtigen. Als der Ring im Magen eines Fisches wiedergefunden wird, kündigt der Ägypter P. die Freundschaft, um nicht in dessen Untergang hineingezogen zu werden. Dahinter verbirgt sich die Überzeugung, daß kein Mensch das Maß ungestraft überschreiten darf – auch wenn ihn keine Schuld trifft.

Pomuchelskopp [*Ut mine Stromtid.* Niederdt. Roman von Fritz Reuter, 1863–64]. – Der zugewanderte neureiche Gutsherr Samuel P., der Antipode → Bräsigs, ist ein »Menschenschinner« und Intrigant, der in der mecklenburgischen ländlichen Gesellschaft isoliert ist, weil sich sein Denken nur um den Gelderwerb dreht, wobei er skrupellos bis zur Unmenschlichkeit vorgeht.

Ponce de Leon [*Ponce de Leon.* Lustspiel von Clemens Brentano, 1804]. – P. ist eine Personifikation der romantischen Seelenlage: gelangweilt, schwermütig, voller Sehnsucht. Er macht Frauen in sich vernarrt und quält sie mit seiner Kühle und Distanziertheit, weil er in ein platonisches Idealbild der Frau verliebt ist, vor dem kein Mädchen dieser Welt besteht – bis seine Liebessehnsucht in Isidora, der Tochter → Sarmientos, Erfüllung findet, so wie es der Ausgang eines Lustspiels verlangt.

Portia → Arsene (Gottsched: *Der sterbende Cato*)

Portugiesin → Ketten (Musil: *Drei Frauen* (*Die Portugiesin*))

Posa [*Don Carlos.* Tragödie von Friedrich von Schiller, 1787]. – Der Marquis P. ist der exemplarische Freiheitsheld der deutschen Klassik. Er verficht die Menschenrechte und die Gedankenfreiheit in einem absolutistisch regierten, von Intrigen und der Inquisition mitbestimmten Staat. Er vermag den Thronfolger Don → Carlos, die Königin → Elisabeth von Valois und vorübergehend sogar das Herz des Despoten → Philipp II. für seine Freiheitsidee zu gewinnen, scheitert aber, als er selbst zu den Mitteln der Intrige greift, um sein ideales Ziel zu erreichen.

Pospischiel [*Zwei Briefe an Pospischiel.* Roman von Max von der Grün, 1968]. – Der aus Eger stammende Paul P., der in einem Dortmunder Kraftwerk arbeitet, wird entlassen, weil er, obwohl sein Urlaubsgesuch abgelehnt worden ist, für drei Tage nach Bernau fährt, um den Mann kennenzulernen, der nach 1938 seinen Vater denunziert und ins Konzentrationslager gebracht hat. Mit Hilfe des Betriebsrats kann er eine Wiedereinstellung erreichen, aber nur bei wesentlich reduziertem Lohn und unter schlechteren sozialen Bedingungen.

Potschka → Voigt (Bobrowski: *Litauische Claviere*)

Potz [*Eiche und Angora.* Stück von Martin Walser, 1962]. – Der Musikpädagoge P. gehört zu den forschen Charakteren, deren Führungswille sich auch bei wechselnden politischen Verhältnissen durchsetzt. Vor Kriegsende will er Alois → Grübel als Wehrkraftzersetzer aufhängen, und wenig später ist er als Dirigent des »Liederkranzes« wieder ein umtriebiger, angesehener Mitbürger und Grübel ein folgsames Mitglied seines Chores.

Powenz [*Die Powenzbande.* Roman von Ernst Penzoldt, 1930]. – In Baltus P. erhebt Penzoldt den seit Sturm und Drang und Romantik literaturüblichen Bürgerschreck in die Potenz, indem er ihn mit einer ähnlich gearteten zahlreichen Nachkommenschaft versieht. Der Bohemien Baltus P. lebt in einem spießigen Provinznest unter primitiven Verhältnissen mit seinen acht Kindern, von denen jedes auf seine Art ein Original ist: Casanova, Faulpelz, Hochstapler, Irrer, Freudenmädchen. In der Inflationszeit schwindeln sie sich ein Vermögen zusammen, bauen ein Haus und gelangen zu einem gewissen Ansehen, obwohl sich an ihrer fröhlichen, unkonventionellen Lebensweise nichts ändert.

Pracht [*Der junge Mann.* Roman von Botho Strauß, 1984]. – Leon P. drängt es zum Theater. In einer Art Entwicklungsroman, der Parallelen zu *Heinrich von Ofterdingen* aufweist, entfaltet sich sein Charakter in der Regiearbeit, in Diskussionen, Erzählungen, futuristischen Märchen, Halluzinationen und sexuellen Phantasien. Wie → Wilhelm Meister wendet er sich praktischer Arbeit zu und sagt der Theater- und Filmwelt endgültig ab, als ihn sein vormaliger Mentor → Ossia noch einmal als Mitarbeiter gewinnen will.

Prackwitz-Neulohe [*Wolf unter Wölfen.* Roman von Hans Fallada, 1937]. – In der zerstörerischen Zeit des Inflationsjahres 1923 versucht der Rittmeister Joachim v. P. sein Nachkriegsschicksal zu meistern, indem er ein Rittergut pachtet. Er endet in Bankrott und Wahnsinn.

Prächtel [*Die Insel der großen Mutter oder Das Wunder von Ile des Dames.* Roman von Gerhart Hauptmann, 1924]. – Die Berliner Malerin Anni P. gründet mit etwa hundert schiffbrüchigen Frauen auf einer Südseeinsel eine Frauenrepublik. Ihren Nachwuchs empfangen sie in einer mystischen Hochzeit vom Schlangengott Mukalinda. Die Knaben werden isoliert, entwickeln aber unter Phaon einen eigenen Staat, durchbrechen dann die Isolation, vereinigen sich in einer Orgie mit den Mädchen und stellen die Männerherrschaft wieder her.

Prätorius [*Dr. med Hiob Prätorius*. Lustspiel von Curt Goetz, 1934]. – Der Frauenarzt Professor P. führt den Humor als Heilmittel in seiner Praxis ein und erregt damit den Abscheu seiner Kollegen. Seine hemmungslose Fröhlichkeit führt zu seinem Unfalltod.

Prätorius [*Vorsommer*. Roman von Benno von Mechow, 1933]. – Der ehemalige Offizier Thomas P. ist als Gutsbesitzer eine überaus typische Gestalt für das Genre des Schollenromans nach dem Ersten Weltkrieg: ein ernsthafter, schweigsamer, berufsfremder Mann, der mit Mühe die Schwierigkeiten meistert, die Menschen und Natur vor ihm auftürmen, aber zuletzt erfolgreich bleibt und die Liebe eines tüchtigen Mädchens gewinnt (→ Ursula).

Prantl → Buridan (Wedekind: *Die Zensur*)

Preiss [*Humoristische Skizzen aus dem deutschen Handelsleben*. Von Georg Weerth, 1845–1848]. – In P. stellt Weerth erstmals einen – schon durch den Namen symbolisch fixierten – Kapitalisten im Sinne von Karl Marx dar, einen Kaufmann ohne Familie und ohne zwischenmenschliche Kontakte, dessen ausschließliches Interesse dem Geschäftemachen gilt.

Primislaus.
Der kluge Bauer P. ist der legendäre Gründer der tschechischen Přemyslidendynastie. [*Libussa*. Trauerspiel von Franz Grillparzer, ED 1872]. – P. verkörpert die Herrschaft der Zivilisation, des Fortschritts, der Tat, die dem Menschen Ordnung bringt, aber seiner Seele Schaden tut. Der einfache Bauer ist mit edlen Eigenschaften ausgestattet: Stolz, Tapferkeit, Gerechtigkeit. Er weigert sich lange, mit → Libussa, die er liebt, den Thron zu teilen, denn er will die Frau und nicht die Fürstin. Der Bittenden, Schutzbedürftigen gibt er schließlich nach und herrscht mit zielbewußter Klugheit. Er stellt eine rationale und juristische Ordnung her, gründet die Stadt Prag und schafft einen dauerhaften Staat.

Prinz von . . . [*Der Geisterseher*. Roman (Fragment) von Friedrich von Schiller, 1789]. – Der Prinz von . . . wird das Opfer eines politisch-kirchlichen Intrigenspiels, das ihn in den Schoß der katholischen Kirche treibt. Das zurückhaltende, streng religiöse Mitglied eines protestantischen Fürstenhauses wird in Venedig von rätselhaften, unheimlichen Geschehnissen verfolgt, die ihn verwirren und sein Wesen völlig umwandeln. Er gibt sich einem leichtsinnigen Genußleben hin, macht Spielschulden und wird von seinen Verwandten fallengelassen. Schließlich verliebt er sich in ein Mädchen, das ihn dem katholischen Glauben zuzuführen sucht.

Pröckl [*Erfolg.* Roman von Lion Feuchtwanger, 1930]. – Der Ingenieur Kaspar P., ein Freund → Krügers und sozialrevolutionärer Balladendichter, durchschaut die gesellschaftlichen Zusammenhänge. Er trägt Züge des jungen Bertolt Brecht.

Prokopus [*Prokopus.* Erzählung von Adalbert Stifter, ED 1848]. – Der Graf P. von Scharnast, der zu Ende des 16. Jh.s seine Braut Gertraud von der Staue auf seine Burg Rothenstein heimführt, entstammt einer Familie von Sonderlingen. Das Zusammenleben des Paares scheitert an den charakterlichen Gegensätzen der beiden. Die beherrschte, ordnungsliebende Gertraud verfällt in absolute Schweigsamkeit, der temperamentvolle P. baut sich einen Turm, in dem er einsam seinen astronomischen Studien lebt.

Prometheus.
In der griechischen Mythologie stahl der Titanensohn P. den Göttern das Feuer und schenkte es den Menschen. Er wurde zur Strafe an einen Felsen im Kaukasus geschmiedet.
[*Prometheus.* Dramatisches Fragment von Johann Wolfgang von Goethe, entst. 1773, ED 1830]. – Der stolze Sohn Jupiters lebt einsam, da er sich weder den Göttern noch den Titanen zugehörig fühlt und beiden trotzt. In seiner Isolation schafft er Statuen nach seinem Bild und schenkt ihnen mit Hilfe Minervas in einem Akt der Illoyalität und der Hybris Leben. Er ist mit diesen Wesen, den Menschen, zufrieden trotz ihrer Unvollkommenheit. Die *Prometheus*-Ode (1885), die nach *Dichtung und Wahrheit* zum Fragment gehört, faßt das Kernthema unverhüllt zusammen. P. steht als Rebell vor dem Herrscher-Gott und kündigt ihm voll Selbstbewußtsein Gehorsam und Achtung auf.
[*Pandora.* Festspiel von Johann Wolfgang von Goethe, ED 1810 (Fragment)]. – Die Brüder P. und → Epimetheus sind Prototypen aktiven und kontemplativen Lebens. P. hat mit dem götterstürzenden P. des Fragments und der Ode kaum noch etwas gemeinsam. Er ist ein nüchterner, fleißiger Arbeiter, der Technik ergeben, und hält seine Geschöpfe zur nützlichen Tätigkeit an als dem höchsten Gut. Die Verlockungen des Schönen könnten das tätige Dasein nur gefährden.
[*Prometheus und Epimetheus.* Epos von Carl Spitteler, 1881]. – In der Neugestaltung des Mythos leben die beiden Brüder P. und → Epimetheus fern der menschlichen Gesellschaft nur ihrer »Seele«, ihren religiös-künstlerischen Vorstellungen. Ein Engel Gottes verspricht ihnen die Weltherrschaft, wenn sie ihre Freiheit aufgeben, soziale Verantwortung übernehmen, dem »Gewissen« leben. Epimetheus geht auf das Angebot ein, P. lehnt ab und wird verbannt. Aber das Reich des Epimetheus wird von den Kräften des Bösen überwältigt, die Menschheit erliegt der Verblen-

dung und Korruption. Da greift P. ein und vertreibt die Mächte der Finsternis.

Prospère [*Der grüne Kakadu.* Groteske von Arthur Schnitzler, 1899]. – Der Besitzer der Kaschemme »Zum grünen Kakadu«, ein ehemaliger Theaterdirektor, läßt seine früheren Schauspieler zur Unterhaltung adeliger Gäste die Rollen von Einbrechern, Mördern, Zuhältern und Dirnen spielen. So auch am 14.7.1789, als draußen die Bastille gestürmt wird und → Henri den Grafen Cadignan ersticht.

Psyche [*Geschichte des Agathon.* Roman von Christoph Martin Wieland, 1766/67; 3. Fassung 1794]. – P. ist die Jugendliebe → Agathons. Sie wird aus Athen verbannt, weil die Oberpriesterin Pythia den schönen Jüngling für sich beansprucht, und fällt unter die Seeräuber. Sie heiratet Kritolaus, den Sohn des → Archytas, und als sich herausstellt, daß Agathon in Wahrheit ihr Bruder ist, vollzieht sich der Wechsel von Leidenschaft in Zuneigung konfliktlos.

Pundt → Rita Süßfeldt (S. Lenz: *Das Vorbild*)

Puntila [*Herr Puntila und sein Knecht Matti.* Volksstück von Bertolt Brecht, 1950; UA 1948]. – Der Gutsbesitzer P. ist ein herzloser Ausbeuter, wenn er nüchtern ist, wird aber menschlich und großzügig im Zustand der Trunkenheit. Diese wechselhaften Gemütsverfassungen machen seinen Knecht → Matti vom Domestiken vorübergehend zum Vertrauten, Freund und fast zum Schwiegersohn.

Pylades [*Iphigenie auf Tauris.* Schauspiel von Johann Wolfgang von Goethe, 1787]. – P., der Gefährte des → Orest, der auch in der Zeit des Wahnsinns und der Flucht vor den Erinnyen zu ihm steht, ist das Idealbild des selbstlosen Freundes; zugleich spricht aus ihm die Vernunft und überlegte, zweckvolle Planung.

Pyramus und Thisbe.
P. und Th. sind ein mythisches Liebespaar, dessen Geschichte Ovid in den *Metamorphosen* (entst. um 2–8 n. Chr.) erzählt. Bei einem heimlichen Stelldichein glaubt P., Th. sei von einem Löwen zerrissen worden, und tötet sich. Th. kommt hinzu und folgt ihm in den Tod.
[*Peter Squentz.* »Schimpfspiel« von Andreas Gryphius, 1658]. – Possenhafte Behandlung des Stoffes in der Nachfolge von Shakespeares *Sommernachtstraum*.

Quapp [*Die Dämonen.* Roman von Heimito von Doderer, 1956]. – Die 25jährige Charlotte von Schlaggenberg, die uneheliche Tochter eines im Ersten Weltkrieg gefallenen Offiziers, hat den Spitznamen Quapp, weil sie ein »Wesen im Entwicklungszustand« ist. Am 15. Juli 1927, einem entscheidenden Tag der österreichischen Geschichte (Sozialistenaufstand, in der Folge Rechtsruck), meistert sie ihre Lebenssituation: sie erhält ihr Vermögen, das der Kammerrat Levielle zu unterschlagen versucht hat, gibt ihr Violinstudium auf und entschließt sich, die Frau eines Diplomaten zu werden.

Quecksilber [*Der Barometermacher auf der Zauberinsel.* Zauberposse von Ferdinand Raimund, 1823]. – Q. ist ein einfacher Wiener Handwerker mit einer optimistischen Weltsicht, der in ein Zauberreich mit einer bösen Fee (→ Zoraide) versetzt wird und glücklich entkommen kann.

Questenberg [*Wallenstein.* Dramatisches Gedicht (Trilogie) von Friedrich von Schiller, 1800]. – Kriegsrat Gerhard Freiherr v. Q., eine historische Gestalt, ist der Abgesandte des Kaisers. Er erkennt, daß Wallensteins Heer der Hand der Wiener Reichskanzlei entgleitet: »Hier ist kein Kaiser mehr. Der Fürst ist Kaiser!« Um dem Feldherrn das Heft aus der Hand zu nehmen, konspiriert Q. mit Octavio → Piccolomini, dem designierten Oberbefehlshaber.

Quin-quin → Octavian (Hofmannsthal: *Der Rosenkavalier*)

Quint [*Jauche und Levkojen,* 1975; *Nirgendwo ist Poenichen,* 1977; *Die Quints,* 1985. Romane von Christine Brückner]. – Im Mittelpunkt der Familienromane, deren erster in dem pommerschen Poenichen spielt, steht Mutter Maximiliane Q., geborene von Quindt. Auf der Flucht, bei der sich ihr Überlebenswille bewährt, baut sie (im zweiten Roman) auf dem fränkischen Stammsitz der Familie einen Hotelbetrieb auf. Sie hat fünf Kinder, Joachim, Golo, Viktoria, Mirka und Edda, lauter eigenwillige Charaktere wie sie selbst. Am Ende des Romans *Die Quints* geht sie in ein Heidekloster und entwickelt sich sozusagen zurück in das ehemalige preußisch-protestantische Adelsfräulein. Joachim Q. (»Mosche«) ist ein unruhiger Poet, der zeitweise nach Skandinavien auswandert, politisch tätig zu werden versucht, aber seinen Lebenssinn im Alleinsein findet. Viktoria (»Tora«) lebt als »madame seule« in einem provenzalischen Dorfnest. Mirka wird die Gattin des Chefs einer Rüstungsfirma in Paris. Nach dem Zusammenbruch des Betriebs kehrt sie als Mannequin zu Laroche zurück.

Quint → Emanuel Q. (G. Hauptmann: *Der Narr in Christo Emanuel Quint*)

Quitt [*Die Unvernünftigen sterben aus.* Theaterstück von Peter Handke, 1973]. – Der Unternehmer Hermann Q. ist unvernünftig genug, sich Gefühle zu leisten, seine Individualität zu erforschen und noch in seinem skrupellosen Geschäftsgebaren ästhetische Werte zu sehen. Trotz des Triumphes über seine Konkurrenten ist er rollen- und lebensmüde.

Quoneschi → Vallormes (Keller: *Das Sinngedicht*)

R. → Ferdinand R. (Werfel: *Barbara oder die Frömmigkeit*)

Raat → Unrat (H. Mann: *Professor Unrat*)

Rabette [*Titan*. Roman von Jean Paul, 1800–1803]. – Die Tochter des Landschaftsdirektors Wehrfritz und Pflegeschwester → Albanos ist der Typus der Unschuld vom Lande – ein liebevolles, aber langweiliges Mädchen. Sie wird von → Roquairol aus Langeweile, nicht aus Leidenschaft verführt; das zerstört ihr Leben.

Rahel [*Die Jüdin von Toledo*. Historisches Trauerspiel von Franz Grillparzer, ED 1872]. – Die schöne Jüdin R. ist das Weib schlechthin: verführerische Eva, dämonische Lilith. Ihre verlockende Sinnlichkeit betört den spanischen König → Alfonso bis zur Pflichtvergessenheit, deshalb muß sie sterben.

Raimund → Melusine (Thüring von Ringoltingen: *Melusine*)

Rambow [*Ut mine Stromtid*. Niederdt. Roman von Fritz Reuter, 1863–64]. – Der altväterlich-gutmütige Herr v. R. herrscht als Patriarch im positiven Sinn auf seinem Rittergut und vertritt so die konservative, alteingesessene Oberschicht auf dem Lande in Mecklenburg, die mit profitgierigen Neuankömmlingen durchsetzt wird (→ Pomuchelskopp). Diesen machen es Typen wie der Sohn Axel v. R. leicht, der sich als Kürassierleutnant standesgemäß und verantwortungslos verschuldet und das Rittergut ruiniert.

Rapp [*Verlassene Zimmer,* 1966; *Andere Tage,* 1968; *Neue Zeit,* 1975; *Tagebuch vom Überleben und Leben,* 1978; *Ein Fremdling,* 1983. Romane von Hermann Lenz]. – R. ist der Name, mit dem die Familie Lenz in die weitgehend autobiographischen Romane eingeführt wird. Der Zeichenlehrer Hermann R. heiratet Irene → Krumm. Sie haben zwei Kinder, Eugen und Margarethe. Eugen, das alter ego des Verfassers, wird kein kerniger, frischer Junge, wie es der turnväterlich-germanophile Vater wünscht, sondern sensibel, ängstlich und eigenbrötlerisch. Er entwickelt sich zu einem Außenseiter und Einzelgänger, der durch den Krieg »taumelt« und »stolpert«, ohne auf einen Menschen zu schießen, und der den politischen und zivilisatorischen »Fortschritt« der fünfziger Jahre reserviert und irritiert beobachtet.

Rappelkopf [*Der Alpenkönig und der Menschenfeind.* Märchenstück von Ferdinand Raimund, UA 1828; ED 1837]. – R. leidet an einem unbegründeten, krankhaften Menschenhaß und verhält sich unausstehlich zu seiner Familie, obwohl diese ihm liebevoll zugetan ist. Der Alpenkönig bringt ihn dadurch zur Vernunft, daß er sich in seinen Doppelgänger verwandelt und R. vorspielt, wie widerwärtig und abstoßend er sich benimmt.

Rasimkara [*Der letzte Sommer.* Erzählung von Ricarda Huch, 1910]. – Der Gouverneur Jegor v. R., ein Vertreter des zaristischen Regimes zu Beginn der Revolution und ein ritterlicher, untadeliger Mensch, bestätigt im Konflikt zwischen Ideologie und Menschlichkeit das Todesurteil gegen einen jungen Rebellen, weil er seine Pflicht gegenüber der Regierung höher stellt als sein menschliches Mitgefühl.

Rattengift [*Scherz, Satire, Ironie und tiefere Bedeutung.* Lustspiel von Christian Dietrich Grabbe, ED 1827]. – In dem mondänen Dichterling R., einem Einfaltspinsel und Hasenfuß, karikiert Grabbe den Literaturbetrieb seiner Zeit, die Spätromantiker und die Verfasser von Schicksalstragödien.

Ratti → Marius (Broch: *Der Versucher*)

Ratzeburg [*Der Graf von Ratzeburg.* Drama von Ernst Barlach, UA 1951]. – Heinrich, Graf von R., entledigt sich allen Besitzes und aller »Geltungen«, um frei zu sein auf der Suche nach Gott. Er wird Kreuzfahrer und durchleidet alle Stufen der Erniedrigung.

Rauchhaupt [*Der rote Hahn.* Tragikomödie von Gerhart Hauptmann, 1901]. – Gustav, der schwachsinnige Sohn des pensionierten Gendarms R., wird verdächtigt, das Haus der Familie → Fielitz angezündet zu haben. Doch Gustavs Vater kämpft für seinen Sohn und zwingt die Anklägerin Frau Fielitz in die Defensive.

Raul [*Frau Erdmuthens Zwillingssöhne.* Roman von Louise von François, 1872]. – R., einer von Frau Erdmuthens Zwillingen, ist seinem Vater nachgeraten, dem Dragonerleutnant Baron von Roc. Er glaubt sich zum Soldaten berufen, fühlt französisch, kämpft mit dem Rheinbund auf der Seite Napoleons, nimmt am Rußlandfeldzug teil und steht in der Schlacht bei Dennewitz (6.9.1813) seinem Bruder → Hermann als Feind gegenüber. Er erkennt, daß er auf der falschen Seite kämpft, und fällt.

Rautendelein → Heinrich (G. Hauptmann: *Die versunkene Glocke*)

Ravic [*Arc de Triomphe.* Roman von Erich Maria Remarque,

1946]. – Ein bekannter deutscher Chirurg, der aus der Gestapohaft in Berlin entkommen ist, lebt unter dem Namen R. in Paris und übt seinen Beruf schwarz aus. Es ist ihm auch verwehrt, eine bürgerliche Ehe mit seiner Geliebten Joan Madou einzugehen. Als er zufällig dem Gestapobeamten Haake begegnet, der ihn gefoltert hat, weil er 1933 Emigranten Unterschlupf gewährt hat, ermordet er ihn. Bei Kriegsausbruch 1939 kommt er als Deutscher in ein Internierungslager.

Rebekah → Jakob

Rebhu [*Der Symplicianische Welt-Kucker ....* Schelmenroman von Johann Beer, 1677–1679]. – Der Picaro Jan R. – ein eleganter, witziger Simplizissimus – kommt nach dem Tod seiner Eltern in eine kleine Residenzstadt, um seine Stimme ausbilden zu lassen. Hier beginnen seine Abenteuer als Liebhaber von Gräfinnen und als Genosse lebenslustiger Adeliger. Zweimal zieht er sich aus einem turbulenten Leben in die Einsamkeit zurück; schließlich frißt er sich als Landedelmann in einer bäuerlichen Umgebung an einem Rebhuhn zu Tode. Jan R. ist ein Pseudonym Beers.

Recha [*Nathan der Weise.* Dramatisches Gedicht von Gotthold Ephraim Lessing, 1779]. – Das Christenkind R. (ihr eigentlicher Name ist Blanda von Filneck) ist von dem Juden → Nathan wenige Wochen nach ihrer Geburt an Kindes Statt angenommen worden. Das kindliche, schwärmerische Mädchen ist zu einer undogmatischen Gläubigkeit erzogen worden, die über den einzelnen Religionen steht, hat aber einen naiven Wunderglauben bewahrt. Es stellt sich heraus, daß sie die Schwester des → Tempelherrn ist, der sie aus Nathans brennendem Haus gerettet hat.

Reckenburg [*Die letzte Reckenburgerin.* Roman von Louise von François, ED 1870]. – Das sächsische Edelfräulein Hardine v. R. führt zwischen Revolution und Befreiungskrieg ein entsagungsvolles und zugleich tätiges Leben. Sie bewahrt das Geheimnis ihrer Liebe zu einem Prinzen, der sich ihrer Freundin zuwendet, und nimmt beider Sohn auf. Sie verschweigt dessen Herkunft trotz Verdächtigung und Häme bis zu ihrem Tod.

Reder [*Professor Bernhardi.* Komödie von Arthur Schnitzler, 1912]. – Obwohl Pfarrer Franz R. einsieht, daß Professor → Bernhardi als Arzt und Mensch richtig gehandelt hat, als er ihm den Zutritt zu einer Sterbenden verwehrte, vertritt er in absoluter Treuehaltung den offiziellen Standpunkt der katholischen Kirche, und zwar so weit, daß er das Gericht sogar in dem Glauben läßt, Bernhardi habe ihn mit Gewalt gehindert.

Regel → Amrain (Keller: *Frau Regel Amrain und ihr Jüngster*)

Reger [*Alte Meister. Komödie.* Roman von Thomas Bernhard, 1985]. – Der zweiundachtzigjährige R., Musikkritiker und Philosoph, ist ein Vertreter des Katastrophismus. Er entdeckt alle Defekte der Welt, von den »gravierenden Fehlern« der alten Meister der Malkunst bis zu den ekelerregenden Toiletten Wiens.

Regine → Simon (Waggerl: *Brot*)

Regine [*Das Sinngedicht.* Novellenzyklus von Gottfried Keller, 1882]. – R. in der gleichnamigen Novelle ist eine Pygmaliongestalt. Der Deutschamerikaner Erwin Altenauer will eine »mustergültige deutsche Frauengestalt« nach Boston holen, findet sie in der Bediensteten R., heiratet das schöne und kluge Mädchen und erzieht es zu einer gebildeten Dame. Verschiedene vermeintliche Beweise ihrer Untreue lassen ihn vorschnell an ihr und an der Wahl eines Mädchens niederen Standes zweifeln, worauf R. Selbstmord begeht.

Rehbein [*Die Lokalbahn.* Komödie von Ludwig Thoma, 1902]. – Friedrich R. ist der Bürgermeister der bayerischen Provinzstadt Dornstein. Er reist nach München, um eine bestimmte Trassenführung der Lokalbahn durchzusetzen, was mißlingt. Seine angeblichen Heldentaten bringen Verwirrung in die Gemeinde, weil viele ihn als Helden feiern, manche aber Angst vor der obrigkeitlichen Reaktion haben. Also reist Rehbein ein zweitesmal, um die Regierung zu versöhnen.

Rehbock [*Der falsche Woldemar.* Historischer Roman von Willibald Alexis, 1842]. – Der Müller Jakob R. ist als idealistischer Betrüger eine Demetriusgestalt. Er gibt sich als der von einer Pilgerfahrt zurückgekehrte Markgraf Woldemar aus, um zu verhindern, daß die Mark Brandenburg nach dem Aussterben der Askanier an Bayern fällt. Dabei identifiziert er sich so mit seiner Rolle, daß er selbst glaubt, Woldemar zu sein. Übermut und Selbstüberschätzung nehmen ihm schließlich das Vertrauen des Volkes und den Glauben an seine Sendung, wodurch seine Gegner Macht über ihn erlangen.

Reindorfer → Magdalena (Anzengruber: *Der Schandfleck*)

Reineke → Engelbert R. (Schallück: *Engelbert Reineke*)

Reineke Fuchs.
Der listige Fuchs ist seit alters her (Äsop) ein fester Typus der Tierfabel. Der Name R. (Reinhard) taucht erstmals als Reinardus im *Ysengrimus* (beendet um 1148/49) des Flamen Nivardus auf.
[*Reinhart Fuchs.* Versepos von Heinrich dem Glîchezaere, entst. nach 1182]. – R. ist ein Schurke, der alle Ehrlichen und Treuen überlebt und so die Ehrbegriffe des Rittertums in Frage

stellt. R. tut sich mit Ysengrîn (→ Isegrim), dem Wolf, zusammen: »Ich bin listic, stark sît ir.« Der Listige legt den Starken beständig herein und führt am Ende dessen Tod herbei, indem er dem König → Vrevel durch das Wolfsfell Heilung verspricht.

[*Reynke de vos.* Anonymes Tierepos (niederdt.), 1498]. – Der listige Fuchs, der die anderen Tiere, besonders → Isegrim, übertölpelt hat und sich sogar dem König der Tiere, → Nobel, überlegen zeigt, steigt dank seiner Lügenkunst zum Kanzler des Reiches auf. Diese Laufbahn wird kritisch kommentiert und spielt satirisch das einfache Volk gegen die Feudalordnung aus.

[*Reineke Fuchs.* Tierepos von Johann Wolfgang von Goethe, ED 1794]. – Obwohl als »Hof- und Regentenspiegel« gedacht, liegt das Augenmerk darauf, daß »das Menschengeschlecht sich in seiner ungeheuchelten Tierheit ganz natürlich vorträgt«. R. selbst entwickelt sich vom Schmeichler zum gefährlichen politischen Verführer.

Reinhart → Gabriotto (Wickram: *Gabriotto und Reinhart*)

Reinhart [*Das Sinngedicht.* Novellenzyklus von Gottfried Keller, 1882]. – Der Held der Rahmenerzählung, ein trockener Naturwissenschaftler, möchte am Leben teilnehmen und beschließt, die Wahrheit des Logauschen Sinngedichts »Wie willst du weiße Lilien zu roten Rosen machen? / Küß eine weiße Galathee: sie wird errötend lachen.« zu erproben. Der Sinnspruch erfüllt sich nach mehreren mißlungenen Experimenten, als R. → Lucie küßt.

Reinhart Fuchs → Reineke Fuchs

Reinhold [*Berlin Alexanderplatz.* Roman von Alfred Döblin, 1929]. – Der falsche »Freund« Franz → Biberkopfs ist ein Mann der Unterwelt, der Biberkopf wieder auf die schiefe Bahn bringt, ihm seine Geliebte nimmt und diese schließlich umbringt.

Reiser → Anton R. (Moritz: *Anton Reiser*)

Reißner [*Musik.* Bühnenstück von Frank Wedekind, 1908]. – Der Gesangspädagoge Josef R. ist der Bürger, der die Fassade seiner Wohlanständigkeit mit allen Mitteln zu erhalten sucht, aber zu jeder heimlichen Schurkerei bereit ist. Damit stellt Wedekind die Brüchigkeit der bürgerlichen Moral bloß. Der verheiratete R. unterhält ein Liebesverhältnis zu seiner Schülerin → Klara Hühnerwadel, läßt sie aber mit den Folgen allein.

Reiting [*Die Verwirrungen des Zöglings Törleß.* Roman von Robert Musil, 1906]. – Der Schüler eines Knabeninternats in der k.u.k. Provinz erweist sich als ein lustvoller Demagoge, der um des Machtgenusses willen seinen Mitschüler → Basini quält und sich dabei Gefolgsleute heranzieht (→ Beineberg; → Törleß).

Renald [*Das Schloß Dürande.* Novelle von Joseph Freiherr von Eichendorff, ED 1837]. – Der Jäger R. ist der ältere Bruder, der nach dem Tod der Eltern über die Ehre seiner schönen Schwester wacht. Auf die rigorosen Standesgrenzen am Vorabend der französischen Revolution fixiert, glaubt er zu Unrecht, sein Dienstherr Graf Hippolyt von → Dürande habe seine Schwester → Gabriele entführt und entehrt. Er kämpft, einem → Michael Kohlhaas gleich, mit Rechtsmitteln und als Selbsthelfer gegen den Grafen und stürmt schließlich mit einem Haufen Revolutionärer das Schloß, wobei der Graf und Gabriele umkommen.

Renate von Montfort [*Helianth.* Roman von Albrecht Schaeffer, 1920/21]. – R. v. M., die den Lebensweg Georgs von → Trassenberg begleitet, seine Liebe jedoch nicht erwidert, verkörpert das Ideal der Vollkommenheit, das ihr Freund erreichen will. Sie ist der Gott suchende und sich Gott nähernde Mensch, dessen Symbol die Sonnenblume ist (griech. Helianthos).

Rennewart [*Willehalm.* Unvollendetes Epos von Wolfram von Eschenbach, entst. zw. 1210 u. 1219]. – R. ist der Ritter im Konflikt zwischen Christentum und Heidentum. Der am Hofe König Ludwigs erzogene Heidensohn erkennt die christlichen Werte an, weigert sich aber aus Loyalität zu seiner Herkunft, Christ zu werden, und erträgt lieber unwürdige Behandlung. Trotzdem kämpft er aus Ergebenheit zu → Willehalm und aus Liebe zur Prinzessin Alice (Aelis, Alise) in der Schlacht bei Alischanz gegen die Heiden und wird vermißt. (Hier endet das Fragment). In der Quelle, dem französischen Chanson de geste *Bataille d'Aliscans*, kommt R. zurück, wird von → Gyburg als Bruder erkannt, tritt zum Christentum über und heiratet Alice.
[*Rennewart.* Höfisches Epos von Ulrich von Türheim, entst. um 1250]. – Das als Fortsetzung des *Willehalm* gedachte Werk folgt der französischen Quelle. R. geht nach dem Tode seiner Frau und der Entführung seines Sohnes → Malifer ins Kloster, nimmt aber an weiteren Kämpfen gegen die Heiden teil, wobei er auch seinem Sohn wieder begegnet.

Repanse de la Schoye [*Parzival.* Höfisches Epos von Wolfram von Eschenbach, entst. zw. 1200 und 1210]. – Die Gralsträgerin R. ist die Schwester von → Parzivals Mutter → Herzeloyde. Sie wird die Gattin des heidnischen Ritters → Feirefiz, der ihretwegen zum Christentum übertritt, und Mutter des legendären Priesterkönigs Johannes.

Resli [*Geld und Geist.* Roman von Jeremias Gotthelf, ED

1843–44]. – Der Jungbauer R. ist einer der tüchtigen, arbeitsamen und zielstrebigen Mustergestalten bei Gotthelf. Seine Konflikte sind von anderen verursacht, von Eigensucht und Geldrafferei zuerst des eigenen Vaters und dann → Christens, des Vaters der geliebten Anne Mareili.

Réuben → Ruben (T. Mann: *Joseph und seine Brüder*)

Reynke de vos → Reineke Fuchs

Rezia [*Oberon*. Verserzählung von Christoph Martin Wieland, 1780]. – Die schöne Kalifentochter R. liebt den Ritter → Hüon auf den ersten Blick, da sich beide vorher schon im Traum begegnet sind. Aber das Paar muß sich – unter dem geheimen Schutz → Oberons – erst in Not und Unglück bewähren und seine Liebe und Treue in vielen Abenteuern unter Beweis stellen, ehe es glücklich vereint leben kann. Nach der Taufe führt R. den Namen Amanda.

Rhodope [*Gyges und sein Ring*. Tragödie von Friedrich Hebbel, 1856]. – R. ist ein Inbild der natürlichen Reinheit und Schönheit, verbunden mit einem hohen Bewußtsein der Frauenwürde. Die indische Prinzessin ist noch völlig in Glauben und Sitte ihrer Heimat verwurzelt, die den unverschleierten Anblick einer Frau nur Vater und Ehemann gestatten. Als sie erfährt, daß ihr Gatte → Kandaules sie seinem Freund → Gyges heimlich unverschleiert gezeigt hat, muß Kandaules sterben und Gyges sie ehelichen, um ihre Würde und die Weltordnung wiederherzustellen. Nach der Trauung fühlt sie sich entsühnt – »Denn keiner sah mich mehr, als dem es ziemte« – und nimmt sich das Leben.

Ribbeck [*Herr von Ribbeck auf Ribbeck im Havelland*. Ballade von Theodor Fontane, ED 1889]. – Herr von R. ist ein gütiger, kinderlieber alter Junker, der die Dorfjugend im Herbst mit Birnen beschenkt. Damit diese Sitte unter seinem geizigen Sohn fortbesteht, läßt er sich eine Birne mit ins Grab geben: es soll ein Baum daraus wachsen, dessen Früchte den Kindern gehören sollen.

Ricardo → Farfalla (R. Huch: *Triumphgasse*)

Riccardo [*Der Stellvertreter*. Schauspiel von Rolf Hochhuth, 1963]. – Der Jesuitenpater R. Fontana will die katholische Kirche aufrütteln, offen der Unmenschlichkeit des Nationalsozialismus den Kampf anzusagen. Als er sich bei seinen Vorgesetzten bis hin zu Papst → Pius XII. nicht durchsetzen kann, will er stellvertretend für den »Stellvertreter Christi« statt eines jüdischen Häftlings sterben.

Riccaut de la Marlinière [*Minna von Barnhelm oder das Soldatenglück.* Lustspiel von Gotthold Ephraim Lessing, 1767]. – Der französische Glücksritter und Falschspieler R. ist eine Kontrastfigur zu dem aufrichtigen, aber der Unterschlagung verdächtigten Major von → Tellheim. Er spiegelt das zeitgenössische antifranzösische Denken.

Richard [*Gläserne Bienen.* Roman von Ernst Jünger, 1957]. – Der Rittmeister R. ist der konservative, im Geist der Humanität verwurzelte Mensch, der sich in einer technisierten Welt zurechtfinden muß, die ohne Begriffe wie Ehre, Würde, Zucht auskommt. Um für sich und seine Frau Theresa den Lebensunterhalt zu bestreiten, bewirbt er sich bei dem Konzernchef → Zapparoni um einen Posten. Er gerät in dessen mechanischer Welt in Zorn über die Mißachtung des Menschen und zerstört eine der »gläsernen Bienen«.

Richard → Karl (L. Frank: *Karl und Anna*)

Richardinn [*Die Betschwester.* Lustspiel von Christian Fürchtegott Gellert, 1745]. – Die alte, reiche Witwe Frau R. ist eine heuchlerische Frömmlerin, die mit Beten und Lobsingen den Nachbarn ein gottesfürchtiges Leben vorspielt, während sie in Wahrheit hartherzig, geldgierig und geizig ist. Ihr einziges Kind Christianchen hat sie völlig weltfremd erzogen, so daß es zum Spielball einer Intrige wird; doch endet das »weinerliche oder rührende« Lustspiel glücklich.

Richter [*Kaff auch Mare crisium.* Roman von Arno Schmidt, 1960]. – Der Lagerbuchhalter Karl R. besucht 1959 mit seiner Freundin Hertha Tinnert seine sechzigjährige Tante Heete in dem »Kaff« Giffendorf in der Lüneburger Heide. Während dieses Landaufenthaltes erzählt er in mehreren Abschnitten eine mit der Realität in der ländlichen Idylle eng verzahnte Utopie, die im Jahre 1980 auf dem Mond spielt und von Menschen – Russen und Amerikanern – handelt, die der atomaren Katastrophe auf der Erde entkommen sind.

Richwin [*Der stumme Ratsherr.* Erzählung von Wilhelm Heinrich Riehl, ED 1863]. – Der Wollenweber Gerhard R. in Wetzlar bringt durch seine Launen Geschäft und Familie in Unordnung. Als er den jungen ungebärdigen Hund Thasso mit viel Mühe und Eifer erzieht, gewinnt er selber so viel Festigkeit und Zuverlässigkeit, daß nicht nur seine geschäftlichen und familiären Verhältnisse wieder in die Reihe kommen, sondern er auch selbst zum Ratsherrn gewählt wird.

Ried [*Die Verlobung in St. Domingo.* Novelle von Heinrich von Kleist, ED 1811]. – Gustav von der R. gerät in eine für Gestalten Kleists typische Gefühlsverwirrung. Er vertritt ein abstraktes Humanitätsideal, das die Tyrannei der Weißen verurteilt, lehnt aber den Aufstand der Schwarzen ab wegen der fürchterlichen Auswüchse. Er liebt die Mestizin → Toni, kann ihr aber kein unbedingtes Vertrauen schenken. Als er sich verraten glaubt, bringt er sie um und erschießt sich an ihrer Leiche, als er seinen Irrtum erkennt.

Riedesel [*Doktor Faustus*. Roman von Thomas Mann, 1947]. – Baron von R. ist die Karikatur eines Hofschranzen. Der ehemalige Reiteroberst ist als Generalintendant des Hoftheaters eingesetzt worden, weil er »etwas Klavier spielte«, und er versieht seinen Posten als »Trutzburg gegen das Neuzeitliche und Umstürzlerische«, verbohrt konservativ und bar jeden Kunstverstandes.

Rienäcker [*Irrungen, Wirrungen*. Roman von Theodor Fontane, 1888]. – Baron Botho von R. ist der Adelige, der zugunsten einer Konvenienzehe auf die echte Liebe verzichtet. Der Leutnant, ein liebenswürdiger, aber schwacher Mensch, schenkt sein Herz der natürlichen, starken Plätterin → Lene. Nach einem kurzen Glück machen es seine Vermögensverhältnisse notwendig, daß er eine seit langem geplante Ehe mit seiner reichen Kusine eingeht. Er fügt sich traurig, aber widerstandslos seinem Schicksal.

Rinaldo Rinaldini [*Rinaldo Rinaldini, der Räuberhauptmann*. Roman von Christian August Vulpius, 1798]. – R. R. ist der Held eines Kettenromans, dem sich beliebig neue Glieder anhängen ließen, um die Schandtaten, die Tapferkeit und den Edelmut des Räuberhauptmanns aufzuzeigen. Er ist eine Robin-Hood-Figur, beraubt die Reichen, verschont und hofiert die Damen und teilt freigiebig an die Armen aus. Wie später der Detektiv Sherlock Holmes erwachte er zu neuem Leben, als das Publikum seinen Romantod nicht hinnahm.

Risach [*Der Nachsommer*. Roman von Adalbert Stifter, 1857]. – Der Freiherr von R. hat auf seinem Besitz Asperhof mit Haus, Garten, Landwirtschaft und angegliederter Kunsttischlerei eine in sich geschlossene Welt eingerichtet, deren Grundsätze überlegte, systematische Zweckmäßigkeit und ästhetische Vollkommenheit im konservativen Sinn sind. Hier führt er ein an geistigen Werten orientiertes Leben; mit seiner Nachbarin und einst leidenschaftlich geliebten Jugendfreundin → Mathilde Tarona verbindet ihn ein ›nachsommerliches‹ Freundschaftsverhältnis. Für die Bildungs- und Entwicklungsgeschichte des jungen Heinrich → Drendorf gewinnt das Anwesen mit seinem Gestalter und Besitzer prägende Bedeutung.

Rita [*Der geteilte Himmel*. Roman von Christa Wolf, 1963]. –

Die ehemalige Büroangestellte R. studiert an einer Lehrerbildungsanstalt und lebt mit dem Chemiker Manfred → Herrfurth zusammen. Verschiedene Umwelteinflüsse und ihr Praktikum in einer Waggonfabrik verändern R. und geben ihr die Gewißheit, daß sie sich nur in einer sozialistisch orientierten Gesellschaftsordnung verwirklichen kann. Deshalb bleibt sie in der DDR, als Manfred in den Westen geht. Der Roman soll ein Gegenbild zu Uwe Johnsons *Mutmaßungen über Jakob* sein (→ Jakob Abs).

Rita Marchetti [*Der Nebbich.* Lustspiel von Carl Sternheim, 1922]. – Die leidenschaftliche, exaltierte Kammersängerin R. M., ein männerverschlingender Vamp, verliebt sich in einem Biergarten in den Spießer Fritz → Tritz, den ihre Phantasie zu einem Götterjüngling verklärt. Sie führt ihn in die Hautevolee ein und will ihn sogar heiraten. Als sie sich eine Schwangerschaft einbildet, erfährt sie von ihrem Arzt, daß ihr Geliebter impotent ist. Das öffnet ihr die Augen, sie erkennt T. als das, was er wirklich ist, ein »Nebbich« (Spießer), und gibt ihm den Laufpaß.

Rita Süßfeldt [*Das Vorbild.* Roman von Siegfried Lenz, 1973]. – Drei Pädagogen unternehmen einen scheiternden Versuch, Schullesebücher zusammenzustellen. Sie vertreten drei nicht ausgefallene, aber unvereinbare Typen: R. S., Lektorin und geübte Lesebuchherausgeberin, ist eine zerstreute, nervöse, von Termin zu Termin gehetzte Frau; Valentin Pundt, pensionierter Rektor, repräsentiert den nachdenklichen, konservativen Herrn alter Schule mit strengen Grundsätzen, während Janpeter Heller, jung, schwungvoll und progressiv, die pädagogische Linke einbringt.

Rittmeister [*Der letzte Rittmeister.* Erzählung von Werner Bergengruen, 1952]. – Die Hauptfigur der Erzählungen ist – wie Don Quixote – ein anachronistischer Mensch, der als letztes Exemplar einer untergegangenen Gesellschaftsschicht übriggeblieben ist. Der humorvolle, naive adelige Herr kann das Leben genießen, denn er ist einig mit sich und der Welt, die für ihn noch ein Abbild des Göttlichen ist.

Rivera [*Der redliche Mann am Hofe.* Staatsroman von Johann Michael von Loën, 1740]. – In dem Fürstenspiegel ist Graf R. als Reformer des Königreichs Aquitanien der ideale Staatsdiener. Er behauptet seine Tugend bei Hofe, stiftet die Ehe des Königs und leitet Verbesserungen des Staatswesens ein. Eigentlicher Adressat ist Friedrich II., der 1740 König wurde.

Riwalin und Blancheflur [*Tristrant und Isalde.* Versroman von Eilhart von Oberge, entst. um 1170/80]. – [*Tristan.* Versroman (unvollendet) von Gottfried von Straßburg, entst. um 1200–1210]. – In der leidenschaftlichen und unglücklichen Liebe von R. und B., den Eltern → Tristans, klingt das Thema des Versromans an: B. gibt sich dem Geliebten hin, der zu Tode verwundet scheint. Sie – die Schwester des Königs → Marke von Kornwall – folgt dem Genesenden als Frau in sein Reich Parmenien. Bei der Geburt Tristans stirbt sie aus Schmerz über die Nachricht, daß R. auf einem Kriegszug gefallen ist. So ist der Held aus Todesnähe gezeugt und geboren.

Roaz → Wigalois (Wirnt von Grafenberg: *Wigalois*)

Robert [*Robert der Teuxel.* Zauberposse von Johann Nestroy, 1833]. – Nestroy parodiert die Oper *Robert le diable* von Eugène Scribe, Musik von Giacomo Meyerbeer, wenige Wochen nach der Wiener Premiere. Der Ritter R. wird in komischer Übertreibung zwischen Gut und Böse, zwischen seiner Liebe zu einer Prinzessin und dem Verfallensein an den Vater, den Teufel in Gestalt des Ritters Bertram, hin- und hergerissen. In R. übt Nestroy zugleich Kritik an der Verkitschung des Rittertums.

Robert Guiskard.
R. G. (1016–1085), der Herzog der Normannen in Süditalien, besiegte Alexius I. von Byzanz, starb aber in einem zweiten Feldzug an der Pest.
[*Robert Guiskard, Herzog der Normänner.* Trauerspiel (Fragment) von Heinrich von Kleist, ED 1808]. – In der geplanten Charaktertragödie kämpft der siegreiche Herzog vergeblich gegen die Pest an. Die erhaltene Exposition zeigt den Feldherrn, wie er dem Volk mit eisernem Willen Gesundheit vorspielt.

Robespierre.
Maximilien de R. (1758–1794), der »Unbestechliche«, führte im Bewußtsein seiner persönlichen Integrität und Tugendhaftigkeit und im Namen der Revolution eine Schreckensherrschaft durch, der Abertausende zum Opfer fielen, zunehmend auch Abweichler aus den eigenen Reihen wie Danton. Er war überzeugt davon, den politischen Willen aller zu verkörpern.
[*Dantons Tod.* Drama von Georg Büchner, 1835; UA 1902]. – In R. und → Danton sind zwei Grundtypen des Revolutionärs gestaltet – der asketische, verbissene Dogmatiker, der um der Sache willen über Leichen geht, und der lebensvolle Kraftmensch, der die politische Aktion genießt wie ein erotisches Abenteuer. Der Geniale unterliegt jedoch Skrupeln, die der selbstgerechte Moralist in seiner Sendungsgewißheit nicht empfinden kann. R. sieht im Mitleid Verrat an der gemeinsamen Sache und bringt Danton unter das Messer der Guillotine.

Robinson [*Robinson der Jüngere.* Roman von Joachim Heinrich Campe, 1779/1780]. – In der in belehrende Dialoge aufgelösten Adaption des Romans von Daniel Defoe ist Krusoe R. ein von den Eltern verhätschelter Hamburger Tunichtgut, der sich nachträglich die fromme Devise »Bete und arbeite!« auf die denkbar härteste Art zueigen macht, nämlich als Schiffbrüchiger, der sich seine Existenz von Grund auf selbst erschaffen muß.

Rochus [*Zwei Menschen*. Roman von Richard Voß, 1911]. – R., Graf Enna, wird zwischen Priesterpflicht und Weltdrang zerrissen. Der körperlich gewandte, lebensfrohe, gefühlsstarke Junker, von seiner Mutter zum geistlichen Beruf gezwungen, kann seine Jugendliebe Judith Platter nicht vergessen und versucht voller Leidenschaft, sie zu gewinnen. Als Judith erkennt, daß sie ihm nicht länger widerstehen kann und will, zieht sie den Tod vor.

Rodde [*Doktor Faustus*. Roman von Thomas Mann, 1947]. – Die verwitwete, ehemals begüterte Frau Senator R. aus Bremen verkörpert das entwurzelte Bürgertum. Sie ist die Hauswirtin Adrian → Leverkühns in München, und in ihrem etwas unseriösen Salon gewinnt Leverkühn Kontakte mit der Gesellschaft der Stadt. Ihre Töchter nehmen ein tragisches Ende: Clarissa, Schauspielerin, begeht wegen beruflicher und persönlicher Mißerfolge Selbstmord; → Ines erschießt ihren Geliebten Rudi → Schwerdtfeger und kommt in eine Anstalt. Die drei Gestalten tragen Züge von Mutter und Schwestern des Autors.

Roderer [*Nachkommenschaften*. Erzählung von Adalbert Stifter, ED 1864]. – Der Maler Fritz R., eine Selbstparodie des Dichters, erfährt die Fragwürdigkeit des Künstlertums und die Determination des Menschen durch seine Erbanlagen. Der Sonderling führt ein weltabgewandtes Leben, das nur der Landschaftsmalerei geweiht ist. Ein Nachbar gleichen Namens prophezeit ihm aufgrund von ähnlichen Fällen in seiner eigenen Familie eine völlige Wandlung. Sie tritt tatsächlich ein, als er dessen Tochter Susanne heiratet. Es stellt sich heraus, daß der Nachbar ein entfernter Verwandter ist: das gleiche Blut führt zum gleichen Schicksal.

Rodrigo de Bivar.
Don R. d. B. (1030/45–1099), der El Cid (arab.: der Gebieter) genannte Held der Reconquista, diente drei spanischen Königen als Vasall: Ferdinand I., Don Sancho und Alfons VI.
[*Der Cid*. Romanzenzyklus von Johann Gottfried Herder, ED 1803/4]. – Die freie Nachdichtung spanisch-französischer Romanzen um die Gestalt des »Cid« enthält die wichtigsten Episoden aus Don R.s Leben, seine jugendlichen Heldentaten, seine Siege als Feldherr gegen die Mauren, seine Verbannung und seinen Tod vor Valencia.

Roelle [*Fegefeuer in Ingolstadt.* Schauspiel von Marieluise Fleißer, 1926]. – R. ist ein von seinen Altersgenossen gepeinigter Ausgestoßener. Der körperlich Deformierte wird von einer herrischen Mutter zugleich vergöttert und unterdrückt und dadurch zum Gespött der Mitmenschen; er wird von pubertären sexuellen Wünschen und religiösen Visionen gequält und von einem undurchsichtigen Wissenschaftler für Studienzwecke mißbraucht. Er versucht → Olga Berotter, von deren Schwangerschaft er weiß, zu erpressen und für sich zu gewinnen.

Römer [*Der grüne Heinrich.* Roman von Gottfried Keller, 1854/55, Neufassung 1879/80]. – Der Aquarellist R., ein Könner, unterrichtet → Heinrich Lee als zweiter Lehrmeister in der Malkunst. Er hat Mühe, Heinrich den »fixen Jargon« abzugewöhnen, den dieser bei → Habersaat gelernt hat, und versucht ihm auch den Spiritualismus auszutreiben, der seine Bilder zu »geschriebenen Gedichten« macht. R. ist jedoch von einem krankhaften, moralisch unbedachten Geltungstrieb besessen, so daß sich Heinrich von ihm löst, und endet im Wahnsinn.

Rönne [*Gehirne.* Novellen von Gottfried Benn, 1916]. – Der Arzt Werff R. setzt sich mit seiner ästhetischen und rationalen Welterfahrung auseinander, mit den Widersprüchen zwischen Leiden und Tod einerseits, philiströser Oberflächlichkeit andererseits; Spiel, Traum und (Drogen-)Rausch erscheinen als höhere Lebensform gegenüber der Ordnung, der »Tendenz zum Resultat«, dem Primat des »Gehirns«, das er am Ende in einer Krise der Ichauflösung totschlägt. Deutliche autobiographische Hinweise durch deckungsgleiche Altersangaben.

Rofrano [*Reitergeschichte.* Novelle von Hugo von Hofmannsthal, ED 1899]. – Der Rittmeister Baron R. spürt als geborener Befehlshaber die Insubordination des Wachtmeisters Anton → Lerch, die lediglich darin besteht, daß er sein Beutepferd auffällig tänzeln läßt. Als dieser seinem Befehl, das Pferd freizulassen, stumm Widerstand leistet, erschießt er ihn.

Rogalla [*Heimatmuseum.* Roman von Siegfried Lenz, 1978]. – Zygmunt R., Teppichmeister aus Lucknow in den Masuren, hat das Heimatmuseum nach dem Krieg nach Egerlund in Schleswig-Holstein verpflanzt und liebevoll neu aufgebaut. Als eine ehemalige Lucknower Nazigröße zum Vorsitzenden des masurischen Heimatverbandes gewählt wird, äschert R. das Museum ein, um ein Signal zu setzen.

Rohan [*Jürg Jenatsch.* Roman von Conrad Ferdinand Meyer, 1876]. – Im Gegensatz zu dem diplomatischen, die Fronten und Parteien wechselnden →

Jürg Jenatsch ist der französische Herzog Heinrich von R. ein moralischer Mensch, der Treue und Gerechtigkeit auf sein Panier geschrieben hat. Der Protestant R. verläßt seine katholische Heimat, um ein »Ehrenmann« bleiben zu können.

Rohlfs [*Mutmaßungen über Jakob.* Roman von Uwe Johnson, 1959]. – Der Beamte des Staatssicherheitsdienstes erfüllt seine Aufgaben emsig und gewissenhaft, aber nicht unfehlbar. Individuelle Ansichten entfernt er bewußt und systematisch aus seinem Denken. Daß er den Unfalltod →Jakob Abs' um der höheren Sicherheit des Staates willen herbeigeführt haben könnte, bleibt Mutmaßung.

Rohme [*Die Novellen um Claudia.* Roman in Novellen, 1912; *Das Beil von Wandsbek.* Roman, 1947, von Arnold Zweig]. – Walter R. ist ein hochbegabter, aber unbemittelter Privatdozent von geringer Entschlußfreudigkeit. Er lernt die reiche →Claudia kennen und gewinnt sie als Ehefrau. In *Das Beil von Wandsbek* vertritt das Ehepaar R. die besten und behütetsten Traditionen des akademischen Deutschland in ihrem Verhältnis zum Nationalsozialismus. Sie beschwichtigen, beschönigen und durchschauen das System nicht.

Roithamer [*Korrektur.* Roman von Thomas Bernhard, 1975]. – R. ist ein besessener Naturwissenschaftler und Architekt aus wohlhabender Familie. Er konstruiert einen vollkommenen Kegel als Wohnung für seine Schwester, der sich als nutzlos erweist und ihn zur »eigentlichen Korrektur«, dem Selbstmord, veranlaßt.

Rojéstwenski [*Tsushima.* Roman von Frank Thieß, 1936]. – Der russische Admiral, historisch getreu dargestellt, vollbringt eine großartige Leistung, indem er die Ostseeflotte 1905 auf den Kriegsschauplatz des russisch-japanischen Krieges bringt. Er unterliegt mit seinem durch den langen Anmarsch ausgelaugten Verband in der Seeschlacht von Tsushima. Als seine schweren Verwundungen von japanischen Ärzten geheilt sind, muß er sich daheim einer demütigenden Gerichtsverhandlung stellen, mit der der Zarenhof vom eigenen Versagen ablenkt.

Roland.
Der historisch nicht eindeutig belegte Markgraf Roland ist ein Paladin Karls des Großen, der an der Pyrenäengrenze des Reiches gegen die Mauren kämpfte und der Sage nach 778 bei Ronceval (Roncevaux) fiel.
[*Rolandslied.* Versepos von dem Pfaffen Konrad, entst. um 1172]. – Der Neffe Karls des Großen befehligt die Nachhut des kaiserlichen Heeres beim Abzug aus Spanien. Von den Heiden angegriffen, weigert er sich, sein Horn Olivant zu blasen, um Hilfe herbeizuholen, denn er will zum Märtyrer wer-

den. So wird aus dem ehrsüchtigen, tollkühnen Helden des französischen *Chanson de Roland* ein die Welt verachtender Heiliger, dem der Schlachtentod die Wiedergeburt bedeutet.

Roller [*Die Räuber.* Schauspiel von Friedrich von Schiller, 1781]. – Der edle Räuber R. ist seinem Hauptmann → Karl Moor absolut ergeben; dieser rettet ihn vom Galgen und wird von R. im Augenblick der Verzweiflung zu neuen Taten fortgerissen. R. opfert sein Leben für die Bande.

Romana [*Ahnung und Gegenwart.* Roman von Joseph Freiherr von Eichendorff, 1815]. – Die Gräfin R. ist eine kluge, aber unbeständige, dämonische Frau, die Verkörperung der Leidenschaft. Graf → Friedrich lernt sie in einem literarischen Zirkel kennen, wird aber von ihrer offen zur Schau gestellten Sinnlichkeit abgestoßen.

Romana → Andreas von Ferschengelder (Hofmannsthal: *Andreas oder die Vereinigten*)

Romulus.
R. Augustulus, von 475–76 der letzte weströmische Kaiser, wurde von Odoaker abgesetzt. [*Romulus der Große.* Komödie von Friedrich Dürrenmatt, UA 1948; 1958]. – Der römische Kaiser R. ist bei Dürrenmatt ein Antiheld, der auf eine Rolle in der Geschichte verzichtet und Hühner züchtet, um ein Mensch bleiben zu können und nicht schuldig zu werden. Er kann nicht verhindern, daß ein neues Weltreich entsteht.

Ronald [*Der Hochwald.* Erzählung von Adalbert Stifter, ED 1842]. – Der adelige schwedische Jüngling R., der → Clarissa seit ihrer Kindheit liebt, besucht diese in ihrem Waldversteck und verlobt sich mit ihr. Er kehrt auf den Kriegsschauplatz zurück und will durch Fürsprache bei seinen Landsleuten die Burg Wittinghausen retten, löst aber gerade dadurch deren Zerstörung und den eigenen Tod aus, denn sein Vermittlungsversuch wird mißverstanden.

Roquairol [*Titan.* Roman von Jean Paul, 1800–1803]. – R. ist der Subjektivist, dessen Moral, Gefühlsfähigkeit und Wirklichkeitssinn sich auflösen und der in weltschmerzliche Verlorenheit verfällt. Bei diesem von der Romantik hervorgebrachten Typus führt der absolute Subjektivismus zum Verbrechen. Der Sohn des Ministers Froulay, der wilde Bruder der sanften → Liane, ist ein Opfer seiner Erziehung, die ihn mit verfrühten Kenntnissen und Erfahrungen überfüttert und zu einem verlebten, dekadenten Poseur gemacht hat. Als frühreifer Knabe will er für → Linda sterben, als exzentrischer Erwachsener gewinnt er sie durch Betrug. Auf offener Bühne gesteht er seine Tat und begeht Selbstmord.

Rosa [*Ahnung und Gegenwart.* Roman von Joseph Freiherr von Eichendorff, 1815]. – R., in die sich Graf → Friedrich auf einer Donau-Schiffsreise verliebt, sucht oberflächlich den Glanz der Gesellschaft, nicht die Liebe um ihrer selbst willen.

Rosa → Cosimo (Tieck: *Geschichte des Herrn William Lovell*)

Rosa [*Signor Formica.* Novelle von E.T.A. Hoffmann, ED 1819]. – Der italienische Maler, Satirendichter und Tonkünstler Salvator R. (1615–1673) verhilft seinem Verehrer Antonio mit List zur Aufnahme in die Akademie von San Luca und unter der Maske des geheimnisvollen Signor Formica auch zu der begehrten Braut Marianne.

Rosa Fröhlich [*Professor Unrat.* Roman von Heinrich Mann, 1905]. – Die »Barfußtänzerin« und Chansonette, die Professor → Unrat vollständig in ihren Bann zieht, ist ein leichtlebiges Mädchen aus dem Volke, das seine Gunst großzügig austeilt und doch insgeheim den Wunsch nach gesicherten Verhältnissen hegt. Ihre Ehe mit Professor Unrat erlaubt ihr beides.

Rosabelverde → Zinnober (Hoffmann: *Klein Zaches genannt Zinnober*)

Rosadora [*Romanzen vom Rosenkranz.* Epos von Clemens Brentano, entst. 1804–12, ED 1852]. – Rosarosa, R. und Rosablanca sind die Töchter der Nonne Rosatrista und des Malers → Kosme, des Mannes ihrer Schwester. Kosmes drei eheliche Söhne lieben die Rosen, ohne von der Verwandtschaft zu wissen, doch wird der dreifache Inzest dank himmlischer Einwirkung verhindert. Im Mittelpunkt steht das Schicksal R.s, berühmt als Tänzerin unter dem Namen Biondetta. Das mystische Geschehen baut auf der Legende von dem unfruchtbaren Rosenstrauch auf, an dem sich unter der Hand Marias eine rote, eine goldene und eine weiße Rose entfalten.

Rosalie → Francoeur (Arnim: *Der tolle Invalide auf dem Fort Ratonneau*)

Rosalie von Tümmler [*Die Betrogene.* Erzählung von Thomas Mann, 1953]. – R., eine alternde Frau, hat ein Liebeserlebnis mit einem jungen Mann und bildet sich in einer Perversion des Herzens ein, sie sei selbst verjüngt. Was sie als Wiederkehr der Menstruation begrüßt, ist in Wirklichkeit ein tödlicher Gebärmutterkrebs.

Rosamunde Floris [*Rosamunde Floris.* Schauspiel von Georg Kaiser, 1940]. – R. ist eine Frau mit einem absoluten Anspruch auf ihre Liebeserfahrung. Sie trennt sich von dem Geliebten, William, um ihre Liebe für sich allein zu bewahren und sie nicht dem Verfall auszusetzen. In traumhaft abseitiger Ichzentrierung tötet sie alle, die von ihrer

Liebe zeugen könnten, am Schluß auch das Kind dieser Liebe.

Rose Bernd [*Rose Bernd.* Schauspiel von Gerhart Hauptmann, 1903]. – R. B. gehört wie → Evchen Humbrecht, → Gretchen und – in unserer Zeit – → Beppi in die Reihe der Kindsmörderinnen. Das hübsche, einfältige Bauernmädchen ist das Lustobjekt des Gutsherrn → Flamm und wird schwanger. Der Maschinist → Streckmann kennt ihre Notlage und mißbraucht sie. Es folgen Meineid vor Gericht und Kindstötung; R. ist dabei nicht eigentliche Täterin, sondern eher Dulderin und Opfer des Geschehens.

Rosemund [*Adriatische Rosemund.* Roman von Philipp von Zesen, 1645]. – Das venezianische (adriatische) Mädchen R. liebt den Protestanten → Markhold, doch R.s Vater Sünnebald verlangt, daß im Falle der Ehe sie und ihre Töchter katholisch bleiben, und das widerspricht Markholds Glaubensgrundsätzen. So endet die Liebesgeschichte in »Betrübnis«.

Rosemarie [*Die Heilige und ihr Narr.* Roman von Agnes Günther, 1913/14]. – Die Prinzessin R. von Brauneck ist ein verschlossenes Kind und gilt als zurückgeblieben. Eine Seelenfreundschaft und eine kurze Ehe verbindet sie mit dem Grafen Harro von → Thorstein. Verletzt durch einen Schuß, den ihre böse Stiefmutter auf sie abgefeuert hat, stirbt sie unter Qualen, aber geduldig und ergeben. – Der Roman um das »Seelchen« war dank seiner Rührseligkeit ein halbes Jahrhundert lang erfolgreich.

Rosenblütchen → Hyazinth (Novalis: *Hyazinth und Rosenblütchen*)

Rosenthal [*Kreuz- und Querzüge des Ritters A bis Z.* Roman von Theodor Gottlieb Hippel, 1793/94]. – A. B. C. von R. ist ein empfindsam-humoristischer Held nach dem englischen Vorbild Tristram Shandys von Laurence Sterne und ein Vorläufer der Jean Paulschen Typen. Er benutzt eine große Bildungsreise dazu, eine unbekannte Sophie zu finden, in die er sich verliebt hat. Da sie einem Freimaurerorden angehört, lernt er auf der Suche nach ihr die diversen Freimaurerorden Europas und ihre Rituale kennen. Als er endlich Sophie gefunden hat, gründen beide auf Rosenthal eine »unsichtbare Kirche« abseits der Geheimbünde.

Roßmann [*Amerika* (*Der Verschollene*). Romanfragment von Franz Kafka, 1927]. – Karl R., von der Köchin verführt, wird von der Familie nach Amerika abgeschoben. Der arglose, lernwillige und bescheidene Sechzehnjährige gerät schon auf dem Auswandererschiff in danteske Irrgänge im Schiffsinneren, wo ihn der → Heizer beschirmt. In der Neuen Welt versinkt er, teils durch eigene Schuld, teils von Frauen verführt, im Unglück, lernt die Getretenen und Ausgestoßenen ebenso kennen wie Geschäftssinn, Härte und Sadismus einer absurden Herren- (und Vater)welt. In diesem Pandämonium gewinnt er innere Freiheit und Urteilsfähigkeit.

Roswitha Ragusa [*Die Blechtrommel.* Roman von Günter Grass, 1959]. – Die »berühmteste Somnambule Italiens«, eine Liliputanerin, die → Oskar Matzerath »auf achtzehn Lenze schätzte, nach dem nächsten Atemzug als achtzig- womöglich neunzigjährige Greisin bewunderte« und die, wie Oskar selbst, ein Beweis für die These ist, daß Potenz im umgekehrten Verhältnis zur Körpergröße steht, tritt in → Bebras Fronttheater auf. Sie wird bei der Invasion 1944 von einer Schiffsgranate zerrissen, und Oskar gibt sich die Schuld an ihrem Tod.

Rothensattel [*Soll und Haben.* Roman von Gustav Freytag, 1855]. – Der Freiherr von R. hält nur mühsam eine Fassade von Adelsglanz und Reichtum aufrecht. Sein Standesdünkel ist noch im Niedergang exemplarisch. Er gibt seine Tochter Leonore einem mondänen Adeligen zur Frau, nicht dem tüchtigen Kaufmann Anton → Wohlfahrt, der ihm einen Großteil seines verschleuderten und verspekulierten Besitzes in unermüdlicher Arbeit zurückgewonnen hat.

Rother [*König Rother.* Anonymes Spielmannsepos, entst. um 1150]. – König R. unternimmt zwei Fahrten nach Byzanz. Auf der ersten befreit er seine von Kaiser → Konstantin eingekerkerten Boten und entführt dessen Tochter mit ihrem Einverständnis. Auf der zweiten holt er seine vom Vater zurückgeraubte Gattin wieder. Beidemal steht er an der Spitze seiner Mannen, teilt mit ihnen Kampf und Not und hört ihren Rat bei seinen Entscheidungen. Neben Tapferkeit und Treue gehören auch Selbstbeherrschung und List zum Ideal des frühhöfischen Ritters – darin unterscheidet er sich von dem geistlichen Ritter des *Rolandslieds* (→ Roland). Vorbild R.s ist wahrscheinlich der Normannenkönig Roger II., der 1143/44 um eine byzantinische Prinzessin warb.

Rott [*Glaube und Heimat.* Tragödie von Karl Schönherr, 1911]. – Die alte Bauernfamilie Rott wird zur Zeit der Gegenreformation aus Österreich vertrieben, weil die einzelnen Mitglieder es nicht mit ihrem Gewissen vereinbaren können, Katholiken zu bleiben.

Roux [*Die Verfolgung und Ermordung Jean Paul Marats.* Drama von Peter Weiss, 1964; vier weitere Fassungen]. – Jaques R. wird → Marat als übersteigerte Parallelfigur zur Seite gestellt. Der entlaufene Mönch verficht einen konsequenten Anarchismus und eine Weltrevolution, die in das Chaos führt.

Rovo [*Jagdszenen aus Niederbayern.* Stück von Martin Sperr, ED 1966]. – Der sprachbehinderte R. wird als Dorfidiot verspottet und von seiner Mutter, der Bäuerin Maria, zurückgestoßen. Er fühlt sich von → Abram angezogen, dem anderen Paria des Dorfes, der ihn menschlich behandelt.

Rowley → Chatterton (Jahnn: *Thomas Chatterton*)

Rowson → Brown (Gerstäkker: *Die Regulatoren in Arkansas*)

Rubehn → Straaten (Fontane: *L'Adultera*)

Ruben (Réuben) [*Joseph und seine Brüder.* Roman-Tetralogie von Thomas Mann, 1933–1943]. – Der älteste Sohn → Jakobs, ein im Grunde treuherziges Wesen, hat wegen seines Neides auf → Joseph das Erstgeburtsrecht verloren. Aus Furcht vor der Reaktion des Vaters rettet er → Joseph, als die Brüder diesen »in die Grube« werfen, das Leben. Jahrzehnte später führt R. die Brüder an, als sie nach Ägypten ziehen, um vom »Ernährer« Getreide zu erbitten.

Ruccelai [*Florentiner Novellen.* Novellensammlung von Isolde Kurz, 1890]. – Die Novelle *Die Humanisten* verspottet das übertriebene Ästhetentum und die Sammelwut der Humanisten. In der Bibliothek Bernardo R.s fehlt ein bestimmter Kodex des Cicero, und er bietet seine Tochter Lukrezia demjenigen, der ihn beschafft.

Rudenz [*Wilhelm Tell.* Schauspiel von Friedrich von Schiller, 1804]. – Der Adelssproß Ulrich v. R., Neffe → Attinghausens, fühlt sich zum höfischen Leben am Herrenhof des Landvogts → Geßler hingezogen, ist Parteigänger Habsburgs und blickt verächtlich auf die Schweizer Bauern herab. Als er im Zwiegespräch mit Berta von Bruneck, die er liebt, entdeckt, daß diese auf der Seite der Schweizer steht, tritt er Geßler mannhaft entgegen und kämpft für die gerechte Sache.

Rudolf [*Ahnung und Gegenwart.* Roman von Joseph Freiherr von Eichendorff, 1815]. – Der Bruder des Grafen → Friedrich ist in jungen Jahren einer Italienerin gefolgt und gilt lange als verschollen. Er bricht am Ende zu den Magiern nach Ägypten auf, um zum Wesentlichen vorzudringen.

Rudolf [*Viola tricolor.* Novelle von Theodor Storm, ED 1874]. – In der Gestalt des R. befreit sich Storm von eigenen seelischen Konflikten. Der Gelehrte verklärt in der Erinnerung seine verstorbene erste Frau Marie und lebt mit ihr in einer innerlichen geistigen Verbindung. Seine zweite Frau → Ines hält ihm vor, daß er mit einem Schatten die Ehe bricht.

Rudolf I. von Habsburg. R. (1218–1291) wurde im Jahre

1273 zum deutschen König gewählt und zwang Ottokar von Böhmen, der die Wahl nicht anerkannte, zur Huldigung und zum Verzicht auf die österreichischen Herzogtümer. [*König Ottokars Glück und Ende.* Tragödie von Franz Grillparzer, 1825]. – Als Gegenfigur zu König → Ottokar, der das hybride Unrecht verkörpert, ist R. die Inkarnation der Rechtmäßigkeit, ein Mann ohne Falsch. Ihm fällt die Kaiserwürde zu, die sich Ottokar erhofft hat.

Rudolf II.
Deutscher Kaiser (1576–1612) aus dem Hause Habsburg. [*Ein Bruderzwist in Habsburg.* Trauerspiel von Franz Grillparzer, entst. 1825–1848; ED 1872]. – Der Denker und Gelehrte auf dem Thron weiß um die Fragwürdigkeit allen politischen Handelns. Im Widerstreit zwischen Geist und Macht, Denken und Tun, Individualismus und Gemeinwohl scheut er sich, die überkommene Ordnung durch Taten zu zerstören und sich in Schuld zu verstrikken. Doch die Ereignisse treiben unaufhaltsam auf die Katastrophe zu; R. kann weder durch Handeln noch durch Unterlassen eingreifen.

Rudorff [*Rosenmontag.* »Offiziers-Tragödie« von Otto Erich Hartleben, 1900]. – Der Leutnant Hans R. liebt das einfache Mädchen Traute Reimann. Seine Offizierskollegen treten zum Schutze seiner Ehre an, verleumden Traute und trennen das Paar. Als sich die Intrigen aufklären, geht das Liebespaar nach einem Faschingsball in den Tod. Das Drama führt den Topos der unstandesgemäßen Liebschaft des Offiziers in einer preußischen, ideologisch verbissenen Variante vor.

Ruedi [*Wie Anne Bäbi Jowäger haushaltet und wie es ihm mit dem Doktern geht.* Roman von Jeremias Gotthelf, 1843/44]. – Der der Wissenschaft und der Vernunft verpflichtete, ungläubige Arzt Dr. R. opfert seine Liebe und schließlich sein Leben seiner selbstlosen Tätigkeit. In R. schuf Gotthelf eine Beispielfigur für die vorbildliche ethische Haltung eines Religionsverächters.

Rüdiger von Bechelarn [*Nibelungenlied.* Anonymes Heldenepos, entst. um 1200]. – Der edle Markgraf R., ein vorbildlicher Ritter, gerät in den tragischen Zwiespalt zwischen dem Lehnseid, den er seinem König Etzel geleistet hat, und der freundschaftlich-verwandtschaftlichen Beziehung zu den Burgunden, deren König → Giselher sein Schwiegersohn ist. Er muß gegen seine Freunde kämpfen und fällt im Waffengang mit → Gernot.

Ruggiero Malgrato [*Das Haus an der Veronabrücke.* Novelle von Friedrich Halm, ED 1872]. – Der reiche greise Feldherr Venedigs, Messer R. M., hat die ihm kindlich ergebene junge Ambrosia geheiratet, um einen schönen Lebensabend zu verbringen. Aber er gerät völlig aus dem seelischen Gleichgewicht. Sein Neffe und einziger Erbe Anselmo hat sich zu einem Schurken entwickelt, der nur auf den Tod des Onkel wartet. Aus Rache verkuppelt R. seine Frau an einen jungen Deutschen, um durch einen leiblichen Erben den habgierigen Neffen auszuschalten. Aber das Opfer, das ihn vor Eifersucht fast um den Verstand bringt, ist sinnlos, denn Ambrosia bleibt tugendhaft und der Neffe ist inzwischen gestorben.

Rumpelhanni [*Die Rumpelhanni.* Roman von Lena Christ, 1916]. – Die R. kommt von ganz unten. Als uneheliches Kind und Waise wächst sie auf dem Dorf bei der Großmutter auf, die als Hexe verrufen ist. Die Ausgestoßene, »Hergelaufene«, die von den stolzen Bauern trotz ihrer Tüchtigkeit verachtet wird, hat den Ehrgeiz, es mit allen Mitteln zu Haus und Besitz zu bringen, was ihr zwar nicht auf dem Dorf, aber nach vielen harten Jahren schließlich in der Stadt, in München, gelingt.

Ruodlieb [*Ruodlieb.* Ritterepos eines Tegernseer Mönches (mlat., Fragment), um 1050]. – R. gilt als die außerordentliche Vorwegnahme des höfischen Ritters, wie er sonst erst hundert Jahre später Gestalt gewinnt. Seine Bewährung als sittlicher, frommer Mensch und Wahrer des Friedens trägt zugleich zu dem Idealbild des Miles christianus bei.

Ruprecht [*Der zerbrochene Krug.* Lustspiel von Heinrich von Kleist, 1811]. – R., → Eves Bräutigam, führt die Komödie nahe an einen tragischen Schluß heran. Er gehört zu den Gestalten Kleists, die ihren Partnern an Seelenkraft nicht gewachsen und außerstande sind, ihnen gegen den Augenschein aus sicherem Gefühl heraus zu vertrauen (Gustav von der → Ried).

Russek [*Der Kandidat.* Komödie von Carl Sternheim, 1914]. – R. ist der Typ des »bürgerlichen Helden«, dessen Eigenliebe und Rücksichtslosigkeit seine Größe ausmachen für einen Autor, der erklärtermaßen keine moralischen Absichten hat. Der reiche Fabrikant R. will unbedingt Abgeordneter werden und laviert – selbst ohne eigene politische Meinung – zwischen den Parteien hin und her. Politisch und rhetorisch unfähig, erwirbt er die notwendigen Stimmen, indem er einen Rivalen mit Geld ausschaltet und einem Redakteur seine Frau überläßt, um die Presse für sich zu gewinnen.

Rustan [*Der Traum ein Leben.* Dramatisches Märchen von Franz Grillparzer, 1840]. – Den zwiespältigen, unruhigen Jäger R. treibt es von der Seite seiner Verlobten Mirza und ihrem idyllischen Lebenskreis in die weite Welt zu Abenteuer und Ruhm. In der Nacht vor seiner

Abreise erlebt er im Traum die Erfüllung seiner Wunschvorstellungen. Aber sie bringt ihm nicht nur Heldentaten, sondern auch Lügen, Schuld und Mord. So erkennt er die Abgründe in seinem eigenen Inneren und bescheidet sich mit dem ruhigen Dasein an Mirzas Seite.

Sabbas [*Die sterbende Kirche.* Roman von Edzard Schaper, 1936]. – S. Preoprashenski, ehemaliger Zarenoffizier, dient als Diakon der russisch-orthodoxen Kirche an der Seite Vater → Seraphims und versucht in dem als Fortsetzung entworfenen Roman *Der letzte Advent* (1949) nach Seraphims Tod die Erneuerung des Glaubens im Sowjetreich. Seine in der Art des Urchristentums im verborgenen aufgebaute Gemeinde stirbt mit ihm den Märtyrertod als »trotzkistische Verschwörer«.

Sabeth → Faber (Frisch: *Homo Faber*)

Sabine Halm [*Ein fliehendes Pferd.* Erzählung, 1978; *Die Brandung.* Roman, 1985, von Martin Walser]. – S. H. ist eine an Haus und Familie gebundene und von der Meinung anderer abhängige Frau, die von den Alltäglichkeiten beansprucht wird und den wenig fundierten Höhenflügen ihres Ehemanns Helmut → Halm nicht folgen kann. Nach seinem Scheitern ist sie die Klagemauer für seine äußeren und inneren Konflikte.

Sachs [*Die Meistersinger von Nürnberg.* Musikdrama von Richard Wagner, 1862]. – Der berühmte Poet und Schuhmacher Hans S. ist als Vertreter der wahren Kunst überlegenen Neuerungen zugänglich, denn er ist überzeugt davon, daß das Überkommene durch volkstümliche Elemente weiterentwickelt werden muß, wenn es nicht in den Regeln erstarren soll. Er ist Repräsentant der »deutschen Kunst« und Gegenspieler → Beckmessers und verhilft dem Ritter → Stolzing zum Sieg im Preissingen und damit zu dem von S. entsagend geliebten Evchen.

Sade.
Donacien-Alphonse-François, Marquis de S. (1740–1814) verbrachte wegen sexueller Vergehen und wegen seiner Schriften 27 Jahre in Gefängnissen und Irrenhäusern. Er vertritt einen absoluten Egoismus und billigt den Lustmord als Selbstverwirklichung.
[*Die Verfolgung und Ermordung Jean Paul Marats.* Drama von Peter Weiss, 1964; vier weitere Fassungen]. – Der Marquis erscheint in der Rolle eines Theaterleiters im Irrenhaus als Antagonist → Marats. Der Fürsprecher eines extremen Egoismus und Ästhetizismus wird zum Prototyp des Ancien régime, das auf Kosten der vielen den wenigen zu höchstem Lustempfinden und Kunstgenuß ver-

half. Sein Lebensekel und sein Zynismus machen ihn auch zum Feind der dritten Kraft, des Kaisertums und seiner obrigkeitshörigen Diener (→ Coulmier).

Safur [*Tarub.* Roman von Paul Scheerbart, 1897]. – Der Dichter S. strebt nach ungehemmtem Sinnengenuß, verfeinert und gesteigert durch ästhetische Überlegungen und Plaudereien. Als er übersättigt ist, sucht er im Delirium aus der Realität auszubrechen, aber die Köchin Tarub, die Verkörperung von Wirklichkeitssinn und Materialismus, holt ihn zurück. Er verläßt sie und rennt sich in einem Anfall von Wahnsinn den Kopf ein.

Saint-Claude [*Die Ehe des Herrn Mississippi.* Komödie von Friedrich Dürrenmatt, 1952]. – Wie sein Freund → Mississippi ist St.-C. der Sohn einer Dirne. Der ehemalige Strichjunge und Bordellbesitzer ist kommunistischer Revolutionär geworden. Er will → Anastasia in Portugal in einem Bordell unterbringen, um sie für die Weltrevolution nützlich einzusetzen, wird aber von seinen Parteigenossen erschossen.

Saint-Just → St. Just (Büchner: *Dantons Tod*)

Saladin.
S., arabisch Salah ad-Din (1138?–1193), besiegte die Kreuzritter und eroberte Jerusalem. Er war wegen seiner Ritterlichkeit und seiner gemäßigt-überlegten Regierungsweise auch bei Christen und Juden in hohem Ansehen.
[*Nathan der Weise.* Dramatisches Gedicht von Gotthold Ephraim Lessing, 1779]. – Der verschwenderische Sultan will → Nathan durch die Frage nach der wahren Religion in die Enge treiben, um Kredit zu erpressen, wird aber durch die Freimütigkeit und Weisheit des Juden (Ringparabel) zu dessen Freund.

Salamander [*Der goldene Topf.* Kunstmärchen von E.T.A. Hoffmann, ED 1814]. – Der Elementargeist S. ist zum bürgerlichen Archivar → Lindhorst strafverwandelt und kann nur durch ein kindlich-poetisches Menschenwesen erlöst werden. → Anselmus setzt ihn frei.

Salander → Martin S. (Keller: *Martin Salander*)

Sali und Vrenchen [*Romeo und Julia auf den Dorfe.* Novelle von Gottfried Keller, ED 1856 (in: *Die Leute von Seldwyla*)]. – S. Manz und V. Marti sind ein tragisches Liebespaar wie Romeo und Julia, weil der Streit ihrer Eltern, die ihre stattlichen Bauernhöfe um eines einzigen Akkers willen verprozessiert haben, eine »bürgerliche« Ehe unmöglich macht. Sie verbringen einen Tag als Brautpaar und gehen dann in den Fluß.

Salman (Salomon) [*Salman und Morolf.* Anonymes Spielmannsepos, entst. um 1180/90].

– In der Entführungsgeschichte spielt der von → Salmê zweimal betrogene Ehemann, der weise und nachsichtige, fast hilflose S., eine Hintergrundrolle, während sein Bruder → Morolf auf die Suche nach der Ungetreuen geht und zum Schluß ihre Bestrafung übernimmt.

Salmê [*Salman und Morolf.* Anonymes Spielmannsepos, entst. um 1180/90]. – S. (Sulamit?) ist der Grundtypus der treulosen Ehefrau. Die Gattin → Salmans (Salomos?) läßt sich durch Abgesandte des Heidenkönigs Faro (Pharao?) in Schlaf versetzen und entführen. Doch Salmans Bruder → Morolf zeichnet die Scheintote, indem er glühendes Gold in ihre Hand gießt. An dem Loch in ihrer Hand erkennt er sie später wieder, so daß Salman sie mit Heereskraft zurückholen kann. Als S. sich ein zweitesmal, diesmal von dem Heidenprinzen Princian, entführen läßt, tötet Morolf sie. Falls S. Sulamit ist, so zeigt die Gestalt eine der mittelaltertypischen Bedeutungsverschiebungen, hier von der Symbolgestalt der Gottesliebe zur königlichen Hure (→ Helena).

Salomon [*Salomon und Markolf.* Anonymes Spruchgedicht, entst. vor 1400]. – Der weise König S. wird, wie im mittelalterlichen Darstellungsbereich öfters, von einem bauernschlauen, spitzbübischen Konterpart übertrumpft. Hier ist es der gewitzte und schlagfertige Bauer Markolf. S., der idealistische Ordner der Welt, wird im Streitgespräch von dem realistischen Zerstörer der Illusionen geschlagen. Im zweiten Teil macht sich Markolf nützlich in einer Entführungsgeschichte, die mit dem Spielmannsepos *Salman und Morolf* verwandt ist.

Saluzzo, Saluzza → Gualtieri

Sam → **Hawkens** (May: *Winnetou*)

Sampson [*Miss Sara Sampson.* Trauerspiel von Gotthold Ephraim Lessing, 1755]. – Sir William S. ist die bürgerliche Vaterfigur. Der wohlhabende Kaufmann und gütige Biedermann macht sich auf, um seine gestrauchelte Tochter → Sara dem Verführer → Mellefont zu entreißen und nach Hause zurückzuholen. Er kommt gerade rechtzeitig, um seiner sterbenden Tochter zu verzeihen, Mellefont seine väterliche Liebe anzubieten und die Sorge für dessen Tochter Arabella zu übernehmen.

Samsa → Gregor S. (Kafka: *Die Verwandlung*)

Samuel Morris [*Phaea.* Schauspiel von Fritz von Unruh, 1930]. – Der »S. M.« genannte Präsident der PHAEA (Photographische Akustische Experimental Aktionsgesellschaft) vertritt eine neorealistische Kunstauffassung. Um der wirklichkeitsnahen Darstellung willen läßt er die Rollen in einem Film über den Fememord authentisch besetzen und provoziert unter den Schauspielern einen realen Eifersuchtskonflikt, damit ihr Spiel in einer entsprechenden Szene glaubhaft wird.

Sanna [*Bergkristall.* Erzählung von Adalbert Stifter, 1845]. – S. ist die kleine Schwester, die voller Liebe und Vertrauen zu ihrem älteren Bruder → Konrad aufschaut. Als die beiden Kinder sich am Weihnachtsabend in einem Schneesturm verirren, sagt S. zu allem folgsam »Ja, Konrad« und bemerkt in ihrer Einfalt die Gefahr nicht, in der sie schweben.

Sappho.
Die griechische Lyrikerin lebte um 600 v. Chr. auf der Insel Lesbos.
[*Sappho.* Tragödie von Franz Grillparzer, 1819]. – S., ein weiblicher Tasso, leitet die Reihe der Gestalten Grillparzers ein, die an der Antinomie von Kunst und Leben zerbrechen. Die alternde Dichterin liebt den Jüngling → Phaon und sehnt sich danach, »den Lorbeer mit der Myrte« zu vertauschen, muß aber erkennen, daß ihre Dichtkunst und ihre frauliche Reife nicht bestehen können vor der natürlichen Anmut ihrer Sklavin → Melitta. Da bei ihrem zerrissenen Inneren ein Zurück in die Harmonie der reinen Geistigkeit nicht möglich ist, stürzt sie sich von einem Felsen ins Meer.

Sara Sampson [*Miss Sara Sampson.* Trauerspiel von Gotthold Ephraim Lessing, 1755]. – S. S. ist der Typ der verführten Unschuld. Das bürgerliche Mädchen läßt sich in ihrer Ahnungslosigkeit und Verliebtheit von dem flatterhaften Lebemann → Mellefont entführen, behält aber ihre Moralvorstellungen bei und leidet unter der Diskrepanz zwischen ihrem Herzen und den religiös-ethischen Geboten. Deshalb bittet sie den bindungsscheuen Mellefont, ihr Verhältnis zu legalisieren. Als ihre Rivalin → Marwood sie vergiftet hat, stirbt sie als edle Dulderin langsam dahin und überwindet großmütig alle Haß- und Rachegefühle.

Sarmiento [*Ponce de Leon.* Lustspiel von Clemens Brentano, 1804]. – In dem Verwechslungs- und Verkleidungsspiel figuriert S. als Drahtzieher, der die Mißverständnisse und Verwirrungen vorausplant und lenkt – als allwissender Darüberschwebender, eine stehende Figur der romantischen Dichtung (→ Celionati in Hoffmanns *Prinzessin Brambilla*), wie sie auch in der Turmgesellschaft von *Wilhelm Meisters Lehrjahren* (→ Lothario) vorgezeichnet ist.

Sarti [*Leben des Galilei.* Schauspiel von Bertolt Brecht, 1. Fassg. UA 1943; 2. Fassg. UA 1947; 3. Fassg. UA 1957]. – Andrea S., der Schüler → Galileis, schmuggelt die *Discorsi* seines Lehrers aus dem Gefängnis ins Ausland. Er vertritt mutig die

Wahrheit der Wissenschaft, während sich Galilei aus Angst um sein eigenes Wohlbefinden der Kirche unterwirft.

Saurau [*Verstörung.* Roman von Thomas Bernhard, 1967]. – Fürst S. wohnt in der Burg Hochgobernitz in der Steiermark, wohin sich der Geisteskranke zurückgezogen hat. Seine psychopathisch grundierten, aber hochintelligenten Monologe über Zerstörung und Verfall zeichnet ein Student auf, der seinen Vater, einen Arzt, auf seinen Krankenbesuchen begleitet.

Savonarola.
Der Dominikanermönch Girolamo S. aus Florenz (1452–1498) lehnte sich gegen den Sittenverfall der Kirche und des Papsttums auf, führte nach dem Sturz der Medici in Florenz eine Republik mit theokratischen Zügen ein, unterlag Papst Alexander VI. und wurde als Ketzer hingerichtet.
[*Savonarola.* Versepos von Nikolaus Lenau, 1837]. – Lenau stellt das Schicksal des Reformators aus der Warte des liberalen Antipapismus dar, mit Zeitkritik in historischem Gewand.
[*Fiorenza.* Drama (Prosa) von Thomas Mann, 1906]. – Der Bettelmönch S., der Antipode des Lebenskünstlers → Lorenzo di Medici, vertritt den lebensfeindlichen Geist in dem für den frühen Th. Mann typischen Antagonismus von Geist und Schönheit/Leben. Er ruft die Florentiner zu einem asketischen Christentum auf und schmäht die schamlose Verführung der Künste. S. wird von dem Wunsch nach Macht getrieben und dem Verlangen, sich und die Welt zu reinigen. Hinter seinem Fanatismus stekken das Erlebnis einer unglücklichen Jugend als häßliches, menschenscheues Kind und die Erfahrung, daß er von dem Mädchen, das er begehrte, zurückgewiesen worden war.

Scapin und Scapine [*Scherz, List und Rache.* Singspiel von Johann Wolfgang von Goethe, 1790]. – S. und S. sind Adaptionen der Commedia dell' arte und der opera buffa, zwei um eine Erbschaft Betrogene, die dem Betrüger in einem temperamentvollen Verstellungs- und Maskenspiel die Beute wieder abluchsen.

Scarabota [*Der Ketzer von Soana.* Roman von Gerhart Hauptmann, 1918]. – Das Hirtenpaar S. lebt hoch in den Bergen, weit entfernt von jedem Dorf, denn sie sind wegen ihrer blutschänderischen Ehe verfehmt. Ihre naturverbundene, heidnische Lebensweise überwältigt den Priester → Francesco Vela, und er verfällt Agata S., der vitalen Tochter des Paares.

Scarron → Maske (Sternheim: *Die Hose*)

Schach von Wuthenow [*Schach von Wuthenow.* Erzählung von Theodor Fontane,

1883]. – Als typisch Fontanescher Adeliger ist der Rittmeister S. gesellschaftlich vom Urteil seiner Regiments- und Standesgenossen abhängig, obwohl er dem erstarrten, oberflächlichen System kritisch gegenübersteht. Er vermag sich nicht zu einem wahrhaft individuellen Entschluß durchzuringen. Noch sein Selbstmord nach der Heirat mit der verführten, aber ungeliebten häßlichen → Victoire von Carayon ist die Flucht in eine standesgemäße Konfliktlösung.

Schadau [*Das Amulett.* Novelle von Conrad Ferdinand Meyer, 1873]. – Hans S. verkörpert die calvinistische Seite in den Hugenottenkriegen und zeigt gleichzeitig die verschlungenen Wege des Schicksals. Paradoxerweise entgeht er, der an die Prädestination glaubt, dem Tod im Zweikampf dank eines Amuletts, das ihm sein abergläubischer katholischer Freund Wilhelm → Boccard zum Schutz umgehängt hat, und kann sich mit dessen Hilfe aus der Bartholomäusnacht (1572) retten; Boccard selbst jedoch kommt um.

Schalanter [*Das vierte Gebot.* Volksstück von Ludwig Anzengruber, 1878]. – Die Darstellung der Familie des Drechslermeisters S. ist eine pessimistische Sozialstudie; die moralische Verkommenheit der Eltern überträgt sich auf die Kinder, von denen Josepha in der Gosse, Martin auf dem Schafott endet. In der Familie ist allein die Großmutter Herwig moralisch gefestigt; doch sie erntet nur Spott bei ihren Ermahnungen.

Schalek [*Die letzten Tage der Menschheit.* Tragödie von Karl Kraus, ED 1918/19; UA 1964]. – Die Kriegsberichterstatterin der »Neuen Freien Presse« Alice S. kann stellvertretend stehen für eine Reihe von Journalisten im Drama. Bei ihren Frontbesuchen entzieht sich ihr die Wirklichkeit des Kriegsgeschehens, weil sie alles, was sie hört und sieht, sogleich zu Worten in der aufmunternden oder pathetischen Tonart verfälscht, die die Zeitungsleser erwarten.

Schankerl [*Das Haus der Temperamente.* Posse von Johann Nestroy, 1837]. – Der intrigante Fiseur S. stiftet Verwirrung zwischen vier wohlhabenden Privatiers von verschiedenem Temperament, die in einem Haus wohnen, und ihren gleichgearteten Kindern.

Scharnast → Heinrich (Stifter: *Die Narrenburg*)

Schaumann [*Stopfkuchen.* Roman von Wilhelm Raabe, 1891]. – Heinrich S., als Kind wegen seiner Faulheit und Gefräßigkeit »Stopfkuchen« genannt, gilt als Zentralfigur für das Verständnis der zivilisationspessimistischen Weltsicht Wilhelm Raabes. S. ist in den Augen der Mitwelt dumm und schwerfällig, hat nicht die Fähigkeiten, mit denen man es im Zeitalter des Aufschwungs nach dem Krieg von

1870/71 zu etwas bringt (wie → Eduard, der Berichterstatter). Der Versager auf der Universität ist trotz historischer und paläontologischer Interessen einfach ungeeignet zum Erfolgsmenschen. Aber er bewährt sich als Mensch, beinahe schon als Psychotherapeut, und bewahrt sein Wissen über den Mord des Briefträgers → Störzer bis zum richtigen Zeitpunkt der Eröffnung für sich.

Schefold [*Winterspelt.* Roman von Alfred Andersch, 1974]. – Dr. S., Frankfurter Kunsthistoriker, ist aus Deutschland emigriert, weil er die Nazi-Kulturpolitik mit ihrer Bekämpfung entarteter Kunst ablehnt. Er hat ein Bild Paul Klees in der Nähe von Winterspelt in einer verlassenen Baubude versteckt und dient als erfahrener Grenzgänger dem Major → Dincklage bei seinen Verhandlungen mit den Amerikanern.

Schelm von Bergen [*Romanzero.* Gedichtzyklus von Heinrich Heine, 1851]. – Der Scharfrichter des Herzogtums Berg tanzt auf einem Maskenball in Düsseldorf mit der Herzogin. Als sie ihm neugierig die Maske herunterreißt und er erkannt wird, entgeht sie der Schande dadurch, daß der Herzog den Henker auf der Stelle in den Adelsstand erhebt.
[*Der Schelm von Bergen.* Schauspiel von Carl Zuckmayer, 1934]. – Der Sohn des Henkers, Vincent, und die junge Kaiserin verlieben sich ineinander, ohne ihre jeweilige soziale Stellung zu kennen. Als Vincent entlarvt wird, geschieht der Ritterschlag unter dem Motto: Die Kaiserin kann durch niemand erniedrigt werden. »Doch wer von ihr berührt wird – ist geadelt!« Vincent ist vom Zunftzwang befreit und der Kaiser bekommt einen Erben.

Schelmuffsky [*Schelmuffskys Warrhafftige Curiöse und sehr gefährliche Reisebeschreibung Zu Wasser und Lande.* Satirischer Roman von Christian Reuter, 1696; 2. Fassung 1696–97]. – S. steht in der Tradition der Picaro, Grobianus und Bramarbas. Seine Erkennungszeichen sind seine Frühgeburt, ausgelöst durch eine Ratte, und sein Redevermögen vom Tage der Geburt an. Als Ich-Erzähler lügt er das Blaue vom Himmel herunter; angeblich ist er weitgereist und verkehrt in den besten Kreisen, doch verrät er ungewollt, durch absurde Sachfehler und durch den beständigen Rückfall von Pseudovornehmheit in grobianisches Fluchen, daß er in Wirklichkeit sein Reisegeld bloß im Nachbarort vertrunken hat. In S. karikiert Reuter den Sohn seiner Wirtsleute, Jonathan Müller (→ Schlampampe).

Scherbaum [*Örtlich betäubt.* Roman von Günter Grass, 1969]. – Der Schüler Philipp S. will, von seiner maoistischen Freundin angetrieben, als Demonstration gegen den Vietnam-Krieg angesichts der »kuchenfressenden« Gäste des Hotels Kempinski am Ku-Damm seinen Dackel verbrennen. Sein Lehrer → Starusch kann sein Engagement auf die Schülermitverwaltung ablenken.

Schieffenzahn [*Der Streit um den Sergeanten Grischa*. Roman von Arnold Zweig, 1927 (Teil des Romanzyklus *Der große Krieg der weißen Männer*)]. – Der Chef des Oberkommandos Ost will an dem harmlosen russischen Kriegsgefangenen → Grischa Paprotkin ein Exempel statuieren, um die Moral der Truppe an der Ostfront zu festigen, die durch die russische Revolution gelitten hat. Er setzt seinen skrupellosen militärpolitischen Plan gegen die Widerstände rechtlich und menschlich denkender Untergebener durch (→ Lychow). Urbild S.s ist der Generalquartiermeister des Ersten Weltkriegs Erich Ludendorff. S. tritt in mehreren Romanen des Zyklus *Der große Krieg der weißen Männer* auf. In *Junge Frau von 1914* (1931) faßt er einen Deportationsplan für Ostjuden.

Schigorski [*Jugend*. Drama von Max Halbe, 1893]. – Kaplan S., ein Fanatiker und Asket, verfolgt die junge → Anna mit dem zwanghaften Verlangen, sie solle den Makel ihrer unehelichen Geburt tilgen, indem sie ins Kloster gehe. Damit bekämpft er gleichzeitig seine eigene Haßliebe zu Anna.

Schildknapp [*Doktor Faustus*. Roman von Thomas Mann, 1947]. – Rüdiger S. gehört zu den Freunden Adrian → Leverkühns und begleitet ihn nach München und nach Italien. Er ist ein wenig erfolgreicher Literat, ständig in Geldnot, aber mit unerschütterbarem Humor.

Schiller [*Schwere Stunde*. Erzählung von Thomas Mann, ED 1905]. – Im Widerspruch zum wilhelminischen Bild Schillers als des jünglingshaften Heros der Freiheit wird der an seinem Werk leidende Dichter im Ringen um den *Wallenstein* gezeigt. Thomas Manns Schwierigkeiten bei der Gestaltung des Dramas *Fiorenza* sind in die Erzählung eingegangen.

Schilling → Gabriel S. (G. Hauptmann: *Gabriel Schillings Flucht*)

Schimmelpreester [*Bekenntnisse des Hochstaplers Felix Krull*. Romanfragment von Thomas Mann, 1954]. – Der Maler Felix S. hat sich nach unlauteren Machenschaften aus Köln in eine kleine Winzerstadt im Rheingau zurückgezogen und ist dort ein »vielfach geschätzter Künstler«. Er ist der Pate → Felix Krulls, berät diesen nach dem Selbstmord des Vaters und lenkt seinen Lebensweg. S.s Zwielichtigkeit und seine künstlerische Exzentrik machen ihn zur Parodie eines Mentors.

Schinderhannes → Bückler (Zuckmayer: *Schinderhannes*)

Schindler [*Ephraims Breite.* Schauspiel von Carl Hauptmann, 1900]. – Joseph S. ist ein Individuum, das sich einer festgefügten bäuerlichen Ordnung nicht unterwerfen kann. Der Großknecht ist unehelich geboren und hat Zigeunerblut in sich. Seine Erbanlage schlägt durch, als er dem Zigeunermädchen Franzel begegnet, von der er auch nicht läßt, als er die Bauerntochter → Breite heiratet. Damit ist die Ehe von vorneherein zum Scheitern verurteilt.

Schionatulander [*Titurel.* Fragmente eines höfischen Epos von Wolfram von Eschenbach, entst. nach 1215]. – [*Der jüngere Titurel.* Höfisches Epos, wahrscheinlich von Albrecht von Scharfenberg, entst. um 1270]. – [*Parzival.* Höfisches Epos von Wolfram von Eschenbach, entst. zw. 1200 und 1210]. – S. ist ein Ritter aus dem Gralsgeschlecht. Schon als Kinder lieben er und → Sigune sich. Er kommt im Zweikampf mit Orilus um, als er in einem absurden Minnedienst einen Bracken (Spürhund) wieder einfangen soll, weil in dessen Leitseil die Liebesgeschichte Claudittes und Ekunahts eingestickt ist, die Sigune zu Ende lesen möchte. – Im *Parzival* ist der tote S. Gegenstand einer mystischen Trauerversenkung Sigunes.

Schippel [*Bürger Schippel.* Komödie, 1913; *Tabula rasa.* Schauspiel, 1916, von Carl Sternheim]. – Paul S. ist der »dreckige Prolet« mit derben Manieren, der sich der bürgerlichen Lebensart anpaßt und ins Bürgertum aufsteigt. Er schafft das, weil er eine außergewöhnliche Stimme hat und der Goldschmied → Hicketier einen Tenor für sein Sängerquartett braucht. In *Tabula rasa* ist S. ein wohlhabender Glasfabrikant. Die Satire will zeigen, daß der klassenkämpferische Proletarier nur so lange die bürgerliche Schicht verachtet, wie sie ihm nicht erreichbar ist.

Schlaggenberg [*Die Dämonen.* Roman von Heimito von Doderer, 1956]. – Kajetan von S. – eine von Doderers autobiographisch gefärbten Figuren – ist von einem Dämon besessen, einer totalitären sexuellen Ideologie. Aus Rache an seiner geschiedenen Frau sucht er durch Zeitungsanzeigen »Dicke Damen», hinter denen er charakterfeste Typen vermutet. Er ordnet sie und scheidet Atypische aus. Hinter seiner Theorie scheint der Antisemitismus hervor. S. wird durch die reiche Witwe Friederike Ruthmeyer von seinem Wahn geheilt.

Schlampampe [*L'honnète femme oder Die ehrliche Frau zu Plißine.* Komödie von Christian Reuter, 1695]. – Die »ehrliche Frau S.«, die Wirtin vom »Göldenen Maulaffen«, ist eine eitle, geizige Klatschbase von ordinärem Gehabe. Ihre beiden Töchter Clarille und Charlotte sind affektierte Modepuppen, die gerne einen adeligen Ehemann einfangen würden, ihr Sohn

Däfftle ist ein Räsonneur, ihr Sohn → Schelmuffsky ein Aufschneider.

Schlemihl → Peter S. (Chamisso: *Peter Schlemihls wundersame Geschichte*)

Schleppfuß [*Doktor Faustus*. Roman von Thomas Mann, 1947]. – Der Theologe mit dem sprechenden Namen S. vertritt als Religionspsychologe das dialektische Prinzip der Notwendigkeit des Bösen. Heiligkeit ist nur im Sieg über die Sünde denkbar, der dämonisch-magische Pakt mit dem Teufel ist ein Medium der Gotteserkenntnis. Adrian → Leverkühn überträgt diese Lehre auf seinen ästhetischen »Erkenntniskitzel«.

Schlichting [*Offiziere*. Drama von Fritz von Unruh, 1911]. – Der Leutnant von S. ist der preußische Offizier, der in die Zwickmühle von Gehorsam und Verantwortung gerät. Er nimmt als Freiwilliger an den Kämpfen gegen die Hereros in Südwestafrika teil, weil er das Garnisonsleben leid ist. Dort führt er – wie Kleists Prinz von → Homburg – gegen die Order, aus eigener Verantwortung im »Titanenrausch« einen Angriff aus, bei dem er siegt, sich aber eine tödliche Verwundung zuzieht.

Schluck und Jau [*Schluck und Jau*. Komödie von Gerhart Hauptmann, 1900]. – Die betrunkenen Vagabunden S. und J. werden von dem Fürsten Jon Rand zur Unterhaltung seiner Jagdgesellschaft in ein Verkleidungsspiel verwickelt. S. muß die fürstliche Gemahlin Sidselill spielen, J. den Fürsten. Traum und Wirklichkeit vermischen sich, und der grobe J. ist als tobender Fürst bereit, seinen Kumpanen zu erschlagen, ehe er in die Wirklichkeit zurückversetzt wird. Damit demonstriert er die Demoralisierung des Menschen durch die Macht. In S. und J. ist der betrunkene Kesselflicker Schlau aus Shakespeares *Der Widerspenstigen Zähmung* in zwei Personen aufgespalten.

Schlucker [*Zu ebener Erde und erster Stock*. Posse von Johann Nestroy, 1838]. – In einer Vorwegnahme der naturalistischen Vorliebe für soziale Themen haust der »Tandler« (= Altkleiderhändler) S. unten, während der Spekulant und Millionär Goldfuchs in der Beletage aus dem vollen schöpft. Das Glück ist S. hold, und Goldfuchs falliert, so daß S. oben, Goldfuchs unten landet. – In Frau Sepherl S., einer treusorgenden Mutter, hat Nestroy eine lebensvolle Gestalt der Wiener Volkskomödie geschaffen.

Schmarowski [*Der rote Hahn*. Tragikomödie von Gerhart Hauptmann, 1901]. – Der Bauführer S., ein Schwiegersohn von Frau → Fielitz, ist ein Repräsentant des modernen, von der Technik und dem Pragmatismus geprägten Menschentyps: auf seinen Vorteil bedacht, skrupellos und moralfrei.

Schmelzle [*Des Feldpredigers Schmelzle Reise nach Flätz* ... Satirische Erzählung von Jean Paul, 1809]. – Der Feldprediger Attila S. ist ein Angsthase. Seine Phantasie läßt ihn die tollsten Gefahren wahrnehmen und gaukelt ihm vor, er sei ein Held.

Schmerzensreich → Genoveva

Schmidt [*Datterich*. Lokalposse von Ernst Elias Niebergall, 1841]. – Der gutmütige, beschränkte Drehergeselle Karl S. möchte die Tochter seines Lehrherrn → Dummbach heiraten. → Datterich »unterstützt« ihn dabei mit seinem angeblichen Einfluß, will ihn aber in Wirklichkeit nur ausnehmen.

Schmidt [*Frau Jenny Treibel*. Roman von Theodor Fontane, 1892]. – Die Gegenfigur zu der erfolgreichen, geschäftstüchtigen und gesellschaftlich arrivierten → Jenny Treibel ist der treuherzig-sentimentale Oberlehrer Willibald S., ihr ehemaliger Verehrer, mit seinem bescheidenen, durch Wissenschaft erhellten Winkelglück.

Schmitz [*Biedermann und die Brandstifter*. Schauspiel von Max Frisch, 1958]. – S. und Eisenring verkörpern das Böse und die in das Bürgertum eindringende Anarchie. Der Berufsringer Josef S., ein obdachloser Strolch, dringt in der von Brandstiftern heimgesuchten Stadt in das Haus des Spießers → Biedermann ein und erhält Unterkunft auf dem feuergefährdeten Dachboden, weil er den ängstlichen Hausherrn mit Schmeicheleien und versteckten Drohungen zu manipulieren weiß. Dann zieht er den Kellner Eisenring nach; beide setzen schließlich das Haus in Brand.

Schmitz [*Der ewige Spießer*. Roman von Ödön von Horváth, 1930]. – Im Gegensatz zu → Kobler, dem aus dem Proletariat hervorgegangenen Spießer, ist der Wiener Revolverblatt-Journalist S. der Typ des bourgeoisen Spießers: Als Jüngling schreibt er pathetische Gedichte, als Erwachsener predigt er sentimental die Weltverbrüderung. In Wirklichkeit interessiert ihn nur das eigene Wohl.

Schmock [*Die Journalisten*. Lustspiel von Gustav Freytag, 1854]. – S. ist der Typus des schmierigen Winkeljournalisten, der jede Meinung vertritt, für die er bezahlt wird.

Schnabelewopski [*Aus den Memoiren des Herren von Schnabelewopski*. Romanfragment von Heinrich Heine, ED 1834]. – S. steht in der spanischen Pikarotradition, ein junger polnischer Graf, der zum Studium der »Gottesgelahrtheit« nach Leiden geht und sich unterwegs in Hamburg aufhält. Auf der Reise und in der Universitätsstadt erlebt er erotische Abenteuer, die seinem Studienziel wenig angemessen sind; seine Welterfahrung sammelt er in den unteren Kreisen der Gesellschaft. Aus diesem Blickwinkel beobachtet er gesellschaftskritisch die oberen Zehntausend. Dabei spielt vor allem in Hamburg Autobiographisches mit.

Schnapper-Elle → Abarbanel (Heine: *Der Rabbi von Bacherach*)

Schnapphahnski [*Leben und Taten des berühmten Ritters Schnapphahnski.* Roman von Georg Ludwig Weerth, 1849]. – Der Ritter S. ist ein Antiheld, der eine Demütigung nach der anderen einstecken muß, worüber er sich aber dank seiner Charakterlosigkeit hinwegsetzt. Der Marxist Weerth will mit der Figur des S., hinter der die historische Gestalt des Fürsten Felix Lichnowski steht, die adelige Gesellschaftsklasse bloßstellen.

Schnaps [*Der Bürgergeneral.* Lustspiel von Johann Wolfgang von Goethe, 1793]. – Der Dorfbarbier S. ist die Karikatur eines Revolutionärs. Das gerissene Großmaul ist Nutznießer der Französischen Revolution: er gibt sich einem einfältigen Bauern gegenüber als Bürgergeneral im Dienst der Jakobiner aus, um ihn zu schröpfen. Goethe warnt mit der Gestalt vor dem Einbruch der Anarchie in eine festgefügte patriarchalische Ordnung.

Schneider [*Der jüngere Bruder.* Roman von Hans Erich Nossack, 1958]. – Der Ingenieur Stefan S. kommt 1949 aus dem Exil in Brasilien nach Hamburg zurück, erfährt Näheres über den Unfalltod seiner Frau Susanne und einen unbekannten Zeugen namens Carlos. Obwohl er diesem nie begegnet, wird er für ihn zum »jüngeren Bruder«, einem verlorenen anderen Ich.

Schnier [*Ansichten eines Clowns.* Roman von Heinrich Böll, 1963]. – Hans S., der Sohn eines Braunkohlenmillionärs im Rheinland, ist ein Außenseiter und reiner Tor, dem alle Erscheinungsformen der Macht zuwider sind, auch die der Kirche. Er hat sich von der Familie getrennt und arbeitet als Clown, doch wird er von subtilen Unterdrückungsmechanismen in seinem persönlichsten Sein berührt und zerbricht daran.

Schnoferl [*Das Mädl aus der Vorstadt.* Posse von Johann Nestroy, 1845]. – Der Winkelagent Schnoferl (einer, der seine Nase in alles steckt) ist der Nestroysche Typus des wortreichen, sprachverliebten Spötters, der hinter seiner Ironie eine melancholische, resignative Lebenshaltung verbirgt. Nestroy hat S. sich selbst auf den Leib geschrieben.

Schnuck [*Münchhausen.* Humoristischer Roman von Karl Leberecht Immermann, 1838/

39]. – Der senile Baron v. S. verkörpert eine lebensuntüchtige, verlogene Aristokratie, die keine Daseinsberechtigung mehr hat. Er lebt in den dreißiger Jahren des 19. Jh.s mit seiner Tochter → Emerentia und dem Schulmeister → Agesel in dem verfallenen Schloß Schnick-Schnack-Schnurr. Seine Phantastereien, die ihm den Blick für die Wirklichkeit verstellen, sind eine Reaktion auf seine fundamentlos gewordene Zeit. Er verfällt den Lügenprojekten → Münchhausens und kommt erst wieder zur Vernunft, als sein Schloß über ihm zusammenbricht.

Schön [*Der Erdgeist.* Tragödie, 1895; *Die Büchse der Pandora,* 1904; zusammengefaßt unter dem Titel *Lulu*, 1913, von Frank Wedekind]. – Der reiche ältere Zeitungsverleger Dr. S. holt sich → Lulu ins Haus, als sie fast noch ein Kind ist, erzieht sie und macht sie zu seiner Geliebten. Alle späteren Versuche, sich von ihr zu befreien, gehen fehl, denn er ist ihr rettungslos verfallen.

Schön [*Das vierte Gebot.* Volksstück von Ludwig Anzengruber, 1878). – An dem frisch ordinierten Priester Eduard S., der, ganz ohne Lebenserfahrung, angelernte fromme Verhaltensgebote verkündet, demonstriert Anzengruber die moralische Erstarrung und die Oberflächlichkeit des zeitgenössischen Katholizismus. S. antwortet auf die Frage, was Kindespflicht sei: »Gehorchen und das Glück Gott anheim stellen.« Damit treibt er die fromme Hedwig → Hutterer ins Unglück und in den Tod.

Schöne Seele → Phyllis (Goethe: *Wilhelm Meisters Lehrjahre*)

Scholz [*Das Friedensfest.* Schauspiel von Gerhart Hauptmann, 1890]. – Der seit Jahren mit seiner Familie zerstrittene, labile Wilhelm S. soll sich auf Wunsch seiner Verlobten Ida Buchner und deren Mutter am Weihnachtsabend mit seiner Familie versöhnen. Doch das Friedensfest endet als Katastrophe.

Scholz [*Der Marquis von Keith.* Schauspiel von Frank Wedekind, 1901]. – Ernst S., der Jugendfreund des Marquis von → Keith, ist dessen Gegenbild: ein mit materiellen Gütern und sozialem Ansehen gesegneter Idealist und Moralist von monomanischem Altruismus, der Lebensgenuß und Freiheit nicht mit seinen Idealen vereinbaren kann, obwohl er sich darum bemüht. Er zieht sich deshalb in eine Irrenanstalt zurück.

Schoppe [*Titan.* Roman von Jean Paul, 1800–1803]. – S., einer der vielen Erzieher → Albanos, ist der Typus des exzentrischen Humoristen, dessen romantische Skurrilität und böse Ironie krankhafte Züge aufweisen. Der von der Natur benachteiligte, häßliche Mann besitzt nur seinen überlegenen Geist, sein Herz unterdrückt er aus

Stolz, um keine Zurückweisung zu riskieren. Er wird das Opfer eines Fichteschen Solipsismus; die Weltferne des subjektivistischen Menschen führt bei ihm über die Weltentfremdung zum Wahnsinn. – Im *Siebenkäs* war S. unter seinem eigentlichen Namen → Leibgeber der Freund, Berater und Doppelgänger der Titelgestalt.

Schranden → Baumgart (Sudermann: *Der Katzensteg*)

Schroffenstein [*Die Familie Schroffenstein.* Trauerspiel von Heinrich von Kleist, 1803]. – Zwischen den Familien S. aus den Häusern Warward und Rossitz herrscht Todfeindschaft; ihr fallen die beiden Liebenden Ottokar und Agnes zum Opfer, und über ihren Leichen versöhnen sich die Familien.

Schroubek [*Die Widmung.* Erzählung von Botho Strauß, 1977]. – Seit seine Freundin Hannah ihn verlassen hat, zieht sich der Buchhändler Richard S. in seine Wohnung zurück und führt ein Erlebensprotokoll seiner Vereinsamung und seines vergeblichen Wartens, in dem sich zunehmend seine innere Leere und die Theatralik seiner Trauer manifestieren.

Schütt [*Kein Hüsung.* (Niederdt.) Versepos von Fritz Reuter, 1858]. – Der mecklenburgische Gutsknecht Johann S. kann seine Braut Marie Brand, die ein Kind von ihm erwartet, nicht heiraten, weil der Gutsherr ihnen das Niederlassungsrecht (de Hüsung) verweigert. Daraufhin erschlägt der Knecht den Herrn und flieht nach Amerika.

Schuster → Overbeck (de Bruyn: *Preisverleihung*)

Schwan [*Der Sonnenwirt.* Roman von Hermann Kurz, 1854]. – Frieder S. ist eine Kohlhaas-Gestalt. Wegen geringfügiger Verfehlungen vom eigenen Vater ins Zuchthaus gebracht, vereiteln Vorurteile und heuchlerische Sittenstrenge jeden seiner Versuche, wieder in die Dorfgemeinschaft aufgenommen zu werden. Selbst seine Absicht, als reicher Wirtssohn die bettelarme Christine zu heiraten, trägt zu seiner anhaltenden Ächtung bei. S. wird von einer Justiz, die ebenso seelenlos ist wie die Moralvorstellungen, auf denen sie beruht, an den Galgen gebracht. Frieder S. liegt die historische Gestalt Johann Friedrich S. zu Grunde, die auch Schiller zum Erzählanlaß nahm (Christian → Wolf). Schiller interessierte der außergewöhnliche Charakter, Kurz das Versagen der Gesellschaft.

Schwarze → Magda (Sudermann: *Heimat*)

Schwarzkopf [*Buddenbrooks.* Roman von Thomas Mann, 1901]. – Morten S., der zwanzigjährige Sohn des Lotsenkommandanten in Travemünde, studiert in Göttingen Medizin, gehört heimlich einer Burschenschaft an und vertritt revolutionäre Ansichten. Er ist ein linkischer Junge, der sich in → Tony Buddenbrook verliebt, obwohl sie einer Gesellschaftsschicht angehört, die er »im Prinzip« ablehnt.

Schweidler → Maria S. (Meinhold: *Maria Schweidler, die Bernsteinhexe*)

Schweizerkas [*Mutter Courage und ihre Kinder.* Bühnenstück von Bertolt Brecht, UA 1941; ED 1949]. – Weil S. dumm ist, hat ihn Mutter → Courage zur Ehrlichkeit erzogen. Das bringt ihm den Tod, denn als Zahlmeister der schwedischen Truppen will er bei einem Überfall die Regimentskasse in Sicherheit bringen, wird dafür des Diebstahls verdächtigt und erschossen.

Schwenkhusen → Barbara Gripen (Bergengruen: *Die Feuerprobe*)

Schwerdtfeger [*Doktor Faustus.* Roman von Thomas Mann, 1947]. – Rudi S., ein hübscher junger Geiger und großer Charmeur, ist mit Adrian → Leverkühn befreundet, der für ihn ein Violinkonzert komponiert. Sch. versucht vergebens, für Leverkühn zwischenmenschliche Kontakte aufzubauen. Er wird am Ende von der eifersüchtigen → Ines Rodde in München in der Straßenbahn erschossen.

Schwersenz [*Die sterbende Jagd.* Roman von Gerd Gaiser, 1953]. – Der Oberfähnrich v. S. ist einer der jungen Jagdflieger des Zweiten Weltkriegs, die pflichtbewußt und flugbegeistert ihren Dienst tun. Er ist in seinem ritterlichen Idealismus verstört durch Gefangenenmißhandlungen, deren Zeuge er an der Ostfront war. Sein Fliegertod befreit ihn aus einer tiefen moralischen Verwirrung.

Schweyk [*Schweyk im Zweiten Weltkrieg.* Stück von Bertolt Brecht, UA 1957]. – Den Hundefänger S., die berühmte Gestalt aus dem Roman *Die Abenteuer des braven Soldaten Schwejk* (1921–1923) von J. Hašek, versetzt Brecht aus dem Ersten in den Zweiten Weltkrieg und macht aus ihm einen Opportunisten mit hinterhältiger Bauernschläue, die ihn jedoch nicht vor dem Schrecken der Zwangsarbeit und des Kriegseinsatzes bewahrt.

Schwitter [*Der Meteor.* Komödie von Friedrich Dürrenmatt, 1966]. – An der Figur des Dramatikers und Nobelpreisträgers S. entlarvt Dürrenmatt die Scheinheiligkeit der Gesellschaft gegenüber dem Tod und die Komik des Starkults um einen Nobelpreisträger. S., bereits klinisch tot, erwacht wieder zum Leben, ist aber dieses Lebens überdrüssig. Er bemüht sich vergeblich zu sterben, bringt aber paradoxerweise denen, die um ihn sind, den Tod: seiner 19jährigen Frau Olga, dem Pfarrer, dem Arzt usw.

Scipio.
Publius Cornelius S. Africanus maior (um 225–183 v. Chr.) war der Sieger über Hannibal und machte Nordafrika westlich von Karthago vom Römerreich abhängig.
[*Sophonisbe*. Trauerspiel von Daniel Casper von Lohenstein, ED 1680]. – Lohenstein stellt S. im Kontrast zu der affektgeleiteten → Sophonisbe als Idealfigur des rex iustus dar, als beherrschten, überlegenen Staatsmann. Er will damit dem Kaiser Leopold I., zu dessen Vermählung das Werk entstand, einen Spiegel vorhalten.

Scuderi.
Madeleine de Scudéry (1607–1701), Verfasserin vielbändiger Heldenromane, war am Hofe Ludwigs XIV. angesehen.
[*Das Fräulein von Scuderi*. Novelle von E.T.A. Hoffmann, ED 1819]. – Dem Fräulein Magdaleine von S., einer warmherzigen alten Dame mit einem untrüglichen psychologischen Einfühlungsvermögen, gelingt die Aufklärung der geheimnisvollen Verbrechen in Paris um 1680, die der Goldschmied → Cardillac begangen hat. Nicht detektivischer Scharfsinn, sondern das Vertrauen, das man ihr von allen Seiten entgegenbringt, setzt sie in Kenntnis der Wahrheit.

Sebaldus [*Wilhelmine oder Der vermählte Pedant*. Kleinepos von Moritz August von Thümmel, 1764]. – S. gehört in die Reihe der ehrenwerten, aber schrulligen Landpfarrer der Empfindsamkeit, deren bekanntester Vertreter Goldsmiths *Vicar of Wakefield* (1766) ist. Pedantisch, gelehrt und weltfremd, hat er es in seiner Schüchternheit versäumt, um die heimlich geliebte Wilhelmine anzuhalten. Sie ist inzwischen zur Kammerfrau in der Residenz avanciert; doch am Ende erfüllt sich sein Glück in der ländlichen Idylle.

Sebaldus Nothanker [*Das Leben und die Meinungen des Herrn Magister Sebaldus Nothanker*. Roman von Friedrich Nicolai, 1773–1776]. – Der aufgeklärte Dorfpfarrer S. N. gerät in Konflikt mit dem Pietismus und der Orthodoxie, weil er sich mit den »moralischen Gesetzen Gottes« beschäftigt und die »dogmatischen Wahrheiten« vernachlässigt. Er verliert Amt, Haus, Frau, Tochter und hat einen langen Leidensweg vor sich, bis ihm ein Lotteriegewinn ein gutes Ende beschert.

Sebastian.
S., König von Portugal, regierte 1557–1578.
[*Die Portugalesische Schlacht*. Schauspiel von Ernst Penzoldt, 1931]. – Der junge, beliebte König S. ist ein verträumter Idealist, ohne politische oder strategische Begabung. Trotzdem will er in einem Feldzug gegen die Mauren Ruhm und die Krone Afrikas gewinnen. Sein schlecht organisiertes, aber prächtig aufgeputztes Heer scheitert in der Wüste und S.

fällt. In Spanien glaubt man nicht an seinen Tod, und ein falscher S. versucht, in seine Rolle zu schlüpfen und seine Idee weiterzuführen. Für Penzoldt verkörpert S. den »vaterländischen Eros«.

Sebastian [*Der Abituriententag*. Roman von Franz Werfel, 1928]. – Der Landgerichtsrat S. ist ein Richter, der mit sich selbst ins Gericht geht und sich schuldig bekennt. Am Tag des 25jährigen Abituriententreffens glaubt er in einem Untersuchungshäftling den ehemaligen Klassenkameraden Franz → Adler zu erkennen, den er unterdrückt und zur Flucht aus der Stadt getrieben hat. Als sich der Häftling als Fremder herausstellt, sieht S. in ihm eine der Gerechtigkeit dienende Fügung Gottes.

Sedemund [*Die echten Sedemunds*. Drama von Ernst Barlach, 1920]. – Der alte »echte« Sedemund und sein Bruder Waldemar sind zwei spießige Kleinstädter, die ihre böse Vergangenheit hinter der Maske der Wohlanständigkeit verbergen. Der Sohn Gerhard, ein Weltverbesserer, ist seinem Vater ein Ärgernis, denn er predigt die Güte als Lebensprinzip. Am Ende zieht sich Gerhard, gescheitert und angeekelt von der Scheinheiligkeit und Unverbesserlichkeit der Welt, freiwillig in die Irrenanstalt zurück, in die ihn Vater und Onkel zwangsweise hatten abschieben wollen.

Seelchen → Rosemarie (Günther: *Die Heilige und ihr Narr*)

Seelenbräu → Hochleithner (Zuckmayer: *Der Seelenbräu*)

Seespeck [*Seespeck*. Romanfragment von Ernst Barlach, 1948]. – S. ist ein stilisiertes Selbstportrait des Autors. Die Hauptgestalt des Romans wird durch eine Reihe von Erlebnissen und Begegnungen geführt, die sie »mit den Augen wie mit dem geistigen Fangorgan an seine Seele« zieht, um dahinter die »Weltseele zu erkennen«.

Segestes (Segesthes). Der historisch verbürgte Cheruskerfürst S. war → Arminius, der ihm die Tochter → Thusnelda geraubt hatte, feindlich gesinnt. Er soll seine eigene Tochter den Römern ausgeliefert haben. In den Arminius- und Hermann-Dichtungen spielt er die Rolle des Vaterlandsverräters, zum Beispiel in Klopstocks *Hermann und die Fürsten* (1784) und Kleists *Hermannsschlacht* (ED 1821).

Sehmsdorff [*Das wunderbarliche Vogelnest*. Roman von Hans Jakob Christoffel von Grimmelshausen, 1672–75]. – Der Ich-Erzähler Michael Rechulin von S. (Anagramm von Christoffel von Grimmelshausen) greift dank des unsichtbaren Vogelnests schützend und helfend in das Leben Gefährdeter ein, unterliegt aber auch der Versuchung, die Tarnkappe für den eigenen Vorteil zu nutzen.

Am Ende stehen gemäß dem vorgeblichen moralischen Zweck des Erzählens Reue und Umkehr.

Sekretär [*Maria Magdalene.* Bürgerliches Trauerspiel von Friedrich Hebbel, 1844]. – Der S., der Jugendgeliebte → Klaras, bringt nicht den Mut auf, dem Mädchen seinen »Fehltritt« zu verzeihen, denn: »Darüber kommt kein Mann hinweg«. Aber er duelliert sich für ihre Ehre mit → Leonhard und tötet ihn.

Selicke [*Die Familie Selicke.* Drama von Arno Holz und Johannes Schlaf, 1890]. – Das Drama zeigt in konsequentem Naturalismus das Sterben eines Kindes unter den Augen des betrunkenen Vaters. Die sechsköpfige Familie S. haust zu Ende des 19. Jh.s in einer ärmlichen Wohnung im Norden Berlins. Die Ehe der Eltern ist nach 30 Jahren völlig zerrüttet, die Trunksucht des Vaters hat die Mutter griesgrämig und wehleidig gemacht. Der Vater Eduard S. versetzt mit seinen alkoholbedingten Stimmungsumschwüngen zwischen Heiterkeit und Verzweiflung alle in Furcht und Abscheu. Die jüngste Tochter Linchen, Vaters Liebling, ist an Schwindsucht erkrankt und stirbt am Heiligen Abend. Die erwachsene Tochter Toni opfert sich nach dem Tod der Schwester für den Zusammenhalt der Familie und löst ihre Verlobung mit dem Kandidaten der Theologie Gustav Wendt.

Selle → Einhart S. (C. Hauptmann: *Einhart der Lächler*)

Sellmann [*Der Mädchenkrieg.* Roman von Manfred Bieler, 1975]. – Der Roman schildert die Geschichte der Bankiersfamilie Dr. S., die die dreißiger Jahre und den Krieg in Prag erleben. Die Töchter entwerfen ihr Leben verschiedenartig – Christine lernt ihre innere Unsicherheit hinter einer mondänen Fassade zu verbergen, Sophie entwickelt sich zu einer exzentrischen Nymphomanin, und Katharina schließt sich dem tschechischen Widerstand an. S., der die Familie zusammenhalten will, kommt am Kriegsende um, die Töchter werden als Deutsche in alle Winde zerstreut.

Semilasso [*Vorletzter Weltgang von Semilasso,* 1835; *Semilasso in Afrika,* 1836. Reiseberichte von Hermann Fürst von Pückler-Muskau]. – S. war vor der Mitte des 19. Jh.s der Afrikareisende schlechthin. Fürst Pückler nannte sich so (ital.: »der Halbmüde«) in Anspielung auf den modischen Weltschmerz und die »Europamüdigkeit«.

Semper → Asmus S. (Ernst: *Asmus Sempers Jugendland*)

Seni.
Giovanni Battista Senno, Sie-

nese, war seit 1629 Astrologe im Dienste → Wallensteins. [*Wallenstein.* Dramatisches Gedicht (Trilogie) von Friedrich von Schiller, 1800]. – Der Astrologe S. taucht schon in *Wallensteins Lager* in den Gesprächen der Soldaten als geheimnisvoller Magier auf, der eine unerklärliche Macht auf Wallenstein ausübt. Die Abhängigkeit des Feldherrn von S. und dessen Sterndeuterei wird zur tragischen Ironie, weil Wallenstein die Warnungen im entscheidenden Augenblick mißachtet.

Senta [*Der fliegende Holländer.* Romantische Oper von Richard Wagner, 1843]. – S. ist die Erlöserin, die zu grenzenloser Hingabe und zum Liebestod bereite Frau. Als die Tochter des norwegischen Seemanns → Daland dem sagenhaften → Holländer gegenübertritt, ist sie ihm schon im Traum begegnet und fühlt sich seit langem ihm zugehörig. Sie verspricht ihm Treue bis in den Tod und stürzt sich ins Meer, als er an ihr zweifelt.

Sepherl → Schlucker (Nestroy: *Zu ebener Erde und erster Stock*)

Sepp [*Stallerhof,* UA 1972; *Geisterbahn,* UA 1975. Theaterstücke von Franz Xaver Kroetz]. – Der Altknecht auf dem Stallerhof findet das einzige Glück in seinem geknechteten Leben in der sexuellen Beziehung zu der minderjährigen, geistig behinderten → Beppi.

Seppe [*Das Stuttgarter Hutzelmännlein.* Märchen von Eduard Mörike, 1853]. – Der Schustergeselle S. erhält von dem Stuttgarter Kobold ein Stück Hutzelbrot, das sich nie verbraucht, und zwei Paar Glücksschuhe, wovon er ein Paar anziehen und ein Paar an den Wegrand stellen soll. Da er die Schuhe verwechselt und einen der Mädchenschuhe trägt, müssen er und die ihm vorbestimmte Braut Vrone Kiderlen viele Abenteuer bestehen, ehe sie ein Paar werden.

Sepulveda → Las Casas (R. Schneider: *Las Casas vor Karl V.*)

Seraphim [*Die sterbende Kirche.* Roman von Edzard Schaper, 1936]. – »Der letzte Priester der rechtgläubigen Kirche Gottes« in Port Juminde, einem fiktiven estnischen Hafenort, ist der griechisch-orthodoxe Priester Vater S.; er hält eine kleine Christengemeinde zusammen. Seine Widersacher sind die unter dem Einfluß des übermächtigen atheistischen Nachbarn stehenden staatlichen Behörden und die Bolschewisten im eigenen Lande.

Serapion [*Die Serapionsbrüder.* Erzählungen von E.T.A. Hoffmann, 1819–1821]. – Der einflußreiche Graf P. glaubt in plötzlichem Wahnsinn der Märtyrer S. zu sein, zieht sich in eine einsame Gegend zurück, die er für die Thebaische Wüste hält, in die einst der Märtyrer geflohen ist. Die Flucht aus der Wirklichkeit verstärkt seine Vorstellungskraft und sein Dichtertum. Unter der Schutzherrschaft des S. treffen sich deshalb vier (später sechs) Freunde regelmäßig, erzählen, diskutieren und lesen aus eigenen Werken vor. Diese Konstruktion bildet den Rahmen für die Erzählsammlung, wobei Hoffmann in den Gestalten seinen eigenen Freundeskreis porträtiert und jedem Geschichten zuschreibt, die seinem Wesen entsprechen. In Ottmar ist Julius Eduard Hitzig zu erkennen, in Sylvester Karl Wilhelm Salice-Contessa, in Vinzenz Johann Koreff und in Theodor der Autor selbst. Ob sich hinter Cyprian Adelbert von Chamisso verbirgt und hinter Lothar Friedrich Baron de la Motte Fouqué, ist weniger gesichert.

Serlo [*Wilhelm Meisters Lehrjahre.* Roman von Johann Wolfgang von Goethe, 1795/96]. – Als Direktor eines stehenden Schauspielhauses ist S. Repräsentant der Bestrebungen der Zeit, ein von den Hofbühnen unabhängiges bürgerliches Nationaltheater zu gründen. S., in dessen Truppe → Wilhelm Meister die höchste und professionellste Stufe der Schauspielkunst kennenlernt, ist dem Hamburger Prinzipal Friedrich Ludwig Schröder ähnlich.

Serpentina [*Der goldene Topf.* Kunstmärchen von E.T.A. Hoffmann, ED 1814]. – S. ist Symbolfigur für die Phantasie. Die Tochter des Elementargeists → Salamander lockt in Gestalt einer Schlange den Studenten → Anselmus in das Wunderland der Poesie.

Sesemi → Therese Weichbrodt (T. Mann: *Buddenbrooks*)

Settembrini [*Der Zauberberg.* Roman von Thomas Mann, 1924]. – Der Italiener Ludovico S., Freimaurer und, wie Thomas Manns Bruder Heinrich, »Zivilisationsliterat«, vertritt einen idealistischen und optimistischen Sozialismus, glaubt an den Fortschritt, die Vervollkommnung der Menschheit und eine zukünftige Weltrepublik. In heftigen Streitgesprächen mit dem Weltverächter → Naphta will er den höflich und lernwillig zuhörenden Hans → Castorp zu seinem »Zögling« machen.

Sewfriedt → Siegfried

Seymour → Sternheim (La Roche: *Geschichte des Fräuleins von Sternheim*)

Sfaira [*Sfaira der Alte.* Dichtung von Alfred Mombert, 1936–1941]. – Die mythische Gestalt S. geht am Ende der → *Aeon*-Trilogie aus dem ewigen Menschengeist hervor als der »Jüngling-Genius«, dessen Aufgabe es ist, alles Irdische, einschließlich der Menschen, zu vergeistigen. Als *Sfaira der Alte* ist S. das alter ego des Autors.

Shatterhand [*Winnetou.* Abenteuerroman in drei Bd. von Karl

May, 1893–1910]. – In Old S., dem Ich-Erzähler des Romans, schuf der Autor ein Wunschbild seiner selbst. Der arme Deutsche kommt als Abenteurer nach Amerika, wird als Feldmesser beim Eisenbahnbau in den Wilden Westen verschlagen und erwirbt sich dort mit seinem »Jagdhieb« seinen Spitznamen. Seine Fairneß bei den Kämpfen mit den Apachen führt zur Freundschaft mit deren Häuptling → Winnetou, den er sogar zum Christentum bekehrt. Die unterschwellig homoerotische Beziehung der Freunde betonte Arno Schmidt.

Shen Te [*Der gute Mensch von Sezuan.* Ein Parabelstück von Bertolt Brecht, 1953; UA 1943]. – Die ehemalige Prostituierte S. T., eine gutmütige, hilfsbereite Frau, kann ihren Tabakladen nur halten, indem sie einen Vetter Shui Ta erfindet und in dieser Maske hartherzig und geschäftstüchtig handelt.

Shlink [*Im Dickicht der Städte.* Stück von Bertolt Brecht, 1927; UA 1923]. – Der malaiische Holzhändler verwickelt George Garga, den Angestellten einer Leihbücherei, ohne ersichtlichen Grund in einen Streit, der zu einer sich steigernden Fehde zwischen den beiden führt. Am Ende nimmt S. Gift und Garga brennt die Holzhandlung nieder.

Shui Ta → Shen Te (Brecht: *Der gute Mensch von Sezuan*)

Sickingen.
Franz von S. (1481–1523) aktivierte im Zuge der Reformation den Reichsritterstand gegen die geistlichen Fürsten mit dem Ziel, selbst Kurfürst von Trier zu werden. Er starb an dem Tag, an dem er in seiner Burg Nannstein kapitulieren mußte.
[*Götz von Berlichingen.* Schauspiel von Johann Wolfgang von Goethe, UA 1774]. – S. ist → Götz von Berlichingen in standesbewußter Freundschaft verbunden, heiratet dessen von → Weislingen verlassene Schwester → Maria und erzwingt mit Waffengewalt ehrenhafte Bedingungen für den gefangenen Götz. Dessen Untergang und sein eigener, der in den letzten Szenen angedeutet wird, symbolisieren das Ende des Reichsritterstandes.
[*Franz von Sickingen.* Drama von Ferdinand Lassalle, 1859]. – S. trägt Kaiser Karl V. ein lutherisch geeintes deutsches Nationalreich an und erstrebt, als Karl ablehnt, selbst die Kaiserkrone. S. ist eine historische Beispielfigur für das Scheitern der Revolution von 1848 und bekannt wegen der sogenannten »Sikkingen-Debatte« mit Karl Marx und Friedrich Engels, die Lassalle vorwarfen, er habe mit dem Ritter S. fälschlich den Repräsentanten eines untergehenden Standes zum Revolutionsführer gemacht.

Siddhartha [*Siddhartha.* Roman von Hermann Hesse, 1922]. – Auf der Suche nach Glaubensgewißheit durchmißt der indische Brahmanensohn S. die Wegstrecken der Buße und Askese, der Buddha-Jüngerschaft und der Welterfahrung. Die Kurtisane → Kamala unterweist ihn in der Liebe, der Kaufmann → Kamaswami in Handel und Wandel. S. kann sich mit keiner Art von Weltverständnis identifizieren, bis er als Gehilfe des Fährmanns → Vasudeva lernt, im einfachen tätigen Leben und in der Unwandelbarkeit des strömenden Flusses die Selbstzweifel zu vergessen. In S. spiegelt Hesse eigene Indienerfahrungen und religiöse Zweifel.

Sidrat → Ortnît (*Ortnît und Wolfdietrich*)

Siebenkäs [*Siebenkäs.* Roman von Jean Paul, 1796/97]. – S. ist einer von den komischen Käuzen Jean Pauls, die um ihre Verschrobenheit wissen und sie als höhere Lebensform genießen. Seine schwärmerische und humoristische Weltsicht macht ihn unabhängig von der Meinung der Welt. Der Armenadvokat in der hinterwäldlerischen Kleinstadt Kuhschnappel verstrickt sich stärker in die Enge der Spießerwelt durch eine törichte Ehe mit der beschränkten → Lenette. Er befreit sich aus dieser unglücklichen Verbindung durch seinen Scheintod und den Namenstausch mit seinem Doppelgänger → Leibgeber.

Siegfried (Siefrit).
S. geht auf den → Sigurd des Heldenlieds zurück.

[*Nibelungenlied.* Anonymes Heldenepos, entst. um 1200]. – Der Königssohn aus Xanten ist der strahlende junge Held mit übernatürlichen Kräften. Schon in frühester Jugend überwindet er das Zwergenvolk der Nibelungen und gewinnt deren Hort (Goldschatz) und Tarnkappe. Er tötet den Drachen Fafnir; dessen Blut überzieht ihn mit einer unverletzbar machenden Hornhaut, die nur eine verwundbare Stelle offen läßt. Als Gegenleistung für die Hilfe, die er dem Burgundenkönig → Gunther bei der Werbung um → Brünhild leistet, gewinnt er dessen Schwester → Kriemhild. Der mit der Brautwerbung für Gunther verbundene Betrug führt zu S.s heimtückischer Ermordung durch → Hagen und zu Kriemhilds alles verheerender Rache an ihren Brüdern.

[*Der hörnerne Siegfried.* Tragödie von Hans Sachs, entst. bis 1537; ED 1561]. – Der Held S. wird zum ungeratenen Sohn verbürgerlicht.

[*Die Nibelungen.* Trauerspiel von Friedrich Hebbel, 1862]. – S.s existenzielle »Schuld« im Sinne des Hebbelschen Pantragismus liegt in seiner angeborenen übernatürlichen Riesenkraft, verbunden mit naiver Überheblichkeit. Sein »Übermaß« muß zum tödlichen Konflikt mit der Wirklichkeit führen; das Drachenblut macht ihn vollends zum Übermenschen, der im ehrlichen Kampf nicht besiegt werden kann. Tragisch verstrickt er sich, weil er seine mythische Begegnung mit der

wesensverwandten Brunhild mißachtet und seinem Herzen folgt.
[*Der Ring des Nibelungen.* Musikdramatische Tetralogie von Richard Wagner, 1853]. – S. verbindet Charakterzüge des nordischen Sigurd mit denen des S. aus dem *Nibelungenlied* und der Märchengestalt des Furchtlosen. Durch die später von den Nationalsozialisten übernommene Interpretation H. S. Chamberlains wurde S. zum Inbegriff des germanischen Helden.

Siegfried → Genoveva

Siegfried von Moorland [*Kudrun.* Anonymes Heldenepos, entst. um 1240]. – S. v. M. ist einer der abgewiesenen Freier → Kudruns, der seinen erfolgreichen Rivalen → Herwig von Seeland bekämpft, aber später dessen Schwester heiratet.

Sieglind Aarenhold [*Wälsungenblut.* Erzählung von Thomas Mann, entst. 1905, ED 1921]. – S. und Siegmund A. sind »zwei Luxuswesen, jüdische Zwillinge des überfeinerten Berliner Westens, (...) deren üppig-spöttisches Einsamkeitspathos sich den Ur-Inzest von Wagners Wälsungen-Geschwisterpaar zum Muster nimmt«. Ihr Inzest entspringt der Hochmütigkeit einer dekadenten Schönheitssehnsucht. Wegen übereinstimmender Züge mit dem Zwillingspaar Katja Mann und Klaus Pringsheim wurde die Erzählung zu Lebzeiten Th. Manns nur als Privatdruck veröffentlicht.

Sieglinde → Wälsungen (Wagner: *Der Ring des Nibelungen*)

Siegmund → Wälsungen (Wagner: *Der Ring des Nibelungen*)

Siegwart [*Siegwart.* Roman von Johann Martin Miller, 1776]. – Die Titelgestalt der rührseligen »Klostergeschichte«, eines Erfolgsromans seiner Zeit, ist ein empfindsamer, leicht beeinflußbarer Knabe, der, vom Beispiel der idealen Gemeinschaft in einem Kapuzinerkloster angeregt, Mönch werden will, die Piaristenschule besucht, sich dann aber in die bereits einem anderen versprochene Marianne verliebt und ins Weltliche abweicht. Der Widerstand der Familie und der vermeintliche Tod der Geliebten lenken ihn endgültig ins Kloster. Erst an ihrem Sterbebett begegnet er ihr als Nonne wieder und stirbt ihr an ihrem Grab nach.

Siggi Jepsen [*Deutschstunde.* Roman von Siegfried Lenz, 1968]. – Der Ich-Erzähler S. Jepsen hat als Knabe Bilder des Malers → Nansen gestohlen und versteckt, die von den NS-Behörden beschlagnahmt werden sollten. Nach dem Kriege stiehlt er in einem psychoneurotischen Zwangsverhalten erneut Nansens Bilder und kommt dafür in ein Jugendgefängnis. Dort muß er als Strafe einen

Aufsatz über »Die Freuden der Pflicht« schreiben. Das Thema ist für ihn eng mit seinem Vater, dem Polizisten Jens → Jepsen, verbunden, und so wird aus seinem »Aufsatz« ein Roman über seine Kindheit.

Sigismund [*Der Turm.* Trauerspiel von Hugo von Hofmannsthal, ED 1925]. – S., der Sohn des Königs → Basilius, wird in einem Turm gefangengehalten und entwickelt sich fern von Hochmut, Machtbewußtsein und Intrigantentum zu einem reinen Jüngling, dem idealen durchgeistigten und gewaltlosen Herrscher. Während eines Aufstands zum König geworden, lehnt er es ab, Macht auszuüben; er steht zwischen dem Intriganten → Julian und dem machtlüsternen → Olivier und wird in dessen Auftrag erschossen.

Siglhupfer [*Die Glücksritter.* Novelle von Joseph Freiherr von Eichendorff, ED 1841]. – Kurz nach dem Dreißigjährigen Krieg gelangen der »Klarinett« genannte Musikant S. und der verkommene Student Suppius bei ihren Streifzügen zu einem Waldschloß, wo die ehemalige Marketenderin Sinka unter dem Namen Euphrosine die große Dame spielt. Die beiden Helden lassen es sich dort wohl ergehen und finden trotz Soldatenüberfall und Rückkehr des Schloßherrn zu einem dauerhaften Glück.

Sigmar → Thumelicus (Halm: *Der Fechter von Ravenna*)

Signe Skaerdal [*Perrudja.* Roman von Hans Henny Jahnn, 1929]. – Die Verlobte des naturhaft-rohen Hoyer wird von → Perrudja als ihm verwandte, mythisch überhöhte Menschengestalt, als das archetypische Weib empfunden. Perrudja erschießt den Rivalen Hoyer, doch S. versagt sich ihm in der Hochzeitsnacht, in ihrem heidnisch-vitalen Stolz getroffen von dem verlogenen Verhalten des Mörders und von seiner durch Reflexion verdorbenen Männlichkeit.

Sigune [*Parzival.* Versroman entst. zw. 1200 u. 1210; *Titurel.* Fragmente eines höfischen Epos von Wolfram von Eschenbach, entst. nach 1215]. – [*Der jüngere Titurel.* Höfisches Epos, wahrscheinlich von Albrecht von Scharfenberg, entst. um 1270]. – S. stammt aus dem Gralsgeschlecht wie ihr Geliebter → Schionatulander. Sie verspricht ihm ihre volle Hingabe, wenn er das Brackenseil (Hundeleine) wiederbringt, in das eine Liebesgeschichte eingestickt ist, die sie zu Ende lesen möchte. Damit treibt sie den Geliebten in den Tod. Im *Parzival* lebt S. mit dem toten Schionatulander in einer mystischen Gemeinschaft. Sie klärt → Parzival über seine Herkunft auf und verflucht sein Versagen in der Gralsburg.

Sigurd [*Altes Sigurdlied.* Anonymes Heldenlied, entst. zw. 8. Jh. und 1100, überliefert in der *Edda* (altisländisch), aufgezeichnet nach 1250]. – Der Drachentöter S. ist der Typus des unbekümmerten Recken. S. (→ Siegfried) ist vermählt mit → Gudrun (→ Kriemhild des *Nibelungenlieds*), der Schwester der Burgundenkönige → Gunnar und → Högni. Um die Walküre → Brynhild für Gunnar als Frau zu gewinnen, tauscht er mit diesem die Gestalt. Als der Betrug nach Jahren durch einen Streit der Königinnen aufgedeckt wird, veranlaßt Brynhild, daß Gunnar und Högni S. ermorden lassen.

Silvester.
S. I. war Papst von 314–335. [*Silvester.* Verslegende von Konrad von Würzburg, entst. um 1265]. – S., in jungen Jahren zur Papstwürde gelangt, beweist die Macht des Christengottes, indem er einen Drachen besiegt und den Kaiser Konstantin von der Pest heilt und zum Christentum bekehrt (nicht historisch).

Silvia → Lauretz (Knittel: *Via mala*)

Simmering [*Stalingrad.* Roman von Theodor Plievier, 1945]. – Der Oberstabsarzt erfüllt seine Pflicht aufopferungsvoll, erkennt jedoch die Sinnlosigkeit des Kampfes und die irrsinnige Absicht des »Führers«, auf Kosten Hunderttausender von Menschenleben die Vernichtung der 6. Armee als Exempel für heroisches Sterben propagandistisch auszunutzen.

Simon [*Brot.* Roman von Karl Heinrich Waggerl, 1930]. – S. ist die Hauptgestalt eines typischen Schollenromans nach dem Muster von Hamsuns *Segen der Erde.* Durch eine Gefängnisstrafe vereinsamt, kolonisiert S. als junger Mann eine Einöde und ringt der Natur mühsam Ackerland ab. Eines Tages kommt Regine aus dem Dorf zu ihm und hilft. Sie bringen es zu einem ansehnlichen Hof, den der Erbe Peter eines Tages weiterführen wird.

Simone Machard [*Simone.* Roman von Lion Feuchtwanger, 1944]. – [*Die Gesichte der Simone Machard.* Stück von Bertolt Brecht, entst. 1941–43; UA 1957]. – Simone, eine fünfzehnjährige Französin, fühlt sich durch Träume berufen, als eine neue Jeanne d'Arc ihre Heimat gegen die Deutschen zu verteidigen (1940). Sie zündet ein Benzindepot an, doch ihre Tat wird nicht zum Fanal; S. wird vielmehr von ihren eigenen Landsleuten, die an ihren persönlichen Vorteil denken, in eine Besserungsanstalt gesteckt. – Der Stoff wurde von Brecht unter Mitarbeit Feuchtwangers dramatisiert.

Simplicius [*Der Abenteuerliche Simplicissimus.* 1668; *Der seltsame Springinsfeld.* 1670, Romane von Hans Jakob Christoffel von Grimmelshausen]. – S.

ist der deutsche Nachfolger der Schelme und Abenteurer, die seit dem spanischen Lazarillo de Tormes (1554) Europa unsicher machen. Der einfältige S. ist ein unfreiwilliger Vagant, nicht Abenteuerlust, sondern die Wirren des Dreißigjährigen Krieges reißen ihn aus seiner heilen bäuerlichen Heimat im Spessart und versetzen ihn in eine verkehrte Welt, wo er u.a. als kindlicher Einsiedler, als Narr, als Jäger von Soest, als Quacksalber, als Marode-Bruder (versprengter, plündernder Soldat) die Wechselfälle des menschlichen Lebens erfährt. Zum Schluß wendet er sich voller Ekel von der Welt ab und zieht sich in eine Einsiedelei zurück.

Sinclair [*Demian.* Roman von Hermann Hesse, 1919]. – Das behütete und von gutgemeinten strengen Regeln umgrenzte Bürgersöhnchen Emil S. ist unter den verhängnisvollen Einfluß eines üblen Gassenjungen geraten (→ Kromer). Aus Schuldgefühlen und Angstzuständen wird er von dem nur wenig älteren, aber wesentlich reiferen Klassenkameraden → Demian gerettet, der mit seinem klaren Verstand das Gegenbild zu dem empfindlichen, oft haltlos in Abgründe des Leids versinkenden Künstlertyp S. bildet. Demians Mutter, Frau → Eva, wird für S. zu einem Traumbild der Mutter und der Geliebten. – Den Namen von Hölderlins Freund Emil Sinclair hat Hesse, der S. auch autobiographische Züge verliehen hat, bei der Erstveröffentlichung als Pseudonym benutzt. Seit der 9. Auflage (1920) steht er im Untertitel: *Die Geschichte von Emil Sinclairs Jugend.*

Singer [*Hiob.* Roman von Joseph Roth, 1930]. – Der orthodoxe Jude Mendel S. durchlebt ein Hiob-Schicksal, verliert seine Kinder Schemarja, Jonas und Miriam und seine Frau Deborah und erfährt am Ende eine Art Wunder der Begnadigung, weil sein vorher geisteskranker letzter Sohn Menuchim zum gefeierten Dirigenten aufsteigt.

Sinka → Siglhupfer (Eichendorff: *Die Glücksritter*)

Sintlinger [*Der Heiligenhof.* Roman von Hermann Stehr, 1918]. – Andreas und Johanna S. übernehmen um die Wende zum 20. Jh. einen stattlichen westfälischen Bauernhof. Als ihnen eine blinde Tochter, Helene, geboren wird, bringt das Erschütterung und Glück in ihr Leben. Das engelhafte, gütige Wesen des Lenleins versöhnt den Vater mit seinem Schicksal und bringt dem Anwesen den Namen Heiligenhof.

Sittah [*Nathan der Weise.* Dramatisches Gedicht von Gotthold Ephraim Lessing, 1779]. – S. ist die kluge und gebildete Schwester des Sultans → Saladin; ihr Harem bildet die häusliche Welt des Herrschers. Mit ihrem Privatvermögen stopft S. die Löcher in der Kasse des Bruders; sie gibt ihm den Rat, die Freigebigkeit und die Weisheit des Juden → Nathan zu prüfen und zu nutzen.

Sittinger → Anton S. (Graf: *Anton Sittinger*)

Sobeide [*Die Hochzeit der Sobeide*. Dramatisches Gedicht von Hugo von Hofmannsthal, 1909]. – S. versäumt die wahre Liebe, weil sie einem Traumbild nachjagt. Um ihre Eltern vor dem finanziellen Ruin zu retten, heiratet S. einen älteren, gütigen Kaufmann. Als sie diesem am Hochzeitstag ihre Liebe zu Ganem gesteht, läßt er sie frei. Aber S. muß erleben, daß sie sich Illusionen über ihren Geliebten gemacht hat und dieser sie brutal zurückweist. Sie kann die Entzauberung nicht ertragen und stürzt sich von einem Turm.

Soemus [*Herodes und Mariamne*. Tragödie von Friedrich Hebbel, 1850]. – Der Vertraute des → Herodes erhält den Auftrag, → Mariamne zu töten, falls der König von dem Kriegszug nicht zurückkehrt. S. fühlt sich dadurch in seiner Ehre gekränkt und als Werkzeug mißbraucht und offenbart sich der Königin.

Sofia → Manao Vinje (Jahnn: *Armut, Reichtum, Mensch und Tier*)

Sohn [*Der Sohn*. Drama von Walter Hasenclever, 1914]. – Der Sohn ist ein Prototyp des expressionistischen Helden. Über den pubertierenden, rebellierenden, fast zum Vatermord getriebenen einzelnen »Sohn« hinaus verkörpert er die Revolte der Jugend gegen das tyrannische Alter und das herrschende politische System, den »Aufruhr des Geistes gegen die Wirklichkeit«, um die Welt zu verändern. *Der Sohn* war von Hasenclever als Programmstück für eine zukünftige »Bühne für Kunst, Politik und Philosophie« gedacht.

Sokrates.
Der Philosoph S. (469–399 v. Chr.) war gelernter Bildhauer. In der Schlacht von Potidaia rettete er dem Feldherrn Alkibiades das Leben.
[*Der gerettete Alkibiades*. Theaterstück von Georg Kaiser, 1920]. – Der bucklige Bildhauer S. kompensiert seinen Körperdefekt durch Denkarbeit. Auch als er sich in der Schlacht von Potidaia einen Dorn in den Fuß tritt, beflügeln ihn die Schmerzen nicht nur dazu, wie rasend um sich zu schlagen – womit er → Alkibiades das Leben und das Ansehen rettet –, sondern auch zu einer Philosophie des Antivitalismus, wonach der Körper nur das Gefäß des Geistes und für sich allein bedeutungslos ist. So überläßt er Alkibiades den Ruhm.
[*Der verwundete Sokrates*. Erzählung von Bertolt Brecht, 1949]. – In Umkehrung der Motive verschweigt S. den Dorn im Fuß, der ihn zum Kämpfen angestachelt hat und ihn daran hindert, sich zur Siegesfeier zu

begeben, weil er sich nicht blamieren will. Er erfindet zur Tarnung seine Philosophie der Selbstüberwindung und der Gleichgültigkeit gegenüber dem äußeren Schein. Als er Alkibiades den wahren Grund seiner Zurückhaltung beichtet, bescheinigt ihm dieser dafür außergewöhnliche Tapferkeit.

Soldner [*Schlußball.* Roman von Gerd Gaiser, 1958]. – S. ist beim Lehrermangel der Nachkriegszeit als Englischlehrer im Gymnasium von Neu-Spuhl eingestellt worden, obwohl ihm die Lehrberechtigung fehlt. Er versucht in der oberflächlichen Wohlstandsgesellschaft die humanen Werte und die Ideale der Jugendbewegung zu erhalten, scheitert aber an der Angepaßtheit seiner Schüler. Er ist so desillusioniert, daß ihm seine Entlassung willkommen ist.

Solisa → Alarcos (F. Schlegel: *Alarcos*)

Soller → Alcest (Goethe: *Die Mitschuldigen*)

Sonja Irene L. [*Masse – Mensch.* Versdrama von Ernst Toller, 1921]. – Die Gestalt der S. zeigt das Dilemma zwischen einem pazifistischen Humanismus und revolutionärem Handeln auf. Als Bürgerliche stellt sich S. auf die Seite des Proletariats, ist aber gegen jede Art von Gewalt. Sie wendet sich von der Revolution ab, als diese auch zu blutigen Auseinandersetzungen führt, und stirbt für ihre Überzeugung.

Sonntag [*Die Wupper.* Schauspiel von Else Lasker-Schüler, 1909]. – Die Fabrikantenfamilie S. aus dem Wuppertal ist mit der Arbeiterfamilie Pius auf fatale Weise verbunden. Die Söhne und Töchter sind wechselseitig befreundet und stoßen sich an den sozialen und religiösen Schranken wund.

Sophie → Alcest (Goethe: *Die Mitschuldigen*)

Sophie [*Sophiens Reise von Memel nach Sachsen.* Roman von Johann Timotheus Hermes, 1769–73]. – Das verarmte adelige Mädchen soll von Memel nach Sachsen reisen, kommt aber in dem fünfbändigen Roman nur bis Königsberg. In S. gestaltet Hermes – teils ungewollt – einen zwiespältigen Charakter, der zwischen Reflexion und emotionalen Reaktionen hin- und hergerissen ist und nicht in das Schwarz-Weiß-Schema des aufklärerischen Tugendsystems paßt. Die Partner im Roman und die zeitgenössische Kritik beurteilen sie als wankelmütige, treulose »widrige Person«.

Sophie Faninal → Octavian (Hofmannsthal: *Der Rosenkavalier*)

Sophie Maske → Beeskow (Sternheim: *Das Fossil*)

Sophie von Beeskow → Maske (Sternheim: *1913*)

Sophonisbe [*Sophonisbe.* Trauerspiel von Daniel Casper von Lohenstein, ED 1680]. – Anders als die typischen Märtyrer des Glaubens oder der Tugend im deutschen Barock zerstört sich die Numider-Königin S. in realen Leidenschaften und Affekten, im Widerstreit zwischen Römerhaß, ungehemmtem Machtwillen und Liebesleidenschaft zu ihrem Gegner Massinissa.

Sorger [*Langsame Heimkehr.* Erzählung von Peter Handke, 1979]. – Der Geometer Valentin S. plant einen Artikel über Räume und hält sich dazu in Indianerland nördlich des Polarkreises, in Kalifornien und in New York auf. Sein wahres Ziel ist es, spekulative Verbindungslinien zwischen der objektiven Vermessung der Natur und seinen subjektiven Empfindungen herzustellen.

Sorm → **Laiper** (Sperr: *Landshuter Erzählungen*)

Sosias [*Amphitryon.* Lustspiel von Heinrich von Kleist, 1807]. – [*Zweimal Amphitryon.* Drama von Georg Kaiser, ED 1948]. – [*Amphitryon.* Komödie von Peter Hacks, 1968]. – S., der Diener des → Amphitryon, ein Schalk und Hasenfuß, sieht sich plötzlich seinem Doppelgänger gegenüber. Es ist der Gott Merkur, der seine Gestalt angenommen hat. Die Verwirrungen und Prügeleien, die daraus entstehen, sind die derbkomischen Partien der Komödien. Bei Hacks wird S. zum kriecherischen Knecht seines Herrn.

Spät [*Justiz.* Roman von Friedrich Dürrenmatt, 1985]. – Der Rechtsanwalt S. berichtet von dem Fall → Kohler, in dem die Verurteilung des Täters bei einem in aller Öffentlichkeit begangenen Mord zu einem Justizirrtum retouchiert wird. S. kann die Relativierung von Wahrheit und Gerechtigkeit psychisch nicht meistern und säuft sich zu Tode.

Spalanzani → Olympia (Hoffmann: *Der Sandmann*)

Spiegel [*Spiegel, das Kätzchen.* Märchen von Gottfried Keller, ED 1856 (in: *Die Leute von Seldwyla*)]. – Der Kater S. ist ein denkendes und gesittetes Wesen von weit geringerer Philisterhaftigkeit als sein literarischer Vorfahre → Murr. Er schlägt sich geschickt durchs Leben, indem er menschliche Schwächen zu seinem Vorteil ausnutzt.

Spiegelberg [*Die Räuber.* Schauspiel von Friedrich von Schiller, 1781]. – Der verkommene Student S. ist im Gegensatz zum edlen Räuberhauptmann → Karl Moor der schurkische Verbrecher. Er weckt in Karl den Gedanken an das Räuber-Projekt und führt in der Folge dessen ungesetzliche Handlungen ins Gewaltsame und Mörderische. Aus Geltungsdrang intrigiert er schließlich gegen den gewählten Hauptmann. S. ist auch ein Beispiel für unterschwelligen Antisemitismus.

Spielmann [*Der arme Spielmann.* Novelle von Franz Grillparzer, ED 1848]. – Der Versager im realen Leben ist voller Seelenschönheit und führt in Zufriedenheit ein bescheidenes, selbstloses Leben ohne äußeres Ansehen. Der als Hofratssohn geborene S. verdient seinen Lebensunterhalt als Bettelmusikant. Sein Spiel ist ein völlig unmusikalisches Kratzen auf einer Geige, das er jedoch mit der Gestik und Mimik einer ernsthaften Darbietung begleitet. Man hat in dem S. ein Selbst- und Wunschbild des Dichters gesehen.

Spikher [*Die Abenteuer der Silvesternacht.* Erzählung von E.T.A. Hoffmann, 1815]. – Erasmus S. ist eine Parallelfigur zum »Mann ohne Schatten« (→ Peter Schlemihl). Er hat sein Spiegelbild in Italien der verführerischen Giulietta geschenkt. Da er in der Heimat ohne sein Spiegelbild von Frau und Freund nicht mehr aufgenommen wird, sucht er es in der ganzen Welt. – Die Erzählung zeigt die Dämonie der Liebe und die teuflische Macht einer Frau.

Spinell (*Tristan.* Novelle von Thomas Mann, 1903]. – Der Schriftsteller Detlev S. ist der Typ des lebensverachtenden Ästheten, wie er im Jugendstil auftritt. Im Sanatorium »Einfried« lebt er der stilvollen Empire-Einrichtung wegen, die seiner künstlich verinnerlichten Existenz das gewünschte Flair gibt. Sein Erscheinungsbild hat ihm den Spitznamen »verwester Säugling« eingebracht, was gleichzeitig seine Negation des Lebens spiegelt. Er rühmt sich, dazu beigetragen zu haben, daß → Gabriele Klöterjahn »stolz und selig unter dem tödlichen Kusse der Schönheit vergeht«.

Spinoza.
Der Philosoph Baruch S. (1632–1677) vertrat eine pantheistische Lehre mit dem Kernsatz, die Natur selbst sei Gott.
[*Amor Dei.* Roman von Erwin Guido Kolbenheyer, 1908]. – S. ist in biographisch-historischer Darstellung vor breitem Zeithintergrund als der Sohn einer jüdischen Kaufmannsfamilie im Amsterdam des 17. Jh.s gezeigt, der sich von Familie und Gemeinde löst und zu seiner eigenen Philosophie findet.

Spitta [*Die Ratten.* Tragikomödie von Gerhart Hauptmann, 1911]. – Erich S., der Sohn eines Pastors und selbst verkrachter Theologiestudent, vertritt als Sprachrohr Hauptmanns die naturalistische Theatertheorie und schlichte, wirklichkeitsnahe Menschendarstellung gegenüber seinem Schauspiellehrer → Hassenreuter, der ihn in die verstaubte klassisch-pathetische Deklamationsweise einführen will. Aber auch S. ist weit entfernt von der Tragik des Alltags in der Mietskaserne.

Spoelmann [*Königliche Hoheit.* Roman von Thomas Mann, 1909]. – Samuel N. S., amerikanischer Eisenbahnmagnat und Milliardär, besucht zusammen mit seiner Tochter → Imma die Residenzstadt des Duodezfürstentums um ihrer Heilquellen willen, erwirbt das heruntergekommene Schloß Delphinenort und lebt dort in fürstlichem Luxus, aber zurückgezogen.

Sprenger → Creveaux (Zuckmayer: *Der Gesang im Feuerofen*)

Springinsfeld [*Der seltsame Springinsfeld.* Erzählung von Hans Jakob Christoffel von Grimmelshausen, 1670]. – Der Landsknecht S. ist eine ins Bösartige verzerrte Picarofigur – ein roher Räuber und Leichenfledderer, der vor nichts zurückschreckt. Er dient während des Dreißigjährigen Krieges verschiedenen Herren, ist → Simplicius' Regimentskamerad in Soest, verliert schließlich ein Bein und schlägt sich als Bettler und Geigenspieler notdürftig durchs Leben, bis ihn Simplicius auf seinem Hof aufnimmt, um ihn zu einem christlichen Leben anzuhalten.

Spuller [*Armut.* Schauspiel von Anton Wildgans, 1914]. – Die Familie des kleinen Postbeamten Josef S. lebt nach außen hin in geordneten Verhältnissen, ist aber in dem übertriebenen Bemühen, dem väterlichen Beamtenstatus gemäß zu leben, so vollständig verarmt, daß sie zerfällt. S. stirbt an einer Krankheit, die durch Geld hätte geheilt werden können.

Squentz → Peter S. (Gryphius: *Peter Squentz*)

Squirrel [*Squirrel oder Der Ernst des Lebens.* Schauspiel von Ernst Penzoldt, UA 1953; ED 1962]. – Der Gassenjunge S. (engl. = Eichhörnchen) lebt ganz für den Augenblick und macht sich keinerlei Zukunftssorgen: »Es kommt doch, wie's kommt. Es ist noch immer irgend etwas gekommen, ohne Zutun, rein zufällig.« Seine lebensbejahende Unbekümmertheit überträgt sich auf seine Umgebung und rettet die Familie → Kuttelwascher, die das Leben verzweifelt ernst nimmt.

Ständer [*Tabula rasa.* Schauspiel von Carl Sternheim, 1916]. – Der Kunstglasbläser Wilhelm S. ist nach außen der linientreue Sozialist mit einem revolutionären Klassenbewußtsein. Im Verborgenen lebt er jedoch einen bürgerlichen Lebensstil, beutet ein Dienstmädchen aus, ißt üppige Mahlzeiten, sichert sich ein höheres Einkommen und spekuliert in Aktien. Einen Posten als Mitdirektor der Glasfabrik schlägt er aus, weil er Verantwortung und Arbeit scheut. Als Sechzigjähriger fühlt er sich endlich als freier Mensch. Er hat finanziell ausgesorgt und läßt seine Maske fallen.

Stangeler [*Die Strudlhofstiege,* 1951; *Die Dämonen,* 1956. Romane von Heimito von Doderer]. – Der Bildungsweg René S.s – einer Spiegelfigur des Autors – führt vom Gymnasiasten über den Studenten zum Historiker. S. ist ein »Subjektivist« und Egozentriker. Das führt oft zu heftigen Auseinandersetzungen mit seiner empfindsamen Gefährtin Grete Siebenschein. Er gestaltet sein Leben nicht selbst, sondern läßt sich treiben.

Stani → **Freudenberg** (Hofmannsthal: *Der Schwierige*)

Stanja → Juvan (Werfel: *Bocksgesang*)

St. Arnaud → Cécile (Fontane: *Cécile*)

St. Just.
Louis Antoine de Saint-Just (1767–1794), Mitglied des Wohlfahrtsausschusses und zuverlässiger Gefolgsmann Robespierres, betrieb den Sturz der Girondisten und Dantons. Er starb mit Robespierre auf dem Schafott.
[*Dantons Tod.* Drama von Georg Büchner, 1835; UA 1902]. – Aus St. J., dem Parteigänger Robespierres, spricht die mörderische Logik der Naturgesetze. Der skrupellose Techniker der Macht treibt noch Robespierre selbst auf seinem blutigen Weg voran. Er ist der historischen Gestalt nahe bis zur wörtlichen Übernahme von Abschnitten seiner Reden vor dem Konvent.

Stark → Lorenz S. (Engel: *Herr Lorenz Stark*)

Starschenski [*Elga.* Drama von Gerhart Hauptmann, 1905]. – Der polnische Graf S. liebt seine Frau → Elga über alles, denn durch sie wurde dem einsamen Grübler erst die Welt erschlossen. Als er ihre Untreue entdeckt, läßt er ihren Liebhaber erdrosseln; doch er erkennt, daß Elgas Liebe zu ihrem Vetter Oginski dessen Tod überdauert, und geht ins Kloster. – Variierende Gestaltung des Stoffs durch Grillparzer (→ Starschensky). Grillparzer verwendet die russische, Hauptmann die polnische Schreibweise.

Starschensky [*Das Kloster bei Sendomir.* Erzählung von Franz Grillparzer, ED 1828]. – Der Graf S. hat das entstehende Kloster bei Sendomir gefördert, um Buße dafür zu tun, daß er seine Frau → Elga getötet hat, die ihm untreu war. S. tritt selbst in das Kloster ein.

Starusch [*Örtlich betäubt.* Roman von Günter Grass, 1969]. – Der Studienrat S. reflektiert während einer Zahnbehandlung sein Leben in Danzig vor 1945 und im Berlin der Studentenrevolte.

Staufacher [*Wilhelm Tell.* Schauspiel von Friedrich von Schiller, 1804]. – Werner S. aus

Schwyz, ein gesetzter, überlegter und selbstbewußter Mann, treibt den Bund der Schweizer Eidgenossen aus demokratischer Überzeugung voran.

Stauffen → Tempelherr (Lessing: *Nathan der Weise*)

Stechlin [*Der Stechlin.* Roman von Theodor Fontane, 1899]. – Der Major a. D. Dubslav von S., sein Sohn Woldemar und seine Schwester Adelheid repräsentieren den Adel zur Zeit seiner zu Ende gehenden Vorherrschaft. Dubslav ist ein tief humaner Mensch, der offen ist für die Meinung anderer und für moderne gesellschaftliche Entwicklungen, ein liberaler »Frondeur«; er ist sich dessen bewußt, daß er der Vertreter eines absterbenden Standes ist, und trägt das mit Wehmut, Selbstironie und Humor. Adelheid, Domina des Klosterstifts Wutz, vertritt den alten märkischen Adel in all seiner Starrheit und Überheblichkeit, voller »Mißtrauen gegen alles, was die Welt der Schönheit oder gar der Freiheit auch nur streift«. Sie will aus ihrem Neffen Woldemar, dem Rittmeister bei den Gardedragonern, einen Adeligen machen, wie er nach ihrer Vorstellung sein sollte, nicht aber, wie Dubslav einer ist. Woldemar jedoch ist ein weltoffen Lernender; seine glänzenden Aussichten hindern ihn nicht daran, nach dem Tode seines Vaters dessen Lebensprinzipien zu folgen.

Stein → Freudenstein (Raabe: *Der Hungerpastor*)

Stein → Nina (Rinser: *Mitte des Lebens*)

Stein [*Problematische Naturen.* Roman von Friedrich Spielhagen, 1861]. – Der Hauslehrer Dr. Oswald S. zeichnet sich durch ritterliche Haltung und aristokratische Neigungen aus. Bei adeligen Damen hat er als Kavalier Erfolge. Seine Liebe zur Baronesse Helene v. → Grenwitz scheitert zuerst an seiner bürgerlichen Abkunft, und dann daran, daß er sich als ihr unehelicher Vetter herausstellt. S. schließt sich der deutschen Freiheitsbewegung des Vormärz an und stirbt 1848 auf den Barrikaden von Berlin. Er ist ein ambivalenter Charakter, dessen rhetorische Kraft und phantastische Vorstellungen stärker sind als seine Taten.

Stein, Charlotte von → Goethe (Hacks: *Ein Gespräch im Hause Stein über den abwesenden Herrn von Goethe*)

Steinklopferhanns [*Die Kreuzelschreiber.* Komödie von Ludwig Anzengruber, 1872]. – Der alte S. ist durch ein hartes Schicksal zum Dorfphilosophen geworden, der seine Weisheit im Wirtshaus an die jungen Burschen weitergibt. Trotz trüber Erfahrungen nimmt er das Leben mit Humor und fühlt sich im Einklang mit der Welt in dem Glauben: »Es kann dir nix g'schehn!«

Steinreuter → Jakob S. (Rosegger: *Jakob der Letzte*)

Stella [*Stella.* Schauspiel von Johann Wolfgang von Goethe, 1776]. – Die von → Fernando verlassene S. ist ihrem Liebhaber nach wie vor in tief verwurzelter empfindsamer Liebe ergeben, so daß sie sich beim Auftauchen von Fernandos Frau und Tochter seinen schwankenden, fahrigen Entschlüssen fügt und sogar mit einer Ehe zu dritt einverstanden ist. In der Zweitfassung (UA 1805) nimmt sie Gift. S. hat Züge von Lili Schönemann, erinnert aber auch – schon dem Namen nach – an die zeitbekannte Doppelliebe Swifts zu Vanessa und Stella.

Stemma Judiatrix [*Die Richterin.* Novelle von Conrad Ferdinand Meyer, 1885]. – Die strenge und gerechte Richterin S. erweist sich im Verlauf der analytischen Erzählung als Verbrecherin, die um des Kindes willen, das sie von dem Kleriker Peregrin erwartet, ihren Mann, Graf Wulf auf Malmort, vergiftet hat. Die Liebe der Tochter → Palma zu ihrem vermeintlichen Halbbruder → Wulfrin veranlaßt S. nach anfänglichem starren Selbsterhaltungsstreben zum Geständnis und zum Selbstmord.

Sternheim [*Geschichte des Fräuleins von Sternheim.* Roman von Sophie von La Roche, 1771/72]. – Die schöne, unerfahrene Sophie v. S. weigert sich, die Mätresse des Landesherrn zu werden, läßt sich jedoch von dem Casanova Lord Derby durch eine vorgetäuschte Trauung einfangen. Derby verläßt sie und kerkert sie später ein, um seine Schandtat zu verbergen. Aus dieser Lage gerettet, wird sie als Frau von Lord Seymour, einem früheren Verehrer, eine vorbildliche Gattin und Mutter.

Stetten [*Wie eine Träne im Ozean.* Romantrilogie von Manès Sperber, 1961]. – In der philosophisch-psychologischen Weltanalyse von Professor von S., dem Mentor und Freund Dojno → Fabers, verbinden sich Weitsicht und Skepsis. Er durchschaut das inhumane Geltungsbedürfnis und die mörderische Ungeduld jeder Ideologie und sagt voraus, daß der Denkende nicht auf Dauer das Opfer des Intellekts (sacrificium intellectus) erbringen kann, das die Welterlösungslehren, hier die kommunistische, ihren Gläubigen abverlangen.

Stiefel → Moritz S. (Wedekind: *Frühlings Erwachen*)

Stiller [*Stiller.* Roman von Max Frisch, 1954]. – Der Bildhauer Ludwig Anatol S. steckt in einer Existenz- und Identitätskrise. Er will nicht der gescheiterte Künstler und unzulängliche, frustrierte Ehemann sein, der er ist, und legt sich eine neue Identität zu, die des kraftvollen Abenteurers Jim Larkin → White. Der Identitätswechsel mißlingt. Die Schweizer Behörden zwingen S. zur Zurücknahme, und das Leben mit seiner Frau → Julika mißlingt erneut. S. wurde zu einer Symbolfigur für die literarische Gestaltung existentieller Problemstellungen.

Stilling → Jeromin (Wiechert: *Die Jerominkinder*)

Stilpe [*Stilpe.* Satirischer Roman von Otto Julius Bierbaum, 1897]. – Willibald S. geht in seiner Kindheit und Jugend durch das Wechselbad der Verwöhnung, spartanischer Internatserziehung und einer freiheitlichen Gymnasialzeit. Das Ergebnis ist ein völlig verquerer Charakter, in dem Aufmüpfigkeit, Sinnlichkeit, Größenwahn und Depressionen in- und gegeneinander wirken. Seine literarischen Ambitionen steckt er zunehmend zurück; er wird zum Alkoholiker und endet durch Selbstmord auf offener Bühne in einem minderen Cabaret. S. hat autobiographische Züge, vor allem aber bietet der Roman Einblicke in die Berliner Bohème der Jahrhundertwende und ihre Protagonisten.

Stine Rehbein [*Stine.* Roman von Theodor Fontane, 1890]. – Die Näherin S., ein in sich gekehrtes, liebenswertes Wesen, verliebt sich in den jungen Grafen → Waldemar von Haldern, obwohl ihre lebenserfahrene ältere Schwester Pauline → Pittelkow sie davor warnt, sich ernsthaft mit dem »Gräfchen« einzulassen. An ein dauerhaftes Glück und an die Ehe, die Waldemar anstrebt, denkt sie nicht, denn sie schätzt die gesellschaftlichen Zustände richtig ein: »Ich käme mir albern und kindisch vor, wenn ich die Gräfin Haldern spielen wollte.«

Stjerbinsky [*Jacobowsky und der Oberst.* Komödie von Franz Werfel, 1944]. – Der polnische Oberst S., der 1940 wichtige Papiere über Südfrankreich nach London bringen soll, ist ein heldenmütiger Starrkopf. Er dirigiert → Jakobowsky zunächst in den von Deutschen besetzten Norden, um seine Geliebte Marianne Deloupe herauszuholen, dann flieht er durch ganz Frankreich und erreicht in letzter Minute das rettende Unterseeboot.

Störzer [*Stopfkuchen.* Roman von Wilhelm Raabe, 1891]. – Der Briefträger S. erschlägt im Jähzorn den reichen Viehhändler Kienbaum, der ihn jahrelang verspottet hat. In dem Paar wiederholt sich auf negativer Ebene der Gegensatz zwischen dem »lebensuntüchtigen« Gemütsmenschen Heinrich → Schaumann, gen. Stopfkuchen, und dem tatkräftigen, erfolgreichen → Eduard.

Stoffeln → Hans von S. (Gotthelf: *Die schwarze Spinne*)

Stollfuß [*Ende einer Dienstfahrt.* Erzählung von Heinrich Böll, 1966]. – Der alte Dr. S., Richter in der Verhandlung gegen Vater und Sohn → Gruhl, als »alter Humanitätslöwe« bekannt, repräsentiert Toleranz und Güte, mit denen es – das symbolisiert die Tatsache, daß er nach dem Prozeß in den Ruhestand tritt – im öffentlichen Leben der Bundesrepublik zu Ende geht. S. erinnert an Brechts Richter → Dollinger.

Stolzing [*Die Meistersinger von Nürnberg.* Musikdrama von Richard Wagner, 1862]. – Der junge fränkische Ritter Walther von S. muß, um → Eva Pogner, die Tochter des reichen Nürnberger Goldschmieds Pogner, als Ehefrau zu gewinnen, im Preissingen der Meistersinger am Johannistag siegen. Obwohl er mit seinem kühnen Probelied, das gegen die strengen Regeln des Meistersangs verstößt, zunächst nicht erfolgreich ist, gewinnt er mit Hilfe von Hans → Sachs die Braut. Der Standesherr ordnet sich in das fortschrittliche Bürgertum ein.

Stolzius [*Die Soldaten.* Komödie von Jakob Michael Reinhold Lenz, 1776]. – Der Tuchhändler S. wird zum Spielball einer adeligen Offiziersclique, für die sein Stand unterhalb der Menschenachtung liegt. Einer davon, → Desportes, macht ihm seine Braut → Marie Wesener abspenstig. S. ist dem allen hilflos ausgesetzt und reagiert mit Mord und Selbstmord.

Straaten [*L'Adultera.* Roman von Theodor Fontane, 1882]. – Der reiche Kommerzienrat van der S., ein illusionsloser Zyniker, der seine fünfundzwanzig Jahre jüngere Frau oft durch seine ironische Redeweise verletzt und an seiner Zuneigung zweifeln läßt, verliert sie an den vornehmen Patriziersohn Rubehn.

Strähler → Crampton (G. Hauptmann: *Kollege Crampton*)

Strapinski [*Kleider machen Leute.* Novelle von Gottfried Keller, ED 1874 (in: *Die Leute von Seldwyla*)]. – Der arbeitslose Schneider Wenzel S. aus Seldwyla ist von einer vornehm melancholischen Schönheit und besitzt einen kostbaren samtgefütterten Mantel; deshalb halten ihn die Bürger von Goldach für einen polnischen Grafen und feiern und bewirten ihn. Der verträumte, romantische Schneider lebt wie im Märchen und wagt es nicht, den Irrtum aufzuklären. Seine Liebe zu → Nettchen, der Tochter des Amtmanns, läßt ihn endgültig den Gedanken an die Wahrheit aufgeben.

Strauch [*Frost.* Roman von Thomas Bernhard, 1963]. – Der Maler S. lebt in dem abgelegenen Ort Weng im Salzburger Land. Die Bauern des Hochtals halten ihn für verrückt; er leidet an dem »Frost«, der Kälte in der Welt der Menschen und geht an sich selbst zugrunde.

Streckmann [*Rose Bernd.* Schauspiel von Gerhart Hauptmann, 1903]. – Der Maschinist Arthur S., ein angeberischer, brutaler Frauenjäger, wird von

→ Rose Bernd zurückgewiesen. Er nutzt die Kenntnis ihrer Notlage aus, erpreßt und vergewaltigt sie und bezichtigt sie öffentlich der Hurerei. S. verkörpert die Kälte und Seelenlosigkeit der neuen technischen Zeit, die in seiner Gestalt in die Bauernwelt eindringt und deren Männer an Skrupellosigkeit übertrifft.

Striese [*Der Raub der Sabinerinnen.* Schwank von Franz und Paul von Schönthan, Edle von Pernwald, 1885]. – S. ist als Schmierentheaterdirektor sprichwörtlich geworden. Er ist um keinen Trick verlegen, wenn er seiner Theatertruppe Zuschauer verschaffen kann, gewandt im Arrangieren und Trivialisieren widerspenstiger Texte und im Manipulieren der Autoren.

Strobel [*Moral.* Komödie von Ludwig Thoma, 1909]. – In dem Gerichtsassessor S. nimmt Thoma die übereifrigen Subalternbeamten aufs Korn, die überall moralische Verwerflichkeit und Despektierlichkeit gegenüber der Obrigkeit wittern. S. hat das Freudenmädchen → Ninon de Hauteville verhaften lassen und muß erleben, daß ihn angesehene Bürger, Vorgesetzte und das Fürstenhaus zurückpfeifen.

Studtmann [*Wolf unter Wölfen.* Roman von Hans Fallada, 1937]. – Der Oberleutnant S., Freund und Regimentskamerad des Rittmeisters → Prackwitz-Neulohe, versucht nach dem Ersten Weltkrieg, sich in einem Zivilberuf eine Existenz aufzubauen. Er wird Empfangschef eines Berliner Hotels, scheitert aber wie Prackwitz an der Inflation.

Sturm [*Nein – Die Welt der Angeklagten.* Roman von Walter Jens, 1950]. – Walter S. lebt in einer Welt, in der es sehr viele Angeklagte, zahlreiche Zeugen und wenige Richter gibt. Die Richter sind die Herren über die Psyche aller anderen. Angeklagt, wird S. ungewollt zum »Zeugen«, d. h. Verräter seiner Geliebten Gisela Waltz; er soll Richter werden, nimmt aber lieber den Tod auf sich.

Sturmfeder [*Lichtenstein.* Roman von Wilhelm Hauff, 1826]. – Die fiktive Vordergrundgestalt des ersten deutschen historischen Romans nach dem Muster Walter Scotts, der fränkische Junker Georg v. S., steht zunächst auf der Seite des Schwäbischen Städtebundes, trennt sich aber aus verletztem Ehrgefühl von ihm und tritt aus Liebe zu Maria von Lichtenstein auf die Seite des Herzogs → Ulrich von Württemberg. Er erlebt dessen Triumph und Niederlage handelnd mit.

Stylpho [*Stylpho.* Dramatisches Spiel (nlat.) von Jakob Wimpheling, 1494]. – Am Niedergang des stolzen Theologiestudenten S., der glaubt, durch seine in Rom angeknüpften Beziehungen ohne Mühe schnell zu Amt und Würden zu gelangen, aber als dummer Schweinehirt endet, will der Autor zeigen, daß man nur durch Fleiß und Bildung zu hohen Ämtern gelangt, wie S.s Gegenspieler Vicentius.

Sünnebald → Rosemund (Zesen: *Adriatische Rosemund*)

Süß-Oppenheimer.
Joseph S.-O. (1692–1733), Halbjude, war Finanzberater des Herzogs Karl Alexander von Württemberg und betrieb in dessen Sinne eine merkantilistische, den Absolutismus fördernde Politik gegen die Landstände. Nach dem Tode des Herzogs wurde er hingerichtet.
[*Jud Süß*. Novelle von Wilhelm Hauff, ED 1827]. – [*Jud Süß*. Historischer Roman von Lion Feuchtwanger, 1925]. – Wie sein Herr ist der Jude S. lüstern und machtgierig. Er regiert tyrannisch und preßt das Volk aus. Bei Feuchtwanger wird er zum erbitterten Gegner des Herzogs, als dieser seine Tochter Naëmi begehrt und in den Tod treibt.

Suleika [*West-östlicher Divan*. Gedichtsammlung von Johann Wolfgang von Goethe, 1819]. – Der orientalische Frauenname steht im *Divan* für die Seligkeit und die Leidenschaft der Begegnung, den Trennungsschmerz und die Schwermut der Entsagung und für die Vereinigung von irdischer und himmlischer Liebe. S. ist der poetische Name für Marianne von Willemer. Gedichte, die der Frauengestalt im Zwiegespräch mit → Hatem zugeordnet sind, entwarf sie selbst.

Suleima [*Almansor*. Tragödie von Heinrich Heine, ED 1821]. – S. ist → Almansor von Jugend auf versprochen. Bei den Maurenverfolgungen trennen sich beider Wege: Almansor geht ins Ausland, S. wird Christin und soll, Jahre später, als Donna Clara einen Spanier heiraten. Da kehrt Almansor zurück, entführt S. am Hochzeitstag, aber Muselmann und Christin können nicht mehr zusammenkommen, so daß das Liebespaar den Tod sucht.

Sulla.
Der römische Feldherr Lucius Cornelius S. (138–78 v. Chr.) stand auf der Seite der Adelspartei. Nach dem Sieg über die Volkspartei herrschte er als Diktator. 79 dankte er freiwillig ab.
[*Marius und Sulla*. Tragödie (Fragment) von Christian Dietrich Grabbe, ED 1827]. – S., der Gegenspieler des → Marius im Machtkampf zwischen Volk und Senat, ist der Vertreter des aristokratischen Herrschaftsprinzips. Er ist ein beherrschter, eiskalter Zyniker, seinem Gegner geistig weit überlegen. Er gerät in einen Machtrausch und verfolgt seinerseits die Parteigänger des Gegners, zieht sich dann aber auf seinen Landsitz zurück, denn »fortan bin ich mir selbst genug«.

Sulpicius [*Verliebtes Gespenst. Die geliebte Dornrose.* Doppeldrama von Andreas Gryphius, 1661]. – S., der Held des »Singspiels« *Verliebtes Gespenst*, wird von zwei Frauen geliebt, von Cornelia und ihrer Tochter Chloris. Nachdem ihm Cornelia Liebeskonfekt gegeben hat, stellt sich S. tot und erscheint ihr als Gespenst, um der Zerknirschten Zugeständnisse abzufordern, die ihm die Tochter zuspielen.

Suppius → Siglhupfer (Eichendorff: *Die Glücksritter*)

Susanne.
S. im Bade ist eine Geschichte aus den deuterokanonischen (protestantische Bezeichnung: apokryphen) Zusätzen zum *Buch Daniel* des Alten Testaments (entst. um 167 v. Chr.). Die fromme S., Frau des reichen Juden Jojakim (Joachim), ist wegen Ehebruchs zum Tode verurteilt. Zwei Lustgreise haben sie verleumdet, als sie ihnen nicht zu Willen war. Der Knabe Daniel, der zukünftige Prophet, überführt die Greise der Lüge. Die Geschichte wurde im 16. Jh. mehrfach als moralisches Lehrstück dramatisiert, u. a.: *Ein geistlich Spiel, von der gottesfurchtigen und keuschen Frawen Susannen.* Drama von Paul Rebhuhn, 1535. – *Von der Susanna.* Drama von Heinrich Julius von Braunschweig-Wolfenbüttel, 1593.

Susanne → Figaro (Horváth: *Figaro läßt sich scheiden*)

Susanne [*Trilogie des Wiedersehens.* Schauspiel von Botho Strauß, 1976]. – Die 42jährige, geschiedene S. gehört zu den Gästen des Kunstvereins, die regelmäßig zu Gemäldeausstellungen eingeladen werden. Sie ist ohne festen Beruf und ohne engere menschliche Bindung und leidet an einer Ich-Schwäche, dem Gefühl der Auflösung ihrer Person. In der Ausstellung verfolgt sie den Veranstalter → Moritz, dem sie dreimal kurz begegnet und mit dem sie jedesmal ein Gespräch führt, das ergebnislos abbricht und ihr zwischen Annäherung und Flucht gespanntes Verhältnis zu Moritz offenbart.

Susn [*Susn.* Theatertext von Herbert Achternbusch, 1980]. – Das Stück zeigt S. als pubertärlüsternes Mädchen, empfindsame Studentin, ausgebeutete Ehefrau, frustrierte Alkoholikerin und Selbstmörderin. S. taucht in Achternbuschs Werken und Filmen mehrfach auf, z. B. in dem Roman *Alexanderschlacht* (1971).

Suzette Bonmarché [*Das unauslöschliche Siegel.* Roman von Elisabeth Langgässer, 1946]. – S. ist die Inkarnation der lasterhaften sexuellen Verführung. Sie zieht Lazarus → Belfontaine in ihren Bann, entfremdet ihn seiner frommen Gemahlin Elisabeth und wird nach deren Tod seine zweite Frau. S. wird von ihrem Verführer → Grandpierre ermordet.

Svoboda [*Mein Name sei Gantenbein.* Roman von Max Frisch, 1964]. – Frantisek S., eine der Gestalten, mit denen der Ich-Erzähler sich probeweise identifiziert, ist ein tüchtiger Architekt. Er wird von dem Verhältnis seiner Gattin zu → Enderlin überrascht und zur Eifersucht getrieben. Das bringt seine ganze praktisch-nüchterne Existenz ins Wanken.

Sy [*Der innere Bezirk.* Roman von Hermann Lenz, 1980]. – Der dreiteilige Roman behandelt das Schicksal des Militärattachés Oberst Franz von S. und seiner Tochter Margot. Deren Eintritt in die Welt der Erwachsenen und seine Existenzprobleme als rückwärts gewandter, moralisch integerer und skeptischer Adeliger in den neuen republikanischen, dann nazistischen Zeitläuften sind Gegenstand des ersten Teils. Im Dritten Reich schließt sich S. dem Widerstand an und kommt nur dank seiner Tochter Margot davon, weil diese sich ihm zuliebe einem Gestapomann hingibt. Am Kriegsende wird er beschuldigt, französische Geiseln erschossen zu haben, wird aber freigesprochen. In der Nachkriegszeit sind beide wieder fehl am Platze, denn sie haben nicht Teil an der neuen Gründerzeit, sind nicht auf das Haben, sondern auf das Sein aus, möchten in einer »Landschaft der Seele« leben.

Sylvester → Serapion (Hoffmann: *Die Serapionsbrüder*)

Sylvette [*Der Brand im Opernhaus.* Tragödie von Georg Kaiser, 1919]. – Das unschuldige Mädchen aus dem Waisenhaus, das Herr von ***, der mondänen Welt überdrüssig, zu seiner Frau gemacht hat, betrügt ihn aus natürlichem Liebes- und Lebensverlangen. Erst als ihr Mann sie verstößt, erkennt sie seine Liebe und stürzt sich in die Flammen des brennenden Opernhauses.

Sylvio [*Die Abenteuer des Don Sylvio von Rosalva.* Roman von Christoph Martin Wieland, 1764]. – Wie Don Quijote aus seinen Ritterbüchern, so baut Don S. aus der Lektüre von Feenmärchen ein Phantasiereich auf, das ihn der Wirklichkeit entfremdet. Auf der Suche nach seiner Märchenprinzessin glaubt er sie in der jungen Witwe Doña Felicitas gefunden zu haben. Er will sich von ihr abwenden, als er entdeckt, daß sie aus Fleisch und Blut ist. Der Schwärmer wird von seiner Torheit durch die Geschichten des Prinzen → Biribinker geheilt.

Taddeo [*Die kleine Stadt.* Roman von Heinrich Mann, 1909]. – Der fanatische Pfarrer Don T. führt die Konservativen in der kleinen italienischen Stadt an. Er will die Theateraufführung einer Komödiantengruppe verhindern, die die Bürger in Unruhe versetzt, er prügelt sich mit den Liberalen und Fortschrittlichen und will sogar die Stadt anzünden, um sie zu reinigen. Zum Schluß versöhnt er sich mit seinem Feind, dem Advokaten → Belotti.

Tadzio [*Der Tod in Venedig.* Novelle von Thomas Mann, 1913]. – Der 14-jährige polnische Knabe T. von der Schönheit antiker Jünglingsgestalten weckt in dem Schriftsteller → Aschenbach eine ausweglose homoerotische Leidenschaft. Gleichzeitig gehört er einer mythisch-symbolischen Ebene an: als Hermes Psychagogos, der Geleiter der Seele in die Unterwelt, ist er eine Konfiguration des Todes.

Talbot [*Die Jungfrau von Orleans.* Tragödie von Friedrich von Schiller, 1802]. – Der englische Feldherr T. ist der Gegenspieler → Johannas nicht nur als Feind im Krieg, sondern auch als ungläubiger Vertreter der Vernunft gegenüber der Kämpferin in göttlichem Auftrag. Überzeugt vom rational begreifbaren Ablauf der Geschichte, versteht er die irrationalen Kräfte nicht, die von der Jungfrau entfesselt werden. Sterbend kommt er zu der Erkenntnis: »Mit der Dummheit kämpfen Götter selbst vergebens.«

Tallhover [*Tallhover.* Roman von Hans Joachim Schädlich, 1986]. – T., in Analogie zum Ewigen Juden ein ewiger Geheimpolizist, ist der stets präsente, staatserhaltende Polizeibeamte, der unentwegt und systematisch seine Pflicht tut, gleichgültig, wie das jeweilige Regime beschaffen ist. Er steht im Dienste der »Idee des reinen unbedingten Staates« und verfolgt zwischen 1842 und 1953 Marxisten, Sozialisten, Juden und Christen gleichermaßen.

Tamara → Michael (Wiechert: *Hirtennovelle*)

Tambourmajor [*Woyzeck.* Drama (Fragment) von Georg Büchner, entst. 1836; ED 1879; UA 1913]. – Der T. ist das Inbild des starken, stattlichen Mannes. Er verkörpert für → Marie allen Glanz der Welt, der in ihr elendes Leben eindringen kann; mit seiner sexuellen Ausstrahlung und seiner körperlichen Überlegenheit sticht er → Woyzeck aus und verursacht dessen Eifersuchtsmord an Marie.

Tanner [*Geschwister Tanner.* Roman von Robert Walser, 1907]. – Die fünf Geschwister T. leben um die Jahrhundertwende in der Schweiz. Im Zentrum des Entwicklungsromans ohne sich entwickelnden Helden steht der etwa 20jährige Simon, der unstet umherzieht, verschiedene Arbeiten annimmt und wieder aufgibt und dessen stehende Entschuldigung für seinen Müßiggang ist, daß er »den Tag als zu schön empfunden« habe, um ihn »durch Arbeit zu entweihen«. Er wohnt zeitweise bei seinem Bruder

Kaspar, einem Maler, führt einige Monate den Haushalt seiner Schwester Hedwig, die als Lehrerin auf dem Land arbeitet und ihn zugleich liebt und ein wenig verachtet. Sein ältester Bruder Klaus, ein Arzt, wirft ihm seine Arbeitsunlust vor. Die Nachricht, daß sein Bruder Emil im Irrenhaus ist, animiert ihn nach kurzer Erschütterung zu einer weitschweifigen Rede über Unglück und Schicksal.

Tannhäuser.
Der mittelhochdeutsche Lyriker T. lebte etwa 1205–1270 und ist biographisch nur punktuell erfaßbar. Er wurde Gegenstand der Volkssage im Spätmittelalter: Von Frau Venus in ihren Zauberberg gelockt, geht er in sich, pilgert nach Rom, wird vom Papst gebannt und kehrt für immer in den Venusberg zurück.
[*Tannhäuser und der Sängerkrieg auf der Wartburg.* Romantische Oper von Richard Wagner, 1845]. – T. besingt im Sängerstreit Frau Venus und die heidnische Liebe. Damit beleidigt er den Landgrafen von Thüringen und wird zu einer Bußfahrt nach Rom verurteilt. Er kehrt nach dieser Fahrt und nach der Verdammung durch den Papst nicht in den Venusberg zurück, sondern wird durch die Fürsprache der heiligen Elisabeth erlöst. In T. liegen Himmel und Hölle im Streit. Zugleich ist er der Rebell gegen die akzeptierten Kunstforderungen und insofern Sprachrohr Wagners, der die Stilgesetze seiner Zeit verändern will.

Tantris [*Tristan.* Versroman (unvollendet) von Gottfried von Straßburg, entst. um 1200–1210]. – Als Spielmann T. (Akrostichon von Tristan) kommt → Tristan nach Irland, weil er beim Kampf mit → Morolt eine Giftwunde empfangen hat, die nur die zauberkundige Königin Isolde heilen kann. Isolde erkennt in T. nicht den Mörder ihres Bruders Morolt und beauftragt den Genesenden, ihre Tochter, die »blonde« → Isolde, in höfischem Wesen und in der Musik zu unterrichten.

Tantris der Narr → Tristan (Hardt: *Tantris der Narr*)

Tarniff [*Beate und Mareile.* Roman von Eduard Graf von Keyserling, 1903]. – Günther von T. gehört zu den Unentschlossenen, psychisch Labilen der dekadenten Adelsgeneration um 1900. Er heiratet seine Jugendliebe Beate von Losnitz, hat ein Verhältnis mit der rothaarigen Eve vom »Waldkrug« und verliebt sich in die gemeinsame Jugendgespielin Mareile, die unter dem Namen M. Cibo eine berühmte Sängerin geworden ist. T. folgt ihr auf Reisen und wird in einem Duell für sie schwer verwundet. Das bringt ihn zurück zu Frau und Kind und läßt ihn ein ruhiges Leben finden.

Tarub → Safur (Scheerbart: *Tarub*)

Tasso.
Der italienische Dichter der Spätrenaissance Torquato T. (1544–1595) war Edelmann im Hofstaat der d'Este in Ferrara. Er verliebte sich unglücklich in die Schwestern des Herzogs Alfons II.
[*Torquato Tasso.* Schauspiel von Johann Wolfgang von Goethe, 1790]. – T. zeigt die problematische Beziehung zwischen Künstler und Gesellschaft und spiegelt den Wandel Goethes von seiner Sturm-und-Drang-Zeit zur Klassik und seine Erfahrungen am Weimarer Hof. Der empfindsame, stets mit sich selbst beschäftigte Künstler T. ist das sich keinen Regeln unterworfen fühlende Genie des Sturm und Drang, ein »gesteigerter Werther« (Ampère). Er lebt am Hof von Ferrara, wo man ihn mit dem Lorbeerkranz für sein eben fertiggestelltes Epos bekränzt, aber zugleich von ihm Anpassung an die höfisch gesittete Gesellschaft verlangt. Nach einem unglücklichen Zusammentreffen mit dem weltgewandten Staatssekretär → Antonio Montecatino steigert sich T.s Lebensferne bis zu Verfolgungswahn und Verblendung. Innerlich vernichtet, als sein Ideal, die Prinzessin → Leonore von Este, seine leidenschaftliche Umarmung zurückweist und ihn vom Hof verbannt, bleibt ihm nur noch seine dichterische Kraft, »zu sagen, wie ich leide«.

Tassow → Moritz T. (Hacks: *Moritz Tassow*)

Taugenichts [*Aus dem Leben eines Taugenichts.* Novelle von Joseph Freiherr von Eichendorff, 1826]. – Der T. gilt als das Urbild unbeschwerter romantischer Lebens- und Wanderlust. Da er in der väterlichen Mühle für nichts zu gebrauchen ist, wird er in die Welt geschickt. Er läßt sich in einfältiger Fröhlichkeit ziellos treiben und von Zufällen bestimmen. Bürgerliche Aufgaben als Gärtner und Zolleinnehmer erfüllt er nur so lange, wie er ihnen poetische Qualitäten abgewinnen kann, dann zieht er weiter, gerät in Italien ahnungslos in eine Entführungsgeschichte und findet am Ende ein märchenhaftes Glück an der Seite eines Mädchens, das er als »schöne junge gnädige Frau« ohne Hoffnung aus der Ferne verehrt hat.

Teetjen [*Das Beil von Wandsbek.* Roman von Arnold Zweig, 1947]. – Der Schlachtermeister Albert T. stellt sich für Geld freiwillig als Henker von vier am Altonaer Blutsonntag (17. Juli 1932) beteiligten Antifaschisten zur Verfügung. Als dies ruchbar wird, boykottiert man seinen Laden. Er endet durch Selbstmord. T. ist eine der ersten Charakterstudien des Mitläufertums im Dritten Reich.

Teje → Echnatôn (T. Mann: *Joseph und seine Brüder*)

Tell → Wilhelm T. (Schiller: *Wilhelm Tell*)

Teller [*In der Sache J. Robert Oppenheimer.* Szenischer Bericht von Heinar Kipphardt, 1965]. – T. lehnt im Gegensatz zu seinem Kollegen → Oppenheimer jede Frage nach der Moral im Bereich von Technik und Wissenschaft ab.

Tellheim [*Minna von Barnhelm oder das Soldatenglück.* Lustspiel von Gotthold Ephraim Lessing, 1767]. – Der Major von T., Offizier eines Freibataillons im Dienste Friedrichs des Großen, ist am Ende des Siebenjährigen Krieges entlassen worden und wird unlauterer Geldmanipulationen beschuldigt. Mittellos und in seiner Ehre zutiefst gekränkt, zieht er sich von der Welt und von seiner Braut, → Minna von Barnhelm, zurück. Seine Braut rückt sein Weltbild wieder zurecht, indem sie ihm in einer komödiantischen Intrige den Unterschied zwischen einem äußerlichen Ehrbegriff und wahrer Charakterstärke klarmacht.

Telramunt (Telramund) [*Lohengrin.* Höfisches Epos, entst. 1283–1290]. – Friedrich v. T. verklagt → Elsa(m) von Brabant vor dem Kaiser, ihr angebliches Eheversprechen einzulösen. Ein gerichtlich angeordneter Zweikampf soll über den Anspruch entscheiden, aber niemand wagt gegen T. zu kämpfen, bis der »Schwanenritter« → Lohengrin auftaucht. Nach dessen Sieg gesteht T. seine Lüge ein und wird hingerichtet.
[*Lohengrin.* Romantische Oper von Richard Wagner, 1850]. – Bei Wagner wird T. von seiner ehrgeizigen Frau → Ortrud angestiftet, Elsa von Brabant wegen Brudermords zu verklagen. Er verfällt nach dem Gottesurteil des Zweikampfs der Acht und stirbt von Lohengrins Hand, als er das Brautpaar am Hochzeitsabend überfällt.

Tempelherr [*Nathan der Weise.* Dramatisches Gedicht von Gotthold Ephraim Lessing, 1779]. – Der leicht erregbare, aber edelmütige und der Vernunft zugängliche T. Curd von Stauffen, eigentlich Leu von Filneck, wird zu einem Prüfstein der Religionen. Von → Saladin aus unerklärlicher Laune begnadigt, rettet er die Pflegetochter des Juden → Nathan, → Recha, aus den Flammen. Der christliche → Patriarch von Jerusalem versucht den offenbaren Sultansgünstling für seine subversiven Pläne einzuspannen, scheitert aber an der Geradheit und Ehrenhaftigkeit des Ritters. Am Schluß stellt sich heraus, daß er Rechas Bruder und Saladins Neffe ist.

Tertschka → Georg (Saar: *Die Steinklopfer*)

Terzky.
Adam Erdmann Graf Trčka (1599–1634) war der Schwager und Parteigänger Wallensteins; er fiel mit ihm in Eger.
[*Wallenstein.* Dramatisches Ge-

dicht (Trilogie) von Friedrich von Schiller, 1800]. – Graf T. ist einer der engsten Vertrauten → Wallensteins und ihm treu ergeben. Zusammen mit → Illo plant er den »Pilsner Schluß«, die Ergebenheitsadresse der Generäle.
Die Gräfin T. ist eine starke Persönlichkeit, die das diplomatische Spiel mit Menschen liebt. Sie überwacht das Liebespaar → Thekla und Max → Piccolomini, überredet Wallenstein mit machiavellistischen Argumenten zum Abfall von Habsburg und interpretiert den Verrat als Notwehr. Nach der Mordnacht von Eger zieht sie den Freitod einem entehrten Leben vor.

Teta Linek [*Der veruntreute Himmel.* Roman von Franz Werfel, 1939]. – Die Geschichte der T. L. ist eine Parabel einfältiger Frömmigkeit und modernen Ablaßkaufs. Die böhmische Magd hat sich einen Lebensplan ausgedacht, »der über den Tod hinausreicht. Es ist ein Lebensplan in alle Ewigkeit«. Sie finanziert einem Neffen (Mojmir L.) das Theologiestudium, um direkter Fürsprache vor Gott sicher zu sein. Als sie als Siebzigjährige entdeckt, daß sie einem Schwindler aufgesessen ist, pilgert sie nach Rom, um zu retten, was der Neffe verscherzt hat. Dabei erfährt sie, daß sie egoistisch gehandelt hat und daß sich Gnade nicht erzwingen läßt.

Tettingen [*Der Schleier.* Novelle von Emil Strauß, 1920]. – Die glücklich verheiratete Freifrau von Tettingen, die als Liebespfand ihres Ehemanns einen Schleier besitzt, breitet diesen über ihren Mann und seine schlafende Geliebte, als sie die Ehebrecher in einem Jagdschlößchen entdeckt. Sie gibt damit ein Zeichen ihrer Entsagung. Der Freiherr kehrt reumütig zu seiner Frau zurück.

Teuerdank [*Teuerdank.* Allegorisches Rittergedicht von Kaiser Maximilian I., ED 1517]. – Der kluge und tapfere Ritter T. (Maximilian) muß gegen die Mächte des Bösen kämpfen, viele Abenteuer bestehen und an einem Kreuzzug ins Heilige Land teilnehmen, ehe er mit Ehrenreich (Maria), der Tochter des Königs Romreich (Karl des Kühnen), Hochzeit feiern kann.

Thais → Pafnutius (Hrotsvit von Gandersheim: *Pafnutius*)

Thamal [*Spiegelmensch.* »Magische Trilogie«. Drama von Franz Werfel, 1920]. – Der zur Weltabkehr im Kloster entschlossene T. schießt auf sein Spiegelbild, um sein sündiges Schein-Ich auszulöschen, erweckt jedoch durch den Schuß den »Spiegelmenschen«, das Ich seiner niederen Instinkte, zu leibhaftigem Leben. Der »Spiegelmensch« beflügelt T. zu Schandtaten an Vater, Freund und Geliebter, redet ihm ein, er sei zum Menschheitsführer geboren, und erklärt ihn schließlich zum Gott. Erst als T. die eigene Schuld bekennt und über sich selbst das Todesurteil fällt, befreit er sich von seinem zweiten Ich und findet im Kloster zur Erkenntnis des wahren Wesens der Welt.

Thannhausen [*Altherrensommer.* Roman von Rudolf Hagelstange, 1969]. – Auf einer Ostasienreise will der alternde, schwerkranke Schriftsteller T., ein gelangweilter, schwermütiger Kosmopolit, dem rein geldorientierten Literaturbetrieb entkommen. In einer Art Venusbergerlebnis mit einer Burmesin findet er noch einmal die erotische Euphorie der Liebe, verzichtet aber, weil er weiß, daß er nur noch kurze Zeit zu leben hat.

Tharsia → Apollonius

Thea Rokitzer → Melzer (Doderer: *Die Strudlhofstiege*)

Thekla [*Wallenstein.* Dramatisches Gedicht (Trilogie) von Friedrich von Schiller, 1800]. – T., die Tochter → Wallensteins, liebt Max → Piccolomini. In einer Welt des Krieges, der Politik und der Intrige umgibt das Paar eine abgeschirmte Zone der Liebe, Unberührtheit und Wahrheit. Trotzdem durchschaut T., daß sie und Max zu politischen Zwecken mißbraucht werden, und sieht als eine Art Kassandra den Untergang ihres Hauses voraus.

Thekla Stimmer → Kauz (Nestroy: *Das Mädl aus der Vorstadt*)

Theodor [*Das Majorat.* Novelle von E. T. A. Hoffmann, ED 1817]. – Der Erzähler T., als Jurist und Musiker von ambivalentem Wesen, wird auf dem unheimlichen, verschneiten Schloß Rossitten am Kurischen Haff in eine schauerromantische Liebesgeschichte mit der jungen Baronin verwickelt. T. gleitet in die der Vernunft widerstrebende Liebe wie in ein unaufhaltsames Verhängnis. Aus dem zugleich gespenstischen und lockenden Teufelskreis wird er gerade noch durch eine überstürzte Abreise gerissen.

Theodor → Serapion (Hoffmann: *Die Serapionsbrüder*)

Theodor [*Der Unbestechliche.* Lustspiel von Hugo von Hofmannsthal, UA 1923; ED 1956]. – Der vorbildliche Diener T. fühlt sich persönlich beleidigt durch den leichtsinnigen Lebenswandel des jungen Grafen → Jaromir. Durch eine Intrige zwingt er ihn – übereinstimmend mit Hofmannsthals Idee einer »konservativen Revolution« –, die traditionelle Ordnung anzuerkennen. In seiner Dienstwilligkeit und ›unbestechlichen‹ Eigenmächtigkeit vereinigt er Züge der typischen Dienergestalt der österreichischen Volkskomödie.

Theodor → Chindler (B. v. Brentano: *Theodor Chindler*)

Theodor von Gothland [*Herzog Theodor von Gothland.* Tragödie von Christian Dietrich

Grabbe, ED 1827]. – Der unbeherrschte T., ein Gerechtigkeitsfanatiker, ist der Hauptschuldige am Bruderzwist der drei Herzöge von Gothland und am Untergang des ganzen Hauses.

Theophan [*Der Freigeist.* Lustspiel von Gotthold Ephraim Lessing, ED 1755]. – Der junge Geistliche T. ist mit der sanften, zurückhaltenden Juliane verlobt. Er bemüht sich um die Freundschaft des Freigeists → Adrast, dem er aus Geldnöten hilft und mit dem er schließlich die Braut tauscht.

Theophilus [*Theophilus.* Verslegende von Hrotsvit von Gandersheim, entst. vor 959; ED 1501]. – Der Vikar T. aus Sizilien verbündet sich mit dem Teufel, um sein Amt wiederzugewinnen. Das gelingt ihm zwar, aber er wird von Reue erfaßt, bekennt seine Sünde und stirbt, versöhnt mit Gott. Der Teufelsbündner T. gilt als der »Faust des Mittelalters«.

Therese [*Die Blendung.* Roman von Elias Canetti, 1935]. – Die Hausangestellte Dr. Peter → Kiens, eine primitive, habgierige und machtlüsterne Person, bringt Kien durch einen Trick dazu, sie zu heiraten. Dann plündert sie ihn aus, vertreibt ihn aus seiner Bücherwelt und vernichtet ihn.

Therese [*Therese.* Roman von Arthur Schnitzler, 1928]. – Die Offizierstochter T., deren Leben von ihrem sechzehnten Lebensjahr bis zu ihrem Tod geschildert wird, will mit zahlreichen Liebschaften die Einsamkeit und Eintönigkeit ihres Daseins erträglich machen, bleibt aber innerlich unbeteiligt und sich selbst fremd. Ohne Lebensmittelpunkt und ausgeprägte Wertvorstellungen ist sie mitschuldig daran, daß ihr Sohn zum Asozialen wird, und stirbt an seinen Mißhandlungen.

Therese [*Wilhelm Meisters Lehrjahre.* Roman von Johann Wolfgang von Goethe, 1795/96]. – T. verwaltet mit »Bestimmtheit« und »Gewandtheit« einen abgegrenzten Lebensbereich. → Wilhelm Meister liebt in ihr die Tüchtigkeit und Zuverlässigkeit der bürgerlich-sachlichen Pflichterfüllung, der er sich nach der Abkehr von der Theaterwelt zuwendet. T.s Liebe gilt aber → Lothario.

Therese (Sesemi) Weichbrodt [*Buddenbrooks.* Roman von Thomas Mann, 1901]. – Die kleine, verwachsene T. W., genannt Sesemi, ist ein Lübekker Original. Sie leitet mit Strenge und Autorität ein Mädchenpensionat für höhere Töchter, das auch → Tony Buddenbrook besucht, mit deren Elternhaus Fräulein W. eng verbunden ist. Mit der gelehrten, frommen Lehrerin zusammen lebt ihre ältere, gutmütig-naive Schwester Nelly, die Wärme und Frohsinn verbreitet.

Theudobach → Nieß (Jean Paul: *D. Katzenbergers Badereise*)

Thiel [*Bahnwärter Thiel.* »Novellistische Studie« von Gerhart Hauptmann, 1892]. – T. ist ein hilfloser Mensch, der durch eine ausweglose Lebenssituation und eine Katastrophe in den Wahnsinn getrieben wird. Der einfache, warmherzige, ein wenig versponnene Mann heiratet nach dem Tod seiner ersten zarten Frau Minna die derbe, sinnliche Magd → Lene, verfällt ihr sexuell völlig und kann seinen geliebten Sohn aus erster Ehe, Tobias, nicht mehr vor ihren Mißhandlungen schützen. Er leidet darunter und hält mit der verstorbenen Minna mystische Zwiesprache im Bahnwärterhäuschen. Als Tobias von einem Zug überfahren wird, bringt er Lene und deren Söhnchen um und wird ins Irrenhaus eingeliefert.

Thienette → Fixlein (Jean Paul: *Leben des Quintus Fixlein*)

Thierberg [*Das Bild des Kaisers.* Novelle von Wilhelm Hauff, ED 1828]. – Der Freiherr von T. haßt Napoleon, weil er das Deutsche Reich zerstört und ihn um sein Vermögen gebracht hat, und verbietet seiner Tochter Anna die Ehe mit dem Sohn eines napoleonischen Generals. T. wird bekehrt, als er auf einem Bild in Napoleon den französischen Offizier wiedererkennt, der ihn einmal vor marodierenden Soldaten beschützt hat. Die Novelle ist ein Beispiel für das zwiespältige Napoleonbild im Vormärz.

Thisbe → Pyramus und Thisbe

Thoas [*Iphigenie auf Tauris.* Schauspiel von Johann Wolfgang von Goethe, 1787]. – Der König der Taurer bricht → Iphigenie zuliebe mit dem Brauch, Fremde den Göttern zu opfern. Als sie später eine Vermählung mit ihm ablehnt, befiehlt er im Zorn die Opferung zweier gerade an Land gegangener Männer. Es sind → Orest und → Pylades. Nachdem Iphigenie wider alle Vernunft den Plan verraten hat, mit ihrem Bruder und dessen Freund zu fliehen, läßt er in einem Akt der Selbstüberwindung die Griechen nicht nur ziehen, sondern ruft ihnen ein entsagendes, wohlwollendes »Lebt wohl!« zu.

Thomas [*Hoppla, wir leben!* Drama von Ernst Toller, 1927]. – Der Revolutionär Karl T. ist 1919 während des Wartens auf die Hinrichtung wahnsinnig geworden. Als er nach acht Jahren aus der Heilanstalt entlassen wird, ist er enttäuscht, daß seine ehemaligen Mitgefangenen die Revolution verraten oder zumindest ihre ideellen Ziele vergessen haben. Er nimmt sich das Leben, als er unter falschem Verdacht wieder ins Gefängnis gerät.

Thomas [*Kameraden.* Novelle von Franz Fühmann, 1955]. – Fühmann stellt in T. einen Typus vor, der sich in den autobiographisch grundierten späteren Erzählungen wiederholt: den Jugendlichen, der in nationalsozialistischer Indoktrination aufgewachsen ist und den ein Schlüsselerlebnis verstört und zur Besinnung bringt. Der junge Soldat T. ist passiv an einem tödlichen Jagdunfall beteiligt, der propagandistisch zur Bolschewisten- und Rassenhetze mißbraucht wird, um von den Schuldigen, seinen »Kameraden«, abzulenken. Als T. nicht mitmacht, wird er erschossen.

Thomas [*Mao*. Roman von Friedrich Huch, 1907]. – Der Knabe T. ist einer der für den Beginn unseres Jahrhunderts typischen Spätgeborenen, der letzte dekadente Abkömmling einer untergehenden Bürgerschicht. Das zarte, verträumte Kind zieht seine Lebenskraft aus dem alten Haus, in dem es aufwächst, und aus dem Bild des Knaben Mao, das über seinem Bett hängt. Ein Umzug der Familie zerreißt die einzige Bindung an die Wirklichkeit, und das Kind stürzt sich in den Tod.

Thomas [*Die Schwärmer*. Schauspiel von Robert Musil, 1921]. – Der erfolgreiche Wissenschaftler T. ist ein geistiger Verwandter → Ulrichs, des »Mannes ohne Eigenschaften«. Er lebt ganz aus dem Intellekt und erweitert seine angezweifelte Wirklichkeit um die Dimension des Möglichen, ist aber unfähig zu handeln und nimmt nur als passiver Beobachter am Leben teil, ein »unumschränkter Herrscher in einem Papierreich«. Seine Frau Maria vermißt an ihm gefühlsmäßige Anteilnahme und Spontaneität. Sie verläßt ihn mit seinem Jugendfreund → Anselm, der sein gefühlsbetonter Antipode ist.

Thomas → Buddenbrook (T. Mann: *Buddenbrooks*)

Thorstein [*Die Heilige und ihr Narr*. Roman von Agnes Günther, 1913/14]. – Harro v. T., ein verarmter Graf und Maler, schließt Freundschaft mit dem Kind → Rosemarie. Er liebt sein »Seelchen« und heiratet es, sobald es erwachsen ist. Das Eheglück dauert nur kurz, und Rosemaries Schicksalsergebenheit vor ihrem frühen Tod macht T. zu einem gläubigen Menschen.

Thoss [*Sturm im Wasserglas*. Komödie von Bruno Frank, 1930]. – Dr. T. verkörpert in der Farce die Hartherzigkeit und Engstirnigkeit der Bürokratie. Der aussichtsreiche Bürgermeisterkandidat setzt im Stadtrat einer süddeutschen Stadt eine Erhöhung der Hundesteuer durch, läßt den Hund Tonerl arretieren und verliert über der nun einsetzenden Kontroverse mit Presse und Öffentlichkeit seine Ehefrau und sein Ansehen.

Thüme [*Pferdemusik*. Roman von Ludwig Tügel, 1935]. – Der Ich-Erzähler, Heimkehrer aus dem Ersten Weltkrieg, ist durch das Kriegserlebnis aus seiner Lebenssicherheit gerissen. In der Auseinandersetzung mit → Tyllbeck, der auf dieselbe Erfahrung mit exzentrischer Verweigerung reagiert, gewinnt T. Zugang zur veränderten Wirklichkeit und findet zu seiner Jugendliebe zurück.

Thumelicus [*Der Fechter von Ravenna.* Trauerspiel von Friedrich Halm, ED 1856]. – T., der als Sigmar von der Cheruskerfürstin → Thusnelda in der Gefangenschaft geborene Sohn, ist in Ravenna zum Gladiator ausgebildet worden. Vor seinem ersten Kampf im Zirkus von Rom trifft er seine Mutter, die ihm das Schwert des Vaters überreicht und ihm die Heimholung durch die Stammesgenossen verkündet, die er dann gegen die Römer anführen soll. Doch der dumpfe T. hat keinen Sinn für den Auftrag und nur den Ehrgeiz, in der Arena zu siegen. Er fühlt als Römer.

Thusnelda.
Die Gattin des Cheruskerfürsten → Arminius wurde ein Jahr nach der Eheschließung (14 n. Chr.) von ihrem eigenen Vater → Segestes den Römern ausgeliefert. Sie wurde in dem Triumphzug des Germanicus mitgeführt. Ihr weiteres Schicksal ist unbekannt. In der Literatur ist sie eine Arminius ebenbürtige Heldinnengestalt.
[*Großmütiger Feldherr Arminius.* Roman von Daniel Casper von Lohenstein, 1689/90]. – Die Tochter des zu den Römern übergelaufenen Cheruskers → Segesthes besiegt als Ritter verkleidet den eigenen Vater in der »Deutschburger Schlacht«. Sie wird gegen den Widerstand und die Intrigen ihres Vaters die Gattin des → Arminius. Nach Rom verschleppt, entflieht sie und kehrt nach vielen Fährnissen zu Arminuns zurück.
[*Die Hermannsschlacht.* Drama von Heinrich von Kleist, entst. 1808, ED 1821]. – T. läßt sich von dem römischen Abgesandten → Ventidius umschmeicheln, teils weil ihr Ehemann Hermann (→ Arminius) es aus politischen Gründen befürwortet, teils weil sie seinem Charme erliegt. Als sie in Erfahrung bringt, daß sie von dem galanten Römer nur diplomatisch-zweckvoll umgarnt worden ist, läßt sie ihn von einer Bärin zerreißen. Mit der Gestaltung der T. appelliert Kleist an die Deutschen, sich von den Sitten und Gebräuchen der Franzosen nicht überwältigen zu lassen.
[*Der Fechter von Ravenna.* Trauerspiel von Friedrich Halm, ED 1856]. – Die heldenhafte T. hat in der römischen Gefangenschaft ihren Sohn Sigmar geboren, der unter dem Namen → Thumelicus in Ravenna zum Gladiator ausgebildet wird. Sie trifft ihn wieder, als er im Zirkus von Rom vor dem Cäsaren in Germanentracht fechten soll, und versucht, in ihm den alten Germanen-Geist zu wecken. Als dies mißlingt, tötet sie ihn und sich selbst.

Tiburius [*Der Waldsteig.* Erzählung von Adalbert Stifter, 1845]. – Thomas Kneigt, genannt T., gehört in die Reihe der Sonderlinge, die das Interesse am Subjektivismus in Romantik und Biedermeier hervorgebracht hat. Milieu und falsche Erziehung haben den reichen Erben zu einem Einsiedler und verschrobenen Pedanten gemacht, der sich ganz seinen eingebildeten Krankheiten widmet. Vernunft und einen gesunden Lebenssinn findet er auf einem »Waldsteig«, auf dem ihm zunächst – nachdem er seine Angst als im Walde Verirrter überwunden hat – die Schönheit der Natur aufgeht und auf dem er dann dem anmutigen Erdbeermädchen, einem naiven, klaren ›Waldgeschöpf‹, begegnet.

Tienappel [*Der Zauberberg.* Roman von Thomas Mann, 1924]. – Konsul James T. kommt auf den »Zauberberg«, um seinen Neffen Hans → Castorp in die Wirklichkeit zurückzuholen. In seiner nüchternen, gesetzten Bürgerlichkeit ist er gleichsam eine der möglichen Zukunftsprojektionen des Helden. T. entflieht schleunigst der morbiden Atmosphäre des Sanatoriums, von der sein Neffe angesteckt ist.

Tifan [*Der goldene Spiegel.* Roman von Christoph Martin Wieland, 1772]. – T. führt das Volk von Scheschian aus Elend und Erniedrigung zu Glück und Wohlstand in einem idealen Staat, einer aufgeklärten Monarchie – ein Gegenbild zu Rousseaus Staatsideal.

Tiger-Brown [*Dreigroschenoper.* Schauspiel von Bertolt Brecht, 1929]. – Der Sheriff von London, genannt T.-B., steckt mit dem Ganoven → Macheath unter einer Decke, seit sie gemeinsam im Kolonialkrieg gekämpft haben. Er macht mit ihm gewinnbringende krumme Geschäfte und schützt ihn vor den Polizisten, bis der mächtigere Bettlerkönig → Peachum den Sheriff zwingt, den Freund fallenzulassen.

Tildy [*Ein Hermelin in Tschernopol.* Roman von Gregor von Rezzori, 1958]. – Der Husarenoffizier T. ist ein Don Quijote unseres Jahrhunderts. Zwischen den beiden Weltkriegen versucht er in einem korrupten Operettenstaat auf dem Balkan den Ehrenkodex der österreichischen k. u. k. Armee aufrechtzuerhalten. Seine Kompromißlosigkeit bringt ihn in Konflikt mit seinen Vorgesetzten.

Timpe [*Meister Timpe.* Ein sozialer Roman von Max Kretzer, 1888]. – Der Drechslermeister Johannes T. wird in den Gründerjahren in Berlin zum Maschinenstürmer, weil er sich als Handwerker gegen die Konkurrenz der Fabrikanten nicht behaupten kann. Sein Sohn Franz dagegen vertritt die neue Gesellschaft, die auf leichtes Geldverdienen und Genuß aus ist.

Timur.
T. (1336–1405), in Europa Tamerlan genannt, gründete ein

Reich, das von Moskau bis Peking reichte. Er war berüchtigt wegen seiner Greueltaten und seines Tötungsrausches.
[*West-östlicher Divan.* Gedichtsammlung von Johann Wolfgang von Goethe, 1819]. – Der dämonische Eroberer ist in den Augen Goethes ein außerordentlicher Mensch, für den, wie für Napoleon, Moralgesetze nicht gelten.
[*Der Bezwinger.* Erzählung von Kasimir Edschmid, ED 1916]. – Der Tartaren-Khan T. erobert in einem grenzenlosen Machtrausch die halbe Welt und macht sich die Menschen mit Grausamkeit und blutrünstigen Methoden untertan. Er ist ein Beispiel für die »Explosion« des Frühexpressionismus.

Tinka [*Tinka.* Theaterstück von Volker Braun, 1975]. – T. kämpft mit ungewöhnlichen, provokanten Mitteln für eine Verbesserung der Arbeitsprozesse in ihrem Betrieb, ist das Muster einer sozialistisch motivierten Fortschrittsgläubigen, scheitert aber an der Schwunglosigkeit und Kleinlichkeit des Technischen Leiters und des Parteisekretärs. T. ist eine typische Gestalt der DDR-Literatur und des Bitterfelder Wegs, wenn auch mit betont kritischen Nebentönen.

Titan → Albano (Jean Paul: *Titan*)

Titania → Oberon

Titorelli [*Der Prozeß.* Roman (Fragment) von Franz Kafka, 1925 (posthum)]. – Die »Hilfe« T.s, des Malers und Porträtisten der Richter, für Josef → K. erschöpft sich in Ratschlägen, sich dem Ablauf des Prozesses unterzuordnen und hinhaltend zu taktieren.

Titurel [*Titurel.* Fragment eines höfischen Epos von Wolfram von Eschenbach, entst. nach 1215]. – [*Der jüngere Titurel.* Höfisches Epos, wahrscheinlich von Albrecht von Scharfenberg, entst. um 1270]. – Nach Albrecht von Scharfenberg ist T. der erste Gralshüter und der Errichter des Gralstempels. Er stammt aus einem orientalischen Geschlecht, das im Auftrag des römischen Kaisers Frankreich erobert und christianisiert hat. Wolframs Titurel-Fragment, das die Geschichte des Liebespaars → Schionatulander und → Sigune erzählt, ist nach dem Gralskönig, dem Ahn Sigunes, benannt, weil es mit einer Rede T.s beginnt.

Titus → Feuerfuchs (Nestroy: *Der Talisman*)

Tizian [*Der Tod des Tizian.* Dramatisches Fragment von Hugo von Hofmannsthal, ED 1892; 1901]. – T. ist der vitale Künstler, für den Kunst und Leben eine harmonische Einheit bilden und der deshalb noch auf dem Totenbett unvergängliche Werke schaffen kann. Darum verehren und beneiden ihn seine

Schüler, die in ihrem ästhetisierenden, reflektierenden Narzißmus das Leben nicht mehr fassen können und in einer Kunstkrise stecken. Die Tizianschüler symbolisieren die europäische Kunstkrise des ausgehenden 19. Jh.s wie → Claudio in *Der Tor und der Tod.*

Tobias Lund [*Stadtgespräch.* Roman von Siegfried Lenz, 1963]. – T., jüngstes Mitglied einer Widerstandsgruppe in Norwegen, schildert als Ich-Erzähler das ethische Dilemma des Partisanenführers → Daniel, der sich nicht stellt, obwohl das 44 Geiseln das Leben kostet. T.s Vater, einer der Geiseln, seine Schwester Petra Lund, die fanatische Freundin Daniels, und T. selbst bestärken Daniel in seinem Entschluß, durchzuhalten.

Tobler [*Drei Männer im Schnee.* Erzählung von Erich Kästner, 1934]. – Der Millionär Geheimrat T. hat unter dem Pseudonym Eduard Schulze den zweiten Preis einer seiner Fabriken gewonnen: einen zweiwöchigen Aufenthalt im Grandhotel in Bruckbeuren. Er spielt die Rolle des Preisträgers, unterliegt allerlei Mißverständnissen, weil man ihn für einen armen Teufel hält, und gewinnt Einblicke in eine fremdartige Wirklichkeit. In dem stellungslosen Dr. Fritz Hagedorn, dem ersten Preisträger, gewinnt er einen Freund und Schwiegersohn.

Tobler [*Der Gehülfe.* Roman von Robert Walser, 1908]. – Der versponnene, angeberische Erfinder stellt in seiner Fabrik seltsame technische Apparate her und stürzt seine Familie in Bankrott und Unglück.

Törleß [*Die Verwirrungen des Zöglings Törleß.* Roman von Robert Musil, 1906]. – Der Schüler eines vornehmen Provinzinternats im Nordosten Österreich-Ungarns, ein kühl beobachtender, nur zögernd zu Aktivität bereiter Heranwachsender, wird in eine typische pubertäre Auseinandersetzung um Diebstahl (→ Basini) und homoerotischen Sadismus (→ Beineberg; → Reiting) hineingezogen, aus der er angeekelt und gereift hervorgeht.

Tötges [*Die verlorene Ehre der Katharina Blum.* Erzählung von Heinrich Böll, 1974]. – Der Reporter der »ZEITUNG«, T., ist der Prototyp des Sensationsjournalisten, der um der Story willen vor keiner Rücksichtslosigkeit, Lüge und Gemeinheit zurückschreckt.

Togo [*Tsushima.* Roman von Frank Thieß, 1936]. – Admiral T., der Erbauer der japanischen Flotte und Sieger der Seeschlacht von Tsushima (1905), ist eine von Thieß sorgfältig recherchierte historische Gestalt. Höhepunkt der gestalterischen Freizügigkeit des Autors ist die Begegnung T.s mit seinem ebenbürtigen Gegner → Rojéstwenski an dessen Krankenbett. Dabei wird T.s bescheidener, großherziger Charakter deutlich.

Tokeah [*Der Legitime und die Republikaner.* Roman von Charles Sealsfield, 1833]. – T., der letzte Häuptling der Okonees, ist ein Legitimer, d. h. einer, der auf seinen Rechten besteht. Er läßt sich nicht von der Zivilisation vereinnahmen, sondern bleibt ein Wilder und ein kämpferischer Gegner der Weißen. Der stolze Aristokrat vereinsamt: sein Stamm geht in dem der Comantschen auf, er verliert Heimat und Zufluchtsort, die eigene Tochter und die weiße Pflegetochter. Eine verirrte Kugel feindlicher Indianer macht dem Leben des unzeitgemäßen alten Mannes ein Ende.

Toller.
Der expressionistische Dramatiker Ernst T. (1893–1939), ein Pazifist, war führend beteiligt an der Errichtung der Räterepublik in Bayern 1919.
[*Toller.* Schauspiel von Tankred Dorst, 1968]. – T. ist kein Parteifunktionär wie → Leviné, sondern versteht sich als Künstler, d. h. als einmaliges, geniales Individuum. Als solches strebt er eine Revolution ohne straffe Organisation an, die mit dichterischem Pathos und schauspielerischen Gesten vorangetrieben wird. Er appelliert damit an die Emotionen der unaufgeklärten Massen, denen er eine »Revolution der Liebe« predigt, und muß an der Praxis scheitern.

Tomaso [*Cristinas Heimreise.* Komödie von Hugo von Hofmannsthal, 1910]. – Kapitän T., der ein abenteuerliches Leben zur See hinter sich hat, ist ein ernster, solider Mann, der gerne eine Familie gründen würde. Er liebt → Cristina, ist aber in seiner zurückhaltenden, ungelenken Art ganz das Gegenteil des Charmeurs → Florindo, der zunächst bei ihr Erfolg hat.

Toni [*Die Verlobung in St. Domingo.* Novelle von Heinrich von Kleist, ED 1811]. – T. ist das bedingungslos liebende Mädchen wie → Käthchen von Heilbronn. Beim Negeraufstand in St. Domingo (Haiti) dient die fünfzehnjährige, fast weiße »Mestizin« (hier: Mischling aus einer Mulattin und einem Weißen) als Lockvogel, um versprengte Weiße in eine Falle zu führen. Sie verliebt sich in einen der Asylsuchenden, Gustav von der → Ried, und wird aus Zuneigung zu ihm von einer willenlosen Marionette der Aufständischen zur Verräterin an ihrer Sache und zur Retterin Gustavs und seiner Familie. T. stirbt durch die Hand Gustavs, der ihr listiges Verhalten mißversteht und ihr nicht traut.

Toni Bonn [*Phaea.* Schauspiel von Fritz von Unruh, 1930]. – Das Barmädchen T. verkörpert als Dirne nach einem Topos des Expressionismus die reine Menschlichkeit. Sie verliebt sich in → Uhle, der zuläßt, daß ihre Liebesbegegnung heimlich vom Filmproduzenten → Samuel Morris gefilmt wird.

Toni → Selicke (Holz/Schlaf: *Die Familie Selicke*)

Tonie [*Der Schüdderump.* Roman von Wilhelm Raabe, 1870]. – In der Gestalt der Antonie Häußler spiegelt sich Raabes abgrundtiefer Pessimismus. T. ist ein uneheliches Kind, das zusammen mit der Mutter vom Großvater Dietrich → Häußler ins Armenhaus abgeschoben wird. Als Waise im Lauenhof aufgenommen, wächst sie dank der liebevollen Erziehung, vor allem durch den Chevalier v. → Glaubigern, zu einer bezaubernden, seelenvollen jungen Dame adeliger Gesinnung heran. Doch ihr Großvater, ein Verbrecher, entführt sie, um sie seinen unsauberen Spekulationsgeschäften zunutze zu machen, und zerstört ihr Leben.

Tonio Kröger [*Tonio Kröger.* Novelle von Thomas Mann, ED 1903]. – T. K. verkörpert die Antinomie von Kunst und Leben und damit ein Zentralthema der Jahrhundertwende und Thomas Manns (Hanno → Buddenbrook, → Gabriele Klöterjahn u. a.). Er hat das Bürgerliche des Vaters und das latente Künstlertum der südländischen Mutter geerbt und ist als feinsinnige, schönheitsdurstige Seele zur Übernahme des väterlichen Handelshauses absolut unfähig. In traumatischem Neid auf Wohlanständigkeit und Bürgerlichkeit, auf die »Wonnen der Gewöhnlichkeit« (→ Hans Hansen), isoliert er sich bewußt von der Welt, um ungestört vom Leben ästhetisch anspruchsvolle Dichtung schaffen zu können.

Tonka [*Drei Frauen. (Tonka).* Novellen von Robert Musil, 1924]. – Der Erzähler, ein junger Chemiker, wird von dem einfachen, stillen Mädchen aus einem Ladengeschäft teils angezogen, teils verunsichert. T. wird erst Pflegerin seiner Großmutter, danach seine Geliebte, doch ihr eigentliches Wesen ist bei ihrer Verschlossenheit und Demut nicht zu ergründen, so daß der Erzähler bei T.s Tod nach Geburt eines Kindes sich weder sicher ist, ob er der Vater ist, noch ob T. ihn geliebt hat oder nur willenlos folgsam war.

Tony Buddenbrook [*Buddenbrooks.* Roman von Thomas Mann, 1901]. – Die naive, anziehende T. B., die Schwester von Thomas und Christian → Buddenbrook, ist stolz auf ihre Herkunft, repräsentationsbewußt und hat eine Schwäche für alles Vornehme und Prächtige. Aus Rücksicht auf die Familie und die Firma verzichtet sie auf ihre Jugendliebe zu Morten → Schwarzkopf und läßt sich von den Eltern mit dem ihr widerlichen → Grünlich verheiraten. Auch ihre zweite Ehe mit → Permaneder scheitert, weil sie aus äußerlichen Gründen geschlossen wird. Aber trotz aller Schicksalsschläge bleibt T. sich immer gleich, wird nie wirklich erwachsen und gibt auch nach dem »Verfall« der Familie das Ziel nicht auf, den Namen der Buddenbrooks in Ehren zu halten.

Topina d'Avorio [*Der schiffbrüchige Galeerensklave vom Toten Meer.* Romanfragment von Clemens Brentano, 1949; entst. 1811]. – In T., der Schönheit mit der anmutigen Stimme, zeichnete Brentano ein Bild der Prager Schauspielerin Auguste Brede, mit der er ein enttäuschendes Liebeserlebnis hatte.

Torbern → Fröbom (Hoffmann: *Die Bergwerke zu Falun*)

Torquato → **Tasso** (Goethe: *Torquato Tasso*)

Torsten [*Die Prüfung.* Roman von Willi Bredel, 1934]. – 1933 wird der ehemalige kommunistische Reichstagsabgeordnete Heinrich T. von der Gestapo verhaftet, unter Folterungen verhört und in ein Hamburger Gefängnis gebracht, wo er die Unmenschlichkeit der Nazischergen und die Solidarität der Gefangenen erlebt. T. ist ein Portrait des Kommunisten Matthias Thesen.

Tracht [*Das Wunschkind.* Roman von Ina Seidel, 1930]. – Dubslav T., der Vater → Cornelies Echter von Mespelbrunn, ist der Prototyp des preußischen Junkers und Generals von soldatischer Strenge und Härte; er vertritt die überlebte feudale Ordnung bis zur Lieblosigkeit gegenüber seiner eigenen Tochter.

Traps [*Die Panne.* Erzählung von Friedrich Dürrenmatt, 1956]. – Dem Textilkaufmann Alfredo T., der bei einem »Gerichtsspiel« die Rolle des Angeklagten übernimmt, wird die Schuld am Tod seines Chefs zugeschrieben, was in ihm eine Ahnung von Schuld und Sühne aufsteigen läßt. Er vollzieht das Todesurteil des Spiels, indem er sich erhängt. Weil in dem profitgierigen Ellenbogenmenschen T. »noch« ein Gewissen geweckt werden kann und »noch« eine Ahnung tragischer Verstrickung aufdämmert – psychische Merkmale, die sich in der heraufkommenden Computerwelt verflüchtigen werden – ist die Geschichte »noch möglich«.

Trassenberg [*Helianth.* Roman von Albrecht Schaeffer, 1920/21]. – Schaeffer will in dem Bildungsroman ein »Jedermannschicksal« erzählen: das Leben eines jungen Mannes, der nach Vollkommenheit und Wahrheit strebt. Als der feinsinnige, hochgebildete Erbprinz Georg v. T. von seiner illegitimen Geburt erfährt, überfällt ihn ein Gefühl der Unechtheit, er zweifelt an der Berechtigung seines Daseins und seiner Berufung zum Herzog. Durch »seelisches Arbeiten und Leiden« findet er schließlich eine »bedeutende Form des Ichs«.

Traumulus → Niemeyer (Holz/Jerschke: *Traumulus*)

Traun [*Der Atem.* Roman von Heinrich Mann, 1949]. – Die Lebedame Gräfin T. gehört verschiedenen Welten aus Kunst, Geld und Politik an; bei den Arbeitern ist sie als Genossin Kobalt bekannt. Am letzten Tag ihres Lebens, dem Tag des Kriegsausbruchs 1939, rechnet sie, verarmt, verfolgt, ausgestoßen und von Schwindsucht geplagt, mit ihrem Leben ab. Dann sprengt sie mit geliehenem Geld die Bank von Monte Carlo, feiert in einem Nachtlokal eine Orgie und verschenkt auf dem Totenbett das gewonnene Geld an die Armen, die sie dafür verehren und ihren Verfolger töten.

Traute Reimann → Rudorff (Hartleben: *Rosenmontag*)

Trautwein [*Exil.* Roman von Lion Feuchtwanger, 1940]. – Sepp T., emigrierter Münchener Komponist, ist die Zentralfigur in den politischen Auseinandersetzungen zwischen Emigranten und regimetreuen Deutschen in Paris 1935. Er schreibt für ein Emigrantenblatt, verliert aber sein Sprachrohr durch Intrigen der deutschen Botschaft und des Nazi-Journalisten → Wiesener. Er arbeitet daraufhin an der »Wartesaal«-Symphonie, die das Schicksal der Emigranten, ihr Warten, ihr Verzagen und die glückliche Rückkehr ausdrükken soll.

Treibel → Jenny T., → Leopold T. (Fontane: *Frau Jenny Treibel*)

Treskow [*Der Maulkorb.* Roman von Heinrich Spoerl, 1936]. – Wie Dorfrichter → Adam im *Zerbrochenen Krug* ist der Staatsanwalt von T. selbst der Täter in einem Straffall, dessen Ermittlungen er führt. Aber er weiß nicht, daß er im Vollrausch einem Denkmal des Landesherrn einen Maulkorb umgebunden und ein Delikt der Majestätsbeleidigung begangen hat.

Trevrizent [*Parzival.* Höfisches Epos von Wolfram von Eschenbach, entst. zwischen 1200 und 1210]. – → Parzivals Oheim T. lebt als Einsiedler ein Leben voll Gottes- und Nächstenliebe. Er führt den Gralssucher auf den richtigen Weg der Reue und Gnade.

Tricheur → Grandpierre (Langgässer: *Das unauslöschliche Siegel*)

Triddelfitz [*Ut mine Stromtid.* Niederdt. Roman von Fritz Reuter, 1863–64]. – Der Stutzer aus der Stadt und Wirtschaftseleve Fritz T. ist, wie schon der Name andeutet, eine betriebsame, zappelige und besserwisserische komische Figur.

Tristan [*Tristrant und Isalde.* Versroman von Eilhart von Oberge, entst. um 1170/80]. – [*Tristan.* Versroman (unvollendet) von Gottfried von Straßburg, entst. um 1200–1210]. – [*Tristan und Isolde.* Musikdrama von Richard Wagner, 1859]. – T. und Isolde sind das ideale Liebespaar, das in schicksalhaft elementarer Leidenschaft eine leiblich-seelische Einswerdung erfährt. Sie verkörpern die »edelen herzen«, die in »reiner triuwe« verbunden sind. – T., ein tapferer höfischer Ritter, holt als Brautwerber für seinen Onkel → Marke die blonde → Isolde aus Irland nach Kornwall. Er wird auf der Fahrt durch einen Zaubertrank in unentrinnbarer, ewiger Liebe mit Isolde verbunden. Diese Liebe trifft ihn mit solcher Gewalt, daß sie seine verwandtschaftlichen Bande und seine Gefolgschaftstreue zu Marke verdrängt und ihn zu List und Betrug greifen läßt, um Isolde nahe zu sein.

[*Tristan.* Gedicht von August Graf von Platen, ED 1825]. – Platens T. gilt als das Urbild des weltschmerzlerisch-todessüchtigen Künstlers und wurde besonders im Rahmen der Künstler-Bürger-Problematik der Jahrhundertwende viel zitiert. Für ihn klaffen Kunst und Sein auseinander, doch das Erlebnis der Schönheit kann von der Qual des nichtigen Lebens erlösen.

[*Tantris der Narr.* Drama von Ernst Hardt, 1907]. – Nach zehn Jahren der Trennung kommt T. verkleidet an Markes Hof zurück, errettet unerkannt die von Marke den Bettlern und Aussätzigen ausgelieferte → Isolde und nähert sich ihr als der Narr Tantris (Anagramm für Tristan). Als sie die Maske wieder nicht durchschaut, zieht er für immer davon. – Das neuromantische Drama beginnt da, wo Gottfried von Straßburgs Epos abbricht, und stützt sich auf vorhöfische Bearbeitungen des Stoffes. Es endet anders als alle früheren Versionen mit der endgültigen Trennung der Liebenden, nicht mit dem Liebestod.

Tristrant, frühe Schreibung von → Tristan

Tritz [*Der Nebbich.* Lustspiel von Carl Sternheim, 1922]. – Der Handlungsreisende Fritz T., ein spießiger Kleinbürger, ein »Nebbich«, wird von der Kammersängerin → Rita Marchetti wie ein junger Gott angehimmelt. Das verändert sein Leben: er eignet sich schnell einen Anstrich von Bildung an und wird ein erfolgreicher Salonlöwe. Aber das neue Leben behagt ihm auf die Dauer nicht, er fühlt sich überfordert und sehnt sich nach seinem Biertisch-Milieu zurück. Er ist glücklich, als er der anspruchsvollen Geliebten entkommt und zu seinesgleichen zurückkehren kann.

Tronka [*Michael Kohlhaas.* Novelle von Heinrich von Kleist, ED 1810]. – Der Junker Wenzel von T. behält willkürlich, ohne Rechtsgrundlage, zwei Rappen des Roßhändlers → Michael Kohlhaas als Pfand und löst dadurch die Lawine von Racheaktionen aus, denen seine Burg, seine Leute und Hunderte von anderen Menschen zum Opfer fallen. Er ist der Vertreter einer korrupten Adelskaste, die ihre gemeinwirtschaftliche Verwaltungsfunktion nicht mehr ernst nimmt und sich bei Unrechtshandlungen auf den Schutz ihrer Standesgenossen verläßt.

Trotta [*Radetzkymarsch.* Roman von Joseph Roth, 1932]. – Der aus einer bäuerlichen slowenischen Familie stammende Leutnant T. rettet in der Schlacht von Solferino den Kaiser vor einer Kugel und wird selbst verwundet; dafür wird er befördert, ausgezeichnet und geadelt. Sein Sohn wird als Bezirkshauptmann ein pflichtbewußter Beamter in der Provinz. Sein Enkel Carl Joseph, wieder Offizier, leidet unter Todesahnungen und Schuldgefühlen und der Vorstellung, daß er seinen Großvater, den »Helden von Solferino«, nie erreichen wird.
[*Die Kapuzinergruft.* Roman von Joseph Roth, 1938]. – Der dekadente Leutnant Franz-Ferdinand T. gerät im 1. Weltkrieg in russische Gefangenschaft und kann sich in der Nachkriegswelt nicht zurechtfinden. Er scheitert in der Ehe und im Geschäftsleben und führt eine Kaffeehausexistenz des Nichtstuns, bis die Machtergreifung der Nationalsozialisten endgültig einen Strich unter seine Welt zieht.

Tschanz [*Der Richter und sein Henker.* Kriminalroman von Friedrich Dürrenmatt, 1952]. – Der Kriminalbeamte T., der bei begrenztem Können krankhaft ehrgeizig ist, bringt seinen Kollegen Schmied um, dem er Fähigkeit, Erfolg, Bildung und sein Mädchen neidet. Kommissär → Bärlach benutzt ihn als Henker seines Widersachers → Gastmann.

Türkheimer → Zumsee (H. Mann: *Im Schlaraffenland*)

Tüverlin [*Erfolg.* Roman von Lion Feuchtwanger, 1930]. – Der schweizerische Schriftsteller Jacques T., der von einer »humanistischen Vernunftgläubigkeit« getrieben wird, die Öffentlichkeit aufzuklären, trägt Züge des Autors.

Tulifäntchen [*Tulifäntchen.* Komisches Heldengedicht von Karl Leberecht Immermann, 1830]. – T. steht stellvertretend für den Epigonen, der vergeblich die Größe seiner Vorgänger zu erreichen versucht, eine Größe, die Immermann vor allem in Goethe verkörpert sieht. Der Erbe des verarmten Geschlechts der Tulifant ist nur »fingerlang und fingerdick«. Er reitet im Ohr seines Schimmels Zuckladoro auf Abenteuer aus und wird ein Held, scheitert jedoch am Ende in der Ehe mit Prinzessin Balsamine an seiner unzulänglichen Physis. Er erkennt seine Insuffizienz nicht und verharrt in seinem idealen Wollen. Tulifant (türk.) = Kinderhaube, übertragen ein Gernegroß.

Tulla [*Katz und Maus.* Novelle von Günter Grass, 1961]. – Das BDM-Mädchen T. Prokriefke, ein kaltherziges Biest, »bestand nur aus Haut, Knochen und Neugierde«. Es gehörte zu der Jugendlichenclique um → Mahlke. T. ist auch Gestalt in dem Roman *Hundejahre* (1963) und Empfängerin der Briefe Harry → Liebenaus.

Tutein → Horn (Jahnn: *Fluß ohne Ufer*)

Tyball → Willehalm (Wolfram von Eschenbach: *Willehalm*)

Tycho Brahe.
Der Däne T. B. (1546–1601) war Hofastronom Rudolfs II. in Prag. Sein »tychonisches System« ist dem kopernikanischen Weltsystem entgegengesetzt: Die Erde ist Mittelpunkt des Kosmos, umkreist von Mond und Sonne; die Planeten umkreisen die Sonne. Es ist der Rettungsversuch eines Weltbildes, das den Vorstellungen der katholischen Kirche entsprach.
[*Tycho Brahes Weg zu Gott.* Roman von Max Brod, 1916]. – T. B. ist im Gegensatz zu dem kalten Wissenschaftler → Kepler der Gottsucher. Es fällt ihm schwer, das alte ptolemäische Weltbild völlig aufzugeben, denn Anordnung und Bewegung der Sterne sind für ihn eine »Darstellung des göttlichen Gesetzes und der Weltordnung«, also in erster Linie ein theologisches, nicht ein astronomisches Problem.

Tyllbeck [*Pferdemusik.* Roman von Ludwig Tügel, 1935]. – Der ehemalige Frontoffizier im Ersten Weltkrieg »Major« T. kann das Kriegserlebnis nicht überwinden und lebt als »toller Christian« mit seinem ehemaligen Burschen → Mokenesa im Unterstand »Höhe zwoundsiebzig« auf einem Phantasieschlachtfeld in einer entrückten, einsamen Welt unter dem Sternenzelt, der »Sphärenmusik« lauschend. Die Frau, die er vor dem Krieg geliebt hat, Frau v. Deiß, schickt ihre Tochter Edith auf die Suche nach ihm, und die folgenden Ereignisse, T.s Schwanken zwischen Mutter und Tochter, führen zu einer Art seelischer Rekonvaleszenz.

Tyridates → Octavia (Herzog Anton Ulrich von Braunschweig-Wolfenbüttel: *Octavia*)

Tyss → Peregrinus T. (Hoffmann: *Meister Floh*)

Übelohe [*Die Ehe des Herrn Mississippi.* Komödie von Friedrich Dürrenmatt, 1952]. – Der ehemalige Tropenarzt Graf Bodo von Ü.-Zabernsee ist ein Idealist; er hat sich durch soziale Hilfsaktionen finanziell völlig ruiniert. Heruntergekommen und dem Alkohol ergeben, erscheint er im letzten Bild als Don Quichote der christlichen Liebe.

Überbein → Klaus Heinrich (T. Mann: *Königliche Hoheit*)

Ugolino.
Graf Ugolino della Gheradesca, Stadtherr von Pisa, durch Bischof Ruggiero gestürzt, starb 1289 mit seinen männlichen Nachkommen im Hungerturm. [*Ugolino.* Tragödie von Heinrich Wilhelm von Gerstenberg, 1768]. – Weil er nach der Alleinherschaft strebt, wird Graf U. in Pisa mit seinen drei Söhnen in den Turm geworfen, wo sie der Verzweiflung und dem Hungertode ausgeliefert sind. U. ist der leidende »große« Mann und ein Vorläufer der sogenannten »Kerle« des Sturm und Drang.

Uhl → Jörn U. (Frenssen: *Jörn Uhl*)

Uhle [*Phaea.* Schauspiel von Fritz von Unruh, 1930]. – Adam U., der Held des Dramas, ist ein pazifistischer Dichter, der in die menschenverzehrenden Mühlen der Filmindustrie gerät. In dem Film über einen Fememord, dessen Drehbuch er verfaßt hat, spielt er den zu ermordenden Verräter. Das Bestreben des Produzenten, → Samuel Morris, möglichst lebensnah zu arbeiten, führt dazu, daß U. während der Dreharbeiten von den echten Offizieren, die anstelle von Schauspielern agieren, beinahe wirklich ermordet wird.

Ui → Arturo Ui (Brecht: *Der aufhaltsame Aufstieg des Arturo Ui*)

Ulenspiegel → Eulenspiegel

Ulfo [*Canut.* Trauerspiel von Johann Elias Schlegel, 1746]. – U., der Schwager und Gegenspieler des Dänenkönigs → Canut, ist ein negativer Held, ein Vorläufer der amoralischen Kraftmenschen des Sturm und Drang. Sein Ehrgeiz wird weder durch Vernunft noch durch das Gewissen gebändigt. U. hat seinem Herrn die Gefolgschaft aufgekündigt, um im Kampf gegen ihn Ruhm erwerben zu können. Aber er scheitert, wird gefangengesetzt und bei einem Fluchtversuch getötet.

Uli [*Uli der Knecht. – Uli der Pächter.* Doppelroman von Jeremias Gotthelf, 1846 u. 1849]. – U. ist ein bäuerlicher → Wilhelm Meister. Er steigt vom Knecht zum »Meister« auf (Bernerdeutsch für Bauer) und erreicht trotz vieler Anfechtungen drei Lebensziele: die Ehe mit → Vreneli, der tüchtigen Magd, die Anerkennung der Mitmenschen und die Überwindung des Zeitgeistes, der mit seiner Unchristlichkeit und Schlechtigkeit in die Bauernwelt eingebrochen ist.

Ulla → Fröbom (Hoffmann: *Die Bergwerke zu Falun*)

Ulla Winblad [*Ulla Winblad.* Drama von Carl Zuckmayer, entst. 1937/38; 1953]. – U. W. ist zwischen zwei Lebensformen gestellt, die unvereinbar sind. Mit dem genialisch-verschlampten Sänger, Dichter und Bürgerschreck Carl Michael Bellman verbindet sie Liebe und Freiheit, mit ihrem Ehemann Baron Lindkrona Vernunft und Sicherheit.

Ulrich [*Der Erbförster.* Drama von Otto Ludwig, ED 1853]. – Der Förster U. verwaltet in der dritten Generation den Forst, der zum Gut Düsterwald gehört. Er ist ein starrköpfiger, rechthaberischer Mann, der wegen dieser Eigenschaften über sich und seine Familie eine Schicksalstragödie heraufbeschwört.

Ulrich [*Der Femhof.* Roman von Josefa Berens-Totenohl, 1934]. – Als dem Bauernsohn U. sein Besitz verweigert wird, tötet er den Junker Bruno, der den Hof beansprucht, und verläßt seine Heimat. Im Sauerland rettet er → Magdlene das Leben und wird von ihrem Vater, dem reichen Wulfbauern, als Knecht eingestellt. Der Hofherr widersetzt sich jedoch einer Heirat der Liebenden. Als er von der Schuld U.s erfährt, läßt er ihn von dem Femegericht verurteilen und tötet den Vogelfreien.

Ulrich [*Das Gnadenbrot.* Novelle von Berthold Viertel, 1927]. – U. ist ein Schauspieler, dessen Leben eine Bühnenrolle ist. Der arrogante, alternde Mime soll die Rolle des demütigen Kusofkin in Turgenjews *Gnadenbrot* spielen. Über dem Rollenstudium und den Probearbeiten, die ihn seelisch ungewöhnlich anstrengen, verändert er sich von einem eitlen, selbstgefälligen Star zu einem verbrauchten, bescheidenen, sanftmütigen Menschen. U. steht in der Tradition der »O-Mensch«-Dichtung des Spätexpressionismus.

Ulrich [*Der Mann ohne Eigenschaften.* Unvollendeter Roman von Robert Musil, 1930, 1933, 1943; Gesamtausg. 1952]. – In der Hauptgestalt des Romans spiegelt sich die geistige Verfassung Österreichs vor Ausbruch des Ersten Weltkriegs. Die Wirklichkeit erscheint U. klischeehaft, mittelmäßig; es fehlt die übergeordnete Größe, die die übertechnisierte Welt zusammenhält. Resigniert nimmt er die passive Haltung des reflektierenden Geistes an, der nichts mehr will und nur noch erkennt; so wird er zum »Mann ohne Eigenschaften«, der ohne Bindung an die Wirklichkeit verschiedene Möglichkeiten irrationaler Zustände erprobt – darunter den Inzest mit seiner Schwester → Agathe – und dabei die Haltung der Beobachtung und Analyse nie aufgibt. Alle Personen des Romans sind Spiegelungen U.s, die seine Möglichkeiten und Anlagen in karikierender Verzerrung verwirklichen.

Ulrich von Württemberg. Herzog U. v. W. (1487–1550) unterlag bei dem Versuch, die reichsunmittelbaren Städte (Reutlingen u. a.) seinem Lande einzuverleiben (1519), dem Schwäbischen Bund.

[*Lichtenstein.* Roman von Wilhelm Hauff, 1826]. – Das Schicksal U.s wird von Hauff weitgehend historisch getreu dargestellt, und zwar in der Manier Walter Scotts verdeutlicht durch die Erlebnisse einer fiktiven Vordergrundfigur, des Ritters Georg von → Sturmfeder.

Ulyss(es), die bis zur Klassik bevorzugte lateinisch-französische Namensform von → *Odysseus*

Umberto → Astorre (Meyer: *Die Hochzeit des Mönchs*)

Undine [*Undine.* Erzählung von Friedrich de la Motte Fouqué, 1811]. – Das mutwillige und wilde Meerfräulein U. gewinnt durch die Hochzeit mit dem Ritter → Huldbrand eine menschliche Seele und verwandelt sich in ein engelhaftes Wesen voller christlicher Tugenden. Sie muß für ihre Seele mit Herzeleid bezahlen, das ihr die Menschen zufügen. Im Gegensatz zur Geschichte ihrer Vorgängerin, der Nixe → Melusine, ist die Verbindung Undines mit einem Menschen aus der Perspektive der Nixe geschildert.

Unger → Michael U. (R. Huch: *Vita somnium breve*)

Unrat [*Professor Unrat.* Roman von Heinrich Mann, 1905]. – Der verknöcherte Gymnasialprofessor Raat, ein wilhelminisch-patriotischer Schultyrann, von den Schülern gehaßt und als »Professor Unrat« verhöhnt, schnüffelt als Moralwächter im Privatleben seiner Schüler herum (→ Lohmann; → Kieselack) und gerät dabei in absolute Hörigkeit zur »Barfußtänzerin« → Rosa Fröhlich. Das kostet ihn seinen Ruf und seine Beamtenposition und verwandelt ihn in einen Spielhöllenbesitzer und anarchistischen bösen Geist der Stadt.

Unwirrsch [*Der Hungerpastor.* Roman von Wilhelm Raabe, 1864]. – Hans Jakob U., der Sohn eines Schumachers in einer Kleinstadt, hungert nach Wissen und Bildung. Er studiert Theologie, wird Hauslehrer und zieht sich schließlich, desillusioniert von dem Kampf aller gegen alle, in die Pfarrei eines kleinen Fischerdorfes an der Ostsee zurück, wo er die Lebenserfüllung als Pastor und in der Liebe zu seiner Frau Franziska findet.

Uriel → **Acosta** (Gutzkow: *Uriel Acosta*)

Ursleu [*Erinnerungen von Ludolf Ursleu dem Jüngeren.* Roman von Ricarda Huch, 1893]. – Die Ursleus, ein großbürgerliches Geschlecht in einer norddeutschen Hansestadt, bestehen aus den Familien der Brüder Ludolf U., eines Kaufmanns, und Harre U., eines Arztes. Die Zerstörung dieser Familien durch leidenschaftliche Liebe und geschäftlichen Zusammenbruch schildert Ludolf U. der

Jüngere, der sich in das Kloster Einsiedeln zurückgezogen hat.

Ursula [*Die Verdammten.* Roman von Frank Thieß, 1923]. – U. und Axel sind von inzestuöser Leidenschaft erfaßte Geschwister. Die erotische Anziehung entsteht, als Axel nach 25jähriger Abwesenheit aus Amerika zurückkommt, und wird gefördert durch die isolierte Lebensweise der beiden auf Schloß Windsloh. U. kann sich erst lösen, als Axel das gemeinsame Kind opfert, um ihr Leben zu retten. Die Thematik ist in Siegmund und → Sieglind Aarenhold in *Wälsungenblut* vorweggenommen und in → Ulrich und → Agathe im *Mann ohne Eigenschaften* aufgegriffen.

Ursula [*Vorsommer.* Roman von Benno von Mechow, 1933]. – U. ist das von Natur aus tüchtige, zupackende Stadtkind, das zur Erholung aufs Land kommt und dort heimisch wird, eine zeittypisch positive Figur des Schollenromans.

Usong [*Usong, eine morgenländische Geschichte.* Roman von Albrecht von Haller, 1771]. – U. ist die Maskenfigur eines mongolischen Prinzen in einem Fürstenspiegel für das europäische absolutistische Zeitalter.

Ute (Uote) [*Nibelungenlied.* Anonymes Heldenepos, entst. um 1200]. – Frau U., die Mutter → Kriemhilds und der Burgundenkönige → Gunther, → Gernot und → Giselher, warnt ihre Kinder vergeblich vor den Folgen ihrer Handlungen; sie vermag die Träume, in denen sich die drohenden Gefahren ankündigen, zu deuten.

Valentin [*Faust I.* Tragödie von Johann Wolfgang von Goethe, ED 1808]. – V. ist ein Typ aus dem Volke: ein biederer, ehrlicher Landsknecht, der stolz auf seine unschuldige, jüngere Schwester (→ Gretchen) ist und ihre Entehrung rächen will. Er unterliegt im Kampf gegen → Faust, da → Mephistopheles eingreift und seinen Degen ablenkt.

Valentin [*Der Verschwender.* Zaubermärchen von Ferdinand Raimund, ED 1837]. – Nachdem → Flottwell vor seinen Schulden nach England geflohen ist, nimmt V., das Musterbild eines naiv-treuen Dieners, sein Tischlerhandwerk wieder auf und lebt mit seiner Frau Rosa, dem ehemaligen Kammermädchen, und vielen Kindern bescheiden und zufrieden. Er ist bereit, seinen mittellosen Herrn aufzunehmen, als dieser nach zwanzig Jahren wiederkehrt. Seine Lebenserfahrung von der Veränderlichkeit der Welt und dem Glück der Bescheidung verkündet er in dem berühmten »Hobellied«.

Valeria [*Ponce de Leon.* Lustspiel von Clemens Brentano,

1804]. – Die Tochter des Schneiders Valerio ist von hoffnungsloser Liebe zu → Ponce de Leon erfüllt, der die Frauen anzieht, aber sich bald kühl abwendet. In dem turbulenten Intrigenstück ringt sich V. zum Verzicht durch und gewinnt dadurch als einzige Frau des Lustspiels charakterliche Statur.

Valerie → Alfred (Horváth: *Geschichten aus dem Wienerwald*)

Valerie [*Unruhige Gäste.* Roman von Wilhelm Raabe, 1886]. – Die mondäne, zivilisationshörige Frau von Professor → Bielow bildet mit ihrem Egoismus und ihrer Betriebsamkeit den Gegenpol zu der in sich ruhenden, opferwilligen → Phöbe.

Valerio [*Leonce und Lena.* Komödie von Georg Büchner, ED 1842]. – V., ein zynischer Materialist und fauler Vagabund, ist das Gegenbild des Prinzen → Leonce, mit dem zusammen er die zwiespältige Seelenlage Clemens Brentanos (→ Ponce de Leon) verkörpert. Mit Ironie kritisiert er die Trübsinnigkeit Leonces und holt ihn von seinen exzentrischen Eskapaden auf die Erde zurück; so rettet er ihn, als er sich im Augenblick des Glücks in den Fluß stürzen will.

Valerius [*Das junge Europa.* Roman in drei Teilen von Heinrich Laube, 1833–37]. – V. schwärmt von einer Zukunft in bürgerlicher Freiheit. Der Zusammenbruch des Polenaufstands (1831) führt auch zum Zusammenbruch seiner idealistischen politischen Zukunftsvisionen, und er zieht sich in eine biedermeierliche Idylle zurück.

Valeros → Örindur (Müllner: *Die Schuld*)

Vallmer [*Dies irae.* Tragödie von Anton Wildgans, 1918]. – Das »ungewollte Kind« Hubert V. ist einer der expressionistischen Söhne, die im Konflikt mit den Vätern zugrunde gehen. Der wenig robuste, willensschwache Abiturient ist den Ansprüchen nicht gewachsen, die der harte, selbstgewisse Vater an ihn stellt, und begeht nach zusätzlichen Enttäuschungen in Freundschaft und erster Liebe Selbstmord.

Vallormes [*Das Sinngedicht.* Novellenzyklus von Gottfried Keller, 1882]. – In der Novelle *Die Berlocken* läßt sich der große Herzensbrecher Thibaut de V. von den Damen, die er erobert, herzförmige Anhänger (Berlokken) für seine Uhr schenken, so daß er am Ende eine kostbare Sammlung besitzt. Diese schwindelt ihm in Amerika das schlaue Indianermädchen Quoneschi ab; sie gewinnt damit die Gunst des Häuptlings und wird dessen Frau.

Vanadis [*Vanadis.* Roman von Isolde Kurz, 1931]. – Die schöne und intelligente V. wächst in der zweiten Hälfte des 19. Jh.s im Haus der Großeltern in einer Atmosphäre der Wissenschaften und Künste heran. Aber die Idylle wird gestört durch Krankheit und Tod. Der Vater fällt in Wahnsinn, Verlobter, Bruder und Schwester kommen um. V. wird die Frau eines alternden Ästheten, der ihre schöngeistige Ausbildung in Florenz fortsetzt, doch ihre unglückliche Liebe gilt dessen Sohn.

Vasudeva [*Siddhartha.* Roman von Hermann Hesse, 1922]. – Der Fährmann V. lehrt den lebensüberdrüssigen → Siddhartha die Weisheit, die der Strom vermittelt: Sein Fließen ist immer neu und immer gleich wie Leben und Tod.

Vela → Francesco V. (G. Hauptmann: *Der Ketzer von Soana*)

Velten → **Andres** (Raabe: *Die Akten des Vogelsangs*)

Venosta [*Bekenntnisse des Hochstaplers Felix Krull.* Romanfragment von Thomas Mann, 1954]. – Der Marquis Louis de V. ist ein liebenswürdiger Mensch von mäßigem geistigen Niveau, Vertreter eines dekadenten, funktionslos gewordenen Hochadels. Um bei der nicht standesgemäßen Geliebten Zaza bleiben zu können, überläßt er → Felix Krull seine Identität, stattet ihn mit seinem Namen, Rang und Geld aus, so daß dieser an seiner Statt als Marquis de V. eine Bildungsreise antritt.

Ventidius [*Die Hermannsschlacht.* Drama von Heinrich von Kleist, entst. 1808; ED 1821]. – Der römische Abgesandte V. umwirbt → Thusnelda mit Billigung ihres Gatten, des Cheruskerfürsten Hermann (→ Arminius), der die Römer in Sicherheit wiegen will. Als Thusnelda erfährt, daß sich V. nicht aus Liebe zu ihr eine blonde Locke erbeten hat, sondern um sie der Kaiserin Julia als Trophäe zu senden, läßt sie ihn von einer Bärin zerfleischen. Das barbarische Ende des kultivierten und galanten V. gilt als Ausdruck von Kleists Franzosenhaß.

Veraguth [*Roßhalde.* Erzählung von Hermann Hesse, 1914]. – Die Künstler-Bürger-Problematik der Zeit (→ Tonio Kröger) gewinnt auf sehr persönliche Weise Gestalt in dem Maler Johann V., dessen Geschichte manche Züge mit Hesses Biographie gemeinsam hat. V. ist ein überempfindlicher, von seinem Werk absorbierter Mensch, der sich seiner Familie entfremdet, weil er neben der Kunst keine konkurrierenden Kräfte erträgt. Er ist jedoch in Erinnerung an die eigene Kindheit magisch an den siebenjährigen jüngsten Sohn, Pierre, gebunden. Als Pierre stirbt, ist V. ganz frei für seine Kunst.

Vergil.
Der sterbende Publius Vergilius Maro (70–19 v. Chr.) hielt sein römisches Nationalepos *Aeneis* für unvollkommen und wollte

es der Vernichtung anheimgegeben, doch Augustus ließ es nach V.s Tod veröffentlichen.
[*Der Tod des Vergil.* Roman von Hermann Broch, 1945]. – V. ist der Dichter in einer spätzeitlichen Gesellschaft, dessen Daseinsberechtigung in Frage gestellt und schließlich verneint wird, denn die Welt braucht statt schöner Worte nützliche Taten zur Lösung ihrer Probleme. In den letzten Stunden seines Lebens beschäftigt sich der sterbende Dichter mit diesen Problemen und will als Sühne für sein verfehltes Leben in schöngeistiger Isolation seine *Aeneis* verbrennen – ein Entschluß, den er dem kaiserlichen Freund Augustus zuliebe rückgängig macht. Dann erlebt er den Tod als umgekehrte Genesis bis zum Aufgehen im Kosmos.

Veronika [*Das Schweißtuch der Veronika.* Roman von Gertrud von Le Fort, 1928/1946]. – V. – wie ihre Namenspatronin das »Vorbild einer unwandelbaren Tiefe und Treue« – ist die Gottsucherin, die in der Auseinandersetzung mit antichristlichen Weltanschauungen zum Katholizismus findet und diesen innerlich bewahrt. Die wichtigsten Gegenpositionen sind dabei das klassische Heidentum, dem sie bei ihrer Großmutter und in der Stadt Rom begegnet, und das moderne Heidentum, das der junge deutsche Dichter → Enzio vertritt.

Verrina [*Die Verschwörung des Fiesko zu Genua.* Tragödie von Friedrich von Schiller, 1783]. – V. ist das Musterbild eines ideologisch gefestigten Republikaners, den auch keine taktischen Gründe dazu bewegen können, nur einen Schritt von seiner Überzeugung abzuweichen. Noch das Unglück seiner Tochter Berta, die von Gianettino → Doria vergewaltigt worden ist, benutzt er als Movens für den Aufstand gegen die Dorias, dessen Initiator er ist. Als → Fiesko, der Anführer des Aufstands, selbst nach der Krone greift, stürzt er ihn ins Meer.

Vesemann [*Erfolg.* Roman von Lion Feuchtwanger, 1930]. – General V. ist der Schlüsselname für den Generalquartiermeister des Ersten Weltkriegs und chauvinistischen Vorkämpfer der germanischen Wiedergeburt Erich Ludendorff.

Vicedomini → Astorre (Meyer: *Die Hochzeit des Mönchs*)

Vicentius → Stylpho (Wimpheling: *Stylpho*)

Vicentius Ladislaus [*Vicentius Ladislaus.* Komödie von Herzog Heinrich Julius von Braunschweig-Wolfenbüttel, 1594]. – Der komische Held V. L., ein Miles gloriosus, wird von dem Hofnarren Johann → Bouset als Aufschneider entlarvt. Als er sich an der herzoglichen Tafel in die schöne Angelina verliebt, spielen ihm die Höflinge einen grausamen Streich und verjagen ihn vom Hofe.

Victoire von Carayon [*Schach von Wuthenow.* Erzählung von Theodor Fontane, 1883]. – V.s Gesicht ist häßlich und von Blattern zernarbt. Daher beachtet der Rittmeister → Schach v. Wuthenow das kluge und empfindsame Mädchen nicht, wenn er ihre Mutter, die schöne Josephine v. C., besucht. Doch dann verführt er sie in einem Augenblick kurzer seelischer Übereinstimmung. Als sich Schach nach der von der Mutter erzwungenen Heirat erschießt, bringt V. den Sohn in Rom zur Welt und nimmt ihr Schicksal dankbar an.

Victor [*Dichter und ihre Gesellen.* Roman von Joseph Freiherr von Eichendorff, 1834]. – Graf V. von Hohenstein, ein anerkannter Dichter, zweifelt am Wert seines Bemühens, schließt sich unter dem Namen Lothario einer Schauspieltruppe an und überhöht sein Dichtertum am Ende zur Religiosität als Eremit Vitalis.

Victorin [*Die Elixiere des Teufels.* Roman von E.T.A. Hoffmann, 1815/16]. – Der junge Graf V., ein unbekannter Halbbruder des Mönchs → Medardus, kreuzt dessen Leben mehrfach als wahnsinniger Kapuzinermönch und gespenstischer Doppelgänger.

Vierkant [*Die Räuberbande.* Roman von Leonhard Frank, 1914]. – Michael V. ist einer von zwölf Lehrjungen aus Würzburg, die vom Wilden Westen träumen und die Gestalten Karl Mays imitieren. Der kleine, stotternde, sensible V. nennt sich Oldshatterhand. Er ist der einzige, der seinem Traum auch als Erwachsener treu bleibt und sich nicht in die kleinbürgerliche Welt integriert, sondern Künstler wird. Aber er ist dem Leben nicht gewachsen.

Vieth [*Adel im Untergang.* Roman von Ludwig Renn, 1944]. – Arnold von V., der Held des Romans, ist der Leutnant eines feudalen sächsischen Regiments, der die Geistlosigkeit, Hohlheit und innere Schwäche der adeligen Gesellschaft durchschaut und sieht, wie sie den Charakter aller Dienstgrade korrumpiert. Arnold Vieth von Golßenau ist der richtige Name des Autors; der Roman ist autobiographisch.

Vigoleis [*Die Insel des zweiten Gesichts.* Autobiographischer Abenteurerroman von Albert Vigoleis Thelen, 1953]. – Der Schriftsteller V. reist mit seiner Partnerin Beatrice nach Mallorca. Ihr Bruder Zwingli, der mit der Prostituierten Maria del Pilar zusammenlebt, hat sie zu Hilfe gerufen. Das Schriftstellerpaar lebt unter schwierigen finanziellen Bedingungen, lernt viele seltsame Menschen kennen und muß wegen seiner antifaschistischen Haltung flüchten, als 1936 der spanische Bürgerkrieg ausbricht.

Vikari [*Wie Anne Bäbi Jowäger haushaltet und wie es ihm mit dem Doktern geht.* Roman von Jeremias Gotthelf, 1843/44]. – Mit seinem engstirnigen Übereifer und asketischen Pietismus ist der Vikar das Zerrbild eines wahren Seelsorgers. Der Bäuerin → Anne Bäbi Jowäger redet er wegen ihrer Quacksalberei so penetrant und rücksichtslos ins Gewissen, daß er eine schwere Gemütskrankheit bei ihr auslöst.

Viktor [*Der Hagestolz.* Novelle von Adalbert Stifter, ED 1844]. – V. ist als Gegenbild zu seinem Onkel, dem → Hagestolz, gezeichnet: ein lebensfroher, von Freunden, seiner Ziehschwester Hanna und seiner Pflegemutter Ludmilla geliebter Jüngling. Sein verbitterter Onkel, den er auf seiner einsamen Insel besucht, beeinflußt seinen weiteren Lebensweg, weil er ihn vor dem eigenen Schicksal bewahren will. Er wird mit den nötigen finanziellen Mitteln ausgestattet, um auf ein Amt verzichten zu können und eine große Bildungsreise anzutreten. Als er nach vier Jahren zurückkommt, ist er gereift und bereit, Hanna zu heiraten und ein guter Familienvater zu werden.

Viktor [*Hesperus, oder 45 Hundsposttage.* Roman von Jean Paul, 1795]. – V. ist der Typ des Zerrissenen, einer der seelisch und geistig überzüchteten, unharmonischen Menschen des späten 18. Jh.s, ein Nachfolger → Werthers. Die Gefühligkeit des Helden ist bis zum Übermaß gesteigert, aber durch Reflexion kann er sich über sich selbst erheben und seine eigene Narrheit verspotten. Seine überschwenglichen Gefühle gelten → Klothilde, der Tugend und Gott. Er muß Liebesseligkeit, Liebesschmerz, Selbstmordgedanken, Weltschmerz und Weltliebe erleben, ehe er Klothilde heimführen kann.

Villiers → Ninon von Lenclos (Hardt: *Ninon von Lenclos*)

Villon.
François V. (1431–1463) ist ein französischer Dichter, der ein unruhiges Vaganten- und Gaunerleben führte und nur knapp dem Galgen entkam. In unserem Jahrhundert knüpft die Balladendichtung (B. Brecht) an sein Werk an.
[*Die Herzogin.* Erzählung von Kasimir Edschmid. ED 1916]. – Im Frühexpressionismus ist François V. eine Kultfigur, ein genialer Dichter, der sein Leben aus Inbrunst, Rausch und Ekstase gestaltet. V. betet sein Leben lang die reine Gestalt der Herzogin an als die Verkörperung von etwas Höherem, obwohl sein Dasein in Gefängnissen und Lasterhöhlen von niedrigen Instinkten bestimmt wird.

Vilshofen [*Stalingrad.* Roman von Theodor Plievier, 1945]. –

Der Panzerbrigadenkommandeur Oberst V. steht in dem Tatsachenroman als erfundene Gestalt für den patriotisch denkenden Offizier, der bis zuletzt aufopferungsvoll kämpft, obwohl er erkennt, daß er mißbraucht wird. Er ist entschlossen, seinem Vaterland nach dem Zusammenbruch beim Wiederaufbau zu dienen.

Vincent → Schelm von Bergen

Vinje → Manao V. (Jahnn: *Armut, Reichtum, Mensch und Tier*)

Vinzenz → Serapion (Hoffmann: *Die Serapionsbrüder*)

Vinzenz [*Vinzenz und die Freundin bedeutender Männer.* Posse von Robert Musil, 1924]. – Der Versicherungsmathematiker V. durchschaut die Scheinwelt um → Alpha und treibt mit ihr sein Spiel. Er selbst kann sich nicht eindeutig entscheiden, hält sich alle Möglichkeiten offen und ist so eine Vorform → Ulrichs, des »Mannes ohne Eigenschaften«.

Violante [*Die Göttinnen oder Die drei Romane der Herzogin von Assy.* Romantrilogie von Heinrich Mann, 1903]. – Die Herzogin von Assy ist eine mondäne Frau, die in drei Lebensabschnitten drei verschiedene Rollen spielt: in *Diana* ist sie die Freiheitskämpferin im Königreich Dalmatien; in *Minerva* wird sie in Venedig zur Kunstfigur; in *Venus* genießt sie alle Ausschweifungen der Liebe.

Violette [*Godwi.* Roman von Clemens Brentano, 1801]. – V. ist als der Typ des »über sich selbst weinenden Freudenmädchens« in die Literaturgeschichte eingegangen. Die fünfzehnjährige Tochter der ungezügelten Gräfin von → G. ist noch teils kindlich-unschuldig, teils schon von der gleichen Lüsternheit und erotischen Ausstrahlung wie ihre Mutter. Sie liebt → Godwi, und als dieser flieht, um sie nicht zu verderben, glaubt sie sich verschmäht und wird zur Dirne.

Virata [*Die Augen des ewigen Bruders.* Legende von Stefan Zweig, 1922]. – V. ist die Verkörperung der Idee, daß der Mensch immer schuldig wird und diese Schuld bewußt tragen soll. Der fromme Buddhist wird zum Feldherrn berufen und tötet im Kampf den eigenen Bruder. Dessen Augen verfolgen ihn ein Leben lang und lassen ihn nicht vergessen, daß der Mensch schuldig wird, wenn er ans Schicksal rührt. Eine ähnliche Erfahrung macht V. als Richter, als Gutsherr und sogar als Einsiedler.

Vitalis → Victor (Eichendorff: *Dichter und ihre Gesellen*)

Vitalis [*Sieben Legenden.* Erzählungen von Gottfried Keller, 1872]. – Der fromme Mönch V. begibt sich unter die Hetären Alexandrias und sucht ihre Seelen durch inbrünstige Gebete zu retten. Am Ende ist er selbst zu irdischer Liebe und den Freuden des Ehestands bekehrt.

Vittoria → Casanova (Hofmannsthal: *Der Abenteurer und die Sängerin*)

Vittoria Accorombona [*Vittoria Accorombona.* Roman von Ludwig Tieck, 1840]. – Die außerordentliche Schönheit der Dichterin V. A. macht sie zum begehrten Objekt geistlicher und weltlicher Renaissance-Herren, doch sie bestimmt letztlich ihren Weg selbst. Es ist der Weg einer Frau, die ein Leben in Schönheit führen will und sich über die Moral hinwegsetzt, wenn sie liebt. In manchen Zügen scheint durch die Renaissancegestalt die emanzipierte Frau des 19. Jh.s durch (George Sand).

Vittoria Colonna [*Die Versuchung des Pescara.* Novelle von Conrad Ferdinand Meyer, 1887]. – Die Italienbegeisterung der Dichterin V. C., der Gemahlin → Pescaras, wird vom Papst und von → Morone dazu mißbraucht, Pescara für den Abfall vom Kaiser zu gewinnen.

Vitzewitz [*Vor dem Sturm.* Roman von Theodor Fontane, 1878]. – Die Familie v. V. auf Schloß Hohen-Vietz ist Darstellungsmitte des »Romans aus dem Winter 1812 auf 13«, der alle Schichten der märkischen Landbevölkerung im Entscheidungsprozeß nach Napoleons Niederlage in Rußland darstellt. Vater Berndt v. V. tritt draufgängerisch für die guerillaartige Volkserhebung ein, sein Sohn Lewin sucht den offenen Kampf. Die markigen, ungeduldigen Draufgänger setzen sich durch und stürmen in die Niederlage. An Lewins personaler Entwicklung, seiner Liebe zu dem Schauspielerkind Marie, führt Fontane erstmals die Standeskonflikte vor, die sich in seinen späteren Romanen häufen. Im Aufruhr der Gefühle und den Gemeinsamkeiten des Freiheitskampfes finden sich die Liebenden – anders als in der festgefügten Welt des ausgehenden Jahrhunderts (→ Stine; → Waldemar v. Haldern). – Lewin hat Züge des Freiheitshelden Major Schill, der ursprünglich im Mittelpunkt des Romans stehen sollte.

Vockerat [*Einsame Menschen.* Drama von Gerhart Hauptmann, 1891]. – Der übersensible Privatgelehrte Johannes V., ein philosophischer Schüler Darwins und Haeckels, leidet unter den konservativ-christlichen Vorstellungen seiner Frau und seiner Eltern. In der russischen Studentin Anna Mahr findet er eine ebenbürtige Partnerin. Als sie veranlaßt wird, aus seinem Leben zu verschwinden, sieht er nur den Tod als Ausweg. Die seelische Verfassung V.s ist typisch für seine Generation.

Vöst → Andreas V. (Thoma: *Andreas Vöst*)

Vogelreuther → Hartwig (Sudermann: *Johannisfeuer*)

Vogelsang [*Die Geschwister Oppenheim.* Roman von Lion Feuchtwanger, 1933]. – Der blind überzeugte Nationalsozialist mit dem jüdischen Namen steigt vom Studienrat zum Personalreferenten auf. Er verschuldet den Selbstmord des Schülers Berthold → Oppenheim und drängt den liberalen Direktor der Schule, François, aus dem Amt.

Voigt [*Der Hauptmann von Köpenick.* Roman von Wilhelm Schäfer, 1930]. – Schäfer stellt das ganze Leben des als »Hauptmann von Köpenick« berühmt gewordenen Schusters Wilhelm V. dar, von der Kindheit über die ersten Gefängnisstrafen von 48 Stunden wegen Landstreicherei und vier Wochen wegen Diebstahls für den Dreizehnjährigen bis zum Verbrecher aus Hilflosigkeit und Willensschwäche. Wie bei Zuckmayer treibt ihn die Aussonderung des Verbrechers durch die Behörden zu immer neuen Vergehen, bis ihm die erlösende Straftat als Hauptmann von Köpenick Berühmtheit und Frieden verschafft.
[*Der Hauptmann von Köpenick.* Schauspiel von Carl Zuckmayer, 1930]. – Der Schuster Wilhelm V., der als Strafentlassener in die Mühlen der Bürokratie geraten ist, kauft beim Altwarenhändler eine Hauptmannsuniform und besetzt das Rathaus von Köpenick. Sein eigentliches Ziel, sich einen Paß zu verschaffen, erreicht er nicht, denn in Köpenick gibt es keine Paßabteilung.

Voigt [*Litauische Claviere.* Roman von Johannes Bobrowski, 1966]. – Im Juni 1936 besuchen der Gymnasiallehrer V. aus Tilsit und sein Freund, der Konzertmeister Gawehn, in einem litauischen Dorf den Volksschullehrer Potschka, weil sie bei ihm Material für eine geplante Oper über die historische Gestalt des Kristijonas → Donelaitis zu finden hoffen. Sie erleben einen Konflikt zwischen den Volksgruppen, der von als »Kulturverein« getarnten Nationalsozialisten angeheizt wird und zu Mord und Totschlag führt.

Volker [*Eisenwichser.* Stück von Heinrich Henkel, 1970]. – V. ist Eisenwichser, d. h., er streicht unterirdische Rohrleitungen an. Er ist der Typus des jungen Arbeiters am Anfang einer lebensverzehrenden, abstumpfenden Tätigkeit mit nur einem Kollegen (→ Lötscher). Noch ist er weltoffen und kritisch, doch das stört den Arbeitsfluß; bald wird er angepaßt sein und Gedanken verdrängen, die den Akkordlohn schmälern.

Volker (*Nibelungenlied.* Anonymes Heldenepos, entst. um 1200]. – Der Spielmann und Fiedler ist ein starker und ungestümer Recke, der schnell das Schwert zieht und mit spöttischen Bemerkungen die Gegner provoziert. Als mutiger Kämpfer hält er mit → Hagen Wacht vor dem Saal, in dem die erschöpften Burgunden schlafen. Er fällt durch die Hand Hildebrands.

Volumnia [*Die Plebejer proben den Aufstand.* »Ein deutsches Trauerspiel« von Günter Grass, 1966]. – Die Darstellerin der Volumnia durchschaut die Lüge des angeblich klassenbewußten und proletarier-freundlichen, in Wahrheit nur bühnenversessenen → »Chefs«: »Was bist du doch für ein mieser Ästhet!« Sie hat Züge der Schauspielerin Helene Weigel, der Frau Brechts.

Vrenchen → Sali und Vrenchen (Keller: *Romeo und Julia auf dem Dorfe*)

Vreneli [*Uli der Knecht. – Uli der Pächter.* Doppelroman von Jeremias Gotthelf, 1846 u. 1849]. – V., eine uneheliche Verwandte → Joggelis, unterstützt → Uli bei seinem Kampf um Ordnung auf dem heruntergewirtschafteten Hof in der Glungge und wird seine Frau. Als Pächter werden die beiden von Geldschwierigkeiten, Zwistigkeit und Krankheit zermürbt und in den Niedergang Joggelis hineingezogen. Als Retter in der Not erscheint der Hagelhans, der sich als V.s Vater erweist.

Vrevel [*Reinhart Fuchs.* Versepos von Heinrich dem Glîchezaere, entst. nach 1182]. – Der Löwe V. (→ Nobel) erscheint als der Spielball des schurkischen Reinhart (→ Reineke Fuchs), der die äußerliche Machtausstrahlung des Königs der Tiere für seine bösen Zwecke zu nutzen weiß. In seiner Verblendung mißachtet V. die Treuepflicht gegenüber seinen Thronvasallen.

Vrone Kiderlen → Seppe (Mörike: *Das Stuttgarter Hutzelmännlein*)

Vroni → Ferner (Anzengruber: *Der Meineidbauer*)

Vult [*Flegeljahre.* Roman (Fragment) von Jean Paul, 1804–1805]. – V., Zwillingsbruder und Gegenfigur zu → Walt, ist der Typ des unglücklichen Romantikers, der mit sich und den Menschen nicht in Einklang leben kann. Er ist als Vierzehnjähriger den Eltern davongelaufen, einem herumziehenden Musiker gefolgt und ein Flötenvirtuose geworden. Die bitteren Erfahrungen des Lebens haben ihn zum Realisten, Skeptiker und Menschenverächter gemacht, und die Verse, die er schreibt, sind Satiren. Als er seinen herzensguten, einfältigen Bruder wiedertrifft, empfindet er eine solche Zuneigung zu ihm, daß er ein gemeinsames glückliches Leben beginnen möchte. Aber er wird enttäuscht, ist eifersüchtig auf den Grafen → Klothar, verliebt sich in das gleiche Mädchen wie sein Bruder, wird abgewiesen und zieht wieder in die Welt. – Den Namen V. erhält er, weil der

Vater nach der Geburt Walts, also eines Stammhalters, über das Geschlecht des jüngeren Zwillings sagt, es werde, »was Gott will« (lat.) Quod Deus vult.

Wacholder [*Die Chronik der Sperlingsgasse.* Roman von Wilhelm Raabe, 1857]. – Johannes W. ist ein einsamer alter Gelehrter, der einen Winter und Frühling lang die Begebenheiten der letzten 50 Jahre in seiner Straße in Berlin aufzeichnet und damit ein Bild Deutschlands in der Mitte des 19. Jh.s entwirft.

Wackerhahnsche [*Hastenbeck.* Erzählung von Wilhelm Raabe, 1899]. – Die W., »vordem das schönste Mädchen im Ort, jetzt die Dorfhexe«, eine unabhängige und vorurteilsfreie, über den Zeitläuften stehende Persönlichkeit, verhilft → Immeke und dem Deserteur Pold → Wille zur Flucht ins neutrale Ausland.

Wälsungen [*Der Ring des Nibelungen.* Musikdramatische Tetralogie von Richard Wagner, 1853]. – Die W. stammen von Wotan ab. Die Frucht der inzestuösen und ehebrecherischen Verbindung der Zwillingsgeschwister Siegmund und Sieglinde ist → Siegfried.

Wagner [*Faust I; Faust II.* Tragödie von Johann Wolfgang von Goethe, ED 1808 und 1832]. – Der Famulus W. ist → Fausts Gegenbild, ein pedantischer, schaler kleiner Geist, dem Aufklärer Friedrich Nicolai karikierend nachgezeichnet. Der trockene Stubenhocker ist eitel und selbstzufrieden, glaubt voller Zuversicht an die Wissenschaft und schaut ehrfurchtsvoll zu Faust auf. Im zweiten Teil der Tragödie ist er zum angesehenen Fachgelehrten geworden, der in einer Retorte → Homunculus, den künstlichen Menschen, zeugt.

Wahl [*Der gestohlene Mond.* Roman von Ernst Barlach, 1948]. – Der oberflächliche W., ein Freund → Waus, lebt nur dem Erwerb von Reichtum, wobei er oft dunkle Wege geht und keine Rücksicht auf andere kennt.

Wahnschaffe [*Die letzten Tage der Menschheit.* Tragödie von Karl Kraus, ED 1918/19; UA 1964]. – In dem Kommerzienrat Ottomar Wilhelm W. geißelt Kraus den »neudeutschen Geist«. W. ist ein hohlköpfiger, profitgieriger wilhelminischer Spießer, der an seinen eigenen martialischen Patriotismus glaubt – für den andere den Heldentod sterben – und gleichzeitig mit vaterländischem Kitsch gute Geschäfte macht.

Waldemar von Haldern [*Stine.* Roman von Theodor Fontane, 1890]. – Graf W. gehört zu der traditionell führenden Schicht in Preußen und ist zu Härte, Adelsstolz und Klassenbewußtsein erzogen. Er begegnet der Näherin → Stine, bei der er erstmals menschliches Mitgefühl für seine durch eine Kriegsverwundung zerstörte Gesundheit erfährt und die er lieben lernt. In einer sentimentalen Revolte gegen den anerzogenen veralteten Standesdünkel und die gesellschaftlichen Zwänge will er sie heiraten. Er zerbricht an den Widerständen und an Stines Absage.

Waldner [*Arabella.* Komödie (Libretto) von Hugo von Hofmannsthal, 1933]. – Der österreichische Rittmeister a. D. Graf W. ist der Typus des Adeligen ohne Wandlungsfähigkeit, den die Veränderung der Wirtschaftsstruktur in der zweiten Hälfte des 19. Jh.s ruiniert hat. Er sucht sein Glück im Spiel und in einer vorteilhaften Partie für seine Tochter → Arabella.

Walker [*Das Brandopfer.* Erzählung von Albrecht Goes, 1954]. – In einer süddeutschen Kleinstadt muß die Frau des Metzgers Karl W. einmal wöchentlich die Fleischrationen an die Juden ausgeben und wird so mit deren Not und Unterdrückung konfrontiert. Obwohl sie alles tut, was in ihrer Macht steht, um den Juden zu helfen, wird sie von Schuldgefühlen geplagt. Als ihr Haus in Brand gerät, will sie als eine Art Sühneopfer sterben. Aber ein jüdischer Kunde rettet sie.

Wallenstein.
Der historische Albrecht von Wallenstein (1583–1634), Herzog von Friedland und Mecklenburg, Oberbefehlshaber des kaiserlichen Heeres während des Dreißigjährigen Krieges, führte Geheimverhandlungen mit der Gegenseite und wurde von dem Dragonerobristen Butler in Eger ermordet.

[*Wallenstein.* Dramatisches Gedicht (Trilogie) von Friedrich von Schiller, 1800]. – W. ist das außergewöhnliche Individuum, das an dem Dualismus von Größe und Verbrechen zugrunde geht. Seine schillernde Persönlichkeit bleibt bis zuletzt rätselhaft und vieldeutig. Nach außen ist er von charismatischer Ausstrahlung, eine Herrschernatur, die Geschichte nach ihren eigenen Zwecken manipulieren will, im Inneren ist er ein nachdenklicher, zögernder und schicksalsgläubiger Mensch. Auch sein Verhältnis zu Max → Piccolomini ist zwiespältig: obwohl er diesen wie einen Sohn liebt, sucht er für → Thekla einen Schwiegersohn auf den Thronen Europas. Der ehrgeizige Vollblutpolitiker spielt so lange mit der Macht, bis er in eine Sackgasse gerät, die ihm nur noch einen Weg läßt; er muß erkennen, daß die Handlungen anderer und die Ereignisse ihm Entschlüsse aufzwingen, die er seinem freien Willen überlassen glaubte.

[*Wallenstein.* Roman von Alfred Döblin, 1920]. – Bei Döblin verkörpert W. eine Seite im dämonischen Massengeschehen des Krieges: er ist ein skrupelloser, machtgieriger Spekulant und Menschenverführer, mythologisiert als Drache.

Wally [*Wally, die Zweiflerin.* Roman von Karl Gutzkow, 1835]. – W., die Hauptgestalt einer Rahmengeschichte, die Gutzkow konstruierte, um bei der Veröffentlichung einer religionskritischen Abhandlung die Zensur zu umgehen, ist ein Wesen von gewollter Originalität. Sie strebt sexuelle und religiöse Freizügigkeit an, zerbricht aber an der aus der Abhandlung gewonnenen Erkenntnis, daß es keinen greifbaren Gott gibt, und stößt sich ein Stilett ins Herz. Das Buch wurde als »unsittlich und gotteslästerlich« denunziert und gab dem Bundestag Anlaß, die Schriften des Jungen Deutschland zu verbieten.

Walser [*Herrn Walsers Raben.* Hörspiel von Wolfgang Hildesheimer, 1960]. – Der wohlhabende Junggeselle Adrian W. lebt einsam in einem von Raben umkrächzten Haus. Die Vögel sind seine lästigen Verwandten, die er verzaubert hat.

Walt [*Flegeljahre.* Roman (Fragment) von Jean Paul, 1804–1805]. – Der Held der *Flegeljahre* ist der Typus des glücklichen Romantikers, über den die Welt lächelt, der aber unverwundbar ist, denn er nimmt die bösen Erfahrungen der Wirklichkeit gar nicht zur Kenntnis. Der Kandidat der Rechte und spätere Notarius Gottwalt Peter Hernisch, genannt W., aus dem Dorf Elterlein, ist ein weltfremder Schwärmer und Dichter von »Streckversen«. Er ist von Natur aus gut und voller Menschenliebe: seine brüderlichen Gefühle gelten dem Zwillingsbruder → Vult, seine Freundschaft dem Grafen → Klothar und seine große Liebe → Wina, die er voller Schüchternheit anbetet. Er erweist sich als ein »Hans im Glück«, denn er wird der Universalerbe eines reichen Sonderlings und gewinnt das geliebte Mädchen.

Walter [*Die Illegalen.* Schauspiel von Günther Weisenborn, 1946]. – Der Stiefsohn des Gastwirts Weihnacht wird von der Kellnerin Lill in ihre Gruppe von Widerstandskämpfern eingeführt; so hofft er, eine Verbindung zu seiner eigenen Widerstandsgruppe herstellen zu können. Als er am Geheimsender von der Gestapo überrascht wird, läßt er sich absichtlich auf der Flucht erschießen, um niemanden zu gefährden.

Walter [*Kabale und Liebe.* Bürgerliches Trauerspiel von Friedrich von Schiller, 1784]. – Präsident von W., der despotische Vater → Ferdinands, ist der Repräsentant der korrupten absolutistischen Standesgesellschaft. Er will mit allen Mitteln der Macht und der Intrige die Verbindung seines Sohnes mit dem Bürgermädchen → Luise Millerin verhindern und seinen

Sohn aus egoistischen Interessen mit der einflußreichen Lady → Milford verheiraten.

Walter → Luise (J. H. Voß: *Luise*)

Walter [*Der Mann ohne Eigenschaften.* Unvollendeter Roman von Robert Musil, 1930, 1933, 1943; Gesamtausg. 1952]. – Der Jugendfreund → Ulrichs, der sich wie dieser zu etwas Höherem berufen fühlte, lebt als Beamter ein bequemes, aber erstarrtes Leben, nachdem er mehrmals in freien Berufen gescheitert ist. Von seinen Illusionen ist ihm nur eine kulturpessimistische Haltung geblieben und der Rauschzustand, den die Musik Wagners in ihm hervorruft.

Walter [*Der zerbrochene Krug.* Lustspiel von Heinrich von Kleist, 1811]. – Unbestechlichkeit und Rechtsbewußtsein des Gerichtsrats W. erzwingen die Aufdeckung der Machenschaften des Dorfrichters → Adam. Der Name weist darauf hin, daß er Gerechtigkeit im absoluten Sinn »walten« läßt – wie der Große Kurfürst (→ Friedrich Wilhelm) im *Prinz Friedrich von Homburg.*

Waltharius [*Waltharius.* Heldenepos (lat.), früher Ekkehard von St. Gallen zugeschrieben; entst. zw. 800 und 900]. – W. von Aquitanien, als Geisel am Hofe des Hunnenkönigs Attila aufgewachsen, flieht mit seiner Verlobten Hiltigunt von Burgund. In den Vogesen muß er die Männer des Königs → Gunther besiegen, der es auf den mitgeführten Goldschatz abgesehen hat. Dann steht er im Kampf → Hagen gegenüber, der einst auch Geisel am Hofe Attilas und sein Freund war. Der germanische Held, der Mannesmut und gottesfürchtige Weisheit in sich vereint, wird zum »Wunschbild des neuen christlichen Recken«.

Walther von → Stolzing (Wagner: *Die Meistersinger von Nürnberg*)

Wang-lun.
W. war der Anführer des Aufstands einer taoistischen Sekte im 18. Jh. in China, die sich zum Nicht-Handeln bekannte und von der Regierung ausgerottet wurde.
[*Die drei Sprünge des Wang-lun.* Roman von Alfred Döblin, 1915]. – W. schwankt in seiner Einstellung zur Welt zwischen dem Handeln als Räuber, Mörder und Aufrührer einerseits und andererseits dem Nicht-Handeln als »wahrhaft Schwacher« und als Fischer.

Wann → Pippa (G. Hauptmann: *Und Pippa tanzt!*)

Warberger → Anton W. (Iffland: *Die Jäger*)

Waremme [*Der Fall Maurizius.* Roman von Jakob Wassermann, 1928]. – Der polnische Jude hat durch einen Meineid seinen Freund, den Privatdozenten → Maurizius, als Mörder ins Gefängnis gebracht. Er wird durch → Etzel Andergast zum Geständnis gezwungen und irrt danach ruhelos durch die Welt – ein moderner Ahasver.

Warkentin [*Mutter Erde.* Drama von Max Halbe, 1897]. – Paul W. ist der Mann zwischen zwei Frauen, die gegensätzliche Lebensweisen verkörpern. Seine kühle, intellektuelle Ehefrau Helga repräsentiert Großstadt, Entwurzeltsein, Dekadenz und Frauenrecht, seine Jugendgeliebte Antoinette Landleben, Gesundheit, Erdgebundenheit und Ursprünglichkeit. Die Gestalt W.s steht am Anfang einer irrationalen, antizivilisatorischen Strömung in der Literatur, die zu Wiechert, Kolbenheyer und zur Blut-und-Boden-Dichtung führte.

Wasik [*Die Augen eines Dieners.* Roman von Hermann Lenz, 1964]. – Der Herrschaftsdiener Anton W. beobachtet reserviert und verschwiegen den Verfall der gräflichen Familie Engelsleben. Er ist vornehm, moralisch gefestigt und seinem Herrn, dem Grafen → Engelsleben, menschlich weit überlegen, wie Hofmannsthals → Jaromir. Nur vorübergehend verliert er die Distanz zu der unglücklich verheirateten Gräfin Fanny von Engelsleben; sein eigenes Glück findet er nach seiner Entlassung in einer subalternen Stellung als Registraturbeamter. Seine Tochter und der junge Engelsleben finden sich am Ende.

Wate [*Kudrun.* Anonymes Heldenepos, entst. um 1240]. – W. ist ein Gefolgsmann des dänischen Königs → Hetel von Hegelingen. Er wird als Brautwerber um die Hand Hildes nach Irland geschickt, wo man ihn wegen seiner Kunst im Schwertkampf bewundert. Als alter Kämpfer hilft er bei der Befreiung → Kudruns aus dem Normannenland und erschlägt die böse Königin → Gerlind.

Wau [*Der gestohlene Mond.* Roman von Ernst Barlach, 1948]. – W. ist ein Philosoph und Visionär, der sich darum bemüht, Welt und Menschen zu erkennen. In seinem bedürfnislosen Altruismus ist er ganz das Gegenteil seines Freundes → Wahl.

Wedderkopp → Corinna (Fontane: *Frau Jenny Treibel*)

Wehrhahn [*Der Biberpelz.* Komödie von Gerhart Hauptmann, 1893]. – Herr von W. ist die Karikatur eines preußischen Junkers und Beamten. Als Amtsvorsteher jagt er vermeintliche königsfeindliche Elemente und läßt in seinem dumm-patriotischen Eifer darüber die Diebe laufen.

Weidenstamm → Casanova (Hofmannsthal: *Der Abenteurer und die Sängerin*)

Weigert → Ossia (B. Strauß: *Der junge Mann*)

Weinberl [*Einen Jux will er sich machen.* Posse von Johann Nestroy, 1844]. – Der solide Kommis des Gemischtwarenhändlers Zangler möchte einmal in seinem Leben über die Stränge schlagen und geht mit dem Lehrjungen Christopherl in die Stadt. Dort laufen sie ständig dem gestrengen Prinzipal über den Weg und geraten in ein Chaos von Verwechslungen und Lügengeschichten.

Weinhold [*Die Weber.* Schauspiel von Gerhart Hauptmann, 1892]. – W., Hauslehrer bei den Söhnen des Fabrikanten → Dreißiger, vertritt in der Theorie soziale Gerechtigkeit, kann sie aber als Lohnabhängiger eines Ausbeuters nicht praktizieren.

Weislingen [*Götz von Berlichingen.* Schauspiel von Johann Wolfgang von Goethe, UA 1774]. – Adalbert von W., ein Jugendfreund von → Götz von Berlichingen, ist dessen Gegenbild und Gegner. Er ist der Treulose, Wankelmütige, der sich vom Glanz des Hofs, der Macht und der verführerischen → Adelheid umgarnen läßt. Er verläßt seine Braut → Maria, um Adelheid zu heiraten, und bekämpft seinen Freund Götz. Adelheid vergiftet ihn, und W. stirbt in den Armen Marias, seinen Verrat an ihr zutiefst bereuend. Die Gestaltung W.s ist wie die → Clavigos nach Goethes Aussage in *Dichtung und Wahrheit* eine »selbstquälerische Büßung«.

Weißenstein [*Der blaue Kammerherr.* Roman von Wolf von Niebelschütz, 1949]. – Als Graf von W., der »blaue Kammerherr« → Danaes, leitet Zeus die Geschicke des winzigen Ägäisstaates Myrrha und versucht die Prinzessin Danae auf Dauer an sich zu binden. Immer wenn es um seine Aussichten schlecht steht, überzieht er das kleine Land mit Not, Krieg und Unruhen.

Wels [*Die Geschwister Oppenheim.* Roman von Lion Feuchtwanger, 1933]. – Der Möbelfabrikant Heinrich W. ist der arische Geschäftsmann, der die nationalsozialistische Ideologie bedenkenlos zur persönlichen Bereicherung nützt. Als strammer Sturmbannführer liquidiert er die jüdische Konkurrenzfirma → Oppenheim.

Wendelgard [*Frau Wendelgard.* Schauspiel von Philipp Nikodemus Frischlin, 1579]. – Die Gräfin W. geht ins Kloster, weil ihr Gatte, Graf Ulrich, im Kampf gegen die Ungarn gefallen sein soll. Als der Graf nach vier Jahren zurückkehrt, wird W. nach einigen Schwierigkeiten von ihren Gelübden befreit und ihre Ehe erneut gesegnet.

Wendla [*Frühlings Erwachen.* Eine Kindertragödie von Frank Wedekind, 1891]. – W. Bergmann ist mit 14 Jahren auf sexuellem Gebiet noch völlig unwissend. Als sie, von dem Schüler → Melchior Gabor verführt, schwanger wird, veranlaßt die

Mutter eine Abtreibung, an der die ahnungslose W. stirbt.

Wendt → Selicke (Holz/Schlaf: *Die Familie Selicke*)

Wenzel → **Strapinski** (Keller: *Kleider machen Leute*)

Wenzeslaus → Läuffer (J. M. R. Lenz: *Der Hofmeister oder Vorteile der Privaterziehung*)

Wenzlow [*Die Toten bleiben jung*. Roman von Anna Seghers, 1949]. – Der General v. W. stammt aus dem preußischen Junkertum, ist aus Familientradition Soldat und unterstellt sich pflichtbewußt der jeweiligen Staatsautorität. 1918 hat er an der Exekution des Spartakisten → Erwin teilgenommen, 1945 ordnet er die Erschießung von Erwins Sohn Hans wegen Wehrkraftzersetzung an. An ihm demonstriert Anna Seghers die Mitschuld des preußischen Adels am Nationalsozialismus.

Werdeck [*Die Ritter vom Geiste*. Roman von Karl Gutzkow, 1850/51]. – Major W. ist eine Beispielgestalt für Vertreter der restaurativen Stände, die sich den modernen liberalen Ideen öffnen und deshalb den Nachstellungen der konservativen Mächte ausgesetzt sind. Er ist Mitbegründer des Geheimbundes »Ritter vom Geiste«.

Wergenthin [*Der Weg ins Freie*. Roman von Arthur Schnitzler, 1908]. – Der talentierte Komponist Georg v. W. und Recco lebt in einer Salongesellschaft, aus der er Anna, seine Geliebte, fernhält. Der vage Zustand von Entschlußlosigkeit und Verantwortungslosigkeit, den er Freiheit nennt und den er als künstlerische Atmosphäre für notwendig hält, verbirgt in Wirklichkeit die innere Leere.

Werland [*Dumala*. Roman von Eduard Graf von Keyserling, 1908]. – Baron W. ist der gelähmte Schloßherr auf Dumala und Gatte der verführerischen → Karola. Er repräsentiert den traditionsgebundenen baltischen Adel kurz vor seiner Vernichtung in der bolschewistischen Revolution von 1917.

Wermelskirch [*Fuhrmann Henschel*. Drama von Gerhart Hauptmann, 1899]. – Die Nebengestalt W. gehört in die Reihe der Hauptmannschen tragikomischen verkrachten Künstler wie → Hassenreuter und → Crampton – ein glückloser, abgewirtschafteter Wanderschauspieler, der, zum Kneipenpächter herabgesunken, vermeintlicher vergangener Größe nachtrauert.

Werner [*Immensee*. Novelle von Theodor Storm, ED 1850]. – Der gealterte Junggeselle Reinhard W. erinnert sich an seine Jugendliebe Elisabeth, die er wegen seiner Zurückhaltung während der Universitätszeit an seinen Freund Erich, den Herrn auf Immensee, verloren hat.

Werner [*Minna von Barnhelm oder das Soldatenglück.* Lustspiel von Gotthold Ephraim Lessing, 1767]. – Der Wachtmeister W. ist als aufrichtiger, geradeheraus redender und handelnder Berufssoldat das Gegenstück zum Miles gloriosus der zeitgenössischen Typenkomödie.

Werner [*Die verlorene Handschrift.* Roman von Gustav Freytag, 1864]. – Der Philosophieprofessor Felix W. jagt versessen einer verlorenen Tacitus-Handschrift nach, findet darüber seine Ehefrau → Ilse Bauer, läßt sich in die Residenzstadt locken und beachtet die dort entstehenden Probleme seiner jungen Frau nicht.

Werner [*Wilhelm Meisters Lehrjahre.* Roman von Johann Wolfgang von Goethe, 1795/96]. – Der Jugendfreund → Wilhelm Meisters vertritt die unkünstlerische Gegenposition. Er bleibt durchweg der nüchterne, gerecht und bedacht handelnde Kaufmann. W. heiratet Wilhelms Schwester und übernimmt das Handelshaus der beiden Väter.

Werner von Kiburg → Ernst (Uhland: *Ernst, Herzog von Schwaben*)

Wernthal [*Scherz, Satire, Ironie und tiefere Bedeutung.* Lustspiel von Christian Dietrich Grabbe, ED 1827]. – Herr v. W. steckt in Schulden und hat es als Freier → Liddys auf die Mitgift abgesehen. Daher läßt er sich die Braut vom Teufel bereitwillig abkaufen.

Werther [*Die Leiden des jungen Werthers.* Roman von Johann Wolfgang von Goethe, ED 1774]. – W. ist der seelenhafte, empfindsame Schwärmer, dessen Subjektivität an der objektiven Welt und ihren so anders gearteten Menschen innerlich scheitert. Der junge W., im ersten Teil ein Porträt Goethes, erlebt ein mystisches Einswerden mit der Natur, leidet aber unter den Begrenzungen der äußeren Welt. Als er sich in → Lotte verliebt, die bereits mit → Albert verlobt ist, steigert sich sein Zustand in einen Glückstaumel, der jedoch angesichts der Realität in Verzweiflung umschlägt und ihm nur den Selbstmord als Ausweg läßt. Der Tod erscheint ihm als Schritt, der ihn mit der Natur wieder vereint.

Werther [*Der schmale Weg zum Glück.* Roman von Paul Ernst, 1904]. – Der Förstersohn Hans W. erlebt in der zweiten Hälfte des vorigen Jahrhunderts den Verfall der bürgerlichen Welt und verwickelt sich auf der Suche nach einer neuen Lebensform in den illegalen Klassenkampf der Sozialdemokraten. Nach seinem völligen Zusammenbruch erkennt er die »sozialistische und kommunistische Illusion« und findet zurück zu Gott und Humanität.

Wertmüller [*Der Schuß von der Kanzel.* Novelle von Conrad

Ferdinand Meyer, 1877]. – Der General Rudolf W. ist der weltgewandte Spötter, der die Schwächen der Menschen durchschaut und ihr Schicksal zu ihrem eigenen Besten manipuliert. Er befreit seinen Vetter von dem ungeliebten Pfarrberuf und verschafft seinem Patenkind Rachel den geliebten Mann.

Wilpert W., der Pfarrer von Mythikon, ist von der Jagdleidenschaft besessen und versieht seine geistlichen Geschäfte nur mit Unlust. Beim Spiel mit einer Pistole während des Gottesdienstes löst er einen Schuß aus und verstört die Gemeinde. Sein Vetter, General Rudolf W., der die Farce inszeniert hat, glättet die Wogen und übergibt ihm die Verwaltung seiner Jagden.

Wesener [*Die Soldaten.* Komödie von Jakob Michael Reinhold Lenz, 1776]. – Der Galanteriewarenhändler W. fühlt sich wie die Mütter → Emilia Galottis und der → Luise Millerin von den Aussichten geschmeichelt, daß seine Tochter in bessere Kreise aufsteigt. In seiner Großmannssucht unterstützt er seine Tochter → Marie dabei, dem bürgerlichen → Stolzius zugunsten des Barons → Desportes den Laufpaß zu geben, und führt seine ganze Familie dadurch in den sozialen Abstieg.

Weßkalnene → Marikke (Sudermann: *Johannisfeuer*)

Wetter vom Strahl [*Das Käthchen von Heilbronn oder die Feuerprobe.* Historisches Schauspiel von Heinrich von Kleist, 1810]. – Graf Friedrich W. v. St. ist ein Mensch, der gegen das eigene Unbewußte lebt. Er begegnet im Traum der für ihn bestimmten Braut, → Käthchen von Heilbronn, die gleichzeitig den gleichen Traum hat. Der Ritter verdrängt den rätselhaften Hinweis, stößt das ihm demütig folgende Mädchen von sich und verlobt sich mit → Kunigunde von Thurneck. Erst als er dem unter einem Holunderbusch schlafenden Käthchen sein Geheimnis entlockt, wird ihm auch seine eigene Liebe bewußt und er tut fortan alles, um sie zu rehabilitieren und als Frau heimzuführen.

Wetterstein [*Schloß Wetterstein.* Drama von Frank Wedekind. 1912]. – Rüdiger v. W. ist ein Zyniker, der die Verlogenheit und Prüderie der Moral entlarvt und die gewissenlose Lebenskraft vertritt. Er hat sich unter Einhaltung des Scheins von seiner Gattin scheiden lassen, den Ehemann der begehrten → Leonore von Gystrow im Duell getötet und bittet sie um ihre Hand. Er erklärt ihre Empörung als Ziererei, die nur ihre eigentlichen Triebwünsche verdeckt.

Wetzel [*Herzog Ernst.* Anonymes Spielmannsepos, entst. um 1180]. – W. ist der Freund und treue Gefährte des Herzogs → Ernst, eine Pyladesfigur.

White [*Stiller.* Roman von Max Frisch, 1954]. – »Ich bin nicht Stiller«, sagt der Amerikaner Jim Larkin W. Doch der Staatsanwalt Rolf, die ehemalige Geliebte Sybille und die Ehefrau → Julika zwingen ihn zu dem Eingeständnis, daß er → Stiller ist und nicht der Abenteurer mit einem gefährlichen, spannenden und erfüllten Leben, der er sein möchte und nur für ein paar Jahre war.

Wibbel [*Schneider Wibbel.* Komödie von Hans Müller-Schlösser, 1914]. – Schneidermeister W. überlebt seinen eigenen Tod. Als er wegen Majestätsbeleidigung verurteilt wird, schickt er als Stellvertreter seinen Gesellen ins Gefängnis. Als dieser dort stirbt, ist W. ohne Identität, bis es ihm mit Hilfe seiner Frau gelingt, als sein jüngerer Bruder wieder aufzuerstehen.

Wibeau [*Die neuen Leiden des jungen W.* Erzählung (1973) und Bühnenstück von Ulrich Plenzdorf, UA 1972]. – Edgar W. ist ein Individualist und Aussteiger aus der DDR-Gesellschaft. Der Siebzehnjährige gibt seine Lehre auf, verläßt seine aktivistische Mutter und versteckt sich in einer Berliner Laubenkolonie. Hier lebt er ohne Zwänge, trägt langes Haar und Bluejeans, malt abstrakte Bilder und spielt Beat-Musik. Als er sich in die bereits verlobte, später verheiratete Charlie (Charlotte) verliebt, entdeckt er Parallelen seiner eigenen Situation zu Goethes »Werther«.

Widolt [*König Rother.* Anonymes Spielmannsepos, entst. um 1150]. – W., unter den Riesen im Dienste König Rothers der grimmigste und wildeste, wird »wie ein Löwe« an Ketten geführt, weil er sonst zur Gefahr wird. Die groteske Berserkergestalt verkörpert die unhöfische Unbeherrschtheit.

Wieland [*Wölundlied.* Anonymes Heldenlied, überliefert in der *Edda* (altisländisch), aufgezeichnet nach 1250]. – W. hat die unheimlichen Züge, die der Volksglaube dem Beruf des Schmieds zuweist: er ist ein kunstfertiger Magier und tückischer Alb. König Nidhod zwingt ihn in seine Dienste und läßt ihm die Sehnen in den Kniekehlen durchschneiden, damit er nicht fliehen kann. W. rächt sich fürchterlich und entkommt mit Hilfe von Flügeln, die er heimlich gefertigt hat.

Wiesener [*Exil.* Roman von Lion Feuchtwanger, 1940]. – Erich W., Korrespondent der »Westdeutschen Zeitung«, entwickelt sich zum hundertprozentigen Nazi. Seine Gegner sind nicht nur die Emigranten, sondern auch das Botschaftspersonal, vor allem → Gehrke; dabei geht es nicht um die Ideologie, sondern um die Macht. Dieser Prototyp des Mitläufers trägt Züge des Publizisten Friedrich Sieburg.

Wigalois [*Wigalois.* Höfisches Epos von Wirnt von Grafenberg, entst. zw. 1200 u. 1215]. – Der Sohn → Gaweins und Florîes, von seiner Mutter großgezogen, reitet mit 20 Jahren auf die Suche nach seinem Vater. Er wird in viele Abenteuer verwikkelt und bewältigt sie mit Gottes Hilfe. Er stürmt die Feuerburg des Teufelsbündlers Roaz und befreit und gewinnt die Königstochter Larîe. Am Artushof findet er seinen Vater und wird mit einem langen glücklichen Leben für die bestandenen Prüfungen belohnt.

Wigand [*Pfaff vom Kahlenberg.* Epos von Anastasius Grün, 1850]. – Der Pfaffe W. bereist mit Herzog → Otto dem Fröhlichen das Land und belehrt ihn in heiterem Grundton über seine fürstlichen Aufgaben, wobei er deutlich Grüns Ressentiments gegen zeitgenössische restaurative Herrscher erkennen läßt.

Wikbold [*Godekes Knecht.* Roman von Hans Leip, 1925]. – W. ist der Bürger, der seine gesicherte Existenz um einer Utopie willen gegen ein Piratenleben eintauscht. Der Oxforder Magister lebt aus Abenteuerlust bei den Piraten und ist Stellvertreter, nautischer Berater und Chronist → Godeke Michels. Er flieht mit seiner Geliebten, der Begine Hillgesill, und lebt vorübergehend als Gelehrter auf deren Burg. Doch die Sehnsucht nach dem Meer treibt ihn zurück zu den Seeräubern, mit denen er auf die Suche nach der Insel Zipangu segelt, wo sie ein irdisches Paradies errichten wollen. Das Projekt scheitert, und W. wird mit Godeke 1402 hingerichtet.

Wild [*Sturm und Drang.* Schauspiel von Friedrich Maximilian Klinger, 1776]. – Der tollkühne W., eigentlich Karl Bushy, und seine beiden Freunde, der stets verliebte La Feu und der melancholische Blasius, reisen in Amerika während des amerikanischen Unabhängigkeitskrieges. Sie sind unzufrieden mit ihrer Umwelt und leiden an ihrer inneren Zerrissenheit. Sie geraten in die Familienauseinandersetzung der Bushys mit den → Berkleys, und der »Wirrwarr« (so der ursprüngliche Titel) führt knapp an einer Katastrophe vorbei. Das Stück gab der Epoche zwischen Aufklärung und Klassik den Namen.

Wildungen [*Die Ritter vom Geiste.* Roman von Karl Gutzkow, 1850/51]. – Dankmar und Siegbert W. sind die Erben eines Tempelritterschatzes. Sie gründen einen geheimen Bund, die »Ritter vom Geiste«, der die Wohlfahrtspflege des alten Ordens erneuern und seine ideelle Wertordnung den liberalen, demokratischen Zeittendenzen angleichen soll.

Wilhelm → Marianne (Goethe: *Die Geschwister*)

Wilhelm [*Reise in die mittäglichen Provinzen von Frankreich im Jahre 1785–86.* Roman von Moritz August von Thümmel, 1791–1805]. – W., der Ich-Erzähler, ist ein Spätaufklärer mit einem Hang zu zerstörerischer Selbstanalyse. Er sucht Heilung von seiner Hypochondrie durch eine ausgedehnte Reise in die Provence. Trotz seiner Erlebnisse in einer rousseauisch zivilisationsfernen Natur und mancher sinnverwandter Liebesabenteuer wird seine Zerrissenheit nicht gedämpft, da er beständig auch den negativen zivilisatorischen Kräften begegnet.

Wilhelm Meister [*Wilhelm Meisters Lehrjahre,* 1795/96; *Wilhelm Meisters Wanderjahre oder Die Entsagenden,* 1821/29. Romane von Johann Wolfgang von Goethe]. – W. M. ist die Zentralgestalt des deutschen Bildungsromans, ein Mensch, der durch Irrtümer und die Erfahrungen seiner »Lehrjahre« zu einer harmonischen Ausbildung seiner Fähigkeiten im Ästhetischen und Sozialen gelangt. Sohn eines Kaufmanns, fühlt er sich zum Theater gedrängt, lernt alle Formen der dramatischen Kunst vom Puppenspiel bis zur großen *Hamlet*aufführung kennen und betätigt sich als Schauspieler, Regisseur und dramatischer Schriftsteller. Als er der Welt Shakespeares begegnet, erkennt er seine Künstlerträume als Dilettantismus und wendet sich unter der Anleitung der Turmgesellschaft (→ Lothario) dem Dienst an der Gesellschaft zu. Sein unbestimmtes Streben nach Vervollkommnung seiner Anlagen hat das ihm gemäße Ziel gefunden. – In den *Wanderjahren* tritt W. M. in den Hintergrund. Er ist auf seinen Wegen – zunächst begleitet von seinem Sohn → Felix – eher Zeuge und Beobachter, empfindet sich als Glied der Gemeinschaft und zu ihrem Dienst berufen und verpflichtet. Er erlernt den Beruf des Wundarztes. Damit entspricht er der These → Jarnos von der Notwendigkeit begrenzter beruflicher Zielsetzung. Am Schluß macht er sich auf, als Chirurg eine Gruppe von Auswanderern nach Amerika zu begleiten.

Wilhelm Tell [*Wilhelm Tell.* Schauspiel von Friedrich von Schiller, 1804]. – W. T., der Schweizer Nationalheld, ist eine Gestalt der Volkssage. Schiller stellt ihn als Einzelgänger dar, der sich von der Verschwörung der Urkantone fernhält (»Der Starke ist am mächtigsten allein«), im Notfall aber jederzeit Hilfe leistet. Seine überlegene Zurückhaltung reizt den tyrannischen Landvogt → Geßler dazu, von ihm zu fordern, einen Apfel vom Kopf seines Sohnes zu schießen. Daß sich T. dabei nicht unterwürfig zeigt, sondern seine Würde wahrt, ruft Geßlers Haß hervor. Selbstschutz und Abwehr von Gefahren für seine Familie, nicht der Gedanke an die Gemeinschaft, veranlassen T. zu seinem Attentat an Geßler, das zum – vorzeitigen – Signal für den Aufstand der Urkantone wird und T. zur Symbolgestalt der Freiheit erhebt.

Wilhelmine → Sebaldus (Thümmel: *Wilhelmine oder Der vermählte Pedant*)

Wilhelmine → **Buchholz** (Stinde: *Die Familie Buchholz*)

Wilibald [*Der jungen Knaben Spiegel*. Roman von Jörg Wickram, 1554]. – Der Rittersohn W. wird mit seinem Adoptivbruder Fridbert, einem Bauernsohn, von dem Hauslehrer Felix erzogen. Aber der durch die Affenliebe seiner Mutter charakterschwache und lernunwillige W. gibt bald auf, treibt sich in der Welt herum und wird Musikant. Der tüchtige Bauernsohn dagegen steigt ständig höher bis zum Kanzler; Felix wird ein berühmter Arzt. Die beiden Bürgerlichen nehmen den reuigen Rittersohn schließlich in ihre Dienste und machen noch einen rechtschaffenen Menschen aus ihm.

Wille [*Hastenbeck*. Erzählung von Wilhelm Raabe, 1899]. – Das Schicksal Pold (Leopold) W.s, eines jungen Porzellanmalers und desertierten Soldaten der hannoveranischen Truppen, spiegelt die Lebensnot des einzelnen in den verworrenen politischen Zuständen zur Zeit des Siebenjährigen Krieges.

Willehalm.
Der Markgraf Wilhelm von Toulouse (gest. 812 od. 813) kämpfte erfolgreich gegen die Mauren und wurde in Frankreich als Nationalheld verehrt. [*Willehalm*. Unvollendetes Epos von Wolfram von Eschenbach, entst. zw. 1210 u. 1219]. – Aus der Gefangenschaft des Heidenkönigs Tyball wird W. von dessen Gattin Arabele befreit, die ihm in seine Heimat folgt und als Christin → Gyburg seine Frau wird. Er kämpft bei Alischanz gegen den rachdürstigen Tyball und sein übermächtiges Heer, wird zunächst besiegt, kann aber in einer zweiten Schlacht mit einem Entsatzheer die Sarazenen völlig zurückschlagen. W. ist der auf Gott vertrauende Ritter, der zum Schutze seines Landes und seines Weibes gegen die Heiden kämpft und schwere Verluste zu tragen hat. Er leidet um seine Gefallenen und erbarmt sich auch der toten Heiden.

Willehalm → Irene (Rudolf von Ems: *Der gute Gerhard*)

Willekin von Montaburk [*Rittertreue*. Anonyme Versnovelle, entst. Ende des 13. Jh.s]. – An W. läßt sich der ritterliche Treuebegriff (triuwe) besonders deutlich ablesen. Dieser tritt in drei Variationen auf: als Treue dem Standesgenossen gegenüber, als treues Einhalten eines Versprechens und als Minnedienst, der hier, spätmittelalterlich, die Ehe als Ziel hat.

William Lovell [*Geschichte des Herrn William Lovell*. Briefroman von Ludwig Tieck, 1795/96]. – W. L. leidet – wie schon → Werther vor ihm und viele Romanhelden nach ihm – an einem übersteigerten Subjektivismus. Der wohlhabende Engländer mit lebhafter Phantasie und labiler Psyche wird von geheimen Kräften durch ein abenteuerliches Leben geführt, dabei wandelt er sich vom jugendlichen Schwärmer zum niederträchtigen Bösewicht. Verantwortlich sind die Italiener Rosa und Andrea → Cosimo, Mitglieder einer geheimen Gesellschaft zur Beherrschung der Menschen.

Willy [*Heimarbeit.* Stück von Franz Xaver Kroetz, 1971). – In W., dem wegen eines Unfalls nur noch Heimarbeit übrig bleibt, stellt Kroetz den Grundtypus seiner ersten Stücke vor: den hilflosen, halb proletarischen, halb kleinbürgerlichen Menschen, der den eingespielten Mechanismen des Lebens nicht gewachsen ist und aufgrund seines Milieus seine Probleme weder in Worte noch in Gedanken fassen kann. Deshalb reagiert er aggressiv und brutal. Er treibt seine Frau Martha aus dem Haus und tötet deren durch einen Abtreibungsversuch verkrüppeltes Kind.

Wina [*Flegeljahre.* Roman (Fragment) von Jean Paul, 1804–1805]. – W. ist das zarte, seelenvolle Mädchen, das → Walt trotz seiner komischen Schüchternheit versteht, das die Echtheit seiner Gefühle auch ohne Worte erkennt und schließlich belohnt. Die Tochter des polnischen Grafen Zablecki ist mit → Klothar verlobt, löst aber die Verbindung, weil der Graf ihren Übertritt zum Protestantismus fordert. Sie wird von den beiden ungleichen Zwillingsbrüdern, dem stillen Walt und dem weltgewandten → Vult, geliebt und entscheidet sich für Walt.

Winer [*Die Gelehrtenrepublik.* Utopische Satire von Arno Schmidt, 1957]. – Im Jahre 2008, zehn bis zwanzig Jahre nach einem Atomkrieg, besucht der amerikanische Reporter Charles Henry W., der Ich-Erzähler, zwei Gebiete der noch immer zweigeteilten Welt: einen mit zentaurenartigen Lebewesen und anderen Mutationen bevölkerten Landstreifen im Westen der USA und eine Stahlinsel im Pazifik, auf der Gelehrte und Künstler Zuflucht gefunden haben.

Winnetou [*Winnetou.* Abenteuerroman in drei Bänden von Karl May, 1893–1910]. – W. ist der unsterbliche »edle Wilde«, wie er in der Empfindsamkeit Einzug in die Literatur hielt (Seumes *Der Wilde,* 1801: »... wir Wilde sind doch beßre Menschen!«) Der junge Häuptling der Apachen ist ein »roter Gentleman«. Mit dem weißen Old → Shatterhand, einem ins Heroische überhöhten Wunsch-Ich des Autors, verbindet ihn eine lebenslange Freundschaft. Arno Schmidt deutet W. tiefenpsychologisch als homoerotische Zielgestalt.

Wippchen [*Wippchens sämtliche Berichte.* Humoresken und Satiren von Julius Stettenheim, 1878–1903]. – W. ist Kriegberichterstatter und Meisterlügner. Zur Zeit Kaiser Wilhelms soll er für eine Berliner Zeitung täglich einen Bericht von einem fernen Kriegsschauplatz liefern. Er schreibt seine Reportagen mit viel Phantasie in dem kleinen Provinznest Bernau nahe der Hauptstadt.

Wirt [*Minna von Barnhelm oder das Soldatenglück.* Lustspiel von Gotthold Ephraim Lessing, 1767]. – Der Wirt des »Königs von Portugal« in Berlin ist ein schleimiger, neugieriger und habgieriger Schleicher, das reine Gegenstück zu den aufrechten Soldaten → Just, → Werner und → Tellheim.

Witiko [*Witiko.* Roman von Adalbert Stifter, 1865–67]. – Als Mensch der Ordnung und der Redlichkeit leistet W. Dienst am böhmischen Vaterland und steigt dank seiner unbeirrten Treue zur Heimat in hohe Würden auf. Kennzeichnend für seine politische Führungsfähigkeit ist ein »sanftes Gesetz« der besonnenen Rechtlichkeit und verzeihenden Güte, wodurch er das Land gegen die Widerstände aufbrausender und rachsüchtiger Standesgenossen gründlicher befriedet, als es Strafaktionen und politischer Rigorismus tun könnten. W. spiegelt Stifters Vorstellung vom konservativen, föderalistischen Ständestaat mit christlicher Grundordnung.

Witte [*5 Tage im Juni.* Roman von Stefan Heym, 1974]. – Martin W., ein Held des Aufbaus, Vorsitzender der Betriebsgewerkschaft im VEB »Merkur«, hat selbst an der Drehbank gestanden und kennt die Sorgen und Nöte der Werktätigen, so daß er anläßlich der Normenerhöhung im Juni 1953 nicht ideologisch blind, sondern in richtiger Voraussicht der verheerenden politischen Folgen zweckmäßig zwischen den Fronten agiert. Er sieht sich zum Verstoß gegen Parteibefehle gedrängt, kämpft gegen die Normenerhöhung an und stemmt sich danach gegen den Streik – Taten, die man ihm anlastet, die sich jedoch als wohlbedacht und richtig erweisen.

Wittich [*Die Rabenschlacht.* Anonymes Heldenepos, entst. um 1270]. – W., der Feind → Dietrichs von Bern, ist der Verräter und Bösewicht. Er erschlägt die Etzelsöhne Scharphe und Otte und Dietrichs jungen Bruder Diether, als sich die drei auf das Schlachtfeld von Raben verirren. Vor dem Zorn Dietrichs kann sich W. nur retten, indem er ins Meer springt, wo er von einer Meerjungfrau aufgenommen wird.

Wittinghausen → Clarissa (Stifter: *Der Hochwald*)

Wladislaw [*Witiko.* Roman von Adalbert Stifter, 1865–67]. – In Böhmen geht es 1138/39 um die Nachfolge des todkranken Herzogs Sobeslav zwischen dessen Sohn und Neffen, beide mit dem Namen W. Der Neffe siegt dank einer Adelsfronde, doch stützt er sich, auf das Wohl des Landes bedacht, fortan auf den niederen Adel, die Bürger und die Bauern. Deshalb tritt → Witiko auf seine Seite gegen den Sohn, der unter Mißachtung der Interessen des Landes Böhmen mit den machtgierigen und eigensüchtigen Feudalherren gemeinsame Sache macht.

Wohlfahrt [*Soll und Haben.* Roman von Gustav Freytag, 1855]. – Anton W. und Veitel → Itzig sind die ständig aufeinander bezogenen Handlungsträger des Romans. W., das Musterbild des Pflichtbewußtseins und der Ehrlichkeit, bewährt sich, wie die Namenssymbolik voraussagt, als arbeitsamer, klug seine Grenzen und Fähigkeiten abschätzender Kaufmann. Er widersteht den Reizen, die von den Spekulationsabenteuern Itzigs und vom scheinhaften Glanz des alten Adels ausgehen (→ Rothensattel).

Wohlwend → Martin Salander (Keller: *Martin Salander*)

Woldemar → Rehbock (Alexis: *Der falsche Woldemar*)

Woldemar von → Stechlin (Fontane: *Der Stechlin*)

Wolf [*Der Verbrecher aus verlorener Ehre.* Erzählung von Friedrich von Schiller, ED 1792; urspr.: *Verbrecher aus Infamie,* ED 1786]. – Christian W., der Sohn des Sonnenwirts in einer kleinen Stadt, ist von häßlichem Äußeren. Das macht ihn zum Wilddieb, denn er will mit Geschenken die Liebe des Mädchens Johanne gewinnen und seinen Rivalen, den Jäger Robert, ausstechen. Diese Verirrung führt ihn auf die schiefe Bahn: er wird zweimal rückfällig, verliert unter Schwerverbrechern in der Festungshaft jeden moralischen Halt, ermordet aus Menschenhaß den Jäger und lebt als Räuberhauptmann in den Wäldern. Schließlich packt ihn Reue und er will als Soldat im Siebenjährigen Krieg sein Unrecht wiedergutmachen. An der Grenze wird er gefaßt. Historische Hintergrundgestalt ist der Räuber Friedrich → Schwan.

Wolfdietrich [*Ortnît und Wolfdietrich.* Anonymes Heldenepos, entst. um 1220]. – Der von seinen Brüdern vertriebene Königssohn W. gelangt auf der Suche nach Hilfe in das Reich → Ortnîts von Garda, überwindet die dort hausenden Drachen und gewinnt dadurch Ortnîts Witwe und dessen Reich. W. kann nun die Getreuen befreien, die ihm gegen seine Brüder geholfen haben, und sein Erbe zurückerobern.

Wolff(en) [*Der Biberpelz.* Komödie von Gerhart Hauptmann, 1893]. – Mutter W. ist die schlaue, resolute Proletarierin, die es versteht, einen soliden, ehrlichen Eindruck zu machen, in Wirklichkeit aber zu jeder Schwindelei bereit ist, um ihre Familie durchzubringen. In der Komödie *Der rote Hahn* tritt sie als wiederverheiratete Frau → Fielitz auf.

Wolters [*Das kalte Licht*. Drama von Carl Zuckmayer, 1955]. – Der deutsche Emigrant und Physiker Kristof W., ehemaliges Mitglied der KPD, gerät in die Gewissensnot des Atomforschers. Er arbeitet mit den Sowjets zusammen, um sie in die Lage zu versetzen, den Standard der amerikanischen Nuklearforschung zu erreichen, so daß ein Gleichgewicht des Schrekkens entsteht. Das Stück greift den Fall des englischen Atomspions Klaus Fuchs auf.

Wonnebald Pück [*Lebenslauf des heiligen Wonnebald Pück*. Erzählung von Ricarda Huch, ED 1905]. – Obwohl er dumm, faul und dreist ist und einen unheiligen Lebenswandel führt, steigt der Kaufmannssohn W. P. innerhalb der Kirchenhierarchie bis zum Bischof auf und wird nach seinem frühen Tode heiliggesprochen. Er erreicht das mit Heuchelei, Pfiffigkeit und geschickter Manipulation der Gläubigen und seiner Vorgesetzten.

Wotan [*Der entfesselte Wotan*. Komödie von Ernst Toller, 1923]. – Der Friseur Friedrich Wilhelm W., ein Phrasendrescher und Betrüger, gründet eine Auswanderungsgenossenschaft für Brasilien, die Geldgeber und Interessenten anlockt, aber schließlich als Schwindel entlarvt wird.

Wotan [*Der Ring des Nibelungen*. Musikdramatische Tetralogie von Richard Wagner, 1853]. – W. ist nach Wagners eigenen Worten der tragische Held, der die Furcht vor dem Tod überwindet und den eigenen Untergang wählen und vollbringen kann. Er hat dem Nibelungen → Alberich den Ring geraubt, der höchste Erdenmacht verleiht. Als er die Unvereinbarkeit von Macht und Recht erkennt, entscheidet er sich für das Recht und gibt den Ring → Fafner im Tausch gegen → Freia. Damit fügt er sich zugleich in den schicksalhaften Untergang der Götter, deren Herrschaft zu Ende geht. Fatalistisch und passiv verfolgt er → Siegfrieds Leben, denn dessen freies, furchtloses Geschlecht wird nach der Götterdämmerung herrschen.

Woyzeck [*Woyzeck*. Drama (Fragment) von Georg Büchner, entst. 1836; ED 1879; UA 1913]. – Als kreatürlicher, dumpfer und abergläubischer Mensch ist W. eine Vorwegnahme der passiven, leidenden Gestalten des Naturalismus; er wurde auch als der erste Proletarier der deutschen Literatur bezeichnet. W. verkauft seine Arbeits- und seine Lebenskraft an den → Hauptmann und den → Doktor, um seine Geliebte, → Marie, und ihr gemeinsames Kind durchzubringen. Hilflos ist er den Menschen ausgeliefert, die ihn benutzen wie einen

Gegenstand. Als ihm Marie mit dem → Tambourmajor untreu wird, ersticht er sie. W. ist mehreren Straftätern nachgestaltet, vor allem dem Barbier W., der aus Eifersucht seine Geliebte erstach. Büchner studierte die Rechtsfälle, weil er sich für Psychopathologie interessierte und mit Bestrebungen sympathisierte, psychologische Momente bei der Urteilsfindung zu berücksichtigen.

Wozzeck, anfänglicher Lesefehler von → *Woyzeck*

Wrschowitz [*Der Stechlin.* Roman von Theodor Fontane, 1899]. – Der Musiker Dr. Niels W. ist ein zur Karikatur, fast zur Groteske verzerrter Verehrer alles Neuen und Fortschrittlichen. Kritik am Überkommenen wird bei ihm zum Selbstzweck. W. spricht Deutsch mit einem östlich-harten Akzent (»Krittikk«), leidet beträchtlich an seinem weichen dänischen Vornamen und hat deshalb eine Idiosynkrasie gegen alles Skandinavische.

Wulf [*Der Wehrwolf.* Roman von Hermann Löns, 1910]. – Harm W., der Wulfsbauer, dessen Familie bei der Brandschatzung des Hofes grausam umgebracht worden ist, führt während des Dreißigjährigen Krieges die Bauern der Lüneburger Heide an, die unter dem Namen »Wehrwölfe« die mordenden und plündernden Marodeure und Söldner erbarmungslos totschlagen. Löns' »germanische Renaissance« verherrlicht ein brutales Selbsthilferecht. Die Nationalsozialisten nutzten den Roman aus für ihren ideologischen Rückgriff auf die barbarische germanische Frühzeit.

Wulfhild von Pogwisch [*Ein Fest auf Haderslevhuus.* Novelle von Theodor Storm, 1885]. – W. v. P., eine Witwe, die ihren ersten Mann umgebracht hat, ist triebhaft sinnlich, aber menschlich kalt und herrisch. Als ihr zweiter Ehemann, der junge Rolf → Lembeck, sich von ihr abwendet, bringt sie aus verletztem Stolz und rasender Eifersucht das Geschehen in Gang, das ihn und seine Geliebte → Dagmar vernichtet.

Wulfrin [*Die Richterin.* Novelle von Conrad Ferdinand Meyer, 1885]. – W., der Sohn des verstorbenen Grafen Wulf auf Malmort, kommt als Bote Karls des Großen auf die väterliche Burg zu seiner Stiefmutter → Stemma Judiatrix, die um Hilfe gegen die Lombarden gebeten hat, und wird von einer leidenschaftlichen Liebe zu seiner vermeintlichen sechzehnjährigen Halbschwester → Palma erfaßt. Da er die Geschwisterliebe als Schande empfindet, klagt er sich selbst an. Der Weg für das Paar wird frei, als die Richterin Stemma ihre Jugendsünde enthüllt und sich selbst richtet.

Wumshäter [*Der Misogyn.* Lustspiel von Gotthold Ephraim Lessing, ED 1755]. – W. (von »woman's hater«), ein

Nachkomme des Pantalone aus der commedia dell'arte, ist wegen dreier unerfreulicher Ehen zum Weiberfeind geworden. Er wird durch ein Verkleidungsspiel geheilt.

Wunnigel [*Wunnigel.* Erzählung von Wilhelm Raabe, 1879]. – Der versponnene Regierungsrat a. D. W. aus Königsberg ist ein Hochstapler in der Welt der Gelehrten und Kunstfreunde. In berserkerhafter Sammelwut rafft er an sich, was seinen Schatz an Antiquitäten ergänzt. Dabei wird er zunehmend weltfremd, vernachlässigt seine Tochter und läßt sich auf dubiose Machenschaften ein. Als dies alles über seine Kräfte geht, begibt er sich zu Bett, zieht die Decke über seinen Kopf und steht nicht mehr auf, bis er sanft entschläft.

Wurche [*Der Wanderer zwischen beiden Welten.* Autobiographische Erzählung von Walter Flex, 1917]. – Ernst W. ist der Idealtyp des deutschen Kriegsfreiwilligen im Ersten Weltkrieg, der aus Enthusiasmus und moralischem Idealismus (nicht Nationalismus) zum Opfertod bereit ist. Gleichzeitig verkörpert er den neuen Menschen, der zwischen Leben und Tod, Welt und Gott in der Schwebe bleibt. Seine Wandervogelmentalität, sein homoerotisches Freundschaftsverlangen und seine Ästhetisierung des Krieges entsprachen den Idealvorstellungen einer ganzen Generation.

Wurm [*Kabale und Liebe.* Bürgerliches Trauerspiel von Friedrich von Schiller, 1784]. – Der Sekretär W. ist der Typus des hinterhältigen Schleichers, der devote, schurkische Handlanger der Adelsgesellschaft in der Intrige gegen → Ferdinand von Walter und → Luise Millerin. Wie → Franz Moor ist W. ein von der Natur Benachteiligter, der seine körperlichen und sozialen Mängel durch Intelligenz, Psychologie und Skrupellosigkeit kompensiert und zum Teufel wird.

Wurzel [*Das Mädchen aus der Feenwelt oder Der Bauer als Millionär.* Zaubermärchen von Ferdinand Raimund, 1826]. – Fortunatus W., der Ziehvater des Feenkindes → Lottchen, ist eine bildkräftige Gestalt der Wiener Volksbühne. Als er durch böse Geister, die durch ihn Lottchen treffen wollen, zu Reichtum kommt, lebt er pompös und führt sich großmächtig auf; dann wird er in einen zittrigen Greis verwandelt, der als »Aschenmann« betteln gehen muß. In einer berühmten Szene wird ihm die blanke Kreatürlichkeit seines Seins bewußt.

Wurzelsepp [*Der Pfarrer von Kirchfeld.* Volksstück von Ludwig Anzengruber, 1871]. – Der vom Schicksal stiefmütterlich behandelte W. ist zum verbitterten »Dorfketzer« geworden, der alle Priester haßt, weil ihm die Ehe mit einer Protestantin verweigert worden ist. Er bringt den Pfarrer → Hell ins

Gerede und merkt zu spät, daß er sich an dem falschen Priester gerächt hat. Der W. ist der erste einer Reihe von ähnlichen volkstümlichen Gestalten Anzengrubers (→ Steinklopferhanns).

Wuthenow → Schach von W. (Fontane: *Schach von Wuthenow*)

Wutke → Joachim Pausewang (Kolbenheyer: *Meister Joachim Pausewang*)

Wuz [*Leben des vergnügten Schulmeisterlein Maria Wuz in Auenthal.* Eine »Art Idylle« von Jean Paul, ED 1793]. – Der Landschulmeister W. ist ein phantasievoller, verspielter Sonderling, der in seiner Schrulligkeit glücklich ist. Noch im Tode lächelt er entzückt. W. ist einer der liebenswerten Kleinbürger Jean Pauls wie → Fixlein und → Siebenkäs. Die Idylle wurde dem unvollendeten Roman *Die unsichtbare Loge* »beigeleimt«.

Xuthus [*Ion.* Schauspiel von August Wilhelm Schlegel, 1803]. – Der Herrscher von Athen X. ist mit seiner Gattin → Kreusa nach Delphi gekommen, um Rat für seine kinderlose Ehe zu erbitten. Er nimmt nach dem Orakelspruch den Jüngling → Ion als Erben an und glaubt, dieser sei sein natürlicher Sohn. Als er erfährt, daß Ion Kreusas Kind mit Apollo ist, verzeiht er seiner Gattin und nimmt teil an der Liebe zwischen Mutter und Sohn.

Ysengrîn → Isegrim

Zachanassian → Claire Z. (Dürrenmatt: *Der Besuch der alten Dame*)

Zaches → Zinnober (Hoffmann: *Klein Zaches genannt Zinnober*)

Zahnd → Mathilde von Z. (Dürrenmatt: *Die Physiker*)

Zanga [*Der Traum ein Leben.* Dramatisches Märchen von Franz Grillparzer, 1840]. – Der Negersklave Z. verkörpert für → Rustan die exotische Welt der Abenteuer. Nach einem heilsamen Alptraum zieht Rustan einen Schlußstrich unter seine Wünsche, indem er Z. freiläßt.

Zangler → Weinberl (Nestroy: *Einen Jux will er sich machen*)

Zapparoni [*Gläserne Bienen.* Roman von Ernst Jünger, 1957]. – Der Konzernchef Z. ist die personifizierte Macht der Technik und Industrie, ein Gegenbild zu → Richard. Der Mensch gilt ihm nichts, denn die Technik übertrifft ihn an Perfektion. Er stellt in seinen Werken kunstvolle Mechanismen her, kleine Roboter für spezielle Arbeiten, u. a. gläserne

Bienen. Er überprüft Richards Eignung für die Überwachung von schwierigen Ingenieuren, stellt aber Richards Unbrauchbarkeit für den Posten fest, da dieser dem alten Ideal der freien, selbstbestimmten Menschenwürde anhängt.

Zauberkönig [*Geschichten aus dem Wienerwald.* Volksstück von Ödön von Horváth, 1931]. – Der skurrile Z., der Vater der → Marianne, ist ein egoistischer, kaltherziger Händler in Juxartikeln, also in allem das krasse Gegenteil der Gestalt des Zauberkönigs aus dem Wiener Volkstheater. Er beutet seine Tochter als Ladenhilfe aus und will sie mit dem grobschlächtigen Metzger → Oskar verkuppeln, um sie billig an den Mann zu bringen. Als Marianne auf die schiefe Bahn kommt, versteht er die Welt nicht mehr und sagt sich als entrüsteter Ehrenmann von ihr los.

Zawisch [*König Ottokars Glück und Ende.* Tragödie von Franz Grillparzer, 1825]. – Z., ein böhmischer Adeliger aus dem Hause Rosenberg, spielt die Rolle des Verräters und Verführers bei → Ottokar und der Königin Kunigunde. Gleichzeitig ist er der Träger der dramatischen Ironie, denn er weiß mehr als sein König und durchschaut dessen Illusionen.

Zdenka (Zdenko) [*Arabella.* Komödie (Libretto) von Hugo von Hofmannsthal, 1933]. – Die als Zdenko in Knabenkleider gesteckte Z. liebt Matteo, der seinerseits ihre ältere Schwester → Arabella glühend verehrt. Z. schreibt ihm unter deren Namen Briefe und empfängt ihn nachts in deren Zimmer. Das löst eine Lustspiel-Katastrophe aus, weil weder Matteo noch Arabella noch deren Verlobter → Mandryka das Wechselspiel durchschauen.

Zedlitz [*Traumulus.* Tragische Komödie von Arno Holz und Oskar Jerschke, 1904]. – Der Schüler Kurt v. Z. wird das Opfer der engherzigen, gnadenlosen Moralgesetze der wilhelminischen Gesellschaft. Sein geliebter Lehrer → Niemeyer weist ihn, entsetzt über die Verworfenheit seines Lieblingsschülers, von sich, als er eine Nacht mit einer jungen Schauspielerin verbracht hat, und treibt ihn damit in den Selbstmord. Z. ist eine Parallelfigur zu → Melchior Gabor und Hans → Giebenrath.

Zeherit → Pepusch (Hoffmann: *Meister Floh*)

Zeitblom [*Doktor Faustus.* Roman von Thomas Mann, 1947]. – Dr. Serenus Z., Gymnasialprofessor, schreibt das Leben seines Freundes, des Komponisten Adrian → Leverkühn, nieder und verbindet damit einen Bericht über den Niedergang Deutschlands. Z. ist ein hausbackener »Humanist«, ernst, etwas schwerfällig und pathetisch, manchmal auch ein aufdringlicher Schulmeister, der wahre Kontrapunkt zu der dionysisch-genialischen Künstlernatur Leverkühns.

Zeller [*Exerzierplatz.* Roman von Siegfried Lenz, 1985]. – Die Familie Z., 1945 aus Ostpreußen nach Schleswig-Holstein geflüchtet, gründet dank der Energie des »Chefs« und der außerordentlichen Naturverbundenheit des »Idioten« → Bruno auf einem ehemaligen Exerzierplatz eine Baumschule. Die Familie verfällt, als der »Chef« alt wird und Bruno am Erbe teilhaben lassen will.

Zeman [*Das verschüttete Antlitz.* Roman von Gertrud Fussenegger, 1957]. – Das Schicksal von Viktorin Z., Arzt im herben Nordböhmen, vollzieht sich vor dem historischen Hintergrund der Zeit vor und während des Ersten Weltkriegs. Eine zerrüttete Ehe, eine unterdrückte Leidenschaft zu der Freundin seiner Frau, ein unberechtigter Mordverdacht, der Verfall der Praxis führen zur Katastrophe, dem Mord an seiner Ehefrau. Nach Verbüßung der Strafe findet er durch eine humane Tat in inhumaner Zeit seinen Lebenssinn wieder, denn gelegentlich »gräbt sich das Menschenantlitz aus der Verschüttung hervor«.

Zendelwald → Bertrade (Keller: *Sieben Legenden*)

Zendorius [*Teutsche Winternächte.* Roman von Johann Beer, 1682]. – Der pikarische Held Z., der seine Herkunft nicht kennt, führt ein Vagabundenleben, bis ihn der Edelmann Isidor in seinen schlemmenden, saufenden, jagenden, spielenden Freundeskreis aufnimmt. Seine hoffnungslose Liebe zu Caspia läßt ihn vorübergehend in sein altes Leben zurückfallen. Schließlich stellt sich jedoch seine adelige Herkunft heraus, er kann Caspia zur Ehe gewinnen und sein geselliges Leben wieder aufnehmen.

Zerbinetta [*Ariadne auf Naxos.* Opernlibretto von Hugo von Hofmannsthal, 1912]. – Die lebenslustige Tänzerin Z., die sich allen ihren ständig wechselnden Liebhabern hingibt, ist auf der Ebene der opera buffa das Gegenbild der trauernden → Ariadne, die einem Menschen die Treue hält.

Zerline [*Die Schuldlosen.* Roman in elf Erzählungen von Hermann Broch, 1950]. – Die Magd Z., eine vitale, boshafte Person, behütet und beherrscht die Baronin Elvira W., die sie heimlich haßt. Sie genießt ihre Macht über ihre Herrin, deren Nachfolgerin als Geliebte des Herrn von Juna sie einst war, manipuliert die Handlungen der Hausgenossen zu ihrem Vorteil und tötet die Baronin mit einem Schlaftrunk.

Zerutt [*Albissers Grund.* Roman von Adolf Muschg, 1974]. – Der in die Schweiz emigrierte Psychiater Constantin Z. mit undurchsichtiger Vergangenheit übt seinen Beruf illegal aus und wird von → Albisser lebensgefährlich verletzt. Die Gestalt ist in vielfacher Hinsicht ein Musterbeispiel für den engagierten, allseits gefährdeten Außenseiter aus der Zeit der 68er Revolte: Er ist alt, von Ausweisung bedroht, ohne Existenzsicherung und von keiner Solidargemeinschaft irgendwelcher Art gestützt; trotzdem denkt er revolutionär-anarchistisch und ist nicht anpassungsbereit wie sein Patient und Kontrahent Albisser.

Ziemssen [*Der Zauberberg.* Roman von Thomas Mann, 1924]. – Hans → Castorp besucht im Sanatorium »Berghof« in Davos seinen Vetter Joachim Z., einen Berufsoffizier, der kurz vor der Ernennung zum Leutnant stand, als er lungenkrank wurde. Z. befolgt die ärztlichen Anordnungen mit pflichteifriger Genauigkeit, wie ein militärisches Tagesprogramm, und spricht damit den Ordnungssinn Hans Castorps an, der als Gesunder die täglichen Riten mitmacht.

Ziffel [*Flüchtlingsgespräche.* Prosadialog von Bertolt Brecht, 1961]. – Der Physiker Z. und der Metallarbeiter Kalle, beides arbeitslose deutsche Flüchtlinge, treffen sich im Bahnhofsrestaurant von Helsinki und führen zugespitzte dialektische Dialoge über politische und gesellschaftliche Probleme der Nazizeit.

Zihal [*Die erleuchteten Fenster oder Die Menschwerdung des Amtsrates Julius Zihal.* Roman von Heimito von Doderer, entst. 1939; 1951]. – Der Amtsrat Julius Z., ein Voyeur, wendet seine dienstlichen Ordnungsprinzipien auf seine Beobachtungen an, die er durch die erleuchteten Fenster seiner Mitmenschen macht. Eine hübsche Postoberoffiziantin macht ihn zum Menschen und bringt ihn ins normale Leben zurück.

Zingli → Dollinger (Brecht: *Der Augsburger Kreidekreis*)

Zinnober [*Klein Zaches genannt Zinnober.* Märchen von E.T.A. Hoffmann, 1819]. – Der Jurastudent Z., als Bauernkind »Klein Zaches« geboren, ist ein mißgestalteter Zwerg. Die Fee Rosabelverde hat ihm aus Mitleid drei zinnoberrote Zauberhaare geschenkt, die bewirken, daß alles, was in seiner Gegenwart Besonderes gedacht, gesagt oder getan wird, ihm zugeschrieben wird, daß umgekehrt aber seine Fehler anderen angelastet werden. Das verhilft ihm zu einer steilen Karriere. Als er entzaubert wird, erntet er nur Spott und Hohn.

Zoraide [*Der Barometermacher auf der Zauberinsel.* Zauberposse von Ferdinand Raimund, 1823]. – Z. ist die böse Prinzessin, die den Barometermacher betört, ihm seine Zaubermittel entwendet und ihn ins Gefängnis wirft.

Zouzou → Kuckuck (T. Mann: *Bekenntnisse des Hochstaplers Felix Krull*)

Zürn [*Seelenarbeit*. Roman von Martin Walser, 1979]. – Xaver Z., der Fahrer des Fabrikanten Dr. Gleitze, ist der Untergebene in einem Herr-Knecht-Verhältnis. Auf seine persönliche und berufliche Abhängigkeit reagiert Z. mit psychosomatischen Gesundheitsstörungen; seine Ängste und Aggressionen belasten sein Familienleben und verschärfen den Generationskonflikt mit den Töchtern. Nach mehreren Katastrophen wird er vom Chauffeur zum Gabelstaplerfahrer, einem Hilfsarbeiterposten, degradiert.

Züs Bünzli [*Die drei gerechten Kammacher*. Erzählung von Gottfried Keller, ED 1856 (in: *Die Leute von Seldwyla*)]. – Die tugendhafte Jungfer Z. B. ist eine selbstgerechte, ältliche Person voller Binsenweisheit und Geschmacklosigkeit. Da sie jedoch nicht unvermögend ist, bemühen sich die drei Kammachergesellen um ihre Hand. Aus Berechnung will sie → Dietrich, den jüngsten und ärmsten der Bewerber, ausschalten, wird aber gerade von ihm erobert.

Zumsee [*Im Schlaraffenland*. Roman von Heinrich Mann, 1900]. – Andreas Z. ist der Typ des Parvenüs: er wird von Adelheid, der Gattin des Bankiers Türkheimer, als Künstler gefördert, ausgehalten und in die Großbourgeoisie eingeführt. Als er sich von ihr abwendet, läßt man ihn fallen, und er muß sich mit einem kleinen Redaktionsposten zufriedengeben.

Zundel-Heiner und Zundel-Frieder [*Schatzkästlein des Rheinischen Hausfreundes*. Kurzprosa von Johann Peter Hebel, 1811]. – Die vergnügten Spitzbuben-Brüder zeichnen sich durch Schlagfertigkeit und Einfallsreichtum aus, wobei Heiner den Ton angibt. Sie sind als liebenswerte Gauner dargestellt, ganz ohne Moralpredigt und Verdammungsurteil.

Zur Höhe [*Beim Propheten*. Erzählung, ED 1904; *Doktor Faustus*. Roman von Thomas Mann, 1947]. – In dem Dichter mit dem bildkräftigen Namen Daniel Zur Höhe persifliert Thomas Mann die l'art pour l'art-Bewegung, die Pose des gesalbten und erwählten großen Meisters und das betulich-verehrungsvolle Gehabe der Adepten. Im *Doktor Faustus* wird die Kehrseite solchen Ästhetizismus offenbar in Z. H.s Träumen von blutigem Barbarismus (→ Kridwiß).

Zwetschkenbaum [*Das große Protokoll gegen Zwetschkenbaum*. Roman von Albert Drach, 1964]. – Schmul Leib Z., der Held des pikaresken Romans, ist ein Schelm wider Willen, ein hilfloses Opfer des österreichischen Antisemitismus. Der ostgalizische Jude gerät auf der Flucht vor den Russen 1918 unter dem Verdacht von Landstreicherei, Zwetschkendiebstahl und Brandstiftung ins Gefängnis und ins Irrenhaus. Nachdem er vorübergehend als Trödler eine bescheidene Existenz aufgebaut hat, wird er von falschen Freunden ohne sein Wissen als Hehler mißbraucht und kommt wieder ins Gefängnis.

Zwingli → Vigoleis (Thelen: *Die Insel des zweiten Gesichts*)

Zwirn [*Der böse Geist Lumpazivagabundus.* Zauberposse von Johann Nestroy, 1833]. – Der vagabundierende Schneider führt, als er mit zwei Kumpanen das große Los zieht, ein Leben in Pracht und Überfluß, bis nichts mehr übrig ist.

REGISTER

Das Register verzeichnet jeweils an erster Stelle nach einem Werktitel die mit einem eigenen Artikel berücksichtigten Gestalten aus dem betreffenden Werk. In Klammern folgen gegebenenfalls die Namen der Gestalten, die lediglich mit einem Verweisstichwort vertreten sind. Sind mehrere Figuren unter einem Familiennamen erfaßt, werden die Vornamen jeweils mit einem Bindestrich aufgeführt (Stechlin – Adelheid, – Dubslav, – Woldemar). Die Namen sind stets in der für die alphabetische Einordnung maßgeblichen Form wiedergegeben. Bei abweichender Schreibung folgt nach Schrägstrich die Namensform in dem betreffenden Werk (Jakob/Jaakob). Das gleiche gilt sinngemäß für Gestalten, die mehrere Namen führen (Dörtje Elverdink/Gamaheh).